U0451340

| 当代德国哲学前沿丛书
庞学铨 主编

诠释建构

诠释理性批判

［德］汉斯·伦克 著
励洁丹 译

INTERPRETATIONSKONSTRUKTE

Zur Kritik der interpretatorischen Vernunft

Hans Lenk

商务印书馆
The Commercial Press

Hans Lenk
INTERPRETATIONSKONSTRUKTE
Zur Kritik der interpretatorischen Vernunft
© Suhrkamp Verlag Frankfurt am Main 1993.
All rights reserved by and controlled through Suhrkamp Verlag Berlin.
本书根据苏尔坎普出版社 1993 年版译出

国家社会科学基金重大项目
"当代德语哲学的译介与研究"成果

当代德国哲学前沿丛书
总序

自改革开放以来,我国的现代外国哲学研究大致经历了三个阶段:20世纪70年代末到80年代末的十年间,相对集中地翻译出版现代外国哲学名著、重要哲学家的主要或代表性著作;80年代末到90年代中期,开始进入对各种哲学思潮进行认真反思和批判性研究的阶段;此后,现代外国哲学研究进入了一个新的阶段,对许多重要哲学家及其思想的研究取得了丰硕成果。与此同时,对现代德国哲学也给予了充分的关注。从尼采、叔本华的意志哲学,到胡塞尔、海德格尔的现象学、伽达默尔的诠释学,再到法兰克福学派的社会批判理论,翻译和研究都十分活跃,特别是对他们重要著作的高质量翻译,如正在陆续出版的《尼采文集》《胡塞尔文集》《海德格尔文集》等,为我们准确地理解和研究他们的思想提供了可靠的资料基础,极大地推进了汉语学界对现代德国哲学研究的深入。

不过我们也注意到,汉语学界对现代德国哲学的译介和研究,主要集中于为数不多的著名哲学家身上,在时间跨度上,除了像伽达默尔、哈贝马斯这样极少数的几位当代德国哲学家外，其他人的哲学活动大都在20世纪中期以前。因而可以说，我们在致力于现代德国著名哲学家的著作翻译和思想研究的同时，在某种程度上忽视乃至误判了当代德国哲学的新进展。这里所说的"当代"，既指代20世纪中叶以后，也标识这样一个时代：自然科学和技术的巨大发展深刻地改变了世界和人们的生活，哲学必须面对发生了极大变化的生活世界的新现象、新现实；全球化的深入发展带来的文化和价值冲突以及多元框架下的跨文化对话成为人们日益关注的实践与理论问题。承担了这种时代使命的当代德国哲学，聚焦的问题、探讨的内容和理论的形态也便必然与之前的哲学有了很大不同，呈现出多元化的状况与趋势，出现了许多具有创新活力的哲学家和原创性的新理论、新思想，推进了当代哲学的研究，其中不少哲学家及其思想也已产生了重要的国际影响。这是哲学的"转型"而不是它的"衰落"，更不是它的"终结"。当代德国哲学依然是世界哲学的高地。

当代德国哲学的"转型"，在研究领域上突出表现在从基础深厚、影响广泛的观念哲学、现象学、存在哲学、诠释学传统转向主要由以下五个方面组成的多元状态。①实践哲学成为哲学研究的核心领域。尤其是政治哲学、伦理学和社会哲学的研究，涉及广泛，成果丰硕，并由此产生了诸如法和国家哲学、社会批判理论、生命伦理学、伦理哲学、生态哲学等许多新的学科分支和研究方向。②现象学发展呈现出不同的面貌。现象学与人文科学、社会科学和艺术科学等密切合作，促进了生活现象学、身体哲学、认知哲学、艺术哲学、哲学治疗学等领域的新发展。③文化与跨文化哲学成为关注重点之一。哲学家们以交互主体性、构建性、动态性等概念为基础,在反思和批判欧洲中心主义的同时,表现出了积极而宽容地对待异质文化的对话姿态,试图建立一种多元的求同存异的跨文化哲学形态。④欧陆人本哲学与英美分析哲学彼此影响、交互汇通。哲学家们关注并吸收分析哲学的话题内容和分析方法,在现象学、生存论、认知科学、科学哲学等领域提出全新的视点、问题和理论。⑤对传统哲学史的当代诠释。哲学家们继承德国哲学研究的传统,从哲学史资源出发,阐发和建构自己的哲学思想,并对传统哲学广泛而深入地进行具有当代意义的诠释,使历史文本的解释更丰富、思想史研究的视野更广阔。

近年来,汉语学界对当代德国哲学家及其著作和思想开始有所关注,翻译出版了一些译著和研究论著。但总的来看,关注不多,翻译很少,出版有点散乱,研究几乎还是空白。因此,选择具有代表性的当代德国哲学家的非哲学史或文本研究类的原创性著作进行集中译介,为汉语学界系统整体地了解当代德国哲学的发展和趋势提供综合的资料基础乃至讨论平台,是本丛书的基本旨趣。丛书原则上每个哲学家选译一本,少数影响较大的哲学家可略增加,同时选用了若干在已有中译本基础上重新修订的译本。在选择书目时,除了考虑哲学家本身的思想影响力和发展潜力之外,还充分考虑汉语学界的接受和熟悉程度,比如伽达默尔、哈贝马斯、马尔库塞等虽属当代德国哲学范围,但他们已为汉语学界所熟悉,因而不包括在本丛书译介的范围内。

参与本丛书译事的同仁朋友,无论是年轻学者还是资深专家,其认真负责的态度令我敬佩,亦深表感谢。但由于多人参与,再加原著语言表达的差异，译文风格和术语译法上难以做到规范统一，也肯定存在错讹之处，祈望学术界同仁和读者批评指正。

本丛书是国家社会科学基金重大项目"当代德语哲学的译介与研究"的成果。项目组主要成员王俊教授做了许多联络组织工作，商务印书馆学术出版中心为丛书的编辑出版付出了大量辛勤劳动。承蒙商务印书馆的大力支持，丛书将在完成项目的基础上，继续选题，开放出版。欢迎对当代德国哲学有兴趣的学界朋友积极关注和参与，共同做好这件有意义的译事。

庞学铨

2017 年 7 月 20 日

于西子湖畔浙大

致
哲学家、友人、师长库尔特·胡博纳

目 录

前言 ·· 1

第一部分

第一章　导论 ·· 7
第二章　从先验唯心论和内在实在论到实用方法学
　　　　诠释论和先验诠释论 ···················· 24

第二部分

第三章　作为行为和建构的诠释 ················ 71
第四章　作为图式运用的诠释 ···················· 79
第五章　诠释性的图式化行为 ···················· 94
第六章　感知和诠释 ······························ 102
第七章　作为诠释建构的想象 ···················· 123
第八章　作为诠释建构的意向相关项（胡塞尔） ······ 131
第九章　作为诠释建构的思维模型 ·············· 139

第十章 作为诠释建构的内容与思维意涵⋯⋯⋯⋯150

第三部分

第十一章 作为诠释建构的假设、理论和概念⋯⋯⋯⋯163
第十二章 规约式演绎论和诠释建构主义⋯⋯⋯⋯⋯171

第四部分

第十三章 深层诠释 VS 表层诠释⋯⋯⋯⋯⋯⋯⋯⋯183
第十四章 多元诠释论：图式呈现的多义性和神秘运用⋯191
第十五章 作为实用诠释主义的视角主义⋯⋯⋯⋯⋯⋯204
第十六章 极端诠释论的问题⋯⋯⋯⋯⋯⋯⋯⋯⋯⋯211
第十七章 从康德先验论的角度来看诠释建构模型在
　　　　　认识论和哲学中的必需性⋯⋯⋯⋯⋯⋯⋯232
第十八章 作为诠释建构的象征形式：先验阐释学家
　　　　　卡西尔⋯⋯⋯⋯⋯⋯⋯⋯⋯⋯⋯⋯⋯⋯239
第十九章 作为诠释建构的世界统一性：实在化的世界
　　　　　模型在诠释主义中的根源⋯⋯⋯⋯⋯⋯⋯252
第二十章 被诠释论渗透的实在性，结构化的实在论和
　　　　　建构诠释主义⋯⋯⋯⋯⋯⋯⋯⋯⋯⋯⋯⋯265

第五部分

第二十一章 诠释客体、诠释主体、诠释行为及其

	认识论定位 ························· 303
第二十二章	作为诠释建构的理性 ·················· 320
第二十三章	日常生活中的诠释 ···················· 338
第二十四章	作为诠释建构的行为、动机、价值和规范 ··· 345
第二十五章	规范性论证和道德性论证均是诠释性的 ····· 353

第六部分

第二十六章	作为诠释建构的美学现象和艺术品 ········ 363
第二十七章	诠释行为是否再现了超验性和言词适当性？· 381
第二十八章	解构主义是一种诠释主义吗？ ············ 392

第七部分

第二十九章	极端建构主义是一种诠释主义吗？ ········ 413
第三十章	大脑结构是诠释建构吗？ ················ 437
第三十一章	作为诠释性结构的意识统一性 ············ 447

第八部分

第三十二章	诠释主义和信息传递 ·················· 459
第三十三章	作为符号功能基础的诠释：从诠释建构 主义论皮尔士的符号学 ················ 465
第三十四章	罗伊斯早期的三重诠释唯心论 ············ 480

第三十五章　艾柯实用模型中的差异化诠释建构……488

第九部分

第三十六章　介于发现、发明和论证之间的诠释……503
第三十七章　巴恩斯的《论诠释》……524

第十部分

第三十八章　从维特根斯坦的观点解释规则的运用和行为……543
第三十九章　作为诠释建构的意义……558
第四十章　作为诠释建构的抽象实体……568
第四十一章　"伪装"理论和诠释建构……572
第四十二章　作为诠释建构的内涵……580
第四十三章　作为诠释性的意向性……585
第四十四章　阐释学和诠释建构……599
第四十五章　总论……620

参考文献……639
内容索引……667
人名索引……676

前言

下文各个章节将对诠释学这门亦被称作诠释建构哲学的批判性哲学进行剖析和分类，且是在对认识论、语言哲学、阐释学、符号学和先验哲学这些最新哲学理念加以分析的基础上论述该诠释建构主义观点，同时也涉及了方法论、科学理论观以及分析哲学的工具和结论。可见，本书某种程度上和金特·阿贝尔（Günter Abels）的新作《诠释世界：与本质主义和相对主义相对的当代哲学》（*Interpretationswelten.Gegenwartsphilosophie jenseit von Essentialismus und Relativismus*）有着紧密关联（本文不会详尽探讨该书）。五年来，我和阿贝尔对该主题进行了颇富成果的探讨，这样的讨论也我们带来了许多灵感。在此之前，他曾研究过尼采的诠释观点及其遗作中虽只有片言只字却十分重要的相应观点，同时也研究了在康德（Kant）先验建构主义以及维特根斯坦（Wittgenstein）语言哲学中与诠释论相关的内容，并形成了自己在"诠释哲学"上的观点。阿贝尔的这些研究最初和我本人对诠释建构哲学的设想毫无关联（我的观点一开始是在行为哲学、康德理性哲学，以及一些半社会哲学、半社会科学的——比如在动机建构方面——诠释观影响下形成的）。正是由于阿贝尔的书作，我才接触到尼采的相关观点。

尽管偶有分歧、尖锐批评或甚对立的观点，但与讨论初始相比，我们两个人的基本观点在此期间已经接近了不少，在诠释实践的根本作用、（阿贝尔可能近来也认同的）实用主义实在论以及首先把诠释哲学框定在方法论、准先验认识论和结构主义范畴内的观点上，我们的意见尤为一致。阿贝尔详尽探讨了分析哲学的最新思想，比如普特南（H.Putnam）的"内在实在论"，但同时也分析了很多受到认识论和语言哲学影响的思想（这并不是我和阿贝尔讨论的重点），在此基础上，形成了他自己的诠释哲学，而我主要研究的则是认识心理学模型、认知行为的神经生物学、感知和表象间的关系。但无论如何，我和阿贝尔的这两本书都有着紧密的关联，在内容上也可以说相互补充：尽管在本体论和方法论上可能有些微分歧，但整体而言，都是关于同一个诠释建构论的基本主题。

为了我们颇富成果且热烈、友好的讨论，在此，我首先要衷心感谢金特·阿贝尔。同时，也要感谢我的同事蕾娜特·丢尔（R.Dürr）博士、艾卡特立尼·卡勒里（E.Kaleri）博士、马蒂亚斯·马林博士，以及我的学生卡尔（Karl）女士、施密德尔（Schmidle）女士、纳根伯格（Nagenborg）先生和瓦尔茨（Walz）先生，特别要感谢的是我的学生布里吉特·博拉斯（Brigitte Blaß）女士，她在本书底稿修改以及排版过程中提供了很大的帮助。衷心感谢以上各位。

本书个别章节曾发表在其他书作或期刊上：比如第四和第五章曾刊印于《哲学和诠释》（*Philosophie und Interpretion*，1993），第十九章发表于《辩证法》（*Dialektik*），第二十章的修改稿曾刊登在《跨学科研究论坛》（*Forum für interdisziplinäre*

Forschung）上，且该章其余部分还曾登载于鲍姆加滕纪念文集中，第十九章也曾刊登在《德国哲学期刊》（*Deutsche Zeitschrift für Philosophie*），第二十一章部分内容及二十七章刊载于《大众哲学杂志》（*Allgemeine Zeitschrift für Philosophie*），第十五章部分内容收录在弗里德里希·考尔巴赫纪念集中。

第一部分

第一章　导论

随着上世纪被称作"理解性科学"的精神科学和历史学科的形成与发展,在客观描述世界、现实的自然科学以及理解性的精神科学之间就产生了一条鸿沟。不同的理论、发展历史和研究方法导致双方科学家们都无法理解彼此,觉得自然科学和精神科学运用的是完全相悖的方法和理论,同时也逐渐开始轻视鸿沟另一侧科学领域中的各门学科。方法上的分裂主义——尤其在"解释"和"理解"的对立上更为明显——随着两种"文化"之争的说法(斯诺)而更加极端化。这种分裂观认为,自然科学"理智"的对立面是"文学"理智,而非精神科学理智;鸿沟一侧的技术——自然科学理智和另一侧的文学——精神科学理智被认为是两个完全独立的世界,彼此的基本概念、方法和思考方式互不相同,而且此鸿沟也不可能被跨越。逻辑、抽象的分析学难以接受以个体"精神"现象形态自我感受为重点的阐释性、理解性学科,反过来,在自然科学学科内同样不适用理解性、阐释性的方法。

直到如今,双方研究领域的不少学者仍认可这种对立,尽管这种对立在某些方面已然不复存在。在两种文化之争中,首先值得一提的便是数学——这原本是除了逻辑学之外一门纯粹的，或甚最纯粹的"精神科学"——带来的争议：如果自然科学在其理论和成果研究中成功运用了数学方法，那人们就不得不认同，现实本身就是由数学结构组成的。同样的，社会科学也习惯于交错运用历史的、理解性的方法和经验科学的、自然科学层面上的方法：在社会科学中，尤其是在心理学上，一直存在自然科学和精神科学方法论之争。在一些过渡领域、跨领域学科和特殊情况中，无论是分析学和阐释学之间，还是逻辑上十分精密的方法理论同阐释-理解性方法之间，似乎都不存在对立。总而言之，两种文化之争以及方法论的绝对分裂主义与其说是呈现了现状，倒不如说是夸大之言，是一种浮夸、争强好胜，是受双方意识形态利益驱动形成的言过其实的对立。就像精神科学领域包含了形式科学和解释性科学一样——比如象征性的形式逻辑以及语言学，在自然科学领域同样有历史学科——比如古生物学或宇宙起源学。这种肤浅的文化对立也绝不意味着在理解个体单一性（就算宇宙也有自己的历史）和广泛普遍性过程中存在方法上的绝对对立。而且，就算在日常理解中，某个解释或理解本身就会令人难以"理解"。而科学的理解本身就应该——如马克斯·韦伯（Max Weber）认为的——始终以完整的形式建立在诠释性论点的基础之上。

在方法论上彻底分裂"解释"和"理解"所用的方法，认为用于解释性科学和理解性学科的方法本身毫不相关，这样的观点很明显是错误的，这只是一种意识形态上的、受利益驱使的夸大或伪饰。必须抛弃这种传统的二者相较取其一的观点，取而代之的应该是一种明确权衡过的兼容观。这当中的关键差异化体现在细节中，而不是意识论上的对立和排斥。从方法论上来看，轻视彼此的方法本就是不妥当的做法。方法论上的分裂主义只会导致教条主义，限制方法分析和方法批判上的进步，无法使之得到细化和提升，从哲学和认识论上来看，这种遏制性的做法不利于创造和进步。在研究以严格科学依据为基础的实证性哲学时，希望最终能彻底排除所有科学理论和科学依据中的形而上观念，这种做法只会割裂两种"文化"之间的关系。尽管实证主义中一些具有争议性的论点曾促进了分析哲学的发展，同时也进一步推动了认识论和科学论的进步，但同时却也导致教条主义盛行，尤其是使得自然科学中历史性、纯理论性观点再次盛行，比如在研究自然科学理论发展时运用了历史性、理解性、解释性的方法。（反过来我们也不能认为精神科学－哲学化的传统心理学是过时了的，以自然科学为导向的行为主义和后期实证心理学的各个流派同时也使传统心理学有了新的发展和进步。）

可见，从方法论上分裂精神科学和自然科学的做法是有局限性的，会导致两个领域中教条主义的盛行。教条主义向来都是一种毫无必要、毫无创造性的自我制约，只会限制认识上的进步，而不会起到任何积极作用。（当然也会有例外，比如实证主义中提到的颇具争议性的观点就会带来新的理念！）日常认识中的理解和解释所用的方法也是如此。我们不能说日常认识是完全毫无理论性可言的，或认定其是发散性的认识，并由此认为其毫无"准科学的"理性，因为即使是在日常认识中，也有一些与理论类似的普遍性、模型、概念建构和日常假设，它们构成了秩序和论证的基础，诚如心理学家们所言，这些就相当于是"朴素理论"。当然，这些"朴素理论"并不等同于严谨精密，或甚正式的科学理论。但从某种程度上来看，它们也有不少可与之媲美之处，比如拥有类似的功能，尽管这些"朴素理论"对差异化和精细化没有那么高的要求。从实际情况来看，一般也不需要这些理论达到绝对精细的程度，否则倒有可能会产生不利影响，朴素理论观念在运用时需要足够的实践安全性，它们涵盖了普遍化的、"解释性的"、个体化的以及"理解性的"要素。也正因此，其关键是个案能以某种方式延伸成为具有普遍化的关联和关系。由此可见，在日常认知中不存在方法论上的分裂主义，而且这也不是用以分析日常认知的好策略。

因此，无论是在科学上，还是在日常认识中，都必须合理利用两种传统方法中的相关要素和原理，并根据各个问题领域的具体要求有差别地搭配运用这些方法。有些伟大的方法论学者，比如马克斯·韦伯——包括威廉·狄尔泰（W.Dilthey）也有这种倾向——早就认识到了这种全面性理念和差异化综合的必要性。

重要的是把精神科学以及自然科学中传统的正确观点融合成科学认识和日常认识中的某种认识论或哲学，这样就可以避免把所谓的"纯粹"认识与各种实际行动分割开来。因为世上并不存在任何绝对"纯粹"且完全脱离实际行动、与建构的抽象行为毫不相关的认识或"纯粹理性"——除了理想化假设。

当然，只有对所有领域的日常认识以及科学认识的方法论有了深刻的理解，才能形成这样的观点，换言之，这些观点形成的基础是人类在认识过程中如何与世界发生相互作用，如何"呈现"、表现、塑造世界上的种种要素以及自身与世界的关系——同时在认识中再现这些内容。和所有其他经过有意规划或设计、拥有明确目标的生活诉求一样，认识也是一种行动。呈现以及感知行动的做法本身依赖于各种认识和"再现"、目标和意图（意向），也就是依赖于既定的释义。无论是与这些行动的可认识性和可确定性（同一化）相关，还是涉及有意识地执行并掌控这些行动，都是基于其既定的释义。这样我们就能更清楚地认识到，人便是一种能释义、能行动的存在，它会行动并采取必要（必不可少的）诠释，它会诠释或认识，必要时也会采取行动，在此期间，它会改变世界，也就是"它的"世界，甚至改变自己，包括自己对各种模型的呈现和诠释方式。

简而言之，人类并不仅是行动的存在，而是一边诠释一边行动的存在（需要强调的是，每种行动其实都早已和某种诠释相关，也就是说，这些行动都是在诠释中得到执行、领会和理解的）。从中也可以看到行动与诠释之间的关系、个案与将这些个案在全面关联中进行普遍化并加以归类的关联，不管这些是情境相关的关联，还是与理论关系、因果作用或跨时间的系统发展有关的关联。认识或再次认识到相同性以及相似性的过程是以某种"理解性"的观点为前提的，这就是能直接超越个别情境并将其进行归类、分类并认识其形态的能力。在没有普遍化考量的情况下，是不可能纯粹进行个体化"理解"的——同样地，如果排除了普遍规则也无法完全理解某种个体事物。（"个体是不可言传的"这一传统观念迄今在方法论上仍颇具说服力。）

认识并不仅与行动相关，而且其本身也是一种行为。其关键在于"呈现"，也就是能形成所认识之物的模型或对应物，不管所认识的是何物，这样才能让此"呈现"接受现实对应物的检验，也就是预测其效用、行为后果等。认识也是一种行动，行动便是诠释，也就是说，认识必然是一种诠释的过程。不管人们是认识和呈现个体事物，还是要形成理论表述体系，或是设计、制作模型，亦或是设定"朴素"日常理论的普遍性及建立各种表象之间的关联，还是作为形态分类，在此过程中，认识都是一种诠释的过程。

　　认识就是诠释。这就意味着，认识过程用到了诠释过程的结论——或者狭义地来看，认识过程便体现在诠释过程中。诠释本身也是一种行为，或许我们也可以将其理解为对某种诠释对象的阐释性呈现，也就是对某种以标记或"预先设计"形式出现的存在物进行建构。所谓诠释便是形成、修改并运用结论和"建构"。近二十年来，我一直称其为"诠释建构"，这种建构都是在诠释过程中获得并得到运用的。这些"诠释建构"涵盖了日常和科学方面，包括了知识和想象中的形态构成（概念性的结构），我们完全可以将其类比成建筑师、规划师或科学家所设计的模型，这些模型再现了各种结构。

　　无论是在精神科学家或自然科学家的工作中，还是在日常生活的认识和行动中，都会形成并运用这种"诠释建构"，而且主要是以抽象化的理解方式和图示的普遍化方式。因此就需要从差异化的认识论和方法论角度出发，来研究诠释的普遍性基础结构和诠释建构形式中诠释行为产生的结果。（当然，这并不意味着单个认识类型同单个诠释类型、诠释方法之间不存在明显的差异，也不表示这种差异不像有些探究本原的自然科学和日常认识之间一样显著。正好相反的是，首先应该对这些问题进行差异化对待和关联比较,前提是其需要以普遍的方法论分析为基础。)

诠释依赖于特定的预先给予性或某种被诠释为某物的对象,诠释是一种行为,它是对结构化和关联性对应物的呈现。人必须进行诠释。诠释便是行动,同时它又从根本上受到释义的影响。认识和行动诠释和"已存在的"或被影响的现实有关。诠释和释义都依赖于释义者特定的态度或视角,依赖于那些受到文化和历史影响的观点。下文将从诠释建构的普遍哲学角度来探究,并尽可能说明这些认识论和方法论上的问题。其中要阐述的并不只是方法论的问题,同时也包括如何与现实相对应的问题,探究抽象工具(即通常所谓的"先验事物")的预先影响以及如何在行动中将自我与现实联系起来的问题——也就是在实在论、先验论、构成主义、模型论、内在主义以及文化性、语言性和社会性中,与认识论和行为理论相关的问题。诠释建构主义就相当于是基础哲学的一种全新开端。

如果我们在探究诠释问题的发展时,能够分析神学的阐释历史,分析法律史、法律的形成、语文学,并看到19世纪末、20世纪初普遍阐释论的逐步形成过程,那么我们就能认识到,诠释的方法往往就是解密的过程,也就是阐明隐含在文本字母中的含义,从阅读模型来看,这就是揭示性的阐释过程。在自然科学中,诠释自然也是一种传统,比如弗朗西斯·培根(F.Bacon)就认为,对自然进行释义,比如从数学上对其进行分析,依赖的便是对隐喻内容所做的诠释。伽利略(Galilei)认为,大自然之书是以数学语言写就的。显然,伽利略非常重视认识论在知识获取过程中的影响。不过他的观点也是存在局限的,也就是仅限于上文提到的、纯粹接受性的阅读模型，因为这些自然科学家们认为，他们认识到的秩序是创造者设立在世上的，也就是预先存在的。

虽然本书中提到了诠释或甚方法论上的诠释论，但这并不等同于传统意义的诠释概念。确切地说，这里所说的诠释涵盖的范围更广，鉴于其不同的运用领域，其含义也并不仅限于尼采等人所指的某种具体的诠释概念。

早在 15 年前（参见 1978；1975，第 47 及下页），我就开始从事诠释建构的方法论研究，重点关注的是行为理论、理性哲学分析、价值哲学、动机和动因心理学等领域中的概念和事例，而且不仅从我们日常使用的这些概念出发，而且也从科学，尤其是人类学和社会学角度出发来研究这些概念。在人类学和社会学中，大部分现象本身就是诠释的结果、方法或手段，也就是诠释建构。我们会想到"自由"等价值，认识到"责任"等概念，或是把"红十字"等社会组织当作理念、协会和机构。诠释建构可以是科学上的理论概念，也可能是日常理念，比如前文提到的被人们细致有序、有组织地划分好的对象。

由此，哲学也就成了一门更全面的认识论哲学。无论是在认识上还是行为上或其他方面，我们都会以诠释的方式来面对世界。世界正是因为我们人类的需求、能力和可能而被建构并结构化——这不仅和人作为生物的认识能力有关，也同其语言的抽象表述能力有关。世界只有处在人为创造或被人们所感知到的诠释图式中时，才是一个结构化的完整世界，才能被人类所理解。我们所理解且可以被呈现出来的一切有认识能力和行动能力的存在物，无一不依赖于诠释。人类必然是能诠释的存在，也就是说，他依赖于释义和诠释，比如在思考、认识、行动、组织、建构以及进行评价时。这也是康德传统观念中的一种理念，只不过它不像康德那般要求认识形态只有唯一一种方式，它允许有选择的余地，允许有不同的视角，甚至可以有任意的多种视角。但所有这些视角都是对人类建构、释义和诠释过程的反思。威廉·詹姆士（W.James）曾说"到处都是人性之蛇的踪迹"，也就是说，人性之蛇的踪迹遍及各处或随处可见。

我们或许可以将这种哲学称为先验诠释论；但我们首先只需要关注方法并呈现、分析方法，同时掌握运用方法的各种可能性；由此可见，我们也可以称这种哲学为方法诠释论。或许这才是更简单的一种定论。先验诠释论可能会用现代的方式来接纳并发展康德认识论中的行为论，并按照康德的理念将其与经验唯心论联系在一起。这种唯心论的根本观点便是所有对象和客体都置于主观认识条件及其法则之下，但却完全可以认为其具备客观性和交互主观性，而按照这一理念，与其背后的"自在世界"对应的便是我们的结构化过程。首先我们讨论的便是实用的认识理论以及某种哲学的根本基础——前提是人类作为有诠释和释义能力的存在，其本身便依赖于形态的构成，并会通过思维、认识和行动将自身理解结构化。也就是说，这是一种实用建构诠释论，它在方法论上有多种变体，这是一种方法论的诠释主义，是先验的一种变体，是先验诠释论。

"诠释"这一概念本身从语法这一层面来看就已经至少可以分为三类，即作为过程、事件和行动的认识，建构意义上的诠释结果以及诠释客体，比如文本中的诠释对象，最后便是诠释过程中出现的对象（诠释物）。此外，"诠释"有时候也意味着，所有被人们——比如金特·阿贝尔——称作"诠释性"的事物都是和诠释相关的，这也是诠释的一个典型特征。

不过我更喜欢"诠释的渗透性这一说法"。所有这些不同的事物都可以被细致地区分开来，比如我们把诠释行为称作"诠释行动"或"诠释过程"时，或是在谈到结论时提到了"诠释结果"，或换个角度称之为"诠释建构"，都可以体现诠释的这一特点。"诠释建构"这一概念也有双重含义。它也可以指形成的诠释结果、完整的理论体系或该体系内的某个既定客体，比如科学中的理论建构，也就是所谓的"电子"或"基本粒子"。

我们也可以用"诠释相关性"来替代"诠释性"（阿贝尔，1984等），或者称其为诠释的影响或"诠释的依赖性"——或者称其为"诠释的渗透性"，这也是我本人偏好的一个概念。也就是说，对对象的理解，包括所有对象本身，都是由我们理解并建构的，只有如此，它们才被"赋予"给我们，才被诠释渗透。我之所以选择"渗透性"这一词，是因为它能让人认识到，这里针对的并不是绝对的诠释论或绝对的诠释唯心论。基本上我们已经可以得出"诠释渗透性的原则"了，也就是所有认识和行动对诠释的依赖性：如果没有符合逻辑的诠释，我们就不能思考、认识、行动、评价和评判。诠释的依赖性是一个不可回避的特点，这就表示：每项认识、思考、行动和评价中都渗透着诠释，都依赖于诠释，都受到某种视角的限制和影响，而这种视角可能是我天生就拥有的（在感知和身体器官条件方面，其中一部分视角甚至是可以遗传的），也可能是在文化影响下（而且可能是下意识中）形成的。这种富含意义、能够建构意义和含义的诠释视角是不可避免的。在科学理论中，自汉森（N.R.Hanson）和波普尔（Popper）之后，人们经常会使用"理论渗透性"这一说法。这些科学理论家和认识论学者认为，观察（观察的观点）本身就依赖于理论概念和理论结构，离开了理论，人们便无法对其进行思考或将之付诸实践。这一点在此处同样适用；我们可以说，诠释渗透性是具有普遍性的。按照金特·阿贝尔的观点（见前言），诠释涵盖了"所有的过程，在这些过程中，包括感官现象上的区分以及所有具有反思性的理论观察领域，所有事实都是一种既定的事实。在这些过程中，我们将现象性的事物与其他事物区分开来，将其确定为某种事物并能再度认识该事物，我们能赋予其特征和称谓、组织起其构成物质、建构关联、对其进行归类并通过这种方式来认识世界和有意义的事物，由此获得观点、信念或甚合理的客观知识。我们可以把现实、事实和意义理解为诠释的功能"。而哲学思考便是实施并分析这种诠释图式的过程。金特·阿贝尔认为，哲学是"诠释的内在性"（1984，第175页，原文为斜体）。

从方法论来分析哲学并理解哲学，这是一种非常有说服力的做法，尽管其并不十分精确。（这是诠释的哪些功能类型？这些类型如何才能得到更具体的呈现？）为了让诠释建构的方法论哲学在形成伊始就能得以具体描述和分析，下文的"诠释"一般指的都是对图式（见本书原文第85及下页，第95页）的选择、原初构成或生物遗传学上的影响、交互影响上的建构（影响）。这本身就已经是诠释过程中的普遍方法论释义了，其需要被细分为具体的图式化诠释行为和下意识的诠释行动。比如将其分为建构化诠释或建构诠释以及重新建构化，或是分为生物遗传的（受到了环境交互影响，并因此得到稳固）原初诠释（实际上这是我们完全无法改变的一种诠释），也可以分为图式诠释和（阐释学中）最普遍的文本诠释（这是特殊个例）。

我认为重要的还包括：如果我们认为诠释的渗透性是方法论（可能也是先验论上）的根本条件，并在某种程度上将其等同于其他的诠释建构，比如"事实""世界"等，那么我们就犯了一个错误——不管这是诠释本体论还是诠释唯心论上的绝对化做法；因为这样我们就把那些所指之物等同于某种概念或某种建构结论、描述方式，而这本身便是语义学上的错误。因此，我在1987年1月12日写给金特·阿贝尔的信中建议把这种哲学观限制在方法论视角中。诠释的方法是一种条件，这是我们认识、行动或评判时候的特点。如果阿贝尔能接受并在其中补充"可被理解"这一词，那么我们的观点便达成了一致：每种可被理解的现实，或者确切地说，对事实的每项理解都依赖于诠释。我们理解的现实都是——这种现实是可被理解的，是诠释建构——依赖于诠释的。现实或世界的存在是某种"诠释"（的结果），前提是它能呈现在我们的认识和理解中，呈现在我们的结构化可能中。世界只有作为诠释物，而且只有在诠释过程中才能被理解：诠释的范围便是我/我们理解的世界范围，而这种世界对于我们而言是可以被理解且被建构的。诠释图式的内在功能从根本上来看是和我们所能理解、认识的事物相关的，它涉及我们在认识和行动中进行释义的各种方法。换言之，最重要的是我们必须将"诠释"这一说法同认识的可能性、表述的可能性和理解的可能性结合起来。这一说法自然并不仅仅是和描述性的认识相关，它同时还涉及根本类型上的可理解性、可表述性、可思考性，也就是和必要的范畴理念以及行动中的释义和评判相关。

除了方法论之外，我们也可以从认识理论上将诠释提升为一种先验诠释主义——我们的做法和康德类似。我们提出（尤其是必要的）条件，而认识和行为必须服从这些条件。但对所有时代、人类、文化等而言，这些条件（这和康德的范畴不同）不必保持相同或不变，但它们的某些形态是类似且符合逻辑的，尽管并不永久存在，但它们都要先于认识和行为。诠释主义首先是一种方法论，也就是释义过程，它描述了理解、思考和认识的过程，并最终成了先验的诠释主义。这里最关键的是理解世界和对象的可能性时需要的必要且充分的条件。诠释的渗透性便是这样的一项条件，它从根本上体现了对诠释的依赖性，这也是无法回避诠释性的根本缘由。话语、表现、释义、认识、思考、评判和行动的条件和可能性必然是诠释性的，依赖于诠释的。这一观点大体上和康德的先验唯心论模型类似。我们会预先——这和康德的说法类似，但其方式要比康德更为灵活——将世界结构化，这是可被理解的世界，也就是康德所说的"表象世界"。诠释的范畴便是可被理解的世界范畴。"可被理解的事物"涵盖了思维和逻辑上"可设想的事物"。

《约翰福音》提到"太初有道"，《浮士德》提到"太初有为"，我们也可以说"太初有释"，诠释便是连接言道和行为的根本方法，也是将原本互不相关的语言和行为联系起来的视角。阿贝尔在上文、包括在他出版的书中都谈到，康德的先验唯心论观点和尼采对诠释现实意义的理解让我们看清了事实，这两者在诠释主义中得到了统一。"太初有释"可能容易造成误解，因为"太初"似乎设定了一个时间限制，但此处当然不可能有这样的限制。我们可以说："所有认识、行动、评判和评价的（方法论）逻辑基础便是诠释和诠释建构。"我会把理解性的释义和积极的建构统称为"诠释"。

诠释是受制于视角的建构，同时还包括了建构本身！这些建构大部分拥有传统特征和具有代表性的特殊性，也就是说，它们包含了我们传统习得的符号意义或语言含义。符号并不是指其本身，而是它们在符号传统以及具体（按照维特根斯坦的说法，符合规则＝有规则的）使用过程中的代表性角色。符号的具体使用构成了语言共同体中符号所拥有的意义。我之所以说诠释"包括了建构本身"，是因为如果没有诠释，我们根本就无法形成这样的建构。

上述内容引发了一个有意思的问题，也就是诠释方法在自我运用上的可能性。通过运用诠释方法，我们可以获得积极的理解或积极的巩固——随后我还会再提到这一点——同时，我们还在不同阶段使用该模型时进行了某种分级并做了积极的回顾。在方法论的诠释主义中，通过准语义学的分级构成，完全可以避免方法论在自我运用上产生的矛盾，如果我们直接（没有分级）解释"这句话并不具有诠释渗透性"这句话，那么就有可能产生谎言的二律背反。

第一层级上具有建构性的原初诠释是我们在实践中无法回避且不可更改的，但我们一般会将其设想为其他事物，除此之外，我们还可以看到其余各种诠释。至少我们可以想象自己或其余存在物有另一种原初的诠释。诠释可能会变，但诠释关联，也就是诠释性的根本依赖，却是绝不可少的。

在原初诠释中，比如在"认识"某种遗传的感知图式时，最重要的显然是某种在结构上无法更改的诠释：我们不得不接受这种诠释，因为我们无法——至少在实际生活中——摆脱这种诠释；前提是，这是一种无法避免的诠释。

此外，我还希望明确一点，我们可以将这种观点和现实态度结合起来，而不必要——就像在极端诠释主义中可能发生的那样——彻底放弃我们在现实中的态度。当然，我们必须摒弃朴素的实在论，因为这样的论点会认为世界本身就如同我们认识的那般存在，认为其本身的特征明显是超验或甚与诠释无关的，并认为其本身便包含了关联结构，就像其在认识中形成的那般，我们必须从诠释性角度对这样的实在论加以限制，必须认识到：1. 我们对现实的所有理解都会预先受到我们的诠释和原初诠释的设定和影响（这和康德的观点完全一致，尽管其形式和康德所设想的不一定相同）；2. 认识到真实世界和有诠释能力的存在之间的区别，有诠释能力的存在便是正在诠释的我，这种区别本身便是从认识论角度进行诠释的结果，它依赖于诠释，是一种诠释性的模型，也是可以被诠释改变的模型，我们借助这种模型来解释自己对世界的认识。这种模型是可以更改的，并不是绝对的。

此处提到的诠释主义和实用唯心论之间有共同之处。

我们可以说，从实际生活的角度来看，在某种程度上，实用、实际的唯心论和我们所说的诠释主义是互相包容的，尽管后者局限于方法论问题，也就是方法论的诠释主义以及先验意义上受制于条件的诠释主义。

从方法论和先验论来看，就算认为世界是不依赖人类的自在世界，这一观点在某种层级上也是一种诠释建构。因此，我们自然不能说自在世界是不存在的，它只不过是我们诠释世界的产物。我们完全可以保留实在论者的身份，但我们必须认识到一点，实在论也是一种被诠释渗透的、实用的实在论，这种模型建构只能是内在化的。诠释性，也就是对诠释的根本依赖性，在方法论和"逻辑"上要先于所有的客体及其构成，换而言之，对客体的理解只能是受制于诠释的。当然，就算是在最低层面上也可能会有各种各样的诠释方法，这也是一种相对论，至少是一种抽象的相对论。这当中最重要的方法论观点便是：我们作为实在论者假定，或不得不假定的一个世界（或甚这个世界）本就被诠释渗透了。在可能进行灵活诠释的层面上，可校验性是与原初诠释相对应的，同时，变化多样、依赖于诠释的事实同实际生物遗传学上不可更改的原初诠释之间是存在关联的，根据诠释学的观点，从方法论上来看，以上这两种说法都是内在诠释的前提，尽管其只有在元层面上才清晰可见。在通往自在事物的道路上没有任何捷径。存在哲学的哲学家们始终认为，通过分析现象，通过理智的观察，事物本身就会显露出来，而且是以非常明显的方式显露出来，他们无法回避、无法检验、也无法改变这些事物本身。曾有人寄望于一种纯粹的、不受理论和诠释影响的本质直观可能，认为这是一种真正不容置疑的认识方式，但这样的希望只是徒劳，根本不存在这样的可能，我们不可能脱离诠释，如果离开了诠释就无法描述事实。

总而言之，本书首先是从方法论角度出发来形成、阐释、巩固、说明诠释的观点，这种观点可能也会延伸成为一种先验的观点。按照后者的理论，所有的认识和理解会将某物当作"理想的"或"现实的"事物，或是"事实"，其前提是诠释，对其所做的描述及其形态都依赖于释义。这样的现实只有从诠释角度才是可被理解的，也因此必然是依赖于诠释才得以建构/能被建构的、能被认识、能被分析、能被掌控的！对现实的认识和理解定然是被诠释所渗透的。但我们也可以（我甚至认为我们可以论证这一点，也就是我们应该，且从实际来看是必须这么做的，否则我们就不可能找到绝对的证据）抛却这种诠释找出一种特定的、诠释性的建构，也就是实用性的、诠释性的实在论，这也是相当有意义的，因为生活中的关键原因、实际原因和理论原因都证明了这一点。

第二章 从先验唯心论和内在实在论到实用方法学诠释论和先验诠释论

众所周知,康德将自己的哲学理论称为"先验唯心论"。"先验"便意味着认识的可能条件,尤其是经验认识的可能条件。当然,这些都是根本且必要的条件,康德认为可以通过理性意识的自我分析来认识这些条件。但他同时又声称,他的哲学也是"经验实在论"——既是先验唯心论,又是经验实在论。那么,该如何称呼这两者呢?先验唯心论的关键在于,我们通过自己的认识范畴和理性获得了形态,而认识就是在这些形态中得以呈现并被结构化的。"唯心主义"便是其认识理论,因为其形态来自具有认识能力的主体。但这只是局部或有限的唯心论,因为主体影响(主体施加的形态化过程)在这里仅限于认识的一部分,也就是认识的结构。主体建立了认识的结构,这并不意味着客观性的缺失。按照现在的观点,客观性体现在交互主体的可校验性上。该词在康德的观念中,包括在康德之前的传统德国唯心论中,都拥有另一层含义:客观性也意味着事实相关性、对象相关性和事实相称性。也就是说,"客观性"具有双重含义。在康德的观念中，这当中最重要的便是在思考上述形态的过程中将表象联系在一起——我们想到因果性的形态，并将其作为理性概念，或者想到与之相关的、在因果关系中作为思考基础的假设判断，也就是"如果……就……"之间的形态。可见，在对认识进行结构化的过程中，思考是非常必要的。但另一方面，直观也是思考的一部分。一般都是由感官来进行直观，也就是对外部的感知。但有时候，也就是在所谓的"纯粹"认识中，也会涉及内在的直观，这便是康德要求的内部自我感觉，其体现的形态便是内部的自我感知。只有兼具直观和思考才能有认识。康德的其中一个主要观点便在于，不依赖于经验的、"纯粹的"对象认识是存在的，尤其是在抽象的科学中，也就是数学和逻辑学中，同时其也存在于抽象的自然科学中和精神科学的基础学科中，比如心理学。康德称这些判断为"不依赖于经验的事实判断"，按其原话便是"先天综合判断"，也就是并不完全基于概念分析，而是说明事实内容的判断（即"先天综合"），但这种判断并不依赖于经验，而且同时要先于任何经验。"先"这一词在这里是逻辑意义上的，而不是实践层面上的。康德相信，这种判断是定然存在的，比如在数学和逻辑学中，或是牛顿经典物理学的基础定理中。同时，他还认为，这种判断针对的也可以是认识的形式结构，也就是针对纯粹理性形式、范畴以及判断过程中的逻辑形式。从根本上来看，这些判断是必要且普遍适用的，康德认为这是不依赖于经验而存在的有效定理本身所具备的基本特征。经验定理通常是可能有效，但并不是必要的，因此，从严格意义上来看，也就不是（如果有必要的话）普遍适用的。与这种不依赖于经验的事实判断，也就是先天综合判断相对立的,便是必要性标准和普遍适用性标准。康德认为,因果原则便是这样的一种判断。根据该原则,只要我们想认识并呈现外部世界的有效对象和事件后果,我们就必须运用因果思维方式。如今,这一形态已经无法成立了,比如根据哥本哈根对量子力学的解释从微观物理学角度描述现实状态时。因为在很多领域,我们已经无法再依赖于对现实的因果理解,尤其是在绝对毫无例外的层面上,也就是决定论的层面上,这种理解更不可能是全面的。但我们可以认识到,我们可以且必须维护康德的一些主要观点,比如至少有一部分的认识是被我们结构化了的,这一点就至关重要。认识就是在人类积极调动认识功能的前提下才出现的:这当中自然包括了作为结构化能力的理性和作为生物学基础的大脑。

在康德的理论中,最根本的是判断能力;只有如此,我们才能认识客体。认识的关键是判断,这种能力能把呈现在我们感知中的各种现象和表象有意识地合为一体,并将其合成一种统一的表象,同时能实现客观的、也就是与对象相关并在交互主体上可进行校验的有效性。如果我们在诠释判断的逻辑形式时考虑到事件、事实和对象,那我们就知道了范畴,比如从"如果……就……"的判断形式中明白了因果原则;康德认为这种思考形式便是范畴。只有通过思考和感官直观才能获得认识。能建构对象且达成与客体相称的认识,这是我们进行判断,或者说开始进行判断的根本基础。我们需要一种实质才能进行判断。而这种实质一般是在感官直观的过程中获得的,但也可能存在于纯粹的直观中,比如数学直观中。客体认识的前提是自我意识本身具备一种连接表象的能力:我们必须有能力建立这样的关联,也就是说,能激活表象的核心统一体和有效统一体,即意识。但这却有一个普遍有效的前提:我们不仅需要经验意识,而且通常还需要由具备认识能力的意识所达成的一种更全面、更基础的统一体,或者我们也可以说,这是一种认识理论上的意识,有时也被称作认识理论上的理念。有认识能力的意识所具备的形式同一性是联系我们表象的一种能力。康德总是说:"我思考(此)。"这一表象必须同时伴随着我的所有表象一起出现;我必须将它与我的每一种表象关联在一起;我要通过一个标签,也就是指数,来辨认出它——比如通过这样的补充说明:"这是我的表象。"只有如此,我的表象世界才能达到形式上的统一,也就是我说的联合性。康德称其为"先验统觉的分析性统一"。这其实便意味着在涉及认识理论的统一性时,表象的形式统一性是存在的。但这是前提的,也就是我们不仅拥有一种形式上的统一性,同时,这种统一性最初便是确定的,或者说被建构好了的,而且它基本上能通过表象的关联不断被重复建立、激活;因此,康德谈到,拥有认识能力的意识是具备"原初的、先天综合的统一性"的,也就是拥有认识能力的主体有一种能进行综合化的先天能力。康德称之为"先验统觉的综合性统一",这其实便是意识中最原初的统一性,这是我们获得认识的根本前提。无论是作为形式联合性的统一性,还是理论上能自发连接表象的能力所具备的统一性,都和认识理论中的主体所具备的统一性相关。一方面,通过这种形式统一性以及通过这种实现联合性的能力,认识理论的主体便形成了,也就是得到建构了;另一方面,这种统一性当然只会出现在主动创立的过程中,比如必须要假定认识理论的统一性,也就是认识理论的主体必然存在时。在康德的观点中，认识理论的主体所具备的统一性是和经验自我——也就是心理自我——的统一性紧密相关的。经验自我从根本上源自经验的意识经历。康德的观点还是非常传统的，他认为人类从根本上来看都是根据经验从自我意识出发来进行理解的。不过康德也认为，自我的结构统一性是有存在前提的，也就是认识理论上的自我包含在经验自我内，反之亦然，也就是自我和认识主体之间存在一种可逆转的明确的互属关系。这是康德的假设，他认为由此可以证明他已经证明了自己想证明的东西，但事实却并非如此。在康德的哲学中，这依旧是一个尚未解决的难题。不过我们并不打算关注这种经验自我，我们只探讨认识的统一性。因为这里的关键并不是康德如何用其心理学、心理学至上论的语言来表述其观点，也不在于表象间的实际关联，其唯一的关键就是最根本的可关联性。我们因此只能说这是某种理论统一体的结构化和形成过程，毕竟，这里最重要的是认识论理论模型中的诠释建构，按照康德的观点，我们可以用这种模型来描述并解释认识，最重要的是能呈现认识的可能性。其关键在于它能同时呈现和自在世界、外在世界之间的关联。可关联性从根本上来看是可能存在的，如果我们假设积极的表象关联是存在的，那么按照康德的观点，其存在的前提便是，"自在"世界——根据先验唯心论学说，我们无法认识这样的世界——定然拥有结构特征，也就是拥有一种根本的可被理解性，正是基于这样的可被理解性，我们的感知才能通过认识过程成功实现统一：自在世界的可被理解性必然有存在的前提，也就是感知的表象关联可以成功达成统一。这是一个形而上的观点，是和康德的认识论相符的。简而言之，以客观有效性、判断和认识为前提,并将表象关联在一起的逻辑行为是和认识论主体——也就是该认识论中的"纯粹自我"——的统一建构紧密相关的;同时,只有当人们拥有来自世界、来自感官直观的实践时,这种观点才成立,而且自在世界本身要拥有这样一种"特征",也就是世界的表象能以连续、可重复的方式不断成功地建构形成一个统一体。可见,这里涉及一种交互的建构理论。客观认识的可能性与认识主体的建构、自在世界的形而上论断紧密相关。

如上所述,我们可以保留康德这种哲学观中的一部分观点。比如认识形成过程中的根本能动性,也就是认识到人类具有主观的影响力,在认识形成的过程中发挥了结构化的影响,同时,思考和感官感知必须同时发挥效用。这两者从某种程度上来看,尤其是在必要的进一步差异化过程中,定然是正确的。不过我们不能沿用康德观点中的一些论断,比如所有认识行为都存在于和经验全然无关、先天存在且必然无法更改的范畴中;尤其是在科学(比如抽象理论科学)中,其部分领域(至少是在一些较大学科中)内的认识本身都是和感官感知无关的。另一方面,我们也可以说,康德的模型在某种程度上依旧对日常认识的基础做出了颇具说服力的解释和说明。事实上,我们在日常生活中经历的就正像康德在其范畴认识结构论中所描述的那般。尽管康德声称,其认识的形而上指的是科学认识的形而上,不过考虑到后来科学的发展现状,我们就不能再认同康德的这一观点了。

同时,我们还可以看到,诠释在某种程度上也发挥了一定的影响。一方面,我曾说过,康德的这一模型是解释、说明认识时的一种诠释化、认识论的建构。另一方面，我们也可以说，我们在运用范畴和判断形式时，其实便是在诠释或运用诠释建构。后文还会对此详加解释。最后，同时也很重要的一点是，我们要假设自在世界是存在的，它并不是能被真正直接认识到的，而是只有通过经验和表象才能被我们间接认识到，也就是康德说的，通过感官感知和感官感知的思考秩序，通过融入经验，而这种被认识到的自在世界当然也是一种建构。而有一种模型，也就是认识论的、认识形而上的模型建构，呈现的便是这一切。我们随后会再次解释这种建构和模型的意义。如上所述，康德设定了前提，同时他也相信，甚至能证明，这样的自在世界是存在的。

康德的理性哲学模型在很多方面是失败的。这种模型得被另一种哲学替代，这种哲学更具创造性，能开放地接纳各种观点，而且和释义、诠释建构有关，同时如我上文所言，能允许模型建构，尤其是允许另外的模型建构。我们曾强调过，认识范畴和理性形态的很多方面不一定非得和康德要求的一模一样，它们可以运用别的可能性，不同的诠释是完全可能存在的，而且通过这种方式，也就是通过理性的自我分析，并不一定能绝对地对认识形态和认识进行必要的结构化。别的余地、各种可能性和其余的选择都是可能存在的。我们有各种视角和诠释可选择。

就算认为这一切均和外部世界的真实事物相关，这一观点本身也是不可靠的。当然，这话听起来有点可疑，但我们现在可以明确认定，朴素的形而上实在论已经失败了。我们必须过渡到另一种——自然是沿着康德的道路——批判性的实在论，

第二章 从先验唯心论和内在实在论到实用方法学诠释论和先验诠释论 | 31

但这种实在论不能绝对地断言某种观点，而只能设计观点、提出建议。传统的形而上实在论所具备的特点便是拥有一定的前提条件，这些前提总结一下可以分为以下观点：其声称，和我们的结构化全然无关的自在世界是存在的，我们能区分与我们毫不相关的自在存在对象所具备的特征和被反射的特征之间的不同之处，而后者是通过感官感知才被再次认识到的。这就让人想到了洛克（Locke）曾提出的观点，也就是主要特质和次要特质的区别：比如按照洛克的这一观点，光的波长是客观可测量的，是主要特质，或其数据，而温度感知以及其他的感官感知则是次要特质，只有人类才能经历并获得这样的特质。形而上实在论者认为，这种区分是非常明显且唯一的，其前提便是，世界本身被分成了各种对象类型、种类、类属、类别，而我们只有首先认识到这种区分，才能描述这些自在存在的对象及其种类，就像是用一个套锁或用我们的概念网络捕捉这些对象，不过能捕获也只是大部分对象，有些甚至根本无法被捕捉。也就是说，对象及其特征本身是自在存在的，只有通过概念才能被描摹、描述、理解。按照形而上实在论者的观点，外部世界的对象和事件是自在存在的，是作为独立的、甚至结构化的实体存在的。将外部世界的事件和对象区分开来，或者将不同于外部世界的自在世界和我们的理解方式区分开来，这种区分是先天存在于世界上的，而且是自发产生的。同时还有一定的逻辑条件——比如一个对象定然会有一种特质或没有特征（没有第三种选择）——对规律真相的理解是和现实或事实中的事物，也就是和存在于现实中的事实相一致的，这也就是真理的一致性概念这一著名观点。真理的一致性观点可以追溯到亚里士多

39

德时期，从那之后，这就成了真理理论中最重要、最核心的理论。但该理论也有其难解之处：如果我们无法有效深入现实，如果我们不（能）认识自在世界，那么我们该如何理解或判定是否和现实达成了"一致"呢？尽管在形而上实在论中经常会出现这样的论点，即有可能全面理解自在世界，比如按照马克思的辩证唯物主义观，但并不是所有的实在论流派都持这样的观点。同时，形而上实在论还有一个根本前提，也就是我们必须坚持一种不依赖于世界的描述、观察方式，只有这样，我们才能"从外部"描述世界并用明确的方式认识、描摹世界。事实证明，按照这一理解，我们无法证明此形而上实在论的正确性，也无法达成这一理论中过高的认识目标，因为从根本上来看，如果我们要实现这种形而上实在论，要实现的目标实在太多了。

举两个例子，它们均是和存在的客体数量相关的问题［这个例子也是和卡尔纳普（Carnap）和普特南的观点相应的，见1991，第194及下页］。如果有人问，某个空间，比如某个大厅中，有多少客体或对象，那我们会说这里有多少凳子或椅子，但接下来却被难住了：什么才是一个客体呢？是一把椅子，一排凳子还是整个房间里的位子？如果再加上黑板、粉笔和设备呢？也就是说，一个大厅里会有一大堆的客体，我们需要把这么多的客体区分开来。如果我们问，我们要如何明确地界定客体呢？客体是如何存在的呢？那么，这就产生了问题，界定的视角决定了客体的数量。我们是要把呈现在我们和我们感官面前的、作为统一结构出现在我们行为世界中的所有有机整体都统计在内？还是关注不可分解、最小单位的客体？我们是得深入到基本粒子层面吗？可能夸克是不是最小粒子的问题才是关键所在。粒子是一个客体吗？因为它显然不可能独立地"自由"存在。我们可以看到这当中有一系列的重要难题亟待解决，这依赖于选择的视角，依赖于如何提问和分析的精密度，依赖于我们拥有或设定的预先定位，也就是我们把什么看作客体。也就是说，我们不能脱离前提便认定某个客体。客体的形成就像是人工制品，它决定了如何确定客体的数量。它取决于我们在确定自己的概念、感知和判断力时候的视角、预先判断、概念的精密度、分类、界定和特质。我们甚至还可以进一步说：

波兰有一个逻辑学流派［继莱斯涅夫斯基（S.Lesniewski）之后］，其创立了一种与传统相悖的所谓的分体论。该流派的逻辑学家们认为，就算是在逻辑层面上，依旧无法明确判定某个世界上的客体和对象究竟是什么。譬如假设我们拥有某个世界上（以下三种基本对象的数量决定了这个世界）的三种基本对象 A1，A2 和 A3，那难道我们就能说这个世界包含了三种独立、明确的客体吗？又或者我们能否把这些基本对象之间的人为关联也看作客体呢？事实上，莱斯涅夫斯基认为，而且他还用逻辑分析表明，这些基本对象中还存在特定的部分关系综合，而且我们还可以将其理解为客体。如果我们拥有这些基本对象的此种关联，那么是不是 A1 和 A2、A2 和 A3，或者 A1 和 A3，亦或是这三种之间共同构成了客体呢？如果我们拥有总共七种基本对象——或甚像莱斯涅夫斯基假设的那样没有对象——或是八种对象，又或者简而言之，一个有 n 种基本对象的世界上是否就存在 2^n 个客体呢？也就是说，我们在这个世界所拥有的对象数量和我们所熟悉的、看到的对象是不同的。换而言之，我们得到的数量取决于我们如何划分世界，我们在考虑感知能力和界定对象的过程中如何选择前提条件（这一点同样适用于界定、区分和认定任意位置间的关系）决定了我们对分析和分析形式的选择，也决定了我们如何认识对象和世界。认识，比如客体认识，取决于我们的预先建构。而与之相应地，某个世界上对象的存在和数量问题也取决于类似的预先诠释。

普特南在过去几年受康德模型的影响形成了一种认识论的观点，他对以上观点作了总结，并试图论证某种实在论的合理性。他称自己的理论为"内在实在论"，但最近（1991，第200页）却坦承，他其实应该称其为"实用唯心论"。他试图在自己的作品《理性、真理和历史》（1981，第78页）中说明该理论：对于内在实在论者而言，符号的代表性并"不是自动——和它们如何以及被谁使用无关——伴随着对象发生的。但如果某个既定的群体以特定的方式使用了某个符号，那么，在这些符号使用者的概念图式中，这个符号就对应了某些既定的对象"。同时，他还进一步提到（参见：同上）："没有任何'对象'是脱离概念图式存在的。我们采用了这样或那样的描述图式，以此将世界分成各个对象。由于对象和符号就是这种描述图式的内在要素，那就有可能说明什么符号对应了何物。"从根本上来看，对象就是符号关联的建构（相关物），而在某种语言共同体中被普遍使用的描述则被视作、当作"对象"。与形而上唯心论不同的是，这里明确表示，对象就像是被制造或被发现的事物，也就是我们抽象创造能力的产物，就像是我们经验中客观的、不依赖于意志的要素。换而言之，不存在自在的对象本身，对象是被我们建构、结构化并分类的；它们依赖于我们的诠释方式、诠释分类和诠释建构。不过普特南也认为，在一个语言共同体中，世界内部也存在假设对象，比如"能自我定义的"对象（参见：同上，第80及下页），也就是那些在一个或某个时代中不依赖于思想而出现的一种或某种符号关联。虽然这并不具备普遍性，但在某个语言共同体中，是存在符号转化为对象的特定、稳定的分类，其无法被更改，具有自我定义性。按照普特南的观点，形而上唯心论的特点便是其所持态度类似于神明观察者，或者用普特南的原话便是：处于"神的态度"（参见：同上，第76页）。也就是存在一种外部的、能通览一切的视角，能在我们不参与、不"创造"世界并对其进行分类的情况下通览一切存在物。

　　与之相应的，我们要假设只存在唯一一种能描述一切的真正理论。当然，这种"神的态度"是和区分事实、人为描述或预先规定（也就是价值和标准）的做法紧密相关的：对形而上唯心论者而言，价值和事实之间存在着不可逾越的鸿沟，同时，还存在着独立的真理检测，这种真理检测基本上都是和人类无关的。可见，这些唯心论者认为自在世界是存在的。普特南对这种态度进行了批判，他认为我们不可能在脱离预先结构化的前提下认识真理——从话语与事实、事物的一致性角度考量；如果要脱离预先结构化来检测这种一致性，那么，我们在自己的认识范围之外就得有另外一种额外的途径来检验我们的话语是否符合真理，但这样一种通往现实的途径本身并不存在。我们拥有的只有认识前提和认识机制、我们的概念和结构化可能性，而且这些甚至都是可以被改变的。在不同的语言和文化社会中，在不同的世界观中，存在着对世界和诠释可能的各种理解。就算是在同一个文化背景中，不同科学理论间也存在一些截然不同的观点，比如某些理论间该如何取得一致性，这一问题就有可能引发科学理论中最难以解决的难题。直到如今，经典物理学和相对论物理学、量子力学之间还存在不可协调的问题。在实践中，我们一般会采用经典模型，用经典工具来进行测量，但原则上，我们秉持的却是在逻辑上与经典物理学不可协调的另一种理论，比如相对论或量子力学，认为其是更好的、"更真的"理论。那么，这两种逻辑上不可协调的理论事实上是如何互通，或者说如何协调彼此的呢？这是科学理论中一个难以解决的问题。而我们在理解认识的整体关联时，面临的也是相似的问题。

我们可以用普特南提出的一些特征来定义内在实在论，这些特征其实完全可以归结为一个词，也就是"诠释主义"（此处我更愿意称其为"诠释建构哲学"或"诠释建构主义"）。但诠释主义和内在实在论之间还是有一些区别的。首先，内在实在论的一大特点便是没有认识到自在事实是脱离了人类存在的，现实就是处于某种既定的、描述性视角下的事实，否则其就会变得毫无意义。在理解事实本身的过程中，我们不能脱离我们的描述可能或概念体系。普特南在1985年于卡鲁斯发表的演讲，即后来出版的《实在论的多副面孔》（1987）中，提到致真者和我们观念中具有论证功能的机体只存在于我们的概念体系、理念体系和理解体系内部，而不是外部。我们的认识不会脱离人类或脱离概念，我们不可能在脱离概念的前提下认识事实，我们只有通过另一种被表述出来的认识来检验一种被表述出来的认识。我们只可能从内部进行比较。我们不认识任何自在的事物，这和康德的观点是类似的。普特南的论点整体上遵循了康德的传统观点，但他并不像康德那般出于纯粹的思维形式理由而设定了"自在之物"，按照普特南的观点，我们基本上不知道我们在谈论"自在之物"时讲的是什么东西。如果我们将某物称为"自在之物"，但其实根本不认识或无法"拥有"它，该物处于我们的经验世界之外时，那么，此时语言表述的内容是空洞的。因为我们不知道自己在谈论什么，普特南在论述康德思想的一次讲座中也强调过这一点，该演讲稿被收录在上文提到的于1987年出版的《实在论的多副面孔》一书中。我们的抽象概念是我们自己创造并被我们融入认识中的，它们不能脱离了经验对象而存在，也不能和经验对象截然不同。可以说，认识结构的形式组织和对象之间的关系是不可分解的，我们只能故意用快刀斩乱麻的方式斩断其关联。但不管怎么划分这都是刻意的行为，我们不能把真理视为人为创造的"自在"世界之间的一致性，真理应该是可以被人感知，为人而存在，能根据人的情况被体察到的，我们只能将其理解为理性的可假设性，或者按照普特南的说法，是"理性的可接受性"。能被理性接受的事物自然是和时代、人类、社会背景和文化背景相关的。如果从这个角度来看，"真理"会是一个实用的概念。因此，普特南提到，在我们的语言世界中，在我们的语言中，真理其实有一种更普遍的特征，也就是语义学的特征，它和时代无关，具备不依赖于时间的、理想化的意涵。因此，我们必须跨越纯粹理性的可接纳性这一观点，接受其不依赖于时间的这一说法。普特兰提到了理想化的、理性的可接纳性，这种可接纳性就是真理。在《理性、真理和历史》（1982，第82及下页，第266页及以下）中，普特南又提到了一些令人费解的观点，在随后出版的《再现与现实》（1991，第203页）艺术中，我们只能将这两种观点理解为"互相依赖的概念"：真理的前提是我们能呈现理想的可接纳性并将其精细化——反之亦然，但这两者在定义上并不全然相同。内在实在论的"本质"是提出了这个"建议"，也就是"真理并不会优于实践运用"（参见：同上）。

内在实在论从根本上来看是从人的常识，也就是健康人的理性出发的，比如该理论认为可以对日常生活的对象进行有意义的谈论——同样也可以谈到质数、电子等事物的存在，但同时也认为，这种范畴化不同于我们的抽象理解和诠释的内在差异。内在实在论认为可以规避传统形而上唯心论的难题，同时还能规避唯物主义、现实的形而上唯心论（按照这一理论，自在之物可能就是精神）以及形而上二元论的难题。在整个世界内部，包括在包罗了所有事物并对事物加以分类、结构化且可能再次制造事物的概念网络本身中，当然都是存在一致性的，也就是某些事物是和其他事物有关联的，比如某个符号代表了结构化的经历和经验之间的某种特定关联。当然，也存在内在的、次级的一致性，以及发现客体、对象和事件的可能性。我们可以（而且只能！）发现这种内在一致性或关系。从这一角度来看，经验是具备客观性的。内在实在论首先要排斥的便是某些二分法，在传统的哲学中，这种二分法是存在的，但这和将某事物看作客观或主观并认为两者不可融合或有关联的二分法是不同的。确切地说，这和康德在解释对象概念时的观点是类似的：

如果主体"学会"了一些事物，也就是认识到了形态，那么认识形态这一过程本身并不是"客观的"，按照康德的说法，它也是"主观的"！而在内在实在论中，这种归属和分类要更加灵活多样。我们不能仅仅认同某种"纯粹客观的"特性和对象的存在。我们可以再次探讨一下上文提到的例子，也就是大厅中客体的数量和界定。形而上唯心论的一大特征便是自在之物的内在特性及其反射（也就是经过人为界定和概念建构形成的特性）之间的不同之处，这一点同样适用在内在实在论中，比如谈到效用、力量等时，这些都源自自在之物并对人类产生了影响，按照康德的话，也就是"刺激"人类，而特性本身便是对自在之物的隐喻式理解。这种区别不可能自在存在，也不可能脱离我们的诠释，它只能是一种相对的结构化。我们必须认识到一点，确定范畴化的是我们，同时，我们还在将世界结构化的过程中起到了主导作用。从根本上来看，我们不可能放弃结构化。甚至从另一角度来看，这也同时意味着，我们只能认识到事物呈现给我们的样子，只能采用反射式的诠释，因为对我们来说，这种诠释是必要的，也就是必要的诠释。对普特南的内在实在论所做的简要介绍就到此为止，他的理论和我们所谓的诠释哲学有很多相似之处，后文会对诠释哲学做进一步的介绍。

　　如果我们仔细研究一下词源学和诠释概念在法律史、法律阐释、神学阐释、文学史和阐释学等学科的发展史（参见本书作者 1993 年出版的书作），就可以看到，"诠释"一词，或者说诠释方法经常或甚通常都被看作是纯粹阐释性的、被动的，其中的主动性、建构性要素很少被提及，尽管像艾卡特立尼·卡勒里（E.Kaleri）也曾强调（见伦克上文提到的书中第56，61，75页及前言部分）这一要素，包括施莱尔马赫（Schleiermacher），尤其是狄尔泰，也曾在阐释学中将其理解为建构性、主动性的要素。可见，这是大部分——尽管并非全部——阐释学家观念中的局限性。当然，自然科学在传统上也惯于用诠释的方法来解释大自然；弗兰斯西·培根曾说："要用数学方法分析、解释大自然，就要依靠诠释中的隐喻。"这让我们想到伽利略的名言，即"自然之书"是用数学语言写就的。这里谈论的其实也是诠释的意义。形式逻辑中同样适用这一点，在形式逻辑中，诠释真正证明了个体常量、谓项常量和关系常量同与之不相关的变量之间的关系公式。但这里的"诠释"并不等同于我们说的广义上的"诠释"，在后者中，释义过程被称作"诠释"，释义的结果被称作"诠释建构"，而被诠释的客体常常被称作"诠释产品"或"诠释建构"，而其中使用的方法则是有意识的、主动阐释性的意涵建构、意义建构、目的建构和目的归因。（当然，也存在各种不同于上文所说的、没有被意识到的诠释建构。）我们自然应该明确区分诠释过程、诠释经历、诠释产品和诠释建构。此外，按照格哈德·弗赖的观点，意义诠释和目的诠释之间，包括在一般语言学视角的阐释学中，意义阐释和文本阐释之间，都是不同的，这种阐释是根据预先设定的意义来分析现有文本，但不会建构新的意义、意涵或目的，也不会将各种意义关联在一起。我们随后会持续分析诠释的不同程度的建构性之间有何区别，比如文本阐释如果只涉及"图式阐释"，那么，其图式建构和图式运用之间有何区别（见本书德语版原文第103及下页，第107及下页，第109页图表）。其中的核心

第二章　从先验唯心论和内在实在论到实用方法学诠释论和先验诠释论 | 41

是建构和构造，不管其涉及的是实体（也就是客体）还是认知（也即是客体和主体）：其本质上涉及的是视角问题，同时以多样性为前提。弗里德里希·尼采（Nietzsche）曾写道："简而言之，物的本质不过只是对'物'的看法，或者说，'这有效'其实指的便是'这是'，唯一的关键就是'这是'。"（Ⅷ1，第138页）"我们不能质疑究竟是谁在诠释，诠释本身作为权力意志的形式，它是一种此在，但并非存在，而是一个过程，一种变化，一种情绪。"（同上）"'物'的产生完全就是表象显露、思考、意愿和发明的产物。"（Ⅷ1，第139页）他甚至说："权力意志意味着，在有机体形成的过程中涉及到的是一种诠释。""事实上，诠释就是一种方式，是为了成为某物主宰者的方式。器官形成的过程是以持续不断的诠释为前提的。"（Ⅷ1，第137及下页）其中最典型的，从认识论角度来看最有意思的说法是："（……）事实恰恰是不存在的，存在的只有诠释。我们不能确定某种'自在'的事实：有可能想要确定事实本身的做法就是毫无意义的。"（同上，第323页）尼采甚至谈到了所有事件、所有过程的"诠释特征"（Ⅷ1，第115页）（参见：阿贝尔，1984，第172页）。

尼采在另一处曾提到（同上，第112页）"世界的价值体现在我们的诠释中，（……）这也是我写下的文字所具备的意义"；也就是说，世界和世界的价值取决于我们的诠释。正是我们生产了全部的关联、全部的意蕴和意义，只有这样，我们才能在认识中、行动中，在分析世界的过程中不断接近世界。当然，按照尼采的观点，道德现象中也同样适用此法——"并不存在任何道德现象，只有对现象的道德阐明"（Ⅵ2，第92页）。在尼采的遗稿中，他还提到，仅存在"一种对此类现象的道德诠释"（Ⅷ 1，第 147 页）。（详尽引文见本书作者伦克 1993 年出版的书作，第 77 及下页）。

尼采的这些话针对的都是积极的意义诠释，其中强调了人们感知世界时的多视角性。尼采多次强调，世界其实就是作为我们的诠释建构而存在的世界，或者说由各种具有诠释能力的有机体在进行有创造性的诠释时制造的"产物"，按照他的观点，意义总是被投放进世界本身中，而且其取决于我们人类的利益，也就是尼采所说的权力利益。他在遗稿中提到，意义总是必须先被投放进去，这样事态才会发生。自在的事实是不存在的。权力意志的核心借助于欲念的旨向来解释世界，由此建构了诠释性的世界："我们需要的便是解释世界——我们的欲念及其赞同和反对倾向。"（Ⅷ 1，第 323 页）权力意志的每个核心都会以诠释的方式创造各自的世界。创造世界便是诠释。在追求诠释的核心中产生了视角论。不同世界之间的关系构造成了各种视角组成的网络。

从根本上来看，尼采把诠释视为一个不断延续的过程："我们不能质疑，'究竟是谁在诠释？'，诠释本身作为权力意志的形式，它是一种此在（但并非'存在'，而是一个过程，一种变化），是一种情绪。""'物'的产生完全就是表象显露、思考、意愿和发明的产物。'物'这个概念本身就具备了所有的特性。就连'主体'也是这样一种被创造出来的存在物，就像所有其他的'物'一样，是一种简化，是为了描述一种可以被设定的、具有创造性和思维能力的力量，并将其同所有设定、创造和思维区分开来。"（Ⅷ 1，第 138 及下页）

因此，我们不能忽视我们对世界的影响和我们的诠释。不

第二章 从先验唯心论和内在实在论到实用方法学诠释论和先验诠释论

管是在认识上还是行动上,我们对世界的理解都离不开诠释。可以说,我们人类的需求已经预先将我们的世界结构化了,同时还对其进行了诠释。借助我们人类的需求、能力和各种实践可能,世界得到了建构和结构化——这并不仅针对有机需求,同时还指通过语言来达到认识和抽象表述的可能性。世界只有通过我们人为的诠释图式或在人类身上预先存在的诠释图式得到形成、建构、成型之后,才能被人类所理解。这也是康德的观点之一,只不过它没有像康德那般要求认识形态只能以唯一的方式出现,它允许有更多的选择和不同的视角,也就是允许有多种任意的视角。但所有这些视角都反映了人类的建构形成、释义以及诠释过程。我们不能无视人类的范畴化过程,为了解释世界、认识世界、理解世界并在世界内开展行动,我们拥有的便只有人类的这种诠释可能。而行为和认识是互相融合、不可分解的:只有通过抽象分析的方法——也就是人为方法——才能将其区分开来。换而言之,我们所理解、所呈现的全部具有认识和行动能力的存在都离不开诠释。人类必然是有诠释能力的存在,也就是说,他依赖于解释和诠释——在思维、认识、行为、结构化、建构以及评判等过程中。

金特·阿贝尔在其博士论文《尼采:权力意志的活力和永恒的回归》(1984)中试图借助尼采的观点让诠释理论具有普遍性,也正是他让我留意到了上文提到的尼采的言论。阿贝尔也提到了我们的认识、真理、理性概念、行为中所具备的建构特性和诠释特征,而且他的观点丝毫没有受到我早年的一些文章的影响(即本书原作者伦克在1975年发表的作品中第47页的部分内容;1978年发表的作品;1979年发表作品中第

18、38及下页中的内容；1981年发表的作品）。我和阿贝尔是偶然，也就是在我读到他对尼采观点的看法时，才取得了共识，并很快认定我们两人的观点有很大的共同之处，当然，其中也存在明显的差异（比如，阿贝尔在1993年的研究中就对当前的分析哲学做了整体分析）。

我在此处还想详细谈一下阿贝尔早期的观点。最初，他和尼采一样，将诠释主义的模型极度扩大化了，并且将其极端化了：他认为诠释是一个普遍的表述模型，适用于一切现象和过程。阿贝尔的定义是："诠释一词简要的概括了过程的全部条件和全部基本特征，我们在此过程中将某些事物贬低为某些既定现象，并对其进行识别和再次识别，在其中运用谓项和标志，建构关联，并通过分配对其加以归类，我们用这种方式构成了世界，由此获得观点、信念或甚合理的知识。"（1988a，第51页）诠释针对的通常是我们看到的对象、世界、事实和意义。这当然是一个非常开放且相当全面的定义，但无法对各种观点加以区分，也就是无法区分认识行为和行为间的差别，无法区分所有的过程和事态、诠释的结论和诠释的产物、建构，包括无法区分诠释的客体，即文本等诠释对象，也无法区分诠释过程中作为"对象"出现并被建构、描述的事物。[阿贝尔前几年（1993年，见内容索引）对诠释概念进行了更为精细的区分，比如区别分析了专业化的诠释和个体化的诠释，这和我提到的理解性诠释建构和架构性诠释建构是相符的。]同时，"诠释"有时也是一种特性，也就是一切事物都有赖于诠释，阿贝尔称其为"诠释性"。但这一定义并没有充分解释那些与诠释密不可分的各类实体、现象和要素。要对其进行更详尽的定义和分析是非常容易的，尤其是通过差异化分析后，从术语上来看，这些专业术语会更具意义，这也是阿贝尔在其1993年的新书中——也是基于我和他的探讨——所做的。如果我们将诠释行为称为"诠释行动"或"诠释过程"，如果我们为了强调以过程为旨向行为结果而用到了"诠释结论"或者为了强调结论用到了"诠释建构"这样的表述方式，那就能使这些定义显得更为明确。"诠释建构"一词当然是有双重含义的：一方面，它可以指最后形成的、特殊的诠释结论，也就是整个理论体系或该理论体系中的某个既定客体，比如科学领域中的理论建构、理论实体等，就像是"顶夸克"或一般所谓的"基本粒子"。也就是说，事实上这里首先针对的是理论建构，即某一理论中必须假定的实体。（大部分的此类理论建构都是某一体系框架的一部分，广义来看，也就是一个理论建构。不过也有可能有个别建构并没有得到实践验证，比如世纪之交时提出的原子，如今的字符串，而实践上的可验证性是一件非常复杂的事，它依赖于相关器械技术的发展现状，其本身也高度依赖于诠释程度。）

我们也可以将阿贝尔的"诠释性"称作"诠释依赖性"或"诠释相关性"，或者像我更偏好的"诠释的渗透性"，也就是说（被理解、领会的）对象已经被诠释渗透了。在科学理论中，自汉森和波普尔之后，人们惯于使用"理论的渗透性"或"理论的饱和性"这样的表述方式。这些认识论哲学家的观点表明，就算是观察性的言论表述也依赖于理论概念和理论的结构化，我们不能离开理论对其进行假设或实现之。因此，我们也可以说所有认识和被理解的实体都是具有普遍的诠释渗透性的。我甚至想要以此确立诠释建构哲学的最高基本原理，也就是"所有认识和行为都具有诠释渗透性"的原理,即所有可被理解的存在都是和诠释相关的——只要这些存在呈现或者被呈现在认识过程中,或者可以被认知到。在这一点上,阿贝尔的观点更加极端。他谈到了诠释的基本原理或根本原理,按照他的原话,"所有事件"归根到底都可以"被称为诠释"。他曾在某处如是说道:"所有存在都是诠释,诠释便是一切存在。"(1989,Ⅱ,类似的语句也出现在1984年出版的作品的第182页中)"现实是不存在的,存在的只有诠释"(1984,第162及下页),他拓展了尼采对于事实的看法:"现实"可以被理解成"诠释图式的内在功能"(内在诠释主义)。我们对待外部世界的所有事件和事态时所持的都是自然的态度,但在阿贝尔看来,这一切都是诠释。他规定的根本原理称:"诠释的界限就是世界的界限。"(同上)后者指的当然就是我们所在世界的界限。这让人想到了维特根斯坦在《逻辑哲学论》(5.6章节)提出的"我的语言的界限就是我的世界的界限"。阿贝尔提到(同上):"世界,事实和意义都作为诠释存在于诠释内。现实是诠释图式的内在功能。"也就是说,现实就相当于是诠释的产物,而哲学便只能是实施并分析此类诠释图式:"哲学(是)诠释的内在性。"对阿贝尔的核心观点就探讨至此,他的观点大部分和我是一致的,只有个别观点在我看来太过主张诠释产物了,尽管这并不是诠释唯心论,但也太过极端了。另一方面,他的观点尚未进行足够精细的区分,比如对"存在"和"现实","理解"和"可理解性"的区分,另外,我们曾在写给对方的书信中(1987)探讨了这些问题,并在《大众哲学杂志》(1988)中发表了两篇文章。

我主要质疑的是阿贝尔在某种程度上夸大了诠释的渗透性，他将其定义成了一种真实的存在。他曾说"所有存在都会诠释，诠释便是所有的存在"（1984，第 182 页），他认为存在以及所有的存在物都只是诠释，这一点在我看来有点太过了，这比我们在描述存在过程、描述"存在"、描述"现实"时的所有表述都要宽泛，直接将其等同于我们人类理解能力的所有潜在可能。如果阿贝尔能认同"可被理解的"这一词，那我们的观点会更一致：每一种可被理解的现实，确切地说，对事实的每一种领会都依赖于诠释。我们所领会的现实当然都是有赖于诠释的——这些现实也被称作可被理解的、可被认知的、有所指的（被指的）、可被标识的现实，也就是诠释建构。现实的存在，或者世界的存在，只要，而且只有当它呈现在我们的认识和领会、呈现在我们结构化的可能性中时，就都是（某种）"诠释"（的结果）。诠释图式的内在功能从根本上来看指的是我们所能理解及认识的东西，同时能在认识和行动中解释的东西。换而言之，我们必须把"诠释"这一表述同认识可能、呈现可能和理解可能结合起来。这指的当然不只是具有描述性的认识，而是基本范畴中的可被理解性、所指性和可思考性，也就是其中必需的范畴理念本身以及在行动中进行的解释、评判等行为。我们在探讨诠释主义时必须首先看到其中的先验特征，但不能就此在唯一出现的认识范畴问题上推断其为先验哲学中最后具有论证意义的理性主义。这样的理论和康德的先验唯心论是平行的，是一种准（因为不具备唯一明确的推断性）先验诠释主义。言说、表现、解释、认识、思维、评判和行动的条件及可能性都是诠释性的，都依赖于诠释。这一点非常重要，决定了我们会且如何将世界结构化——也就是确定了我们能理解的一切，从根本上来看，也就是我们如何看待世界。只要世界是可被理解且得到了呈现的，那么，世界定然是一种"功能"，是受我们诠释图式影响的形态，由此看来，也就是取决于诠释的。只有通过运用符号，运用取决于诠释的概念体系和象征体系等方式，才能解释世界。就像康德所言，我们以各种灵活的方式对世界进行预先结构化——这是康德的观点。同时，我们也对可被理解的世界，对康德所说的"表象世界"进行结构化。诠释的界限便是可被理解的世界的界限。

"诠释"从根本上决定了对世界的理解和"处理"世界的方式。人类是在解释中进行思考和行动的存在，是具有诠释能力的存在，人类依赖于诠释[①]，也就是说，依赖于形态和建构的形成，而这些形态和建构都是富有意义或能带来意义的，同时也是属于特定物体、建构和对象的。我们也必须将这些形态和建构本身理解为诠释形成的过程本身。所有认识、行动、判断和评判等行为都是以诠释和诠释性建构为基础的（见本书原文第 63 及下页，第 60 行）。我会把理解性的解释过程以及积极的构成过程归纳为"诠释"。每一种解释都是积极的（再）建构。如上文所言，阿贝尔先前对诠释概念的定义是非常全面且开放的。他写道："诠释一词简要概括了过程的全部条件和全部基本特征"，这其中指的就是我们眼中的对象、世界、事实和意

[①] 此外，和其余更高级的特性不同的是，这一点是人类身上的根本特点，从认识论上解释了人类能将自己的诠释和诠释建构、自己的象征物和象征世界再次变成更高级别的诠释客体这一点。只有这样，才可以将人类称为"具有元诠释能力的存在"。

诠释的等级（层面）	
（阿贝尔）	
第一等级：实践中无法更改的、具有创造性的<u>原初诠释</u>　　（I₁） 　　　　　（最重要的建构和图示化过程）	
第二等级：能形成习惯和同等形态的<u>模型诠释</u>　　　　　（I₂） 　　　　　（惯性的形态范畴化和图示范畴化，以及前语言的概念构成） 第三等级：社会性的、承继而来的<u>语言和传统上的概念构成</u>	
第四等级：具有应用性的、能被掌握的、<u>有意识形成的分类诠释</u> 　　　　　　　　　　　　　　　　　　　　　　　　　　（I₃） 　　　　　（分类、归纳、描述、形成种类并加以分类；有目的地 　　　　　　构成概念）	
第五等级：具有解释性的、"理解性的"、能合理证明、得到<u>（理论） 　　　　　论证的诠释，合理化诠释</u> 第六等级：诠释建构方法中认识论的（方法论的）<u>元诠释</u>	

义，因此，诠释就成了理解过程中最根本的一件事，同时，诠释还涵盖了所有的相关过程，这些过程包含的范围非常广，从感性和现象上的区别到具有反思性的知识都被定义为"这样的现实"："最重要的是一些过程，我们在其中将之同现象区分开来，认定其为某种特殊事物并能再次认识同一事物，能投射特性和谓项，能组织物质，建构关联，加以分类并通过这种方式、借助这些事物来形成（并非塑造①）世界和合理性，同时在其中获得观点、信念或甚合理的客观知识。我们可以把现实、

---

① 此处引用的是阿贝尔尚未出版的手稿引言中关于诠释怀疑主义的内容，原文是"创造"而不是"塑造"。

事实和意义理解为诠释的功能。"阿贝尔甚至说:"所有发生的一切都只有在诠释中才会发生。诠释性先于一切经验,按其特性,它不会再次消失,不会中止,也不能以任何方式人为创造,这也是康德、黑格尔和维特根斯坦的传统观念中理解的逻辑性。"此外,阿贝尔还在新书中提到了诠释概念完全可以再加细化(1993,见索引),同时声称,康德的先验唯心论观点——我们规定了世界的感知形态和诠释形态——和尼采的传统观点都涉及诠释的作用,这也向我们证明了一个事实,决定了我们的世界观,同时,也证明康德和尼采的观点在诠释主义这一点上是彼此相关的。这就产生了一种特殊的认识论,也是一种特殊的感知理论和标准化理论,他称之为"诠释逻辑学""诠释美学"和"诠释伦理学"。不过在我看来,阿贝尔的其中一些观点太过激进,而且有一些尚未得到详尽分析。如上文所言,阿贝尔在此期间——其中也受到了我们两人之间所开展的讨论的影响——对诠释概念进行了进一步细化(见1993,内容索引),当然,本文在此处不可能逐一介绍这些概念。我在1987年1月12日的一封信中曾建议阿贝尔把他那看起来绝对诠释主义的观点限定在方法论的诠释主义中,因为他原本的观念和(尼采在1984年的著作中论述的)绝对诠释唯心论或诠释本体主义(或甚事件主义,即对事件的理解)以及从本体论角度对诠释过程的理解(见伦克,1993,第231页)非常相似。建构化和结构化诠释方法的特征便是我们能且如何进行认识、行动、评判等。同时我也提议将认识论观点限制在先验诠释主义中,也就是说,和康德一样,这里的重点是认识以及行为所需要的(特别是必要的)条件。这些条件从内容上来看不必一定适用于所有时代、人类、文化等,但它们会有特定的形态,而且是符合逻辑的,尽管在时间上并不一定会先于认识和行动。不过在这一点上,我们也必须将不同的过程和行为细致划分为各个诠释等级,因此,我在上述写给阿贝尔的信件中提到:"当然,我相信我们必须把我所称的诠释建构分成不同的等级,将其分成任意、会随意变化的建构和基于我们的认识机制或/和文化传统而不会变化或很难变化的建构。"在我的建议下,阿贝尔做出了相应的等级划分,也就是本文中引用并进行了延伸的表格。[①]

---

① 阿贝尔接纳了我的建议,并试图对诠释层面进行等级划分,他主要将诠释分成了 I_1—I_3 三个等级。I_1 是最根本、无法更改的诠释过程,"在这些过程中,某些事物形成了某些事物"(阿贝尔,1989,第 9 及下页);按照我的说法,这里针对的是最根本的原初诠释,这和我们的生物特征、感知结构化以及对非语言符号、动作等的运用密切相关。在此层面中,阿贝尔还认识到了"语言上和基础概念上的诠释"、"感官和感知上的"诠释、"认知和精神上的"诠释(逻辑上和意向性上)、"情感反应上的"诠释、"肉体上的"诠释以及"实践中的"诠释。I_2 等级的诠释指的则是"惯性的"诠释、"社会和文化习得的"诠释、"传统的"诠释、"调控的"诠释、"模型固见的"诠释和"投射性的"诠释。诠释 $_2$ "负责让我们区分某些标志是可以应用或可以被投射的,而另一种理论上同样得到了充分论证的标志则是无法被投射的"(这和古德曼的观点是完全一致的)。诠释等级 $_2$ 是可以改变的,是可以按照习惯被有意识更改的诠释,其在不同文化或亚文化的环境中得到了充分突显。与之相对的是,在诠释的第三层面上,"描述性的""解释性的""阐述性的""以沟通为旨向的""解释分析的""进行合理化论证的"诠释类型所具备的变化可能性要更大一些。

下文会对这些层面、划分、等级进行详细论述。此处先要提及的是,在我看来,从语言概念角度去理解生物实践或从根本上无法更改的原初诠释,这一做法是值得商榷的。它们其实更接近能促进习惯形成或同等性形成的其余类型,或者说是介于 I_1 和 I_2 之间的等级。同时,我觉得把有意识形成且可以更改的归类诠释(通过概念进行分类、归纳、形成种类并加以分类)和进行合理性论证的诠释以及阿贝尔尚未提及的认识论中的元诠释等同起来也是不妥当的。就像我在 1988 年(1993,第 259 页)的诵读会上提到的那样,按照图表对诠释类型的各个层面进行分类会更有意义(见上文诠释等级图表)。在该图表的各个层面中也出现了阿贝尔提到的三个等级(右侧一栏)。

我们首先要区分的便是最根本的行动和过程本身。因为诠释是有语义学含义的，或者是被渗透了的建构化过程——而且"过程"这一词在此是有双重含义的，其一指过程事件，其二指过程本身！（同时"诠释"这一表述也是有双重含义的。）这些建构往往具有传统特征和代表性特性，也就是说，它们包含了一种在实践运用中习得的符号意义或语言意义。符号本身并不意味着什么，它是在符号传统和具体运用中起到了代表性的功能作用。符号的具体使用构成了符号在社会中所具备的所谓的意义。就像我之前说过的，这"包括了构建"，因为如果脱离了诠释，我们就根本无法形成这种符号的意义。诠释过程就是一种行动，这当然不同于诠释过程的结果；结果要么是完结了的诠释，要么就是被建构或形成的对象：诠释建构。同时我们又必须将这两者和我们对意义、诠释的认识所具备的最根本、原则性的关联性区分开来；我倾向于称之为诠释关联性、诠释的可渗透性。所谓"可渗透性"是为了说明在一定条件下其完全可能会产生其他的影响；这里指的绝不是绝对的诠释主义或绝对的诠释唯心论。从根本上来看，我们可以确定一种"诠释可渗透性的基本原理"，也就是所有认识和行动中的诠释依赖性原理：如果没有（方法论）逻辑上的预先诠释，我们就无法思考、认识、行动、评判、评价等。诠释依赖性的无法回避性意味着，每一种认识、思考、评判和行动都是被诠释渗透了的，都是依赖于诠释的，都受到有特定意义的视角局限和影响，而这种视角可能是我天生所具备的（其可能是受感知或其感官条件影响而有一部分是先天遗传而来），也有可能是我从文化上的预先形态（有可能是完全无意识地）承继而来的，也就是说，诠释不可避免地会具备这种包含了意谓、意义和意谓构建性的视角。但这样的视角在一定情况下有可能是没有目的性的，或无法实施，不符合要求的，而另一些视角则可能会更加恰当一些。从根本上来看，诠释在一定条件下是变化不定的，除非它们是原初建构，原初建构是我们在实践中——比如是我们资质中天生的生物本性——无法避免的，但即使如此，从理论原则上来看，这些也完全是可以被回避的，因为我们可能会具备另一种认识器官，而且至少我们可以从原则上设定有另一种建构可能。诠释——而且是大部分——都是变化不定的，但诠释性，也就是诠释的关联性本身，却是不变的。能被认识的事物只有通过诠释才能被理解，只有在某种描述中，在特定框架下的诠释中，才能被理解。这是基本理念。

阿贝尔（1998，第51及下页）提出的诠释的不同层面如下："从先于各种既定经验的逻辑性来看，最初具有创造性的、本身具备范畴化功能的诠释性被称作'诠释$_1$'。通过习惯而在诠释中具有统一形态的固定模型则是'诠释$_2$'。习得的释义，也就是具有描述性、解释性、理解性、论证性和合理性的诠释则被称为'诠释$_3$'。"在我看来，这种区分是非常重要的，但从术语上来看，却又不够专业，不够细化。因此，我对其做了修改补充。在上文的图表中，我们可以看到诠释的各种层面，也就是我说的"等级"：第一层面指的是诠释等级$_1$，也就是在实践中无法更改的原初诠释或最根本的、事实上无法更改的建构。诠释等级$_2$指的则是受习惯或统一性影响而形成的模型化诠释，也就是我们不需要对其做出任何更改，这是在生物习惯上感知或理解的图式分类和模型。在我看来（这和阿贝尔对诠释$_2$的下级范畴划分不同），语言上的分类和将某物恒定地命名为某物这一过程更适宜自成一个等级，也就是诠释等级$_3$。阿贝尔的诠释$_3$层面涵盖了另外三个范畴，但它们并没有得到明确区分，有一部分甚至没有被命名。具有运用性的、"习得的"、通过诠释有意识形成的分类，也就是诠释性行为，即进行抽象分类形成种属划分，通过概念来加以描述等——我们将这种诠释行为称为"分类诠释"（诠释等级$_4$）；这里涉及的是有意识形成的形态，比如通过学习，而并不是通过生理习惯养成的，我们完全可以改变这些形态。我们的很多理论概括和描述都属于此类。不过狭义上的——论证或者论述性的——解释性、理解性和合理性论证的释义，也就是在科学上通过一定条件而设定的释义，则需要另一种等级去定义，也就是超越了简单分类和描述的等级。在这一等级中，事物能得到解释、合理化、理解、普遍化、在符合原则或其法规的情况下系统化，同时得到论证或合理的论述。这是更高等级的诠释类型（诠释等级$_5$）。最后则是要形成诠释模型，或者普遍而言：认识论的、与诠释过程和诠释建构相关的模型，也就是我们在这种模型化过程中采取的行动，也就是诠释行为本身，这是一种认识论的诠释，也就是人们该如何理解并对诠释建构方法进行模型化。认识论用到的是这种——自然是更高等级的——诠释类型，也就是诠释等级$_6$。阿贝尔在其诠释层面的划分中并没有考虑到这种认识论和方法论上的建构形式，但该形式却将分类化的模型建构和理解性的模型建构关联在了一起，用到了"元诠释"，因为这是对诠释方法的诠释。这在语义学上要属于更高的一个等级；因此，我们可以称之为认识论上或方法论上的"诠释的元诠释"，当然，这本身也是一种诠释方法，也就是一种特殊的、在哲学认识论层面上运用诠释建构时的诠释模型。也就是说，诠释建构的方法本身便是设计一种诠释性的模型用以对认识、行动和评价进行理解［当然也可以在方法论模型和理论、元理论上，包括在诠释等级$_6$的基础上，设定更高等级的论点——比如库尔特·胡博纳（1978，第328及下页）所说的"评判性"和"规范性""原则"，"根据这些原则，我们可以摒弃或接纳诠释事实中的理论"并规定或"确定""到底什么才是科学理论"。］

阿贝尔从"诠释的根本原理"——"诠释的界限便是世界的界限。（……）世界、事实和意义都只有在诠释中且只有作为诠释才存在。现实是诠释图式的一种内在功能"（1984，第169页）——中得出了一些结论，比如其中一条（非常接近尼采的观点）就被其称为"诠释原理"（同上，第161页），也就是，"对于人们而言，可确定的现实存在只作为特定诠释图式的内在功能而存在"，而人类则是"身体的组织"。在阿贝尔的观点和理解中，身体就像是必要的原初诠释，也就是我们无法更改的一种建构，归属于第一层面。阿贝尔写道（同上，第150页），"所有被称为事实的建构都是一种超能力的、具有阐释说明功能的诠释行为"［也就是一种'具有诠释性的'诠释行为］。这里也体现了尼采的观点，也就是"诠释权力的意志"（Ⅷ1，第137页）和诠释本身也是一种统治行为：按照尼采的说法，诠释是一种统治行为且具有象征意义（也就是理论理解和解释等方面上的象征意义）。我们不能脱离诠释的范畴。因此，阿贝尔认为（1984，第180页）诠释是一种"根本行为"，而"诠释行为"和"诠释范围"则涉及物理学、逻辑学、美学和伦理学的共同根本（1989，第5页及以下）。但这里存在一个潜在的危险，也就是认同未得到细化的诠释和现实。阿贝尔曾写道："现实就是诠释"（1984，第145页），但他也认为"真理就是诠释"（155页），"理性……作为诠释"（168页），每一种行为都是诠释。也就是"现实""理性""真理""主体"本身（见尼采，Ⅷ 1，第138及下页）都是诠释的产物，按照这一观点，每一种事件都是诠释。"'诠释'是所有事件本身所具备的内在特性。事件不可能不是诠释性的。"（阿贝尔，1984，第172页）也就是说，没有诠释就无法掌握并理解事件。我认为，我们当然不能把每一个现实都和我们的诠释关联起来。阿贝尔说"现实就是诠释"，那么，问题是"是"这一词指的是什么呢？这是直言判断（系词），也就是"现实""具备诠释性的特征，就是诠释"（按照这一理解）？还是针对事实上的同一性或甚逻辑上的同一性？因为"是"这一词也表述了这样的关联。我们是应该把"是"理解成明确的定义还是这代表着对真理所做的意义分析？"是"是定义上的同等，也就是定义上的同一性？还是数量上的同等性或者在某些特性上的同等性？或者构成"现实"的对象和事件上的同等性？又或者"是"指的是存在的谓项，比如现实只存在于诠释中且只作为诠释存在？这一切都未得到进一步解释，因此，我们必须详尽地区分"是""存在""有"等词的不同含义。"是"是分析哲学中的关键问题：这里至少有五六种不同种类和意义的"是"，而且其彼此间截然不同，可以得到明确区分。因此，我们不能像阿贝尔一样一概而言，必须明确交代"是"和"存在"分别指什么。另外，就像我在上文提到的，阿贝尔对事实、结果和诠释的关联性、诠释性都没有做出明确区分；因此也必须对这些差异进行明确规定。当然，这一切都不是可以轻易通过分析就解决的问题和困难。

我认为更重要的是，如果我们把诠释性理解为所谓的根本条件，并以某种方式将其等同于诠释建构——比如"现实""理性""真理""主体""世界""事件"等，那么，我们就仓促地将所指的对象同建构结果、描述的结果等同为一体了，而这是方法论以及语义学上的谬论。[阿贝尔在他的新书中（1993）受到我们两人之间书信和口头讨论的影响，有意识地避免了这种过于仓促的结论。]我们可以对阿贝尔在早期用到的大部分表述进行修改，我们不再说"现实就是（只是）诠释"，而是说，现实只有在至少某种诠释中才能被理解并被建构。如果我们把所说的内容局限在认识、理解——包括局限在行为、评判和评价上，那么我们可以沿用这些被改变了形式的表述方式。我们甚至可以说，世界就只有作为诠释对象（诠释建构）而且只有在诠释中才能被理解：在此基础上，诠释的界限便是我/我们能建构并理解的世界的界限，也就是在这种认识"映像"[=（再）建构]中呈现在我/我们面前、能被我/我们认识的世界的界限。现实只有在诠释形态中才能被理解、被思考。我不会一概而论称所有事实都是被诠释的事实，我认为，就像所有存在物和可被思考的物一样，现实只有作为被诠释的对象（对于我们而言）才能被理解。因此，"世界、现实和意义只有在诠释中且只有作为诠释"这句话应该被改为"世界、现实和意义只有在诠释过程中且只有作为诠释结果或者诠释结论才能被理解"。世界、现实和意义都取决于根本的诠释性，取决于特定并根本的建构条件，取决于上述诠释层面和诠释等级中的诠释。这里的诠释性被局限在了人类的理解、人类的释义和人类对待现实和世界的方式中。

当然，世界本身可能是存在的，这一命题由此一来便变得不确定了，尽管"世界"这一构想本身就是在诠释中产生且作为构想取决于诠释，因此在认识中也只能通过诠释来对其加以区分：这么一来，诠释过程尽管并未从本质上创造出"世界"，但世界的类型、描述，对世界的理解，也就是世界观，已经受到了诠释的渗透。换而言之，诠释主义一开始是方法论的，也就是用来描述释义过程、理解过程、思考和认识过程的，但现在成了（准）先验诠释主义。这里针对的是世界和对象的可理解性可能中具备的所有必要、充分条件。其中的一个条件便是最根本的诠释依赖性，也就是诠释的可渗透性，这是诠释的可渗透性根本原则或诠释性的不可回避性和不可或缺的条件。我们可以看到有各种各样的诠释——可能要把第一等级中的建构原初诠释排除在外，我们在实践中无法处理或改变这种原初诠释，但从原则上来说，我们可以用其余的方式来对其加以设定（我们至少可以假设我们自己或其余存在物拥有另一种原初诠释）。诠释是会改变的，但诠释关联性的根本依赖性，也就是诠释性，是不会被摒弃的。此外，极端诠释论者可能会在某个尚未得到诠释的领域中假定一些相关观点，比如人类、生命、具有诠释能力的主体或其余"物体"的存在是以诠释为前提的，是以诠释为根本或企图得到诠释以及进行诠释的（作为其主体）。"但主体在哪儿呢？"形而上学家保罗·怀斯（P. Weiss）曾这样问我（见下文第二十一章）。这种具有诠释能力的存在本身并不是同一层面的诠释产物、诠释建构或诠释过程带来的结果。换而言之，我们可以说，诠释者被迫成了实在论者，成了实用或实践的实在论者。但原则上来看，我们当然可以说——这也是这一原理的关键点——明确具有诠释能力的存在（主体）和被诠释的现实之间的关系当然也是取决于诠释的，而且是在更高的等级上，这种关系本身就是一种（认识论的）诠释建构，只有在诠释内部才有可能存在。我们无法脱离我们的诠释性。因此有些人——比如尼尔森·古德曼（N.Goodman）在《世界构成的方式》中——就认为，通过诠释不仅似乎能，而且真的能创造出整个，而且有可能是全新的世界：如果假定有另一种基本诠释，那么我们就会有另一个截然不同的世界，艺术家就会生活在一个不同于科学家所处的"世界"中（见下文第十九章）。根据这一观点，古德曼描述了一系列的诠释世界，按照他的观点，这些世界真的是被我们的诠释过程所创造出来的，而且不能凭借某种标准就将其同所谓的真正的世界区别开来。事实上，他所谓的世界其实（只）是世界的类型、世界的表现方式和对世界的理解。创造世界就是创造理解世界的方式，创造世界的类型，创造具有象征性的"世界"。"世界"和"世界类型"是不一样的（见下文第十九章）。世界构成的方式——这也是古德曼这本书的标题——自然不可避免地会导致诠释的相对论。

问题是，不同的诠释和诠释世界之间是不是真的存在比较的可能性，如果存在，又是怎样的可能性？是如何存在，如何理解，如何实现的？如果假设我们是在哲学角度进行探讨，而不是基于实践，我们是不是有必要将这种统一的世界作为万事万物的基础呢？我认为，古德曼和阿贝尔可能都会认同一点，也就是尽管在现实生活中确实如此，但从根本上来看这在哲学上是毫无意义的。从哲学角度来看,我们并没有生活在一个全然相同的世界中,只有从日常实践生活的角度来看才是如此。站在日常生活的态度上,世界从根本上来看也是一种诠释建构,它可能或甚必须具备另一种模样。按照古德曼的观点,我们必须将这一点极端化;我们必须说,我们生活在不同的世界中——就看我们从事的是艺术家还是科学家的工作。在古德曼看来根本不再存在真实的、全面的、包容了所有诠释的世界,有的只是不同的世界类型。[阿贝尔(1989,1993)的观点与之相反,他提到了"诠释世界",按照我的理解,这是不同视角下的诠释建构,这些诠释建构从本体论上来看是没有必要相交的。]

我们当然也可以举出很多别的例子,证明不同的形态、方法和概念可能会改写某个领域并成为其标志。我认为,绝对不相交、绝对不会相会的"世界类型"这一说法太过夸张了,从实践和实用上来看甚至自相矛盾。哲学不能太脱离实际生活,不然就会产生这样的矛盾。但从根本上来看,这一观点当然也是合理的,而且在方法论上也是颇具教义的,因此,我认为,我们实际上应该将其分为不同的层面。从诠释建构的方法论释义来看,我们可以说,艺术家和科学家在认识和行动中所做的诠释是不同的。但在实际生活中,我们往往会提出一种根本诠释,我们总会追溯到一种必要的、实用的根本诠释上,也就是我们生活在一个真实的世界中。这一根本诠释尽管也是诠释过程和建构过程的结论,但我们别无他法,就像我们只能将阻力——就像我用脚踢一块石头一般——理解成一种真实的经历,这种经历向我"展现"了世界的真实性。这并不是传统哲学中最后的合理证明或理性建构的最后论证中提出的证据,但这也是不可避免的；人类在日常生活基于普遍理解的朴素实在论以某种方式且在某种层面上已经得到了合理化论证，尽管其在技术（从方法论角度）上来看涉及的是诠释视角、诠释建构或诠释模型。从特定的观点来看，生活世界就是一个诠释建构。另一方面，这当然不是一种建构上可被改变的诠释：只要我们无法摆脱——当然不是在实际生活中——这种诠释，我们就得被迫接纳之；从这一点来看，这也是一种无法被摒弃的诠释建构。

那么，又该如何看待希拉里·普特南的和诠释主义密切相关的内在实在论呢？这种内在实在论认为，我们设定的差异化其实都是从内在视角出发的，也就是从我们自身创造的理念世界出发的：我们基于自身内部的视角区分出了真实世界和我们的精神世界。那么，世界是由哪些对象组成的呢？这是一个不能简单回答的问题，它取决于我们的范畴化，我们的形态构建和类型划分（我们会联想到此前提到的客体建构问题）取决于我们如何以各种方式联系并呈现对象。该问题的答案还取决于先期影响，而这种先期影响只有在视角下，在某种理论、描述或诠释中才能被理解。只有在这一框架中，世界是由哪些对象组成的这一问题才有意义。普特南认为，只有从内在论角度才能决定这一问题。可能存在不同的描述以及对象构成。只有依靠某种预先的形态化，我们才能真实地看到这一描述并理性地接纳之，随之将其和我们选择的其余描述联系在一起；在我们的各种想法，在我们的诠释性描述中，这是一种重要的关联，它决定了真理和伪设。一切都只有在相对的描述和诠释中才能被理解。我们可以看到，这和诠释主义的观点非常相似。我们只能从诠释内部来描述世界，也就是构建世界！普特南总是说

（1982，第78页），"对像我这样的内在论者而言，事实总是不一样的"，我们不能只讨论因果链本身，也不能随意对任何事物进行定论："按照内在论的观点，符号也不是天生就代表了——和谁以及用何种方式来运用符号无关——对象的。但是，被某一特定团体的符号使用者以某种特定方式使用的符号在这些符号使用者的概念图式内部是代表了特定对象的。离开了概念图式，任何'对象'都是不存在的。我们将世界分成各种对象，区分的方式便是引入各种描述图式。因为对象和符号都是描述图式的内在要素，所以就能明确其对应的是什么。"

换而言之，在普特南的内在实在论中也可以找到这样的一致性，我们可以称之为"真理"；对象中存在内在的对应。但是，我们可能——这是最重要的——只有通过范畴这样的方式才能从内在区分世界。我们不具备——这是主要的消极论点之一——"上帝的视角"（同上，第76页），我们拥有的就是我们的诠释世界，只有概念图式的可能，只有通过概念等来进行归类。简而言之，普特南的这种内在实在论以及诠释建构的哲学在很多方面都是一致的，尤其是在内在视角上：我们所"拥有"的世界就只是一种被诠释的世界，我们只用通过诠释才能理解它，但我们却能够——或者必须——假设，从更高等级来看，在某种特定的诠释论中，比如借助特定的诠释建构，像不依赖于人类的世界这样的"事物"是存在的，但这种假设本身也是诠释的结果。但就像我在上文中提到的，对于内在实在论者来说，在语言共同体内部显然还存在某些能以明确方式通过概念来表述且没有任何其余变体的东西：语言运用中的明确性迫使我们将椅子称为"椅子"。但这位内在诠释论者在这一点上并没有进行过多论述（见阿贝尔，1988和1993，第二十二章）。他说标记和概念的使用从来都不可能是没有余地的；我们总有可能去改变语言，用其他方式来运用符号，包括在一个语言共同体或文化共同体内部乱用符号。从符号本身是无法认识到在一个语言共同体中符号所代表的对象的，其只有在语言共同体的使用中才能不断地实现并更新传统的使用规则。符号并不是描摹，符号本身并不代表某个对象，在符号使用者的使用过程中，符号才会代表所谓的对象；但这些对象本身——此时这一点是最关键的——并不是我们看到的、可被理解的对象，而是诠释建构。换而言之，在引申意义上，"可被领会""可被理解"原本指的就是符号和诠释建构之间的关系，笼统地讲，我们拥有的就只是诠释间的关系。诚如阿贝尔所言，只存在关于符号的符号（1992）；符号及其所描述的事物之间的一致性本身就是一种内在关联，一种符号层面上的内在关系。在某种方式上，符号和客体之间的重点被换成了符号（或者诠释）和另一种诠释建构之间的关系，这是其与内在实在论之间最细小，但也最根本的区别。

　　一致性最后只能是和诠释建构相关。那要怎么理解这一点呢？可检验性和真理这样的事物显然是存在的；在语言共同体内部定然也可以调控符号间的关系。现在，只要我们对诠释进行上文提到的等级区分，这一问题就好解决了。我们拥有特定的、实践中无法更改的原初诠释，我们也有非常甚至极其变化不定的、理论设定上的、灵活的诠释。这一层面的符号，比如种属的名称，在特定条件下可以被归类为原初诠释，更精确一点，也就是属于原初层面上的建构体，也就是诠释建构。这里我们指的是诠释论中的一致性理念（见阿贝尔，1989a，1992a，1993，第二十三章），也就是感知、符号和客体的对应物。一致性体现在不同等级的诠释建构中。这一理念和我们的传统经验是一脉相承的；只不过其理解方式更加灵活多变。我们把能改变且无法直接临摹任何事物的符号同特定的诠释（诠释建构）以及实践中不能再被我们改变的原初诠释联系在一起。符号和对象之间的一致性也是以内在的方式得到理解的，同时，这种一致性还是诠释建构之间的联系，是符号和被理解为诠释建构的客体之间的关系。客体、世界和某"自在"事物间的每一种看似外在的关联其实都是内在的，都是在内在化中得以呈现或理解的。这是诠释主义发展的根本动因，诠释主义在方法论上会认真接纳内在论，并没有要在形而上学和认识论上摒弃之。每一种看似外在的关联其实都是内在"天生的"、可以被理解、得到了发展形成的，而且终究是可以被分析的。当然，我们不能把过程、结果和最根本的诠释依赖性混淆起来，对这个或某个"自在世界"的识别本身就是一种诠释建构。因为我们不需要且不能够断言自在世界是不存在的，不能说这纯粹是我们的"诠释世界"。我们完全可以提出现实的模型和论断，但我们应该认识到，理论假设中的实在论所具备的这些变体是一种被诠释渗透的方法，而且是一种更高等级的、只能基于内在论才可被理解的建构。在方法论和认识论上，诠释，或者确切地说，诠释的可渗透性，诠释的根本影响性，要先于所有客体（理解）及其形成，也就是说，对客体的理解本身是基于最根本的诠释活动才有可能存在的。不过在根本层面中以及在根本层面之上还是可能存在多种不同的诠释图示化过程的，这就有可能导致出现分类相对论。普特南也认同这一点（1987），他和我都认为，一个人可能是实在论者，也就是我说的实用的诠释主义实在论者，同时，也是一个抽象的相对论者。我们不需要过度延伸这种抽象的相对论，不能因此放弃现实主义的态度。（当然，我们还得具体看待并弱化现实主义的观念：形而上的实在论如果没有认识论上的细微差别，或甚否认了朴素的实在论，在哲学上都已然不会再被认真对待。后文会对这一问题再做探讨。）虽然我们也无法（从外在）证明实在论，但从实际生活中可以看到很多充分的内在理由和论据，其证明这种实用的实在论模型是存在的，而这一切也得到了内在实在论的认同。

唯名论中的一个传统理念便是概念不过只是名称；内在实在论中也存在这一理念，这当然也意味着抽象概念上的相对论。究竟存在哪些物，这一问题从根本上来看最后——虽然可能并不是唯一——是由所用诠释关联和诠释出发点决定的。普特南为了形象地说明该问题，有时候会用到数学中对分数的定义来举例。我们可以把分数理解成理想的物，但同时也可以将其理解为一种界限过程（或其结果），比如是一系列越来越小的同心圆中最小的那个，或者是一条直线上不同距离的嵌套区间。这一些理念和定义都是不一样的，也就是不同的过程呈现的是不同的诠释出发点，但其最后得出的结论却是同一个。在数学上，我们并不会认为相互嵌套的同心圆的极限值和嵌套区间的极限点之间有何区别。分数是否存在的问题当然取决于人们如何构思并实践这种过程，以及人们如何定义这一形成过程——如果人们打算在一条直线上标注一个分数作为极限点，那就产生了这个极限点是否存在的问题。如果我们之前就已经对分数做出了明确的诠释，认为其是某个序列的极限值，那么单个的分数是否存在的问题就成了数学内部的问题。按照后来卡尔纳普的观点，人们一般如何理解分数的问题是一个决定了整体架构框架的外部问题，也是一个本体论的问题，只能通过哲学的方式得到明确，诚如我们所见，它本身取决于所选择的预先形态化和诠释方式。

内在诠释论者关注的问题和内在实在论者是不同的，事实上这也许不过是重点不同，但从哲学上来看，这种不同却是具有根本意义的。诠释论者认为对对象的每一种界定和分类从根本上来看就是诠释建构，和内在实在论者相比，他们更重视诠释出发点和诠释可能性的多样性以及由此产生的诠释建构的多样性，内在实在论者看到的不过是语言共同体及其规则中同外部实体之间不可更改的照应关系（指称），但这些问题都还需要得到具体探讨。无论如何，诠释建构的同等性或甚"诠释世界"的同等性标准都不可能脱离相应的诠释实践。世界也只能作为诠释建构以及在诠释中才能被理解。

75　　可检验性和原初诠释之间的关系也是一种诠释内部的，而且是在诠释的元等级上可被认识的诠释事件。每一种分类、每一项检验、事实的所有突显，包括对数据和事实的思考，最终都取决于诠释，取决于原初预先存在（只有在原则上和理论上有可能被设定为它物）和预先选择或预先结构化的决定，这些决定只有在我们诠释框架的内部才能被领会到。我们根本不可能在脱离中间插入的诠释后接近事物自身、接近物自在。没有任何脱离了诠释的捷径，也没有任何一条脱离了释义和理论的秘径能让我们接近"事物自身"——直觉上对事物自身的识别成了现象学作为明见性论据的伪证（见下文第八章）。"诠释要先于图式和世界的任何拆分"，阿贝尔（1988）这句话首先指的是第一层面的诠释，也就是原初诠释层面，当然，这其中也涉及另一些更具灵活性的层面中的诠释，比如所有等级的诠释性都是其（方法）逻辑上的前提。每一种即使是看起来直接的和所谓的事实"本身"的接触都是以诠释形态为前提的。不然我们就根本不可能接近"事实"，就算是事实"本身"以及我-事实这一对立面，或者说有认识能力和诠释能力的存在事实本身，也是一种更高等级的诠释建构。

甚至连自我本身也是一种诠释建构（见下文第二十一章）。自我这个主体并不是我们能够"直接"明显认识到的"物自在"，而是在我们的文化中得以形成的建构——自然（或者说，文化性使然？）。这取决于构成我们"自我"的意识过程，这些意识过程对实际生活中必要的观点而言是其基础，而且与体验相应，但同时也依赖于诠释，根据这一观点，我们知道存在像"自我"或"本身"这样的事物。也就是说，我们可以/必须以诠释的方式将主体当作建构，实际上是将其理解为独立的"自我"，相对地，而且只能是分析性地，将它部分或全部从所谓的外部世界区分出来，让其有别于其余独特的、受到诠释渗透的实体——虽然并没有脱离所有的诠释。这就是抽象。其中有一部分建构过程甚至是有可能造成误解的：我们其实并没有像我们经常假设地那样独立于"外部世界"而存在，但作为个人，我们所理解的自己便是诠释建构。我们只有在诠释中才能理解我们作为个人的自身，也就是我们的自我。当然，这也是传统意义上认识论中的纯粹主体——比如康德就持此观点——这是一种诠释建构，当然也是一种认识论上的诠释建构。

因此，我们就能认识到，这里形成的诠释出发点从根本上来看首先是方法论上的，而且还能延伸为准先验的出发点。后者再次认为，将某物认识并理解为某物的所有认识和理解都取决于图式化和诠释，取决于诠释的理解形态和描述的条件。但我们也不能像阿贝尔那般过于夸张地说："现实就是（只是？）诠释。"不过我们应该认识到，任何一种现实都是受到了诠释、描述或图式化影响的，也就是只有在图式化建构中才能被理解；对现实的构想和理解都不可避免地受到诠释的渗透。现实只有通过诠释、只有在诠释中，才能被构想、被建构、被理解。

此处只是简单地作为引言提到了相关的理念，下文还会对此详加阐述，而且首先——这是本书的主要对象——会从哲学、认识论角度再次对上文提到的康德和尼采的观点详加探讨，其中会涉及从本世纪的哲学家到近代的哲学家们所持的相关理念，并讨论其观点中的平行性、关键点、重要启示以及可比较性。

第二部分

第三章　作为行为和建构的诠释

　　诠释并不是发生的事态，而是用各种方式对一种具有构建、呈现和再现能力的行为加以总结的标记。诠释者，也就是具有诠释能力的主体，用释义，也就是用诠释建构来证明一份有待诠释的文本、一个模型、一种形态、一个符号或符号的象征形态或假设，而所谓的诠释建构便是诠释的"设想"，也就是诠释物，它处于诠释之中，也就是在证明过程之中。

　　按照传统的象征逻辑，从狭义来看，也就是从评判真理的逻辑释义角度来看，诠释的关键在于，特定的、有诠释能力的实体属于某种由各种符号构成的公式，这些实体能让公式成为真理，也能在推断过程中维护其真值。因此，个体的名字就可以被归纳到由定义领域（诠释领域）组成的对象中，谓项常量决定了特性，关系常量决定了关系，它们之间的互相关系体现在个体被归类为个体常量，与之相应地，特性被归类为谓项，个体拥有了相应的特性，也就是个体常量能表现谓项，前提是相关公式针对的是一个简单的谓项化过程（归纳）。与之相应地，在复杂的公式中，一定条件下也要考虑到一部分公式可能会被证实是谬误，这样整个公式才能维护真值的"真理性"。在关系的表述以及与之相关的关系上也同样适用这一点。对象、特性和关系的总量能证明相应的公式、公式体系或公理体系的真理性，这种总量便是该公式数量的所谓模型。在正确公式的范围内，从逻辑推断来看，与之相关的真值是存在的：跟推断的关联相比，诠释模型是完整的。

当然，这是一个非常有局限性的诠释概念，它可以得到延展。如果我们认为"诠释"便是用释义来证明，把释义当作一个过程，或将释义视为把某物归纳为一种作为诠释对象或诠释客体的诠释"假设"（这种客体并不一定得是某个符号或物），那么，把与相关实体有关的（"所指"）表述方式归纳为相关对象——也就是相关"所指对象"——的过程也成了一种诠释。同样地，将意义归纳为表述或动作、行动或生活过程的做法一般也会被视为诠释。在某种特殊含义中，表述和符号的意义从"含 - 义"和"释 - 义"的字面来理解也可以被视为诠释。此外，从模型的角度将解释性的和建构性的假设、构建归纳为特定表述的过程也是一种诠释。最后，把情感表达归纳为表述的过程，以及其他行为表现或常见的行动方式，也都是一种诠释。

在这种证明、释义的过程中（尽管并非只是或必须如此，但经常如此），真值以及特定的、和真理相关的关联得到了保留，此外，维护处于对立等关系中的假设或概念之间松散的关联语境、联想、对立过程等也就是让其维持诠释性，与之相应地，这也是某种特殊诠释的典型特征。在诠释的特殊性上，对特定方式的诠释而言，人们所说的诠释常量就像是真值逻辑下广义、松散的关联一样，都是具有典型性的。

在符号理论和结合了整体语境、以社会性释义为旨向的语义学中，一个广受讨论但没有得到明确解答的问题便是"符号在指称过程中是如何和所指关联起来的"。我们是如何用符号或标记来代表所指的？表述是如何同用表述以及借助表述得到表达的所指关联起来的？也就是对对象的表述是如何同对象以及所指对象联系起来的？同样地，诠释中也会出现这样的问题：在上述诠释过程中，对"诠释假设"进行诠释性释义的过程——也就是在诠释中或者通过诠释——是如何与被诠释的对象或待诠释的对象关联起来的？诠释建构和诠释过程之间的关系如何？这一问题必须用各种释义和证明来加以探讨。另外，这里也出现了一个特殊的问题，也就是对关联的表述是否具有普遍性——和特定诠释过程的特性和特征无关。

和对表象的传统理解相比，诠释建构是如何在形态上更具操作性的，或者说在完整形态上是如何成为更易于理解、建构的对象的？在康德的先验认识论中，对表象的理解是其基础或概念构成和判断时候的关联。这种诠释建构是否太模型化，太数学-建构化，亦或太过强调图式或形象的建构？是否能将这种诠释建构同行为的框架结构结合起来？在康德的认识论中，由于心理学至上论的语言应用产生了一系列问题，那么，在比如诠释建构、框架、图式等表述的建构-行为主义的语言运用中，是否也会产生类似的问题呢？

我们是否能像对待科学，比如理论物理的模型那般，来采取行动，把简要的模型进行理想建构从而替代理论概念并将这种建构与现实结合在一起呢？这样一来，我们就能对这种建构加以检验并对相应的检验结果进行修正或更改。是否能像吉里尔（R.N.Giere，1988，第79、81、93页）那样认为现实的模型、特征中存在一种程度和角度上的"相似性"？不过这当中有一点值得商榷，也就是如何在良好且实用的条件之外来确定这种相似性。（从模型的对等性来看，这个难道不是根据逻辑原子论的先例所做的过于朴素、简单的模型设定吗？）

无论是对于诠释建构，还是对于标记和符号而言，代表性功能都是其特征。在符号关系中，符号代表的是所指，是所指的"化身"，同样的，诠释建构也是诠释对象或待诠释物的"化身"。

但这种"代表"或"化身"是如何发生的呢？在诠释共同体中，就像在语言共同体中，是否存在符号的使用是一种受到特定规则调控的事件，在社会中已然成为惯例的符号关系是存在的——将诠释建构归纳为诠释对象或待诠释物的做法，且诠释对象和待诠释物都是在实践和社会中被规范化、惯例化或得到广泛使用的诠释运用？这种诠释针对的难道不是一种投射的，也就是有针对性或者有意图的指示功能吗？而且这种指示功能在差异化的证明和解释，也就是"释义"过程中，可以得到进一步的细化和改动。难道社会共同体中的诠释行为不具有投射性，不是假定的投射吗？难道这里针对的不是特定诠释习惯框架中的假设，也就是规范化并受到制度保障，即受到一致性和比较准则保障或甚调控和认可的制度化标准吗？诠释共同体的规范、规则和社会调控是为了保证诠释过程和诠释结果的同一性、平行性或至少是相似性，这样一来，如果针对的是同一个"诠释假设"中的"一种且是同一种"诠释时，诠释共同体中的不同成员才能进行平行的证明、假设和有目的的虚构。但应该如何明确、保证并确保这种同一性、平行性和相似性呢？很明显只能通过相同的使用习惯，也就是通过深入相应语言共同体和诠释共同体的社会常规化规范世界。只有通过文化传统中的社会常规化、与平行"同义"或共同习得的规则等共同关系，才能在诠释过程的框架中将相应的证明和释义同"诠释假设"联系起来，比如对同一种概念和表述的期待、一系列的预先推断、证明功能或甚与之相关的行为功能和激发作用进行假设和归纳。不过，表述是如何激发一系列的期待的呢？（我们可以说这是待诠释的"假设"概念引发的"晕轮效应"。）这种激化效应难道不是只有通过共同的、行为的、意义的和以规范为旨向的风格化文化和常规化文化才有可能出现吗？事实是：就像语言共同体中的释义一样，诠释只存在于相应的诠释文化框架中。当然，其中一些诠释（比如基本诠释和原初诠释）是通过生物性得到固化的，同时也因此会"抵制"文化改变或进一步发展过程中事实上的修正（在一定条件下，这种诠释只是原则上可修正，实际上根本无法被修正。）但一般在一个诠释共同体中，诠释和行为是有着系统化关联的。诠释也是一种行为，而行为始终是一种被诠释渗透的、对待诠释建构的过程：行为理念从本质上来看就是诠释建构；就像我在其他文章中提到的那样，行为始终是被诠释渗透的，其取决于诠释，其充斥着诠释（见作者1978年的作品）。

　　重要的是，我们不能把诠释狭义地理解为语言学上或完全和语言学平行的释义过程，或者像上文提到的逻辑诠释一样对其加以限制，我们应该在行为共同体和诠释共同体中探讨其和行为语境和行动语境的关联，这些语境让作为过程和结果的诠释变得具体化、形象化，也就是拥有了真实的关联。（就算是在狭隘的逻辑"诠释"中，诠释过程和诠释结果至少在原则上也取决于证明行为，取决于证明的实际过程。）诠释不能被狭隘地理解为解释符号的过程，而应该广义地来看，将其作为一种积极的建构、构建或重建过程，而且要和"真实"世界中的行动有着系统的、紧密的关联，有诠释能力的个人身处的就是这样的"真实"世界。我们不能轻易地接纳语言学上的观念和比喻，尽管这是我们所理解的诠释概念的传统模型，尽管文本阐释依旧具有其合理性。当然，按照这里形成的观点，文本阐释也是一种归纳行为，我们必须将其同语言共同体、诠释共同体和行为共同体联系在一起。因此，诠释文化就仿佛创造了诠释归纳行为、证明行为、"释义行为"的惯例和规则，而这也是所有各种诠释类型——比如上文提到的例子——所具备的特征。

为了基于某种有意识的决定，有目标、有计划地创建一种诠释文化，所有个体是否共同行动了呢？显然并非如此，作为文化存在，所有人生来就已经融入了相应的诠释文化和诠释共同体中，而且这种文化和共同体在其学会使用语言之前就已经对其产生了深刻的影响。语言文化、语言共同体及其惯例——就像其在维特根斯坦后期哲学理念中对所有生命的表现和理解方式具有深刻影响一样——当然只是该诠释惯例的一部分，其最根本的作用是呈现、表述并作为语言形态和"生活方式"产生影响。我们甚至可以说，维特根斯坦的生活方式和语言游戏（这已经有意识地超越了纯粹的语言性，涉及了行为方式，也就是生活方式及其部分特征）也拥有这种模型化的诠释惯例。诠释方式会影响、改造并细化生活方式和语言游戏。维特根斯坦的各种语言游戏类型，尤其是"模型-语言游戏"（见作者 1967

年和 1973 年的作品），表现了行为方式和诠释惯例中的这种模型化特征。比起语言游戏，诠释方法和生活方式以及颇具特点的行为方式之间的关系要更加紧密。反过来，行为方式本身，也就是每一种行为本就是被诠释渗透了的，与诠释建构紧密相关的，极具诠释性的。一种特定文化以及部分文化中的诠释共同体似乎是具有根本性影响的，它似乎能对诠释惯例中的社会性基本构架和机构性构架进行"具体化""现实化"，它会在规范化的基本框架、受典例和修正后的图式影响的基本框架、理想化的部分模型或特别的强调中，对这些惯例进行常规化。诠释是极其社会化的，和规则紧密相关，而这些规则是基于身份认同、调控和可比性等社会模型产生的（见下文第三十八章）。只有诠释惯例才是超个人的使用方式。没有人是独自进行可靠的诠释的：诠释、释义性证明、再度识别性和身份认同的同一性，即使是在个人记忆和表象世界中，也都是以关联和比较的标准为前提的。个人的规则执行是否存在这一根本性问题，也就是维特根斯坦后期提出的根本问题，自然也以同样的方式出现在了诠释惯例及内在投射中——也是基于能确保诠释惯例及内在投射，并使其具备可比较的关联性与标准。恰好是内在诠释本身在原则上是以社会化或基本社会化的规则、其外部标准和可被再度识别的可能性为前提的。原则上来说，我们不是孤立地进行诠释的，而是在一个有根本前提的诠释共同体中进行诠释，该共同体本身能根据相关的诠释惯例、诠释实践、诠释规则和诠释标准形成诠释文化。诠释不是简单的事件，而是一种社会文化性的行为，其植根于深度常规化，而且有一部分机构化（得到社会化规范和调控的）、"社会化"的实践、行为管理和生活方式的（见下文第三十八章）。所有超出由生物性确定的原初诠释的诠释都是一种社会文化性的"发生"，也就是具有历史性。大部分的诠释方式同时也是历史生活方式。

第四章 作为图式运用的诠释

释义和诠释是认知过程，其有时候是有意识的，有时候会自发带来结构化，其也定然会把接收到的个别信号或其格局通过一种建构的或普遍化的方式关联起来。这里运用的当然是认知建构，其中的一部分——通过感知器官以及与感知器官连接在一起的感觉中枢加工设备所具备的对比和结构化的能力和功能——是遗传得来的，但对于人类而言，绝大部分的认知建构都是通过经验、发展或教育形成、拓展并得到细化的。我们可以把这种建构称为图式。图式的作用在于把单独的经验、单独行为或感官体验同普遍的概念框架、概念范畴和相似性关联起来，这当中的关键是从观点、概念、格式塔的同一性或相似性来考量单个的现象，简而言之，通过认知的方式深入概念范畴，好再次辨认、识别这些概念并将其升华到超越单个现象的形态，同时使之具备辨识度。所有具有归纳性、形态识别性的认识在运用概念时用到的都是此类认知图式，我们也可以将其理解为一定程度上被抽象化的建构，这些建构会对直接的感官体验产生深刻影响，因为在此过程中格式塔被认识并得到了建构。所有看到并认识到格式塔的行为中都伴随着图式，就像如今的心理学家们所言，所有的认知行为，包括所有因经验引发的抽象知识，都是图式化的。

康德在其《纯粹理性批判》（A140，B179页）中，为了根据程序把感官接收和抽象理解联系起来，在认识论中引入了图式概念。他认为"图式"是"想象力的产物"，它并不是单个的形象，而是在"明确感性……的目的"的直观的"统一体"；这里针对的是"对方法的假设，是根据一定概念……在某种形象中假定了一系列的方法并将其作为这个形象本身"："这是对想象力的普遍过程进行的假设，是要赋予其形象某一概念的假设，我称这种概念为图式。"康德理解的图式概念是感官——抽象的"构筑"和范畴化过程中的过程——但这并不只是感官感知方面的，比如在空间中看到人物，这同时也是直观地满足"纯粹理性的概念"（范畴）。与之相应的图式"不过是纯粹的综合，是根据概念统一性的一种规则实现的，而这种规则表现的便是范畴，同时它也是想象力的先验产品，该产品会在关注所有表象的同时根据其形式（时间）的条件来确定其内在意义，不过这些先验的表象必须和统觉的统一性处于同一概念中"（同上，A142，B181）。如果从时间上来看，由感性的个别体验和抽象类型的普遍化形式之间的关系构成的机制在意识中得到了呈现，那么，每一种"表象"就只有在统一性中才能得到实现、得到直观化。对于康德而言，这一点本身在抽象的"纯粹理性概念"中同样适用，而且这些概念本身并不是源自感性。对这种先验图式和作为归纳机制的相应先验图式学的介绍就暂且到这里。

康德认为这种图式概念同样可以被用于"直观"或根据想象来表现的经验对象，也就是表现其表象形象。"事实上，作为我们纯粹感性概念基础的并不是对象的形象，而是图式"，比如三角形的图式便是"想象力的一种综合性规则,能看到空间中的纯粹格式塔":"经验对象或经验的形象更不太会触及相应的经验概念,这种概念只会直接针对想象力的图式,而且是根据某个普遍概念作为确定我们直观的一种规则"(同上A141,B181);"形象是具有创造力的想象力所具备的经验能力带来的产品,是感性概念的图式(作为空间形象),是先验的纯粹想象力的产物和略图,只有通过并根据这种想象力,形象才能得以实现,但这种想象力只有通过图式才能和用来描述其的概念结合起来,同时其自身也不会达到彻底的一致"(同上,B181)。

康德以天才般的方式提前认识到了认识建构形成和运用的过程是表象的形象化,是精神形象和精神模型,也就是认知的"图像化"。认知心理学几十年前才从格式塔心理学的概念机制中学到了图式这一概念并将其理解为"具有图像化能力的"认知建构概念。这当中最好、最全面的作品应该是戴维·鲁姆哈特(D.E.Rumelhart,1978)所著的《图式:认知能力的构成砌块》,其标题便是其核心观点的体现。鲁姆哈特不仅成功说明了视觉或感官认识上的图式建构和图式运用模型,同时还介绍了抽象概念和日常理论认识的图式建构和图式运用模型。所有的认知、认识、释义都和图式的诱发、选择、运用以及检验有关。鲁姆哈特认为(1978,第32页),"诠释过程"的关键在于"选择图式的可能形象并对其进行校验,使其与存储起来的数据——记忆片段——达到一致"。同时这一过程也是一个积极寻找信息的过程,它和我们"当下的需求和目标"紧密相关;这一过程让人联想到行为学家研究的欲求行为。

按照鲁姆哈特的观点，诠释是诱发或选择图式（认知建构）并试图将其运用在感官数据、感知体验（的后果）和内容上抽象的数据事实并在运用相关建构的同时对连贯统一性进行连续的反馈以检验之。不过值得商榷的是，鲁姆哈特认为，图式是"存储在记忆中、用来再现各类概念的数据结构"（同上，第3页）；更妥当的说法应该是，图式是为了再现各类概念的数据结构化机制以及一系列的认知建构，记忆中的这些认知建构都可以被唤醒。（当然这里也会产生一个问题，比如"结构""建构"以及类似的"策略""手段""概念范围"[①]"形象""概念图式"等概念是不是"图式"概念的另外表达方式。）由于不存

[①] 唐纳德·戴维森（D.Davidson）认为，概念图式就是拥有在不同语言间进行相互翻译的能力——如果人们掌握的语言可以互相翻译，那么人们拥有的概念图式也是一样的："我们可以把概念图式等同于语言，或者更恰当一点地说，等同于一系列可以互相翻译的语言，因为我们可以看到这样一种可能性，也就是能表现同一个图式的并不是一种语言，而是多种语言。"但只要概念图式不一样，那么"语言也不相同"（1986，第263页）。对概念图式的这种理解通过"让概念与实体相配"得到了实现，戴维森将其"归结为一种最朴素的观点，即只要这是真的，那么这就相当于是一种可接纳的概念图式或可接纳的理论"（同上，第276页）。和奎因（Quine）相同的是，在"极端诠释"中和"极端翻译"的问题上，戴维森也把"当做真理接纳"的"与语句相关的"态度视为出发点："'诠释的问题'关键只在于'从证明材料中抽象出一种有实践性的释义理论和一种可接纳的信念理论'（同上，第278页）。"毫不奇怪地是，戴维森最后得出了以下结论：基于他对"概念图式"的理解以及被他视为根本的"诠释方法论"，"我们不可能有能力""判断其他人是否拥有和我们截然不同的概念或信念"。（同上，第281页）这种全面的图式概念被明确地局限在了语言性的外沿-物质性中，局限在了克服"概念图式和经验内容的二元论"中（同上，第288页），同时也被局限在了可被彼此翻译的观点，同时，戴维森为了事后对可实现功能进行定义而根据奎因的理念基于客观真理条件提出了作为基础的诱发概念（这和塔尔斯基对真理条件的描述正好相反），正由于其局限性，这种图式概念也就只能带来一种没有新意的、具有普遍性的"概念图式"概念，该概念在时间中几乎没有应用性，至少不能用于细分图式的差异并灵活地呈现之。戴维森的概念图式理念太过粗略、全面，以致其失去了应用性。

在任何明确的、真正摆脱了重复性的"图式"定义，于是，鲁姆哈特转而创建了一种"图式理论"，这种理论似乎是在说明其假设的标志性特点的同时，试图勾画出"图式"这一功能概念的隐含功能性－可操作性定义。这个方法有个优点，也就是让"图式"概念和图式理论变得更加具有灵活性，更利于在心理学以及日常生活中运用这一概念和理论。鲁姆哈特的研究结论可以被延伸到所有认知建构，包括理论观念的假设性建构上。此外，如上文所言，所有知识都处于或"植根于"图式——"我们的图式就是我们的知识"（同上，第15页）。

图式理论也包括了"意义的原型理论"：只要"存储在记忆中、以某一概念为基础的图式符合该概念的意义，那么，意义就在典型、常规情境或事件中被编码了，而这些情境和事件则是该概念的例证"（同上，第3页）。

鲁姆哈特将图式的观念、角色、激化和功能同类似的结构概念进行了比较，结构概念某种程度上要更为人所熟知：比如图式就像是表演，对图式的例证或激化就像是进行演出，而图式的内在结构就是剧本。同样地，我们也可以将图式和理论、方法、电脑程序、组成分析方法等进行比较。这些针对的都是在方法上或通过方法来得到证明的结构化或再建构过程，而这两者则涵盖了变化、调控和适应、分支和继续发展，同时也包括对适应性——消极情况下是否要摒弃之或用另一种建构来替换之——进行评判。

最典型的是，图式证明了变量的存在，基于对图式的各种不同证明，这种变量是和不同的环境因素相关的。但这种变量也仅局限在图式所勾画的领域中（变量约束）。局限性是为了能对相应的假设进行限定、辨识和说明（按照明斯基 1975 年的观点，这便是"缺省值"），或者是为了对尚未被观察到的变量进行最初的预估。比如"卖"这一图式便涵盖了"卖方"和"买方"以及中介"钱"和变量"物"以及亚图式"交易"这样的功能角色（基于交易完成时以及完成前的供货和需求情况）。证明这种图式的过程就像是一场演出，不过比起演员以及导演诠释剧本，这当中对变量的确认还是有很大开放性的。鲁姆哈特写道："只要价值的一个形象在某个特定时刻被归入变量的特别形象，那么，图式就被举例证明了。把某个情境理解为某个概念的机构，比如作为购买机构，这当中就包含了……用示例来证明相应的图式，比如"买"这一图式，其证明方法便是将图式的各种变量和情境的各个方面结合起来。这种图式以及变量组合就成了被举例证明的图式。"（同上，第 6 页）

　　与表演相比，图式的普遍概念自然要更加抽象（"买"这一图式必须与任何买的实际情况相应）。除了跨越人类和行为，以及跨越任何事件和对象之外，图式可能也跨越了空间、时间或其余功能性方面的关系或结构，比如某种著名的、没有任何功能性的空间格式塔图式，就像大熊座这样的星座组合等。重要的是，我们理解的图式应该是由亚图式构成的，而亚图式则是由图式诱发或激活的，反之亦然。图式和与之相关的亚图式之间可以在互相诱发和交错影响中得到证明、理解和执行。这也使得图式和程序、编程之间存在了可比性，而程序和编程则是基于网络或亚图式树形成的，同时还会根据中间的判断不断被更改。与之相应地，程序框图中的判定树或者组件分析器就成了结构指令，这些结构指令是由组件和亚结构组成的，同时也是识别和寻找构成成分过程中的分支。另一方面，我们也可以根据鲁姆哈特的观点把图式理解为"一种和我们所遭遇的事件、对象或情境的状况相关的非正式、私人、没有被表述出来的理论类型"，也就是说，"我们在诠释我们的世界时拥有的图式总量在某种意义上构成了我们探讨现实存在（现实的本质）的私人理论"。在特定时刻被示例证明的图式则"呈现了我们的内在情境模型，我们在该时刻面对的便是这样的情境"，或者在阅读文本时的"情境模型，也就是文本是如何描摹该情境的"（同上，第9页）。

图式的变量等同于该理论的参数。从根本上来看，程序和理解的过程可以被"看作是和统计、理论检验、质量审核以及参数预估相似的"（同上）。和理论一样，图式也可以用来将单独的数据普遍化，用来"假设解释"以及作为预测。

总而言之，图式拥有以下特征：图式证明了变量的存在，图式可以被置身其余图式中（亚图式，亚程序），图式间也会互相重叠，"像定义一样呈现知识"，"在各个抽象层面呈现知识"，"是积极的过程"或程序，也是"再辨识机制，运用和加工图式的过程便是在适应待加工数据方面以该机制的性能评判为旨向的"（同上，第14页）。

图式一般呈现的是从感知指令到理论统一的所有抽象层面上的知识以及对知识的加工："我们所有的一般性知识都植根于图式"，"我们的图式就是我们的知识"（同上，第15页）。"图式的核心功能应该就在于对某个事件、对象或情境的诠释加以建构——也就是在理解的过程中（理解力）"（同上，第8页）。

图式的激活和调控可以被进一步细分为"自顶向下"激活

（由概念或理念引导）和"自底向上"激活（由数据引导），也可以用事例来对其进行说明。如果我们能把远处山间的石柱或冰川边缘的石柱看作一个人或把一块岩石看作某间小屋子，那就能轻易地想象由预估以及数据引导的图式在运用过程中是如何相互修正的，知道由期待、需求诱发或激发的图式即使是在出现最小错误变化的情况下也会持续发挥影响：只有某个主项发生错误且脱离了标准图式的情况下才会被撤回并用其他图式来取代原有图式，可能还会对该图式进行重建或重新结构化，或者使用另一种可用的图式——可能甚至会通过引用或拷贝某个知名图式而在新领域中形成一种全新的图式，或者引入一种罕见的图式（图式归纳）（鲁姆哈特，同上，第15及下页，第32及下页，第34及下页）。

无论是在感知、理解听到或读到的文本时进行诠释性结构化，还是在回忆和解决问题时，就像认知心理学家们用众多颇具新意的实验所证明的那般，用图式来进行事例证明、激活和结构化的过程都是有着关键影响力的。不仅是在解释情境的过程中，在寻找信息、深入上下文、形成解决问题的策略以及设计解决理念时，都遵循了这种或受构想或受数据引导的图式模型。在这种诠释过程中，亚图式和图式之间互相激活的过程当然是有着重要影响的：我们可以根据简略的线条勾画（比如婴儿图式）认出脸庞；我们在某种诠释中阅读某个文本或问题情境，而这种诠释是由被诱发的图式来实现结构化的，尽管这种图式后来可能会被认为是不合适的。我们在诠释某一个或同一个数据原型，比如一篇文本时，可能会用到各种——可能是彼此截然不同的——图式。也有可能在解决问题时会出现错觉或典型错误、视觉错觉等情况，这可能是某种我们熟悉的图式引起的，但这种解决方式在某个情境中可能会诱发错误的结果。（我们会联想到缪勒-莱耶错觉，这也是最有名的一种视觉错觉。）

　　一般来说，通过图式概念、认知建构概念以及目前为止只初步形成的认知心理学理论，已经得出了一种用以在描述中大致勾勒建构（即诠释）且结合诠释性运用时所需条件、比例、过程和关联的（这已经超越了心理学的问题）好方法。这种认知建构或"图式"应该就是"认知的基石"："它们是最根本的要素，任何一种信息加工都取决于此，图式会被用于意义数据的解释过程、用语言以及非语言的方式把信息从记忆中再次唤醒的过程、组织行动的过程、确定目标和下级目标的过程、对资源进行归类的过程以及在系统中对过程进行普遍调控的过程"（同上，第2页）。在所有认知结构化过程中，甚至是在所有结构化过程中，认知建构和图式在方法和方法论上的普遍形象化，就是康德在抽象建构中天才般预设到的必要的"感性化"。显然，康德早就认为，所有认识过程和所有行动就已经超越表象心理学、直观心理学和记忆心理学，必须从建构合成的设定这一统一角度来看待这些认识过程和行动。远一点来说，纯粹的心理学概念或认知心理学概念涉及的就是图式概念，在这种建构形成中针对的便是各个模型形成、概念形成、同一性形成、秩序形成和结构形成过程中方法论的基本条件，从非原教旨主义的现代角度来看，这也就是准先验哲学的基本条件，这些条件对所有超越了瞬时个别体验的联系、关联、统一化和普遍化而言都是具有真正的全面意义的。一般来说，诠释就是运用呈现在精神上的建构，也就是运用图式。诠释在所有理解和行动中的可渗透性这一基本特征就证明了这一点。通过具有细化功能的图式概念，也就是认知建构概念，或者说通过鲁姆哈特提出的剧本、理论、程序策略、电脑程序、组件分析器等类比概念，诠释在不同层面上以生动、细致的方式被形象地改写了，而且心理图式的理论也使得诠释更能被运用于实际。除了心理学理论以及与之相应的实践或理论运用之外，这种理念也可以被拓展成诠释建构中普遍方法论上的理论，也就是普遍的认识论和行为哲学理论。方法论的建构诠释主义以及先验的建构诠释主义通过这种方式得到了更为生动、细致的呈现。

既然心理学曾经从理论哲学中受到启发形成了图式观，那么，为什么它现在不会反过来在认知建构的格式塔、图式概念的格式塔和图式理论的格式塔方面对实用认识论产生影响呢？显然，作为认知建构的图式不仅可以被用于诠释数据，尤其是感官数据，包括作为手段和工具被用于诠释各种信息，同时，在方法论上，其本身也可以是假设的诠释建构。图式概念不仅是在极端广泛的运用领域中可以被用在不同的结构化过程上，而且它还可以被用于不同的元理论等级。除了理论形成和概念运用的客观语言层面，它同时也可以在元理论或"语义学的提升中"（奎因）被用于理论概念和方法论概念，包括被用于语言建构、语言规则和语义学结构本身。

仅在用于对感知、感觉和现象事实进行结构化的客观语言运用层面上，以及同现象相关的运用层面上，图式的运用范围就已经非常广泛了：行为的反射机制遵循的就是人生来就具备的反射图式。康拉德·劳伦兹（Konrad Lorenz）在行为研究中提出的"天生的诱发机制"就是应激图式，劳伦兹为此提出了"天生的具有诱发性的图式"这一专业术语。劳伦兹所谓的"图式"指的是其和诱发相关应激行为的情境之间的"接受性"关联，这种关联"总是由整体情境或相关客体的少数、相对简单、同时非常具有代表性的特征决定的，和这些情境或客体的所有伴随现象相比，该关联在实际上要更加'盲目'，这也是在毫无经验的动物身上会出现的应激反应"。［从1948年丁博根之后，研究者们就惯于用"天生的诱发机制"来取代天生的、具有诱发性的图式这一表述①。（劳伦兹，1935，1941，1943；劳伦兹，雷豪森（Leyhausen），1968，第319页）］被诱发的图式——不管是接受性的还是应激性的——当然在遗传学上都是固化了的，不管是在逐步发展的生态小生境内，还是对种类或基因库具有重要影响的情境中，这种图式都是有局限性的，也就是无法被个体习得或改变。在人类身上，这些图式——就像反射一样——都是以简单的形式存在且可以被证明的，但其却几乎不具有任何主导功能，因为人类并不是靠直觉行动的。毫无疑问的是，尽管最明显的特征是习得的图式形成总是占主导，但在人类的控制行为和感知能力方面，定然还存在一些天生的图式，或至少是能促进人类发展变化的能力。哺育行为、婴儿图式的诱发效应等本能行为看起来是源自遗传的本能特质，但这些行

---

① 劳伦兹发现了印记行为，这表明他在1935年前后显然已经认为属于"天生范围内的""需要习得的诱发图式"和有待学习、通过经验可以慢慢形成的图式是不同的。由关键刺激引发的印记——比如受一位同伴或动物的双亲影响——是通过唯一的直接接触行为激发的、对天生诱发图式的证明，这种图式和"客观印记"之间会相互影响。在灰雁中占主导的、以"几乎毫无迹象、天生的伙伴图式"为特征的天生图式所具备的开放性使得这些灰雁在面对特殊情境时拥有了特殊印记，但这些情境取决于偶然的在场伙伴。因此劳伦兹本人很长时间以来都成了他养的那些灰雁因"印记"而跟随的"亲人"（1965，Ⅰ，271）。

为当然也是受到了文化影响的，尤其是在做出反应方面。人类习得的图式、一部分受到文化和社会影响的图式、一部分个人从生活史中形成的图式都会决定人类理解、感知的方式和行为、行动的影响。诱发刺激和诱发信号越有意识，越个体化，越差异化，且越和人为情境和反应方式相符，那么，在接受行为、行为组织以及行为规划中习得和学会的图式就越容易和最根本的生理行为基础重叠，生理行为基础的存在当然是比较隐秘的，从影响范围和变量的局限性来看，它可能会起到积极的促进作用，也有可能会起到消极的限制作用。尤其是感知上、认知上的呈现以及行为组织等都是受到习得并发展形成的图式影响，这些图式有一部分是和文化或社会紧密相关的，有一部分是具有特殊的、个体化特性的图式形成和图式发展，这当中的大部分图式不仅会对具有预兆作用的诱发信号产生影响，同时也可能具有双重象征意义：语义学上的象征性编码和解码有可能会产生诱发作用——人类总是会对一个得到了解释说明的、可能被象征性编码的——也就是通过传统符号体系加工的——情境做出反应；图式和相应的亚图式之间的联合——用部分来代表全体，或者从比喻的角度来看，这些图式和亚图式能激活整个图式，反之亦然——有可能就发生在象征性的过程中。在对情境感知、情境阐释以及行为组织的图式进行激活时，天生的诱发基础、习得并受文化和个人生活史影响的图式之间会以难以分析的方式互相转换。因此，激活过程是多方面、错综复杂且极具个体特征的。但尽管如此，这里依旧可以用到抽象的图式概念。当然，为了能让其更为细致地描述内容，我们必须用实用科学中的理论成果来对其加以补充说明。

在认识论上，图式建构也是非常重要的，上文提到的有关范畴形成和运用的基本观点就证实了这一点，同时，规则概念理论，规则概念在方法论上的操作，对现象和对象进行范畴上的分类等过程也证明了图式建构的重要性，此外，在用富有创造性的想象力所具备的图式并依据表象现实地呈现范畴这一问题上，康德的观点也明确论证了图式建构在认识论上的重要意义。

可见，在认知心理学（尤其是感知心理学和精神认知心理学上）和认识论中存在一个有趣的交界领域。在该领域中，可以预期当下最具改革性的神经科学将在神经生物学、神经心理学和"神经哲学"〔丘奇兰德（P.S.Curchland），1986〕（这是一个由全新领域构成的交叉领域）中取得长足的进步和根本性的变革。

从方法论上来看，在激活图式并由图式占主导的具体化过程中，以及在运用了图式的所谓"天生的范畴"中（也就是天生的图式和概念），产生了一系列有趣的问题。

在后一个问题上，认知心理学中已经出现了一系列的讨论：很显然，在"天生的范畴"模型中存在一种经济上的组织原型，该原型的特点是，在某个"基础层面"上〔就是罗施（Rosch）提出的"基本层次客体"，1977，1976〕，作为原型的特定的、简单的、理想化的对象建构表现为"天生的范畴"，而且通过偏离该原型样本能更好地理解特定的单独形态、单独颜色或对象，同时，特定的关键特征还能激活相应的范畴。这种模型没有根据传统的属种差异从形态上分析定义的特征，但比起再现机制和再苏醒机制，这种类似于原型的模型要更加全面、有效、经济，其功能就像是诱发模型以及凝聚式模型（罗施，

1977）。从认知心理学上来看，作为概念理论和通用理论的原型理论看起来也是具有实践性的，它根据同"最佳"或示例样本之间的相似性来对概念的外延加以归类，其中有意思的是，认知结构化是根据模糊的数量（模糊集合）中的逻辑产生的［奥舍尔森，斯密斯，1981，麦克克洛茨基（McClelland），格鲁克思贝格（Glucksberg），1978］。行为的规划发展、计划行程和策略行程，或者说"剧本"的形成，看起来都是遵循了程序框图中以计算机的方式被理解或被呈现的程序模型［尚克（Schank），艾博尔森（Abelsor），1977］，其前提是目标状态要足够精密、清楚。

从方法论上来看，图式本身就是诠释建构，这些建构在阐释感知、行为或行动的过程中会被激活，但从形式上来看，其具备了配置网络的特征，这是一种可被激活的或"结构上非常活跃的网络"［鲁姆哈特，诺尔曼（Norman），1978］。和很多日常语言概念和科学概念一样，配置理念中的关键是配置概念，其在概念上和语言上的呈现是通过特质谓项产生的。按照卡尔纳普的观点（1936，1937），特质谓项中最著名的逻辑疑难在于，无法明确地定义特质谓项，而只能通过隐晦的还原话语来引入之，同时，如果各必要且充分的还原话语之间的关联是标志该谓项的必要前提，那么，特质谓项可能还包含了经验内容；也就是说，在引入的准定义内容中，谓项就似乎代表着一种理论，这些谓项只有一部分是可以被诠释的理论概念，它们和理论的构成密不可分，但在操作上却不能明确对其进行衡量。也就是说我们可以把特质谓项理解为理论概念，理解成假设的建构，但却无法明确地用观测数据并用观测语言来对其加以定义（施泰格米勒，1970，第213—238页）。卡尔纳普发现了配置概念在科学语言上的逻辑难题，也就是原则上未被激活或甚无法被激活的配置——这些配置可以用"如果-就"这样的关系从句来描述——始终是潜在的载体，因为条件从句的前置句从未得到实现，也就是始终都是错误的，即条件句始终都是真的，此时这种逻辑难题在复杂的图式配置概念中是不存在的，但在认知关联和心理学关联，包括经典的特质谓项，比如"溶于水的"这样的谓项中，是存在的。

因此，就必须要强调一点，从方法论上来看，图式归类时配置上的归因和概念，也就是其本身，是一种建构特征：图式本身就是假设的建构，更高等级的配置概念就可以描述这些建构。在对图式概念进行方法论分析的时候，上文提到堆叠和上升式建构累积都是常见的。这里的关键是认识论的建构，也就是被用于对象的图式中具备的元建构，这些元建构本身可以用在探讨感知结构化图式、认知结构化图式、行为组织结构化图式以及行为结构化图式的认识论诠释中。这种类型的认识论诠释就是元理论等级上的诠释，但从根本上来看也像较低等级的认知图式一样证明了类似或甚相同的——而且可能往往更加抽象的——运用问题和结构化问题。通过图式来进行诠释，这是特别重要的，用图式来对假设建构进行元诠释就证明了这种重要性。具有再现功能和结构化功能的图式化过程是非常形象的。图式的形成、选择、激活、适应和图式的无矛盾性、检验图式与数据的相符性，这些都是诠释过程中的全面特征和核心功能。所有诠释都是由图式引导的。诠释就是激活某种图式。康德的观点要比他自己预期的更加有理。

第五章　诠释性的图式化行为

一般而言，诠释过程就是由图式引导的认知行为，就像我们看到的那样：诠释就是激活认知建构或模型（图式）。我们可以把激活过程称为图式的示例证明或执行。我们可以把图式的这种示例证明或运用理解成有意识的执行和叠加，理解为向已然存在但其本身早已结构化的情状特征、数据、环境刺激组合等的转向和适应，理解为给现象（表象的）存在物或预先结构化事物"罩上"一张假定的"网"。但图式也可能在前意识、下意识、无意识中对情境、对认知视角和方面、对取决于行为的视角和方面进行结构化。我们这里说的就不是有意识的"运用"了，而是前意识的结构化。感知结构化和行为结构化很大程度上可能是自动、前意识、下意识或半意识地进行的。进行认知结构化或以行动为导向的结构化时，其所具备的很多结构化能力有一部分是通过我们的感知器官和认识器官遗传得来的，有一部分则是在和环境发生交互影响的过程中，在儿童早期发展的关键阶段，同时也是在遗传学上不具任何特殊性的主导基础上，通过事实上的关联激活被选择性地固化的，比如按照赫步的关联定律，时空上或者在持续重复中被激活的相邻突触前神经元和后神经元之间的刺激可以加强突触之间的传递效能（也就是加强关联）。我们可以把这种可能导致原有关联退化的消极影响或"脱离行为"视作选择性的图式构成（见第三十章）。我们也可以把图式的固化理解成神经元组合在基础频率上以特殊节奏振荡的过程，就像在视觉领域中从视觉上辨识结构模型时一样，通过这种积极回馈、不断增强的振动能看到慢慢加强的振动频率。这种振荡过程可能是自动发生的，某个背景或周边环境对比下，能越发凸显出自身的特征，能加深模型印象和结构印象，能让人认识到其模型和结构并对之进行建构。这里的关键是神经元组合在适应和变化过程中产生的图式化，从广义上来看，这完全就是一种诠释性的图式化"行为"，尽管在这里占主导并起到调控作用的并非意识。在这些建构秩序的过程中，出现的也是诠释性的图式化行为。与之相应的是，这种图式是在和环境的互动中被激活的，其动因是信号的差异，其基础是来自环境的、具有刺激作用的能量差异和频率差异，而这些差异会因为具有激活作用的内在稳定化过程和积极的回应而不断被加强，也就是能带来明确的对比性，同时可能会创建新的秩序。因为按照神经元组合中具有选择性激活的稳定化过程里常见的神经生物学模型（见第三十章），这种共同振荡是神经元"组合"的形成，也就是图式（图式的载体过程）的形成，和神经元组合的（普遍）激活过程之间是没有任何区别的，反而正是在这种选择性激活的稳定化过程中，根据进程和类型，图式的实现、形成以及建构才等同于（不断重复的）激活过程：建构和激活的特征是一样的，通过同一个载体过程得以形成，在同一个载体基础上，也就是神经元的组合上，得以实现或得到证明。因此，建构就相当于是不断重复并以选择性稳定为特征的激活过程。图式的形成、真实的具体化及其实现过程就是激活相应的神经元组合。建构就是稳定化了的激活过程，伴随该激活过程的是不断向前递进的反馈保障和影响，而后者则确保了该过程的相对持久性。建构，或者说图式的形成本身，在此意义上就是一种能形成形态的、程序上的构造，也就是广义上所说的"行为"。因此，图式的构建以及激活图式的结果可以说都是诠释性的图式化行动（或者也可以说是激活或激活过程）及其结果（"产物"）。在这一抽象等级上，"行为"这一表述的含义涵盖的仅仅是具有选择性影响的、有结构化功能的激活过程，尚未包含以行为或目的为导向的狭义决定意义层面上必要的、有意识的选择"行为"。

在最靠近神经元组合的等级上，这种诠释性或图式化行为的"产物"作为已经形成的产物本身就是选择性激活过程和稳定化过程的结果，也就是振荡过程的产物。在这一点上，图式就是选择性激活的构成。从这一点来看，图式的建构、激活、形成、稳定、发展或甚结构化差异都是在建立这种形态构成：构成就是建构过程的产物，图式亦然。图式就是具有鲜明对比性的、能形成结构的程序化固化过程，也是不断被选择性激活、通过典型的振荡（摆动）来实现、可以被一再诱发的神经元组织激活构造，这也是在抽象等级上被体现出来的图式结构。在诠释建构理论以及把诠释理解为图式运用的过程中，图式的这种构造也被视作"诠释建构"的形成、发展和证明，也就是作为建构"过程"的构造。这当然是对"建构"这一表述的延伸——就像是"建造"这一字面意义一样——，前提是这里针对的并不是一种有意识的、具有选择新的、具有决定性或者按计划进行的建造或相应的建构行动。从广义的角度来看（选择过程），通过激活得以实现的、几乎自动化的选择性稳定化过程就是一种下意识的标记过程或"选择"过程，就像是生物学进化过程中的"选择"一样，但这种当然不是狭义上的有意识"选择"。只有在广义的角度上，图式的形成和选择才是一种"诠释"，才是"诠释建构"的形成。上文提到的构造过程和激活过程的相似性就是这种整体特征的标志。

广义上的贬低、对比、比较、"假设"或"认识"，包括感知、再认识、再等同以及等同等都是使用图式的过程，其中当然也包括了一定的建构过程，也就是建构对象、数据、特征、特征聚合、事件、过程等，而且这一过程也远远不同于有意识的构建，但能通过用示例证明早已被构建的图式来得到具体化。对象构造或特征构造在此意义上就是运用图式，但基本上能在下意识中促使具体构造形成——狭义来看，这并没有促成建构的形成。

如果我们从有意识地决定或有意识地运用图式这一角度来理解"建构"或"构成"这两个表述，那么，和无意识地诱发图式、对图式进行进一步发展和细化不同的是，有意识地构思、诱发、细化、更改、联合、组织、融合、归纳、影响并运用图式的过程就可以被称为构成。不过广义而言也可以（至少是在半意识的暗示中）称之为建构的形成。如果我们认为强制的建构形成也是建构的结构化的话——按照词源学的定义，这当然也是可能的——那么，这当中早就出现了建构特征；如果我们突显——就像在使用"构成"这一说法时——其中有意识进行规划设计这一层面，那么这种建构形成的类型就还不能被称为"构成"。

显然，从构造的形成到建构或建构的形成之间，更远一点来说是从构造的形成到狭义的"构成"行为之间，存在着连续的过渡。前一种过程更确切地说是发生在下意识中的图式激活，而后一种则是有意识进行的图式化行动或行为（按计划或仪式进行的，但不一定是有意图的行动）。

  目前为止，形态的形成从根本上来说都是图式的凸显，不管是形态结构上，客观构造上还是贬低性的，而有意识、有目的的执行或应用，也就是根据单个特征和情状来有意图地使用图式的过程，当然就是狭义的"构成"。我们可以把图式的运用、执行、再现般地呈现、区分、分类、归纳或潜入图式执行机制的做法理解成是通过图式、根据图式、用图式或在图式中进行构造，只有在狭义层面上，我们才可以把这种构造称为有意图（有意识）的构建。与之相应的是，对传统上具有比较性的区分行为进行进一步范畴化，设计具有构架性的构成行为，在许多或众多可能性中突显出特定的选择性，尽可能建立关系或关联，分类以及有意识地根据特征进行归纳，这些当然都是构成行为或建构性的诠释，而且从狭义来看更接近对诠释的传统理解，而不是之前提到的建构行为。对图式的认知以及假设、呈现、转变、构思、连续的运用等在此（狭义）层面上都是诠释性的行动，为了制造诠释成果或诠释建构，这些行动中运用了建构形成、"图式"以及广义的诠释建构。

  这一点同样适用于具有身份认同以及再认同功能的诠释性行为、（再）认识和理解、有意识的（再）感知、将某物解释为某物的行为——这一切都是精神敬畏，它们更接近于传统的文本诠释，比起构成特征，其更具备再构成的特征。因此，从狭义上来看，我们也可以把诠释建构称为再建构，在运用上文提到的连续体时可以并列使用再建构和建构。基于有意识比较过程、理解过程和记忆激活过程的再认识、身份认同，包括对同一性以及稳定性、形态、结构、格式塔、对象、事件、过程、事实、关系、上下文等的感知，从广义上来看都是传统的阐释性理解，也就是诠释。如果面对的是一篇文本（或者广义而言，符号的聚合），那么，这就是普通的文本诠释。在后者中，也就是文本诠释是为了对所阅读的范式进行诠释，待诠释的对象已经是一个被结构化、图式化了的形态，通过已被理解的（比如口语化的）图式归纳以及通过运用惯用图式就能将这种形态翻译成易于理解的语言。文本诠释是以双重图式化以及这两者之间的"翻译过程"、归纳过程为前提的。因此，通常来看，文本诠释不过是诠释性图式化行为中的一种特殊情况。文本诠释经常会被夸大为认识、认知过程中的认识论-方法论上的整体模型［比如在所谓的哲学阐释学以及将世界视为文本的观念中（比如布卢门贝格（Blumenberg），1981；伽达默尔，1960；利科，1978；伽达默尔，波姆，1976）］，这当然又是另一回事了。在这一点上，由于阅读范式（理解和认识一般被视为阅读过程——事实上这两者与阅读过程是有所区别的——和符号释义的过程）曾被过度使用，而且目前有时仍被过度使用，这就导致文本阐释这一特殊的诠释类型被过度普遍化，成了一种具有普遍性的认识论。由于阅读并非是一种范式上或原型上的行为，它无法代表所有的认识或甚行动。在所有认识和行动中运用图式或诠释建构要比基于特殊前提的（比如要有一份已经被预先结构化了的文本，同时要存在两种语言以及一种翻译码）阅读范式更加具有普遍性。不仅是语法和语言［按照维特根斯坦和利希滕贝格（Lichtenberg）的说法便是语言大厦］会给我们带来误解，而且文本解释习惯、阅读行为、过于频繁地介绍文本阐释模型或文本符号学模型等都会造成误会。简而言之，阅读范式如果在认识论上被夸大成一个全面的认识模型，比如认识范式，那么它就会以自己的方式通过阅读理解让认知具有独特的魅力。此外，按照阅读的模型或意义，认识、思考和行为本身也是接受，尽管按照"认知"这一词的广义角度来看，"认知"行为针对的是具有结构化和图式化能力以及具有普遍建构诠释性的行动。因此，普通的文本阐释学以及哲学阐释学作为认识论模型只能是分析并理解其中的一部分特殊释义过程。普通的阐释学不过是认识论的一小部分，尽管这种阐释学常常——不过也并不是总是如此，比如狄尔泰的观点就不同，伽达默尔的部分观点也不同——会将其吹嘘为被动的接受学，但我们必须时时注意阅读范式的这种局限性。从知名度、科学上的公开影响或甚通用阐释学的优势来看，这一点在当前是尤为重要的。

下文的图表全面列举了之前讨论并形成的诠释性图式化行为。尽管这里提到的诠释是广义层面的（图式诠释），但此处指的都是诠释性图式化行为和促成建构形成的激活行为。图式诠释或建构诠释的这张图表在几乎连续的过渡中涵盖了所有形态上和具体化的构成、建构和再建构。（对这种诠释性图式化行为的进一步描述可见作者在1993年发表的专著，第253及下页。）

第五章　诠释性的图式化行为 | 101

<h3 style="text-align:center">诠释性－图式化行为：
（图式）诠释</h3>

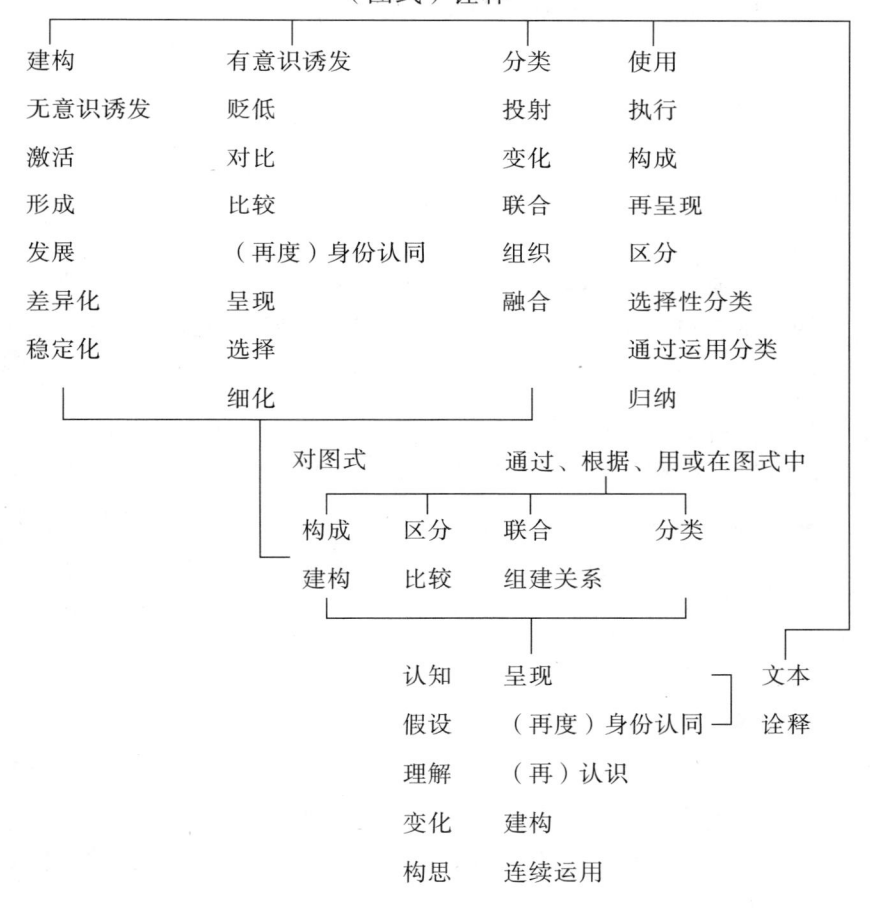

建构	有意识诱发	分类	使用
无意识诱发	贬低	投射	执行
激活	对比	变化	构成
形成	比较	联合	再呈现
发展	（再度）身份认同	组织	区分
差异化	呈现	融合	选择性分类
稳定化	选择		通过运用分类
	细化		归纳

对图式　　通过、根据、用或在图式中

构成	区分	联合	分类
建构	比较	组建关系	

认知	呈现	文本
假设	（再度）身份认同	诠释
理解	（再）认识	
变化	建构	
构思	连续运用	

（对稳定性、形态/结构/
格式塔、对象、事件、过程、
事实、关系、上下文）

构成 ⟷ 建构 ⟷ 再建构

第六章 感知和诠释

歌德曾在《颜色论》"教育意义部分"的前言（1885，X，34）中写道："仅是注视某物并不能让我们有触动。每一次注视都会成为观察，每一次观察都会引发沉思，每一次沉思都会带起联想，因此，我们可以说，在每一道专注的目光中，我们就将世界理论化了。但这都是和意识、自我认识、自由有关的，或者我们可以放言称，这是和反讽有关的；如果我们所担心的抽象是无害的，如果我们所期待的体悟结构是生动而有益的，那么，这种技巧就是非常必要的。"歌德并没有进一步说明他对"理论化"的理解，但从这种关联中，我们可以说，这应该就是我们此处所指的诠释；因为在沉思的关联中进行的每一次观察都是和图式运用密不可分的，不管这是受到了我们认识器官的生理结构及其发展形成的功能影响，还是受到了文化推动、社会影响、象征性媒介的影响以及心理内在化影响。歌德也认为，这种观察是基于相应的认识情境或结合了相关条件和要求的。在环境相关性这一点上，他的观点就代表了整体的、积极的感知理论——这是近几十年才出现的生态认知理论。按照詹姆士·吉布森（1982以及1973）的说法：感知是感知者和环境之间交互影响的过程，而不是消极被动的展示，这只不过是传统上对感知——尤其是视觉——特征的看法罢了。

可能歌德在理解"纯粹注视某物"时太过犹豫了，他显然认为这和诠释无关。但我们可以看到，如果没有运用或激活特殊的神经元结构，是不可能有这种注视行为的，这些结构以特定的方式证明了相关视觉感觉以及视觉感知中的诠释特征。但这当中当然也存在差异，不管这是感知器官处于纯粹毫无目标的、无意识、没有任何格式塔或对象目标的刺激状态（比如感觉到光亮或亮度的改变），还是将某物感知为某物（比如看到某物并感知到这是格式塔或对象，听到某种声音并感知到这是噪声或曲调），或是对基本事态的感知（比如命题式的"看到"这一说法一部分就是基于无意识的结论或他人的观点），亦或是对存在的基本事态的——也就是对事实——"真正"（受掌控的）感知。在这一点上，在感知形态以及相应的呈现过程中，无论是在心理状态上，还是通过描述性的谓项和句式，都形成了一种方法论和认识论上的有趣差异，而这种差异也成了具体的感知理论的对象。

我们首先感兴趣的问题是到底是否存在一种并非在诠释中表现活跃或在诠释中被激活的——也就是不依赖于既有图式形成和图式运用的——感知，又或者是否存在具有普遍诠释性的感知（尽管这种感知需要在先命题等级，也就是在确认其是真命题的基础上进行分析）。

为了进一步探讨感知的诠释渗透性问题，需要对神经生物学、感知心理学、认识论以及信息哲学的相关专著进行深入研究。因为视觉体系——注视——在所有领域，尤其是在神经科学和心理学领域，是被研究得最为透彻的，所以在此我们也将视觉感知作为感知的原型代表来深入探讨。当然有时候需要指明的一点是，不同的感知模态和感官模态会成为对象感知和事件感知的构造，同时也会在世界以符合人类认识的方式得以再现时产生影响。

　　这里已经简要地提到了主要观点：感知是一种诠释性行为，它要么是在运用下意识被激活并在行为中表现稳定的图式时，通过在感知轨迹中具有拓扑学特殊意义，但不具备典型刺激性的加工，而且是通过脑皮质的加工，才得以实现的行为，或者，它就是在更高级的命题形式中，在被储存起来的记忆内容的主要参与下，受到在个体形成的诠释范畴和诠释结构，或者是受到中心区域大脑皮质加工的影响。感知结果、感知功能和感知成效越复杂、越高级，参与其中的大脑中心区域就越重要、越多，而且有越多的新大脑皮层的参与（包括运动机能的核心区——比如为了刺激并激活眼部肌肉而调动动眼神经）。感知的较高等级——只要这些不是简单的反射性接受和反应——始终都是由一系列等级明确的大脑分区组织、调控并实现的过程。但就算是相对低等的感知也证明了其中在运用具有分解、加工、综合并使用特定图式的发展形态，而这些形态足以证明这些过程是受到图式和诠释渗透的。这一点看起来似乎是把现有的新理论凝聚到了相关领域，这样我们就可以推断出其普遍性：感知是在不同差异化等级中的一种诠释——从无意识、具有结构化能力的图式化一直到狭义层面上具有差异性的认知性感知化（"统觉性"）诠释。从上文选择的视觉这一典型事例可以看到，我们完全可以把视觉理解成诠释，其中可以看到从无意识的图式化到认知范畴化当中越来越明显的差异化等级，以及从纯粹地调动视觉感官细胞、激活相应的神经元和突触直到作为视觉的视觉本身都包含了（从命题式角度设定看到了基本事态）愈发明显的差异化等级。

我们先来谈一下这里涉及的神经生理学和神经心理学知识，这些都涉及了感官细胞激活过程中的加工结构，也就是激活视网膜细胞以及相应的神经元、突触、视觉神经机制和细胞的过程。（在这一点上，我们首先要采用科学的、现实的视角，也就是我们应该作为站在自然科学之外的局外人，从这个角度来描述相关过程，不需要考虑认识论的根本原理要如何证明自然科学的理论及其模型的运用是受到诠释渗透的：在描述过程中可以不用考虑一点，也就是从认识论角度来看，自然科学的解释和系统化本身，包括纯粹的描述本身，就是取决于诠释过程的，也就是这些本就是诠释建构。）

早在认知过程的研究初期就已经证明了刺激视觉的信息是经过了特殊特质加工的：也就是在接受信息，即在看到受光子影响形成的物体时，它会影响到对弱光敏感的视网膜和对三种色彩（蓝色、绿色、红色）敏感的视锥细胞，让相应的感光色素——视网膜中的视紫红质——发生生物化学上的改变（在视锥细胞的敏感颜色范围内以及在视网膜最敏感的、位于绿色区域中间的纳米范围内，能达到其最大化的吸收和激活）。［这时候，为了能到达视网膜和视锥细胞，射入的光线要能穿透神经节细胞、无长突细胞、双极细胞。在实际作用过程中，受体细胞（视网膜、视锥细胞）要比双极细胞和神经元细胞先发挥作用。］轴突是神经元细胞中积极的神经元，也是视觉神经的一部分，轴突会影响外侧膝状体，也会经过一道道转换通过影响神经元来到达最重要的视觉中枢（首要的是初级视皮层），可见视觉的产生需要两个中转站。接受光子之后引发了感光色素中相应的生物化学改变，而通过特殊细胞类型的转换又引发了神经元轴突中的行动潜力，这就明显证实了视觉产生的最初阶段发生的分解加工过程。如果从拓扑学的相邻归类角度来看单个细胞的特殊接受领域，这一点更为明显，这些单个细胞会以特殊的形式对棱角边缘的差异、纹理组织的差异、对比度、明暗对比——比如通过加强对比的方式（通过相邻受体细胞中所谓的侧抑制）——以及上述对三种色彩敏感的视锥细胞感受到的颜色浓淡差异进行加工，并投射到和眼部相关的对侧膝状体以及与之相应的两侧视野，并由此继续影响到同一侧的视野。左侧的视野通过右侧的视网膜被投射到右侧的膝状体，然后继续影响到右侧的核心视野，反之亦然。单个细胞的接受领域是互相重叠的，但在视觉中枢的投射过程中是有相邻关系的，这样我们才能知道在初级视皮层上会对视网膜受到的刺激进行二维区分，并对该过程进行系统的、几乎是拓扑式的映射。胡贝尔（Hubel，1989，第66页）认为："在经过神经键的两到三次连接之后，眼睛的输出过程中已经包含了要比视网膜和视锥细胞中存在的点对点世界的映射更为复杂的信息。"也就是说，这当中已经发生了一系列的变化，该过程根据特定特征以特定的方式呈现了初级视皮层中不同视觉刺激在六类互相重叠的细胞上的分布情况，其在相应功能柱的转换和特定相邻关系的维护中也有呈现：如果我们忽略功能柱中左右侧不断更替支配地位的情况，就可以看到，初级视皮层的相邻细胞也就是视网膜接受区域的相邻细胞。不过就像胡贝尔和维瑟尔（T.N.Wiesel）

等人在猴子身上做的著名实验一样，这里存在着相关细胞及其接受区域的一种特殊化过程：有些细胞在相关受体未受刺激的情况下会发热，另一些则正好相反。特别有意思的是细胞中和辨认方位相关的特殊化情况：对棱角位置、长度及其变化的方位辨认能对初级视皮层中的六类细胞产生相应刺激，这时候角度的变化会被投射到正产生连续变化的邻近功能柱上。很显然，刺激信息的结构能引起受体细胞的变化，在极其特殊且各不相同的方式中，这些信息被分解、加工、继续传递，从细胞特点和相应特征来看，这些刺激信息被分开解析并以各种方式激活了初级视皮层中的细胞。〔在此过程中，初级视皮层内横跨各类细胞的功能柱也有着相同的方位辨认特殊性，不过这当中也有一些微小的差异，比如当涉及棱角的角度辨认时；当然，以不同的眼睛为主时会有特殊的区域以及功能柱（见下文）被调动并被交替呈现：这里涉及的是被分级但以特殊方式保留了拓扑学比例关系的分类中所出现的多样性。〕在信息被继续传递到下一批视觉中枢 V2，V3，V3 等（据猜测最多会有三十个不同的视觉中枢，其以层层上升的方式最后到达新皮层的最高中枢）时，当然会继续发生改变（在突触的生物化学传递以及突触后神经细胞中神经元之间的传递间转换），这当中保留了细胞的特殊刺激性和专门化过程，但可能是在一个更高层的中枢中，或许就是在感觉中枢的视觉中枢中，这些信息汇集于此并被组合成一幅融合了两侧信息的图像，并从该处继续被传递到能调动躯体的视觉中枢。到了这时候，眼部肌肉就有可能发生运动，神经也会调动相关肌肉，这么一来，原本瞬时的视网膜"图像"就被"构建"成了视觉上恒定的图像而得以再现。这种汇总过程会通过相关视觉器官肌肉的神经支配而得到反馈，并且是反馈到具有汇总性的中枢，这个过程被称为再内导，被感知的视觉信息会拥有稳定性和持续性，此时，再内导过程起到了关键作用。

可见，这一过程以极其复杂、特殊的方式对刺激信息进行了加工，最后对原本的信号材料进行了再次"再建构"或"新建构"，当然，这时相邻方位的位置情况和拓扑关系是得到了保留的。通过分解，最后在一个假设的中枢中——结合了感知皮层和运动皮层——综合产生了一个整体印象，该印象"呈现"了刺激层面上接受的印象。分解和综合从某种角度来看是极其具有"建构性的"，或者说，图式化的，是对图式进行结构化的。由于信息源的特殊性，结构分类本就是被预先设定了的——在传递和继续传递的过程中，其方式基本上是中立的（视觉刺激或触觉刺激也会以同样的行动潜能模型和突触传递模型通过生物化学上的神经中转被传递）。简而言之，近几十年的所有神经科学研究成果都证实视觉感知——包括其他感官渠道上的感觉——是一种具有特殊差异性、具有分解-综合性的"建构"过程、图式化过程或诠释过程。从激活图式的角度来看，感知就是通过激活（一部分是在进化中已经存在的，一部分是在和环境交互影响的过程中产生的）神经元关联和神经元组织并对其进行稳定化的一种诠释。如果从诠释概念的视角（比如从初级诠释的角度来看，见第二章）来看，我们认为图式激活过程是一种任意的诠释行动，那么各个加工等级上的感知就可以被视为图式化过程或诠释过程。

如果我们考虑到这几十年间詹姆士·吉布森等人发展形成

的感知心理学，那就可以看到，这里的关键是一个积极的加工过程，这种加工体现在和环境的互动上，体现在特殊的感官模态信号上，也体现在信号密度的分配差异上（就算我们不认同吉布森在认识论上的"直接论"，这一点也同样适用，吉布森的直接论认为环境中的结构——比如视觉信息——及其恒定性直接等同于"现实物"。）传统的感知理论认为，感知就是接受系统纯粹、被动地接受刺激的过程，与之不同的是，吉布森在近几十年间（比如1973年，最初是在1966年）建立了感知的积极性理论，尤其是在视觉感知方面，其出发点是"积极的感知体系"，该理论研究的内容包含了"本体感受或自我敏感性"在内的"感知体系中多余且多次重叠的行动"，其根本基础是"从刺激源的外部信息中进行筛选的"过程，此过程中发生的"改变也被视为是主体的改变"（比如对身体运动的预计，以及预计相关感知肌肉可能出现的动觉及本体感受上的调动）（1973，第384页）。在其之后的"视知觉生态论"（1982）中，吉布森尤为重视环境的交互影响，他的这一理论基础是从"位于我们四周、在能量源中随时供我们使用的刺激信息"里面提取光信息的过程：从"流水般排列的光序列中提取"（1982，第67页）光信息，而在此过程中最重要的是该信息排列中的差异、对比、复杂的刺激源分布和变化，同时要从周边光源的这一结构中提取出恒定性——这完全是从其对生命的有益性以及对特殊关键结构进行选择性加工的角度出发，吉布森认为这是"可供性"（将其翻译为德文的"供给性"是不妥当的），这种可供性是具有感知能力的生命体在周边刺激情境中、在视觉感知过程中从周边的光源——包含在光源内的信息——里面筛选出来的:"假设有恒定性的存在,这一方面是出于观察者的动机和需求,另一方面则是考虑到了外部世界的本体和表象"(同上,见第156页),这一假设是该感知心理学中全新的、被称为"生态学"理论的基础。从特定的观察以及互动角度出发,从周边的环绕光束中筛选信息,这是该理论的核心。["环绕光束"指的是当人们改变立足点的时候,视觉周边存在的一系列互相重叠的视角。(同上,第69及下页)]

环绕光束中的信息包含在"表面的平面排列中",这些信息通过在感知系统中预估自我感知、自身运动(同上,见第160页,第196及下页)、动觉反馈就可以被感知,从而筛选出恒定性。

对于吉布森而言,视觉本身就是"一种动觉行为"(同上,第197页);在感知体系中,视觉性的"动觉"和器官内部的动觉、"肌肉的"动觉融合在了一起。

在此过程中,(视觉)感知就是"个体的一种阅读,而不是在意识舞台上的一种显露。这是在和世界维持密切关系,更确切地说,是一种收集经验的过程,而不是获得经验的过程。这是'对'世界的关注,而不是纯粹地意识'到'这个世界"(同上,第257页);也就是说,这是一种心身反应上持续保持积极的状态,它会对接收到的刺激信息进行结构化,并且在结构化过程中对刺激信息(按照吉布森的观点,在我们周身的世界中,在光能的能量分布中,到处都是这种刺激信息)内包含的恒定性进行筛选:"世界并不会和观察者对话"(同上,第260页),而是会对具有互动性的行动者、对积极筛选者、具有选择性的有机体进行对话。按照行为研究者的观点,我们在此期间的感受就类似于动物的本能行为，这些行为研究者认为，对于感知和反应的形成而言，持续不断地从周边情境中找寻关键刺激、广泛地接纳刺激，这是非常重要的。按照吉布森的观点，这就是在持续地激活感知系统，这使得积极的感知系统有别于消极被动的感官：其中，感官模态（视觉、听觉、触觉、嗅觉、味觉）这五种不同的感知系统完全可以被"归类到一种具有普遍性的导向系统内"——也就是考虑到从内部传感器中发出的本体感受反馈和动觉反馈。凭借特殊的器官，这种全面的系统可以"导向、查探、调查、适应、优化、提取、产生反应或达到平衡"（同上，第263页）。

所输入的刺激信息同相应的导向功能以及输出反应之间的关联被人主动"发现了"，有机体对其进行了加工，在此过程中，感知系统的功能"达到了成熟，学会了学习"，同时也"被组织化、被联合、被补充或选择，但人们无法学会新的接受方式"（同上，第264页）。感知系统的功能中最典型的是其特征和结构，也就是"外部客体的质量——尤其是其可供性特征"（同上），这种质量受被中枢神经激活的专注力调控，另外，其本身也作为"技能"得到了进一步的发展。从心理学角度来看，"隐喻""神经冲动"或"冲动从一个神经路径转换到另一个神经路径"等心理学概念是和"振动、提取、优化、对称化以及行为，比如导向、查探、调查或适应"等比较概念相对应的（同上，第265页）。

这当中的核心观点是对恒定性的感知："感知者从刺激信息中提取出结构中的恒定量，同时继续感受到刺激信息的不断流动，尤其是对视觉体系而言，周边光束中恒定的结构尤为关键，这种结构是具有持续改变可能的视角结构所具备的基础，它通过自身运动来激活这种视角结构。"（同上，第266页）对于吉布森而言，这种恒定量就出于周边光束的"结构中"，"而其中的障碍则是结构的改变。对于视觉过程而言，结构就体现在身周的光束中"（同上，第269页）。"感知就是感受到周边的表象以及自我的真实性——前提条件是在被自我预期的认知结构化的可供性选择中以及对自身运动的预估组成的光束中提取信息以及恒定量。"（同上，第275页）吉布森的结论是（同上，第327页）："如果……对环境的感知并非（纯粹。——伦克的补注）完全基于一系列的瞬间印象，而是从事态中提取恒定量，那么，在感知环境时，我们就不需要对环境有预先的认识。"（同上，第327页）如果对环境的感知纯粹是基于"瞬间印象"，那么，吉布森认为，这就是一个"建构过程"（同上）。但这并不意味着从四周光束中筛选恒定性的过程是一个任意的图示化过程，因为其虽然是具有自主选择性的，但该过程只有通过认识机制发展和配置中具有进化性的先决条件才得以预先构成（也就是广义层面上的一种既定"建构"）。只有当我们把"建构"局限在按计划故意形成或表现上时，才可能否定筛选过程中具有建构性和图示化的要素。事实上，吉布森多次证明（比如在附录的第二部分，同上，见第334页），视角上的系统性改变会"制定"、产生、建构出光学结构中的恒定性，而这种恒定性作为恒量是与光线改变、观察角度改变、四处张望时样品的改变、四周光束结构受到区域因素影响等变量相对的：感知及其常量在最初看似肆意变动的刺激环境中得到了积极建构，但这种建构的方式却是非常特殊且有规则的。对其余感官模态和刺激而言，这一点当然也是同样适用的，这些模态和刺激共同组成了一个整体的导向体系。

吉布森提出的信息概念其实是有些幼稚的，他把能量密度的结构序列及其在四周光束中的变化称为外部环境本身中的刺激信息以及信息，也就是等同于物质化的信号源以及相应的能量承载过程。当然，这其中筛选结构的过程本身也是一种建构过程，虽然这并不是一种肆意的、不受限的、任意变化的建构过程，但却是由感官模态特殊性、器官特殊性以及各种加工的可能性形成的建构。特别是不能像吉布森在其认识论的"直接论中"所做的那样，把通过这种方式筛选出来、再建构或选择，并已然形成的恒定性结构直接等同于外部世界的现实或甚"现实物"（见哈瑞的批判，1986，第156及下页，第161及下页）。

显而易见的是，如果感知过程中涉及的是从外部世界的信号及其结构分布中筛选、再建构、提取、选择、预估等过程，如果恒定性是可以"被确立的"（尽管并不是任意、预先存在的，但却是通过感知系统中以进化为条件的结构化过程而预先存在的，而且是通过进一步的、受发展限制或文化上的预先组成、认识论上的预先组成而预先确立了的），那么，这就涉及建构或再建构中的、无意识的"建构"或积极再建构的过程，涉及图式化以及具有加工和改造能力的形态化过程——从广义角度来看就是我们所谓的图式诠释。生态感知理论中的一切都认同感知过程中具有诠释特征，证明有机体在感知时采取的是一种全面但非绝对（比如认识到这里也有拓扑学上的对应性）的诠释行动。感知很大程度上是图式诠释，不管是在无意识的、由生物进化决定的基础上，还是在"诠释形态"的个体发展和社会文化发展过程中具有组建性的基础上。

传统格式塔心理学以及近代的认知心理学中受行为学和生态学影响较小的感知心理学最后得出的也是类似的结论。其普遍观点中最特殊的论点是："认知是建构性的"，也就是所有认知行为及其结果都是结构化的，尤其是当其涉及现实中的常量以及普遍化过程时，乌尔里克·奈斯尔（U.Neisser，1974，第360页）曾断言，"感知就是一个建构的过程"。不管是对"焦点的关注"，对模型的认识以及对"比喻性的综合法"而言，还是对听觉上对语言的感知而言，甚至是对"感知中的抵御行为"和"下意识的感知"而言，亦或是对"比喻性的后续影响"以及各种感知上的、被认知加工过的再现过程而言，以上观点都是成立的。在感知真实性和建构真实性这一复杂的搜寻过程和建构过程中，其行为和激活图式的过程在奈斯尔看来——就像吉布森一样——重要的是在环境刺激基础上以及在分析环境的关键性刺激的过程中（当然这也取决于最关键的激活关注力并调控关注力的行为）有机体的行动，同时，他将其总结为认知过程的多样化加工这一纯理论假设（同上，第367页及以下，第373页及以下，第380及下页）：他的观点有别于诺依曼的结构化电脑程序，为了在所谓的初级关注过程，比如听觉或视觉中，解释该过程是具备了多样行为的结构，奈斯尔运用了平行加工的隐喻，而关注焦点所做的调控（二级过程）以及进一步加工则是有序且连续发生的。

实证感知心理学中的许多结论，尤其是涉及人像-背景-感知、所谓的瞬间成像感知（感知到在缝隙后面一闪而过的人像）、对比感知、视觉运动感知（按照格式塔心理学家的看法符合"共同命运原则"的光点人像）、客体常量、深度常量和高度常量（我们按照这些常量来根据光学－物理学法则中的偏差对我们所处世界中的对象进行分类：一个渐渐远去的人在感知中并不会变得越来越小！）所有这些被广泛研究的对比感知现象以及格式塔感知现象等都证明，融入了图式的诠释会对这些被接受的物质进行加工。包括几何光学中错觉带来的令人惊异的效果（缪勒莱耶双箭头错觉，波根多夫的直线被截断错觉，潘佐错觉或铁轨错觉）也证明，在这些错觉中，即使人们知道这些是错觉，但图式化的加工行为本身还是有强迫效应（尽管通过解释说明能费力地减少一部分错觉，但不可能使之完全消失）。所有这些结论都表明，图式一部分是进化形成的，一部分是在社会文化中发展形成的，这些图式会对我们的感知行为产生巨大的影响。（关于这些效果和结论的总体介绍见：李特尔，1986；洛克，1985）。

尤其是伊尔文·洛克的感知心理学更是对感知过程提出了一种建构性的理论，他的理论摆脱了朴素实在论、无意识推断的理论[亥姆霍兹（Helmholtz）的观点]以及感觉论－经验论的观察方式，而这种观察方式甚至在研究行为的来源时得出了消极被动的刺激－反应理论，洛克的观点继续在认知上强调了能动的主导性，这也是神经生物学和吉布森所关注的：感知是在对刺激信号、具有选择性的建构过程和构成过程进行一系列加工时产生的过程和结果，这些过程都是感知的基础，同时，感知也是认知加工的过程和结果，在认知加工中，认知中心为了能够感知，会从可供选择的解释中优先选择"解决之道"，"估算规则性和特征之间的关联"，也就是呈现"理性的解决之道"并对事态以及熟悉的"场景"中的事态进行"诠释"（同上，第 196 及下页，第 18 页，第 3 页及以下等）。这当中保留了部分传统理论，比如刺激反应或"无意识的暗示性推论"，但却将其融合在了一个积极主动的、具有系统性的再建构观念中，将其综合成了"智慧的"感知观，这种观念包含了情境感知以及场景感知的整个组织，同时表明，感知虽然是一个和刺激相关的过程，但同时也是在诠释中进行建构和图示化的过程（比如看到表面的轮廓以及看到杂乱模型中复杂的排列时会产生错觉就可以证明这一点）。洛克认为，感知就是"大脑进行思维再建构的产物，而不是对刺激的消极描摹或被激活的神经细胞之间互相关联反应的结果"（同上，第 40 页）。诠释已经偏离了高度和结构的纯粹光学－几何学恒定性和常量，月亮错觉就证明了这一点（同上，第 20 页及以下），按照这种想法，地平线上的月亮要比天顶的月亮大很多（从几何学和光学上来看其实是一样大的）。也就是不仅周围的结构会有恒定性，而且按照吉布森的观点，这种恒定性是经过了筛选并已经确定了的，同时，在经过众多不同的塑造之后，还会进行再加工，比如根据"格式塔的基本原则"、指向运动对象时的"共同命运原则"、立体动感效果原则（一系列旋转的离心圆造成的空间效果）、覆盖效果、深度常量和高度常量效果、人像背景对比效果、简单格式塔的突显性和优势效果、无意识描述理论（包括情境导向、垂直优势、阴影形成、明暗法等）以及根据视觉主导性要强于触觉感知或破坏平衡感的感知等原则。所有这些效应都证明，只有当感知最大程度上受到诠释渗透时，大脑皮层的加工才可能形成真正的感知。洛克还对几何学－光学上的错觉进行了详细说明，比如他根据场景的设置从空间上解释了波根多夫错觉和铁轨错觉，提出了较低维度（平面感知）的要素，这也是解释缪勒莱耶错觉的一个因素。看向运动对象时，比如根据格式塔心理学［维尔特海默（M.Wertheimer），1923］所谓的"共同命运"原则来观察一系列突显出来的相同点状物，比如"良性延续"原则以及"好的"或"明显的格式塔"原则，包括形态感知中天生的一些效应，比如隐约出现的危险（急剧变大的阴影会让人感觉比越来越近的猛兽等物更具威胁性），这些都证明了一个结论，也就是在场景、空间局限性中，对视觉信息所进行的加工是遗传的，是由视觉感知占主导的，但是经由大脑得以实施的这种加工具有主导性。这一方法也可以用来解释不同的稳定现象和效应。洛克最后谈到了"感知的无意识智慧"，这种智慧以多种方式通过建构诠释理论和场景感知中的互动理论得以体现，同时，相应的认知理论也就和脑皮层的互动诠释理论紧密结合在了一起。

整体上来看，认知心理学证明，感知是一种具有建构性和（再）构成性的诠释过程，从具有解释性的综合性组合来看，这一诠释过程超越了再现恒定性或纯粹的筛选等消极接纳的过程，在前意识和无意识中以图式化的方式运用了行为导向、场景呈现以及连续性、延续、简要性、格式塔主导性等。尤其是在具有明显模型化的、命题式的"看到……即是……"方面，以及在所有更高级的认知加工中，有意识感知中被诠释渗透的特征就尤为明显：认知是建构性的诠释，这一点适用于所有层面和等级——从无意识预先形成的、局部因遗传而来的图式运用，到解释社会文化的或甚传统的诠释建构，以及解释有意识建构的诠释建构类型。感知是图式诠释，也就是建构性的诠释，在此过程中，着眼于整体、处于较高等级上的综合法完全可能超越吉布森提出的抽象假设，从认知心理学上来看，这种综合法也更易理解（安德森，1988，见上文第四章）。

对感知的诠释建构性所做的解释完全可以成为信息认知建构中认识论－哲学这一更为全面的理论中的一部分［见德雷斯克（Dretske），1981，1983］。这一观念是完全成立的，德雷斯克就认为（1983，第55，57页；1981，第65页）信息概念是一种结构概念，这种概念在周边刺激情境和刺激变化的结构中，尤其是在结构化的对比以及这些对比的能量差异上（也就是视觉上光能的分布）保持的恒定性里，均得到了客观体现。这当然是一种抽象化，并不可能形成结构信息的绝对客观概念，而这种概念却可能"（很大程度上）独立于有意识的行为者开展的诠释行动"（1983，第55页），其中可能并不包含任何的图式化－诠释性行动，而这种观念中唯一明确的是，有意识的随意诠释行为并不一定是其基础。继吉布森之后，德雷斯克（1981，第65页；1983，第57页）认为，信号包含了一种事实上具有信息性的内容（信息），其特点是，S就是F，其成立的先决条件是可能性＝I，也就是当信号真实存在且成了一种相对的背景知识（这是接受者已经拥有的信息）时，S也就是F。可见，信息是满足迁移的"影印原则"的（"如果C包含了信息B，而B的出现也包含了信息A，那么，C也包含了信息A"），因此，该信息和其余信息是有关联的，是互相结合、有关系的，这是一种客观的、具有认知理论意义的总量，事实上它的基础就是作为特性关联的周边结构（如果S并不是真正的F，那么，S就不可能包含S是F的信息），其同时也证明了这种符合规律的关联所具备的一种功能（和其他条件之间的原因-后果关联）。不过，如果信息内容不仅是基于表述的外延，同时还基于其意涵的话［尽管从外延上来看，S 就是 F 这一事实等同于 S 同时也是 D，但根据不同的背景知识，接受者会认为这两句话呈现的是不同的信息，这便会产生（有这种相对的可能性）不同的反应］，那么，这时信号的信息性内容已经证明了"意图的程度"（1983，第 58 页）［且其中的描述也证明了意图！（1981，第 76 页）］。从这一观念可以看出，尽管具有客观基础，但对信息内容的归因仍旧取决于一种命题式的归因过程，也就是一种归因式的解释，简而言之，一定程度上具有诠释性。

这一点尤其适用于德雷斯克对感官感知以及感受的理解（1981，第六章；1983，第 60 页）。比如我们可能会看见一只鸭子，但不一定会认识到这便是鸭子（不同信息内容中信号结构的外延等量和同一性）。这种纯粹的"看见"（这是感官接受器在受到刺激时产生的感知——意识的切换、范畴化或甚对现实事实的认识都是不必要的）和更高级的、可能是命题式的视觉是有着本质区别的，但对其进行分析时却要将其置于一种不断深入的分级状态来看，也就是从细胞纯粹受到刺激时的状态出发，进一步深入到图式化的、归类化的，甚至范畴化或以命题信息形态所进行的深入加工状态之中。信息的差异化和特殊化程度越低，它就越有可能会在更丰富、未加分类的相似形态中得以呈现（日常经验就是由过多的信息流汇聚而成的），而从删改数据的角度来看，通过对信息的限制（缩减、损失）才能对感知中枢接受到的大量信息进行有意识、抽象的评价。

从简单的感官刺激（感知中枢的再现）到认知再现（基于图式化和实践的加工）的过渡中，对信息组成要素（尤其是和周边环境、导向、色调、颜色的细微变化、大小比例等相关的信息）进行了系统的缩减，只有这样才能实现包含较少信息量、抽象的再现（认知再现）。德雷斯克以比喻的方式谈到了再现时候的数据化形态，这完全不同于呈现在初级传感特质中的一系列信息，在数据化形态当中，物事实上是在认知中被感知到的，而不是内在再现以及再现模型本身通过被再现的物得到了呈现。认知信息的过程其实是忽视、无视了一系列原始信息中的很多局部刺激。只有这样才能实现范畴化、比较、普遍化、再认识等。所有对信息进行认知理解的过程都证明了这一感知刺激的合理方式，而且是基于将刺激普遍化、分类、对其进行认识或再认识的角度。我们可以把最初的感知理解成所谓的类比形式中的信息再现，而在此过程中，"视觉""听觉"等认知过程呈现的就是对再现的数据化形态进行加工的过程。德雷斯克认为，这种数据化构成了"认知行为的核心"。"认知行为是对输入的信息进行概念调动的过程，而这种概念上的激活从根本上来看就是一次忽视差异性的良机（与根本的同一性相比，这种差异是无关紧要的），同时也是从具体事物过渡到抽象事物、从特殊性过渡到普遍性的过程。简而言之，这就是执行类比－数据的转换"（1981，第142页）。因此，在"我们的视觉和听觉对物进行建构的过程中，其形成的感知经验和一般源自经验的知识（或信念）之间就存在着差异，而且从根本上来看是解码方式上的差异"——也就是作为"传感（类比）形态和认知（数据）形态"之间的不同解码方式（同上，第143，145页）。在类似再现形态的感知经验上，为了进行认知评价并运用之，人们使用了"一种数据转换器"，这种转换器通过认知上的加工机制对原来丰富的信息量进行了极大的缩减，由此形成了认知知识，尤其是命题式的事实性知识（同上，第 153 及下页）。

与之相应的是，德雷斯克并不认同感知上的纯因果理论，因此他才形成了自己的再现理论，并提出了"对某种特性进行初级再现的"概念：一个信号会相对于另一种特性而言赋予某种特性一种"初级再现"，前提是前者的再现是取决于其与后者间信息上的关联，但反过来却并不成立。因此，门铃的响声是一种初级再现，但按门铃却不是，所以门铃的响声才是相应的听觉信息感知过程中的"感知客体"（感知对象）（同上，第 160 页）。我们的认知系统必然是在"具有认知能力的有机体外部"（从因果关系来看，这是具有稳定性的机制）对感知客体进行投射的。在感知客体和再现之间，在感知客体和内在的、具有代表性的、被意识到的感知之间是存在过渡阶段的，但其本身并不会呈现在经验中，而是被跨越了，它的体现方式在于，我们是"通过它"才能"听到"（并看到）的（同上，第 162 页及以下）。德雷斯克提出的这种模型颇具总览性，不过此处不需要进一步探讨他观点中和信息加工过程相关的细节。这当中已经明确的一点是，对信息内容进行加工的过程其实完全就是实施并执行图式化的、诠释性的行动的过程，不过这一过程是发生在接受器附近领域中的无意识、图式化行动，亦或是有意识领域中具有较强选择性、强调其他可能性的行动。按照这种整体来看较为简单的信息哲学模型，所有的认知过程中（至少是在这种具有差异化的类型中）涉及的都是我们广义上所说的诠释过程（狭义来看，就是包含了图式化过程或其他任意可能性的诠释行动）。在对吉布森的信息提取理论进行深入探讨的过程中，本章节的基本理论也得到了证实：汇集了感知科学学科中的所有理论成果之后——当然我们也可以对感官生理学进行详细探讨——我们可以看到，这里针对的都是图式化过程，而这种图式化过程是发生在一种具有感知能力和认识能力的有机体及其感知系统和整体导向系统（这里主要探讨的是视觉系统以及个别听觉案例）中的。感知就是图式化和诠释，包括在初级再现层面上以及接受器收到的首个特殊刺激时，尤其是在有机体内部的信息传递、信息改变、信息重新组合以及认知再现的过程中。就算是从周边环境接受信息的过程——特别是按照感知心理学（比如洛克，1985）的观点——也是取决于接受行为的，这种接受行为会对刺激领域进行具体化，会进行选择并图式化，会在特殊的感知轨道上进行结构化。尤其是当我们脱离初级感知深入认知核心时，这一点就尤为明显。感知就是诠释（从图式化、结构化以及对其余可能性进行选择性解释的角度来看），这一观点已经得到了神经科学、心理学等不同学科的证明，同时也和信息哲学、认识理论的诸多观点是一致的——包括这里提到的德雷斯克的观点。可见，我们根本无法否定感知加工过程中的诠释性。

第七章 作为诠释建构的想象

想象的再现过程所具备的特性值得深入研究：命题主义者或象征关系描述论者都想要弄明白符号序列在语言内部的排列最终在精神上的全部再现，比如杰瑞·福多（J.A.Fodor，1975，1983，1987）和皮林施恩（Pylyshyn，1973，1981），他们的观点和"意象主义者"[约翰森（Johnson），莱尔德，1983，第147页] 或"画意摄影主义者"[布洛克（Block），1991，第581页] 截然不同，后者认为精神模型和想象是与图像类似的再现，尽管他们也会以不同的方式——比如科斯林（Collins，1980，第27及下页）——否定内在想象的精确图像特征，并认为这"似乎是画意摄影式的格式"。帕维奥（Paivio）、谢帕德（Shepard）/梅茨勒（Metzler）、谢帕德/库泊，尤其是科斯林（1977，1980）都认为通过对格式塔、运动和场景等进行想象可以在精神上以图像般的方式对其进行再现。同时，科斯林也承认，在呈现特定的关系、特性排列、真值归因时，在描述不具备任何同形或同体（维持了彼此间关系，但反过来不能明确描摹彼此的）类型的空间格式塔同一性所具备的精确特性时，还存在其他能再现命题式事实的系统，而且这种再现系统可能是非常典型的。命题式的再现很大程度上取决于传统的符号，也就是受制于不具备图标相似性的象征性符号。与之相对的是，对于准图像再现或图像再现而言，不存在论点和归因间的任何特定划分，也不存在任何明确的句法或真值归因（只有特定的描述除外）。在某个至少是假定的媒介中体现出来的具体性和空间排列就和用相应的图像或准图像来抽象地描摹同形或同体的类型是同等重要的。由于根本的（准）描摹特性，符号以及记号中任意性的惯例便被排除在外了，与之相对的是，在被描摹的对象所具备的表象特征和符号之间，其明确的抽象关系则具备这种典型特征：准图像揭示了形态，同时也揭示了邻近关系以及整体和部分间的关系，这种关系在瞬时再现中是极其重要的。

继古德曼关于象征体系和记录体系的理论之后，奥利弗·舒尔茨（O.R.Scholz，1991，第95页及以下）发展形成了图像的特性。图像在句法上是不相交的，互不相同的，也就是说，它们的部分符号和部分符号是多义的，可能属于不同的关联；其类型和种类的归属性不一定得在多个步骤中得到明确确认。与之相对的是，图像的呈现以及符号体系缺失"在句法上具有紧实的关系"（按照古德曼的说法便是"有再现性"），也就是说，这里的"紧实"指的是在符号之间可以一再加入其他的符号，就像是在一系列实数间插入其余数一样。如果我们不考虑语义学上的多义性及其"不相交""互不相同""紧实性"等问题，那么，作为语义学上非不相交、非互不相同、最重要的是句法上"紧实"但同时在句法上也非不相交、非互不相同的再现，图像的呈现本身就和所有语言符号的关联是不同的，尤其是从句法角度来看的话，因为语言的呈现和符号在句法上是不相交的，是互不相同的（同上，第101页）。（语言上的呈现和图像上的呈现一样都是有多义性、语义学上的"非不相交性"和语义学上的"非差异性"以及语义学上的紧实性。）

图像呈现的特征便是"句法不相交性的缺失"和"句法上以及语义学上的紧实性"："重要的是，对其而言不存在任何字母或单词（严格意义上的），其只能以大致的方式被再创造"（同上，第110页），尽管从根本上来看图像至少有可能是和相关对象领域有关的，比起其他的象征系统，图像要在内容上更加"丰满"，"呈现的紧实性"也更大。舒尔茨发明了一种关于图像运用和图像理解的实用理论（同上，第114页），其中当然探讨了事实关联、信息维护、信息传递的内容，而且是依据上下文、情境、实用性以及图像的相关使用者。简而言之，如何理解并使用图像呈现的问题并非"和依赖于诠释的符号体系无关"，因为正是诠释决定了某物能否"作为象征符号发挥作用"（同上，第115页）。

图像呈现可能性的一个问题在于，不同于命题式再现的是，图像可以被理解成模拟似的呈现（而不是数据化的呈现），同时，通过某个图像结构可以强行对特殊的具体细节进行细化，这就出现了休谟（D.Hume）和贝克莱（Berkeley）曾探讨过的问题，也就是是否存在像"普遍图像"这样的事物，比如普遍的符号再现就能像某个种属概念一样描述属于某种符号内的各种单独情境。［这一问题也出现在约翰森－莱尔德的精神模型上——其他地方（比如本书第九章）也对此有所涉及，但通过特定的方式借助相关的、具有代表性的典型方法就能以单独例证的方式来解决该问题。］不过再现的过程中也存在问题，这些再现过程使得图像呈现看起来不适用于思想或精神想象中唯一或甚具有决定性的再现媒介，因为一些关联——比如用消极的话语来排除某种特性——只能通过话语，而不是图像，才能得到具体化。舒尔茨提出了用如今流行的象形文字来暂时解决该问题的办法，这些象形文字会对类似于图像的记录进行删涂（比如在香烟上画一个红色叉表示禁烟）。当然，继福多之后，舒尔茨也认为，这种删涂的线条"只有在某种诠释下才有意义，图像本身并不具备意义"，这和否定词其实是具有相同意义的。（福多认为，在额外的诠释过程中，这是以一种语言上的符号体系或命题式的符号体系为前提的，不过本文并不会详尽探讨这一点：除了图像和类似于图像的呈现过程是依赖于释义，也就是诠释过程之外，当然还有其他的难题，但这些和诠释研究不甚相关。）无论如何，我们并不能因为揭示了图像在表述上的局限性而认定"精神图像"（或准图像）就没有运用可能：只有在排除了其余呈现体系时，图像才可能有意义。但看到了其局限性之后（比如否定的表述），可以"表明……图像体系可能并不是'精神工作时运用的'唯一体系"，在特殊层面上，也就是我们所探讨的层面上，迄今为止的研究表明，精神支配了多种不同的象征体系，这些体系有时候会因任务不同而各不相同，而有时候又会互为补充。根据这一理念，精神有时候会使用图像，而经过语言编码的信息则会对图像加以补充和说明，这样一来，各种象征力量的融合便使得所有内容都可以得到表达，舒尔茨（同上，第137页）对此做出了谨慎的判断，这和科斯林（1980）对准图像的呈现方式所做的评判在某种程度上是相符的。如果"图像和图像体系在运用过程中依赖于诠释"

同样适用于准图像的呈现过程，那么，我们可以得出，其基础也是某种诠释体系，根据该体系，解释准图像便是将某物的图像（或类图像）理解成某物。因为，"只有当某种诠释体系作为基础存在时"，符号或呈现方式才能"作为图像"（舒尔茨，第180页）或准图像"起作用"。（准）图像也依赖于使用方式、相应的社会关联以及（在社会中得以形成建立的）规则。[根据维特根斯坦的"语言游戏"以及维特根斯坦（1984，第257页及以下）提到的"符号游戏"，舒尔茨提出了"图像游戏"（第126页），以此来强调图像符号与传统情境、语境以及行为情境之间的关联。据此，我们也可以说"准图像游戏""图式游戏"或"精神模型游戏"。]

符号的运用理论当然都是取决于诠释过程的。因为只要运用理论［比如皮尔士（Peirce）对符号学的理解，见第三十三章］和符号、标记在特定语境和情境中的运用密切相关，那么这里涉及的就是诠释性理解。

只要我们把内在的想象理解成准图像的呈现，当然也就可能再次用到一种释义过程：和精神模型一样，内在的、内省时所具备的类似呈现过程也取决于某种诠释模型，这种呈现过程和图像相似，无论是在语义还是句法上来看都可能是"不相交""互不相同""紧实的"。与之相应地，准图像必须在内部进行加工，并在内部得到诠释。这当然就产生了方法学上的问题，因为我们必须先假定存在更高等级的诠释过程以及对内在想象（元呈现）的加工可能——鉴于认知的可能性，更高等级的认知就会使这种假定具有局限性——或者我们就得根据不同的承载体，在对符号进行释义以及解释内在呈现的内在象征时，以便彼此间进行沟通。显然就如认知心理学（奈斯尔，1974，第370页）此前所强调的那般，没有必要在呈现过程的各个较高等级上相信存在有能解读内在符号能力的小矮人，根据最新的脑科学研究，是平行的、网络架构般的动态巩固过程以及再激活过程的再次激活才解读出了符号［比如，辛格（W.Singer），1990，第57页及以下］。

不过从经验上来看，更具信服力的是，准图像式的呈现过程发生在内部：安德森（1988，第50—101页）重现了圣塔（Santa）、谢帕德、布鲁克斯、科斯林等人的完美实验。比如其中就证实［西格尔（Segal），富塞拉（Fusella），1970］，准图像的呈现和对这种想象的内部加工更容易受到同类型感知的影响——其妨碍作用要强于其余类型的感知；与听觉感知相比，图像想象更容易受到视觉感知的影响：我们可以一边看电影一边听音乐，但不可能毫无障碍地同时听两首乐曲。但在想象空间中（谢帕德、梅茨勒以及后来的库泊；科斯林等）对形象进行内在的"精神的改编"时所具备的能力也表明，显然像准图像这种内在视觉上的呈现方式是可能存在的，其证实了上述图像性所具备的众多特征（紧实性，不相交性，类似性，表现特征），而且这种呈现方式可以被用于更快、更具概览性的结构导向过程（我们可以参考解读卡片、回忆空间模型等事件）。毫无疑问的是，内在的截取过程（扫描）是存在的，但在精神中也有可能会对想象的形象加以转动或置换。但毋庸置疑的是，就像科斯林多次强调的那般（1980，第172，456页），想象的过程是发生在特定的"观察角度"的（"呈现"），其不仅需要在结构以及语境的关联中进行诠释，而且需要在进行想象时，在一种"诠释性的功能中"具体地明确特定的"空间属性,比如四邻、距离以及准图像的想象所具备的其他所有典型特征"(同上,第172页,第31及下页)。

科斯林(1989,第112页及以下)通过图像想象(形象)以及对图像进行想象的能力(意象)创造了准图像呈现中的一种"核心理论",为了对"视觉缓冲区"矩阵内的点图形进行加工,他将具有普遍性的电脑模型以及流程图模型作为呈现图像想象的表层基础(第139页)。这种视觉范围内的呈现是瞬间的,必须被唤醒,在激活之后又会立刻弱化。这种视觉缓冲区发挥着如同协调空间一般的功能,其空间的延伸是非常有限的,只允许有限范围内的消减,这种消减自清晰明确的原型中心(就像视网膜上的中央凹能清晰地看清物体一般)出发慢慢向外弱化。出现在这种表层范围内的数据结构所具备的特点便是该可视范围内的激活模型,其证明脑内视觉上的想象就是准图像的实体,这些实体完整地(也就是直观地)出现在某个短时范围内,随即再次消失,同时能被某种特定的视角进行再塑造。科斯林的理论需要将深层呈现临摹体现在这种表层上的方法,这样才能产生图像上的想象(形象),同时还需要能根据模型和消解能力来评价形象呈现的方法,以及对想象进行变形的方法(扫描、想象图像的旋转、想象图像的适合大小等)。

该核心理论中可以被视为电脑程序以及按等级划分的流程图的理念细节当然并不要紧,最重要的是,无论是特殊的结构化中想象的产生,还是对视觉"形象"的比较和核查,亦或是其变体,均是以诠释过程为前提的,或者是体现在诠释过程中的。思维中的准图像想象毫无疑问是诠释建构。科斯林一直谈到"想象图像的建构"（1977，引自：1992，第253，285页；1980，第11页），其中图像想象仍是一种具有释义性的建构，也就是具有元层面上的建构特征。即使想象的图像大部分是没有得到明确定义的、模糊的建构，其建构特征依旧存在（1977；1992，第259页）。想象图像"和空间结构构成了一种抽象的相似性"，比如有时候会在触觉空间上有所呈现,会被"普遍常识"美化并被分为（可以用各种方式轻易收回或控制）各个部分——和"真正的"图像有所不同（安德森，1988，第91页及以下）。

和通过图式、思维模型或在动态中实现瞬间振荡的普通"脑建构"实现的呈现过程相似的是，准图像的想象也依赖于诠释的建构特征[①]，依赖于语境、情境、评价以及内部释义的加工过程中所发生的诠释过程。我们不需要把所有的思想都视觉化，就已经能获得准视觉化的（也没有必要一定是纯视觉上的触觉空间形象）"形象"了，这些形象呈现了诠释建构，同时在诠释过程中作为被诠释渗透的呈现过程。准图像想象就是诠释建构。

[①] 内德·布洛克（1991，第582页）通过分析认为，"思维形象"的内在呈现是有别于现象学上的形象的，也就是不同于"想象经验的表象对象"。他认为，至少前者——不过也有可能这两者——是"可建构的"，并且是"象征结构"。我们的感官当然会对这些对象进行诠释建构。

第八章　作为诠释建构的意向相关项（胡塞尔）

埃德蒙德·胡塞尔（E.Husserl）在其先验现象学和纯粹现象学中用不同的方式探究了思维意识体验所具备的结构，他认为这种结构具有指向性（意向的）特征，而且行为特征中完全、具体的体验有别于"蕴含在"其内部的、暗含的，或者说所指的结构，也就是有别于狭义的现象学结构。胡塞尔特别区分了"意向行为（这是具体而完整的意向性体验，胡塞尔在对其进行描述的过程中特别强调了意向要素）"（1992，第202，222页）——也就是将某物理解成某物的行为——和观念化的"相关'意向内容'，或者简而言之，'意向相关项'（第203页）'意向关联性'"〔"这是（非常广义的）'意义'"〕，在每一种意向行为中，这种意向相关项包含在所指对象的要素中，是通过本质直观得以呈现的意向内容（第203页）。其中最重要的是，这些所指的内容凝炼成了特定的"意向'核心'"（第297页），成了其中"意向相关项最为内在的要素"，作为"核心中必要的关键点……以及作为对该核心而言具有特定意向特征的'载体'"而发挥作用，"也就是作为'所指物'在意向上具有修正性的特征载体"（第299页）。

现象学上的结构分析忽略了意向行为中所有事实性的、心理上的以及自然的现实化和具体化过程，将探究真实存在和本体论的问题用括号给括了起来（"问题悬置""现象学还原"），如果我们无视所有心理学上的疑问、实践及其与超越意识的外部世界之间的关联，如果我们针对的是现象学经验中纯粹"既定存在的"或在这些经验中显现出来的或必然隐含在其中的本质结构及其本质要素，那么这当中所探究的仅仅是本质上的（"本质还原"）结构要素和意涵，针对的是纯粹意涵中既定存在的关系，也就是其中以本质存在的格式塔形式存留在"纯粹内在"的剩余物（第204页）。胡塞尔现象学的本质直观关注的仅仅是意识的本质意涵，而这种意识一般被视为意向性的，也就是"对某物的意识"。胡塞尔"从意向性出发来理解体验的特征，这是'对某物的意识'"，其体现在所有的意向性认知行为中，比如感知、判断（基于事实）、评价（"价值行为"）、愿望（"意愿行为"）、行为、行动、爱、自我愉悦等（第188页）。所有这些意向性体验或行为都是有意图的，有着功能性上的指向意义，除了"意向性体验的特定要素"之外，这种指向意义还有效地揭示了显然作为本质存在但同时又暗含在其中的必要"意向性关联及其要素"（第202页）。感知的意向相关项是"被感知物"，而判断的意向对象则是"被判断物"等："到处都是意向对象的关联性，此中的'意义'在于，精确地看到其如何'内在地'体现在感知、判断、喜好等体验之中，也就是说，当我们只纯粹探究这种体验本身时，能看到它是如何呈现在我们面前的"（第203页）。

在特定的现象学反省中，我们可以只关注相应的意向相关项，同时将该意向相关项呈现在意识中，或者体现在本质体验或本质直观中。"和感知类似的是，每一种意向性体验——这正是意向性的根本所在——都有自己的'意向相关项'，也就是自己特定的意义。换而言之，有意义，以及使某物'有意义'，这是所有意识的根本特征，由此，意识便不仅仅是体验，而是有意义的、'意向性的'"（第206页）。

胡塞尔强调的是作为"意向相关项的要素复合体"的"完整意向相关项"和"特殊的意义要素"，该要素"只构成了必要的核心层……"（第206页）。意向性体验的意向相关项核心以及意向相关项意义就又成了一种抽象对象，因为"每一种体验内都'住着'一个意向相关项的意义"，打个比方，"纯粹自我"会通过其"思想的目光"或"目光"将这种意义置于核心位置，或者会通过"专注性的改变"来实现这种意义、呈现这种意义或使之受到关注（第210页及以下）。我们在意向相关项中又可以"从本质上分出不同的层面"，这些层面"围绕的是一个关键'核心'，是纯粹的'对象化意义'"（第210页）。同时，无论是在意向行为还是意向相关项中，意向性之间也存在着重叠和交叉，这些都符合"第二等级、第三等级和从本质上来看任意等级的当下化过程"，比如"回忆'中'的回忆"（第235页）。这样一来，相应的意向相关项就构成了一个等级层，其中具有特定的"等级特征"以及属于各个等级"内部的可能反思"和对这些等级本身的反思（第236页）。修改——比如通过否定来"删除"判断的意向相关项——和"反复修改"可能会出现在这种意向关联性的所有等级之中（第243，245页）。不过我们在此处并不需要详细探讨该问题，但重要的是，意向行为的每一次新出现,"新意向特征的每次出现,以及对旧意向特征的每次修改……不仅建构了新的意向对象特征","同时当然也在意识中建构了新的存在客体;因为意向相关项的特征符合感官客体中的谓项特征,其是真正的谓词,而不是仅仅对意向相关项进行修饰的谓词"(第 243 页)。

意向相关项建构中的中心点在于,通过形成"一种特定的意向相关'核心'"来理解内容、对象或意涵,并将其作为相应意识的"意义"以及意向体验的意向关联性中的"意义",而这种内容、对象或意涵则是该核心从"属于其的不同'特征'中获得的,意向相关的具体化会和这些特征交织出现在多种多样的修正行为中":"每一种意向相关项都有其'内容',也就是其'意义',并通过这些内容和意义与其对象关联在一起。"(第 297 页)"某种所指"尽管会被"自我的"意向性设定行为以及"设定的实在性"所激活,但同时也通过"意向关联意涵"构成了意向相关的核心——作为"某种所指"——也就是构成了意识的"对象性",这种对象性呈现的是"意向相关项中最内在的一种要素"——"这不是之前描述的核心本身,而是构成该核心必要中心点的事物,同时它还"承载了"属于其本身的意向相关特性,也就是作为'某种所指'中意向修正特征的承载体"(第 299 页)。

在意向性的意图行为中,体现在所有意向相关意涵中的、意向相关核心的"中心点"显然是"每个意向相关项中的固定意涵"。"每种意识都有其物,每种所指的'存在'都有其对象性"(第 301 页)。无论是对评价和价值意向相关项而言,还是对谓项、感知或其他有目的的体验呈现而言,这一点都是适用的。比如在易变的谓项中,"相同的目的性'对象'"就被规定为是"核心的意向相关要素",是"具有'相同性的事物,其明确了可能谓项中的特定主体',也就是所有谓项的抽象化中纯粹的 X",同时,它也是各种意向行为中,可变的当下化过程背后作为"所指"的恒定统一点。胡塞尔写道:"在每一种意向相关项中都存在一种作为统一点的纯粹对象物,同时,我们看到,从意向相关角度来看,如何把对象概念分成两类:其一是纯粹的统一点,也就是意向相关'对象'本身,另一个则是'从如何加以规定的角度出发来看待对象'——同时还要考虑到那些'保留了开放性'以及在该模型中同时所指的不确定性。同时,此处的'如何'指的就是每种行为所规定的内容,也就是真正属于其意向相关性的那些事物。其中的'意义'……是这种'如何规定的'意向相关对象,包括显著体现在该对象上的上述特征性描述和概念性表达。"(第302及下页)对于胡塞尔而言,"意义"以及核心意涵"并不是意向相关性整体持存物中的某一具体存在,而是存在于其内部的一种抽象形态":"'如何确定对象概念',这当中涉及的是存在方式"(第304页),其当然是不同于核心存在的。

可见,胡塞尔构建了"抽象形态""统一点""意向相关意涵""意向相关核心"及其"中心点",这些都是"某种所指"的标志性特征。简而言之,他提出了模型假设和建构实体,将其作为意向相关意涵所具备的各种特征类型,这些不同类型在建构过程中取决于各个意向行为以及特征。显然,意向相关意涵的构建、有目的的客体构建、将所指视为"(意向相关)核心的中心点"等,针对的都是认识论-诠释学上的建构,作为理论上的建构,它们当然可以描述有目的的体验和行动中包含根本意涵在现象学上所代表的含义。属于根本核心意涵的本质还原只在具体视角上进行了抽象化——这就像是一种片面的视角——因此必然是具有（诠释）建构性的。强调意向行为和互相重叠交叉的更高等级层面的意向相关意涵（作为归属于下一个更高等级的意向行为的意涵）在形态构建、等级以及重复性上的抽象性，就像"有目的的对象"（第191页）这一说法体现的那样，这是纯本质认识中现象学理论上的建构，绝不是对"事物本身"的简单、"脱离了理论的"描述。有目的的对象就是诠释建构。同样地，感知体验的意向相关项以及所有其他像评价、意志行为、想法、释义行为或解释行为等有目的的体验也都是诠释建构：胡塞尔将这些归到另一种独立的意向相关项中［比如上文提到评价时的"评价行为""意志观念"（意志中的所指），思考时的"观点"以及"释义"时的"解释"（第220页及以下）］。简而言之，意向相关项是诠释建构，其是认识论－现象学上的一些理念，胡塞尔在现象学视角的本质认识中，对其进行解释时，将其作为诠释建构，并认为建构与意向行为有着必然联系的行为，同时对相应的目的性对象进行了结构化。尽管意向相关项是因为相应的意向功能而"存在"的，但在另一完全不同的等级上，这些意向相关项都是"先验的建构物"①，是"显性的存在"，其超越了（意向性的）目的性体

---

① 胡塞尔所指的目的性对象，以及意识行为中的各种所指，在我们对诠释－图式化行为及其指向性（目的性）的理解上，都是图式化产物，也就是诠释建构，这些建构始终出现在各种有目的的意识行为中，也就是包含在先验意识中（意识载体并没有必要在日常生活中对其加以反思，其存在一般都是未得到反思的）。现象学家们，也就是明确地在语言和理论上进行"反思的"诠释行为主体，认为这种图示化的建构是有别于次级概念释义的。胡塞尔可能只会把最后一种概念上的反思视为"诠释"。但这涉及的就是术语上的问题了。

验中"真实且真正的建构"（第228页）。意向相关物和意向相关项在先验现象学层面上作为具有解释性和系统性的连接成为了开放的、诠释性的建构，这些建构必然体现在"意向行为和意向相关项、体验和意识关联物的本质关系上"，是属于有目的的体验所具备的本质，也就是具有先验性和本质性。按照现象学理论，意向相关项构成了所指中必要的、具有图式构建性的诠释建构，这些建构形成了有目的的体验［对于胡塞尔而言，这些体验始终都只是意识的体验：尽管每一种能呈现事实或客体的意识都是具有目的性的，但并非每一种目的性——比如在功能上引导行动——都是和意识密不可分的。显然，胡塞尔所运用的目的性概念是非常狭义的，或者说其意识概念是非常广义的［见米力坎（Millikan），1984］，"意识关联物"——也就是有目的的对象——之间的联系亦是如此（参见第228及下页）。

我们当然不需要详细探讨胡塞尔提出的"意向相关项的纯粹形态学"（第230页）——在一些等级划分、重复的可能性以及形态的变体中已经指明了这一点。最核心的观点在于，胡塞尔的现象学理论可能要比他自己所想的更加理论化、建构化，其理论用诠释建构的方式探讨了形象的本质直观问题，同时也通过运用诠释建构中的相应概念和理念对本质直观进行了描述。与其所强调的形象生动的先验关联所具备的绝对必要性相比的话，胡塞尔的现象学要比他自己所认为的更加建构化、理论化——有可能也更加未经证明——抽象形态的运用、抽象的形态化、分类等都是建构：按卡西尔（E.Cassirer）的说法（1990，第318页）："所有分类系统都是人工的……每种系统都是一件'艺术品',是一种有意识的创造行为带来的产物。"从这一角度来看,有目的、有所指的意涵的建构化过程,以及根据意识体验的"内容"对其进行分类的行为,都是意向行为的产物,也就是人为的建构,或者说是一种具有建构性的诠释行为。通过(元)意向行为来强调意涵的做法用到了诠释建构,同时也引发了诠释建构。意向相关项作为诠释建构发挥影响,从认识论来看,其作为理论观念本身就是诠释建构,这些意向相关项作为意识体验的结构化图式,只能被视为具有建构性的诠释产物。意向相关项就是有目的性的客体,其中形成了意识行为的有目的要素,在我们的感官中,这些就是能形成图式的诠释建构。而同时,关于意向行为和意向相关项的理论本身也是一种认识论上的、具有诠释性的(元)理论。

第九章 作为诠释建构的思维模型

在其 1983 年出版的著作《思维模型》中，约翰森－莱尔德（P.N.Johnson-Laird）试图用"思维模型"的理念来解释思维过程中的心理学，同时将人类的精神思维和计算机理念的某种特殊类型从一种复杂、平行加工的反思性自动特质角度上结合起来。这种"自我反思式"的"自动特质"（1983，第474页）不仅拥有能从外部环境接收信号的接收器，还有可能进行调节转换，同时，还拥有操纵特质，以便通过机械的以及化学的调节过程进行相应的输出来操纵动作（笛卡尔的机械特质）；为了"呈现世界"，这种特质还拥有一种内在的模型，而这种模型反过来会和认知过程以及记忆力产生交互影响（克里克的机械特质）；此外，这种自动特质还拥有"能通过递归来将一些模型运用到另一些模型中的"调控机制，"拥有一种能自动操作的系统模型"并能将"其中一种模型运用到另一种模型中"，这样一来，该特质就能通过模型套用来呈现并决定未来的情状，"以便其自动开展行动，并试图导入这种未来的情状"（第473，474页）。该理念的根本核心是运用内在模型，同时以此调整行为并将自动特质运用到一个受接受器以及操纵特质控制的世界中：将这种内在模型差异化，在对输入信号进行内在加工时实现差异化，并区分输出的内容，这些都和克里克在其早年的书作《解释的本质》（1943）中提出的观点是相应的，他在其中提出了认识过程的一种模型理论观——其假设是，思想会借助这种内在模型改变现实或比照现实（"加以模拟"），其基础便是该体系及该思想在世界上的地位、该思想本身对行动的可能影响和自动反作用，在此过程中，对信号以及内在模型的内在加工是通过特定推理过程（程序运行）内部信号链的传导和可控的句法转换来实现的。在计算机尚未被发明出来之前，人们几乎无法相信会存在这种具有内在呈现过程的自动特质类型，而将其内在模型和内在加工过程拓展到"包含了自我"且具有自我反思性的内在模型的过程，则成了现代计算机理论的基础，不过我们不会在此处详细探讨该理论。此刻最重要的问题是，这种内部调整以及内部自我运用的过程对诠释建构模型以及图式诠释模型具有何种程度上的影响。

约翰森－莱尔德理论的依据是当时较为有名的观察结论，即人类在日常生活的逻辑推论过程中并不一定会遵守传统规则——从根本上来看，他研究的是直言三段论——而是会遵循另一种内在的加工方式，否则就无法（比如在常见的直言三段论中，或者是命题逻辑以及谓词逻辑等逻辑论中）解释错误的论断、错误的表达，尤其是无法解释内容以及指令事实在论据形态中的影响（比如直言三段论中的"形象效应"）以及相应思维模型中的时间区别。（此处当然不可能对经典直言三段论及其实证悖论——实际思考中会否遵循这种逻辑思维模型——加以具体分析）不过作者却据此得出了与逻辑论不相关的启发法，这也是人类在日常生活的自发推论过程中会使用的方法，

第九章 作为诠释建构的思维模型 | 141

人们会以最经济实用的方式"保留前提中的语义学意涵，但却用语言学上最简约的方式将其表达出来。"（第 40 页）逻辑推断的一般理论依据均是"思维模型"，这些思维模型能在呈现各种前提情状的语义学内容的同时，在功能上承担一种"在呈现各种矛盾、现状和前后事件时，在对我们日常生活中的社会行为和心理学行为进行理解和诠释时，能起到协调作用的核心角色"（第 397 页）。这种思维模型当然是"假设出来的""理论实体"，但在对意义关联进行语言表述以及句式上的命题法呈现时，也就是在更深的层面上，其直接将相应的情境理解同世界关联、所指关联（"指称"）以及结构化关联结合在了一起。前提的事实情状中出现的这种思维模型是"建构讨论的基础，也是建构其语境和背景知识的基础"中唯一的模型（第 128 页）。这种模型内知识呈现的是标准特征，而这些标准便是所谓的"默认值"〔明斯基（Minsky），1975〕，也就是广泛适用的假设体系，一旦有相反的经验（明证性）出现，该体系才不再适用（第 189 页）。也就是说，这种思维模型能一直适用，直到后续的运用过程证明该模型不再适用为止。接着，这种模型有可能会被修正、更改或甚放弃。当然，为了符合各种前提情状，这种思维模型的单独建构是需要各种尝试的，此时不仅会针对相同情状来校验该模型，同时还会试图在碰到不同情状的时候对模型进行可能的分类。只有在伪主管机构的影响下，该模型才会被另一种模型或是修正后的模型所取代。这种隐晦的推断过程是非常快的，而且按照约翰森－莱尔德及其同事们的实证研究结果，这些推断结论在日常生活中都是会一再出现的。"隐晦的推断是和单个思维模型的建构密切相关的；外显的推论则是和试图寻找替代模型的过程相关的,而且,这些推断可能会"根据被实现的已有前提来"伪造模型推断。"(第128及下页,第144页)

约翰森－莱尔德试图通过十条原则来描述思维模型的特征和功能,同时,这些原则还从理论上典型地概述了"思维模型的本质特征":思维模型及其形成过程和功能都必须是"可预见的"[也就是通过复杂的、平行运作的、自我反思的自动特质(如上所述)被无数的"量"(组成部分和组成数量)理解或制造出来];它们必须作为符号事件"归属到一个特殊结构中,以便呈现事实现状",根据经济原则,期间不得显示出任何"呈指数增长的复杂性",同时还能直接呈现预期范围内的"不确定性"。这当中存在有限的、概念上的基本要素形态("概念元基"),它们是相应的"语义筛选器"的构成基础,此外,还存在有限的概念或"语义操作器",在每个相应范畴内,复杂的概念就是通过它们才从这些"天生的"基本要素结构概念中得以建构的。最后,模型的嵌入还必须满足数量理论上的塑形原则,以便避免非谓项上的概念形成:一个有待建构的模型不能自动成为建构上一层模型——且上一层模型还涵盖了该模型——的基础(否则人们就会陷入罗素式的悖论)。不过,其中最重要且最无可争议的原则是"结构同一性的"原则:"思维模型的结构是和事实的结构相一致的,无论这些事实结构是否得到感知或想象,它们都能呈现这些思维模型。"(第419页,第398—429页)

约翰森－莱尔德同时也形成了思维模型相关的类型学:他区分了六种"自然的或物质的模型"(物理模型),比如有限关系上的"静态'框架'"包含了能呈现有限自然(物质)实体及其特征和关系的符号。此外还有各种空间上、时间上、运动学上和动态学上(能描述因果关系的)的思维模型、形象模型,以及戴维·马尔(D.Marr,1982)提出的根据深度估量来得以实现的 2.5 维图模型(此处省略了思维模式中的触觉、听觉和其余生理模式类型)。同时,概念模型作为"单子"模型是超过了个体及其特征、超过了实体和非实体、超过了关系上的、元语言学上的(涵盖了模型本身)以及数量理论上的模型而存在的(第 424—429 页)。

这两种分类当然是互为补充的,但同时也展现了类型学以及模型本身的结构特征。

值得一提的是,继鲁姆哈特和罗施之后,约翰森－莱尔德把认知心理学的图式和原型视为"思维模型建构的特殊程序"(第 397 页)。这种图式"并不是一种形象,而是一种模型,而且这种模型是构建形象的根本能力"(第 190 页)。"原型和其余图式均是程序,这些程序能在思维模型中具体列出某些变量的值,甚至证明其对立面"(第 446 及下页)。为了把图式"理解成图式——而不是某种特定的图形",就必须把从属于该图式的形态理解为"样本",也就是从一系列具有代表性的事物中挑选出来的对象。具有代表性的挑选过程和建构过程,也就是在具体情况中使用图式形态的过程以及建构图式形态的过程,均被约翰森－莱尔德具体地细化("表现")为"思维模型概念中具有代表性的样本"(第 190 页)。约翰森－莱尔德认为,用典型符号或默认符号来呈现概念是图式建构运用过程中的("临时")基础,而这种图式运用又是使用思维模式根本概念时候的特殊情况，同时，约翰森－莱尔德还提到了费舍尔（1916）、布鲁纳尔（Bruner，1956）、博林（W.Berlin）和凯伊（1969）以及罗施（原型理论方面）等认知心理学发展历史上的先人曾提出的理论，但却没有提及巴尔特雷特（F.C.Bart-lett，1932）的观点，也没有谈到鲁姆哈特等人提出的新图式理论。当然，这种局限性也只是术语学上的，完全可以换个角度来看。也就是说，图示化过程，即图式建构，正是思维模型概念上的基础，也是其形成过程所需的基础。从模型适应单独情境及其复杂性的角度来看，这一点就尤其具有说服力：约翰森－莱尔德在模型中提出来的组织结构早就被鲁姆哈特等图式理论家运用到了图式概念中。我们可以从图示化－诠释性行为（见上文第五章）的另一构想出发，把思维模式理解成日常直觉推断以及行为决断中思维呈现、内在呈现的特殊内在图示化形态。由于约翰森－莱尔德的理论是基于一个相对特殊的范畴，也就是日常推断里隐含的方法论，但其思维模型概念却可以一直涵盖常见的对象结构化、话语结构化以及行为规划和决断，因此，我们当然可以同时运用普遍的图式概念，把思维模型视为图式在图示化、形成以及运用过程中的特殊形态——包括在日常推断、行为、计划、决断、论辩以及情境的结构化过程中。同时，这当中自然也包括了上述内容以及在其余章节中提到的和图式诠释特征相关的内容。综上所言，思维模型显然就是诠释建构，而思维模型的运用和形成，包括其构想，均呈现了图示化－诠释行为的特征。

这一点和约翰森－莱尔德基于计算机模型而构建的特殊理论是不相关的［在这一点上，约翰森－莱尔德说的很有道理，

第九章 作为诠释建构的思维模型 | 145

但在语言理解（施罗德，1991）或情境结构化，包括在涉及指称、语境、背景知识的理解过程，却没有那么具有说服力］。同时，该诠释特征也和意识会将自身理解成"能自我反思且同时进行加工的自动特质"这一论点无关，约翰森－莱尔德曾提到并且把思想上的每种科学理论视为目标原则的前提："思想上的每一种科学理论都会将其视为一种自动特质加以对待"（第477页）。（我们当然不能把这一点理解成形而上学的论点或本体论的论点，而是将其作为认知学科研究中遵循的、具有启发教育性的原则。）

　　思维模型的诠释特征也可以在本书的其余多处得到印证，这些思维模式本身当然也可以被理解成是高级别的认识论—方法论元诠释形态上的诠释建构。此处可以略举几个例子。约翰森－莱尔德曾明确强调，其理论中的一个"根本假设"是"思维语言的语义学会在真实的或想象的世界中将命题式的呈现临摹到思维模型中去：命题式呈现会在思维模型中得到诠释"（第156页）。更具说服力的是以下事实，也就是一个模型可以"呈现出"一个特殊的模型，尤其是"呈现出""实体的一种普遍等级"，在此过程中，该模型会"临时"作为典型代表事例发挥影响，同时表明，"某个特殊模型的诠释取决于诠释过程的多样化，同时，这种多样化只会把该模型当做大量事例中的一个典型样本"（第157及下页）。约翰森－莱尔德提到了模型的功能——"结构的特殊化以及内容的特殊化必须在对过程进行理解和分析之后得到补充，当我们要表述这些模型所呈现的内容时，这种理解和分析就会用这些模型"（第158页）。也就是说，这是"建构、诠释、修正模型的"功能，能"适应每个最终具有呈现能力的话语"功能。（第 409 页）（显然，约翰森－莱尔德使用的是一种相对狭义的诠释概念，其涵盖的范围要比本书中图式诠释以及诠释建构范畴提到的小很多。）约翰森－莱尔德认为，"个人能根据自己对话语意义的理解以及根据自己对无知之事的自我认知来建构思维模式，这是话语（语言行为）诠释过程中的根本运作原则"（第 442 页）。如果事实上"该过程的核心在于把前提情状理解成思维模型，同时结合普遍知识根据反例来寻求结论，并尝试建构不同的前提模型"（第 54 页），那么显而易见的是，约翰森－莱尔德提出的诠释概念至少包含了三层含义：一方面，前提情状是通过思维模型得到诠释的。另一方面，能对思维模型本身（第 409 页）进行"诠释""建构"或"修正"并且将思维模式的结构和典型形态称为"诠释"的诠释过程是存在的。最后，在理解话语的过程中，把思维模型归属到命题式呈现以及事实陈述的过程本身也是一个借助思维模型才得以实现的诠释过程（第 156，247 页）。从我们提出的图式诠释理论以及图示化－诠释行为理论的角度来看，把模型嵌入到其他模型或者嵌入到世界语境（包括指称、情状、背景知识等）中的过程本身就是一个诠释过程，而把思维模型视为从大量能满足同等前提情状的模型中挑选出的典型样本，或是看作从作为尝试过程基础的另一些模型中挑选出的典型样本，这种理解也是一种诠释。当然，这一点特别适用于以思维模型为基础的话语诠释和话语理解，但也同样适用于约翰森－莱尔德自己提到的行为图式（也就是尚克和艾博尔森提出的脚本，1977）（第 370—378 页）。

约尔根·施罗德（J.Schröder）在其博士论文《分析哲学

以及语言理解认知心理学中的思维计算机模型》（海德堡，1991）中，对约翰森－莱尔德的模型做了大量批判，他认为对计算机隐喻以及对思维模型的程序化理解只适用于逻辑推断的自动化平行加工过程，但却不适用于语言理解（此时，思维模型"在内容上个别化了"，也就是普特南和伯格所说的"在下一意涵内"，即在对其进行理解的过程中考虑到了指称、语境嵌入等，而不仅仅结合句法的运用方式以及处理句法的方式），他认为，约翰森－莱尔德并没有认识到"思维模型的诠释问题"（施罗德，1991，第128页）。按照施罗德的观点（第161页），思维模型与现实相符（"真实性维度"）的问题"是和其诠释问题相关的，因为这两种情况都是和思维模式及其所呈现内容相关的"。即使是在"误呈现"状况下，"还是依旧可以探究某种思维呈现是如何呈现某种甚至可能完全不存在的事物的。也就是说，诠释问题要比真实性维度更具普遍性。思维模型的其中一种功能就在于诠释一句被感知到的语句或一篇被感知到的文本。当语句或文本被归属到某个特定的思维模型时，就实现了诠释"。施罗德认识到，我们可以把思维模型理论理解成一种日常语言句式相关的语义学理论，但他同时也认识到，思维模型可以诠释命题式呈现本身，而且，按照约翰森－莱尔德的观点（1983，第415页），"如果没有任何语义成分作为某种诠释的基础"，那么，现实的归属或者真理的归属有可能证明纯粹形式上的模型是"毫无意义的"，至少是毫无功用的：我们假定"我们对世界的所有认知都取决于一种建构模型的能力，那么，这样一种语义诠释就能临摹一种表达世界的模型"（约翰森－莱尔德等人）。施罗德指出，"如果思维模型……本身就是和现实指称、语境等无关的形式构成体的话",那么,诠释问题"只是被搁置了,并未得到解决"。也就是说,即使是在构建模型、对模型进行句法－形式上的诠释以及对模型进行加工的过程中,运用、参照、嵌入的诠释问题依旧是可能存在的,因为对特定符号的诠释毕竟需要"除了其余符号的归属性之外的东西",也就是指称运用、嵌入、背景知识等。如果诠释只需要把符号纳入符号链的纯粹形式归属,也就是仅仅在形式－句法上才有意义的话,那么,"我们不需要假定任何思维模型来诠释思维语言的符号了"(施罗德,第127页)。为了使用思维模型,或者让其发挥功能,就必须把思维模型诠释为具有纯粹符号特征的形式构成体,思维模型本身就需要诠释。为了诠释其余符号而运用思维模型时,这一点同样适用(这是施罗德拒不认同的;他只认为,只有思维模型不可能用于对其他符号进行最终的诠释)。不过,语言理解的模型并不仅仅是形式上的构成体,而是——约翰森－莱尔德曾违背自己的根本论点提过——通过指称推断、嵌入、语境解释,也就是通过与行为关联以及运用背景知识——仅从其含义来看——将其理解成一种"狭义的内容",也就是如果这种语言理解超过了纯粹的演绎－逻辑推断的话,就有必要从语义、所指以及"内容上"对其进行"个别化"。那些只在"狭义层面上"——也就是考虑到参照、语境和背景知识等——进行了"内容个别化"的思维模型,当然是和相应指称的诠释化归类及其在情境和连贯性上的嵌入相关的。

简而言之,思维模型中附加的诠释所具备的必要性体现在两种情况下:在形式－句法的思维模型中(比如在形式推断及其在日常生活的运用过程中），以及在那些"狭义含义上"能被个别化的模型中。施罗德对约翰森－莱尔德进行了批判，他认为"在内容个别化的过程中，呈现过程和被呈现物之间几乎是密不可分的"，"因为一种呈现过程只有通过其所包含的不同内容才能和另一种呈现区别开来"，而约翰森－莱尔德却在尽可能地"回避诠释的问题"，因为，"如果呈现过程和被呈现物同时发生的话，那么这就似乎只同内容本身有关，而这种内容当然属于语言符号，因此自然也不再需要被诠释。如果我们假设思维模型在内容上被个别化了，那就能解释为什么发现诠释问题要比将诠释在形式上加以个别化更加困难"（施罗德，1991，第128页）。

一般来说，思维模型的运用以及释义要比诠释问题更加重要，而且约翰森－莱尔德没有充分强调和研究该问题，这一点是毋庸置疑的。

如上所述，作为"理论实体"或者"假设建构"的思维模型当然也应该被视为认知心理学理论中的诠释建构。这些模型在语义化的、诠释性的行为中，本身也是具有诠释性的，其在"狭义含义层面上"被用于现实的过程需要指称上的诠释、诠释性的语境嵌入、特定类型的指示性规定或索引性规定，需要包括背景知识在内的知识前提，也就是需要不同等级的诠释行为。

简而言之，思维模型是诠释建构，其在运用过程和发挥功能的过程中具有诠释性，同时，其也需要内容上的诠释和方法论上的诠释。也就是说，思维模型是假设的诠释建构，它们会在语义化的诠释性行为中作为结构化成分和结构化工具。思维模型是诠释建构的特殊情况。

第十章　作为诠释建构的内容与思维意涵

科林·麦金（C.McGinn）曾在其早期作品中（1982）谈论过想象、愿望、感知、表述等涉及内容和意涵的主题，同时还提出了一个和意涵分裂相关的认识论观点：信念的意识状态中所包含的意涵之所以会分叉，就在于人们会把内容的真实部分，也就是它们在大脑中被呈现出来的样子以及它们对行为产生的因果影响同所指的、与世界相关的、通过真理条件突显出来的特征区别开来。后者指向的是外部世界以及相应的事实，而前者解释并运用的是与行为形成应用理论相关的内在呈现（1982，第216页及以下）。麦金对作为"应用事件".的"认知角色"以及指称——也就是外部参照，其"在应用中是不重要的"，因此，在行为形成和改变中也是不重要的——做了区分（同上，第224页）："语义概念让我们指向世界，而不是指向话语者的行为。"（同上，第225页）此外，他还质疑观点是否像以下句子那样具有"先天的指示性特征"——指向某物的话语并不一定和关于某对象的语句中针对的指称指向同一个物体："相关性并不同于指称。"（同上，第227页）这就导致了"信念呈现的中间状态"，对于"认知角色"的形成来说，这种信念呈现是和实际的"指示性特征"没有因果关系的。观点以及所指的有意识状态当中的含义或意涵可以被视为两种成分之间的双重关联，而这两种成分当然是在应用"次级理论"或"指称"次级理论范畴中指向整体的含义，而不仅是毫不相关的参照物成分构成的矢量组合（同上，第232页）。从参照成分以及真理条件组成来看，语义学上的方法论唯我论就被排除了——同时也排除了某种单一的应用理论，这种理论必然会导致方法论上的唯我论或个人主义（同上，第242页）。一般来说，我们都可以信任自己的世界观，因为当我们判断诸如愿望、信念、观点等语句、命题式态度或态度的意涵时，我们可以从中定位参照关系中的被关系者，也就是所指："因为意涵归因的一部分就是所指的归属，我们不能指望某位话语者的言辞指称完全来自其行为真理。换而言之，为了对意涵进行归因，没有任何方法，或者说没有任何中立的方法，可以完全脱离理论家自己的世界观。"（同上，第242页）

意涵的这种双重成分理论当然意味着其本身针对的是意涵概念的建构，也就是内容中的诠释建构，这种诠释建构有可能会在这些成分中被用于描述命题式态度及其意涵，或者在把意涵归属到其态度的过程中发挥一定效用。但在事实的——包括所指的事物——语句相关呈现或命题式呈现中，如果涉及满足相应的真理条件，也就是针对该事实是否存在的问题时，指示性的部分含义却是和这些诠释建构没有关系的。"话语可能具有同样的认知角色，但却会在指称以及含义中有不同作用。"（同上，第254页）麦金说这话并不仅仅是为了对不同话语者以及同一话语者在不同时间所说的话语意涵进行比较，该论断同样适用于特定时间段的单独话语者（第257及下页）。从上可见，无论是在任何一种情况下，这里针对的都是一种具有特殊任务且以问题为导向的理论建构的形成过程，因此也可以被视为诠释建构。只要真实的话语者结合自身不同情况运用部分成分，他们就会隐蔽地——也就是不能有意识地感知到并再现——运用那些相应的成分来解决描述性的参照问题，并且会通过愿望、观点等来对行为处置加以直接调控。

几年之后，麦金在其关于意涵的核心论著（1989，1991）中再次谈到了这一问题，并且从意涵的目的论-功能论层面出发明确回答了该问题。此处不可能详细介绍个别批判语句呈现理论的论点，也就是杰瑞·福多在其众多书作中基于"大脑语言"（"心灵主义"）假设而提出来的意涵命题理论，也不可能具体讨论极端内在主义以及含义理论、指称理论和意涵理论中普遍存在的坚定外在主义。正好相反，麦金提出的新的建构理论针对的是"薄弱的外在主义"［这种外在主义假定了一个现实的外部世界，通过进化筛选以生物进化论的方式来实现呈现功能，而这种筛选正好在薄弱的外在主义下通过一种呈现式的功能关系再现了有意识状态下的意涵以及命题思维模型层面上的呈现过程，也就是说，意涵的一部分是在身体之外的；其中发挥效用的功能普遍呈现了相应的关系，而不总是——就像在坚定的外在主义中那样——由话语者以及意识承载者的周围中存在的个别情况来决定指称、对应的真理、针对对象（"相关性"）的话语、命题或有意识状态中的语义指向］。

继路特·米力坎（1984）之后，麦金从目的论功能的层面上对器官、过程以及本质特征的自身功能（"特定功能"）做了定义，其定义的依据是相关同一性根据进化"规定"的前置将要完成的目的（"意图做什么，想象做什么，应该做什么"）。比如心脏的自身功能便是通过身体来为血液流动提供压力——就是按照人类所属物种"仿佛被规定"要遵循的进化淘汰方式一般。在"思维状态"中，以周遭环境为旨向的目的当然取决于呈现。也就是说，一种正在呈现中的或者有意识的状态是具备"有关联的自身功能"（"有关联的特定功能"）的（麦金，1989，第144页），其中最典型的是，相应的功能"被定义为外在的"，也就是依赖了有机体外部的事件和物品。当然，"有关联的自身功能"也是一种基本的生物学概念。麦金的根本论点在于"具有呈现性的思维状态中，有关联的自身功能是与其来自外部的个体化意涵同在的"（同上，第147页）：意涵必然是一种生物功能相关的事情，它的目的便是在进化过程中存活，在其形成过程中，生物有机体的呈现系统有意图且有意识地在与存活相关的基本情境下，有目的地展现了其具备的导向功能和解决问题的功能。也就是说，在思维状态中，意涵和功能"内部紧密相关，彼此构成了整体"。对水的渴求便是一个典型事例，这种渴求是以周围环境为导向的，而且断然会对周围环境产生行为效应：人们会"赋予"（提到）外部所指自身欲望所具备的自身功能，会提到渴望所得的周边之物，也就是和这种渴望"有关"的物品。麦金认为，从意涵来看，对水的渴望包含的当然是"作为构成成分之一的水（液体本身），这是使意涵个别化的事物，同时，就渴望本身具备了生物功能这一点来看，这种物质本身也是具有决定性的"（同上，第147

页）。麦金称之为周围环境成分（也就是水）的"二次出现"，并认为这是"渴望意涵中的构成成分"，这种"水的双重出现折射的定然是一种系统性的概念关联或者理论关联——功能决定了意涵，并受意涵所限"（同上）。功能是由相应的进化过程筛选出来的，在既定情境中具备了操作性，渴望以及所有这种命题式的状态决定了行为，并以此满足渴望，而在此过程中，除了渴望之外，还有感知、观念和态度也发挥了一定影响。这一点在假设情境中，在我们会用到的假设情境的反事实再现中，同样适用。［这就是观点的功能，在这里，正是水将对水的感知同为了满足对水的渴求（以及需求）而采取的行为结合在了一起。］"思维状态的功能正是以这种方式被融入（吸收）进了意涵内，它们包含了世界上的各种物品，而这些物品又具有各自的功能，目的论的根本便是把世界带入思想之中，它跨越了其间的鸿沟。"（同上，第149页）（也就是有机体内部的内在呈现与外部世界之间的鸿沟）和路特·米力坎（1984）一样，麦金也试图建立一种意涵的薄弱外在主义理论，他把意涵视为一种关系，这是一种连接思维内部的所指和命题式外部所指的论据关系，它和相应的生物（最初是攸关生存的功能，但后来有一部分则脱离了原功能）功能是一致的。"连接关系作为一种特殊情状源自最关键的自我功能。"（麦金，1989，第149页）当然，这当中除了目的论之外，结构概念上的理解能力以及逻辑理解能力（"理性"）也有着重要影响。"意涵源自""目的论和理性之间的重叠区域"（第151页）。"内在意涵"是"逻辑结构和自身功能"之间的内在互连或甚"合并"，这两者都是必要的，而且仅凭任何一方都是不够的（第152页）。意涵绝不是"高深的形而上学，而是接地气的生物学，这当然也是人们所希冀的。自然的范畴要远超人类。没有什么比世界的关联更为奇异的了"：思想、意识、内容呈现都是通过进化形成的，其目的便是"解决生存问题"（同上，第154及下页）。[当然也存在超人的意涵，其定然在生物进化中要比有意识的意涵更加根本、原始——所有的意识都是有目的的（这是布伦塔诺（F.Brentano）的说法），但并不是所有有目的的指向都是有意识的；我们甚至可以把某种指向人为地归并到计算机状态中。]

在功能的实现机制这一点上，麦金沿用了克里克（Craik，1967）和约翰森－莱尔德（1983）的思维模型理论，这种思维模型会以类似"大脑模拟器"的表现形态来呈现问题、解决问题，而不是通过福多的语句构造器，在此过程中，我们必须像金姆·斯蒂尔尼（K.Sterelny，1990，第44页及以下）那样明确区分化学－物理层面和生理－神经元细胞层面、软件层面（计算机层面）和人类层面（个人观点、愿望和感受）（也就是斯蒂尔尼所谓的"生态层面"）。上文（第九章）已经谈到了该理论，无论是麦金还是约翰森－莱尔德都在意向性理论的自然主义基础上做了类似的深入研究，其研究基础便是与情境相应的思维模型以及归属于其下的加工机制和普遍化机制。由此一来，我们就从某种程度上摆脱了太过狭隘的语言学或甚语言层面上对命题式态度和意识状态等的释义，也不需要特别假设"大脑语言"（福多）的存在，尽管命题式呈现确实是存在的。思维模型的优点还在于，它们不需要得到"诠释"——只需要"利用"它们就可以了（麦金，1989，第200页）。

麦金在其论文"意识和内容"（1989，其1991年的文章中引用到了其中的内容）证明，如果我们选择的是上文所描述的目的论－功能论理论，那我们就不能完全独立地看待指向性的意向性问题、意识状态之间相互依赖的意向性问题及其物理基础化（"体塑化"）的问题。我们在此处不讨论麦金为何认为对意识本质的分析已经超出了人类认识的可能性（至少以我们目前的双重目的论——一方面是现象学上的主观目的论，另一方面则是客观的自然科学目的论——概念理解来看）这一问题。至于这种意识的"认知局限性"以及意识底下隐含的根本结构中的不可认识性（也就是意识状态的冰山理论，麦金称之为"金字塔理论"）是否是最终的结论，则不在此处的讨论范围之内。麦金认为，思维状态意涵的个体化是可以通过运用功能论和目的论解决的："从属性'决定'相似性。"（同上，第42页）"客观物品"会"表现为主观状态的'构成成分'，并以此形成与构成相关的现象学形态"，我们也完全可以凭借这些客观物品来贬低、区分、鉴别和比较意识状态。这些状态"通过客观的自然关系，比如通过生物学功能，而涵盖了或者集结了那些客观的'构成成分'"（同上，第43页）。客观的和物质的事物渗透进了主观的、意识相关的事物中，并且（在麦金看来，这一点是非常"神秘的"）又是和主观状态或意涵等当中的客观物质（物理）的还原相悖的："……越是长久的思考意识问题，它看起来就越发令人费解。"（同上）

显而易见的是，理性逻辑结构以及目的论功能的逻辑产物、意向性能力以及自然关系（同上，第38页；1989，第152页及以下）的逻辑产物拥有构成成分的特征，也就是功能上具有象征性的或现实化的诠释建构特征。就算是由关系上或者呈现性的自身功能构成的"和外部世界的关系"——按照麦金的观点，这种关系"包含了"外部世界的物品，仿佛这些就是构成其自身的一系列要素——也具有一种抽象形态上的建构特征，而这种建构特征是为了解释主观内在要素同客观外在要素之间的关联，尤其是构建这两者之间的桥梁。每一种"逻辑产物"当然都具有诠释特征，其一方面是建构产物，另一方面在释义过程中也具有诠释性。如上文所言（第九章），这一点同样适用于思维模型，麦金假设思维模型是为了实现或者象征性地例证相应的关系功能并将之个体化。简而言之，意涵以及意识状态的要素是具备诠释特征的，这一点毋庸置疑。思维状态的意涵和思维模型、命题式呈现类似，其中针对的始终都是我们感官中的关系建构，这一点在一些典型事例中已经得到了体现，比如上文提到的对水的渴求。

当然，麦金的论点有时候也有些幼稚：如果液体水本身就是关系自身功能所代表的内容关系中的要素，且同时也是该关系的真实要素的话（"二次出现"当然并不一定是相关的真实外延，否则会被人们强行归为坚定的外在主义），那么他的观点就不太成熟了。从某种程度上来看，麦金认为表面看似神秘的指称关系（普特南对此进行了批判）中看来"奇特的事物"可以被归为相应关系自身功能中（以及与之相关的形态关系中）的涵盖关系。外部世界的一种外在被给予状态、一种对象、一种材料或一种不可数的名词是搭建思想-世界关系的要素，这究竟是什么意思呢？这种内在呈现是否被定义得过于匆忙，以致其同外在对象及外延混淆起来了呢（这种情况和普特南的释义理论类似，根据该理论，相关的外延也被认为是被涵盖在语言学释义中的)？不过这种关系是可以在形态上得到构建的，但在此过程中，与情境相关的特殊指向性尚未得到例证。而且我们也不能用普遍的自身功能——该功能是如何在进化过程中被选择出来的——作为辅证来进行替代。在某种情境中，关系是被具体地个体化的，而不是以普遍的功能配置为代表的。无论如何，毋庸置疑的一点是，这里针对的建构形成一方面是形式上的，另一方面则是具有功能性或实在性的，我们可以认为这种建构形成是具有图式化特征的，也就是植根于诠释-图式化行为的诠释建构。

在对认识论模型的理解上，麦金的观点也不太成熟：他假设结构、对象、事实等外部世界的存在都是与诠释无关的，也就是假设了一种科学的或者是非批判性的实在论，而这种实在论完全忽视了建构性的诠释层面以及理解的条件。麦金没有认识到，所有对外部世界的理解本质上都是被诠释渗透并深受其影响的，这当然并不是在质疑从根本上来看十分合理的薄弱实在论，这种薄弱实在论和麦金提出的薄弱外在主义是紧密相关的。包括关系本身从根本上来看也是诠释性的，尽管其是作为功能才得以实现并被认为是功能的表现。无论是在模型层面上，还是在相应(生物学)功能的实际操作和机械运用上，这一点都是通用的。同时，与之相关的自然主义-科学释义本身是理论层面上的，也就是被理论渗透或充满了理论性的，即取决于建构形成的，如本书所述，是作为被诠释渗透的建构而存在的理论认识(见第十一章)。从这一点(也就是取决于诠释要素以及图式化的行为上)来看，在自然科学的描述、理论解释与目的论-现象学描述之间的鸿沟其实并不像人们所设想的那么大。这么看来，麦金的观点也是很有道理的，他强调（1991，第99页），"思想要比人们所知道的更为深入""思考要比人们想的更加深入，也就是会深入我们意识的命题式意涵之下那些隐含的结构中去"，也就是深入意识的"深层语法"，其位于现象学的表层之下发挥效用，这也是麦金在提到纯粹描述性——认知的、意识性的呈现（超出了弗洛伊德所说的情感和行为冲动的下意识）——时强调的。昂迪特先生那句有趣的俗语怎么说的来着？"如果你一直思考，一直思考，那你只会思考到你在思考；因为思想的思考就是无思想的思考：你从不会思考！"如果我们只在意识层面上进行现象学的、表面的思考，那么，我们并不会真正的思考。思考取决于隐藏的（下）意识结构中以及呈现式功能中的冲动维度，取决于通过内省无法到达的表层，取决于激活机制（比如情感系统或边缘系统），取决于内在的、通过内省无法到达的、大脑中对应的情态、多情态和超情态加工中心的分化工作和融合工作。思考要比人们所想的更为复杂、深入。

第三部分

第十一章　作为诠释建构的假设、理论和概念

　　诺瓦利斯（Novalis）曾引用了因波普尔的《研究的逻辑》（1934/1935）而知名的一句话"假设就是网络：只有被设想出来的才能被捕获"，这一点在认识建构以及行动建构的运用中都是普遍适用的。更恰当一点可能可以说，诺瓦利斯所说的假设框架就是理论：理论是网络，因为它们在多种交互逻辑关联中证明了特定的结构关系，这种关联通过理论要素而迫切需要一种能适用于运用领域的普遍性，也就是需要通过理论构想和发展确定这种普遍性。在这种理论内部会出现所谓的"概念"，大部分概念都是语言上的，或者是以状态变量或测量值为标记的简要记号，其目的是为了将理论当中的、理论和测量过程当中的理论要素关联起来。同样的一种概念可能会出现在不同语言或语言记号中。最重要的是，这种概念在理论及其法则和假设的整体框架内部具有特定的、结构等级上固定的功能地位。我们称之为"法则的分组概念"（比如普特南，1962）。该观念认为，特定的理论概念或术语会出现在不同的法则中，而概念的意义大部分是由它出现在同一个理论内部的哪个法则决定

的。概念会出现在一系列的法则中，这些法则从本质上决定了理论概念的意义。而这些概念不能简单地通过将其归纳到测量过程和测量值来进行定义。（从操作上纯粹将理论概念的定义追溯到测量过程的做法绝对是错误的，因为测量过程总是只有在特定的运用范畴中才可能出现，而超出这些测量范畴的概念外推则需要理论的支撑。）

根据实证主义对基本语句的观察——比如波普尔（1934/1935）就曾对此做过解释——，人们认为，观察的语句，或者说"基本语句"——其中会出现特定的种类概念——必然只有在理论的"光照下"才能得到理解，也就是要"充溢着理论"，这也是汉森在其1958年出版的名著《发现的模式》中提到的一个术语。汉森在引用了感知心理学和格式塔理论［卡尔米夏埃尔（L.Carmichael）、霍甘（A.P.Hogan）和瓦尔特（A.Walter，1932）以及沃尔夫（T.Wolff，1922），同时也引用了维特根斯坦（L.Wittgenstein）的《逻辑哲学论》（5.6，5.61）］之后明确表示，观察既受到人们所掌握的待观察之物的"预先知识""影响"（塑形），同时也受到我们用以表达知识的"语言或记号"的影响（汉森，1958年，第19页）。无论是物理学上的概念，还是其余学科中的概念，都是在背景知识的基础上才能获得其含义的。如果没有理论背景，没有对经典牛顿物理学的了解，那么，经典物理学中的"质量"以及"脉冲"概念就会变得毫无意义，就像如果我们不了解国际象棋的规则，就不知道"兵"这一概念在下棋的时候有何意义（同上，第57页，参见，第65页及以下）。一些概念组合，比如"原因"和"后果"看起来虽然有直线关联，但在"互相重合交叉的理论观点、信息和实验模型组成的结构中",却是以一种系统化、结构化、符合相应法则的要求寻求相关运用领域上的普遍适用性(同上,第64页)。

对于概念而言,观察是至关重要的,而对于法则和理论而言,概念也是至关重要的。仅有观察是远远不足以确定概念意义的。卡尔纳普在其针对理论概念方法论特征的开创性论著中(1965)提到,理论概念的其中一部分意义来自其在理论中的策略性地位,而不可能全然来自观察,也不能全然通过将其归纳到测量时候的关系法则来加以定义。实证科学中的理论概念并不是仅仅通过观察或理论才具有意义的。它们具有"多重含义",这种多重含义远远超过了观察本身,其赋予了这些改变所谓的结构意义。也就是说,理论概念都是不完整的,需要得到不断的补充。观察和关系法则不足以实现其中的结构化意义。[卡尔纳普的理论是基于观察语言和理论语言之间的明确区别,这种区别后来也一再被提到。比如亨普尔(1970,第152及下页)就曾认为,特定的"前理论"构想也会同时决定观察的概念,比如一些原来被认为是纯粹观察的概念可能会被一种更为普遍、抽象或无争议的前提理论重新定义——比如位置值和时间值,或者位置测量和时间测量,从牛顿理论来看,这些并不是"前理论"概念,但是从几何学前提来看,却可以被理解成"前理论"概念。]

从普遍性来看,"质量"和"力"的概念无论是在经典物理学还是量子物理学中都是理论概念。但这意味着什么呢?按照卡尔纳普的基本理念,理论概念的(结构)意义中最根本的部分来自理论关联,那我们该如何实现这一理念呢?

斯尼德（J.D.Sneed，1971）和施泰格米勒（W.Stegmüller，1979a，b，1980等）随后提出了所谓的"结构化理念"，把理论当作特定的集合谓项，该理念把理论术语或理论概念中的理论粘附性（理论性）标准理解成相对性理论：如果我们谈论的是和 T 理论相关的内容，那么，我们说的便是 T 理论中的概念或术语。不仅仅将理论的结构化观点视为集合谓项——该集合谓项涵盖了可能的使用过程和使用范围——，这一基本理念意味着，只有当相应的值是通过结合理论的（也就是通过运用 T 理论中的规则）方式测量所得时，这一概念才是"理论性（属于 T 理论）的"。"力"和"质量"之所以成了经典牛顿力学中的理论概念，就是因为它们是在运用了力学定律［尤其是最根本的牛顿力学定律（力＝质量×加速度）］或者把该定律特殊化（比如根据胡克定律，回复力和静止位置的位移幅度是成正比的）之后测量所得的。按照该理论，位置值和时间值的测量是和理论毫无关系的，比如前提是需要一把直尺来测量集合数值或者是一种不按牛顿理论发生的周期性运动，比如特定铯光的收缩频率。

按照结构方法论的观念，理论本身是理论要素构成的网络，是公式、计划使用的模型构成的网络，这些网络一开始由范例和原型构成，但从根本上来看是可以对计划使用的模型进行延伸并可以接纳不同定律和附加条件的。包括可能的运用模型在内的基本定律公式，甚至包括那些没有理论要素（按照拉姆齐定理进行去理论化）和附加条件的模型都构成了该理论的"结构核心"或"核心"，而这种核心会形成特定理论以及理论分支的特殊法则。

我认为，通过其余科学理论中的基本原理，比如通过拉卡托斯的猜想，也能体现理论性定义这一理念，拉卡托斯的猜想把理论中与公理相关的核心框架从可变的特殊化、具有根本性的（也包括方法论上的）附加框架中区分开来了。

但无论是其余观点还是在这两个观点中，其根本理念都是一样的：理论概念和术语只有在和某一理论关联起来的时候才有意义。理论就和网络化的假设框架类似，它们会超脱于世界之上，其目的便是为了对那些被"捕获"在大大小小的网眼中、可以被表述的现象加以描述，同时实现预测和技术上的操控。

这和诠释建构图式中互不相同又彼此交织的体系概念是完全平行的。也就是说，我们完全可以把这种理论概念理解成诠释建构形成过程中为了满足科学描述目的而出现的特殊情况。从这一角度来看，科学理论就可能是诠释建构框架，其目的便是为了对某一现象范畴中的系统化法则加以描述，从根本上来看则是为了验证经验。

同样的，这种相似性也出现在了理论概念本身中，只有在相应的理论框架中，这些理论概念才能被理解、解释，只有通过相对理论化的方式才能测量这些理论概念。也就是说，它们取决于之前被假设的、已然存在的、作为诠释基础出现的构思。显然，从这一点来看，理论概念和术语都是被理论和诠释渗透了的。这一点不仅在理论概念中适用，其同样适用于那些理论框架中作为前提的、非理论的"朴素"概念，而从另一个诠释基础出发，这些概念本身又会变得"理论化"。比如上文提到的距离测量或者长度测量，在牛顿物理学中，这些不过都是前提概念，而从欧几里得几何学以及相应的测量理念和测量过程来看，这两者则是"理论"概念。

我们可以说，从特定的基础理念以及理论（网络）来看，所有概念都是诠释建构。它们和理论本身一样不仅被理论所渗透，而且从根本上来看也受到了诠释的渗透。没有诠释的概念是空洞的，如果这些概念脱离了理论上的框架，那就成了形式上的抽象图式，完全不可能被理解或被精确理解。但如果概念是基于特定根本构想而存在的，而这些构想又赋予了概念诠释建构特征的话，那么这些概念就可以物质化，也就是具备了含义，变得"有血有肉"。概念，尤其是理论概念，在科学理论构想或日常理论构想中和理论本身一样都是诠释建构。（当然，这一点可以在规范性理念以及其他理念方面得到拓展，这也是普遍的诠释建构观所允许的。）

我们也可以把概念理解成更高等级中的诠释建构，也就是元诠释建构或者关于诠释建构的诠释建构。如果把它们理解成语法谓项所具备的含义，就像弗雷格之后的传统分析哲学所认为的那般，那么，就如本书关于含义的章节（见下文第三十九章）中所言，这里探究的就是诠释建构，因为含义本身就是诠释建构，而且只有通过诠释过程才能得到构建。但如果把概念理解成谓项或者谓语的抽象化，那么，通过抽象化的逻辑加工——其本身当然也是具有建构性的，因为它会把形式化的图式和抽象化的普遍性归属到相应的谓项中去（打个比方，虽然德语、英语、法语中的"绿色"一词指的是不同语言体系中的不同谓语，但其针对的却是同一种具有普遍性的颜色概念）——就能产生建构性-诠释性的普遍化，这种普遍化能在谓项和特征的调节体系中描述特殊的恒定性，其前提是人们运用的是同一个、极其

第十一章 作为诠释建构的假设、理论和概念 | 169

相似或有些相似的谓语分类体系。可见，概念是一种具有根本性的同一（或至少类似）分类体系中的等值层面，也是相应（语言）调节体系中的等值关系，这种等值关系体现的是同一种（或者相似）对应物的等值性。从德语和英语中"绿色"一词在运用上的同一性（或相似性）可以看到其间的等值性，而这种等值性体现的就是同一个概念，比如颜色特征概念，在等值层面上的归属性。从运用的等值性来看，作为抽象实体（见第四十章）的概念可以被抽象地定义为（语言）调节体系在变化过程中的不变量。（可以把这一点理解为概念的范围和外延，也可以理解成内涵中的含义。）因为抽象化体现了图式实践操作中的建构形成，可见这里针对的也是和下列内容相关的概念抽象化过程：概念——尤其是传统的一般概念，可以被视为类属概念或"法则功能"（这一点同样适用于姓名之类的个体化概念）——是通过抽象诠释形成的，同时从认知、接受以及统觉类型的语言习惯和筛除过程中突显建构。如果把谓语理解成相应（语言）调节体系中的诠释建构，那么概念就成了关于谓语建构的高级诠释建构，也就是元诠释建构，从第二章对诠释及其建构本身的分类可以看出，元诠释建构也就是诠释建构（而且是更高级层面上的）。作为元诠释建构的概念就是更高等级的诠释建构。这一点不仅适用于"特殊法则概念"（普特南，1962）中的理论概念，同样适用于一般的普遍概念、类属概念和个体化概念。

总而言之，诠释建构主义、图式诠释主义或建构诠释主义无论是在科学理论、理论构想、理论概念上，还是在观察概念中"充满了理论"（汉森）的现象上，都已经得到了证明。

当然，一个有意思的问题是，诠释建构本身是否像理论概

174

念那样发挥功能（至少是在描述性的运用中严格地发挥类似功能），诠释建构理论本身是否属于诠释建构方法层面上的哲学－方法论分析？这两者都是可能存在的。诠释建构本身以特殊的方式被诠释渗透着，而诠释理论完全可能在元理论或元语义的各级层面上毫无违和地自我运用。

所有理论概念、构想、观察表述和观察过程都是被理论渗透的，而所有观念和行动都是被诠释渗透的，抽象地来说，前者的科学理论观就是后者的基本原理在特殊运用范畴中的体现。就像概念是被理论渗透了一样，概念同样也是被诠释渗透了的，因为理论呈现了诠释建构，而且只有在诠释基础上才能得到释义。理论性的问题就是诠释性问题的子集。

第十二章　规约式演绎论和诠释建构主义

诠释建构主义是否和科学理论——比如普波尔的传统观点——一样，能和某种演绎论达成一致呢？（在此过程中要忽略证伪主义和归纳法优越论的特殊问题，因为该问题和科学中的普遍假设 - 演绎过程模型是无关的。）

我们可以把科学理论——就像布伦特·芒迪（1987，1988，1990）不顾来自实证主义和历史结构主义阵营的反对意见而做的那般——理解成局部诠释化的形式系统（概算），在此过程中，从"薄弱演绎论"的层面来看，这种特征化里只有一个必要且不充分的条件。[芒迪提出的是一个"坚定的演绎论"，他认为，一个科学理论的核心意涵只能且完全体现在具有局部诠释的形式框架中（概算）；但这不过是一种颇具争议的观点，我们不在此处详加讨论。]

芒迪成功证明，驳斥演绎模型的观点历来都是建立在诠释理论的实证主义观念上的，而且这些理论都是基于"纯粹的观察"（通过对描述真值的纯粹观察命题进行归类而加以诠释）以及对所有非逻辑理论表述所做的完整术语释义。而这两种基础已然被一再否定了：通过证明观察命题中的理论渗透性，以及通过证明"可被诠释的"（可被观察的）以及"不可被诠释的"（理论的）谓项和对象之间不存在绝对的区别。此外，命题的逻辑结构本身（比如一句既无法被证伪，又无法被证实的"所有皆存在"的命题所具备的逻辑结构）也能决定实证上是否具有诠释性的问题本身应该是肯定还是否定的（除了非逻辑表述的基本命题中常见的多余理论诠释和实证诠释过程之外）。

芒迪证实，这种实证主义的观点会错误地排斥与之毫不相关的理论观，成了局部可被诠释的形式命题系统（概算），而且在脱离了对观察命题进行真理归因和实证诠释的有效方法之后（这两者都是前提），完全有可能对理论结构进行假设－演绎论上的理解。

同时，他从相对狭义的形式逻辑角度出发，把诠释概念视为同（逻辑）推断相对的、对"真假"真值的理论命题所做的映像，而且该映像完全保留了其间的普遍真理。通过诠释，对基本命题的真理归因会通过包含在理论中的、用同一种语言表述出来的结论命题所做的逻辑推断来进行传递。理论中演绎的封闭性是关键性标志。在这种假设－演绎的形式意义上，科学理论的关键在于作为前提及假设的特定命题和论题（这些前提和假设本身是不可检验的，而且也无法在实证上被诠释）被引入了演绎论点之中，而这些演绎结论在包含了非逻辑表述的基本命题形态上是可被观察且可被检验的（1987，第179页）。对于非逻辑的理论表述而言，涉及含义、真理或指称的特殊理论并不是理论（薄弱）演绎论中的根本前提。从方法论上来看，对于整体结构来说，对命题诠释的观察是无足轻重的。把真值归因到基本命题的方式是多种多样的,包括对以非逻辑谓项为基础的自然类型进行认同和分类的过程也是多样化的。诠释性的非形式主义(同上,第185页)是值得认同的,它完全不违背把理论理解成局部诠释性概算的观点。再说这种演绎论反正也无法解释表述以及理论中的完整信息意涵——同时还可能形成等值的不同诠释。只要包含局部诠释的命题系统被视为科学理论,而其又是这一切的必然前提,那么这一切就和根本的演绎模型无关;只有理论中直觉意涵的部分内容需要得到明确定型,通过另外假设演绎过程的前提条件,可以用其对解释性或前提性基本命题进行推断,或者至少使之模型化(同上,第186页)。也就是说,这是一种"波普尔加数学逻辑"的演绎模型,同时并不明确排斥证伪主义(同上,第191页)——该理论的出现意味着脱离了传统的、符合论上的真理实在论,让科学家,而非哲学家,来决定理论实体的存在以及理论概念的所指存在(同上,第194页)。

芒迪在后来的《关于实证诠释》(1990)这一论文中针对亨普尔(C.G.Henpel)的批判提出了观察概念的相对化理论,他并没有通过实证诠释的方法把实证真值归因中常见的、日常化的、不精细的可被观察性归纳到理论语言的命题中去,而是从科学严谨的角度提出了有条件的可被观察性。由此,通过对实证传统中的术语化诠释进行细致修正,把真值直接归因到命题表述中去的做法就有了意义。芒迪认为(同上,第368页),尽管亨普尔放弃了"直接的可被观察性"这一概念,并用"前理论的"或者之前已被理解的概念来替换之,但他的观点还是建立在一系列实证主义的观念基础上的,而这些观念同样是该被摒弃的——而且是从诠释建构主义的角度来看,这也是他自己的观点。该观点表明理论映射了观察命题及直接假设的前理论基础命题之间的演绎关联,也就是还原到了数据关联,或甚是从数据中推导出来的,同时还特别标明,这种观察表述以及前理论表述本身仅仅存在于日常生活中,其本身可以被理解成是没有理论前提或诠释前提的。演绎模型同这些实证主义的观念无关,就像其本身在形成过程中同波普尔的证伪主义无关一样。

事实上,对非逻辑表述、基本命题及其关联和理论的诠释只在这种有条件进行精密科学实验的意义上才取决于观察。人们不会直接对法则进行比较,不会像芒迪一样去证明库伦提出的磁力法则,人们不会直接参考日常生活中的观察,而是在一个受实验规定和相应理论前结构化决定的观察情境中对实验观察得到的数据和理论假设之间的差别进行比较。我们不会从数据命题以及观察命题中推导理论,也不会用任何方式去"推测"(这种推测有可能是在概率上进行归纳)理论,理论和假设是在"恰当的"实验中被"实验的"表述证实或证伪(或者破坏)的。这种精密的、有条件的观察命题是科学理论的基础,其自然取决于情境及其与已然预先设定的诠释性和理论准备之间的关联;在这一点上,科学中所谓的观察命题显然是被诠释渗透了的,是"充溢"着理论的(比如以特定的测量工具、测量理论等为基础)。这一点绝不只适用于量子力学,而且同样适用于经典物理科学的观察,这种观察在日常生活中同样没有得到"预先假设",而是体现在一个特殊、精密的科学检验过程中。数据基础("证据")正是体现在由细化且精密的科学观察组成的特殊集合中,其中最关键的是呈现了重要的事实和过程(同上,第 351 页）。其间也可以看到特殊理论概念的渐次转换，就像芒迪在库伦磁力的实验中展现的那般。"磁"这一概念表明这里针对的是一个已然构思出来的"观察概念"，这一概念是通过实验操作上的模型塑造、实验设计以及理论前概念得以实现的，该概念的运用就已经假定了特殊的理想化模型本身所具备的可被运用性，而且有意忽略了可能会出现的特殊异常情况（比如被黏住了的铁屑）。"把金属丝或一枚针鉴定为磁铁的过程也是实验操作规定中实证性描述的一部分，就像确定磁铁的重量、大小、形状或悬挂法一样。"（同上，第 353 页）脱离工具且脱离诠释的直接日常观察是不存在的，脱离理论和诠释的观察不可能成为检验假设和理论的基础。如果我们以演绎的方式把假设、理论同单独命题或基础命题结合起来，那么这些命题本身就已经被诠释渗透了，或者以特殊的方式（比如通过运用测量器具或测量理论）具备了理论性，而这也是理论和假设成立的基础。同样，在科学理论中也不可能通过直接、无形态、脱离所有理论前提或诠释前提的方式来得到绝对的数据和观察命题。

芒迪在实验过程中为了维护科学理论中的假设-演绎模型提出了一种基于表述本身（"术语"）的诠释理论。这种科学释义命题的关键特征在于，完全被视为理论假设的基本命题所具备的"有条件的"可被观察性是有必要条件的，而这种条件又不一定是充分的，也就是每一项命题足以满足特定的句法条件，但事实上不一定要通过观察得到检验。观察命题具有一个特征，它们对一个句子的基本命题所做的例证是通过对暂时以观察谓项为标志的命题来实现的，但这并不是说，每一个满足这种条件的命题都是观察命题。因此，在经典量子力学中，观察命题从术语上来看是同基本命题例证内的时间值和空间值相关的，但并非所有同时间-空间值相关的命题都是观察命题。没有任何命题会出于形式理由而单独成为观察命题，尽管每个观察命题都具备特殊的句法特征。（另一方面，出于形式理由而存在的命题如果无法在基本命题中得到例证，那其本身也可以被视为理论命题。）

观察谓项的基础取决于相应科学的发展以及观察技术、测量技术，精密的科学观察会构建起独特的测量传统，而该传统也决定了可被观察性的技术概念。科学中的"可被观察性"并不等同于日常生活中常见的可被观察性，而是受制于观察手段、观察方式、测量手段和测量方式的发展现状和技术现状。

也就是说，我们讨论的只是实用-历史语境中有限的可被观察性，而不是直接的可被观察性。芒迪强调，"诠释的灵活性早就已经体现在了实际操作的科学中那些细化的观察表述内包含着的非形式语义之中"（按照芒迪形象的说法，是"融入了其中"），并且"因此不必再明确表示其是语言或法则中的临时先决条件"（1990，第367及下页）。

芒迪试图用这种方式来批判亨普尔的观点，也就是特定的临时性预防措施以及其他条件均同下的附加措施能通过特定的实验来实现科学理论中绝对的可实践性。（比如在上文提到的用黏附在磁铁上的铁屑来进行磁力实验的做法中，就必须排除铁屑被粘贴在磁铁上的情况。）

芒迪试图用这种方式从波普尔的批判理性主义角度出发，站在归纳推理主义［比如亨普尔和萨尔蒙（W.C.Salmon）的观点］

的对立面来维护假设性的演绎论模型，他区分了数据理论基础同数据理论推导（推理）。因此，两种互相矛盾的数据命题就可以支撑同一个理论，但定然无法进行推导。这一切都能在科学理论的假设中带来差异化和精细化，而这些科学理论则是关于观察、观察命题和理论假设三者之间关系的。当然，在此过程中，观察命题所具备的临时性和假设特征也得到了突显。[芒迪有时也提到了哈金（I.Hacking）的干涉性命题] 不过我们目前没有必要对这些关联详加讨论。

不过重要的一点是，关于诠释灵活性——这种灵活性已经渗透进了科学中精密观察表述所具备的非形式语义之内——的论点可以延伸到日常观察命题和日常生活中所谓的直接观察中去。事实上，日常生活中也有可能出现可被观察性，比如在和语言精密化以及敏感化有关的情况下。包括日常生活中常见的观察也是有一定历史的，而且——排除上文讨论的元诠释和原初诠释——具有一定的可变性和灵活性。而且原初理解层面上的"观察"本身有可能也是具有诠释性的。可见，诠释性的涵盖面是非常广泛的（包括假设特征的涉及面也是极广的），尽管事实上基于感官生理机能的构造不可能改变直接的观察行为。不过，以其余器官和信息为基础的理解性和可接近性行为是完全有可能存在的，比如蝙蝠在黑暗中辨认方向时借助的便是超声波和回声探测定位功能，候鸟在定位时利用的则是地球磁场。

事实上，"可被直接观察的"变量、数值和特征等并不绝对需要提前得以确定，其灵活性、可变性和假设性在日常认识中是完全允许的，就像——当然根据其结构上的精细度、深度和差异化程度而会有所不同——在对观察谓项和观察命题进行科学分类时一样。与芒迪的观点相悖的是，观察本身的诠释性和假设性却并不全面，包括在日常认识中亦是如此，不仅是在科学和科学理论上。

如果根据范畴化、结构化和诠释归类把之前讨论的诠释层面分为 I_2 或 I_3 到 I_6 的层次，以上这点当然也适用于诠释类型的更高等级（见上文第六章）。诠释的可渗透性同样具有全面性和有效性：它会对所有解释产生影响，因此也会影响所有以观察过程为基础的理论建构。当然，人们在日常生活中并不会像科学理论中进行假设、演绎那般明确地加以假设、演绎。但无论是在科学理论中，还是在日常生活中，观察命题、观察行为以及所谓的直接观察本身都是有条件的理解。观察只要是有条件的，那么其始终都是被诠释渗透了的，总是受诠释限制的。而这种条件从根本上来看都是可变的，或者说，在元诠释或原初诠释中，如果其事实上（比如基于我们的生理机能）无法为我们改变，也依旧可以被看作是具有变化性的。此外，较高等级中所有可变的诠释结构化当然都是这一类型的假设条件和条件化。所有认识——当然也包括行为——中的诠释主义以及基本理论性之间都是密不可分的。至此，科学的方法论结构化和过程本身同日常认识的方法论结构化和过程之间并不存在绝对的差异或根本的差异，至少在诠释的条件化这一点上是如此。这两者间的差异体现在提出观察结果的假设时使用的特殊精密技术和过程之中。我们无法依据科学观察的特殊理论假设限制而提出科学认识过程和日常认识过程之间存在绝对的、方法论上的分离论，因为在科学和日常认识这两个领域，其诠释性从根本上来看是一样的。当然，这种理论假设的数据量在产生和形成过程中用到的方法、可行性、技术和手段可能都各不相同，而且它们确实各不相同。在日常认识中，假设的演绎论也不需要具有严格的逻辑模型。不过在这两个领域中，认识所具备的、有条件的、最根本的诠释渗透性还是存在的。而且"基础"和"证据"之间显然也存在差异：就像在科学理论中一样，我们不能在脱离了观察的情况下随意定义日常理论和关联，我们在这里用到的应该是一种启发教育式的设计模型，类似于批判实在论：有可能会通过假设的（受诠释渗透了的）数据来"支撑"或"撼动"诠释建构及其关联，包括其在较大结构化关联和等级关联中的所属关系，但这种诠释建构和关联并不是通过一种特定的逻辑方式从这些数据中演绎推导出来的。诠释的其余可能性是一直存在的，这从诠释所具备的基本开放性就可以看出来，这种开放性源自诠释的渗透性这一重要命题。所有理解和可理解性都具有该诠释性特征，受到了诠释性的"限制"、影响、渗透，也就是有条件的。这一点既适用于科学，也适用于日常认识。包括这一点从根本上来看也是具有假设性和诠释性的。

总而言之，从理论演绎主义（薄弱层面上的）的角度来看，芒迪提出的科学检验的重要解释和此处谈论的认识论上的诠释建构主义以及方法论上的诠释主义是完全一致的。这两种情况都回避了在认识论或基本体论"直接论"（源自吉布森和波洛克从周围环境中提取出来作为"实在之物"的恒量以及结构上的不变量）中与实证主义相关的观点。当然，我们不可能在形式上完整再现对假设和理论所做的所有诠释，也无法再现作为这些诠释基础的观察命题和数据（就像芒迪所提出的那样，不可能从谓项逻辑这样的诠释概念所具备的狭义层面出发来做解释），反之，诠释始终都是不完整的，是"可以"得到补充的，而且需要得到补充，诠释始终都能接纳其他差异化和修正。这也表明，不可改变、不可修正的诠释是没有绝对基础的，尤其是在观察命题的基本层面上。重要的是，至少从狭义上来看，观察命题的诠释是和行为、实践干预、预先准备好并预先修正过的情境紧密相关的。没有行为结构化就没有根本的诠释，就算是通过"数据"也无法进行诠释。

只要稍做改变，芒迪的模型就可以拓展运用到日常认识中更常见的认识论问题和认识论基础上了。日常生活中的诠释也是不完整的，可以得到延伸，能够且需要得到补充，而且其中也不存在绝对毋庸置疑、能让我们的认识摆脱诠释或理论的数据命题。和科学中类似的是，我们日常生活中的观察也会受到行为的预先形态以及情境、语境和理解方式的影响。这一点基本上也适用于受制于生理条件的元诠释和原初诠释，这种诠释虽然实际上无法被更改，但原则上却是被认为可更改的。在这种原初诠释中，模型化虽然不比或不能被看作具有决定性，但事实上是密布其中的，类似于"网络化"或"置身程序"。当然，在日常认识中，我们运用的并非是严格的（即使是在使用局部诠释时）、方法论上的演绎论，而是依赖于松散的基础和批判关联。从根本上来看，科学认识和日常认识之间，除了方法论和理论上的演绎论之外，不应该存在太大的差异，尤其是涉及同修正性、诠释的可渗透性、行为的关联性和干涉的重要性这些原则条件时。

第四部分

第十三章　深层诠释 VS 表层诠释

在研究巴厘岛人对斗鸡的热情时——从功利主义或经济学的角度来看，这种热情和所有对"深层"游戏的热衷一样，看起来都是非理性的，因此可以被归咎到深层原因中去——，克利福德·格尔茨（C.Geertz）曾援引了杰里米·边沁（J.Bentham）提出的一个从存在上来看颇具风险的概念"深层游戏"，受其启发，阿瑟·丹托（A.C.Danto，1981）提出了"深层诠释"这一概念。在斗鸡以及所有从风险估算来看"非理性"的行为习惯、行为动机或"热情"［类似于冒险欲望或者"寻求极端刺激"（楚格曼）］中，具有驱动性的原因也适用于解释"深层诠释"这一概念，也就是对于行动者及其自身诠释行为而言，最根本的原因是相当隐秘的。不过正在观察、解释或诠释的科学家却能够证明这种隐秘的原因是最根本的、关键的行为驱动、行为原因或因由，并从人类学的"深层理论"层面上综合各种关联来分析行为、动机、决定、价值倾向和观点。常见的"表层诠释"针对的是行动者提出的理由，而自身诠释中不具备的那些根本的、隐秘的驱动在社会科学家和精神科学家看来恰恰揭示了决定行动的深层原因关联，至少是一种具有解释性的或便于理解的综合关联。弗洛伊德的心理分析用无意识的原动力、矛盾（比如俄狄浦斯情结）或性冲动来解释外在行为或特定的异常反应、错误、"策略"等，这一点和行为的"深层诠释"以及归溯到"表层动机"的、更深层次的无意识原动力是类似的。［保罗·利科把弗洛伊德的理论作为其诠释理论的基础，这显然并非毫无道理（1965，德语版1969）。］帕累托是最早试图从社会学上深入表面事实解释来将其当作纯粹"理性化"的研究者之一，人类的行为看似非理性，但这种行为可以追溯到人类身上不明显的、承载者尚未意识到的"残留物"，这些残留物能把行为、最根本的原动力以及用以在表面证明正当性和表明自我信念的理性化结合成一个体系。马克思理论也是与之类似的，它试图从历史的阶级利益出发来解释发展、决定、行为和行为优先权。现代社会学家和文化人类学家在解释一些没有目的或者按现在的认识来看无法有针对性地解决某个问题的礼俗（如霍皮族的雨神舞）时称之为特殊的行为方式，这些行为并不是基于目的功用，而是源于潜在在深层的社会功能，行为是为了完成这些功能，这些行为方式就成了有意义的、结构形式化的次级解释或诠释。和外显的功能相对的是，潜藏的功能在社会学上举足轻重，同时，其影响又不仅仅局限于此：社会生理学上也经常用到这种功能解释，比如在解释雄狮杀害其新伴侣带来的幼狮时，就会提到，只有如此，该雄狮自己的后代数量才会增加，并由此增加扩大自身基因库范围的可能性。列维-斯特劳斯以及在社会学中都会用深层的、形式上的神秘结构来从结构上解释这种深层诠释的模型，其中会提到"深层的"结构、利益、愿望、情感原动力、行为倾向或优先权等。福柯的观点中强调的除了主观意图或心理意图之外，更重要的也是社会学或历史起源上的策略（而不是其中的附属策略！）、功能方式、技术、特质、普遍心态以及社会调控机制，其中，社会调控机制让"权力特质"成了具有社会影响的深层因素。尼采提出的权力意志观念探讨的也是福柯观点中出现的（深层）诠释理念，但这里涉及的只有特质建构，这种建构和个体中心无关，而是和社会压迫、实践和规范的各种后果或反应有关。尼采（在对其他深层诠释进行批判时）和福柯都明白这一点［另外，在历史"决定性"及对其所做的诠释上（或许包括诠释本身？），也就是试图辨明深层因素的行为本身，可能就是一种幻觉］，因为没有任何"绝对首要"的东西能成为诠释的根本基础："……因为一切的所作所为都不过是诠释的基础。"（1967，第189页）我们无法找到针对文本和世界的最后释义，只能得到一次次全新的诠释。诠释是一种"永不结束的任务"（同上）。对于福柯来说，"诠释……会强行或狡猾地建立自己的规则体系，而这种体系内部本身是没有根本含义的，同时，诠释还会给这种体系强行指明方向，让其服从一种全新的意志，让其出现在一种新游戏中，同时让其服从其余规则"。（这也有可能并不一定是在社会上得以实施的个体化规则修订和规则释义：福柯的观点中不存在任何能寻得进入深层诠释唯一之路的"大诠释者"；诠释科学当然要描绘并继续发展诠释及其历史起源）如果这一点成立的话，那么，"人类成长的过程就是一系列的诠释"（福柯，1974，第95页）；这一点是基于历史、文化理论、认识论而提出的，并不像尼采一样是针对人类、超社会以及生物学主义理论，按照尼采的观点，每一个人、每一种机体、每一种意志都在"诠释"。

很多时候我们可以看到,比如在理解某种社会行为方式时,表层诠释事实上往往是不够的,尽管其有着浅显完整的描述或表面上的释义,但重要的还是"更深层次的"因素。我们几乎可以由此联想到格瑞里·贝特森(G.Bateson)提出的精神分裂"双盲"理论,其中就是和首要过程、次要过程、原初诠释和次级诠释相关的元论断和互动。只有当人们能从多种层面上解释运动员极度认真的投入和选手们在面临一切困难和可能的犯规行为的情况下开展的竞赛时,只有在人们认识到近几十年间相应的变化过程时,我们才能理解依然拥有存在意义的现代竞技体育所具备的严肃性和人们参加比赛的热情,就像格尔茨研究的巴厘岛上事关荣誉的斗鸡活动所具备的存在意义一样,传统上和体育息息相关的"元论断"——"这不过是个游戏",这种说法会弱化人们的斗志,让人退缩,甚至违反规则——在近几年已经因为体育所具备的越来越重要的存在意义和商业价值而得到了改变。原本互相矛盾的诠释层面——行为者本身之前就意识到这一点——无法再通过具有跨越性的元判断构成而得以调解、弱化或解除,而是发展成了令行为者无法回避的剧烈矛盾。也正因此,贝特森将精神分裂双盲理论用于解释以下问题:当个体的能力因"崩溃"而无法调解双盲问题时,也就是不能区分不同的论断、元论断以及元层面时,就会出现精神分裂或开始出现精神分裂的情况(贝特森,1985,第 278 页)。

这里当然并不存在对隐藏的结构关系进行加工的"深层诠释",因为行为者本人熟悉不同元层面上的各种层面和信息,他在游戏中的投入是有克制的,也就是凭着因元论断而具有相对性的热情来参加游戏,他清楚地知道,这"只是一场游戏"。

但没有能力解决这种矛盾结构，又不能认识到不同层面之间的相对化，这就已经相当于是一种隐藏的因素结构了，其影响类似于原则深层诠释中的作用。与之类似的还有对现代竞技体育愈发显要的存在意义所做的解释——尤其是当竞技体育中的动机和追求个人化时，和深层诠释类似的便是这种系统化的强制发展和无法解决不同矛盾体的情状——，这种解释就像是一种无法被认识的系统结构，至少对行为者本人来说是无法被认识的。

隐藏在浅显的表层诠释背后的深层诠释是和素群结构以及"事实上对存在产生深刻影响的含义体系"（丹托，1981，第702页）相关的，尽管这种深层诠释同看似可能完整的表层诠释之间存在着极大的差异。深层诠释首先同封闭的表层诠释相关，前者会质疑后者，并将其相对化，而且会在较大的系统性关联中将其扬弃，深层诠释会引入那些未被看到的、隐藏的、更全面的社会因素或甚生理因素，而且这些因素显然同外在认识毫无关系。

丹托强调，深层诠释可以证明一种特定的"多元决定"并且往往无法对其加以明确规定，因为深层诠释建立在看似完整的表层诠释基础之上并对其进行深入追溯：可以对同一个诠释对象在不同深度诠释中加以探讨，比如在结构化的、结构功能化的、心理分析的或马克思的解释中，但相关人员或行为者却不必意识到任何一种人文学科上的或社会哲学上的诠释。在此程度上，这种深层诠释是和理论密不可分的，它们受到了以理论假设或诠释建构为形态的诠释性预先规定的影响：其取决于那些研究深层诠释的人文和社会科学家提出的理论和解释。由于深层诠释取决于这些科学家们的释义、证明和选择性的预先诠释，那么，其针对的无疑便是意图性的语境（同上），也就是说，其针对的是那些用外延的等值代用品来取代部分表述以改变其真值的表述。

此外，对于任何一种表面现象或表面上可以被描述、被解释的行为而言，深层诠释都是不可能、不必要的："人文学科中的深层理论……是有很多例外的。"（同上，第701页）深层诠释具备的是诠释性，而不是解释澄清，至少不是人们传统意义上理解的例如规则解释以及演绎法则中的各项特征解释。确切地说，深层释义更像是同可能性解释（合理性观察）、"为何可能"的论证以及复杂因素的猜测相关的理论。

丹托举了文学和艺术中的例子，比如除了要创作一部作品这样的明显意图之外，艺术家身上特定的无意识追求和价值判断是如何促使其表现自身意图的。深层诠释的视角尽管有着巨大的多样化特征，要比具有局限性的表层释义更加开放、松散、发散、有创造性。但相应地，深层诠释当然也不会那么严格地受到关联限制，同时也更具一致性、明确性、可靠性，变化性也要少许多。从这一点来看，深层诠释是开放的，是假设，或者说是实用性假设，但它为新的视角提供了"供给"，不过深层诠释却不是自然科学意义上严格的规则解释，尽管有些社会科学家或社会哲学家（比如结构主义者或马克思主义者）经常会产生如此误解。

显然，深层诠释的概念是相当重要的，它是具有根本性的新释义，是对全新、令人惊异的视角所做的接纳，是具有创造性的构思，是视角的根本转变。简而言之，这是每个时代中最富创造性、最有趣的根本释义，尽管可靠性并不强。在精神科学和哲学中，深层诠释就是这种释义。尤其是对诠释性精神科学的发展而言，无论是对思想史还是社会学科或哲学方向的发展，这种深层诠释都具有典型性。因此，研究诠释的方法，研究诠释建构的形成，尤其是从隐藏关联的角度出发，也就是从深层诠释的发展和运用出发，是十分必要的。在显而易见的表层行为背后，在行为者有意识的、通常是理性化的动机背后，是各种深层的、无意识的驱动因素或社会素群结构以及旨向，这一认识从弗洛伊德之后就已经成了精神科学和社会科学中的共同精神财富，而对深层动机的特殊分析，以及分析压制无意识驱动的过程，分析下意识产生影响的素群结构，都是必不可少的。由此可见，对于诠释学科的方法论来说，深层诠释的主体是举足轻重的，尤其是和诠释-图式化行为中更具抽象性、普遍性的模式相比，这些方法论并不具备那么多新意，同时也可以看到，有些图式化过程是无意识的。上文提到的原初诠释和元诠释，以及其余一些在传统礼仪中被采纳但显然并非有意识的诠释关联、形态构建、模式构建及其再现，均不具备明显的意识性。在抽象层面上，即使无法使用的图式化过程以及诠释模式在意识中依旧有着很大的影响。

　　这些图式化过程以及诠释模式可能会以特殊的方式彰显方法论上的特殊性，尤其是当其无法像有意识选择的诠释建构那样任意掌控深层的无意识因素和诠释模型时。就像丹托（同上，第701页）所言，人们是否能通过直接"回避诠释来拒绝进入诠释怪圈"，并由此"轻易地"回避"诠释怪圈"，这就是另一个更具怀疑性的问题了。丹托似乎认为，前理解的传统结构显然出现在另一个层面上，或许是从陌生化诠释的视角出发，出现在了深层诠释的层面上,而表层诠释内却不会出现循环式的证明结构,因为表层诠释发生在另一个诠释层面上,而且其最终是建立在不同于其自身的深层诠释基础之上的。尽管层次划分在诠释模型的发展以及诠释模型的方法论分析中无疑起着至关重要的作用,但诠释循环性的方法论基础似乎更像是:通过间歇性地回顾相应的前理解和中期理解,诠释的发展显示出了螺旋形的渐次上升趋势,这种发展并不像丹托所设想的那样是可以回避的。

丹托以自我嘲讽的方式做出了如下评断:"我会避免向深层诠释提供深层诠释"(同上),但我们当然可把人们在精神科学和思想科学中追求深层诠释的行为解释成深层诠释,同时,在此过程中,人们还试图寻找诠释中全面的同一性、连贯性和坚定性,这种诠释包含了社会素群结构、文化传统、个人思维发展、生理基因发展以及它们之间的相互影响,会对人类的行为、行为方式、动机以及追求进行可能毫无争议的、整体化的统一释义,尽管在不同表层诠释的层面上来看,这当中是存在很多表面矛盾的。

第十四章　多元诠释论：图式呈现的多义性和神秘运用

"没有人是完美的,我的名字就是没有人。"众所周知的是,理解过程中存在着语义和句法上的多义性。在上文提到的示例中,这两者看起来是密不可分的,或者是可以从不同选择角度来看具有可运用性。"没有人"这一词是不定代词,还是句子中的主语?选择不同,句子中的句法释义就不同,也会产生不同的句法多义性,相应地就会产生两种不同的命题(句子意涵)。又或者,"没有人"(没人,或者这也可以是一个名字)的意思会影响诠释吗?多义性取决于关键性表述所具备的含义:这里针对的是语义上的多义性,就像"迈耶尔去了银行[①]"这句话一样,只有通过其余句子或从句,我们才能知道这些句子的确切含义,比如"他扶一位老妇人站了起来"或"去取钱"。

很多文字游戏就是基于多义性产生的。很多时候这并不仅仅是指语义或句法上能带来另外诠释的双重性。句法和语义上的多义性似乎不太会结合在一起,但从文章开头提到的句子来看,这却是完全有可能发生的。这种混杂的多义性可能会制造

[①] 德语"银行"一词"Bank"又有"长凳"之意。——译者

出特别有意思、有惊异效果的文字游戏。读者可能会想,"热狗"是不是语义和句法多义性的一种混杂形式。

通常情况下可以通过揭示相应句子中的关系结构或命题中的网络结构(鲁姆哈特,林赛,诺尔曼,1972)来明确命题的多义性,在这些结构中,被省略的命题会通过那些被箭头标记出来的关系同其余关联点结合起来,而这些箭头呈现的则是命题网络中的关联。比如本章开头的句子中显然就有两种可以轻易被重建起来的命题网络结构。

认知心理学发现,这种命题网络是一种联想结构,比起那些相距甚远、与常见关联概念相比更加少见的关联,或者比起那些关系不太远的关联,相对简单、密不可分的局部结构——这些局部结构能够存储记忆中那些经常同时出现的关联,并将之作为概念——可以被更加快速地唤醒(参见安德森,1988,第118及下页)。比如像"知更鸟吃虫子"和"知更鸟有皮肤"这两句话就可以证明一个联想实验,同第一个句子相比,如果要看懂后一个句子并认为这是真的,那么就需要平均多出百分之十五秒的时间,而前一个句子同"知更鸟"这一概念联想之间的关系显然更加密切,也就比另一个句子"更好"存储。知更鸟是鸟,鸟是动物,动物是有皮肤的。只有通过这种复杂的方式,才能把不同中间等级中的关联结合起来,才能在这些命题网络的关联基础上认识到第二句话是真的。

命题网络是和其余类似的命题网络不可分割的——它们处在一种联想化的、在不同关联中具有典型性的关系中。我们可以把那些在可能无意识产生的结论中呈现出来的或要求采用的重要命题网络或具有典型性的命题网络组合成知识呈现的图式,这种图式会通过各种不同的、虚拟式的特征而在记忆中呈现典型的对象，也会在被唤醒之后出现在意识的加工中心。图式呈现了对象的典型特征句式（这些句式可能包含了反应、事件和过程）中复杂的命题网络结构，在此过程中，特定的变量句式代表的是特点、特征、特殊关系等，这些句式可以显示不同类型、上范畴材料、内部结构、功能、形态、大小、地点、典型行为方式或过程嵌入中的对象特征。使用不同的变量就会产生某个符合图式的客体、事实、对象关联或事实关联的特殊例证。把价值关联或论据价值归类到相应的特征变量，或者把多个论据价值归类到关系变量，就会对相应对象加以命题。比如房子就是由木材或石料构造而成的建筑，其功能是满足人类居住，房子内有房间，其基本形状是四边形（而且会有屋顶构架），大小适中，同时固定在地面上，这就是人们对房子这一对象的理解，该对象又可以细分为房间、墙壁、门、窗等。这种在典型文化传统中（比如欧洲）具有典型性、刻板化的关联——祖鲁人的房子是用木材和树枝搭建而成的圆形木屋，他们对于所居房屋图式的理解自然是完全不同的——展示的是具有特征性的规定以及归类到更全面图式关联中的过程。（我们完全可以在这一点上用到普特南释义理论中的刻板印象概念。）除了用不同的下图式或亚图式对图式进行分层的过程——比如用窗、房间等——之外，相应的上图式及其数量（比如和房子相关的"建筑""大型物质化对象"等）也是和源图式紧密相关的。也即是说，除了"各部分的等级"之外，还存在图式的普遍化等级，它会以不同的方式在各种呈现可能性中受到范畴的影响，比如罗施（1975/1977）通过确定一名参与研究的人员，从文化心理学上进行比较，并研究对象范畴的存储和再现过程。显然，人类身上的范畴和类型无论是在记忆上还是在意识中，根据其被唤醒的过程，与其说是通过具有特殊差异性的逻辑类型和种属特征来呈现，倒不如说是通过范畴的典型示例来体现。众所周知的是，图式呈现是通过相应的网络化呈现形成的，包括所谓"人工智能"研究领域中的形式化知识呈现亦是如此（参见明斯基，1975；温斯顿，1977；尚克和艾博尔森，1977；艾博尔森，1982；鲁姆哈特和奥托尼，1977等）。这种建构呈现完全是专家体系、范畴结构化、关系关联的呈现、范畴现实化形成过程的基础。从很多认知心理学实验中可以看到，显然，呈现建构——这当然同时也是图式诠释建构——在对象特征、类型特征、事件进程的存储和联想中，在人类认知能力的结构化和知识呈现过程中，都有着重要影响，尽管我们尚不清楚人类的这种认知图式在形式化的网络结构中是如何接近人工智能的，不清楚模糊逻辑现象（比如在原型的分类和比较过程中）层面上的差异化界限——显然，这定然是存在的——是否会产生影响。无论如何，空间上、时间上和特征关联上的复杂呈现——其已经超过了单个命题网络——是会被呈现、存储在具有图式特征的概念中，且有可能被唤醒的，而典型的单个命题之间、空间的想象图像之间、直线上升的次序之间那些具有典范性、相对连贯的关联则会突显出来。[涉及理解过程和行为的事件图式会被称为脚本，比如在尚克和艾博尔森的观点中（1977）。] 安德森（1983，1988）明确表示，"呈现的关联可能性是多种多样的"，按照他的观点，呈现的不同类型，比如空间上的、命题上的、时间结构上的或脚本类型上的，会凝聚成一个整体图式。

第十四章 多元诠释论：图式呈现的多义性和神秘运用 | 195

在多元呈现中，图式关联的多样性当然也解释了命题网络多义性所具备的关联可能是一种特殊情况，但当然也可以将其普遍地理解为图式诠释，并在认识论中将其普遍化。此外，下文还要做一些详细解释，证明无论是在认知学科还是科学的知识呈现过程中，在神秘的关联（比如宗教）、日常认识中，还是为了对复杂情境加以结构化、规章化而运用图式的过程中，网络理念中的图式诠释都有着决定性的关键影响。

此外，与多元图式诠释相应的是，如果这种诠释一直都这么可靠的话，那么图式运用中的多义性、重叠性、交叉的关联和视角都会出现，就像在相对简单的命题句式和呈现中，其会出现在能促进诠释命题式网络产生结构化的局部成分中一样。显然，在感知范畴内，构思和接纳过程是会激活诠释图式的。但在此过程中完全有可能出现不同的诠释图式，就像感知过程中会出现矛盾一样。［把山上的一块突岩看作人，把一块岩石看作小屋子。或者是像纳克方块一样，就像维特根斯坦在《哲学研究》（第二部分，XI）中提到的、在哲学界非常有名的鸭兔图。］

对形状的传统解释是常见简明格式塔中的前提以及形状和背景之间的差异（鲁宾），也就是形状是如何通过格式塔心理学中的规则得以呈现的。人们通常会认为，一般只能看到一种诠释（就像在拼图形象中一样，比如有名的鲁宾人脸／花瓶两可图形）。只有在一定时间之后人们才会感到疲劳或饱和（科勒），前提是人类会在神经系统的本能行为中做出积极的继续构建，而这种本能行为会在一定时间之后转换视角；在同一时间中可能只会感知到两种不同视角中的其中一种。此外，根据常见类型的不同结构、归类或指向，释义会受到普遍思维加工的影响。[这一点甚至适用于肖像。我们可以参考洛克（1985，第110页）描述的一幅看似不小心走样、严重失真的全身肖像画，该画画的是英国从前一位有名的女政客，只有通过"头朝上"这一垂直定位才能认识到画中的线条和形象。]从中我们可以推断，在"无意识描述理论"、与常见客体的比较以及习惯经验中，显然是存在思维加工的（同上，第104，109页等）。因此，我们在看待纳克方块时，就会认为它是平放在一面上的（方块放在平面上），而不是以某个角为支撑斜放着的。

众所周知，如果有人一开始并没有认识到或完全不知道这种双重性，语言指令也能令其观点产生转变。洛克的实验证明，在不知道其余感知可能的情况下，转变过程会发生得很慢，要么就是在再次转变时才会缓缓出现。带有记忆内容和经验，并且和释义诠释紧密相关的核心诠释决定了感知接纳过程时候的思维加工，尤其是在视觉上，当然也包括在其他感官感知模态上。

传统观点认为，人们在看到视觉图像时只能看到一种视角，但这种观点在我看来却是非常值得怀疑的：如果微闭眼睛，同时不断快速眨眼，我们就能看到别的诠释对象，而不再只是白色客体或白色底部之上的黑色对象，可能还会看到悬置着、模模糊糊的平面形象（参照洛克，同上，第98页，或鲁宾人脸/花瓶两可图形）。问题在于，视角的转换是否能同时带来一种能力，而不仅仅是视角的快速交替转变。视角的多样性和交叠可能在如今有些艺术流派看来是颇具典型性的，这些艺术家会明确强化诠释的不确定性以及多样解码的可能性，人为地主张后现代的"风格引用""多重解码"，就像在毕加索的部分作品中，通过特定的解构和重组，多重视角就会出现在一个或同一个层面上。除了诠释的转换之外，是否还存在一种"诠释的混合"呢？在视觉感知艺术，比如视错觉或者翻转图片之外，能同时在思维上认识到这种诠释的混合，意识到其存在，并结合知识而呈现其翻转效果和转变？感知从根本上来说受到了思维的结构化加工、记忆比较以及图式运用过程中常见经验的影响，比如感知心理学家洛克就这么认为，这种基本观点至少表示——甚至是在世界上，尤其是在理智的诠释上！——可能可以相对地来看视觉中的要么-要么二分法，而不是像在某些特殊情况中那样完全排除这种可能性。

尽管在严格运用相关视角的基本过程中，二分法有可能还是存在的，但人们可以通过对视角的认识，对预期以及翻转过程的悬置状态的认识，从而相对地摆脱视角的单一性，我们可以增强另一种视角或是"想到"、投射出别的视角。思维的叠化现象是否存在呢？就像在电影或者幻灯片展示报告会中常见的那样。我觉得这是肯定的。在有些自我尝试的视觉现象中，这种叠化现象很容易就能具体、形象地出现，当然也能在理智的视角和图式运用过程中得到普遍化。

事实上，从更广义的理智角度来看，我们对世界的理解取决于诠释图式以及印象化的理念影响，这种图式和理念会接纳不同的可能性。比如实验物理学家和爱人一起漫步在月光下的树林中时，会认为"科学之外的自然体验"同经典物理释义毫不相关，但同时又可以用到这些释义。按照库尔特·胡博纳（K.Hübner）的分析，这种"科学之外的自然体验……是诗意自然体验的一种破裂；而诗意的自然体验不过只是延续了神秘自然体验的一种破裂"（1980，第73页）。胡博纳认为，神秘的自然体验也是一种独特的神秘逻辑结构，其拥有不同的内容、目标、功能，但作为科学自然体验也会涉及别的体验范畴，尤其是在日常生活中，包括如今科学化的世界里，这种自然体验都颇具影响。也就是说，我们可以选择运用科学理念或诗意－神秘的理念，在有些关联中，这些理念都有可能互相交织。厄尔·麦科马克（E.R.MacCormac，1976,1986）就认为，诠释的基本图式、对世界进行释义时的隐喻——其中包括有些情状下的自然概念——经常会在不经意间被绝对化或风格化，成为神秘的诠释图式和隐喻。如果科学家认为自己的科学理论和模型都是对世界所做的严格、绝对的描述，那么他就几乎把自己的科学诠释建构和科学诠释神秘化了：他将其绝对化了，从神秘角度出发理解这些科学诠释和诠释建构，也就是将其"意识形态化"了。

麦科马克延续了派帕（S.C.Pepper）的隐喻理论（1970）。派帕认为，特定的"根隐喻"——麦科马克称之为"基本隐喻"——是在科学以及其余关联中对世界进行释义时必要的假设前提。麦科马克同样也研究了人类思想中的计算机隐喻（1986a），这种隐喻不过是人类的一系列隐喻中最后的、尤为有效的一种，在18世纪，该隐喻以机器隐喻的极端形式得到了快速发展。麦科马克在其巨著（1985）中就曾提出过隐喻的认知理论，其中把隐喻的形成视为认识的呈现和发展过程中语言和理智上特殊的呈现建构和诠释建构，这些建构以发现相似性、加工非相似性为基础，其目的是促进新视角和新诠释的发展，也就是有意识地用新视角进行更富成果的新诠释。隐喻的形成及其关联是诠释、建构和图式形成发展过程中的根本点，可以促进对世界的根本释义、学科视角和日常视角的转换，也能提供一定的创造性。只要不把某个隐喻看作固定的绝对化隐喻，不将其视为不可更改的根本神话，就能获得新的进步。如果按字面意思来理解根隐喻，并认为其是绝对的，忽视或误解其假设特征，那么神话就产生了。[现代科学中当然会出现这种情况，麦科马克也在很多示例中证明了这一点。（1976，1986）]

派帕和麦科马克所指的根隐喻是图式关联的全面构架，其远远超过了具有图式特征的对象概念、事件概念、情境概念中的单独复合体，同时也呈现了诠释-图式化的释义理论，其本身也超过了思维的计算机隐喻这样具有特殊范畴意义的隐喻。传统上对世界所做的机械化阐释，即"机械式宇宙"观（这是经典物理学中开普勒之后近代天文学的基础），当然是一种根本的世界隐喻——如果这种隐喻是和机械的世界观，尤其是和某种知识观相关的话。如今，对于工业社会以及诠释文化高度发达地区的人来说，最典型的是，很多类似的根隐喻之间会彼此对立或彼此共存，甚至在不同情境关联下会互相转换，而且在某个或同一个情境中还会互相交叠。在1969年人类第一次登上月球的时候，如果像克里斯蒂娜·布吕克纳（Ch.Brückner）这样的女诗人在某个月夜写下颇具诗意的日记，她不仅会感到酒后的微醺，更会"沉醉"在月光中，同时还会认识到，现在有人登上了地球的这颗卫星，因此，这就不是二分的选择问题，不存在理智的翻转过程，这两种诠释视角都有可能同时发生，当然会是在不同的条件下。同样，诠释图式、各种建构和隐喻的不同模型也会在日常生活中共同发挥影响，在当前，技术隐喻、科学隐喻、技术理念和科学理念对日常生活的影响要甚于以往任何时候，这也是当代社会发展中的典型特征（尤其是通过信息技术和系统技术上的组织流程来影响日常生活的图式化、形象化并对之加以操控)。包括日常生活中的一些理念也受到了科学技术的影响：在"技术时代"，上文提到的绝对化的神秘论或意识形态论，也就是唯科学主义、技术论或甚技术专家政治论的诠释趋势所带来的威胁与日俱增（见伦克，1970，1973）。

要么-要么的选择理念已经被特定的既-又兼容理念替代了，以往被严格排除在外的诠释视角如今正在发挥越来越大的影响。我们不仅在众多诠释视角中加以选择，同时还有意识地运用一系列视角，或者经历这些诠释视角的互相影响以及交叠过程，这种过程体现在后现代艺术的多重解码性上，体现在文学的陌生化效应上，也体现在多媒体虚拟现实带来的媒体世界构建中。所谓的后现代时代最典型的特征便是所持视角的多样化、交叠性、多重诠释以及人为的视角关联。

当代的人是现代性中最典型的代表，他们悲哀地称自己是"后现代"的人，他们正处在多样视角、诠释和图式关联组成的交叉路口，见证了视角、转换过程及其交叠过程中的翻转现象、人为可变性、多重实践性和交叉性。人们在自我释义、接纳各种可能互相矛盾的视角时，拥有了多种组合的更大可能性，这么一来，他的自我形象可以在一定比例上差异化，实现视角的多样性。（社会心理学家早前也在角色接纳理论以及角色的规范性预期理论中提出过类似的观点，他们把个性的多样性视为人们对角色的一系列职责或预期，人们就处在这些角色中并以此开展行动。）

视角的多样性（体现在根隐喻、基本诠释、所有图式的复合体以及世界形象的多样性上）也是当代文化、关联以及不同文化传统之间动态——有时候是充满矛盾的——的互相影响所构成的多元发展现象，这些多样可能性都是可被支配的。各种视角主义之间显然不再独立，而是并存的，在相应情境下可以有不同的运用可能，或同时被运用，或甚实现交叉运用。就像我之前在报告中提到的那样，这和人类学的观点不谋而合，也就是人类完全不是象征性的存在或有诠释能力的存在，而是有释义和诠释能力——包括诠释性的行动能力——的存在，可以让自己置于更高级的元等级中，对诠释行为本身进行诠释：人类是能对不同层面进行图式化并同时对这些图式化行为再次加以（在更高等级上进行图式化的）诠释的存在，也就是能进行元图式化并做出超越式诠释的存在。简而言之，这是能进行元诠释或超诠释的存在。元视角和元诠释会影响到不同的视角主义，这些视角主义本身能将一些更高等级的关系或处于同一诠释层面上的复杂关系关联起来。这种"视角主义的视角"[福尔克·格哈特（V.Gerhardt）]并不是众多视角中的一个，而是指多元世界诠释层面上各种可能的视角互相影响、互相认同的过程。

梅菲斯特曾说（出自《浮士德》第一部第二个书斋场景）："走进时是自由，走出时是奴隶。"（这一点同样适用于如今某个被明确选择了的基本诠释。）在多元诠释、超诠释、关于诠释的诠释这一视角中，至少从理论假设上来看，有可能从可支配的多种理论中确定梅菲斯特的前半句话。对世界的释义不局限于绝对根隐喻以及神秘化的单一性，这种释义接纳了诠释的多样性以及诠释之间的交互关系，这一点同样适用于最基本的世界隐喻中。单一诠释的视角主义在不同视角层面构成的诠释多元论中被扬弃了，这些层面尽管各有不同，而且有时在特定情境中有可能会互相对立,但普遍来看,它们之间却是会彼此证明、互相交叠,而且可能恰好适合特定的范畴和情境,或甚在振动和急剧改变时互相影响的。

众所周知,尼采认为"视角是生活的基本条件"(见《善恶的彼岸》前言),并颇具前瞻性地将其发展成了极端的视角主义,当然,这种视角主义处在诠释限定的更高层面上,而且片面地以生活中心的权力意志为旨向。像弗里德里希·考尔巴赫(F.Kaulbach,1990)和福尔克·格哈特(1989)这些哲学家将这种理论发展成了"视角主义哲学"和"视角主义视角下的"人类学,他们把人类学的投射可能、抽象可能和图式化可能视为人类对世界和自身进行阐释时候的认识论-方法论基础和概念基础。事实上,这种诠释建构主义——其遵循的是元诠释或超诠释的、对诠释建构主义的图式化过程再次加以阐释并使之具有支配性的存在——是尼采之后的传统方法论诠释主义在人类学和认识论中的一种变体,只不过在诠释事件中、在"诠释发生"时(见阿贝尔在1984年对尼采观点的诠释)没有陷入本体论的形而上,而没有成为权力意志核心的标记(见伦克,1993,第96,214,224及下页)。诠释主义同样也不是一种极端的相对主义,而只是一种认识论上和方法论上的假设主义,从人类学角度来看,这和中庸的实在论、特定视角下人类学的优先性是完全一致的,包括同视角上得到认同、正在行动中的"诠释核心"里最根本的关联性也是保持了一致的。具有超诠释能力的存在有赖于不同诠释-图式化行为中的差异化、多义性和关联性,无论是在认识还是行动上,无论是在理解世界还是在理解自身时。我们无法不诠释,但我们可以同时进行不同的诠释,或甚交叉诠释。隐喻和非相似性之间早已被人们认同的相似性得到了发展，这可能会促进新隐喻、图式、概念和理论的创造发展。在此过程中还可以看到假设性和相对的视角关联性。从哲学角度，包括从多元视角主义的视角来看，当然会质疑这里探讨的是不是人类认识能力（包括象征性的诠释行为以及呈现过程中）在进行自我解释时采用的多种可能视角中的一个视角，亦或是针对哲学-人类学中一种全新的核心认识。

第十五章　作为实用诠释主义的视角主义

难道不是所有视角主义的理论一开始就具有诠释性吗？看起来确是如此。但这一点值得详加论述。最具代表性的是弗里德里希·考尔巴赫（1990，Ⅷ）提出的哲学视角主义，他认为该理论"是这样一种意图……企图把在哲学中获得客体真理的意图同思维如何接纳客体的方式和方法对立起来"。这当中"构思的是阐释世界的视角以及如何运用这些视角的方法"。按照考尔巴赫的观点，一种"视角主义的哲学"并不具备"客体真理的特征"，其具备的是"为了我而认识真理"层面上的"意义真理"（其根源是"一种视角"，在这种视角中，最有代表性的是"对待存在时候的典型态度"）（同上，Ⅷ）。因此，视角主义的思考则会让人们认同全面理性的格式塔，也就是认同视角中的一种视角。这"代表着""旨在统一多样世界视角的哲学意志中包含着的意义真理"（同上，Ⅹ）。"视角主义哲学"寻找的"并不是关于世界上的客体和客体关系的实用论中所包含的真理，而是视角中的真理，在这些视角中，世界本身成了语言和概念"（同上，第9页）。视角主义哲学的首要任务有两项。其一是回答"追求哲学真理的人们所持有的视角"这一原则的意义;其二是回答那些特殊的视角,包括受历史局限的视角,所具备的"特征"(同上,第10页)。

这种视角主义哲学和我之前提出并描述过的诠释主义是类似且平行的。

诠释建构理论发展中最根本的一个出发点是分析社会科学中的哲学基本概念,比如行为概念和动机概念。我们不仅描述行为和意图,而且将其同个人关联起来,个人是行为或意图的执行者和承载者。在日常生活的行为情境中,行为描述会归因到特定的主体,往往是特定的个人(在次级转变中,可能是机构等)。这当中当然涵盖了自我归因的可能性。行为和意图原则上是在一个描述形态中得以建构的,它们只有在对某个承载者主体或个体行为者、机构执行者归因时才能被视为行为。这种归因对于行为和意图而言是具有建构性的。这表明,行为概念,包括意图概念[安斯克姆(Anscombe,1957)],通常要被视为归因概念。因此,每一种归因都取决于正在归因的主体所采纳的视角,这种视角同归因者所处的情境、语境以及文化语言传统相关。所有行为都是一个正在归因的主体在描述中将其归因到某个行为者——有可能是这个主体本人——的过程。行为只有在某个描述方式,也就是某个视角之下,才能得到诠释、理解、描述或建构。行为取决于社会文化规范、语境和意图概念,也就是取决于诠释。这一点既可以用于行为者在日常生活中进行观察,也可以用于科学家的观察,包括行为者的自我阐释。相关的文化、社会知识及其形态,也就是视角上的定位,是以"暗含的知识"形态为前提的[格鲍尔(Gebauer),1981]。

就这一点来看，行为概念就是诠释概念，而行为本身就是"诠释建构"（见伦克，1978，第二十四章），因为行为概念在构建成日常理论概念时具备了普遍化的结构化意图。行为通常和行为意图密不可分，属于某个行为主体，也就是受到特定观念或描述的影响，这种描述和观念定然在视角上取决于归因主体及其所处的情境和语境。行为概念大部分是受到意图和意义影响的，也就是说，它们是拥有语言意义的、视角主义上的诠释建构。

日常生活的描述、认识和行动中其他的诠释建构也都是具有视角性的。就像行为概念一样，与行为概念密切相关的归因概念同样也是具有视角性的。这一点适用于对动机（见第二十四章）的理解和描述，适用于对能证明行为合理性并促成行为的价值（比如规范）所做的理解和描述，也适用于目标概念、各种类型的意图。行为观念、动机观念、行为描述、动机描述以及相关诠释性理解形态都是系统地交织在一起的。这一点无论是在科学描述和研究上，在观察者和行为者的日常描述中，还是在行为者的自我描述中，都是通用的。

同样地，当价值和价值概念被用于社会科学领域时，也适用这一点：价值是抽象概念，与之相关的是诠释建构，这种诠释建构在实际生活中会对能促进行为的价值观所具备的功能进行描述、认同、分类和划分。此外，价值观念也会受到规范、行为以及态度的影响。价值是具有明显重要性或获得了认可的诠释建构，会根据许可标准、优先性标准、比较标准或分类标准（比如"更高级的""更好的""更漂亮的""更有用的"等）来对行为进行分类，促成行为并从中加以调节。

按照方法论上的理解，这里提到的概念都是假设建构，其目的是为了对符合规则的行为或动作、对社会总体效应和反应进行描述、施加规范化影响或将之结构化。这种假设的概念只有通过一定功能才有意义，而这种功能是其在自身所处的行为框架和解释框架中实现的。从这种功能性意义来看，假设的概念便是诠释建构，其只有处于并且通过主体关联性或文化效应才具有可用性，才能被理解。因此，这些概念从视角主义来看定然是与该理论前提和运用相关的。事实上，概念只有在理念、理论或假设框架中才会进行"诠释"，而这种框架可能只是没有得到全面发展的一些理念。概念形成中的建构性要素和假设性要素表明，理念中和情境相关的、和行为者相关的、和社会文化相关的影响是具有视角性的。"诠释建构"这一表述本身就表明了这一点，同时也强调了科学假设和日常假设之间全面但不完整的相似性。在日常生活中，使用诠释建构当然就足以进行解释和描述，就像规范性诠释建构的必要投入就足以满足行为规划、行为指导、行为影响和行为执行一样。

诠释建构的理论——可以这么一概而论——以和谐的内在方式把特定的理解性-诠释性部分同建构性-模型塑造部分联系在了一起；该理论同时也是类映照层面上具有呈现性的再现与建构性模式组建之间的关联。它连接了积极和消极的要素，连接了再现和呈现、建构和塑造层面上的呈现。这种"折射"只有在特定的、积极执行的行为方式下，而且是在特定的视角和"光照"下才会发生。当然，它和形式科学以及自然科学中的模型形成类似，也和塑造模型的实践过程中——比如规划建筑师和其余设计师——的模型构建类似，都是以结构和排序上的简化、理想化和清晰化为旨向的。诠释建构形成的过程就是一个理想化的过程。事实上,每一种运用建构的解释都是受到"形态化"、结构化要素影响的。这一点会体现在图表、结构序列和图式上,但作为概念,其首先形成于"表象",或者也可以视之为维特根斯坦提到的"思维图像"。

这种呈现出来的表象或概念化过程很显然往往是简化、理想化的,或者出现在概念对立组形成的过程中,同时会被归属到这些对立组的连续统一体中去,就像马克斯·韦伯所说的理想类型一样,这种理想类型不会出现在现实中,但却可以用来表现真实现象和过程,其间的差距体现在互相对立的模式化极端组成的连续统一体中,有一部分距离甚至是可以被测量的。这种理想类型就是模型,而所有模型建构从功能上来看都可以被视为准理想类型,尽管它们并不会体现在极端化的对立组或连续统一体内。

上文所述的观点当然也适用于哲学模型和构思。哲学概念、认识论概念以及方法论概念都是诠释建构,是被构思出来的结构化过程,满足的是认识或呈现过程中受视角限制的特定功能。

这一点也同样适用于认识论——"视角主义"上的视角本身。因此,康德先验哲学中的模型可以被视为认识论诠释建构组成的架构,其任务便是将认识的整体关联,而且是日常认识和科学认识,组织成一个统一的关联,其要解答的问题便是:哪些是能达到所有经验认识和纯粹认识的必要条件(见第十七章)。在康德的先验哲学中,考尔巴赫(1990,见第14页)认识到了"视角论哲学的形态",这是通往世界之路的形态,是行为主义(在行动中)世界观的形态。

此外，尼采"将视角主义思维的传统——康德在此传统中起到了关键影响——引入了极端……尼采的视角主义认为，人类……需要设计视角，他正是通过这种视角来创造世界，以便他存在并生活在该世界"。（考尔巴赫，1990，第307页）（见阿贝尔，1984；伦克，1993，第77页及以下部分中对尼采诠释主义的评论。）

对于尼采而言，认识本身就是一种行动，此外，认识和行动、反应、行为、举动、做法等形态会在生理学以及分析方式上达到内在、必然的关联。从功能结构以及形态的运用来看，我们是无法把认识同行为、行动严格区分开来的。与纯粹表象呈现和表象加工中纯理性的认识论相对的是，认识就是一种行动，其可以被嵌入不同的行动模型或认识论、行为理论的理解方式中。就像上文所述，这一点在诠释建构理论中得到了明显证实，因为认识和行为从本质上来看都是被诠释渗透的行动，而且彼此间都是密不可分的。按照考尔巴赫（1990，第266页）的观点，尼采也看到了认识和行为之间的这种关联趋势：他"反对传统哲学上对理论和实践所做的区分……他认为认识是行为的一种方式，认识者在彼此对立的世界观之间做出决定，并根据这些视角进行试验"。［格哈特（1989，第179页）也对尼采"人类在视角主义上的出发点"做出了评论。］当然，我并没有和格哈特（1989，第265页）一样，认为人们在提出"一切都是视角论的！"这一"论断时，必然是处于任何视角之外的"：我们必须注意到诠释等级划分以及方法论视角下模型的相对化。

可以这么说，视角主义（尤其是考尔巴赫的理念）是和我提出的诠释主义极其相似的。两者都认为：

视角主义是一种诠释主义，也就是从方法论上来看是一种诠释建构主义。但后者会更深入地涉及更为抽象、高级的（元）等级（比如自我运用）。他不必在自身之外来确定或明确自身态度，这一点有别于视角主义。并不是每种诠释主义都必然是一种视角主义，尽管这些实用的理论（也就是和行为者密不可分）之间是密切相关的，就像上文所述。

无论是在认识过程中，还是在行动过程中，特别是在象征性以及（重新）建构性的行动中，我们不可能脱离诠释性的视野，包括视角主义的视野，也不可能脱离诠释的渗透性。诠释性和视角论都是我们无法避免、无法回避、无法阻止的。

第十六章 极端诠释论的问题

一、戴维森提出的极端诠释

唐纳德·戴维森曾在1973年试图把奎因（1980，第60页及以下，原版出版于1960年）提出的在截然不同的文化中第一次"翻译"全然陌生的语言时出现的极端问题转移到诠释的低确定性并将之普遍化，戴维森提出了第一次诠释时确定含义的问题，并为此提出了理论上的解决方法。不过不确定性针对的不仅仅是外语表述中的意义，而且还包括自身语言表述中的意义。

戴维森从以下问题出发：要进行第一次诠释，我们可以或必须知道什么；或者说，我们要如何才能知道一种陌生表述或我们自己的表述中言语所具备的含义？"第一次"当然并不仅仅是时间层面上的，而且也是逻辑上的，或者说，方法论上的。这一表述指的是被事先建立起来的存在意义对方法论的依赖性。要进行诠释和翻译，事先自然肯定已经存在了某物和某种表述：这一点指的既是时间上的序列，也是方法（逻辑）上的序列。戴维森的主要问题在于，事实上我们能知道什么可以让我们诠释他人言语的东西，也就是我们"如何拥有诠释的知识"（1986，第183页）。戴维森突显了奎因的观念，称这一问题为"极端诠释"的问题，根据该问题所涉及的理论，就可能重构语言表述上的意义限定。这一问题也可能只针对某一种语言。此时，它就成了"如何确定（不同话语者说的）一门语言是同一门呢？"。（同上）又是什么让相应接受者明白这一点知识或假设的呢？戴维森认为，当人们在理解或试图理解其他说话者的表述时，都伴随着极端诠释。换而言之，我们必须试着从哲学上去分析理解他人的表述意味着什么。最后，这一问题当然也出现在对自身语言的诠释，甚至是自我诠释的过程中，但我们在本文不谈这一点。

戴维森斟酌之后做出的可能回复是，我们基于某种对说话者意图、企图的认识而知道了其言语间的含义（第186页）。不过他最后总结道，但不可能"在没有诠释所说语言的情况下认定各种意图的归因是有意义的"。为了理解这种语言，我们在理解他人的意图和信念时，包括理解自己的根本意图时，会以伴随着这种意图的诠释为前提，但这种意图本身又是取决于所用术语的含义，尤其是涉及微小差异时。我们将所用术语的含义结构化，并根据对他人意图和信念提出的假设来实现术语理解的结构化。反过来说，我们只有基于微结构化的语言才能理解意图。也就是说，我们对意图和信念的理解、对表述所具备的含义的理解，都是相互影响的。戴维森从这一观点出发得出了一个结论（同上）："对行为者的意图、信念和话语的诠释属于一种独立计划，在出现其余内容之前，我们不能将其中的局部计划视为完整的整体。"意图和信念本身不能作为"极端诠释理论的证明基础"。没有一方面可以成为另一方面的基础，因为这两种都是互相依赖而存在的。对语言、话语之外的利益和行为进行理解的过程不可能是完全孤立的。为了能有差异化地表达意图和信念，我们总是必须回到语句本身，这么一来，意图和信念，尤其是在其微结构上，是不适合用来解释对语句的理解的，因为其本身就依赖于语句和对语句的理解。

戴维森针对诠释理论提出了一系列的形式条件：诠释者必须理解语言以及自身语言中"无数的语句"；他必须以有限的形式来呈现理解过程中所需的知识——如果这种知识可以被用于诠释理论的话。诠释者必须以这样的理论为依据来面对众多的要素、基石、特质（描述）等，从而"理解说话者可能会表达的无数语句中的每一句"（第186页）。这也是一个矛盾的问题，因为这一问题源自极端诠释的矛盾，就像戴维森所言，必然会导致人们"寄希望于一种万能的诠释方法"。但不可能针对"每种（可能）语言中每个任意表述的明确诠释"来提出一个全面、整体的理论；这种要求是"毫无意义的"（第187页）。如果我们想要提出并使用一种诠释理论，就必须（一）如戴维森所言，免除"对含义或诠释的明确依赖"。理论认识本身就是对诠释的掌控，其方法便是借助该理论认识的一点：该理论必须包含这样一种能力，一种技能和知识，知道如何做某事，而不是针对表述中已然明确的某些含义传播知识。我们必须试着在某个地方获得实践基础的某种类型，不管这是永久的还是临时的。我们的起始点是除了含义、诠释或意图之外的任何地方。（二）这种诠释理论的"证明"必须是语言之外的，这样才能避免论证循环，同时（三）必须有可能基于这些论证基础来理解或可以理解"诸多可能表述"（第187页）。这些不同的要素表明，不能像奎因所指的那样制作一份句法上的翻译手册，语义上的问题——这一问题不同于纯粹的翻译问题，后者针对的是将一种语言中的表述归属到另一种语言表述——要复杂很多。

戴维森试图对常见的特定含义分析，这也是其理论的关键点。比如在真理理论上，进行某种翻转，并由此获得（第一次）诠释的立足点。他以塔斯基的真理理论为基础，但此处不可能且没有必要对该理论进行详细论述，该理论的根本在于，有一种标准或必然条件可以满足所有的真理定义。该条件如下：

"如果 P，那么 S 就是真的。"（W）

S 是客体语句中的一个通知变量，也就是语句变量；P 是 S 描述/标明的事实。P 是客体语言中和事实——某一个被选出来的事实——相关的一个通知变量；S 就是在其后更高级的语义等级（元语言）中对该语句的描述。［S 是一个和客体语言中多个语句相关的通知变量，也就是说，这种话语图式（W）本身就必然属于一种更高级的元语言等级。］

以 S 和 P 描述的通知变量这种形式就是一种"标准"。确切地说，是一种能满足所有相关真理定义的必然条件。根据塔斯基的观点，从这种真理定义中可以得出一个结论，即该"标准"中所有可能的嵌入均适用于任意能描述真理的语句。戴维森用常量（通知常量），也就是 W 语句，来描述这种语句、语句形态和该语句中的嵌入。塔斯基认为这是（语句形态）"实现"的概念，而该概念是无法定义的语义概念所具备的基础。这一概念表明，在论证语句形态时，通过在变量中插入常量可以实现语句的功能。

塔斯基用一个众所周知的事例证明了这一点：

如果雪是白的，那么，"雪是白的"这一语句就是真的。

如果以雪 S_1 为例，"是白的"为谓项 F（语句功能），那就可以断言这种实现，也就是语句功能 $F(S_1)=S$ 的实现。此处对塔斯基的模型就做这些简短的描述，该模型是基于一个形式化的逻辑语言产生的，（而且最初只）适用于这样的形式语言上。

戴维森把该理论拓展运用到了自然语言上。从特定索引性以及指示性表述手段的运用上来看，这当然会带来一定的困难。因为在自然语言中，并不是所有的通知常量都是非常明确的。"我""现在""此处"这样的词语含义有可能会产生变化，其含义取决于被表达时的情境、说话者等。但可以假设的是，这种索引性的问题是可以得到解决的，而且塔斯基的模型也是可以被用于自然语言的。戴维森就用这一假设来解决自己提出的问题。塔斯基的主要观点在于，一个语句功能的实现以及可实现性是语句中真理概念得以构建的基础，其中的关键在于语句所含真理的理论真理以及理论概念。

戴维森的观点是（第195页），要解决极端诠释的问题，我们可以在实践中反过来运用参考和"解释旨向"的方法，也就是实现真理的方法。按照戴维森的观点，对真理的假设以及对真的态度是诠释的基础。他明确提出并论证了以下观点：经过调整后可以用于自然语言的真理理论就可以是诠释理论。他提到，"塔斯基认为翻译必须以实现为前提，这样才能定义真理"。戴维森"现在提出，真理是根本，并总结出了翻译的解释或诠释"（同上）。将真理归因到语句，这是根本的出发点。戴维森甚至断言，世界上的客体本身就和语句的真理之间存在直接的因果关系，也就是说，现实中的事实就是特定语句真理得以实现的直接因果前提［而且是作为直接"证据"，"其既不以对含义的认识为前提，也不以与信念相关的具体知识为前提"（第196页）］。这一点当然也体现在记录和观察话语中，体现在实证主义者身上。戴维森认为，该概念可以用于建构诠释，比如减少诠释话语中的不确定性和低确定性。他假设人们拥有明确的W语句，同时可以通过证据直接验证、加强、证明或"巩固"这些语句。这种类型的W语句（第197页）："如果x在t时刻说'It is raining（下雨了）'，那么，当x处在t时刻的一个环境中时，在英语，而且只有在英语中，这句话才是真的。"戴维森认为，针对这句话，我们获得了以下形式的证据："杰弗里是英语语言共同体中的一员，杰弗里认为周六下午'It is raining（下雨了）'是真的，那就是指周六下午在杰弗里所处的环境中下雨了。"（同上）这可能可以用来证明W语句的真，同时，这也是用于向W语句表述普遍化的一种机制。这里涉及的是特定语言或语言共同体中对真行为的测试，而这种语言或语言共同体可以基于对情境和环境的实证检验得到调控。

由此，戴维森得出结论："除了说话者认为语句是真的时所处的条件，我们一无所知，这时，只要拥有一个充分的理论，我们就可以诠释每一句话。"也就是说，我们可以"诠释每一句特定的话语……只要我们知道一种合适的真理理论，而这种真理理论涵盖的就是话语中的语言"（第200及下页），那么，我们"不仅为了诠释该语句了解W语句，同时，我们还'知道'适用于所有其余语句的W语句"（第201及下页）。戴维森认为，"W语句在该关联下的整体性"是一种"标准"，该标准意味着，我们可以用所述方式"获得证明语句的……合适形式，相关语言的说话者认为这些语句是真的"。这当中的"根本观点"则是，"塔斯基一开始基于每个 W 语句而假设的内容正是因为一个整体附加条件而间接被证实了。如果该附加条件合适的话，那么，每一句 W 语句事实上就是一种可被接纳的诠释。因此，实证真理理论中的 W 语句是实用的，可以被用于诠释语句，前提是我们要知道该 W 语句的来源理论，同时，我们要知道，这一理论符合形式上和实证上的标准"（第 202 页）。戴维森试图通过将 W 语句全盘纳入某说话者共同体中的说话者行为来解决这一问题。他认为，只要我们认识该共同体并能证明其间关联，就有可能诠释每一句话。

在此过程中，戴维森还用到了一个"仁爱原则"。这并不是基督教博爱信条中提倡的"仁爱"，尽管这是最初的翻译。在后来的分析中，威尔森（N. L. Wilson, 1959）提到了该原则；事实上，该原则也出现在传统的诠释学中，比如迈耶尔（1795）就将其视为诠释学的正当原则（见迈耶尔，翻印版 1965，§39，§89，§130）。奎因将该原则用在了极端翻译的问题上，并使之更加出名。该原则指出，我们要理解或诠释其他人——陌生说话者——的表述，就必须认同他们的表述是真的，同时在实际理解中做到这一点。我们必须首先假设，对方说话者是没有恶意的，并不会故意欺骗，要认为对方会把正当的事物视为真，同时，我们要把对方视为真的东西也（必须）视作真。戴维森认为，"把说话者视为真的东西尽可能理解为真"是十分必要的，也就是说，如果说话者认为此为真，我们也有可能，也就是只要不产生矛盾，我们就必须也将其诠释为真。该原则常在德语中被视为"宽容原则";"善意原则"其实可能更合适一些,或许最好也可以说"迎合原则""诠释迎合原则"。对该原则的理解本身也是讨论的对象之一。大卫·刘易斯(1974)认为,我们不能像戴维森那样最大限度地去解释这一原则,只要认为对方说话者所犯的不可解释的错误只是最低限度的,那就足够了。他认为,该原则的任务便是减少不可解释的错误;我们可以承认这一点,该原则的功能就像诠释学中的信任前提一样,在促进理解的过程中是十分必要的。

这里还要提一下戴维森为了实现诠释而对客体因果关联以及对真的确定过程所做的批判。在此,我的依据大部分是一篇批判性文章(1990)以及阿贝尔所写的未公开的一篇底稿。阿贝尔提到的几点都是我非常赞同的。此处简要提一下和我们的问题有关的几个要点:

含义和归类,包括对真的判断,都是诠释性的(我会说这是诠释建构性的,至少是被诠释渗透了的)。真的事物并不是绝对和客观(预先)存在的。尽管我们有证据可以证明这一点,但依旧表示可以对此加以诠释,也就是服从诠释性,可以通过诠释得到建构或受诠释影响。已经确定的真判断,以及每个对真的判断,都是通过诠释产生的。就算从宽容原则以及语言学上的诠释迎合原则来看,只要我们说某物"看似"真的,就已经足够了(未公开发表,1990,第6页)。我们不能在内容上融入真存在,这只是一种(诠释-理解方法上必要的)假设事实,是假设存在的,也就是有赖于诠释的。理解的互相协调可以通过相对理想化的方式得以实现,前提是交流双方认为表述的内容(纯粹)表面看似是真的。从功能上来看,这种表象就已经足够充分了，不过这也表明，我们或许会将论证诠释含义的这项原则降低为对真的一致判断。

诠释者会使用自己的"标准"（第 6 页）、自己的诠释逻辑，并将其作为解释陌生表述的投射，他会以此判断这些表述的真伪。也就是说，他会把自己的标准投射到对真的判断过程中去，这当然是有赖于诠释的。

就算我们认为某事物不是真的，我们也可以理解它们。比如一位西方科学家可以解释霍皮族的雨神舞。他会说，这些舞蹈根本无法招来雨水，而只是在可能情况下针对所谓的"明显"功能而满足其他的"隐藏功能"，就如社会学家所言，比如用来团结集体，让人们通过仪式来融入集体等。我们可以一定程度上理解雨神舞，但不必对其进行解释并认为其是有效的。从某种程度上来看，这应该是宽容原则中的一个例外情况。

阿贝尔（第 7 及下页）提出"判断的一致性"不必具有普遍性；只要在诠释界限双方的判断中存在诸多一致性就已经足够了。在此，我们想到戴维森曾经提出，如果可能的话，诠释者应该把说话者对真的判断视为真。但如果他基于自己的整体知识无法接纳对方对真的判断，那就又不一样了。

对其他意图/信念不可能进行绝对的检验，"极端诠释"通常是缺失的；就像上文提到的例子一样，又或者像"袋鼠"这一名字所包含的意义一样。宽容原则的前提便是这种"缺失"不会出现，但该原则并不会确保其不出现或论证这种缺失的合理性。因为这种缺失"总是在考虑范围之内的"（第 8 页）。

包括我们自身对真的判断也是充满了矛盾的，我们不可能完全或真正知道这种判断是否为真。几千年前的人类相信地球是一块平板。这种情况下，诠释者要如何知道自己对真的判断是真的呢？在戴维森的观点中，这只是一种假设吗？他是用利剑斩断了戈尔迪之结吗？

没有任何绝对客观的基础能让我们把诠释图式、诠释性同不依赖于诠释和各种诠释理解的世界分割开来（见上文第五章和第六章）。戴维森本人也认识到，这种分割行为本身就是受到诠释影响的。这是一种次级的诠释分割，它不可能独立于诠释之外。换而言之，对真的判断不可能是绝对的，其无法成为明确的基础价值。对真的判断始终依赖于诠释；它们始终会引发对其自身的质疑；没有任何一种外部支撑点或道路可以通往毋庸置疑的、脱离了媒介的、与诠释无关的剩余客观性。每一种对真的判断，每一种理解，都符合诠释的渗透性这一根本理论（见第六章）——"宽容原则的运用总是以诠释的发生为前提"（阿贝尔，第13页）。也就是不可能有任何符号或诠释是处于脱离了诠释的基础上的，符号或诠释也不可能通过不被质疑、不被误解的方式而产生。阿贝尔在未被公开的书作中提到，戴维森本人就是符号代表理论的支持者，他在研究"极端诠释"问题时，可能是无意识地、隐晦地以某种符号学的实证主义为出发点。从这一矛盾来看，也就只剩下诠释（方法）逻辑的道路可行了。

二、刘易斯提出的极端诠释

大卫·刘易斯曾在1974年提出过另一个"极端诠释"的问题，其中对戴维森极端诠释的问题也做了探究，将其视为更全面、详尽的理论中的局部问题。刘易斯想要细化该问题并提出解决之道，也就是我们是如何将个人理解成"自然的"（或者从广义来看是"物理上的"）数据结构，其通过被述事实得以建构并呈现出相应特征）人的，同时，又是如何将愿望和观念等命题式态度归因于此的。刘易斯称这个正在诠释的人及其表述或语言为卡尔。他研究的是"双重诠释——卡尔的语言和卡尔本人"：如果卡尔对"自然/物理体系"的描述是对事实的验证（包括当前的"自然/物理现状，但同时也包括自然/物理历史"——包括物理变量之间在自然规则、因果关系以及对立事实之间的依赖性），那么该如何从命题式态度的角度解决归因问题呢？（刘易斯的假设是不合理的，他"希望"其余全部思维现状、意图现状以及对现状的归因都可以被追溯到命题式态度中，而且是通过"有效地或潜在地"追溯。）（1974，第332页）

　　刘易斯区分了四种不同的描述过程。（一）P：作为自然体系的卡尔；（二）A_O：卡尔用我们的语言表达出来的态度、观念和愿望；（三）A_K：卡尔用卡尔的语言表达出来的态度、观念和愿望；（四）M：卡尔的意义——其完整语句、指示意义以及语句构成成分的真理条件。在刘易斯看来，极端诠释的问题体现在如何从根本上确定事实描述和真理条件的类型之间是如何彼此相关、互相确定、互相限制的，尤其在于，P这一自然体系是如何通过接纳相应的限制和条件来"确定""剩余内容"，也就是所有态度的。刘易斯提出了一个前提，也就是P事实上确定的是其他的体系归因，也就是说，其是作为事实类型的基础体系范畴而存在的。问题在于，如何在作为自然/物理体系的卡尔所做的描述中，在我们的语言以及所表达的特定归因和期待中，用卡尔的语言表达他的态度，尤其是他的观点和愿望，此外还要探究这些关系（必须）能满足哪些条件，而且这些关系是受到文本、时间、对应语言的语法结构和深度语法结构影响的。刘易斯认为，卡尔和相应命题、一个关于卡尔的语句之间是有关系的。[这当然不是毫无矛盾的，从针对极端诠释的探讨，在 A_O 和 A_K 语言的可翻译性上对奎因（1980）所说的极端翻译的探讨中，就可以看出这一点。]

刘易斯并没有详加定义"确定"这一概念，而只是说，在人们脱离自然/物理描述的时候，"不确定性"就开始了（第334页）。他提出了一个"最低限度的唯物论"作为基础，至少是作为诠释上的出发点。他用近似"实证主义的"方式把描述过程对卡尔的诠释依赖性设定成一个自然体系，从方法论上来看，所有其他事物都是从该体系——和实证主义者提出的感官数据以及所记录语句中的建构类似——中得以构建、成立的。当然，这里已经略过了某一理论以及诠释的依赖性，这种依赖性会促进不同可能性的产生并引发怀疑：我们当然不会在日常生活中把其他个人视为纯粹的自然体系，这样的理解本身可能就是极度诠释化、非常有局限性的（从经典物理学的视角或者实证主义的视角来看），至少并不是毋庸置疑的，而且某种程度上是具有基本实在性的。如果刘易斯探讨的是从态度和愿望的角度来重构我们的尝试归因，而且是从调整过的方法论出发，那么，他的出发点当然不会是某个自然体系或自然/物理描述中以乌托邦方式假设出来的绝对基础性特征。事实上，他在解决极端诠释问题时用到的条件和局限性也可能是具备多重含义的。刘易斯基于阐释学原则和方法论原则为上文所述的四种不同体系之间的关系设定了图式，在此过程中，他当然认为 P 完全是不具批判性的、不矛盾的，而且 P 完全不受诠释、不同选择可能或视角的影响。在我看来这是十分不合理的做法。

他认为，我们在对其他人及其表述进行解释时，应该追溯到个人普遍特征，也就是"个人普遍理论"中的基本信念，我觉得这是有道理的。这是针对"特定理论和个人的一种图式"，可以在普遍理论中对"特殊观点、愿望和含义进行归类"（第334页）。在上述四个体系中，不同的变量可以被常量掩盖，前提是这些常量符合普遍个人理论的条件，而这些条件会"潜在地"定义其自身理论中的"核心概念"，尤其是"态度、愿望和含义的概念"。从实证－人类学的角度，也就是从方式方法上来看个人如何把特定的思维状态归因到其他人身上，这种极端诠释中包含的普遍或者说抽象概念上的问题，在刘易斯看来就是极端诠释问题的实证变量和特殊形态（这难道不是两个问题吗？）。第一个问题具备了抽象概念上的，或者说定义上的特征。也就是抛出了一个问题，即最终是有某个作为个人思维态度的事物被归因了，那究竟这种归因是如何得以实现的。这一问题似乎是实证方面的，其在对态度以及建构进行实际证明和逐步归因时，基础便是物理上的描述。刘易斯认为，该问题"应该"会有解决之道，因为事实上我们是以其他人的思维态度为前提的。

刘易斯认为，第一个问题针对的是我们个人常识理论中如何潜在定义"观念""愿望""含义"等概念，同时从方式方法出发在分析中探究我们的个人常识理论是如何形成的，这种概念是如何被运用的，以及如何调控该使用过程。

在极端诠释中，刘易斯从限制性条件出发讨论了调控该使用过程的问题。其中，他提到了六条不同的条件，这当中有一部分是和之前谈到的戴维森的观点类似的。

（一）理解性的或充满理解的迎合原则（宽容原则，仁爱原则）：刘易斯的这一观点当然是和戴维森的真实性原则对应的，该观点提出，把内在价值从整体上归因到 A_O 和 A_K 的数据结构中的功能是存在的，这些数据结构会带来归因、平行性以及卡尔在基本思维状态上的同一性。而且从我们的角度以及卡尔的角度来看，这是十分接近的，尤其是对同一个或类似的个人理论进行假设时。

（二）理性化原则针对的也是 A_O 和 P 之间的关系：我必须假设或表现出卡尔是一个理性的行为者，在此过程中，我们要把对卡尔进行归因的态度视为"其行为的正当理由"，也就是如何在自然表述中用 P 来标志这种行为。即使卡尔伸伸胳膊，我们也要认为在正常情况下（排除了外在强制力）是存在特定愿望归因或目的归因的，这才可能是正当的理由（见第337页）。考虑到 P 是行为描述的标志特征，那就必然需要对纯粹的身体动作（原行为）进行限制，这样才能避免循环性。从连续同一的方法论诠释主义角度来看，这当然是一个值得批判的问题：身体动作和原行为意义上的每一次行为归因都取决于特定理论选择和分类，该行为会表现为相应物理体系中被隔离出来的、具有架构性的事物（建构），而且该事物还被视作（诠释！）个人的一部分，此时，这一前提就已经存在了。

（三）真实性原则（第338页）针对的是：我们会以我们的语言描述卡尔所持的态度，描述相应真理分类、语义理解、指示意义问题上的传统，以及提出一些和语句真理相关的问题。也就是说，这里针对的是归因层面以及我们自身归因规则之间的关系，对这些规则而言，观察者的语言就已经足够了。

（四）可一般化性原则（生成性原则）对元语言 M 中卡尔语言的真理条件做了限制，该原则认为其自身特征体现在：可以通过有限的诸多要素形成具有某一特殊"标准化"格式的语义规则和句法规则（第 339 页）。

更有意思的是第（五）条"表现原则"，其针对的是自然体系 P、卡尔自身的呈现以及微小的 A_0 之间的关系：必须假设，卡尔在其自身语言中表现出来的态度通常也表现在其语言行为配置以及相应的规则性当中，这一点会体现在他的表述中。

和表现原则类似的是第（六）条"三角形原则"，该原则和戴维森的极端诠释观点类似，特别针对诠释性的释义。其中假设对卡尔的观念和愿望的归因是相同的，而这需要同样的（或者相应的）真理条件，不管这些归因是在我们的语言还是他的语言中表述出来的。

基于这些限制性原则、选择原则或条件，刘易斯简要描述了用以对命题式态度进行诠释归因的三种方法。其一是戴维森的方法，他把该方法视为我们语言（A_0）中的态度和元语言条件（M 的条件）形成过程中的局部归因问题，其前提是表现原则可以被用于此，但该原则在戴维森的"局部问题"中是有局限性的，根据这一局部问题，按照三角形原则、宽容原则和普遍化原则，从根本上来看，A_0 和 M 之间的条件被细化了，在理性化原则（这是卡尔作为理性行为者以及能表述自身态度的人提出的假设）为基础的条件下，此时产生了一个"完整，但临时性的解决之道"，从稳定性来看，这种解决之道会再次被一小系列的重复性动作所调控并塑造（第340及下页）。刘易斯对该方法表示怀疑，因为该方法太过局限在语言及语言的真理归因条件上，却不太重视作为社会实践以及机构的语言，尤其是不够尊重卡尔用自己的语言描述行为时的真理条件。这当然是一种合理的批判，但刘易斯偏爱的第二种方法及其原理却也免不了要遭受类似批判。

刘易斯所说的方法二针对的是行为描述的稳定化过程，其源自自然体系 P，超越了 M 以及方法论上的条件后，最终实现了用卡尔自身的语言（A_K）来对态度加以解释和归因。基于自然体系形态在其自身基础上的方法论局限性，以及方法论和描述方法上的局限性，戴维森出于和谐目的而探讨的 A_O 和 M 之间的局部问题就绝不会以这种纯粹语言依赖性的假设形式出现。直到该方法的第三个步骤，通过三角测量（我们的语言和卡尔的语言针对的都是同一种命题式态度）才会自发出现像表现原则这样的想法，它会从卡尔对语言表述的倾向中看出他对特定态度的倾向。[1] 刘易斯提出了有别于戴维森的问题（第341页），也就是人们要如何才能基于同卡尔相关的特定自然事实来确定属于他的、用我们的语言表达出来的态度。第二个问题则是，人们要如何基于这种态度归因来确定他的意义。

不过，这些问题，尤其是第一个，都不是和诠释无关的，就像上文所述，这种问题都可以用任意一种方式从决定论上加以解决。特定的自然特征以及现象复合体都是属于卡尔个人的，

---

[1] 第三种方法只是一种整体性的指示，用某一种方式来同时"填充"A_O、A_K 和 M 中的变量，而且要同时且最完美地考虑到所有六条限制性条件。

这种观点当然也是由理论、个人理论决定的，也就是取决于诸多诠释、行为方式、常识态度和"投射"等。对自然/物理描述的绝对强化绝不符合常识，更不具说服力，而是一种出于主观意愿的、有局限性的、"近乎实证主义的"，或者说是唯科学主义式的基本策略，从社会科学和精神科学在纯粹实证主义理论中遭受的所有批判来看，这种基本策略绝无法像上文所说的那样脱离诠释而发挥作用。当然，自然时间以及日常生活中的物理描述也会产生一定影响，比如在感知属于个人的身体运动时，但这也绝对无法脱离诠释，当然也不可能绝对理所当然、毫无争议，更不要说其主观上在不存在错误诠释或错误呈现可能性的情况下可以被客观化，无论特定的自然特征和物理特征有多么的必要。这些特征是必需的，但它们不能作为明确的、绝对的基础用于根本性事件。似乎在刘易斯看来，最根本的是一种实证主义——唯科学主义的、在根本上绝对主义化的基本策略，这种策略既不符合当代（包括当时）的科学理论现状，也不符合精神科学和社会科学基本研究中的命题式理念和理论概念。

我们当然可以提出一个更加极端的极端诠释问题：

（一）我们该如何假设陌生表述（比如在语言 A_K 中）中针对的是愿望、信念和意义（一般都是关于思维态度和意图性态度）呢？

（二）尤其是在命题式态度中（如此这般的观念、愿望），如何才能通过语言来探讨命题（被勾画出来的事实）（指称问题）？（这不仅指陌生视角，同样也包括了自身视角。）

（三）如何把最小化的共同物视为陌生视角和自身视角下对比态度归因的基础？难道作为该基础的不应该是维特根斯坦

所说的生活形态观、行为交织性、被假定（诠释！）成具有共同性的行为体系以及相应规范、机构、行为习惯等共同文化形态化吗？只有通过诠释才能从本质上理解、建构行为，从方法论上来看，行为要高于隶属其下的身体动作（如果我们忽略静止动作的话），要高于"诠释建构"，这也是我多年来（见伦克，1978）一直强调的一点。

（四）方法论上来看，有意思的是，为了释义，我们是否始终要从我们的语言基础、行为基础或行动基础出发（这在奎因的极端翻译问题中是一个尚未解决的基础问题）。尽管很难想象我们如何对各种可被理解的可能性进行三角测量并将其建构成陌生语言、文化和人，而且在此过程中脱离了我们的前投射，但我们在对语言表述、概念意义（我们用话语所指的内容）和行为理解力进行自我理解时所用的平行或相似的方式都是在语言关联传统和文化范畴中，也就是在普遍语言及其描述可能的范畴中，得以形成并再嵌入该范畴中的。奎因（1980）对极端翻译者，包括刘易斯对极端诠释者提出的要求都是唯我论和方法论上的，但本文中的观点绝非如此。我们的出发点并非毋庸置疑，正是基于这样的出发点——尽管得到了稳定、连续的再保证——我们才能步步尝试，我们身处的一直都是一个特定的实际情境，我们就是在这种情境中进行诠释：我们不是在任意一个时空点进行诠释，而是始于一个被诠释了的世界，我们身处的就是这个世界，而我们先前（必须）假设出了这样的一个世界。基于这样的起源基础，我们才能发展形成诠释性的基础建构或摸索着对诠释图式进行建构，但脱离了诠释的起源基础中是不存在阿基米德支点的。除此之外还存在一系列遗传图式，这些都是已然存在且事实上无法被我们改变的（在别处被称为"原初诠释"或"元诠释"）。这么一来，我们也不能说对世界的理解是脱离了诠释的，不然就只能从纯粹物质或物理的角度将这样的世界描述成数据结构了（即使如此，后者也由物理理论决定，也就是从特殊角度来看，是具有诠释性的）。不过极端诠释论的有些支持者（比如提出极端翻译的奎因，还有戴维森和刘易斯）所提出的方法论上的观点是充满了争议的。他们的立足点似乎是唯科学主义的或真理功能性上的绝对主义，尽管从实证主义角度来看他们放弃了传统的、更有保障的可推断性，想要做的或者说更偏爱的是以特定逻辑或方法论为基础的、以复杂化为标准的三角测量上的方法建构。

（五）在极端诠释的研究中，无论是先辈，还是刘易斯，从一般思维态度，尤其是命题式思维态度的理解、可被描述性、归因、可被归因性等角度来看，似乎都有一种描述性上的误解。一位植物学家会根据外在感知来判定不同形态的可变性，并将之归入不同范畴，加以描述性分类，但我们却无法像他那样养成对思维状态进行归因的习惯。对思维态度，尤其是对命题式态度或情感态度所做的归因只发生在实际情状中，而且其基础是我们十分熟悉的自我理解习惯和自我归因习惯。在我看来，如果对于我们而言某个当地人无论在文化还是语言上都是截然陌生的，当我们要对其进行思维或情感态度归因时，同样适用于以上极端翻译的情况。我们从行为体系中特定的人类共同性出发，不仅会基于自身认识把这种共同性投射到外部，而且必须首先在一个共同行为情境或初步对抗情境、接触情境中假设：包括姿势、目光、咬牙动作等类似的、部分源自遗传的反应方式和行为方式也是这种假设出来的普遍人类行为体系中的一部分。在对动物的情感或思维态度进行归类时候的诠释当然会"更加极端"。(不过这在宠物身上却显得理所当然了,而且是完全超出了纯行为理论上的意义,看似十分合理。)极端翻译情境中的描述性误解——针对复杂类型时,在复杂性的形成和理解的形成上,奎因特别举例强调了纯粹的逻辑功能——当然也适用于极端诠释的情境。我们不能通过任何诠释性中的回避策略来逃避,尽管从现实角度和实用的实践角度来看,可以假设存在一种无法被诠释的世界、现实或"某物",但这种无法用诠释来理解或描述的可能性本身也是基于特定的形态或图式,也就是以诠释方法为基础的。每一种理解都是诠释性的,或者是受诠释渗透了的。包括极端诠释的情境从时间上或方式上来看也不能被诠释为绝对的起始点,而是一种极度人工的方法论限制行为以及高度理想化的建模行为带来的结果。诠释建构主义绝不是绝对化的:我们的出发点不是毋庸置疑的、不受诠释影响而"存在的"或理解的情境,这不是我们构建诠释以及建构性理解和归因的基础,诠释建构和图式的形成过程都是正在发生中的,而且一部分是受到遗传图式化、前语言的主题化以及前语言习惯影响的,极端诠释的研究者们也都意识到了这一理想化特征,但无论是对于奎因,还是对于刘易斯而言,当下的情境描述(尽管所有理想化过程都是从表面得到了承认的)从某种方式上来看已然漏掉了分析上的局限性,事实上,其已经成了一种近似实践-事实性的情境。造成这种结构的诱因自然是奎因那生动形象的假设,他虚构了一种同一名来自全然不同文化的当地人相遇的情形。但和奎因不同的是,我们的出发

第十六章 极端诠释论的问题 | 231

点不是纯粹的刺激意义及其复合体,这不是我们用逻辑复杂化和假设来建构诠释的基础。和刘易斯不同的是,我们的出发点不是从纯粹物理的角度把个人描述成自然体系,我们不会以此来虚构并论证态度归因(后者虽然很重要,但并不是唯一或绝对的前提)。和戴维森不同的是,我们的出发点不是对语句的规定化真理归因,我们不会基于此来对态度归因。从根本上来说,我们的固定立足点不会脱离诠释,我们没有任何用以建构诠释的"阿基米德支点",我们总是身处诠释性的行为、范畴化行为、描述行为和理解行为中。诠释以及诠释建构的理解并非始于零,这不过是方法论上的空想家们假想出来的,而且这也只是在理想化的模式抽象形态中。

第十七章 从康德先验论的角度来看诠释建构模型在认识论和哲学中的必需性

康德的认识论先验哲学并不像人们经常误解的那样是和事实上出现在认识主体中的表象物理关联有关——可惜由于当时相关术语的缺乏,康德不可避免地从心理学上对此做出了错误表述,事实上,其针对的是概念在结构上最根本的可被关联性以及功能上的操作化("逻辑功能")。其中必然有一个统一的认识论主体为前提,这样表象内容才有可能被关联起来;而且这种先验主体必然具备能实现积极关联的能力。因此,康德的重点体现在认识主体在表象关联上的自发性(确切地说是认识论主体身上表现出来的表象间的可被关联性)以及认识主体"在先验统觉上最初的人为统一性"(在整体认识视野中创造最终的根本统一性)。无论是经验认识还是"纯粹的"先天认识先验论上的问题,也就是认识的可能性需要具备什么(必要)条件,这其实是在质疑认识论上的建构框架,也就是诠释建构的理论,其一方面明显呈现了能创造统一性并且实现关联的功能,同时还意味着,人为认识足以成功地让世界拥有所谓的"结构",而且这种关于世界的认识结构是非常成功、相对稳定且可以被再认识的。[康德的理论与之相去甚远,其没有彻底排除形而上学,而是隐含了一种和自在世界的被构造性相关的潜在假设或理论,也就是我们可以通过诠释建构顺利理解自在世界;此外,众所周知的是,康德是间接的实在论代表,同时他当然也是一位先验唯心论者:我们只知道,自在世界是存在的,我们必然会出于先验原因和认识论原因假设("思考")到这一点,但我们无法具体"认识"到该如何记录自在世界。我们的认识建构不具备任何直接的反射功能或表现功能,而是从先验理论出发——尽管我们无法认识它,但我们得构想出来——来思考"物自在"。从我们的感官来看,这种物自在符合一种认识论上的、超越了显象的、纯粹是思维上得到了拓展的因果模型。]

康德的认识论、认识的形而上以及自然的形而上理论当然都是由认识论诠释建构和先验哲学诠释建构而成的构架。他的哲学不仅用到了诸如"认识主体""自我的分析统一性"(表现为"我思考"这一表象格式塔,其"定然可以伴随着我的所有表象")、"原初人为统觉的格式塔"(自发性的统一构建)等诠释建构概念,而且康德的整个理念就是一种认识论形态上的建构,其目的是为了对人类认识的可能性、功能和共同性做出解释。(比起现代科学中——比如量子物理和相对论——那些更为抽象且脱离了日常经验结构的建模过程,康德提出的感知、感官刺激同概念建构之间的关系当然更适合用来再现日常认识的可能性因素和结构化理念,比如时空想象等。)

认识论的诠释建构尽管以先验哲学当中的研究为基础,但其从形式上来看可以被视为具有建模特征的建构形成。认识论不仅会用到诠释建构，而且还会表现为诠释建构框架的形态。认识论以及探究必要功能和条件的先验哲学研究针对的都是诠释建构的形成和使用问题，其任务便是认识、论证特定理解功能的可能性并证实其合理性。在康德的理论中还涉及唯一性要求，也就是先验研究中理智上的唯一代表要求。他认为，从先验论来看，重要的是认识当中唯一必要的条件和因素。但如今这种唯一性要求根本无法成立，至少是涉及客观构成、判断形成和范畴形成的形态时。通过对形态上的前提条件以及从根本上具有理论性的可被关联性进行先验分析，无法明确地推论出相应功能和认识形态的唯一构成。

　　但我们还是可以从根本上保留康德一些观念中的合理性。概念（"表象"）的可被关联性对每一种认识来说都是必要的，从这一点来看，康德观念中揭示了特定形态的前提条件（参见本书第二章）：认识就是建立关联和关系。但首先必须存在特定的（不必是单义的明确形态，但可以创建关联）可被关联性形态：我们可以认识到任一类型的认识形态存在，也就是认识论建构图示的存在，或者说该层面上特定的诠释建构存在，而且还不需要断言可以通过先验推断或以明确决定的方式加以质疑、思考便能阐明这种存在。不过康德对认识行动主义的观点还是值得保留并推广的。认识是认识主体积极进行结构化或建构的过程（而且在某种程度上我们必须认同，除了认识主体之外，高级动物，比如哺乳动物，尤其是灵长类动物，都拥有这种类似的或初步的特征）。认识不仅是一种行为，同时还从生理上和分析上与行动、反应、行为、举止的形态有着密切的内在关系和必然的关联，从这一点来看，该模型的适用范围已然超过了康德所指。从其功能结构和形态运用上来看,无法把认识与行为、行动严格区分开来。纯粹表象呈现和表象加工的理性认识论不再具备合理性,认识被嵌入了其余行为模式或相应的认识论观念和行为理论观念中。诚如上文所述,诠释建构也可以以极佳的方式呈现这种认识,因为认识和行为都是深受诠释渗透的行动,而且其本质上都是密不可分的。

重要的是,必须坚持一点——从认识论的诠释建构主义角度来看,康德哲学的新视角有助于实现这一点——,也就是所有哲学基本分析和方法论上的基本分析最终都依赖于诠释性的模型塑造和诠释建构的运用,即使是——作为认识论的草图——元理论上更高等级的认识论诠释建构和方法论诠释建构组成的构架也符合这一点。在该形态上,传统的先验哲学问题甚至可以通过稍作变化而得到保留,当然其必须满足唯一且明确的任务,也就是能从对认识功能的思考中明确推断出针对特定形态中基本可能要素的理论。当然在任何情况下都存在别的变量和可能性,但这并不影响先验问题的合理性,而只是排除了以下论断:必须要通过对该问题的思考、对可能条件的思考、对想象和认识的特定基本直觉的思考,来对该问题做出先验论上的唯一回答。因此,以方法论为指向的类先验哲学这一说法其实要更有意义,在这样的哲学中,方法论诠释主义的要素从哲学上——在认识论的范畴中——被拓展到了先验的诠释主义上。问题当然在于,"先验"这一表述在运用过程中是否包含了传统的内涵意义,其中是否已经包括了误解〔就像该词在卡尔-奥托·阿佩尔(K.-O.Apel)的先验语用学中所具备的含义一样〕。"先验"这一表述的用法此处被局限在了方法论和认识论问题上。时髦一点的说法便是："探究"该问题，但其中却并未保留康德对唯一性和单义性要求所做的回复，没有保留先验推论以及对认识所做的最终绝对论证中所需要的单一性和唯一性。这种全面的自由化就意味着"先验质疑"（见路特，1991）。"先验诠释主义"的表述也体现在该概念的自由化中，其中的"诠释主义"就意味着，诠释，也就是不同的诠释，只有在特定的诠释视角或者不同的诠释前提下才有可能实现。诠释几乎都是［除了生理上先天决定了的，实际中无法被改变的（见第二章）］释义方式，都是可被改变的，可被选择的，都会或多或少被筛选，或是在一定条件限制下被抉择，其决定的则是理论、模型、概念形成、视角、被接纳的视角以及重要性的突显等。

除了日常认识和科学认识领域之外，在认识论、根本方法论和哲学上，诠释建构更是不可或缺。如果没有特定的诠释模型，没有运用结构化的、理想化的、简化的、经由模式"雕刻"的概念，我们不仅无法获得认识，更无法理解认识。根据所有理解和行为都被诠释渗透的根本理论，对认识的认识本身当然也必须符合以下条件：我们只有通过承载着诠释性的特定概念才能理解认识过程——抛开其纯学术的、认识心理学、神经生理学或生理学上的理解，从认识理论上出发。诠释建构在哲学认识论中也是十分必要的。每一种哲学认识论都是被诠释渗透了的概念组成的架构，其本身就是一个在方法论上使用诠释建构主义或建构诠释主义的理论。这一点，如上文所述（第二章），当然也适用于诠释建构的方法论。建构诠释主义的形成和使用都是基于被诠释渗透了的模型，也就是需要用到更高等级的诠释建构。诠释建构主义毫无疑问是出现在互相交叠的元理论等级在不断递进的自身运用过程中，或者说是出现在更高等级中不断反复出现的方法论探究和元方法论探究过程中。就像王浩（H.Wang）和洛伦岑（P. Lorenzen）在操作性逻辑中提出来的观点一样，我们也可以设计一个累积模式，其特征就在于，同等形态的方法论提问都会根据方法论上的诠释建构而反复出现在越来越高的元等级中：针对众多的、也就是可数范围内诸多互相交叠的抽象元层面，我们可以同时在结构上普遍地对其方法论上的条件和功能形式提出问题。当然，元问题的累积叠加并不会带来明确的、从传统的最终辩护这一理性主义角度来看形态鲜明且具有最终论证性的推断过程。这里针对的其实是一个模式诠释（这种诠释也可以有各种变量和可能性），而不是纯粹概念或纯粹形态上的物质化（生产论证）理性推断（见伦克，1968，第553及下页，第561，600及下页）。上文提到要谨慎对待"先验"和"最终辩护的理性主义"这样的概念，此处依旧需要注意这一点。脱离了诠释的绝对基础是不存在的。从最高等级的、本身脱离了诠释的基本原理出发而从演绎过程中的生产性论证来看，这样的绝对基础并不能用作诠释主义中进行最终辩护的基础。其基础是一种模式建构，当中运用的是一种假设的、认识论上的建构，而且有足够的理由可以明确证明这种建构的意义，尤其是其不可或缺性。这一点体现在质问和分析上（也就是如果我们希望的话，可以在自由化的层面上以某种特定的方式进行"先验"的反思），同时不需要在逻辑推断中脱离循环并以摆脱了诠释的假设为基础。所有理解和行为都是受诠释渗透的，这一根本观点本身也没有脱离诠释，从认识论范畴来看——其本身就是建构诠释主义的支撑，这一观念就是一种认识论、行为论、在初级层面上（相对）得到了保证的假设。至此，诠释建构的认识论（当然要在元等级上）本身也是有赖于认识论上的诠释建构运用的。事实上，我们无法摆脱诠释性和诠释的渗透性，无论是在认识中还是在行动中，尤其是在具有象征性、呈现性的行动中。诠释性确实是无可回避且不可避免的。

第十八章　作为诠释建构的象征形式：先验阐释学家卡西尔

恩斯特·卡西尔是新康德主义的伟大代表，是近代哲学界集大成者之一。从某种意义上来说，他的"符号形式的哲学"针对的是在其"符号建构"的哲学或认识论内部的诠释建构主义观点。同时，他又将其发展成了文化哲学和哲学——这是人类学视野下足以更全面地理解世界的哲学。毫无疑问，我们可以把卡西尔视为先验阐释学家或以方法论为旨向的内在论者，当然并不是普特南所指的"内在实在论者"。从根本上来看，卡西尔把自然科学认识分析中的康德哲学拓展到了用以理解世界的不同方式上，其中包括了精神科学和文化科学（在康德时代，这些科学还不属于方法论研究的重点科学）。卡西尔在其著作《符号形式的哲学》（*Philosophie der symbolischen Formen*）（Ⅰ—Ⅲ）中从符号构成主义和建构主义的角度分析了思想领域、文化领域、神话、宗教、语言和科学等在生命导向和生活中需要解决的重要领域，同时在其后期作品《人论》（*An Essay on Man*）中也在探讨艺术和历史的符号理论分析中加入了上述分析内容。

卡西尔受到了海因里希·赫兹（H.Hertz）在其作品《力学

原理》（Principles of Mechanics，1894）中提出的科学理论和其中观点——我们身为理论家，可以对外在对象的"内在的幻相或符号"进行构建——的影响，并提出"图像中必须得到思考的序列就是被反映对象的自然序列构成的图像"（《符号形式的哲学》Ⅰ，第5页），这些图像"是物理思考中的建构性构思"，"这些构思的理论有效性和重要性取决于一个条件，即其需要思考的序列始终都是和经验中可被观察之物一致"（《符号形式的哲学》Ⅲ，第25页）。卡西尔当然对赫兹基于"认识的反映论语言"的态度做了批判，因为图像概念是经历过"内在变化的"，这种内在变化"并不是在反映既定存在，而是在以反映作为认识手段的事物中，在反映本身经自我创造而形成的表象构成的统一体中"（《符号形式的哲学》Ⅰ，第6页）获得了基本概念的功能。因此，"幻相""符号建构"就成了更合适的表达，能更好地突显符号形式的建构性及其对外在具体表现的依赖性。卡西尔偶尔也会提到"符号建构"（《符号形式的哲学》Ⅲ，第548页）［在这一表述中，卡西尔援引了外尔（H.Weyl）在其作品《数学哲学和自然科学》（Philosophy of Mathematics and Natural Scierce，1928）中的说法］。"符号形式"一词是卡西尔从迪昂那里发现的，而"符号形式的"哲学理念似乎是他——奥尔特（1990，第187页）根据哥伦斯基的记录得出——在1917年坐有轨电车时想到的。其动机是把康德用来理解世界以及认识科学世界时提出的建构理论同维柯的观点结合起来，也就是只有被我们亲自建构、制作或构思的东西才能真正被我们理解。

这么一来，康德关于认识的建构观就被卡西尔延伸到了所

第十八章 作为诠释建构的象征形式：先验阐释学家卡西尔

有有意识的理解世界、改造世界的行为中。由此，"思想"，或者说"意识"，都是和符号的重要性、只有在符号功能中才能被理解的象征意义紧密结合在一起的，而且"思想"和"意识""强调的是意识流中的特定根本形态，其保持了同一性，且部分是概念上的，部分是与形象生动的自然相关的"。这么一来，世界就变得可被理解了，而且这种理解也被纳入了"一个自我封闭的、固定的统一形式中"（《符号形式的哲学》Ⅰ，第22页）。"事物的逻辑，也就是内在基本概念和基本关系的逻辑"（科学的基础正在于此）就像莱布尼茨首次提出的那样，"无法同符号逻辑区分开来"（同上，第18页）。"因为符号并不是思想中具有偶然性的外壳，而是其必然的、根本的有机体。"符号当然只能在符号功能的范畴中才有意义［卡西尔延续了查尔斯·莫里斯（Ch.Morris）对算符（比如符号）和指示者（比如记号）之间的划分（卡西尔，1990，第58页）］。因此，意识的人造功能就可以实现其构建认识、对象、世界观架构的普遍符号功能。思想基本功能的表现过程体现在"感官本身的物质性中"（《符号形式的哲学》Ⅰ，第47页），其只有通过符号这一媒介，通过符号功能，才能实现"世界和思想的综合"，这种综合性也可以通过广义的符号形式得以实现，也就是通过人类生活以及其中最根本的理解方式所具备的象征性结构化来构成范畴。按照卡西尔的观点，这种象征性的建构（"图像世界"）是符合爱因斯坦理论的，也就是从起源和原则性来看，其作为"人类思想的自由创造""是在思想的自主创造中追求自我"（同上，第48页）。我们不能直接认识被赋予给我们的外在格式塔，而是通过结构化和建构，通过我们的结构化行为和建构行为，来理解、构成"世界"。卡西尔甚至谈到了"构成世界"（同上，第11页）。从根本上来看，认识就是通过象征建构以及由此产生被用于该功能性的建构，通过这些建构的外部化身"符号""信号"和其他"算符"来呈现形式的影响和形式的赋予。"材料"和"形式"的分割，或者通过事后对已然存在的、流动着的"物质性"进行塑形来实现纯粹结构化——就像康德的认识论模型构想中那般——，这些都没有出现在卡西尔的观点中，他的世界观处在一种具备统一建构功能的整体行动中，排除了传统的实证主义映照模式，其目的是为了构建一种能同时在功能上涵盖形式和材料的建构模型，这种模型在理解"经验内容的'何物'时……绝不会摒弃'如何'的问题"（1974，第6及下页，《符号形式的哲学》Ⅲ，第13，18页）。某一对象的"给定之物"总是首先会被"放弃"，在建构性中，而且是在客观性标准下被加工，在此过程中，"参与其中的不仅有理论认识"，同时"思想的每份精力都会以自己的方式"参与这种建构性行动（1980[4]，第30页）。这里指的当然是行为的功能和语言塑形的功能，当然也包括了广义（比如艺术中）层面上创造性给予过程中的功能。"自发性和生产性是人类行为的核心"，卡西尔在自己后期的著作中曾如此总结（1990，第335页）。这里他针对的显然就是在自然科学理解世界的方式中，理论形成和建构的科学建构过程。即使是"所有分类体系也是人为制造的体系"，特别是当我们要对别的类型加以普遍化时，这一点尤为明显："每一种体系都是一种'艺术品'，是一种有意识的创造行为带来的结果。"（同上，第318及下页）这一点依然体现在和实验、严谨的学科密不可分的自然科学上，当然也适用于其他生活范畴，卡西尔从话语的广义层面出发（比如语言、神话和宗教、艺术和科学、历史，包括后来的技术等），将这些范畴都囊括进了"符号形式"这一概念中（同上，第63页）。

从人类学上来看，人类只有把灵活多变的、建构构成上的符号层面插入于克斯库尔（Uexküll）提出的"感知世界"和"行为世界"（或者说"感知网络"和"行为网络"）之间，才能真正成为人，这中间被插入的内容便构成了人类生活的"符号的中间世界"，是其（第二）"属性"（按照普莱斯纳和格伦的说法），是"符号的宇宙"（同上，第48页及以下，第335页）。人类被视为"符号的动物"（同上，第51页）；人类会建构、结构化。人类的世界、生活领域和生活，包括其自我理解本身，从符号功能来看，都处在传递符号的过程中，这些符号都是通过自身功能的生命性而获得的。我们既可以从外部，也可以从内部理解这些符号，在其功能性上，这些符号是互相关联的，能互相激活彼此生命性。对于卡西尔来说，其中的关键是"符号的幻想和符号的智识"（同上，第60页），这两者可以脱离具体的符号固定性、符号具体化以及符号的模态，"符号性原则及其普遍性、普遍适用性和普遍的可被运用性"（同上，第63页）涵盖了符号的功能性、功能和"建筑构造上的"结构化以及架构上的互相影响。尤其是在语言中，在语言灵活的符号功能性中，卡西尔认识到了"普遍的符号功能"，这种功能能激活物质化的符号并"将其说出来"（同上，第64页）。

卡西尔赋予了哲学一个任务，也就是"为符号功能创立一种语法"（《符号形式的哲学》I，第19页），并将符号形式的概貌、渗透过程和意指的扩散过程发展成一种作为"未来文化哲学序言"的哲学人类学，也就是将其发展成一门把人视为文化符号存在的理论，同时为此做出了前期的分析研究。这些研究涵盖了"'理解世界'的所有范围，同时能解释在人身上共同发挥影响的各种潜力和思想的基本力量"（1977，Ⅵ，第228及下页）。

卡西尔的先验符号建构主义用到的"符号的形式"这一表述（如上所述，这是他从迪昂那里挪用过来的）当然有多重含义，至少包含了一层狭义（大部分是通过单数得到表达）和一层广义（一般体现在复数上）的层面。复数形式是为了描述在分析上被间隔开来的生活领域，比如神话和宗教、语言、艺术、科学、历史、技术和"科学性"。这些领域可以（按照奥尔特的说法，1985，第198页）"被视为人类生活中特定的、具有平均持续性的重要形式，也就是符号形式，比如'政治性''社会主义'，或者具体而言，'美国精神''阿拉伯世界'等"。或许可以断言，复数的"符号形式"类似于阿贝尔所说的"诠释世界"［阿贝尔在其刚出版的同名著作（1993）中继古德曼的"世界"观之后将其视为被诠释创造的世界。］

与之相反的是，对单数符号形式的基本定义却是以更加抽象的认识论方式出现的，而且早在1921年、1922年发表的文章中就已经提到了（《精神科学发展过程中的符号形式概念》，引自 1977^6）："'符号形式'指的是精神的所有能量，精神的意涵会通过这种能量同一种具体的感官符号关联在一起并从内在上适应这种符号。语言就是以这种形式出现在我们面前的，神秘的宗教世界和艺术也都是以一种特殊的符号形式出现的。因为在它们身上最关键的是这样一种基本现象，即我们的意识

第十八章 作为诠释建构的象征形式：先验阐释学家卡西尔

不满足于接受外部印象，它会把每种印象同自由行为表达紧密关联起来。自我创造的符号和图像构成的世界是和被我们称为物的客观现实事物相对的，而且定然会凭借最原始的力量同后者充分对立。"（1977[6]，第175及下页）

即使在这一点上，单数、狭义的层面依旧是被误解了的，其和广义、复数的层面拥有共同的基础，从广义上来看，形式塑造的以及建构诠释的渗透在认识论-方法论上的功能是和"符号形式"的范畴建构不一致的。尽管语言和符号同其余广义的符号形式一样从根本上来看都是以符号表达构成中因形式赋予而实现的符号结构化为基础的，但它们并不等同于这些行为和行动，而是产物。确切地说，是抽象的诠释建构，其类型更加普遍化、全面化、更具建构性，其基础是建构，其根本来源是最原初诠释构成的行动，即使其本身可以通过传统和规则的内在历史发展和关键功能，通过规则化以及由此构成的"精神"的某种自律性而反过来影响形式的构成。奥尔特（1990，第169页）曾特别指出："形式概念的意义越发剧烈地在形式功能的意义——主要出现在（卡西尔出版于1910年的书）《实体概念和功能概念》（*Substanzbegriff und Funktionsbegriff*）中——以及作为格式塔的全新形式中"摇摆，"这一点在《自由与形式》（*Freiheit und Form*，1916）中尤为明显且重要"（本引言中括号内的内容由伦克添加）。这种振动也为阐释"符号形式"概念在复数和单数上的意义而增加了困难。如果我们局限于卡西尔符号形式概念在认识论上的单数运用，那我们所理解的便是（如奥尔特所言）"任意一种感官意涵和以此为旨向的感性理解之间的典型、不可回避的关联性（材料-形式-关联）"，也就是任意一种内容上的"感知体验"和一种"非直观'感官'"之间具有建构性的关联性，这种非直观的感官出现在卡西尔所说的"简要符号"（《符号形式的哲学》Ⅲ，第235页）中，也就是出现在符号形式中能划分形式和意涵的这种根本功能中，这种功能有助于在感知中实现"独特的内在分类"，并由此"获得一种精神上的'清晰表达'"（同上），也就是直接插入作为具体经历的感知中去（某种程度上就像是天生就是其中的一部分），并且"囊括了这种特定的非直观'感知'且直接、具体地将其表达出来"。

或许我们可以说，如今卡西尔的这种观点已经通过神经生理学上对感知的研究，比如通过大卫·胡贝尔（1989）（以及维瑟尔）的研究，在科学上得到了证实。我们现在谈论的是一种在不断累加的复杂化中出现的分析，是感知信息或通过建筑结构中互相交叠的大脑核心——通过从末梢神经出发的特殊轨迹，借助各种单模态、多模态和复合模态上的加工——有秩序的合作而出现的感知刺激传递之间的一体化。也就是说，我们通过分析多种多样的特殊感官，随后又通过逐渐跨越单独感官类型的一体化过程，逐渐达到了所谓的建构形式构成和对象构成。卡西尔早就对这一点做出了假设，并在认识上对康德的构成观做出了拓展，并以此来解释世界。认识和行为之间，或者说认识和积极的图式化-诠释加工（见本书第五章）之间的不可分割性早就出现在卡西尔关于符号世界建构和符号对象建构的功能理论中了。

适用于各种类型的诠释建构及其运用的东西，自然也适用于"符号的形式"：就像图式化-诠释性行为的其他诠释建构、产物或结果一样，符号形式是作为认知图式得以形成的，并在功能和起源上融入了认知图式的生成过程且同时在其间得到了稳固（见本书第五章）。它们作为结构框架、秩序模型或分类框架和归纳框架发挥作用，其同时也被用作对现象复合体进行排序和结构化的标准，这些现象复合体会对认知图式进行差异化，并在类型和个体机制上对其加以构建。认知图式是理论建构，是标准化和归纳过程中的模型，为此，它们变成了理论假设工具，具备功能性，也就是在其使用过程中是作为特质的秩序化概念或其结构模型。很明显，这种操作性或工具性的建构本身是不同于诠释建构及其概念观点的。诠释建构的概念以及"符号形式"的概念本身是认识论上的建构，也就是假设的哲学建构，其目的是为了对方法论认识、理解方式上的认识论模型呈现、世界观和思维意涵观这样的抽象领域中的关系进行阐释和排序。在此情况下，这指的就是更高等级的、认识论上的诠释建构，其构成了"符号形式"以及"诠释建构"的概念。

如上所述，卡西尔的"符号形式"这一表述太过宽泛，意义多重，这就造成了一个缺点，也就是无法将特殊的认识论建构过程、行为理论建构过程同其自身单独的符号塑形过程中区分开来，广义上来看，它们似乎是被嵌入了"符号形式"的整体领域。卡西尔这一观点的优点当然在于他探究了人类、文化、符号存在及其符号宇宙结构化的整体哲学，尤其是在全面的构成主义中，其超越了传统、狭义的认识论，强调了人类生活、行为、认识中普遍的行为指向、自发性、生产性和创造性。这里不需要引用卡西尔的观点就能提出诠释建构主义的设想，即使符号化的特殊加工过程和诠释的渗透过程必然会体现在卡西尔提出的功能条件下被细化的等级和层面上。

如果卡西尔事实上是要从新康德主义的传统观念出发（将其

拓展成理解世界的所有方式）来理解这样一种可能性：所有对实在性的理解都可以被视为理性以及具有规划性的判断力所做出的建构成就，这些成就要归功于与文化相关的、能促进文化的"精神制造"过程，归功于功能化的结构性、符号性行为和"行动"（《符号形式的哲学》Ⅰ，第 11 页），归功于形式赋予或"理解世界"中的"精神塑形"（《符号形式的哲学》Ⅲ，第 16 及下页），而卡西尔的理论在发展的初期阶段，比如在认识问题（Ⅰ，Ⅱ）上，仍旧同康德的理论、认识论和理性旨向密切相关，那么在其后期作品中，则将符号功能的建构理论全面拓展到了同人类行为方式和理解世界的方式相关的所有构形过程中。

尽管我们很早就能在认识论中看到诠释建构性以及诠释构成主义的观点[1]，也就是说，卡西尔是一位认识论－先验诠释学

---

[1] 卡西尔针对神秘性和宗教性领域的概念构成和分类构成所做的假设同样具有普遍适用性："神秘领域和宗教领域中的概念构成和分类构成形式明显表现了一种理想化的意义以及概念形成上的局限性。传统的逻辑理论告诉我们，要看到物的固定特征，对其进行相互比较并得出其中的共同性，这样才能构成其中的概念。这种规定在纯粹的逻辑观看来根本就是不充分的，尤其是当我们的视线越过狭隘的科学思考和特殊的逻辑思考，专注于别的思考领域和思考方向时，这种不充分性表现得尤为明显。因此，此时明显可以看到，我们绝对无法直接从物的特征中看到概念，反过来，被我们称为'特征'的东西却是被概念的形式所决定的。运用所有特征、客观特性的时候就会追溯到思考中特殊的独自性——根据这种思考指向，根据其中的主导观念而认识到其中的局限性，比如我们在'存在物'中假设的条件。从这一点也可以看到，存在的分类和类型并不像朴素实在论中假设的那样是永远自我存在的，而是具有其局限性的，而且这种局限性的界定来自精神的加工。'划分的根据'并不是物，而是精神：世界为我们提供了格式塔，精神赋予世界以格式塔，因为精神在其所有同一性中都不简单，其自身中隐藏了不同类型的方向和证明的具体多样性。因此，存在及其分类、关联和差异必须表现为另外的存在，而且是根据不同的精神媒介体现出来。"（1977⁶，第 59 及下页，1922 年首版）（我们必须把略显朴素的"精神"这一天生涵盖了各种知识的说法调整为一种——独特的、分离了的？——活跃成分；卡西尔认识到，"精神"并不简单，而是诠释的能力和构成。）

家，至少是一位像普特南这样的诠释学家，但他在其早期阶段却并不是为了研究所有文化领域和行为方式构形而运用这种构成主义视角的，这一点不同于其在哲学和文化人类学研究中的做法。此外，他在运用——奥尔特对此做出了合理的强调（1985，第189页及以下）——有些方法论概念时只是强调了"操作性"，也就是相当朴素，并没有重新在诠释中对这些概念进行建构或追问。像"形式""功能""结构""媒介""符号形式"等概念本身当然是方法论和认识论上的诠释建构，但卡西尔却没有像在理解其余描述真实性的形式时那样将其视为建构产物。他强调，呈现给我们的现实都只是"符号的观念化"，在"精神视角"之外"不存在任何视觉"（《符号形式的哲学》Ⅲ，第155页），这一观点当然是合理的，而且也适用于理解和呈现认识论关联和哲学关联。卡西尔并没有对认识论诠释进行等级划分，不存在更高的元等级，尽管他事实上在对其方法论和理论进行整体性思考时完全可以做到这一点。

尽管卡西尔强调了"自我创造的符号和图像"中的建构功能这一世界观，这是和"被我们称为物的客观现实之物"相对的，而且"定然会凭借最原始的力量同后者充分对立"（1977，第175页），其中，"精神领域的统一性绝不是源自对象，而是源自作为对象根本的功能。如果我们遵循单独研究的原则，那么我们会越发清楚地认识到一个普遍问题：其指向的是形式符号的普遍系统性任务"（同上，第174页）。显然，必然有什么东西会跟自我创造的符号和图像构成的"世界"对立，尽管这并不是突发的、脱离了符号或诠释形式的"自在世界"，而是一种可被理解的、建构视角下被结构化了的世界。卡西尔原本也应该可以通过对符号建构层面的分层和等级化——其建构和构成会彼此对立、互相控制或互相协调——来解决这一问题。

可见，卡西尔的理论试图对符号建构（或者说是功能性上的诠释建构）的差异化理论框架中出现的世界塑形和理解世界的超验－理想化构成主义加以分类和发展。这和之前提到的方法论诠释建构主义的理论是同一种尝试，后者可以被视为类先验的诠释建构主义（没有对理性上的最终辩护提出要求）。卡西尔的理论无疑就是该方向上的早期尝试，其重要性绝不可被忽视。（可惜我知道明确了基本概念，而且写完本书之后才认识到了他在诠释建构主义中的重要性。关于卡西尔的其余研究可参见卡西尔研究专家恩斯特·沃尔夫冈·奥尔特的著作。）

这里当然不可能详细探讨卡西尔的符号形式哲学，无法从历史角度介绍其发展，也无法从康德的认识论问题和新康德主义的认识论问题出发来介绍卡西尔的哲学文化人类学，或是介绍卡西尔在功能主义方面做出的卓越贡献，也不可能介绍作为人类学和文化哲学基本范畴的"符号形式"哲学的后期形态，更不可能对卡西尔的观点——除了上文提到的卡西尔理论的多重含义之外，"符号形式"因为没有得到充分的细化，概念上还有相对的模糊性——做出整体介绍，本文只能探讨诠释建构观念中的卡西尔理论，也就是除了尼采的诠释方法论之外，可以把卡西尔视为该理论发展历史中的先驱人物之一。

显然，在"符号形式"的差异化过程中，当其在世界、世界观、描绘式的图像化、语言表现之间起到传递作用时，以及卡西尔所指的符号概念，也就是他所认为在功能上能得以激活的概念，这些针对的其实都是诠释过程、诠释概念，是诠释建构的方式、

第十八章 作为诠释建构的象征形式：先验阐释学家卡西尔 | 251

形式和类型。（卡西尔的认识论和符号哲学理论本身当然也是一种诠释性理论，其可以被归于诠释建构主义中的方法论理念。）

卡西尔后来似乎一直在坚持先验论，至少从这一点来看，实用层面上的实在论则成了一个开放性的问题，他并未对此进行专门的研究。或许他并未完全摆脱康德主义的传统先验唯心论思想，尚未认识到康德的"自在之物"这一理念本身也属于诠释建构主义下的认识论理念。另一方面，实用的、生活实践上的以及不可回避的诸多理由都促使我们认识到，外部现实的实在性和效用性同由我们"制造"出来的文化世界和"符号宇宙"（从文化组织和科学技术发展过程同外部世界的关系来看，实在性和效用性事实上都是紧密相关的）的实在性和效用性一样，从实用层面的实在论角度来看，都是"实际存在的"，尽管我们从更高的诠释等级，也就是从方法论或诠释（类）先验等级来看，这里涉及的同时也是在"实践－使用"角度下必要的"诠释"。尽管我们总是只有在"符号观念中"被"赋予""所有实在性"，而且会为了结构化和建构而"放弃"这些实在性时，才会在被诠释渗透了的形式中将其理解为建构和再建构组成的架构，因此，就没有理由让自在世界陷入符号唯心论中，尽管从形式的认识论角度来看，"自在世界"和诠释建构之间的界限本身也是诠释性的，也就是说，是次级层面上的，其是认识论理解上的再建构，是"被赋予"的模型结构化。

第十九章　作为诠释建构的世界统一性：实在化的世界模型在诠释主义中的根源

"我认识，故我诠释。"——这可能就是诠释哲学的基本定律，继尼采的视角主义和卡西尔的"符号形式的哲学"之后，诠释哲学也可以被视作一种哲学原型，是用以解释世界、理解世界的一种根本诠释理论。诚如卡西尔多次强调的那样，诠释哲学探讨的并不只是作为先在事物的纯粹解释或理解过程中的接受性诠释，而是积极的建构过程，其根本特征就体现在诠释哲学之中，至少体现在，诠释的根本前提及其形式条件都是必要的条件。也就是说，其中针对的是建构性上的定向，强调的是建构的积极要素，就这点来说，其有别于传统文本阐释学中的有些经典释义。［不过有时也有些观点会强调诠释中的建构因素，其中有人将诠释视为一个积极的构成过程。比如威廉·狄尔泰（W.Dilthey）就曾写道："……由此就有了意义，也就是建构规定了不确定的事物。"（1958, Ⅶ，第220页）］"诠释哲学"这一表述或许从这一角度来看会造成误解，因为其并未充分强调当中积极的、建构性的要素可能会导致其与接受性诠释理论造成混淆。至少，诠释会体现在模式化、简化的建构会在想象或语言-概念的表述中得到成立，并被用于"解释图像"，在此过程中，解释绝不是接受性的、消极的，而是积极的、建构性的。当然，诠释视角是有别于理论建构的，因为它并不一定是抽象、普遍化的，而是在一定情况下形象化、结构化，从以部分代替整体的虚构角度来看，它会专注并强化一点。[卡西尔特别关注神话、隐喻、图像语言表述中的凝聚性、统一性功能（比如《符号形式的哲学》，1956，第102页及以下，第121页及以下，第150页及以下）。]

更多的时候，不同的诠释，比如在神话世界的图像中，会被视为不同诠释世界的构成，这种构成从神话的产生规则来看会使艺术、语言和认识成为"符号"，特别是"它们中的每一种都会创造一个独特的感官世界，并由此得到彰显"（卡西尔，同上，第79页）。卡西尔特别强调，"除了可视性和使之可视的形式之外，自在的存在物是什么，其是如何被创造的，这一问题现在"必须"沉寂下来"；卡西尔（同上，第79页）的观点非常有理，他提到，"因为对精神来说，可视就是某物以一种特定的构成呈现在其面前；每一种特定的存在格式塔都源自视觉的一种特殊方式，源自一种观念上的形式给予和意义给予。如果语言、神话、艺术和认识被认为就是这种理想化的意义给予，那么原本的哲学基础问题——也就是它们如何成了一种绝对的存在，且这种存在同时也是它们背后一种不可洞察的实质核心——就不存在了。问题在于，从功能和功效上来看，它们之间是如何互相补充、互相限制的"（见本书第十八章）。

卡西尔似乎拒绝追究根本的自在世界问题，也就是康德的自在之物范围，也不愿意把哲学的基本问题局限在理解方式和理解可能性上。至少，他的新康德主义理论可以用这种方式在多方面得到解释，也可以从极端视角主义出发来进行解释，也就是从纳尔逊·古德曼的观点，这种观点近年来影响颇大。

古德曼将该理论尖锐化了，他所说的不再是"一个唯一真实世界中不同的可能性，而是诸多的真实世界"，这些世界是由不同的诠释理论所创造的。哲学则是和这种"创造世界的方式"相关的。"一元论和多元论"——包括实在论和唯心论——之间的传统争议在古德曼看来也会"随着研究的深入……消失"（1984，第14页）。古德曼在解释威廉·詹姆士的《多元的宇宙》（*A Pluralistic Universe*）这一具有双重含义的书名时提到，语言上的多义性会有系统的消解，它会成为一种或同一种理论上的根本情境，或者被认为是取决于所用观察方式和理解方式的："如果只有一个世界，那么它就包括了多种具有鲜明对比性的方面；如果存在很多世界，那么它们的综合就是一个世界。一个世界可以被视为诸多世界，多个世界可以被视为一个；到底是一个还是多个世界，取决于理解的方式。"（同上）对于古德曼来说，世界就只是视角主义上的诠释建构，是由不同的基本原理选择、创造或结构化所得，同时这些世界还具有自己相对的合理性。像"太阳一直都在运动"或"太阳恒定不动"（同上）这样的表述，或者关于地球运动状态的各种说法，在古德曼看来针对的并不仅仅是一个独特体系中不同的坐标系统或坐标起点。事实上，严格来看，其针对的是不同的世界，这些世界因传统、感知视角、结构化等而有别于彼此，其中并不存在"所有世界中的唯一一个世界"（同上，第30页）。对整体或对预先存在的自在存在物所做的每一种理解、每一种局部或下级上的划分，在古德曼看来都是由一种特定的、被选择出来的视角决定的，也就是定然取决于一种独特的世界观。而且，古德曼认为这是具有普遍适用性的："爱斯基摩人对'雪'这一概念的理解非常全面，他们的世界不仅有别于萨摩亚人的世界，而且有别于新英格兰人的世界，后者无法理解爱斯基摩人对雪的划分。"（同上，第21页）与之相应的是，理论勾画出来的抽象世界之间也是彼此不同的，关键在于这些世界是否包含了点系统、时间顺序、过程进展或质量及其关联，并将这些当做了基石。古德曼认为，不同世界的区分体现在"其所包含的重要类型中"，并根据这些类型而在根本上得到了结构化（同上，第23页）。同样地，不同建构系统中的世界观所具备的差异体现在表象、感知及其变形可能性的派生秩序、选择和补充上。"真理""实在性"等类似概念都是相对地适应着预先被选择出来的特殊世界观。本体论的多义性和创造世界的方式上所具备的多样性之间当然会有重叠，会得到普遍化：这样一来，托勒密的地心说就可以被纳入哥白尼的日心说天文学当中了，而日心说又可以融入银河系的或星系间的天文体系，也由此，越是全面的学说就意味着"越好"，尽管越是狭小的学说看起来相对更合理一些，而且适应性上也相对更久一些。但我们不能假设存在任何一个自在的统一世界，认为其会通过认识的进步和逐步增强的适应性得到最终的实现或接近实现，因为每一种对预先存在世界的假设都取决于预先选择性存在的世界观，或者说，是受到一种特殊的创世方式影响的。

但这种投射式的、"创世的"构成关系并不是古德曼提出的一种激进主义的极端关系。我们尽管只"有"世界的表达类型，也就是说，我们只有借助自己的诠释视角和诠释建构才能和世界关联起来——每一种世界观都是诠释建构。但"这个世界"并不会完全分散成不可调和的、不相交的、脱离了基本原理的"多个世界"，这些世界符合古德曼的世界表达类型，也就是受到特定视角限制的世界视角或诠释建构。古德曼从系统性上混淆了"复数世界"和"世界的表达类型"。尽管对基本原理、"单数世界"或"复数世界"的每一种理解都是被诠释渗透了的，也就是古德曼所说的每一种世界表达类型都是在诠释中得到构建的，但这并不意味着，我们可以从实践、实用性出发来假设一个共同的行为世界或诠释世界。我们和我们的邻居，和扮演其他角色的行动伙伴或来自其他文化的伙伴一样，都是在一个而且是同一个世界中行动的。我们或许可以认为，这就意味着，共同的（普遍的，适用于所有人的）世界表达类型是存在的，这是共同行动的可能性存在的基础。包括新近发现的、此前从未与所谓文明有过接触的玻利维亚印第安人，无论是从我们的视角，还是（我们完全可以这么假设）从他们的视角来看，如果我们和他们有所接触的话，双方都是在一个且同一个世界中行动的。就算不存在这样一个共同的行为表达类型或世界表达类型，上述一点同样适用。尽管有着不同的世界表达类型，我们依旧会假设出一个现实世界。虽然我们知道，对其所做的理解关键在于诠释建构，因为对世界的每一种理解，包括对实用主义基本世界的理解，都是具有诠释性的。但尽管如此，我们并没有生活在完全不同的诸多世界中，在某一个行为情境中（这种行为情境尽管会有不同的视角，但仍旧位于同一个世界，至少是从被诠释主导的双方视角来看）会存在对立区域、交叠、行为接触。虽然不同地域、文化或甚不同星球的人可能从未有过彼此接触，也就是生活在古德曼所说的完全不同的世界表达类型中，但他们都可以在相遇和互相影响的情况下被视为行动者，而且处于同一个世界中。古德曼的多个世界诠释说实际上是相当荒谬的，就和埃弗雷特（H. Everett）在解释量子力学时提出的多个世界的诠释一样。

类似地，阿贝尔除了在对尼采所做的诠释之外（1984，第145页，第169页；1985，第60页），还在其诠释哲学（1988；1989）的学说中从诠释角度强调了世界的多样性（见本书第二章）。他谈到了不同的"诠释性世界"（1989），根据这些世界的视角主义结构，我们不仅能对日常语言中所谓的世界事件和过程进行解释，而且我们还生活在这些世界中。也就是说，我们生活在不同的诠释世界中，现实就是诠释，其"绝不是自在"。实在性"只是被诠释的、具有诠释性的事件的发生"（见1984，第162页；尤其是1989，第4，13页及以下）。在阿贝尔看来，经由不同的、范畴化的基本视角而形成的"诠释世界是……现实的世界"："它们的出现，是因为我们是有限的、使用符号的、发明符号的、遵守规则的、创造规则且由此具备诠释建构性的人，我们就是这样的人。"（同上，第14页）"不可能把这种诠释缩减到一个对所有人来说都具有普遍性的基础上"，因为我们"无论何地，无论何时，都在和符号，而不是'物本身'"（同上，第15页）打交道，也就是不会和以某种方式脱离了符号或世界释义的自在世界打交道。阿贝尔认为，我们可以把一种总和，一种无法在"完全肯定"且基本上无法"完结"的过程中得以呈现的"总体性"称为"世界",但这并不会对诠释世界中唯名论的符号特征和根本上有赖于结构化的理解特征产生任何影响,这些诠释世界取决于实用条件,而诠释实践是被嵌入了这些条件中的。这些诠释世界具有相对性、实用性而且绝不会被简化为任何一种非诠释性的世界观。(当然,这些诠释世界也具备历史上的相对性。)

在认识、呈现"世界"或局部世界的基本诠释理念上,古德曼和阿贝尔毫无疑问都是有道理的。我们无法不依赖任何理解便接近自在世界,接近康德所说的自在物或是接近形而上意义上的真理或现实。我们必须处理被赋予给我们的结构要素,这些要素必然是在语言上得到体现,而且在视角上具有局限性,同时还有赖于文化视角和历史过程,也就是取决于神秘语言的原初概念,就像卡西尔在其关于语言和神话的交互构成理论中所描述的那样。如果我们愿意的话,从方法论和超验论上来看,诠释的相对主义是不容置疑的。但在我看来,这不过是历史的其中一部分。我认为,还有充分的理由可以接纳理论上的实在论,它把方法论上的诠释主义和先验的诠释主义协调在了一起。

每个人都会在日常生活中假设存在"这样一个世界",而他正生活在这个世界中。不仅如此,从不同的诠释世界来看,行为本身看起来也是集成式的、具有全面决定性意义的。尽管爱斯基摩人有着不同的世界观,但他们还是能和来自美国或欧洲的人们发生行为接触,而他们彼此都必须假设,这种行为接触则是发生在同一个行为世界之中的。不同诠释世界的代表如果要和其他世界的人打交道的话,就必须要假设出一个行为世界。当然,他们可以且必须在自己的诠释的世界中这么假设,

第十九章 作为诠释建构的世界统一性：实在化的世界模型在诠释主义中的根源 | 259

但这不仅不排除，而且同时还要求他们把自己的诠释世界延展到一个更加庞大全面的诠释世界，这个世界以一种特殊的、可能是修正性的方式包含了行为对方的诠释世界。在一个被视为实际存在的行为世界中，不同诠释世界之间不仅可能发生交互影响，而且事实上这种交互影响还是必然的、不可避免的。

最根本的一点是，诠释显然是由等级划分的，而且这种划分会构成诠释性上的逐层递进。包括我们在日常行动和哲学现实中假设脱离了诠释的世界模型也同样会和较高层面的诠释性主体模型一样被视为诠释模型。但这些模型无法被肆意或任意修改（尽管有可能存在一定的局部变体）。也就是说，这里指的是较高等级的诠释模型。换而言之，从理论现实角度假设，脱离诠释的世界是存在的，这种假设本身就是一种诠释模型，我们只有从诠释视角结构内部才能理解这一模型。（这当中首要的是得分清楚，这里探讨的是一种为了诠释而形成的模型，还是一种在诠释中被构建出来的模型。）

诚如本书第二章所述，诠释建构是可以被划分等级的。我们已经看到，诠释建构会被分成不同的等级，有一些是可以肆意且任意被更改的建构，有一些则基于我们的认识机制和/或文化传统而无法或很难被改变。

这里可以从根本上明确并坚持一点，也就是不同类型、层面和等级的诠释类型必然具备不同的特征，这些诠释类型之间可以被一条标准区分开彼此，比起采用基本的"诠释建构性中的同类模式"或"理论结构化的"特征或特点，这条标准的区分能力要更加明确、系统化，也就是得到了程序或操作上的支持。我认为很重要的一点是，要根据类型把一种实践上和生理上不可更改的、具有创造性的原初诠释（构成诠释）同语言上的符号诠释和可以进行再辨认－区分的符号诠释区分开来，就像把符合习惯、习以为常的模式诠释同有意识的、在理论上进行分类归纳的诠释区分开来一样－而后者又可以同解释性－理解性的，也就是被有意选择的特殊诠释过程区分开来（见本书第二章）。有一部分的合理化论证诠释属于这一类型，但也有一部分是有别于此的，比如规范化释义。阿贝尔没有提到认识论的模型构成，如上所述，这种模型构成本身就呈现出了诠释——也许可以称之为"诠释建构和诠释图式的元诠释"。这里探讨的是，一条标准可以根据诠释类型实现分类——这是一种系统的、可以实现分类的标准，而这种分类在理论中是至关重要的。所以，我们是否会出于自己的生理构造而局限在一种特定的感知诠释中，这就是一种基本区别（比如我们无法感知到任何磁力现象，可以基于视觉、听觉和触觉的感官印象来对我们的世界加以结构化，但这通常是受到印象和平衡感限制的）。其中还必须认识到受文化和语言历史模式影响的、可变的类型化过程的重要性。一些理论或科学归类很大程度上是可变的，而且在历史上是存在变化可能的。

在此情况下，最重要的毫无疑问就是，对不同诠释和类型进行标记的过程本身就是诠释性的，也就是出现在元诠释或认识论模型诠释范畴中。在该范畴中，诠释建构的形成也是不可或缺的。每一种诠释理论本身都是诠释性的，这一点同样适用于方法论的诠释主义或先验的诠释主义。这种诠释主义本身就已经突显了自身特性［这一点是毫无疑问的。和自我破坏的模型，比如一种极端或甚教条主义的怀疑主义相比，这当然是一种优点,尽管在和一种温和有节制的形式相比时,比如卡尼德斯(Karneades)或皮浪(Pyrrho)的观点可能并不存在这种优势]。

一个有趣的问题是,诠释主义的话语宇宙是否也存在于某个诠释世界之中,我们在一定情况下不得不假设存在一个不可回避的、最后的诠释世界。难道不是所有诠释都取决于感知结构化中具有原则性的、原初的元诠释吗?不过,根本的(不可回避的)诠释性并不意味着必须假设存在一个不可回避的、最后的诠释世界。尽管我们事实上假设这样的世界是存在的,而且它同时也是真实世界存在的基础,但对其所做的局部理解、结构化、确切的描述和标记,却始终都出现在深层诠释的等级中,出现在诠释"无法回避的"等级中,而这些等级本身在内容上又不可避免地具备诠释性。只有这样的诠释性才是不可回避的且某种程度上是——在诠释的描摹中当然是无法得到充分利用的——元诠释。(但我们要如何在诠释视线之外认定什么才是元诠释,它是否已经被充分地标记出来了?在特定的理解中,我们绝对无法逾越诠释渗透性的界限。当我们说,我们只有从内部,也就是依靠诠释,才能理解、描述模式时,就恰好证明了这一点。)

事实上,不同的诠释类型从根本上取决于最初的元诠释,因为连接点和接口处是存在的,而行为形式、模型构成、理论结构化和解释、模式构成都会以某种世界观的诉求同这些连接点和接口处关联起来。就这一点来看,对于我们来说,具有认识和行为能力的存在必须面对最初的元诠释,诚如霍顿(R.Horton)所谓的"原初理论"一般(霍顿,1983,第228页及以下)。此外,这和唯一行动世界的假设之间还存在着不可或缺的关联，也就是无法彻底放弃或排除的关联。

我们是否要始终假设世界是具备统一性的？如果如此，那又是为何呢？只要不同诠释世界的代表之间可能存在交互行为、反应和相互影响，诠释者就必须基于投射的认识世界中的所有差异假设出一个统一的行为世界。有理由——实用和实践上的理由——假设，一个世界的前提假设是非常有意义的。

实用建构诠释主义并不意味着彻底放弃实在论，既不是在形而上层面上，也不是在认识论层面上。不过，这里探讨的是在一个假设的、有赖于诠释而得以构建和投射的模型中，实在论的弱化和修订过程。只要认识世界是和行为世界有关联的，而且被视为相关行为世界的虚构延伸，那么在交互可能性中，这种关联就能得到保证。只要认识和行为之间存在着不可分割的关联（即使是间接关联），我们就必须假设不同"诠释世界"之间存在统一的关联。从跨越了认识和行为的结构角度来看，诠释建构主义定然存在一种系统化的、受结构限制的内在驱动力，迫使其假设出一个统一的世界。

显然，在量子力学中，在宇宙黑洞中各种不相交的、无法通过信号传播交流而彼此关联起来的部分世界中，面对所谓的诸多世界诠释（埃弗雷特），以上观点并不适用。但即使在这一点上，某种统一性也是存在的，必须通过假设诸多世界模型来解决特定的问题，只有以诸多世界模型为基础，才能解释特定矛盾和特殊现象。（被黑洞分割开来的不相交事件之间的特定关联则需要霍金辐射这样的理论。）这种诸多世界模型当然有其独特的方面，但从根本上来看，它们和哲学方法论上的必要性却没有太大差别，都是以类先验的方式假设存在一种至少

第十九章 作为诠释建构的世界统一性：实在化的世界模型在诠释主义中的根源

是理论上的间接关联。

在古德曼和阿贝尔的观点中，诸多世界的说法是以诠释以及通过诠释过程实现的所指物之间的不可区分性为基础的——诠释和诠释物之间、"诠释发生和世界之间"、诠释行为和事实"发生"之间。按照阿贝尔的说法（比如1984，第145及下页，172页及以下，第182页；1989，第13页），"逻辑鸿沟"是不存在的。那么，这种诸多世界的说法就有其难点。它很容易把诠释物和使人得以领悟的介质或具有诠释性的模型混淆起来，尤其是在更高层面上，在诠释物和使人得以领悟的介质之间的差异只有通过诠释才能得以体现时。即使内在实在论不太会被人误解成绝对的唯心论，但内在的诠释主义却很容易变成绝对的诠释唯心论。因此，对"世界"和"诠释"加以区分，这是非常有意义的，至少在实践上是十分必要的，尽管我们已经明确认识到，对世界的任何一种理解都受到诠释性的影响，而且世界和较高等级的诠释之间的区别本身就是方法论－诠释论理论的产物。"诠释世界"之间绝对不相交，一个世界是不存在的，这样的论点并不能让人信服，从修正了传统诠释性的绝对视角来看，这种观点会被认为是绝对形而上的实在论和认识论实在论这样的陈词滥调。理论上的内在诠释性实在论和诠释建构的哲学理论其实是完全一致的。而且，如果不同的诠释中没有一个被视为唯一的根本诠释，那么我们完全有理由接受上述解释（其本身就是一种诠释）。基本的元诠释从理论上来看是可以在诠释3层面上被超越的，也就是黑格尔所谓的"可被扬弃的"。因此，我们在说这话时可能完全误解了阿贝尔的意思："一切'存在'都是诠释，诠释就是一切'存在'。"

就像作者强调的那样（1988），这一点仅适用于把某物作为某物的可被概念化和可被理解的过程。"作为诠释建构的世界观"（伦克，1988），这是一个关键词，尽管所指的诠释物在另一种诠释中可能被认为是脱离了诠释的，对其所做的理解决不能脱离诠释。脱离诠释这一概念本身只有在诠释中才是可能的。这并不排除脱离诠释的本体论存在和实在论，而是从认识论的差异化出发包容了这两者。因此，我们就必然会被迫进行诠释，认为世界不仅仅是诠释，但只有作为诠释，而且在诠释中，才能被理解。

第二十章　被诠释论渗透的实在性，结构化的实在论和建构诠释主义

我们在讨论对量子理论的解释时可以明确认识到，传统的客体概念是如何在一种诠释性的"彩虹实在性"——这是一种客观但有赖于诠释的现象——中被消解的。似乎不只是量子对象具备"彩虹实在性"（一种在近观时会消失不见的客观现象）的这种特征，而且我们习以为常的物化投射中的日常对象也具备这种特征。因此，这一点也适用于解释事件，甚至是解释所有的理解过程。诠释的依赖性和过程特征（对测量、情境准备和行为的依赖性）是显而易见的。

类似地，我们也可以从对量子关系的整体诠释，比如从量子系统的不可分割性（非定域性）问题中推断，单一对象的投射——比如描述和理解动态的整体系统——是被诠释渗透了的，也就是有赖于交互可能性的（情境准备、测量次序、行为决定）。无论是整体诠释还是局部诠释都是诠释，也就是——有一些是无意识的，有一些是有目的的——人类"制造的"建构，这些建构在客观化的描述中，对于每一种主观投射而言，都是必要的。

客体认识取决于诠释，因为其具备结构建构性、模式观念化和模式投射性。量子理论的研究结果对测量的依赖性表明，通过结构化和投射，在我们认识世界的过程中，行为干预、参与和塑造世界的做法都是具有典型性的。每一种认识都取决于行为和构思存在——也就是人——的结构构成和对世界的干预。在行为、测量、干预可能、结构及其投射中，我们完全有不同的构思可能、决断可能，但还是可以相对地将之客观化。

构思、行动、认识都是诠释行为。人类不仅是有认识能力的存在，就像传统理论哲学对人类的理解和定义一样，人类也不仅是行动的存在，这是本世纪的哲学人类学对其所做的规定，而且人类还是可以进行诠释构成、在建构中行动并且实际运用诠释的存在：人类，这是能积极构思、诠释并建构的存在，这是能借助其自身创造的模型在塑造概念和世界的过程中同时对所谓的"定然"由其虚构出来的实在性采取干预的存在，人类能在理解和塑造的过程中对世界进行（再）结构化，互相直面对方，同时利用这种只有在被理解的建构中才能实现的直面性影响彼此、"相互作用"。在这一点上，我们在以上章节中都把人类理解成了有诠释能力的存在，更确切地说，是作为能构思建构、在行动中使用诠释建构本身的存在，他在不断诠释的过程中融入了实在性和社会性（或者从实用性上来看至少必须认为自己融入了其中）。

行为和认识总是且必然是被诠释渗透了的。这种诠释同时也是不可避免的。在各种现当代的认识论和行为论中，这是最根本的一种观点。

我们无法摆脱被诠释渗透了的理解领域。这从所有行为和认识被诠释渗透这一基本理念就可以看出来。所有体验、理解和塑造行为都受到这些必然条件的限制。诠释的可渗透性就是一切，确切地说，就是所有可被理解的物体，只要它们已经或可能被我们理解、再现、呈现、投射或塑造。我们可以说这是"诠释的宇宙"或"苍穹"，或者说是"诠释的地平线"，其囊括了所有接受性的或积极的理解，尽管其本身无法对象化，如果我们试图进一步靠近它的话，它还会退到背后去。诠释的地平线是开放的，但确是不可避免的。

我们在构思中一直在强调诠释的建构特征。诠释性的理解针对的是积极的构思和先行把握，也就是我们故意或有目的的行动，或者至少作为习惯性的隐秘行为，有时候也指礼俗化的行动。诠释是积极的，无论其是否有目的。诠释过程是动态的、灵活的，但同时始终是建构-构成式的，或者至少是再建构的。在这一点上，诠释行为的前提条件是诠释者的存在，这不是一个会自动运作的程序化发生，阿贝尔从诠释性的发生循环角度出发，认为其是唯一有效的、具有世界建构性的。上文解释的诠释过程通常都是建构性的、会构成图式的、会使用图式的行为。这表明，就其灵活性、可变更性、普遍性、社会局限性和不可避免性来说，诠释和诠释建构是完全不同的。

基于所有被理解的和可被理解的物体所具备的诠释渗透性，从人类在融入、干涉实在性中可能还存在尚未阐释的可能性角度来看，纯粹的感知、违背诠释的"被给予之物"是不"存在"的。吉布森、波洛克等提出的，包括有些实证主义或纯粹现象学中所谓的"被给予之物"的"直接主义"，都可以通过内部和外部的批判，尤其是通过诠释渗透性理论，被排除掉。我们可以讨论一种必然的、诠释性的"间接主义"。

不过需要注意的是,诠释建构主义的模型本身同样是一个认识论模型,也就是会受诠释影响。诠释建构的模型和方法本身就是诠释建构。诠释建构主义的优势在于,它可以在诠释类型的最高抽象等级中毫无矛盾地运用自身。从方法论上来说,我们不会陷入某种矛盾或认识论循环。诠释层面的等级划分已经排除了后者。

问题当然在于,表象是否会进入认识论中的反思循环,而这种循环是无止尽的,又或者,表象是否会进入层层往上套嵌、越过下层诠释模型理解中无尽的复归。剩下的只有实用断面或下层诠释建构中不得不被接纳的日常局限性吗?诚如我们所见,日常生活中的局限性也是被诠释渗透了的,取决于视角和释义的。这里也有可能出现循环,其中的问题在于,该循环可以被打败还是无止尽的。诠释主义中会出现吹牛大王明希豪森曾面临的三难困境吗?如果从最后论证的理性主义角度出发把诠释主义视为基础哲学的话,就有可能出现这种情况,但如果我们把认识论建构方法和方法论建构方法以及对这些方法的原则依赖性视为反思性原则以及预设的"普罗米修斯式"原则的话,就不会如此了。

当然,我们的出发点必须是日常经历和日常行为,尽管我们知道,这些都是被诠释渗透了的。我们如何行动,我们就如何诠释:我们就是具备构思能力、诠释能力和行动能力的存在,尽管我们知道,这种自我解释又是一种人类学和认识论上的诠释建构。我们可以像维特根斯坦一样说:"我们在行动中诠释我们如何行动。"这当然并未排除日常生活和科学中该模型、

第二十章　被诠释论渗透的实在性，结构化的实在论和建构诠释主义 | 269

所有行为、所有认识对诠释的依赖性。

和认识论发展过程中的循环和复归类似的是，从方法论来看，诠释和行为之间的交互关系也有这样的循环。诠释就是使用模型的、建构性的、再建构的或抽象化的行为，无论是符号的行为还是所谓的"真实"行为。行为本身必然是诠释性的，每一项行为只有作为诠释建构或者至少只有在诠释建构下才能被构想出来并得以实行。计划、完成行动过程，也就是在行为范畴中强调行为过程本身就是一种诠释性的大胆行为。如果诠释就是行为，行为就是诠释建构，那么每一项行为就会和诠释息息相关。我们就陷入了一个行为—诠释循环之中，这就产生了一个问题，也就是该循环是否能被打破，亦或它是不是"无止尽的"。我们依旧可以从日常经验、行为以及日常生活中的诠释出发来加以分析——我们就是这么采取行动的。行动和诠释都是实践性的习惯，我们依赖于这样的行为习惯、行为规则、行为路线、行为理解方式以及需要诠释理解的意图等。行为从原则上来看定然是社会性的，我们可以而且完全可以认定，只有这样的社会性行为，同时又是可被描述、可被理解的行为，才是诠释性的。如果我们不从基本要义或最后论证的理性主义出发来加以探讨，而是认同其实用性，把诠释的行为哲学理念（其本身也是被诠释渗透了的）视为一种正在被勾勒出来的（"普罗米修斯式的"）哲学反思性的自我证明，那么，这种循环和复归自然就消解了。

诠释性哲学思考中还存在几个重要问题：诠释的实际确定问题，指称问题，社会性（诠释的社会依赖性）问题，符号意义和符号功能问题，意义问题，诠释主体理解以及自我形成的问题。所有这些问题都要得到相应的解决,诚如上文提到的"通过将其限制在一个反思性的、普罗米修斯式的学科上,也就是限制在一个具有设计性的哲学上,能实用地融入日常行为之中"。哲学不能彻底脱离日常理解和日常行为而存在,尽管其本身是为了在批判反思中探讨日常生活的实体化和意识形态上的物化、错觉、变形和石化,同时要批判性地继续发展用以解释建构-反应的模型。如果要彻底摒弃机械地适应日常生活的行为释义,实用关联还是十分必要的。

我们也必须自问,诠释性思考的过程中"真正"发生了什么。当我们诠释性地自我追问诠释问题而且无法摆脱诠释宇宙时,我们是陷入了思考和诠释建构的旋涡之中吗?诠释投射本身不可能成为整体理论中的关键。如果没有假设出来的对立面,我们就会陷入诠释唯心论或诠释绝对论。诠释必须固定在某处,无论是诠释对象,还是诠释者本人,也就是作为有机体的、具有诠释能力的存在主体。在思考和诠释的过程中,真正发生了什么呢?我们能从神经心理学上在对不稳定的大脑状态的解释中得到启发吗?或者这里针对的其实是理论诠释上的方面,从认识论角度来看,其最终依旧会引发循环问题,或许还不是一个无止尽的循环?自然科学认识和解释也是被诠释渗透了的、充斥着理论的,取决于之前被选择的概念建构、理论建构、语言传统和历史上发展形成的行为方式和科研设备。

我们要在哪里、如何思考诠释的先验之物呢?或者说,这种思考只有在较高等级中才是诠释性的?事实就是如此!但我们还要对此先做假设。脱离了诠释对象和具有诠释能力的主体,诠释过程就不可能存在。我们就不能谈论诠释过程在本体论上

第二十章 被诠释论渗透的实在性，结构化的实在论和建构诠释主义 | 271

的发生，认为其"刚刚发生了"，并且将之中断。从某种程度上来说，这将会是一种朴素的、"类似物化的"（过程客观化的）理解。

如果我们在思考时面对的是一面在不断后退的墙壁，是处于诠释"苍穹"下的"地平线"对面和当中，并且无法从中逃脱出来。那么，该如何理解这种诠释的先验之物（我们不得不从实用和诠释角度做出这种假设）呢？对诠释先验之物的假设本身毫无疑问也是被诠释渗透了的。这个问题是不是就成了乌洛波洛斯衔尾蛇一样呢？不过似乎其对立模型更具说服力：诠释不会吞噬诠释，而是不断从自身中创造出新的诠释。我们可以称之为诠释的自我繁殖、自我创造和自我延续。那么，其在"实在性"中的固定点在哪里呢？我们是否陷入了绝对的"内在诠释主义"了？和普特南的"内在实在论"类似，这种内在诠释主义是不是只有在次级而且只有从内部才能确定先验问题和实在性问题？我们能否把诠释内部的诠释建构、诠释过程及其形态同诠释的先验之物、诠释对象区分开来呢？

这里，首先要区分认识论‐方法论上的模型以及假设的"真实"创造。从方法论角度来看，在实际生活和社会关联中被视为极度"真实"且由于其带来的社会效应而具有社会现实影响的事物都会被视为诠释性模型。比如在针对社会现象和权力影响的假设中就适用这一点。曾有一位社会学家当着我的面在讨论社会哲学和认识论时表达了自己的不满，认为人们已经忘记了"现实基础"和"权力"。他完全没有认识到，而且从他的学术视角来看或许也完全无法理解，他所假设的权力"实在性"当然是一种虚构的、诠释性的建构，它在人类社会中具有典型地位，会带来社会影响（比如惩罚措施、社会调控和机构化过程等），同时，它会作为诠释建构而被众多参与者理解（投射）、考虑和遵循，并通过规则而实现机制化、在社会性上得以具体化或"形象化"，也正因此，这种诠释建构才会在次级层面上发挥影响。社会现象是制度化的、拥有规则和规范的支持或得到了许可的次级诠释建构，它们虽然能具有很大的影响力，但同时也能通过协议、许可、社会调控和可能的内在化来获得次级的机构实在性。社会诠释建构的"实在性"可以说是"借来的"，是依靠被规则调控的行为及其机构化，比如通过许可或调控等，得来的。包括社会性也拥有一种"彩虹现实性"，甚至是双重意义上的，也就是视角建构性上和传统的客观化关联上。我们无法像拍摄彩虹那样直接拍摄到社会性，我们需要一种所谓的社会化"相机"，也就是一种对次级社会虚构性极度敏感的接收器，以此来创造、实施、认识客观化过程并将之机构化。

　　作为由行为生成的或受行为制约的次级诠释建构，社会现象和"对象"，包括社会结构和体制，当然都是受行为和诠释制约的。同行为和诠释过程一样，它们作为行为对象、行为和诠释的出发点，都是行为本身的基础（或者确切地说，必须认同其根本性，将其实体化，假设其具备诠释性。）从原则性、语言逻辑上的理由以及指称逻辑上的、实用的、受行为制约并使行为可能发生的、主体间－客观化的理由来看，行为必须被认为是某种已经得到了诠释或有待诠释的对象，是受世界制约、发生在世界上的对象。用行为来排斥世界的做法本身就是一种次级的诠释性行为，而且从实用角度来看是不可能成立的。这和我之前提到过的分离诉求是一样的。如果我们没有在更高等级上用到特定方法规则，比如逻辑学中的，或者是用到其功能上的等量物，我们就不能废弃这些方法规则：没有批判和批判规则就不能排除某种批判方法或批判规则！（见伦克，1973，第105页及以下）卡尔-奥托·阿佩尔后来在论证实用性矛盾的重要性时用到了这一论点，他提出了该矛盾原则上的不可实现性，从而实现了先验实用论上最后的证明：我们如果没有用过一些规则，或者没有用论据驳斥过它们的话，就不能排除这些规则，因为论证本身需要一种受规则制约的行为，而这种行为会在语义、方法论或元理论的更高等级中运用这些规则。不过值得怀疑的是，分离诉求的循环结构，或者说实用矛盾或述行矛盾——该矛盾体现在，人们会使用一种规则，但在行动中却会抛弃这种规则——是否真的能被用来进行"最后的论证"。毫无疑问的是，这里是在方法论和反思中证明一种不可避免性，或者更确切地说，就像我之前提到的，这里探讨的是特定规则——比如逻辑学中会被排除的一种矛盾理论或一种与之相应的功能等量物理论——的"不可被弃性"；当然，实用矛盾也会出现；事实上，这是非常可能的，只有在理想化情况下才能将其排除在外。确切地说，这里针对的是一种规范化的纯粹性要求（就像是根据理想的连贯性要求来设置行为、思考和论证过程），而这些要求会体现在逻辑学中。

行动过程中的诠释也具备分离诉求。如果行为是被诠释渗透了的，也就是说，行为本身是诠释建构的话，那么它们及行为本身就取决于世界观。我们不能通过诠释——也就是在一定等级中的、处于行动过程中的诠释中——而拒绝对世界上的"真实性"做出假设，而且不能在行动基础上隐晦地假设其存在。

行动总会具体化，出现在某物和某人（行为者）身上。我们的行动只能在世界内，而不是在世界外。在我们行动、诠释时，我们必然会从实用角度出发设定一个真实世界的模型并将之作为前提：我们尽管能从传统的极端怀疑论角度出发从逻辑上否认这一模型，但从实用和述行的层面上却无法做到这一点。从实用性来看，真实性假设是非常必要的。这并不意味着这种假设并不是诠释性的。在诠释过程中，真实性和诠释之间，以及真实性和行动过程之间的区别本身也都是受到诠释渗透的。也就是说，真实性就是一种诠释建构，也就是只能在诠释内部得以构成，或者说得到理解。诚如我们所见，理解的模型始终是受到诠释渗透了的。如果脱离了理解模型，我们就无法想象、思考或以某种方式"认识"或建构真实性。只要某物被理解成某物，那么如上所述，该物必然只能是（被视为）被诠释渗透了的。当然，该物并不一定是必须存在的。实用的、生活实践的、不可回避的或不可避免的原因迫使我们——事实就是如此！——假设外在真实性是不依赖于我们的，尽管我们知道，每一种对外在真实性的理解和想象本质上都是（通过）诠释的，也就是深受诠释影响的。我们可以认为现实是不依赖于我们的，也就是非诠释性的，但每一种想法、每一种想象却都是诠释性的，每一种有关真实性的观点，从方法论和认识论上来看，都是受诠释建构和影响的，都和诠释性密切交织在一起，也就是因诠释而产生的。真实的模型和每一种指称对应在另一层面上，比如在元诠释的层面 I_6 上，都是被诠释渗透了的。只有对诠释的不同等级、类型和层面进行划分才能让我们确定其中的相对差异。尽管我们可以认为某物是不依赖于诠释的，但这种想法本身就是诠释性的，而同被理解物呈现出来的每一种形式相关的想法本身也是受诠释影响的。

从表面来看，这种错综复杂的情状似乎会带来绝对的诠释唯心论，而且这种唯心论似乎又会和极端的内在诠释主义紧密相关。但认真思考之后，我们就会发现，这种猜测是错误的。在真实诠释中，我们完全可以从实践、实用的理由出发把某物假设为"真实的"、不依赖我们的（只要我们假设自己本人是真实的），同时我们也不需要否认其在认识论和方法论视角下就是一种诠释对象。我们很可能会问，在诠释的漩涡中，确定真实性的游戏会出现在哪里呢？我们难道不需要一个固定的连接点吗？也就是哲学思考中的一个阿基米德支点，这也是我们的一个出发点：一个真实的支撑点？不！尽管有必要同一个出于实用而假设出来的外在真实性（从另一角度来看，它是具有诠释性的）紧密联系在一起，但并没有必要把行为和诠释过程中固定的阿基米德支点视为哲学思考中不可动摇的根基。从最后论证的理性主义角度出发，这可能就是一种理性主义的基本哲学思考。不过我们明白，我们能行动，而且能相对成功地认识并进行预先推定，同时，如果没有诠释，我们就无法行动或认识。我们可以在相对且实用的论证基础上设计出一种非阿基米德式的哲学，同时从认识论上来看，不必追溯到一种最终明确的、本身不是诠释性的理由上。但是，我们还是能够且必须在"真实的"生活关联中实用地假设外在世界是真实的，将其视为行为语境，而且有时候也要视为行动的对象，尽管我们无法将其分裂成绝对客观且脱离了诠释的"对象"，而且完全无法将其排除在我们的诠释形成和诠释建构——这是和行为密切相关的——之中。

我们在诠释循环中行动，同时无法脱离诠释的地平线。但这并不意味着，只有诠释才可能存在而且被视为唯一"真实的过程"，也并不意味着诠释建构中不可能且不能有任何真实对应物。正好相反，从实用和实践角度来看，我们生活在行为和诠释的世界中，而且依赖于上述的真实性假设。行为和世界密不可分。诠释不是一切，但如果没有诠释就根本不可能理解任何事物。

相应的条件和局限性也适用于维特根斯坦所说的概念上和语言上的基础化过程。作为一种"先验"认识论的基础，语言也和概念上、语言上明确的理解可能性交织在一起。但这并不意味着，就像有时候我们谈论的那般，先验语言主义就是最终占优势的、最后被论证具备合理性的哲学。包括说话过程本身也是取决于行为和诠释的：语言会不断自我更新，只存在于行为和诠释中，因此也和语言共同体中已经成为社会传统习俗的规则、惯用语、符号、语音、手势、表情、表达方式等紧密相关。但世界并不会在语言和符号中消解，就像不会消解在绝对的或基本的诠释过程中那样，或消解在纯粹本体论中假设出来的、诠释性的"发生"中那样［就像阿贝尔（1984）在诠释尼采观点时提到的那样，不过我认为这是一种错误的想法］。

当然，意义投射和意义假设本身也是构思性、诠释性的，在某种程度上是"创世性的"，至少是"会塑造世界的"——其依赖于语言符号和象征符号的调控，依赖于相应的使用体系，同时被嵌入了社会文化语境之中。

从诠释建构主义的视角出发，梳理认识和行为的问题领域会为我们勾勒出一幅多层、多样的图像。我们没有一种最终毋庸置疑且不可动摇的基础，对于我们来说，这可能会是概念上的基础或语言表述上的基础，也是我们进行建构的基础。尽管我们并不像走钢索的杂技演员那样脱离了网罩行动，而是始终把自己同包括我们的网罩紧紧连在一起，我们就是在这样的网罩中试图理解世界，同时为了保持自身平衡，我们还把自己同绳索连接在一起。也就是说，我们是用自己编结起来的分类、结构和理解可能性在进行加工。我们知道，这些都是由诠释创造的，其体现在不同的诠释层面上，已经成为了社会传统习俗，而且和语言或符号紧密相关。对世界的每一种理解都不可避免且深深地从本质上和诠释交织在一起，充斥着理论，都是概念性和语言性的。但尽管如此，在完全受诠释影响的视角中，出于时间压力，为了避免实用性上的矛盾，必须假设不依赖于我们而存在的世界是真实的，尽管我们无法将每一个要素客观化，而且无法在脱离了预先塑形或诠释形成的基础上在这样的世界中辨认出"对象"。辨认对象的过程就是诠释性的。最后再强调一次，每一种可被理解性都是被诠释渗透了的。世界是真实的，但世界观却始终都是诠释性的。

诠释唯心论同脱离了诠释的实在论和客观主义一样，比如朴素的自然主义等，都该被排斥。在论证其中的理由时，就像论证每一种理解的可能性一样，当然都只能从诠释内部出发，也就是从诠释的宇宙以及关于诠释的诠释宇宙内部出发。

费迪南·费尔曼（F.Fellman）在讨论《诠释主义和符号的实用主义》（1990）这一文章中提出了被其称为"符号实用主义"的实在论观点（见费尔曼的作品，1991），其目的是在分析真实世界的过程中能讨论行动和反面经验中的随意性和任意性,为了不让"诠释哲学""退化成没有根据的虚构主义"(1991,第51页)。很多理由都证明了这种现实实用诠释主义的合理性:费尔曼特别提到了表现的行为特征、具体认识的行为特征以及狄尔泰提到过的,包括后来舍勒也提到的,作为真实性经历的标准反面经验。这种经历(施加在真实性上的意志行动可能会失败),也就是反面的经历(和纯粹的伴随性感觉不同),被狄尔泰和舍勒明确地称为"意志经验"或"反面经验",其中,狄尔泰否认"直接的意志经验"(比如不通过压力感觉就能得到传递的),而舍勒把一种"核心的反面经验"视为直接体验到的或可以被体验的。舍勒对狄尔泰的批判可能是合理的,他认为狄尔泰是从传统的批判实在论角度在理解这种反面经历及其始终得到了传递的给定性,而且狄尔泰认为真实性是以这种方式才从意识经历中被"推断出来"的(舍勒,1977,第241页)。他认为,狄尔泰的出发点是"现象性的错误理论,也就是所有给定性中原初的意识内在性"(第246页),而"被经历了的对立"会直接以核心方式预先规定意志局限化过程中的真实性,其次才会让反思成为可能,而且绝不会以任何方式再次将其呈现在意识经历之中。"真实性经历是预先已然被知道的、前意识的……经历,按照存在物的类型和分类出现……反面经验是人类在侵入性地对物进行加工的过程中,在他试图对物加以操控和掌控的过程中得到的。"(第251页)对立性是预先存在了的,尤其是当外在世界的所有给定物在有机物看来可能会表现为行为的支撑点。

费尔曼(1990,第54页)也认为,作为消极的"意志经验",

反面经历并不是知识的一种形态，而是"实践上的震颤状态……是亲身感受到的痛苦"，"就像是经历了无边的苦痛一般"。意志和行为作为有意形成的、依赖于呈现的、可被改变的、经历了对抗的、可以被跨越的行动，是除了想象之外的根本认识来源。费尔曼认为，"反面经验"是"刻板事实"，"在这样的刻板事实中，在痛苦之中，诠释不起作用了"："震颤状态的实际情况"是"不能被撤回的"，他认为，这会为每一种诠释任意性设置一个界限，和想象的认知诠释所具备的相对随意的可变性相比，这种界限是行为者遵守的实在性标准。费尔曼提到，实在性的不可动摇性、"同一性"、连续统一性和强硬性同样也呈现在行为的这种"不可逾越的界限中"，就像其通过震颤状态这样的实际情况而产生的那样（同上）。

从日常生活的震动状态来看，这当然是正确且不容置疑的。但问题在于，这是否是论证实在性经验的过程中一个最后的、演绎上的基础，同时，它是否以这种方式处在了诠释性的对立面，或者说是否以此脱离了被诠释渗透的领域。

这里必须做出一些区分，这样才能从全面、绝对化的诠释主义中突显出方法论上具有差异性的诠释主义。实在性所经历的实际震颤状态并不等同于哲学论证中——无论是本体论还是认识论上——不依赖于我们和我们的诠释的既定实在性。因此，诠释主义就被局限化了，成了方法论和类先验性上的诠释主义，而不是被升华成理性-基要主义来源中用于最后论证的哲学。

如果我们能把反面经验、针对行为尝试的反面经历以及某种特定层面上相应的意志、意图视为不可克服的、不可改变的、"不可逾越的"，简而言之就是视为一种"刻板事实"的话，那么，在更高级的、方法论分析的层面上，情况却并非如此。尼采的这句话无疑更适合被用于此处："真正的事实是不存在的，存在的只有诠释。"刻板事实只能是诠释中的刻板事实，只有通过诠释视角才能表现并体验到这是一种不可改变的、事实性的刻板事实。"对立"也只能在经历、体验、理解、"在场化"中成为对立——就这一点来看就已经取决于特定视角了——，比如通过理解以行为意图和意志意图为特点的情境和行为准备状态。从更高的立足点来看，比如从认识论或方法论角度来看，把反面经历视为刻板事实的理解本身就是诠释性的。但这并不表示，反面经验就可以被肆意虚构。打个比方，这种"不可逾越的界限"是绝对存在的；不过其体现在，不可能对诠释性色彩和影响进行特殊的虚构或更改。在此过程中，就像反面经验本身显示的那样，不确定的一点在于，这里探讨的是自身行为体系中的反思性群组，亦或是外在的不可渗透性，而这又取决于诠释视角范畴中行为者本人采取或不采取诠释了。这并不是说行为者能任意更改自己的基础诠释。原初诠释和元诠释是存在的，它们和我们体内因生理性而被固定或编入了程序的图式化和行为情境是紧密关联在一起的，而且这种原初诠释和元诠释在实际生活中是无法被更改的。（尽管有时候在理论上有人认为它们会有其他表现。如上所述，我们没有磁性感官，但我们可以想象我们拥有这样的感官。）

比起任意被建构起来的、可以肆意被更改的图式建构和一体化过程，这里的诠释概念当然更加全面。可以说，必然的诠释和图式运用是存在的，我们必须面对它们，它们是不可回避的。我们至少必须会区分特殊的任意诠释及其类型以及一种更普遍化的图式诠释，后者作为特殊情况同时还包含了强制性的图式诠释。如果我们接纳更全面的图式诠释概念，那么反面经验也会受到图式诠释的制约，无法彻底摆脱诠释性，就像我们在任意诠释角度上狭义地解释诠释概念时一样。这当然是属于术语上的局限化过程，这是根据目的而产生的，而不是行为过程中反面经验的核心。诠释经常是"在模仿中被掌控的"，也就是具有"生产性表现——舞蹈是这种表现的原型"的类似特征，这一点是不可否认、毋庸置疑的。反过来，作为图式形成、图式激活、图式运用和所有与之相关的"诠释性图式化行动"（见第五章）的诠释概念本身也让这种观念变得更加开放，就像行为、生产，尤其是"根据图像"（费尔曼，1991，第212页）而不是"根据理念来进行诠释"的符号表现过程中一样。狄尔泰太过局限在意识事实的现象性上，与之类似的是，对任意诠释的限制似乎太过遵循文本诠释的传统典范，也就是过于精心地选择了变量。就根本的建构性而言，诠释-图式化的行动也已经超出了这种限制，费尔曼显然也已经认识到了这一点，他在诠释中给表现要素和模仿习得的（也就是规范化的）要素留下了一席之地。从"习得"的角度来看，行为规范化和内在化的结构化过程本身在理解体验世界，比如理解反面经历的过程中，是十分重要的。或许事实上我们得把对反面经历的理解和构想视为受诠释影响、渗透的呈现过程中以及接纳方式和呈现方式（这些方式只有在特定行为视角和解释视角下，也就是在诠释角度中，才有可能实现）层面上的经验或经历。行为、经历和认识都是紧密相关的，我们只有在诠释性呈现的媒介中才能通过理解"体验""再现""描述""排除"，也就是加以确定并描述。这表明，在理解方式中最根本的是本质上的建构条件，这些条件实际上是和人类的行为实践密不可分的。事实上，"反面经验"和行为实践之间有着紧密的关联，通过反面的经历，现实经验最终会回归到行为实践和人类的构想，这种构想把人类视为有意识的、以目的为导向开展行动的存在。认识和行动，诠释和干预，包括社会文化共同体和"符号网络"（卡西尔，1990，第 49 及下页）的中介世界中的诠释和相互影响，在建构性和分析性上都是紧密相关的。舍勒的观点和激进行为主义式生活的形而上理论有着紧密关系，他将其称为"方法论的实用主义"也是不无道理的。如果我们加上卡西尔的符号哲学，那么，我们完全可以把这一理论发展成"符号实用主义"（费尔曼），但其同实用建构诠释主义之间并没有太大区别——如果后者的基础是"诠释图式化行为"意义上广义的诠释概念的话。这两者和日常生活中的实在论——比如从上文提到的震颤状态的不可更改性和对立性来看——以及认识论上的实在论都是一致的，当然，论证性的、支持实在论的视角本身就需要以诠释性出发点作为元等级。认识论只能发展成为诠释性的学科，而认识论模型也只能是诠释性的。

对立经验在面对意志行动时具备不可放弃性，这一事实不仅无法回答"如何实现"对立经验和对立经历的"恒定性"这一问题，实际上只是提出了这一问题。我们在这里探讨的是不是吉布森提出的一种充满了能量的、能提取出不变量的理论——在这种理论中，诸如光学、视觉领域内能量流结构中的恒定量"直接"等同于"真实物"——，这一点并不重要。诚如费尔曼（1990，第 55 页）所强调的，如果唯心论和先验现象学理论上的"总是

——一再—能够"表示的是对认识和行为的认知理解,而且这种理解还无法解答上述问题的话,那么行为的"不再—能够"或"不能—继续"及其"不可逾越的界限"和"不再—能够—撤销—某物"的事实也无法提供答案,而只是让这个问题更加细化而已,使其成了认识论上实在论式的诠释尝试。

罗纳德·吉里尔（1988）之前在分析了范·弗拉森的建构实证主义之后提出了"建构实在论"（见吉里尔,1985）,这是他根据建构-实在论科学理论分析得出的,该理论看起来似乎能同诠释建构主义的理论协调一致,而且同时还考虑到了传统语言学理论、公理的科学理论、真理的符合论、基础学科或规则的定义或实证经验、牛顿力学基本公理等疑难点。他通过间接方式呈现了科学定义、理论、建构同实在性的关系。按照他的构想,科学的核心并不是具有普遍性的大理论,比如公理体系（或其命题）形式,或者是科学理论结构主义层面上的集合理论等,而是作为理论模型,这是"在社会化中建构形成的抽象实体"（吉里尔,1988,第78页）,它们基本上都会以理想化的形式出现在科学教材中并被彻底分析。理论基本学科的定义和语言表述是为了定义模型并设计模型。满足模型的方程式,或者说是让定义和模型建构达成一致,这对真理问题来说在定义上当然不是任何问题。

最重要的是总体性,或者是"模型集群的集群的集群",或者就像吉里尔所说的,是"模型的家族,亦或是模型家庭构成的一个家族"（同上,第80页）。

模型作为通过观念化而得以建构的抽象实体得到了科学家们的采纳,他们以此来呈现真实的世界,或者在科学理论形成、科学建构形成以及实在性之间建立起关联。与之相应的是，某个理论原理的集合同现实世界之间是不存在直接关联的，只能通过理论模型的媒介而存在一种间接的关系。理论模型和实在性之间的关系本身被吉里尔称为"真实体系"，这种关系是一种"类似"关系，吉里尔当然没有对此进行详细分析，而只是从中得出了一个结论，也就是要根据不同的方面和程度来将该关系细化（同上，第81页等）。这种类似关系并不是所有"或"一无所有的事，从真理符合论的符合性角度来看，这并不是一种是否判断，它只和语言学上的实体（语句或命题）有关。科学实在论的传统符合理论观念中出现的错误，也就是普遍真理实在论中的错误，在吉里尔看来就是人们一直试图在话语（或命题）和世界之间建立起一种直接的、语义上的关联，也就是人们想要通过这种语义上的"直接"策略来回避模型的形成及其变化性和观念化问题。

吉里尔由此提出了一种理论，该理论涵盖了模型，同时也包括了模型适应真实世界体系、模型同真实世界体系的关系在内的不同理论假设，是它们的集群和家族（同上，第85页），而模型本身是由话语定义的，话语可以被初步视为理论的定义所建构，或者有些话语本身就被嵌入了该理论之中，该过程本身可能并不是一个特别关键或有影响力的决定。这种理论并不是语言学上的实体，它们是参差不均的集群，其组成成分一部分是抽象的建构（理论模型），另一部分则是（当然也是可以用语言表述出来的）与模型的适应特征及其在程度和观念上与实在性的类似性相关的理论假设。"现实体系类同于某一种模型。在诠释为了定义模型而提出表述时，这种诠释似乎并不在该图像之中；包括具有定义性的语言学实体以及模型的方程式等亦不在其中"（同上，第86页）。

有意思的是，继苏佩斯（P.Suppes）、斯尼德、施泰格米勒之后，吉里尔也对科学理论上的结构主义者做出了恰当的批评，认为他们把理论视为集群理论的谓项时，完全是从语言学的角度在理解理论概念以及相应的科学理论。

吉里尔的解释回避了真理符合论中的语义问题以及语言学理论表述中和实在性直接相关的语义问题，也就是回避了理论命题和表述中的指称问题。从根本上来看，他的出发点是模型和真实性之间极具争议性的类似关系。"如果我们要探讨某个理论，那么，我们首先要寻找相应的模型"（"先找模型"！），"然后再找这些模型会用到的理论假设。我们寻找的并不是普遍原则和公理"等（同上，第89页）。他的理论直接关注的是"模型和真实体系之间具有类似性的方式和程度"（同上，第93页）。从根本上来看，实在论者和非实在论者之间的差异体现在对应的视角上，而不是程度上（同上）。吉里尔并不支持"毫无限制的实在论"，他主张的是"实在论的一种有限形式，其出发点在于，理论假设是与类似性相关的论断，而这种类似性体现在一个真实体系中，体现在某个模型的一些、但不必是所有方面中"（同上，第97页）。他认为几乎不存在任何一种普遍性规则，甚至是一种"纯形式上的规则"，人们可以根据这样的规则在实在性中找到某一模型的特定面或一些特征的对立面，同时根据特定方面的类似关系在不同程度上找到其在世界上的对应物（同上，第96页）。

所有模型特征中具有普遍性的现实对应物并不会产生重要

影响。同样地，从全面、大规模的同一性普遍化角度来看，严格意义上的全面普遍化也不重要。重要的是，理论模型会在程度上和视角上创建实在性的对应物，其能成功通过检验。因此，这样的理论模型或多或少是现实重要特征的"类似"呈现。吉里尔认为，"模型和真实体系之间的类似性概念是理解科学研究的必要来源"（同上，第 106 页）。

科学界探讨和"协商"的是理论模型及其现实中的对应物、对应的程度、视角和观念化的选择等；模型的形成和发展符合库恩的科学社会学观点和科学历史观点，同时也符合爱丁堡学派主张的科学社会学——其偶尔会被误称为"强建构主义式"的。吉里尔详细分析了这种历史的、强建构主义的、（不太）结构主义的、建构主义-实证主义的观点（尤其是范·弗拉森的理论），但此处无须详细介绍他的这些分析。吉里尔从自身经验出发，基于对质子回旋加速器的分析，对这些理论做出了批判，其中也包括保罗·费耶阿本德（P. Feyerabend）在认识论上的无政府主义观点。在我看来，吉里尔的批判都是十分成功的。

他的主要观点在于，科学家们自身都是成功的实在论者，基本上都是通过技术运用和干预把模型同实在性结合起来，撇开科学界在模型发展形成和协商过程中的一切建构和偶然性，他们依旧会达成实验性的、实在论的模型观，也就是哈伯特·西蒙（H.A.Simon，1945，1957，1977，1979，1983）曾说的满意度模型：我们不会把模型对应物最大化，而是从目标出发将其最优化，这样才能在实验的模型对应物以及不同程度和视角下的模型对应物中得到"满意的结果"。人们实际上不会先去区分解释过程中的优化行动：吉里尔认为科学家就是优化者（"满足者"),但却不是模型对应物中的最大化者(同上,158,第161及下页)。

但能实现最优化的解释仍有可能既是"自然主义的",又是"现实主义的"(同上,第168页)。在此过程中,周围的环境因素、历史发展、理论选择和不同因素的互相影响就类似于生物进化过程(同上,第222,279页)。

同哈金一样,吉里尔也特别强调了实在论问题中的互动方面和干预性方面:如果说,在1920年前后,人们是否要把现实的存在归因为理论实体,也就是所谓的"质子",还是一个值得质疑的问题的话,那么在原子核物理学的技术发展过程中,在使用"质子加速器"、回旋加速器以及其他大型机器的过程中,就不可能再否认质子是真实存在的,在这几十年间,质子已经被成功生产出来,而且被证明是质量中的技术性媒介,质子已经成了一种工具和前提。因此,近来在研究夸克方面,比如第六种夸克和自由夸克,也提出了身份理论,就像1920年前后的质子理论一样,这就促使人们在结构化的实验中大量使用质子。可见,全面的技术使用就成了一个充分的理由,凭借实验和实践上的确定性来假设"物理学家会生产并使用那些拥有类似质子特性的东西":"能用物理手段操作并调控的东西,就是真实的",至少是在技术性的大型标准上以及在能相对保持恒等性的较长时间上(同上,第126页)。和哈金的观点类似的是,作为实验中的手段、技术操控和对世界的技术干预,技术运用成了检验实在性模型和特征类似性的标准:"连接我们发达的认知能力和原子核物理微观世界的关键便是技术"(同上,第137页)——科学的发展"依赖观念,至少也同样依赖新的机器":

"正是技术把我们发达的感官能力和科学世界连接在了一起。"（同上，第138页）技术，比如实验技术，它和实验工具、实验能力的发展、成熟的方法和手段的发展，都被视为是"具体化的知识"：

"质子曾经是十分理论化的粒子，科学家们非常怀疑这样的东西是否真实存在。如今，质子已经被人类收为己用，已经成了用来研究其余粒子和结构的物质手段，比如研究夸克、胶子和原子核的壳层模型。可见我们今天学会的事物到了明天可能就会成为具体的研究工具"（同上，第140页）。

吉里尔"建构实在论"范畴中的"认知理论"中最关键的一点无疑是被视为诠释建构的理论模型同所谓"真实体系"之间的类似关系（同上，第93页等）。该模型中颇具说服力的优势在于，从视角和程度来看，这种类似关系是多样化的，也就是有可能存在多种要求和诠释变量，在建构特征、配合的必然性和适应的改善型上是存在变数的。吉里尔非常清楚包括类似对应物的程度和视角选择条件在内的建构模型会在选择过程中标记并投射出各种可能的选择特征。不过他还是假设，在类似的关系中，一个已经成熟的模型在建构形成模型的过程中是符合真实性特定选择特征的。确切地说，这些特征会被视为呈现和对模型的理论解释。类似关系的建构过程表明，这里探讨的是一种诠释性的建构，它当然需要吉里尔所说的重量和视角，它能恰当（从模型的"满意度"角度来看是足够充分的）地呈现实在性的一些（同样是由模型选择的）特征。在操纵性和技术性上运用模型建构来控制实验、主导实验或在实验中改变既定现实成分中的实验规定，这都会具体化、巩固并支撑该模型建构，这也体现在被建构、被选择的模型特征中。

"真实的体系"呈现出的是"情态实在论"（同上，第98及下页）层面上特定的结构特征和因果趋势，会在客观化的可能性或"倾向"（同上，第101及下页）的格式塔中表现出因果关系。从另一个角度来看，对这种"真实体系"的假设本身就是一种认识论的诠释模型，就像在诠释建构主义的实在论中体现的那样，不过吉里尔并未对此进行透彻的分析。吉里尔的模型十分具有说服力，而且多样化，且考虑到了科学干预和技术干预（就像哈金所说的那样）的行为。但是这种模型必须在认识论的模型基础上通过差异化的批判分析才能得到补充或巩固。吉里尔知道，他的认识论基本模型本身就是一种解释理论，但他却没有认真对待该理论中的诠释特征，而是有些单纯地假设出了一个真实的、不依赖于诠释特征的真实体系，尽管他也认识到，这样的"真实体系"只有在和某一模型类似的情况下才能被确认或"辨认"出来（同上，第86页等）。吉里尔知道（同上），对这里所提到的表述以及认识论模型加以诠释是十分必要的，但他认为这并不属于科学模型，比如物理模型，因而并未详细分析这一点。这种诠释建构的理论无疑可以在差异化的情况下得到纠正。这是非常必要的，尤其是涉及该如何确定或如何假设模型的类似对应物这一问题时。我们总是只有在模型化的切入中才能接近实在性的特征和结构，它们只能是被诠释渗透了的。就算是与之相应的东西，或者现实中与之相应的东西，其在较高等级上也是受认识论诠释理论影响的，也就是受较高等级的模型和表现方式影响。但这并不意味着实在性必然只有在诠释中才会被投射，尽管其只有在被诠释渗透的情况下才能被表现出来。

当然，这就产生了一个问题，理论模型和现实特征之间的类似关系是否可被确定，这一点是否以符合性问题、不具依赖性的可被确定性问题为基础，就像科学假设会从真理的符合理论出发来检验某个真实性对应物，或者以传统方式来假设对应的认识论诠释。吉里尔对模型对应物的假设本身就是语言学实体。受视角局限的修正过程尽管会因程度而具备不同等级，但这里依旧会出现符合理论模型中的符合或不符合问题。吉里尔本人理解的类似关系——对这种类似关系的假设是用语言表述出来的——是不是太过"语言学"或接近语言了呢？——尽管他并未从无限制的实在论角度上假设出完整的对应物结构。这种误解的危险还是存在的，但我认为吉里尔通过以下方式规避了这种危险。一、他只把对应物的假设视为具体化（从"具体化知识"的角度来看）的、真实对应物关系中的间接反射。二、同时通过对可靠的实验效果进行归类，从而在操作中把类似关系具体化。最后，在类似性比较中，最关键的并不是用来表现理论模型和世界特征的类似性和有待检验的假设，而是实验科学及其测量技术的实验和操作技术中模型的例证式具体化过程。实验上以及技术上的行为才是判断实在性对应物的基础。从诠释的释义理论来看，这完全就是一种间接的专业语言。我们不会认为因果倾向或概率性倾向是存在于实在性中的，而是会说，我们认定在概念形成中不具依赖性的（尽管只能被视为是被诠释渗透了的）现实其实是具备这种（同样只能被间接表述出来）"特征"或"特点"的，这些特征或特点能对因果特征进行成功且有意义的归因。就这一点来看，类似性归因本身就是诠释

第二十章　被诠释论渗透的实在性，结构化的实在论和建构诠释主义 | 291

性的、建构性的，至少在认识论层面上是如此。

具体来看，吉里尔关于理论模型和真实性对应物的模型中还可以纳入一个同诠释有关的层面：对或者说和（在认识论诠释理论中做出解释性假设，但从实际生活角度来看这本就是不可或缺的）实在性的对应关系被打破了，包括类似性关系也不是一种直接关系，而是一种被诠释渗透了的、同样在解释中进行理解和建构的关系。其中的原因在于，类似性在视角和程度上是相对的，就像吉里尔一直强调的那样。现实中不存在任何"直接的"、能直接——包括用任何一种方式"直接地"——投射在模型或类似性关系中，或者通过模型以及类似性关系被直接传递的对应关系。每一次使用模型、每一次确定类似关系，这都是必然且定然是诠释性的、被诠释渗透了的。无论现实如何，我们本身并不能直接进入并干预现实。我们只能依靠诠释来理解、把握、认识或甚描述现实。科学模型被嵌入了认识论的模型诠释之中，从真实体系的真实"结构"以及真实性的因果倾向或概率倾向角度来看，这些模型可能会再次"打破"吉里尔所说的对实在性特征的隐秘干预，或许是类语言学上的干预，也就是使之变得更加间接化，嵌入了诠释性的理解方式和过程之中。这一点同样适用于技术工具的实验、解释和准备过程中依赖于诠释的行为方式。包括吉里尔提出的、具有合理性的建构性（确切地说是建构主义式的）实在论再也不可能是直接的实在论，也是受诠释建构影响的，是一种间接的实在论，比如此文中多次提到的诸多的生活经验和行为实践经验就已经证明了这一点。

简而言之，吉里尔的"建构实在论"必须在诠释建构主义中被重新表述并细化，但同时不能失去其在哲学上的合理性程度。吉里尔的模型建构式实在论同哈金的干预主义实在论十分类似，两者也都一样可以在认识论中被纳入诠释建构主义理论，同时一点都不需要放弃这些基本的实在论理念。不过称之为互动的建构主义实在论和诠释建构主义实在论要更加恰当。

从传统理解的、倾向本体论的自然哲学出发，科学哲学在科学本身的发展过程中，在哲学以及认识论的反应中，经历了一系列的转变，这些转变也使之在方法和工具的导向、可被观察性或可被测量性、定量分析规范、行为、可调控性或可建构性层面上拥有了越来越多的认识论限制和规范。比如，首要的限制和规范就体现在科学的认识论结构上以及在该范畴内可被企及、可被呈现的事物上——英国的实证主义曾特别强调极端感觉论当中的感官感知和可被观察性。更明确的认识论局限则体现在笛卡尔之后主观观念上的转变，尤其体现在康德的先验主观主义中："我能知道什么？"这一关键问题决定了能被感知之物所涵盖的全部类型和范围，也就是能被认识所理解的存在物构成的所有范围。认识论战胜了本体论："存在的领域和知识的领域拥有了同样的范围。更重要的是，后者定义了前者。"（沃尔夫1963，第96页及以下）我们可以像杰罗尔德·阿伦森（J. L. Aroson，1984；1990^2，第261页）那样称之为"认识论转变"，这同时也意味着告别传统的本体论自然哲学。

类似的转变还体现在科学以及哲学家在解释相应科学理论时候对可被观察物以及可被测量物做出的限制，又或者是体现在建构主义或理性主义的概念定义以及理论构思上的狭义化上——无论是康德对直观的可被建构性要求，还是布里奇曼

（Bridgman）在物理学上提出的操作主义。另外，在逻辑形式主义的分析中理解罗素以及维也纳学圈提出的早期新实证主义中新实证主义的、逻辑原子论的理论时，也是把概念诠释和理论诠释局限在了方法上的、可被理解的、通过逻辑概念分析和相应定义、分析标准而可被定义的、可被呈现的、可被分析的事物上。在语言哲学理论的发展过程中——无论是继维特根斯坦后期的理论之后，或是在"形式化的表述方法"、对概念的语义分析以及对理论的理解，都是在卡尔纳普之后片面地通过诠释考量来进行语义论证——出现了语言学上的语言转变，哲学上对此做了很多讨论。同时，在科学哲学中，在卡尔纳普对科学理论的基本本体论范畴问题进行探讨的过程中，这种转变也是至关重要的。同时可能还意味着，科学上可被理解的事物暗暗地被缩减成了语言上可被呈现的事物、语言学表述中可被描述的事物；存在物不知不觉就等同于语言上可被描述之物。通过语言可被企及之物也被自发视为和存在物概念拥有同样的范围或基本质：（只有）科学加工过的语言或者语言学上经过修缮的理论能够涉及的事物，就能被我们认识。其中，该论断相当明确地表明，这种语言学理论上的努力也是具备创造性的，可以假设或暗示：一、这些努力足以描述现实；二、因为我们只能理解我们以任何形式在语言学或理论-认识论上可以描述的事物，这就意味着，只有语言上可被描述或者可以用语言手段和理论手段理解的东西才是存在的；三、主体间的有效性以及可检测性表现了唯一的客观性概念，同时也详尽阐明了同真实对象性之间的可能关系。

罗杰·特里格（R.Trigg，1980，第 77 及下页，第 72，83

页）批判了奎因的认识论和科学论。他认为，主体间的、从刺激意义中提炼出来的、最终在社会化中得以建构的"话语－话语－关系"要比话语和先验对象之间的关系更加根本，这似乎会造成语言学上的错觉，或者在语言哲学上得出错误的结论，就和罗伊·巴斯卡（R.Bashkar，1978，第36页）曾经批判的"认识谬误"一样，这种谬误体现在，人们把描述真实存在物的语句限制或简化成了关于知识的语句，也就是把本体论问题的论断局限在了认识论的诠释方面，他认为这是把本体论简化成认识方式。在罗伊·巴斯卡看来，奎因——包括戴维森（参见特里格，1980，第113及下页）把真理直接等同于陈说——也把真实存在物简化成了理解知识的方式以及可被理解的语言形式。

尽可能通过方法让理解方式、概念形成以及理论分析变得可被调控、可被理解、在主体间可被检测并重新构建，这是一种简单且重要的趋势，会对具体的谬论做出不同的限制，同时也会在表现整体的真实世界时，在相应可被检测、调控的方法范围内做出错误的估计。无论谁在分析传统的实在性问题以及实在论问题时采用的是片面的方法，无论是认识论（和知识形态相关的）、语言或语义上、逻辑分析或操作主义上，还是行为主义或建构主义上的方法，都会面临一种危险，也就是会把可以用方法达成的事物视为真实事物，同时会试图一步步通过以方法达成的、可被企及的事物来充分利用现实，或者至少将现实视为可被利用的或原则上可被描述的事物。

可见，我们可能会犯一系列的错误，在解释科学和认识问题的过程中，就会出现这些错误：

- 一种认识论上的谬论
- 一种分析逻辑上的错觉（比如在逻辑原子主义中）
- 一种语义上、以意义为导向的概念超载
- 一种语言学——语言哲学上的谬论
- 一种朴素的、和观察密切相关的（感官上的）谬论
- 一种行为主义的谬论
- 一种可被测量性的或者操作性上的谬论
- 一种和可被量化性相关的谬论（比如从科学上来看，只有可被量化的事物才会存在）
- 一种建构主义上的谬论
- 最后还有一种诠释主义上的谬论（只有被诠释了的事物或者诠释才是存在的，或者说，所有的真实事物都是可以被诠释的，只可能作为可诠释对象而存在。）

人们把包括理论实在性在内的实在性理解并且局限为我们看到、理解或能在理论上理解的实在性，那么，就像特里格多次强调的，我们就会不停地用语言来理解现实。确切地说，用语言上可被描述且可被理解的事物来理解实在性；也就是不会把实在性视为"自在的真实性"，而是从尼古拉斯·雷舍尔（N. Rescher）的抽象唯心论角度出发将其理解成"如我们所描述的"实在性。特里格通过奎因、戴维森、达米特（M.Dummett）、雷舍尔等现代分析哲学家在认识论以及语言学上得出的谬论表明，人们在理解认识方式、语言形态以及被呈现出来的实在性之间的混合物时，这种方法会带来反实在论的理解。原初的、被认为同人类及人类认识无关的真实性意外地通过这些谬论而同方式方法关联了起来。实在论瓦解了，消失在了方法论－概

念的唯心论以及同方法相关的唯心论中。语言、理论和实在性交织在一起,变得模糊不清。知识的认识论唯心主义渐渐开始主导本体论的实在主义。不过在特里格看来,"真正的实在论不会对实在性施加任何主体上的影响,而主体是知识的主人"(1980,第94及下页)。"实在论不会把世界的图像设定成一种毫无形态的、有待组织的集群图像"(同上,第111页)。实在性不只是"对我们而言的实在性"(同上,第113页)。他认为,"如果在还没有运用我们的概念体系之前,认为自然、实在性、自在物以及那些我们想要标记的存在物都没有特定标记的话",那就犯了一个巨大的错误(同上,第111页)。[1] "把如是情况局限为可被语言表达的事物,这就意味着,超越语言领域的事物是不存在的,这就在探讨真实性本质时得出了一个形而上的结论。"(同上,第118页)在特里格看来,这一结论不仅是人本主义的、反实在论的(语言唯心论的),同时也是错误的。语言学上以及认识论上的谬论可以总结为一个简单的、上文提到的现代语言分析以及认识论和科学论中得出的谬论。与之相对的是,我们要和特里格一样强调一点,实在性不止是被语言表现出来的,或是在某种知识中获得和塑造的东西。此外,只要"人类本身是实在性的一部分,同时和真实性的其他组成会有因果关系上的互相影响——他能改变物,甚至掌控物"(同上,第200页),那么实在性也是"可进入的",不过人类并不能只是通过自己概念上、理论上和语言上的工具而彻底改造物。

---

[1] 如果在皮尔士的符号三段式中,"符号"只是针对某人而发挥功用的符号,那么脱离了符号使用者和诠释者的"标记"也就不存在了。

一方面，出于实际生活的缘由，我们必须假设实在性中的一些特征并不依赖于我们。另一方面，我们不能要求我们所持的概念和工具本身能用于理解整体实在性——我们的行为和思考都属于其中；不然这就是一种认识论上的霸权主义，在上文提到的受方法和干预形式影响的谬论中，这种霸权主义是很容易形成的。一些科学传统中定然还有其他的错觉和谬论存在，这些会造成一种普遍的可被理解性错觉，而事实上这种可被理解性不一定存在。错觉和谬论都是方法论上有意义的配置，其本身当然意味着干预方式的局限化以及在其助力下被呈现之物的局限化过程。在间接形成的过程、认识过程和科学过程中，能实现不同的具体调控，这些错觉和谬论也是必需的限制过程。不过，这种回退到间接干预和间接表现方式的过程当然源自对实在性的直接理解，而这也是必然且合理的。不过我们不能过高地要求或者拓展这种间接的方法以及认识论上的自我局限过程，而且也不能断言在理解了总体实在性的前提下，这种方式呈现的是全面的世界图像。把世界凝缩成对我们而言可理解的事物，这就意味着将其凝缩成一种真实性，也就是我们如何描摹该真实性，如何通过我们的认识过程来呈现并理解它。这并不意味着，自在的真实性就等同于"对于我们而言的实在性"。在这一点上，特里格的观点是合理的。但问题在于，我们是否可以像特里格所说的那样，通过我们准备好的、同时也是取悦于特殊方法的行为方式和实验方法等，也就是通过操控实在性的方式，从而真正地进入自在的实在性。被操控的实在性始终是"一种对我们而言的实在性"。通过采用实际操控、技术操作以及实验方法，我们无法再摆脱干预方法上的局限性。这一点同样适用于诠释建构理论以及对方法的所有解释。行为本身不可避免地是被诠释渗透了的。

尽管我们必须假设自在真实性很大程度上是脱离了认识论中以及操控中可以触及的"对于我们而言的实在性"的，但仍旧无法回避在理解真实性的过程中出现的诠释主义影响。所有理解都是被诠释渗透了的，这是诠释渗透性中的根本原理。

当然，我们此后不能只是用诠释建构来替代实在性，或是要求全面使用诠释建构（就像奎因以及其他理论和语言中用以代替本体论存在的做法一样）。和上述谬论一样，诠释性错觉以及诠释建构性的谬论都是很容易产生的。而且这种谬论可能更具诱惑性，因为它是以更细致、具体的认识论分析为基础的。同时也必须避免产生上文提到的认识论间接表达方式和间接分析方式上的自我限制，尽管从根本上来说，所有认识和经验都是被诠释渗透了的。包括诠释唯心论视角下的极端诠释主义也不具备认识霸权。尽管对实在性的每一种理解都是被诠释渗透且不可摒弃的，但我们还是不能用一种被我们诠释或释义过的实在性来替代自在的真实性（我们必须从实际生活以及认识论的合理角度出发来假设这种自在真实性的存在）。在诡谲多变的复杂性中，即使当只有依赖诠释才能被我们意指和描述的"自在实在性"本身会以其理解方式、描述方式、语言或概念理论上的改写方式而被改写成对诠释形式和前影响的依赖性时，这一点同样适用。哲学看似是一种不可能的交易——说出不可言说之物，用符号来标记不可标记之物，用诠释形式来解释同所有诠释毫无关联之物，思考无法思考和尚无法思考之物。这就像是用雅斯贝尔斯（K.T.Jaspers）的密码来呈现周围之物。试图越过解释的界限而在解释过程中继续前行（或者只是继续蒙混？），同时在此过程中绝不绝望，也不会主张认识上的霸权主义，这种尝试就是哲学思考。当人们自足地继续解释时，就是在进行哲学思考。

第五部分

第二十一章　诠释客体、诠释主体、诠释行为及其认识论定位

当我们诠释时，我们把某物诠释为某物，比如一篇文章、一种行为、一起事件、一部艺术作品、一种技术产品、一家机构、一种习惯、一种习俗、一种价值观、一种规则、一种法规或甚存在于世界上的一种对象。作为思维行动和符号行动的诠释本身是以诠释客体为前提的。我们不能将其视为费希特原生产力层面上的绝对诠释行为，这会造成诠释的唯心论。显然，能被诠释之物定然是存在的，诠释行为、对诠释过程的符号归因、诠释范畴的运用都是施加在该物之上的。那么，这种诠释客体到底是什么呢？它不可能是传统意义上实证主义的被给予之物，不可能是不可更改的，也不会是诠释过程和认识过程的绝对基础物，因为它只有在诠释形式和架构中才能被触及。从认识论上来看，诠释客体本身是被诠释渗透了的，也就是说，诠释客体就是诠释建构，因为只有通过一种被诠释渗透了的理解过程才能触及这种诠释建构。那么，对每一种诠释客体的理解是不是以一种进一步的诠释行为，也就是另一种不同于它的基础客

体为前提的呢？这么一来，我们是不是陷入了一种无穷无尽的诠释复归之中？诠释客体是不是在具体诠释过程中作为基础的存在物，也就是始终依赖于相对化的诠释对象？诠释客体是不是由诠释主体决定的？诠释主体，也就是诠释者，是不是就是基础和根本？所有的诠释行为、每一种诠释建构、把某物确定为某物的每一种解释就以其为基础？这是不是就是费希特式的诠释行为构成主义，也就是一种绝对的诠释唯心论？"真实物"在哪儿呢？诠释主体又是如何在世界上进行自身定位的呢？诠释主体是不是会设计、塑造、"生产"每一种诠释建构并把世界视为诠释性的世界？

　　从传统的基础哲学角度来看，这些追问方式都具有根本性，而且在最后论证中都是理性化的。因此，鉴于其误导性，它们就都是毫无目的性的。我们可以将其口语化地称为"错误的追问方式"。作为哲学根本释义起点的阿基米德支点是不存在的，而且也不可能且不必对此多加追问。从理论上来看，能成为哲学和认识论最后根本的基础也是不存在的。所有所谓的基础性——尽管从另一视角来看具有连贯性——又会被继续追问。所有事物的问题性，每种预先存在的基础当中最根本的可被追问性，都是毋庸置疑的。我们也不能像威廉·魏舍德尔（Wihelm Weischedel）——他想把所有事物问题性中最后的绝对理由当作哲学的绝对出发点，并将之等同于上帝之问——那样把所有事物的根本问题性在类本体论上变成绝对项，这肯定会产生矛盾。诠释追问的螺旋线是无止尽的：一切都可以被追问——在视角改变之后，在观点改变之后等。

　　在这一点上，诠释的主体和所谓的"真实物"被证明是被

第二十一章 诠释客体、诠释主体、诠释行为及其认识论定位

诠释渗透了的,从方法论上来看,这就是诠释建构,其自然会被假设且固定在生活实践之中。我们也可以像维特根斯坦(《哲学研究》,§217)那样说:"如果我已经尽力说明了理由,那么我就被逼到了墙角,亮出了自己最后的底牌。然后我就会说:'反正我就是这么干的。'"(见下文第三十八章)为了理解或解释行为、认识、诠释、理解或解释,生活实践中的行为,包括作为行为的诠释,就成了我们立足的实际基础、不可摒弃且绝对("无法消解")的基础吗?"我就是这么诠释的"——这可能就是说,我已经习惯了身为这样的诠释者、行动者、思考者,并以此来进行解释。事实就是如此。在实际生活中被逼入墙角时,底牌就被亮出来了。但这难道不是提问和追问过程中一种太过形而上的安慰吗?这种方式无疑会暂时打断追问,这是非常实用的做法。虽然在实际决定和行为情境中,这样的中断过程是十分必要的,但能让人们最终且绝对停止的立足点却是不存在的:墙角不过是实用的一种隐喻,其本身会有确定性,会在方法论上做出仓促的决定,也就是会造成误解。习惯、习俗、在社会性中已然成为惯例的诠释规则和习惯本身都是可变的、可被追问的。能像阿基米德支点般作为出发点的墙角是不存在的,尽管我们总是被迫在实践关系的某处开始寻找行为和诠释的某一种理论,并把某一种诠释客体视为诠释对象。

"主体在哪儿呢",我的好友,形而上学家保罗·怀斯曾这么问我。对于该问题,内在诠释性的答复只能是:主体也是建构,有时候就是一种自我建构。那么,它是谁呢?谁又是它呢?是谁建构了主体呢?这样的某个人是定然存在的吗?诠释是不是就是一种"发生"(阿贝尔)呢?我们是不是必须去拟

人化地断言："它在诠释"（就像利希滕贝格和尼采的反"我思"的说法那样——"它在思考"）？如果诠释是一种行为（只要不存在前意识的图式激活），那么，就总是有一个行为者在诠释；会有一个我在诠释。我诠释，故我在。我就是一个正在诠释中的我。但这个我本身是一种次级产生的我，其本身——从分析的元层面来看，而且做出具体确定的话——是被诠释渗透了的，或者说是被诠释建构了的。对自我或主体的假设本身就是诠释性的。我们在越来越高的等级中陷入了无穷尽的复归危险之中〔这里可以忽略该困局；从实用角度来看，通过对诠释层面、等级和类型的具体化，可能会陷入这种困境（见本书第二章）〕。诠释不可能是纯粹的"发生"（阿贝尔）。如果我们只是强调诠释过程是不依赖于行为者的，那么，我们就无法给出足够充分的答案。

如果我们不愿意把语言或诠释世界比喻成有诠释能力的中心（从超个人的、类先验的同一性极端角度来看）的话，那么，诠释的人便是诠释的主体。作为事件经过和行为的诠释是以具有诠释能力的主体为前提的。也就是具有统一性的诠释定然会有一个作者、一个发起人和执行者。诠释主体在诠释过程中并不只是虚构出来具有诠释性的存在，而是具有积极行为能力的存在。在诠释行为的相关层面上，这种主体存在会被假设为没有诠释性，也就是在诠释过程中是承载行为的，是完成并承载诠释过程的，是有诠释能力的存在。从逻辑上来看，主体存在要先于具体的诠释行为。在该等级或层面上，具有诠释能力的主体便被预先设定为行为中心和诠释中心。当然，具有诠释能力的主体模型可以而且必须在观察的元等级上被视为是被诠释

第二十一章 诠释客体、诠释主体、诠释行为及其认识论定位 | 307

渗透了的。这当然并不会影响到该主体——当然是只有在诠释中才会被理解、被描述的、具有诠释能力的主体——实际存在于此过程的必要性：没有具有诠释能力的主体就没有诠释过程。（没有诠释客体和诠释建构也同样不会有诠释过程。）

从先验角度来看，这种被给予性以及行为世界的共同性都要在诠释中再次被追问。

如果存在不是诠释性的，或者不被诠释渗透，但能进行诠释的基本行为人：我们可以从"诠释"这一表述的字面意义中推断出这一点吗？（纯粹的字面意义并不能得出物质性的结论！而且这个词根本就不能用在该情况下。）

此外，这一点也同样适用于我们的主体存在本身：我们把自己视为行为人、"真实的"存在、有责任心且在因果关系中采取干预措施的存在，也就是有行为能力的存在，定然也总是有诠释能力的存在。但这种主体在其可被掌握性中是已经被体验的主体，在其方法论角度上又是认识论主体，都是诠释建构——在这一点上，我们依旧无法回避诠释性。所有掌握、行为和理解过程都是被诠释渗透了的，只能发生在诠释建构之中。因此，并不是所有的存在都是我们诠释的产物。实在性是不依赖于我们的诠释而存在的，尽管我们知道，我们只有在自己诠释网络的诠释建构中才能（尽管从未完整而充分地）掌握并构想出它们，尽管我们认识到，从认识论角度来看，这种实在性和诠释模型本身就是一种诠释性的概念。这种认识论的、诠释性的概念当然也是作为有诠释能力的人类所具备的人类学模型。索尔·斯坦伯格画过一幅素描，画中是一个正在画自画像的画家，我们可以借用这幅画来打个比方，我曾在

《小理性批判》（1990[2]，第28页）中提到："自我艺术家，自我思想家？思想家（艺术家）想着，这位思想家是一位正在思考思想家的思想家！"这一简单的嘲讽当然也适用于具有诠释能力的诠释者：诠释者把诠释者诠释为正在诠释诠释者的诠释者！

诠释是一种由某人（一个行为中心，一般是一个个人）采取的行动。这并不是一种纯粹非个人的"发生"……也就是存在一个行为者，他能进行建构、分类，保持置身状态：把某物解释成某物。只要诠释是一种真实的事件过程，诠释者就处在实在性中。诠释者就是处在世界内的真实行为者。（尼采："可怕的概念木乃伊哲学。"）但这种定位本身也是诠释性的。我们无法摆脱我们的诠释而进入实在性之中。（这种想法和假设本身就是一种诠释行为！）我们在寻找诠释者和实在性定位的时候是一直在转圈吗？找到的只有关于符号的符号，关于诠释的诠释。谁能打破这种"恶性循环""诠释螺旋"呢？只要这种尝试本身是在诠释性中发生的，就始终无法脱离这种内在性。不然我们要怎么才能表现出自己是有思考、描述、意指、传播能力的呢？那我们就是脱离了外在固定基础而进行诠释了：回归到诠释的日常实践够吗？

但我们也不能直接放弃诠释。有意识、有理由的放弃诠释也是一种诠释。这是一种分离诉求，我们无法在非诠释（有意识）的情况下放弃诠释。诠释是必须的，至少在该层面上。我们像吹牛大王明希豪森一般陷入了泥沼，这是一种诠释的困境，有没有一根先验实用的绳索能把我们从中拉出来呢？

这种想象会造成误解，因为它有必要服从理性主义的最后

第二十一章　诠释客体、诠释主体、诠释行为及其认识论定位 | 309

论证模型，也就是阿基米德支点哲学："给我一个支点，我就能撬动地球。"但这种模型是乌托邦式的。我们始终处在日常生活的行为关联之中，无法忽视日常行为和诠释，也无法找到一个"固定点"来由此开始诠释。（论证并确定一个固定"支点"的过程就已经是诠释性的了。）诠释中不存在任何脱离了诠释的起点或支点。因此，我们总是被交织在行为语境之中，开展诠释性的行为，而这些行为语境本身就是诠释性的、被诠释渗透和建构而成的。诠释是没有绝对开端的，它没有绝对的本体论基础。

难道我们就不能从内部，也就是假设出一个和诠释有关的起点，根据诠释的视角，把实在性理解成外部的诠释对象，把主体视为有待诠释的诠释者吗？我们当然能这么干，而且或许还必须这么干。但这也不是任何绝对的开端，不是绝对的基础，也就是脱离了诠释性的基础。正好相反！对视角的假设完全就是受诠释影响并因诠释而产生的。只有从不同层面且根据不同要求来看，其中一个等级的诠释性才能在依靠或必须使用另一等级的诠释基础上才能成为分析和理解的对象。这表明，诠释性是无法回避的。

但这并不排除我们无法从某个特定诠释点出发把主体视为诠释者，也就是有诠释能力的行为者——如果诠释必须被视为真实行动、真实开展的过程和建构成就的话。但外在的、实在的事物脱离了诠释是无法得到保证的。每一种保证都是内在的，只能在诠释宇宙（包括关于诠释的诠释）内部才能形成，也就是只有如此才能被限定界限、被完成、被勾勒。没有任何认识论的道路可以脱离诠释的内在性。

无论如何，人们都可以间接地通过分离诉求将自身——和诠释相关的——视为行为者理论假设中的不可回避性：可以放弃诠释性和各种（诠释）视角，那这就是被诠释渗透了的、认识论上的决定，这是一种——这本身就是诠释性，诠释性只有在诠释中才能被放弃——不完整的行为。为了（合理）避免诠释，我们始终在另一层面上开展诠释行动。这就像是逻辑基本原理或形式批判的基本原理一样：为了能把要规避的矛盾中的一个原理（合理的）认定为批判中的最高基本规则，我们就必须在更高的（方法论的）元等级中用到它（或是与其功能类似的等量物）。只有通过（更高等级的）批判才能合理地消除批判。这里探讨的是不可回避的、务实的指示性存在，其目的是为了在试图（自我）消除批判的过程中从必要的自我运用角度来实现一种"自我指示性"——这是一种自我诉求，类似于实用的、对不可放弃性的认识。当我们试图有意识地消除批判时，我们就陷入了实用矛盾之中（也就是一种述行-实用"矛盾"）。

316　　回到在实在性中对有诠释能力的主体进行定位的问题上：如果诠释被认为是行动，那么它就和一个行动承载者联系在了一起。这不一定是个人，但必须被认为是存在的（从认识论的，也就是和诠释相关的视角来看）。在作为本体事件的诠释过程中，纯粹本体论上被假设存在的"发生"并不足以具体解释诠释的特征性。把诠释过程纯粹视为正在进行的"发生"的人，比如之前的金特·阿贝尔，虽然看到了图式化的根本行为特征，但却忽视了大部分诠释的行为特征。纯粹的事件分析对于诠释而言太过抽象，它没有抓住最根本的东西，即诠释者、诠释行为、被诠释者和诠释对象之间的关系。

更恰当的是尼采把权力中心（承载权力意志的单子）视作诠释中心的做法——可能也可以反过来，把诠释的中心当作符号施加权力的中心。[但是在生命之"舞"、行为节奏、诠释旋涡以及视角的接纳、援引、实用过程中，却不必、不能把共同参与、共同颤动的行为简化为权力动机和权力意志，就像尼采（其深受西方伪基督教众熟悉的统管世界之信条影响）所认为的那样。]因此，我们用诠释中心的单子论来解释权力中心的单子论，这样就能把诠释的承载者关联性，包括尼采和阿贝尔的观点在内，一起纳入诠释建构主义的本体论模型之中。（当然，和诠释中心的动力相关的各种本体论模型以及认识论模型本身就是诠释性的，也就是只有在诠释中才能被运用，其生成和结构都是被诠释渗透了的。）

诠释中心在诠释过程中开展行动（反之亦然）。因为这里探讨的是本身受诠释渗透了的模型，那么把诠释中心视为"真实"（这些诠释中心开展了行动）的假设当然也是该假设模型的一部分。诠释的内在性意味着，和诠释过程的承载者、诠释者（"诠释主体"）及其物质性和功能性上的基础相关的实在性假设本身都是模型化的、理论化的、视角主义－诠释性的。没有任何分析之法可以摆脱诠释性。

主体的实在性又在哪儿呢？我的好友保罗·怀斯经常提出这个棘手的形而上问题。其回答可以是：在认识论的观点和分析层面上，主体也是一种（认识论上的、诠释的）建构。同样也只能把其中假设出来的基础理解成是诠释性的。这一观点既没有排除客观性，也没有排除实在性，而是在实用主义、"现实性"和诠释的运用性上包括了（当然也是在诠释中得以建构的）指称对象和诠释对象。被诠释渗透了的生活实践和行为实践无疑确保了实际的实在性。但我们也只能在诠释中认识这种观点和表述。诠释不可避免！诠释（性）永在！

也就是说，不仅是诠释中的诠释客体，包括诠释主体和作为行为者的诠释者的自我理解，从诠释建构主义的，也就是内在论、方法论的视角来看，都是取决于特定观点的：诠释主体和诠释客体在诠释过程中是相对的，只有在依赖于诠释行为以及诠释视角的情况下才能成为这样的主体和客体。（当然，这是以一种认识论的、更高等级的、同时也是方法论上的诠释视角为前提的。）诠释的对象取决于关系方式，也就是只有在诠释行为关系中才能被标记。从认识论的、诠释建构主义的角度来看，诠释主体、诠释客体和诠释行为之间的差别始终都是内部的。这里也不存在任何绝对的、无法被追问的理论，不存在差异化的基础，这种差异化可以用于基本的哲学演绎和最后的论证。如果我们从绝对主义的角度意图把这种追问方式理解成根本的、主观主义的、诠释性的，那么这就会成为一种"错误的追问"。费希特的行为唯心论也不会再通过诠释理论的后门而进入屋子，这根本不值得追问。一种绝对主义的诠释唯心论被排除在外了，它无法被用于生产世界或在本体论中建构世界，尽管每一种世界观都是被诠释渗透了的，而且会被诠释视角所打破，同时也只有如此才能被理解。

在本体论的诠释中，当然存在这样一种构想，也就是把诠释主体、行为者以及诠释客体在一个不怎么受方法论影响的等级上同时"具体化"，也就是假设对它们的认识已经摆脱了诠释的渗透性。这种理论在日常生活的实在论中是完全成立的；但这并不意味着该理论是绝对的基础，是认识论视角下的阿基米德支点。从认识论上来看，该模型就是一个诠释模型，是诠释建构的事件，是既定的模式化解释的事件。

但在实际关系中，行为、行动中的自我、作为行动部分的相关对象都会被视为实际出发点。甚至从实践和生活实践的角度来看，还有必要接纳这样一种基本的实在论观点。如果我们把诠释同实用行动关联在一起，为行动设置规则，而这些规则是在生活共同体、行为共同体和诠释共同体中得以确立并延续下来的，也就是在文化上得以规定了的，然后我们再把行动置身于生活形态和社会的习俗化过程之中，那么这就必然回归到了实际生活，而这种回归正是哲学所探讨的问题。回归到实际生活的过程当然并不是认识论基本理念中的根本、绝对且阿基米德式的支点和基础。如果我们想从根本哲学和最后论证的理性主义角度出发把该理论建立在常识理解的基础之上，这就又产生了一个"错误的追问"。

包括上文提到的通过"我就是这么干的"这样的论断从维特根斯坦理念出发来进行自我安慰的做法也太过肤浅，无法将追问提升到一个最终点（见下文第三十八章）。我们很容易陷入绝对的行为尝试主义以及阿基米德式的生活形式——我们生于其中，而且接受了要服从这种生活形式的教育。

当然完全有必要研究行为形式以及诠释形式的条件以及可能的变化，这是实用的、有生产力的、开放性哲学思考的一项任务。世界并不只是存在于社会习俗之中，进行改变、塑造和有意识的维护也是其任务。而后者只有当人们认识到视角的可更改性和依赖性时,才能成为任务。

在某种程度上,诠释主义中再度出现了康德的先验问题,而且是在认识论以及行为理论的层面上,包括皮尔士提出的先验符号学问题,或者说,同符号、记号、相应行为以及符号三段论(符号,连接符号和被标记物之间关系的诠释者,被标记物)各要素之间的关系有关的符号学;同时还应该考虑到符号给予者,或者说符号使用者,以及符号使用过程中语言和文化上的置身。在符号构建和符号运用过程中,诠释过程的各个要素也必须同时被考虑到(见本书第三十三章)。

我们可以在先验的、不会造成根本性误解的追问中探究符号、记号和诠释运用中的必要条件。(别处会再探讨方法论和先验视角下运用符号时的必要条件。)不过这里必须提一下和诠释相关的必要条件:作为"被给予之物"的行为客体或诠释客体都是可以被标记和选择的。其中必须设定一个前提,也就是可以对诠释对象进行差异化分析和分类,同时也可以对诠释对象加以辨别(无论是通过符号或语言学上的形式,还是通过其余符号)。同样必须假设,在符号和诠释客体呈现过程中存在可再度辨认性以及一定的稳定性——在实际生活中也可以满足该前提。不过这当中也存在一个前提,也就是在过程中,以及在所有根本的动态可变性中,要假设自然和世界从根本上具备了一致性。同时,还必须假设,可再度辨认性以及可辨认性是具备稳定性的,这样才有可能连续、普遍地运用符号并开展诠释。此外,也必须假设,能对诠释客体、诠释主体、相应的诠释行为、理解及其形态进行充分区分。同时还要在先验性上从皮尔士的理念出发为符号关系和符号的使用设定必要的条件。

最后，我们还得——不然最后就会出现一系列的先验问题——假设诠释"世界"是具备某种统一性的，就像在康德所说的"我思必须能伴随着我的一切表象"一样，这种诠释世界会以一种"我把此物诠释成该物"的形式来建构诠释范畴中的分析-形式上的连续统一性。其方法在于，对任何可能的理解做出全面的、必须的诠释，就像康德所谓的"我思"一样，这种"我诠释此物"理念能开启诠释世界的抽象、结构化的统一性。

在全面运用语言的过程中就已经设置了这样一种假设，至少是将其作为规则式的行为纲领，只有从这样的假设出发，诠释范畴，或者说已被诠释和理解的世界，才能实现继续扩展。不过这就没有必要假设基本上只有在诠释中可被理解的事物才会存在，也不必设定那些被我们视为不依赖于我们的存在（且该存在物完全具备可被理解性，而且必然可以通过某些理由提出这种假设事物）一定属于诠释范畴。不一定所有的事物都是可被理解、可被诠释或可被命名的。从根本上来说，超过了语言命名和思维认识、诠释、理论化，或许超过了人类描述可能的类真实性事物是完全可能存在的，这些事物对于我们来说基本上是无法理解、无法认识的，也就是可能根本无法思考和描述。人是一种有限的、受限的存在，不能为所欲为，或者说不能在语言上为所欲为，无法用其在认识和语言上有限的能力来理解、认识和呈现世界上的所有事物。视域超验是可能的，这就是从根本上来看处于我们理解可能之外的事物。不过，认识论哲学的任务，对语言上和诠释符号上的理解方式进行细化的目标，都是为了尽可能地延伸理解的可能性，为了继续压缩当下不可理解的事物的可能视域，尽可能地去理解曾经不可理解的事物，通过语言上和思维上更好、更具体的方法手段尽可能地从根本上去认识那些看似在思维和语言上不可理解的事物。

最终甚至有可能最大范围地认识诠释世界、诠释认识的整体范畴中最根本的——在实际生活中必需的（见第十九章）——和规范化的统一性理念。

或许，诠释世界的统一性理念本身就是人类认识教条主义中一种狂妄无理的要求。因此，这种理念也只能在认识的追求中被视为规范性策略，这种策略能尽量拓展认识的诠释可能性，这些可能性都是通过语言上和符号上的细化、科学上和哲学上的认识得以形成的，并且尽可能延伸目前为止可被呈现、可被命名、可被描述之物的视域。

这种追问并不会造成最后论证哲学或某种理性主义演绎论层面上全新的基要主义，反而显然定会带来一种乐于构思的、以诠释模型为旨向的认识论。诠释建构主义的方法论可以通过对其所做的等级划分以及它与实践之间的关联而带来一系列的可能性，也就是从所假设的教条主义角度来看是乐于构思、乐于实验和乐于改变的。这种哲学类似于有规划、行动和先见之明的存在在进行预先设计时使用的一种实用主义的、普罗米修斯式的超人哲学（见伦克的《普罗米修斯式哲学思考》，1991）。普罗米修斯是"先知先觉"的神明，不同于其"后知后觉"的弟弟埃庇米修斯，他几乎就是代表了人类文化、人类技术、规划、自我设置状态和自我行动的神明。可以认为，与有规划和行为能力的存在相关的人类学处于一种诠释文化和行为文化

第二十一章 诠释客体、诠释主体、诠释行为及其认识论定位

之中。人类是有设计能力、会按计划行动、开展自主行动并有预先思考能力的存在，从其生理机制上来看就依赖于预先运用图式的行为，依赖于乔治·赫伯特·米德（George Herbert Mead）所说的在思考中开展的"虚拟行动"，也就是依赖于预先开展的、预先设计的诠释过程。我们可以而且应该把一种实用的普罗米修斯主义同诠释建构主义关联起来。诠释层面上的认识论问题和哲学-人类学问题都是全新的问题。

人类依赖于预先设计的行为和思考，也就是依赖于对设计图示、认知模型和诠释建构的运用。如果失去了这种能力，人类就无法存活，无论是作为个人还是物种或基因库。这种认识和测试、实验、预先开展的行动以及对世界的干预都是密切相关的，也就是同有意识地、有计划地运用诠释的过程相关。有目的的干预只可能发生在预先开展的诠释和设计行动中。如果从成就和连续性角度来看，测试和干预表现的是"与现实性的接触"，那么就可以而且必须把这种测试和干预视为受诠释渗透的行动，这种行动是受到调控的，也就是在社会习俗上置身于诠释共同体中的。（在此过程中不可忽视的一点是，行动和诠释是互相依赖且能互相呈现彼此概念的。行动必然是被诠释渗透了的，也就是说，只有通过诠释建构才能理解和把握行动，行动就是特殊类型的诠释建构。反过来，诠释也是行动；其他地方已经详细探讨了这个问题。）社会习俗的事物在预先开展的设计、诠释中，是实验性地干预世界的前提。那么，这种事物是"现实之物"吗？这一点也只有在其作为诠释前提时才能得到解释。社会习俗之物或在社会中常规化了的事物本身都是被诠释渗透了的，甚至是由诠释构成的，也就是说，它们是次

级的现实性。不过次级的现实性也有可能在社会上具有极大的影响力，也就是在特殊层面上具备社会"真实性"，通过这样的次级现实性和相应的行为，不仅能改变、重新塑造人类世界、社会世界和文化世界，而且在一定情况下还能改变、塑造局部的自然世界（比如人造材料、塑料、技术产品等）或甚局部的大自然，通过新的物质、材料，也就是人造的现实性，还能补充自然世界。人类是继续创造者，某种程度上也是"自然的创造者"，这是一个传统的神话主题，近几十年的自然哲学和社会哲学［比如莫斯科维奇（S.Moscovici），1968；伦克，1983］也支持这样的主题。当然，把普罗米修斯式构思能力的存在提升为"自然的创造者"这样的做法似乎最终只不过是人类在行为唯心论上过于偏激的自我神化。鉴于其他的，尤其是人类技术对地球上的自然和生物空间毫无规划的技术干预所带来的影响——尤其是从生态方面来看——似乎有必要呼吁并强调，人类应该在面对周围的大自然时学会并保持更多的谦逊之态，而不是主张过于偏激的创造者意识形态，主张自我神化的倾向。人类尽管可以、应该、必须从实用角度利用并拓展普罗米修斯式的设计规划中预先思考的要素，但却不该忽视自己对所造成的影响所承担的责任，不该忽视自己对依赖于人类行为的事物（其中也包括自然存在、大自然以及周围环境）所造成的影响。人类不应该主张传统的歌德式的普罗米修斯精神，也就是藐视神明者，而是应该在实用主义的普罗米修斯式的哲学思考中对自然和神明表示敬畏之心。"任你遮蔽天空，宙斯……！"这句话不再是有意义的普罗米修斯式哲学思考的箴言，在这样的哲学思考过程中，已经有意识地认识到了文化和技术是人为创造的，同时也认识到在包围着我们的自然可能性范畴中，我们要依靠的是我们自身的行为以及我们自身具备的行为能力和构思能力。和一种实用主义的、经过权衡的实在论达成了一致的诠释建构主义可以在保证某种程度上符合种属的自我满足之外，同时实现相应的行为导向。

第二十二章　作为诠释建构的理性

在当代经典哲学理论和实践哲学中，尤其是在康德具有开拓性的哲学理论中，理性都是一个重要的概念。但却从未明确什么才是"理性"，到底是"理性能力"（康德），还是机制、标准或理念。"理性"看起来不仅颇具争议（"纯粹理性"真的存在吗？），而且还具有多重含义。这个概念看起来不仅有待诠释，而且其本身就是一个认识论上的建构，是道德哲学的原则，是一个在自身内部实现了分化或甚多样化的、理想类型的理念。理性本身是一种诠释性的建构吗？或者，理性就是一种特殊的认知神经元过程吗？如果真是如此，或者如果是局部如此的话，该从哪个方面去理解这种特性？如上文所述，理性曾是，而且现在也是哲学中的核心概念之一。对于鲍姆加滕（Baumgartner，1982，第99页）而言，理性就是历史上以及方法论上绝对（"不可放弃的"）来源中的"结构概念"，因为理性通常都是自我反思的——从康德的"理性事实"角度来看，"其实就是绝对的、不可回避的"。必须避免在物质上极端化地归纳理性，就像德国唯心论中曾经出现的那样，同时也要"防止"理性被简化为纯粹的"功能化的程序理性"（1989，第195，199，201页）。由于理性在理论上的不可回避性以及不可放弃性，"尤其是在实践上，它更是人类不可缺少的一种存在特性"："因为理性总是会告诉我们我们是什么——是遵循人道理念的存在，是遵守道德规则的生物。"（同上，第201页）

鲍姆加滕对赫尔伯特·施奈德尔巴赫（H.Schnädelbach）的观点，也就是"理智取代了理性"（1984，第8页），进行诠释时，一定程度上是从内部出发的。在理性概念的普遍理解中，或者说，从理智概念、知性概念和理性概念的角度来看，意涵以及物质化的、内容上的理性所具备的根本重心，已经有了决定性的转移，转移到了一种话语功能或论证功能上的"程序理性"之上。按照鲍姆加滕的观点（1989，第195，197页），这就像是理性在三重去势之后变成了"一个原则上被任意确定的沟通质量"，"其最初的物质性含义彻底消失了，成了一个（而且还是可变的）方法论程序上的概念——作为程序的理性"（同上，第197页）。

我在下文中首先要进一步探讨的是作为结构概念的理性，我原本把康德的理性概念理解成是一种"规范化理念"，一种诠释建构（见伦克，1975，第47页；1979，第18页，第38及下页），而在探讨的过程中，这一观点则被用于解决上文提到的在全面物质化以及形式功能化过程中把理性置于此两者之间的问题。

如果理性概念是一个用于呈现认识功能的"有序关系结构"的"结构概念"，"而这些功能又是从局部的真实性推断到世界认识和自我认识（真理）整体性（目的）的过程"（鲍姆加滕，1982，第183页），那么这里探讨的就是一个诠释性的概念，是一种诠释建构，也就是理想类型的结果或理想化建构的结果，这种建构可以实现认识描述、认识归纳、人类思维能力和导向能力的特征化过程中的不同目的。

首先要明确的是，结构、建构、"关系结构"等概念和不同的内涵有关，或者说会被用于不同的分析层面，早前通过结构概念在社会学上的运用这一示例就可以认识到这一点（见伦克，1975，第 203 页；1986a，第 188 页）。我们通常把"结构"理解成被观察的要素之间构成的一系列关系，也就是那些会被称作"真实结构"或"结构化的集合"（"相对性"）的事物。其次，我们一般把"结构"或"建构"视为在呈现或描述所谓的"真实"结构时，由科学家们（比如社会科学家）设计出来的模型中那些已经实现了的、被重新建构或被建构了的关系结构。再次，要在这两种结构中区分出由人类（社会体系中具有行为能力的成员）从"真实"结构，也就是第一层意思中的结构里提取出来的"结构"或"图像"。运用过程中的多义性不仅出现在社会科学的结构概念之中，同时还常会被用于诠释建构之中。甚至还会出现在更高级的元理论层面上，比如我们可以把认识论的结构同社会关系矛盾中的结构或被视为真实的关系矛盾中的结构区别开来。

如果我们把理性概念视为一种结构概念，那么无疑我们首先讨论的是一个用以实现认识和行为统一化的、认识论上的诠释建构，从康德"理念"的标记特征来看，这不仅是方法论上的标准，而且也可以被视为"规范化理念"（该理念是以整体性、完整性、绝对性、高度统一性、全时性等为典型旨向的）（见伦克，1986，第 68 页及以下）。

如果我们把人类历史中理性的出现视为一起历史性"事件"

（鲍姆加滕，1982），那就脱离了认识论的诠释层面，理性被投射进了历史进程之中。事实上最典型的是，人类是以理念为旨向的，而概念、诠释性的建构则一般可以作为主导、目的指向、判断标准和具有普遍性的目标设定。生命中以理性或逻辑为旨向的统一性，所有行为或认识的旨向，追逐的都是一种特定的"合理性"（把理性的实现作为终极目标），这也是作为有意识能力存在的人类在行动、自我理解和认识过程中遵循的导向。尤其是从规范化的同一性理念角度上来看，可以为自然领域和康德所说的自由领域中的目的设定最高的同一性，这当然不是"具体的同一性"，它始终是一种"被投射了的同一性"（康哈尔特，1979，第321页），也就是说，始终是康德所说的规范化理念，或者说，在实现认识同一化或联合行为和认识的过程中，这是一种诠释性的建构。尤其是具有反思能力的人类更可以从理性模型建构的历史发展或进化论上的必要先决条件出发，勾勒出这种理性模型建构的表象或"图像"，描述这种被投射回来的理性建构所具备的历史影响和社会影响，或甚解释其可能性。包括"理性事实"也并不是绝对的事实，而是一种建构、一种抽象结构的诠释性再投射。作为历史化的以及历史性的变革，可以说理性始终都是次级的，只有从被称为结构观的角度出发，将其作为诠释建构并认同为"图像表象"或"形象"，也就是在诠释性中被辨认出来或被追求，理想才能得到实现。从方法论上来看，我们可以把结构概念的三种不同观点同理性的诠释建构关联起来，而其中所使用的方法则是：从"真实"关系结构的角度来说，无论是在认识诠释上，还是在行为释义上，诠释建构"理性"在结构概念的第二层意义上或是理性"形象"

在结构概念的第三层意义上都是以行为为导向的。这一点不仅适用于一般内涵和物质化理性的理念,同时也适用于以话语和论证为导向的"程序理性"。

哲学思考和理性观念作为精神的一种或这种反思结构是有着重要影响力的:理性概念已经从哲学讨论进入了日常话语之中,逐渐成了判断人类或者人类"存在特质"的论证、话语、行为导向、特征等的标准。这种意义上的理性建构可以被视为人类用以实现自我释义、具体认识以及道德上的自我理解的哲学"发明"。把理性视为诠释理念,通过这样的方式,我们或许可以从实践道德的角度把传统理性概念的内涵看作是诠释性的。当然,我们不能再从先验演绎的认识角度来看待理性概念的意涵,只能从道德实践的层面上将其作为人类的最高使命之一,也就是作为人类学上的理想,同时在反思过程中合理地认清其对人性和普遍性的要求。作为无止尽的、有理智的、道德的使命,也就是作为鲍姆加滕所说的"边际理性",理性或许可以被当作规范的、人类学上的理想,可以论证其合理性,但却不能在认识中从人类的生理构成或其社会呈现物出发被推断为是符合存在的、描述性的人类特征,也不能确保其在纯粹符合程序化的过程中具有反思性。

根据这一方法,鲍姆加滕对三重去势观的批判也是合理的,或者说,在诠释性上是非常明确的。从哲学历史上来看,三重去势观或功能化的观点事实上都是毋庸置疑的,但它在虚构的三段论逻辑的推理错误中却失去了可信度,这种观点悄悄地把理性概念去实体化了。"去实体化"当然不能直接等同于"功能化"或"工具化",不是掠夺相关的实质性内容或意义导向。

事实上，在三重去势中针对的是一种"去本质化"，这不一定等同于纯粹程序上的工具化。在这一点上，实际上理性概念经历了和所有哲学概念一样的命运。在波普尔和卡尔纳普之后，对方法论的本质主义批判这一开创之举便被沿用到了所有哲学概念之上：本质性概念被误解成虚拟的建构，但却没有因此成为内容空洞的、形式上的程序标准或工具性的空壳。

把哲学上的基本概念以及其他探讨认识和行为的基本概念理解成诠释建构，这（再次）让我们可以实证地构思和发展内容上的意涵，而不必单独回退到纯粹形式化的规则结构或功能性方面。这一点也适用于理性概念。当然，"内容上的"理性不能出于任何一种先验的演绎而被最终论证成是人类所拥有的不可转让物，且是生理上得到了保证的所有物，它只是一种规范化的诠释建构，是具有调节性的理念。传统上最终论证理性时的本质主义会把理性视为人类的特征，这种想法应该被摒弃，不过内容上的理性这一理念却要得到保留，这种理性作为人类在人类学和道德上的理想表象——其中还有被广为引用的人类尊严——依旧具备十足的可信度，具有引导行为的作用，也具有很大的社会影响力。

诚如我们多次提到的，哲学概念、认识论概念以及方法论概念都普遍表现为诠释建构。

这一点当然也适用于认识论的视角本身。我们把康德理论中的理性哲学看作是认识论诠释建构组成的一个结构，它把日常认识以及科学认识纳入了同一关联之中。其中解释了哪些是能够实现所有经验认识和纯粹认识的必要条件。在此过程中，康德谈论的知识概念在认识论上的可被关联性是"逻辑功能"，而不是具体化的表象关联或表象想象中，或是真实精神上或思维上的行为和事件。因此，必须先假设一个具有认识能力或先验的（并非经验性的）主体，该主体具备积极关联的能力。"认识的可能性条件"中的先验问题针对的是一种源自诠释建构的理论，该理论在一种认识论模型中综合考虑到了可被关联性和关联可能，同时让经验认识和"纯粹理性"更加通俗易懂。

早在大约二十年前，我（1975，第47页；1979，第18,38及下页）就曾建议把康德的理性观点理解成一种"**理想类型的建构**"：这"本身就是康德观点中一种具有相对性的**理念**"。下文的论述中会继续支持该建议，并将其融入诠释建构主义的理论之中，结合近来一些新的理论著作加以探讨，同时兼顾理性同一性问题及其所谓的行为特征问题来补充该建议。

理性也可以被看作是一种认识论上的模型建构，从认识论来看（包括从行为理论上来看！），这种模型建构能实现认识功能中有序的统一性和整体性。不过这种把理性视为结构概念的观点并没有与我的观点——也就是把理性视为一种认识论上的理想类型的建构——相悖。

不过这种看似更加抽象的解释却是和康德对纯粹理性的定义相悖的，康德认为纯粹理性是"原则中的认识能力"（《康德全集》V，第167页），是先天的认识，"是原则之中理智规则的统一体"（《纯粹理性批判》B，第359页），是推断过程（间接的概括性判断），是"理性理念"中能实现统一的、结构上具有系统性的秩序（《康德全集》V，第314页），也是最终目标的设定（康哈尔特，1979，第168页）。但这些最终目标却是和这些特殊定义（解析）相一致的。"目标的能力"

（《康德全集》V，第314页）和具有普遍性的"原则的能力"（《纯粹理性批判》B，第356页）作为所谓的定义确切地说指的便是主体的基本能力，这些能力虽然和生理能力类同，但可能最好还是被视为先验认识论上的能力。我在其他地方（伦克，1986a）曾批判过康德以及康德的诠释者们用来描述先验主体综合行为的那种类心理学的、行为主义上的词汇。在解释认识以及道德意愿的普遍责任时，先验主体就是一种认识论上的建构，是一种模型化的诠释建构。先验主体本身事实上并不行动，时间已经失效了（见《纯粹理性批判》B，第567页）。先验主体的"联结"并不是时间上的行动，而只是具有根本性和可能性的可被关联性思想（"多样性事物的综合统一性表象"《纯粹理性批判》B，第131页）。这一点同样适用于理性的独立行为：理性的"行为"（这是原本作为"独立行为"的一些"行为"）并不可能是时间上的行为（《纯粹理性批判》B，第130页）。"理性……本身……是……不在时间之内的"（《纯粹理性批判》B，第584页）。"理性"、可被关联性（"联结"）和理性的统一性在一个理想类型的模型之中本就是认识论概念。如果我们要在毫无争议的情况下重新建构康德的先验认识理论，就要把它从行为主义的原理之中脱离出来。这里并不是要尽可能忠于康德的原话并加以注解，而是提出一种毫无矛盾和争议的（重新）解释，以便从中勾勒出一种今天仍具有代表性的理性论。

在此过程中，理性本身就不是真实心理倾向中的心理能力，也不是真正的行为机构（比如和"利益"相关），这和康德以及康德的诸多诠释者们在使用该词时所指的意思是截然不同的。至少在术语学中，诸多康德的诠释者们[比如像考尔巴赫（1978）

这样知识渊博的研究者]会把理性描述成具有行为能力的机构：理性会"关联""行动""思考""判断""整理""要求""促进统一性"等。至少在对理性的"独立行为"进行语言上的改述时，理性本身就被行为化、时间化了，也就是对象化了。但理性就像先验主体一样，并不是我当中的行动者，不是真正的行为机构或其实体。我们在这里遭遇的是经典（元）先验上隐瞒事实真相的做法吗？——至少是在术语上。理性本身能有"兴趣"吗？会"天生就想要实现自我吗"？（康哈尔特，1979，第288页）这一点也需要从隐喻或者类比性角度来看。把上述动词用于理性的做法本身无疑也只能发生在类比法中。这种类比的做法当然很可能会带来行为主义上的误解，尤其是康德就经常用到这样的术语。如果要纯粹从类似康德的视角把理性理解成一种认识论的诠释建构，也就是作为理想类型的结构概念，那就产生了一个问题：这种观点是否和康德的某种相应理念有关。就像上文提到的，"理性"这一建构本身能否被视为规范性理念，或者说，能否被看作是一种与其有内在关联的康德理念的代表物？理性概念本身是一种理性理念吗？是一种元理念？是理念产生和原则产生过程中的理念？

事实上，康德理念中的许多典型特征、理性概念以及与之相关的统一性要求都是相符的。尤其是理念指向的就是某种可能经验和认识的整体性，是认识的完整性、绝对性和最高统一性。从理性定义来看，这当然是原则和最高目标中的其中一种最高的、能促进统一性的"能力"。理念在理论使用过程中并不是建构性的，而只是"规范性的"：理念提出了纲领和规则，明确要如何在通往绝对性的过程中始终超越有限的认识。这一点也符合纯粹理性概念以及纯粹理性中的统一性旨向。现实的认识可能从不会是纯粹的，始终可以在纯粹认识的理想类型图像中被超越。从最大化角度达到"条件的总体性"、实现"绝对性"、实现认识的最高统一性、实现认识的系统一体化、在最可能的"集体统一性中"实现条理性（众所周知，在康德的观点中，这就是和理智图式类似的"理性图式"），这些都是有待完成的任务。理性概念中的认识统一性在系统内会被看作是启发式、累积式的，这种认识统一性会一直提出实现进一步统一化的任务。"通过这种方式，理念原本就只是一种启发式的概念，而不是一个明确的概念，同时其中展现的也并不是一个对象是如何被创造的问题，而是我们应该如何在该理念的指引下寻找经验对象的属性和关联。"（《纯粹理性批判》B，第699页）如果我们在此处用"认识对象"来替代"经验对象"的话，那么，康德这一理念的功能性描述和其余所有描述一样都可以用在理性的理念及其统一性上。这一点也适用于以下描述："理念就是有关完美性的概念，而完美性尚未出现在经验之中。"（《康德全集》Ⅸ，第444页）包括人类为自身创造了"理念"的观点（或者也可以像康德以行为主义的方式所说的那样，人类从事了理性）也适用于认识论上的"理性"建构。

理性的"独立行为"（"自发性"）也可以以符合模型的方式像说话方式一样表明关系中必然需要被预先假设出来的可被关联性或可能性，而且也不一定得把理性作为真实的行为机构安置到一种充满矛盾的、先验的类时间性中。包括"有限的理性存在的特征，也就是理性存在的能力，也可以出于所有有条件的目的而假设出一种无条件的终极目的"（康哈尔特，

1979，第85页），还可以想象出纯粹理性的主要兴趣"是为了完整地规定有限理性存在中的此在"（同上，第198页）。康哈尔特（同上，第150—182页，尤其是第161，165，168及181页）还合理地证明，早在康德的《纯粹理性批判》中，"最终目的的理性理念，还有其在一个最高目的中的统一性"，同时也是作为"目的能力"（"根本上来看就是设定目的"以及寻找最终的目的，到最后是寻找一个最终目的）的理性（同上，第168页等），这种理性理念能实现并代表把实践理性进行前置的必要过渡，代表理论理性和时间理性的统一性，也就是理性的统一性。目的是实践性的事物，这也适用于被设定的最终目的。最高目的及其统一性理念，包括在对世界的符合目的性以及道德世界秩序的符合目的性进行假设的过程中，必然都是为了实现理性的"完成"（《纯粹理性批判》B，第825页）。而相应的智慧理念作为认识和行动中被预料到的统一性则在自然和自由"目的的系统统一性"思想的指引下把"实践理性和思辨理性统一在了一起"（《纯粹理性批判》B，第843页）。此处无法具体探讨在理论关联中创立统一的规范化功能时，或者在实践目的中目的统一性理念的规范化功能是如何实现建构的普遍适用性的。[这里再度参考了康哈尔特的博士论文（比如，1979，第181页等）]不过非常明确的一点是，在自然和自由（道德）领域，目的的最高统一性是一种"投射过的统一性"，而不是"具体的统一性"（同上，第321页）。"思考"这种统一性，"想象自然和自由'领域'之间的过渡"，这是"对纯粹实践理性提出的要求，它考虑到了实现自然世界中道德目的的利益"——"一种先验的判断原则"（此外还是具有反思能力的判断力中具有先验性的判断原则），"理性在反思其统一性成立的过程中自发创立了关联原则"（同上，第316，318，320页）。对于实践理性而言，目的的系统统一性中，在认识上具有规范性的理念对观察自然的过程提出了绝对的道德要求。（从中也可以看出，康哈尔特在描述理性时也具有行为主义性。）

不过很明确的一点是，理性统一性的理念很大程度上可以被看作是康德观念中的理念，尽管这种理念并不像宇宙学理念那样可以建构一系列具有延续性且以绝对性为旨向的条件。这当中定然存在一些区别，但是康德观念中的理念所具备的特征在经过释义之后也可以被用作认识论的诠释建构。康德在理性统一性中提出了"共同原则"，"因为最终在使用过程中需要被区分的只可能有一个且是同一个理性"（《康德全集》IV，第391页），这种共同原则可以以这种方式作为一种桥梁原则。［康德在描述其实践理性理论时过多地遵循了自己的认识模型，不太具备规范性，这又是另一个话题了（见伦克，1986,1986a）。］

理性模型及其统一性是一种认识论建构，这种建构似乎和人类追求一种统一世界观（自然的统一，道德性的统一，要求实现道德性理想协调的统一）的努力是相悖的。这种追求理性统一的做法在越过自然和道德鸿沟之后是不是一种乌托邦式的冒险行为，能否在最高道德财富的理念中实现幸福，这个暂且不论。纯粹实践理性的建构功能有可能最终会落空，在寻找统一性的理性策略引导之下，自然和道德领域的协调有可能会失败。如今有些事实已经证明了这一点。尽管如此，在道德领域中，这种实践理性要求的规范性功能还是很有意义的。

如果创立统一性的过程还能得到规范化的重新建构，那么这里针对的就是一种有目的的统一性，甚至是一种狭义的或甚有待兑现的统一性，完全不同于规范性和决定性之间的差别。如果这种理性模型及其启发式——规范化的统一性倾向作为认识论建构是有意义的，能在认识中理解统一性倾向——作为在诠释中颇有助益的构建，而不是绝对的、先天的必需条件。那么，这一点也适用于人类历史，以及在人类不同文化和反思传统中理性的历史生成和发展过程。在此过程中，理性被看作是人类文化在发展历史上有待完成的驯养产物，是一种无尽任务的最终目的，我们只有从远处慢慢接近实现该目的。

此外，在解释理性的问题时还会发现，诠释建构主义以及新近提出的实证神经生物学理论（见第三十章）和认识心理学理论（见第四章）中存在类似性。这些理论也会用到理论-假设的建构。这些类似性也证实了认识论概念以及经验科学概念之间的互相影响，我们也试图检查或者在批判逻辑中分析这些概念。不过似乎这当中也存在批判点和差异之处，这些可能会在呈现具体的，尤其是符号的、语言上可以传递的以及所谓的高级认知的过程中，极大地限制了把极端建构主义纳入诠释建构主义教条的过程。这里提出了一个问题，也就是理性是否可以被看作大脑过程或大脑建构，由此也略微涉及了新的神经生物学上的建构理论（具体见下文第三十章）。

首先当然要明确一点，事实上具有认识能力的有机体是一种生物学上的有机体，该有机体的一部分是在基因上已经被确定了结构的，一部分是在关联性中习得的，但并不是完全在每一个未来的发展可能中都会在遗传上被绝对确立下来，而且同时也依赖于基因上的先决性。除了基因上僵化的结构决定性之外——这当然大部分取决于基因中同时受周边环境影响的表现——，同时还存在自我循环的内在结构变化可能，而这种可能性的基础则在于，有些结构，比如神经关联和神经键等只有被准时激活或在一个敏感阶段被激活的情况下才能发挥影响，就像赫步基于前神经键激活和后神经键激活的同时发生而提出神经键形成的观点一样。格哈尔特·罗特（G. Roth）谈到了"次生的决定论"，这一说法是非常恰当的，其中针对的这些过程"既无法在基因上加以控制，也不依赖于环境"，同时"还在自我发展的大脑中形成了自我组织的原本类型"（1990，第169页）。与之相应的是，除了基因上僵化的规定以及严格依赖于环境的影响之外，还存在依赖于激活过程的结构化，事实上这种结构化取决于有机体以及激活史发展过程中个体的"历史性"发展，也就是把基因上的基本决定性互相交叠在了一起。理性结构和理智结构看起来似乎是依赖激活过程而发生的，有时候也体现在典型时期，体现在从感觉运动技能等级和前运算等级到"具体运算"等级，直至皮亚杰（J.Piaget，1974）所说的"形式运算"等级组成的固定顺序之中。这当然也表明了有机体通过激活和成熟实现自我结构化过程中最根本的自我循环要素——在遗传发展基础和个体发育基础上——，但同时也表明，传统的"遗传"和"习得"之间普遍对立的二分法已然站不住脚了。这样一来，有机体受结构决定的现状就不会被误解成是一种僵化，其不过是受制于激活，同时还具备相对的灵活性和可塑性，而这种可塑性和灵活性完全是由外部影响"引发"的，或者说是受到"作用"类型限制的。

有意思的是，罗特（1992a）提出了建构诠释主义，其和方法论的诠释建构主义以及先验的诠释建构主义是十分类似的。他认为（同上，第128及下页），脑部研究的成果显示，"现象世界是我们认知系统的一种建构，同时也是大脑的一种建构"。〔此外，像辛格（1990，第8页）等脑科学家也明确提出了"大脑建构"，并将其模糊地定义为"某物的代表"。〕罗特（同上，第128及下页）强调，现象世界包容了"我们所能经历的一切事物，也就是感官感知、感觉、思想、想象以及我们思维中的建构。同时，现象世界从根本上可以被分为三个领域，即包围着我们的世界、我们的身体和我们的思维世界——这是我们大脑的一种结构。这种划分是以感觉运动技能和周围世界的互动为基础的，尽管在我们看来，这三个领域'实体上'看起来是不同的"。大脑会进行区分，这对有机体的存活而言是至关重要的："对于有机体而言，始终要明确的一点是，周围世界的事件是什么，什么事物会和自身身体有关，什么事物又是'完全'会被思考到、感觉到、回忆到和渴望得到的。这是我们的认知系统在其个体发育过程中实现的主要成就，也就是建构这种'实体的领域'。从中可以看到，大脑的物理化学过程……和作为发生在我们周围世界中的过程和思维事件一样，具备建构的同一个特征，尽管我们会感觉它们是截然不同的。"

"精神"和"理性"只有通过一种建构性行为，也就是作为"人工制品"，才能被大脑皮层的神经细胞给区分并提炼（但却并不会被简化）出来，那么这种"精神"和"理性"是"自我指示、自我发展的意义建构"事件吗（同上，第130页）？在罗特看来，

"大脑构成是……我们所经历事物的基础"，其本身是"现象世界，但却没有出现在现象世界之中"（同上，第129页）。这种大脑构成和世界的现实性是"另一种经历"（同上，第130页），有别于现象的"真实性"。真实的大脑本身并不是认识的现象学对象，在研究中，会将其仅作为客观给定的、类似次级的"陌生"现象学大脑来加以分析，也就是作为思维运算的对象。理性以及有意义的建构或许可以被看作是具有自我指示、自我发展的功能和结构化结果。

我们在上述三个被我们分开建构的本体论领域中所把握的一切事物都是被诠释渗透了的，但这并不意味着这种可把握性就是彻底的自我制造过程。罗特认为，其中进行诠释的是"大脑"，或者说是"认知系统"。必须指出这一点，这是另一种不同的"诠释"表述方式，其在某种程度上源自小型信息处理机或在大脑里行动的小人等传统模型。在这里，"诠释""建构"等动词针对的是人，而不是系统或局部的认知系统（辛格也曾提出类似的表述方式，1989，第49页及以下）。我们当然可以对其加以拓展，提出"有诠释能力的认知系统"，但我们也必须认识到，我们是在对原先的表述方式加以修正，或者说是以简化的伪个人化方式或类个人化方式使得复杂的差异化过程和归因过程变得模糊不清，或者说是通过个人行为和能力将其搅和在了一起。

显然，理性的结构、创造物、论据、想象本身也是在自我指示中实现的、被经历了独特性的但同时不可以被简化成神经细胞的大脑建构（见第三十章）——和所有以含义方式存在的事物一样，每一种含义都是神经系统中"一种不可简化的特征"，

"该系统会经历部分含义并视之为思维过程"(同上,第130页)。

这一点当然也同样适用于理解和呈现"理性"这一元建构,也可以用于诠释建构的方法论自我运用[1]。包括在神经科学以及"神经哲学"(丘奇兰德)层面的建构主义中,理性概念、理性建构以及对其所做的假设或以认识论为基础的假设本身也不会被认为是脱离了诠释的,其本身在认识论理论范畴之中是一种认识论以及行为理论上的假设,当然也是在次级(相对)上得到了保障的建构假设,而这种认识论理论本身就深受建构诠释主义理论的影响。类似观点也适用于所有的认识、行为、理解和图式化,也就是和理性相关的过程。在这一点上,诠释建构以及"理性"建构的(当然是更高等级上的)认识论特征本身取决于认识论上的诠释建构运用。我们无法摆脱——包括视

---

[1] 包括建构诠释主义的形成和运用也是借助了被诠释渗透的模型,也就是运用了更高等级的诠释建构,才得以出现的。诠释建构主义能让不断升级的自我运用毫无矛盾地出现在彼此堆叠的元理论以及在更高等级中不断出现的方法论上的追问和元方法论上的追问组成的等级次序之中。和上文提到的洛伦茨等人提出的操作逻辑一样,我们也可以设计出一个累积模型。其特征就在于,对方法论上的诠释建构提出的相同方法论追问可以一再出现在更高的元等级之中:我们几乎可以以普遍结构化的方式质疑方法论上的条件和功能形态,而且是抽象地针对诸多自身不断交叠的元层面上。当然,从传统的最后论证理性主义角度来看,这种元问题的累积交叠也不是最后论证过程中单一形态的演绎推论。这里针对的是一种模型诠释(其中也存在不同可能和变量),而不是从纯粹概念或纯粹形态出发进行一种物质上的(生产论证上的)理性主义的演绎推论(见伦克,1968,比如第628页)。绝对的基础当然不可能是脱离了诠释的。从一种最高的、自身脱离了诠释的基本原理出发来进行演绎推论的生产论证角度来看,绝对的基础也不是诠释主义的最后论证基础。这里探讨的是一种模型建构,一种假设的认识论建构,其形成和运用都是具有合理性的,尤其是其不可或缺性,追问式的分析(也就是如果我们愿意的话,可以在自由化的、薄弱的层面上通过一种某种程度上"先验"的反思)来认识并明确这种不可或缺性,而不需要在逻辑推论中,从一种最初脱离了诠释的假设中摆脱循环来论证这种不可或缺性。

觉主义上的——诠释性和诠释渗透性的视域，无论是在认识过程中，还是在行为过程中，尤其是在符号行为和（再）建构行为中。和跨学科的不同理论之间彼此融合的过程一样，诠释性和视角性也是不可避免、不可回避的。因此，比如辛格（1990，第8页）就特别不愿"从一开始就排除……有一天精神科学的描述和自然科学的描述之间会产生直接关联"；"脑研究会成为这两种如今看来相距甚远的学科之间具有关键影响的中介者"。尽管到时候脑研究作为自然科学和精神科学之间的桥梁学科会具有越发关键的功能，但理性本质上就不是一种神经元过程，其作为诠释建构是一种所谓的思维过程，会受到诠释渗透的影响。

第二十三章　日常生活中的诠释

心理学（比如劳肯，1974）表明，我们所有人都会在日常生活中试着通过特定的理论建构或类理论的建构，把秩序纳入我们的感知、情感、特质、动机、决断、决定以及论证等心理过程之中。我们会追溯到动机特质或情感、冲动或理性解释，并以此来证明特定语言、导向和理由的合理性，或者从更加严格的意义上来论证或认识其必然性。像意志和野心这样的动机特质，像害怕或爱这样的情感，像饥饿或被激活的性冲动这样的心理需求，包括像"责任""良知"这样的道德范畴，也就是对普遍性或甚可推广性具有较高要求的规范特质，在日常生活中都是得到了普遍理解和论证的，同时当然也是受到了行为者认同的，或者至少得被行为者接纳或重视，这样它们才能对行为本身产生影响。包括心境、"心理"因素或甚"理性"和"精神"等建构，在作为"日常生活中的心理学家"（劳肯）的个人用来论述、解释、辩护、描述和理解过程和预言时所使用的关联中，也都是具有差异化和论证能力的因素。我们的全部知识和心理生活都取决于感知、认知、动机和情感过程，而复归到这些过程的进程就体现在相对类同的基本信条之中，是由众多分散的、类理论或者朴素理论的基本信条凝练而成的，这种复归作为理论建构可以用于对行为方式和行为本身进行辩解、解释、描述、预告、事后论证等。

"他野心勃勃地努力工作"或"为了通过一场能让他获得一份终身职务的考试";"她同他结婚是因为爱他"或"……是出于物质动机";"他的良知让他停止了这种举动"或"他是一个不知廉耻之人,毫无道德顾虑和责任感"……这些都是对动机特质或规范特质所做的归因,在日常生活中,这种归因在对行为加以引导、辩解和解释之时是具有相对可靠性的。"仓促……和不复杂的……定向"以及"已经历的定向确定性的高……程度"(劳肯,1974,第221、225页)都是这种朴素理论概念的主要功能,而这些概念是为了在日常生活中实现定向引导并做出决定。"为了"论证以及对"为何"的问题做出"因为如此"的解释,都可能以类似的方式通过这种被归因的特质类型之间特定的、假设的关系来得以实现,就像在科学中用法则和案例描述来解释事件一样。因此,对目标的描述,包括假设某个人为自己设定了该目标,都可以在一种特定的始发情境中解释为何此人会根据自身理解采取某种行动来实现该目标。("弗兰茨跃上自行车,赶着在商店关门之前去买牛奶。")此外还有特质建构,比如特征和特点之间构成的类理论关联可以在论证或预告单一的行为、决定或习惯性反应时提出特征描述、表达心情或心态、解释持续性的立场。暴躁的脾性或激烈的情绪都可以用来解释某种情绪的爆发,而人们则会用"如果—然后"形式的类理论假设来论证或推断某种关于情感爆发的特定表述。当然,参照对特征的普遍已知知识和认识,参照语言描述和再度认识的能力,也就是回溯不同的知识现状,这在运用此类朴素理论进行概念解释的过程中是十分必要的，包括在关于情感、感知、认识过程和动机化过程（包括其中的行为激活过程）的诸多分散的朴素心理学、类理论中的建构时，也是十分必要的。

　　这种朴素理论的假设会使得相应的特质建构——可能会根据特征等被细化——被归因到（"追加定语属性"）人类身上。当我们要在日常情境中进行自我定位，并试图"理解"或"解释"已被感知的行为并对其加以分类时，我们始终都会追溯到这种日常生活的背景知识上。

　　这里探讨的并不是朴素理论的日常心理学中那些根据不同类型来分类的单独特质，比如根据具备行为能力的特质（"集中能力"）、塑造行为的能力（"责任意识"）或是像倾向性特质（"有效需求""贪婪""转换需求""冒险欲望""社交需求""体育爱好"等）这样能提供内容的特质（以上见劳肯，1974，第163—170页），或是特定的规范特质或情感特质（"易激动"）等来进行分类，并且根据不同特质类型之间的朴素理论关联来标记这些特质。这里探讨的只有一点，就是明确我们所针对的是用以快速、简单定位的、有整理能力的建构，这些建构需要相对的可靠性和安全性，同时也能为定位提供稳定性。尽管出现的有可能多数是相对简单的建构和单线的关联，而且这些建构和关联往往也经受不住严格的科学检验，但从特质连接的角度来看，这种建构关联还是具备定位导向的说服力，因为它们在日常生活中能相对很好地经受住考验。而且它们能提供非常快的归类和定位，包括一种粗略的、栅格式的信息加工过程，但该加工过程却十分稳固且具有信服力。这些建构关联会提供定位导向的保障，同时能对决定和预告加以论证，并在事后提供有说服力的辩解或解释。如果有些关联无法经受住考验，那么就会采取相应的差异化，或者假设其本身就是有效的。这种朴素理论的知识并不是严格精确的，它无法被伪造，因为各种可能的失败经验都会被一种差异化的结构假设所打乱，这种假设本就包含在背景知识之中。（但这里无法探讨朴素理论的理论化过程中对特殊论证关联进行分析以及对相应检验和运用过程进行分析时的方法性问题。）

不容置疑的一点是，我们会对日常生活中特质性的建构或者实体化的建构进行加工，这些建构一般会在名词化的表述中（"因为爱国……"）假设特定的、复杂的行为关联在其特殊结构中是具备行为引导能力的，或者至少可以用来论证、解释行为的合理性。我们会对情境、行为方式、行为、个人以及社会和文化的类型根据其特质类型来通过特定的特征加以结构化，而这些类型从方法论上来看表现的则是建构。这些建构可以用来对现象领域进行理论上的结构化，能实现相对可靠的、实际性的定位功能、信息功能以及归因功能，如果没有它们的帮助，我们根本无法在正常生活的各种"混乱"里立足。我们不仅接受性地凭借这些建构来对日常生活中的过程和现象结构化，同时也会在同其他人和其他情境交往的过程中根据这些概念来塑造我们的行为和交互影响力。如果行为者认为决定和行为是合理的，或者其是有意识地开展此决定和行为的，那么这也会基于建构以及特定的归因发生——尤其是在目标的自我归因形态中，特定的目的性辩解形态中，以及朴素理论的目的——而提出手段上的假设。在此关联的合理性论证和决定中，规范和价值具备特殊的结构化能力，因为当它们要求实现一种普遍化的适用性时，它们已经超越了单纯的个体化接纳和识别。（当然，这种要求如果要对行为产生重要影响，就必须在一种个体化的接纳准备，或者至少在表面的重视状态中，实现个体化。）

从根本上来看，很明确的一点是，我们在日常的定位导向以及日常生活的所有行为也会对朴素理论的诠释性建构、模型想象、信念、立场、特质、归因（包括自我归因）等进行加工，而这些和我们行为中的心理附带经历都有着很深的内在关联。我们会对我们的心理经历以及所有与之相关的描述和论据结构化，而且只能凭借这种朴素理论的建构形成来加以实现。这种朴素心理学类型上的诠释建构无论如何都不可被放弃，主要是由于科学心理学无法像这些朴素理论一样完成快速、简单的导向以及信息加工任务。复杂的、严格"科学心理学的理论……不适合在保有其'科学性'特征的同时作为人们用来调控社会互动过程的工具。可以假设的是，既能满足目标的可靠预测和精确预测，又能快速对位置进行编码、对情境进行加工的理论建构是不存在的。也就是说，在特定运用关联中，朴素心理学'类型'的理论是必要且不可替代的"。（劳肯，1974，第223页）

另一方面，科学心理学的理论在很多方法上也展现出了建构特征，这一点是非常明确的。它们甚至可以在一种特定关联中同简要的日常理论并列而存，只要它们能追溯到日常生活的特定概念形成（比如"冲动""动机"）或情感（"害怕"）等，而这些概念形成会在一种复杂的根本要素关联中被嵌入该理论之中。从技术上来看，这里针对的是新的概念形成，而这些概念形成当然会以特定的方式，尤其是当它们在应用心理学或者其他社会科学中与反应的事实性描述（应该）相关时，会为自我归因等给出连接点和结合点。在应用社会科学以及在心理学等特殊情况下，其中的任务在于在日常生活的关联中为抽象的理论概念添加内容上的、诠释性的血肉，通过实验人员以及病人来呈现并理解之，同时把相关信息同理论的抽象概念关联起来。社会科学不能够在任何一方面彻底脱离日常生活中的反应和描述，不然会失去其应用性，比如在医疗情境中。（在社会科学中，理论以及朴素理论的日常类型里，那些特定结构概念间彼此分类的问题尽管被认识到了，但尚未得到全面研究。）

已经明确地是，社会科学，比如心理学，在其理论性的意图中就会处理运用问题，也会用到普遍的理论建构，这些建构一方面会在诠释过程中和日常生活的定位导向、生活实践的理解方式关联在一起，另一方面其作为模型建构也会对最根本的对象领域和现象领域进行诠释性的结构化、理解和释义。

因此，在早期的诸多出版物（比如伦克，1987，第16页及以下，第152页及以下，第183页及以下，第207页及以下各处）中可以看到，动机心理学以及行为理论中的建构——尽管从科学的解释模型来看它们是非常精确且模型化的——都是"充斥着"诠释性的。不管是"行为""动机""诱因"以及给付行为，还是给付动机，都只能被看作是被诠释渗透的概念，即使它们是某种心理学理论中的理论构建。这一点同样适用于社会哲学概念以及价值这样的道德概念（"理性""责任""良知"，同样也适用于"自身""自我""本人"）或认识论中的主体概念。

从日常生活中的诠释建构可以流畅地过渡到这种与日常生活有着密切关联的科学学科，比如社会科学、社会哲学、认识论以及哲学。诠释建构和理论一样会在假设性的复杂关联中得到普遍运用,无论其是显性的亦或是在日常生活中偏向隐性的。在这种普遍性等级上,诠释建构的方法论是颇具普遍性的,甚至可以用于自然科学的模型形成和建构形成之中。自然科学上、社会科学上、精神科学上、哲学上以及日常理论上的诠释建构具备方法论上的差异性,其体现在更深一层的等级之中。差异化体现在细节之中。在这些不同的学科领域,理论性建构的概念性、必要性、可企及性都是具有普遍诠释性的。诠释建构的基本特征超越了不同现象领域的差异化,从根本上来看具备了认识论类型上的普遍性,同时也体现并立足在人类和世界能产生互相影响的行为之中(在人类看来,世界只能是被诠释渗透了的)。行为和认识是互相影响的,彼此都被诠释渗透,其本身在诠释过程中具有建构性,诠释过程体现在运用特殊诠释图式的进程之中,也就是其本身也是一种行为。不管是在哪一个生活领域之中,我们都无法放弃诠释建构。诠释会交错影响、彻底支配、决定我们的整个存在、行为和认识。诠释的能力以及对诠释的依赖性是一种根本的人类学特征。我们无法不诠释。我们是具有诠释能力的存在,深深地依赖于诠释,离不开诠释。而且我们也只能把自己诠释成具有如此诠释能力的存在。

第二十四章　作为诠释建构的行为、动机、价值和规范

　　诠释理论发展的出发点是对社会科学中的哲学基本概念，比如行为概念和动机概念所做的分析。早在五十年代，安斯克姆（1957，德语版1986）就认为，行为者的意图（目的）依赖于描述的意图，有意的行为取决于描述；安斯克姆具体谈道"认为一种行为是有意的，这就相当于是说，它在任何一种由它提出的描述中（或者在一种我们能够给出的描述中）都是有目的性的"（1986，第47及下页），因此行为就忽视了描述以及作为归因的描述中被假设出来的隐性特征。我们不仅描述行为和意图，而且会将其归因到作为作者、行为或意图承载者的主体身上。只有在纯粹的形式上才能把诠释概念理解成形式上的描述概念。在行为情境以及日常世界中，诠释概念会归因到特定的承载者身上，其中大部分是个人（或者在次级细化情况下还包括机构等）。其中当然也包括了自我归因。从原则上来看，行为和意图不仅会以描述形式出现或在描述形式中被建构，同时也只有在归因到某个承载者——几乎都是个人——时才会完整并易于理解。（即使在神秘的投射过程中也会假设存

在一个同样只能是虚假的承载者。）对于行为和意图而言，归因是具有建构性的。它表明，行为概念多数会被视作归因概念。其中有一点当然是很清楚的，也就是每一种归因都取决于一种特定的视角，在某种情境、语境或者文化语言的传统中，归因过程也只有通过归因者（并不一定是行为者本人，但完全可以是行为者自己）才能得以实现。行为必须被看作是有意的、有目的的，或者至少从根本上来看是有意图形态的。［按照诺伯特·格勒本（N. Groeben, 1986）的说法，还存在一种被其称作"做"的行为方式，这种行为方式不同于纯粹反思性的"行为举止"，其并不具备有意识的目的性，但却表现了所谓的归因特征和描述特征；格勒本提出了行为方式的三分论，也就是将其分成行为举止、做和行动。］所有行动都是取决于描述的，并且会被归因到行为者身上。也就是说，某种描述形式下的行动，就像我从二十多年前就开始提出的那样，都是具有视角性的，都取决于社会文化、规范、语境和目的概念。这一点同样适用于行为者对行动伙伴的反应所做的观察，也适用在置身事外情况下——当然只是从理想类型的角度来看——进行观察的科学家以及行为者自身在进行自我解释和自我理解的过程中。当然，与规范、行为形式及其在文化和社会上的关系相关的知识是必然前提，但"隐性知识"（格鲍尔，1981）也是很重要的形式。

总而言之，可以确定的是，行为概念和理论概念一样都可以在普遍化的、抽象化的倾向中得到建构（比如和某种行为目的相关，会被归因到某个行为主体身上），也就是会受到特定观念（概念化）或者描述的影响，而这些观念或描述大部分时候只有通过语言上的表述方式才能实现差异化并得到更细致的体现，从这一点来看，行为概念就是诠释建构。（但并非一定要用语言描述每一种行动才能让它具备有效性。其余不成熟的、没有被充分差异化的观念形式也是存在的，它们是语言描述的基础。）作为和语言紧密相关的描述，行为概念是在语义上被渗透了的诠释建构，也就是具备语言上的意义。（如果我们对"语义"加以拓展，并不只是将其同语言解释上的归因结合起来，那么我们就可以笼统地认为，行为观念和行为"概念"等都是被语义渗透了的。）

既然适用于行为概念，当然也适用于归因概念，后者和前者是紧密相关的，也就是适用于动机概念、能论证行为的价值概念、目标概念、目的（意图）等。在社会心理学关于动机概念和诱因概念的讨论中，最近一段时间从归因概念的角度出发明确强调了一点：比如赫可豪森（H.Heckhausen）就曾多次（比如 1977；1980）指出，"动机在日常生活中是重要的、相对恒定的'个体特质'"，其"对行为的每一种内容等级"在"个体化的影响中"都能局部被归因到特定的、具有行为能力的个人和行为主体身上。根据动机把行为主体差异化的过程构成了所谓的描述性要素，而归纳过程则会实现对行为承载者的归因。社会心理学重点研究的动机，比如权利动机、攻击动机、接纳动机（根据社会性的合作）、有效动机或最常被研究的成就动机等都被心理学家们拟定为在行为者日常生活的"朴素心理学"概念中被预先构成或呈现出来的诠释建构，它们可以对行为进行分类，使之更便于把握、"理解"或甚在科学层面上进行"解释"。对于科学家而言，诠释建构就是用来理解和细化的工具，也就是取消其余形式来对特殊的行为形式进行定义。如果我们在日常生活中借助动机来解释行为或试图论证行为的合理性（包括在自我辩解的过程中）时，我们也会采取同样的措施。科学家们在对行为加以细化、分类并使之脱离其余行为时，会使用动机类型这一工具，而且是以理想类型的方式：不同的动机和诱因（源自被假设为有用动机的、已被更新且会带来结果的行为趋势）完全可能且在正常情况下就会与针对（行为成就的）吸引力的主观成就预期和价值评判一起产生影响，而且可能彼此交叠，但我们依旧可以通过分析理想类型的方式将其区分开来。简而言之，没有任何关于行为差异化的理解和描述会在脱离了动机归因的情况下还能保持完整或完满。行为概念、动机概念、行为描述和诱因（实时化）描述都是在系统上彼此交织在一起的。这一点不仅适用于行为分析研究和动机心理学研究中的科学重新建构，同时也适用于置身事外的观察者、行为伙伴或是行为者本人的自我描述、自我理解、日常描述。

日常观念的朴素理论概念同社会心理学上行为现象的概念形成、重新建构、理解和解释等之间的互相影响尚未得到充分研究，因为心理学在过去几十年的科学发展过程中并未认识到日常概念中的质性"朴素理论"。［直到认知科学上出现的转折，以及在此之前海德（1944）、凯利（1955）、劳肯（1974）、格勒本－舍勒（1977）以及格勒本（1988）等心理学家对特定个人建构所做的研究，才开始打破了科学心理学在方法和特征上的自身局限性。］

这一点同样适用于价值和价值概念在社会科学中的运用。这里探讨的也是诠释建构，这些诠释建构既能对生活实践中的价值评估、价值定位以及价值判断进行描述、细分并突显其重

第二十四章 作为诠释建构的行为、动机、价值和规范 | 349

要性，同时还能让科学家在描述中理解规范化的价值评估，且在可能情况下把这些规范化的价值评估嵌入一种具有解释性的关联之中。此外，价值概念当然也具有规范性，这是其特有的功能。价值是具备特殊重要性、具备一种明确调控性的诠释建构，它们会根据容许性标准或非容许性标准、倾向（优先）标准或排斥标准来对行为进行规范化的细分、导向和调节。社会价值则是在社会中形成的、在文化和机构上得以规范化且被认可了的诠释建构，这些诠释建构会通过特定的、有约束力的（机构化的）行为预期（规范）在社会性上引导并调节行为，同时为了实现调节功能也会内化（主观化）为个人结构本身（比如基于教育或认识），或者在外部得到遵守和执行（被许可或通过其他社会调控形式）。这里讨论的都是诠释建构。

实证科学和描述性科学易于低估规范化的诠释建构所具备的功能，或是将其融于"虚拟建构"（参见可米奇艾克，1976，第150及下页）的纯粹描述性归因之中。当然，对于科学中具有解释性和描述性的计划而言，诠释建构的描述性运用在价值分析中是至关重要的，但同时也应该重视这种规范化的运用，而且在社会哲学中也要对其有充分的认识。

一般来说，把对价值和规范的理解作为诠释建构有一大优点，就是可以注意到价值概念和价值理念之中的诠释性要素，注意到模式性和建构性的事物，也就是其中人类学上和社会学上的构思特征和建构特征。在所有接纳这种构建的观点中，针对的无一不是不同等级中的行为者或观察者的再建构和描绘。

从中可以看到，和社会科学中的结构概念一样，诠释建构也要服从同样的形式差别（参见伦克，1986，第 188 页及以下）。每个行为者或评价者都会采用自身的诠释（再）建构，而观察者，无论是行为伙伴，还是正在观察和分析的科学家，则会把这些诠释建构用在释义之中。释义（包括自我释义）当然有别于明确或不明确的价值假设、价值采纳（比如在行为本身之中），也有别于某种构思或价值的想象、"图像"，这些都是行为者针对其自身或观察者针对其他行为者的理念提出的想象或图像。同时也要同观察者提出的具有再建构性的、会对概念做出假设的诠释区别开来，无论是在日常生活的行为关联中，还是在科学家的田野调查之中。科学家的任务首先是对日常生活的价值评估做出合适的再建构、对此进行描述并将其纳入一种系统关联之中。其余文章（伦克，1987，第 183 页及以下，第 207 页及以下）会从社会哲学和科学理论的角度详细探讨作为诠释建构的价值观、行为观和动机观（诱因）。

此外还可以看到，从方法论上来看，在社会科学中，所有的理论概念都表现为诠释建构，其均是在理论架构中进行描述、差异化理解、理论定位和普遍化联结的虚拟理论建构。其中还有待商榷的是，这里针对的是对遵守规则的行为所做的描述（比如社会科学中原型式的行为描述），还是自然法则的普遍化过程。同时，这种诠释性的建构形成当然也跟哲学概念有着密切关联，包括和传统哲学中的概念。不过其中的诠释建构特征却经常会被忽略且同时会被实体化（比如在"理性""主体"或"自身"/"我""个人""良知""责任"等概念中）。

从方法论层面来看，自然科学以及社会科学中使用的理论概念针对的都是理论假设上的建构，这些建构都可以通过类似的方式得到解释。虽然不是自然法则上的方法，即不是用来描述符合规则的行为或举止的，而是描述类似法则的共同影响和反应的。［"规则协调"的行为和"法治"行为之间的对立当然也是典型的社会科学建构形成、运用同自然科学建构形成、运用之间最根本的差别。在这一点上，自然科学的解释（某种程度上是有意的）排除了破坏规则的行为；社会科学的分析却包含了这一类原型，尽管它们也——这一点是长期以来一直被忽视的——（应该）包含了法则类的行为决定以及行为"描述"，无论是因果层面还是概率层面上的。］不过一般在社会科学理论和自然科学理论中，理论概念和理念都会作为诠释建构发挥作用。我们会借助理论来描述、诠释、解释。理论理解也是一种特殊类型的描述性诠释。理论或多或少都是复杂的诠释建构，而在这些理论中，理论概念会作为特殊的局部建构，也就是作为诠释建构发挥作用。大部分时候，当我们使用某种理论概念来谈论、"解释"某种现象时，我们会借助理论概念上的表述来探讨运用这些理论或概念的法则。理论概念在其出现的理论内部会显示出其具备的功能，而只有依赖此功能，理论概念才会有意义。理论是诠释概念，只有在理论范畴中且只有借助理论才能被使用。（理论）概念只有在理论范畴或理论化的假设框架［这可以是理论化的基本概念，或是处于胚胎状态的、理念形式化的（类似的或迷你的）"理论"］之中才能进行"诠释"。无论在科学中还是在日常生活中，都不应该忽视（理论的，但同时也包括实践的）概念形成中的建构性要素和假设要素，尽管这种概念似乎已经在社会和文化上被固定下来且无法更改了。诠释建构这一表述以及对建构特征的持续关注能够强化这一点，同时也能突出科学以及日常生活理论化中的类似性（这当然只存在于特定的抽象层面上）。诠释建构的运用当然已经超过了科学上的描述性运用，这一点从规范化诠释建构的出现就可以看出来。

第二十五章 规范性论证和道德性论证均是诠释性的

　　从理想类型上对"发现""发明"和"诠释"所做的区分是颇具成效的，其能明确哲学论证和普遍哲学论证的功能并彰显其特征。因为只要道德论证针对的是原则，而不仅仅是外部权威时，从核心上来看，它们就始终是哲学性的，我们可以通过道德性示例、道德论证以及道德评判的形成来揭示诠释和诠释建构是如何从根本上影响哲学思考和哲学论证的。迈克尔·沃尔泽（M.Walzer，1987）曾在其《关于人类价值的坦纳讲座》中充分证明，在哲学层面和哲学思考中，道德论证一般且必然是诠释性的行为，并不是像约翰·麦基（J.L.Mackie，1977）在其出名的书作《伦理学》（*Ethics*）［该书的英文版副标题非常贴切——"发明是与非"（Inventing Right and Wrong）］中提出的那样，我们尽管能够"发现"或"发明"一些道德现象，但这并不是伦理学的哲学论证过程中最典型的要素，而是外部论证（比如宗教上或自然科学上的道德论证——发现过程中——或是在政治舆论论证中，也就是在发明改革的论证过程中）中的典型要素。就像沃尔泽（1987，第 18 页）所说的，发现就像是执行式的任务：法则会在外部决策者的名义下被发现、证实并公布，随后被执行。发现过程指向的是具有决策力的权威以及与之相关的"具有执行能力的权威"。与之相反的是，发明从开始就是"立法的"（同上，第19页）：事实上它就类似于宪法的立法，发明会在相应社会和文化体系内部中以形式上的决策性为基础创造出一些新的事物并将其制度化。从某种意义上当然可以把法典编撰理解为这是把已经存在的事物编撰成了法典，以一种机构的形式、被割裂的观念形态等。从这一角度来看，和宪法立法不同的是，法典的编撰只有从"最低限度"来看才是一种发明。它已经表现出了诠释的特征："法典编撰显然是一种诠释性的行为，也是一种发明性的或建构性的行为"。诠释的特征在于，"发现或发明都不是必要的，因为我们已经拥有了发现和发明所能提供的东西"。（同上，第19页）诠释和先行赋予紧密相关（当然并不隶属于其）："诠释并没有把我们束缚在已然真实存在的、道德性的实证解释之中。"（同上，第29页）其中的主要观点在于，道德论证只要是哲学性的，从根本上来看是诠释的，是诠释性的；道德论证"类似于律师或法官的工作，他们会努力在互相矛盾的法律和先例中找到意义"（先例针对的是盎格鲁－撒克逊的法律体系）（同上，第20页）。政治哲学中三权分立的比喻有利于表现哲学伦理学论证中的特点：发现和发明会回避自身内部伦理学上的自我论证，寻找外部的联结点、决策性权威以及早已存在的标准，而伦理学上的论证却是和阐释原则、探讨原则，尤其是在批判中筛分并权衡的原则有关，这些原则早已存在于文化体系或道德生活的内部。道德论证和伦理学的论证"在诠释性的立场中会得到最好的"

（同上，第21页）理解。我们知道，我们想要诠释，但诠释却是充满了争议的。在维特根斯坦看来，诠释完全可能是人人周知的事物中特定的哲学发现，也就是说，这些事物会浮现在我们的直觉中，早已存在或植根于相应的道德文化中。而禁令，比如禁止"谋杀、作假、泄密或残忍的暴力"等，则构成了"一种最小且具有普遍性的道德法典"。这种禁令的出现最初可能是一种"哲学发现或发明"（同上，第24页）：我们会联想到非暴力（AHIMSA）信条的出现（发现），也就是禁止危害他人性命（这是古印度的耆那教教徒以及此后或与之同时的佛教徒遵循的信条）。但这种哲学类型的"发现和发明"也会诉诸于机构、合理的论断以及原则的普遍合理性论断："哲学发现和发明是（我们可以撇开言辞上的开放性）伪装过的诠释。"（同上，第21页）这就意味着，"在道德哲学中只有一条路"是确实可行的（同上）。

这种类型的道德哲学论证和解释当然并不能像法律法规一样调控道德生活，"它们只能呈现可能的（道德）生活的一种范畴框架；从这种最小法典中无法推断出一种完整的'道德文化'或甚法律体系"，这需要进行道德上的对话，需要对意义进行探讨并在社会上确定这些意义等（同上，第25页），包括在这一问题上——道德原则应该适用在谁身上（同上，第27页）。这是社会批判文化的相关事务，也就是政治讨论中具有论证性的社会批判事务，这种政治讨论当然取决于这些法规或者是具有决策性的宗教法规中涉及的哲学机构和诠释。只有"局部的理解"、观点以及具有指示性的解释和合理性证明才能"建构出一种道德文化"：从根本上来看，"我们所有人都是道德性的诠释者，我们都会融入道德性之中"（同上，第29页）。诉诸相关"'文本'——能建构道德世界的价值、原则、法典和传统，诉诸这些文本的'读者'"这一过程是必要的，同时也构成了评判诠释的标准。"读者一直以来都是读者，他们会改变自己的观点"，这些读者是最终"有影响力的权威——我们会让自己的诠释得到认同"（同上，第30页）。和沃尔泽的观点不同的是，我们可以断言，能构建并扩张道德文化的价值、原则、法典和传统就是诠释追问和分析的对象本身。辨认出这些对象，对其进行加工，追问其与根本的基础机构之间可能的统一性，对这些基础机构加以辨认，包括再度运用这些机构等，在一定情况下当然都得面对多变的诠释。

　　沃尔泽的基本理念是"为一项计划、一种已然存在的道德性而塑造模型并使之理想化的做法……取决于此前该道德性所具备的价值认同"及其价值："我们必须从我们所处之处出发"——这一直就都是"价值所在的某处"（同上，第17页）——，当然同时也不排除一点，也就是在对自身出发点进行定位之前，不可以先采取会有后续影响的改变。如上所述，不能强制性地要求以奴隶－实证主义的方式坚持主流道德性，道德文化、哲学伦理学对话以及哲学伦理学论证的发展带来了一种持续的、诠释性的实践，而这种实践带来的则是新的诠释、道德文化的凝炼和抽象化、直觉理解和反思理解的凝炼（同上，第17页）。

　　这一点同样适用于对道德类型的权威诠释，比如最初由犹太先知，特别是《阿摩司书》所做的诠释，沃尔泽在其书作第三部分分析了《阿摩司书》的语言，认为这些诠释性的警告是对自身文化所具备的古老价值所做的"忏悔""反思""回归"，因此是"寄生在过往之中的"（同上，第 75，83 页）。先知"不仅回忆并重现了传统，同时还对其进行了诠释和修正"（同上，第 82 页）。当然，《阿摩司书》中以预言的形式出现的社会批判就是道德批判，它唤醒了自身社会的社会价值，比如反抗军队的压迫要比安息日的规定更加重要（同上，第 88，91 页）。针对自身社会的预言和社会批判依据的是共同价值和机构，在这一点上必然是诠释性的，无论这是关于恢复过去现实、实践价值观还是和将来有可能出现但如今却被分散的机构所遮蔽的社会行为方式。深入社会内部的社会批判针对的始终都是实践和行为方式，而不是纯粹重复的、再度诠释了的、毋庸置疑的"消息"（同上，第 92 页）。像阿摩司这样的预言家所做的工作当然是针对特殊社会的，具有"局部性的"，也就是具有政治性或文化特殊性、群体道德性——不太具备普遍道德性。

这样的先知面对的当然是外部的受众，这些受众拥有不同的道德文化，因此，事实上"道德性和普遍性是首要的，而后者当然要以一个最小的道德机构为基础"。比如沃尔泽认为，禁止暴力行为的禁令中包含的就是一种具有普遍道德性的要求，该要求用到了机构组成的最小法典，同时也提出了规则，而这些规则从基本上来说对所有人、所有人类文化都是具有共同性的。反之，严禁军队压迫本族人民的指令针对的却只能是民族文化内部独特的"共同生活"，因此首先需要民族文化中共同文化经验和社会经验组成的特殊的、狭义的过往历史作为前提。第一种禁令是以所有文化的"标准期待为基础"，其体现在规则之中，而这些规则的形式和使用过程都是具有典型性的。禁止暴力行为的规定"针对的是普遍性"，在自身社会中禁止社会压迫的命令针对的则是"局部性"（同上，第 93 页）。

从一种独特的、狭义的角度来看，在自身社会中作为社会批判的预言在诠释性上就是具有普遍性的道德规定。当然，在诠释性上，这定然不是真正的类型差别：批判、规范当中的两种类型都是极大地受到了诠释渗透的。它们用到的都是特定的、被分裂了的或至少在投射中需要的、具有信服力和必然性的机构。就这方面来说，这一点适用于所有哲学道德论证和警告，也就是说，从方法论角度上来看，适用于外部道德权威提出的近乎虔诚的誓言。在该视角中，每一种哲学解释不仅从根本上具备诠释性，必然是被诠释渗透了的，而且每一次用到外部权威时都需要用到诠释性的实践。当然，第一种（哲学）类型的、本质上是诠释性的构成和第二种（非建构的）诠释的纯粹概况或解释性实践之间也是存在差异的。在这一点上，或许沃尔泽提出的"简单原理"，也就是"每一种发现和发明也……需要诠释"（同上，第 69 页），就变得易于理解了，我们并不需要把建构性上依赖于诠释的范畴，也就是最根本的诠释影响，同非建构的诠释性毫不区分地混杂在一起。

可见，要让所有规则的运用都能易于理解，就必然需要诠释，但在实践中并不一定都是建构性的（反正不是在同一个诠释层面上）。当然，对于所有哲学论证、理解和概念形成——这一点不仅适用于道德哲学领域，同时也具有普遍性——而言，诠释性都是具有建构性、不可避免的，而且植根于论证文化之中。哲学的本质是反思，反思则是具有建构性和诠释性的。哲学反思是诠释。没有反思，诠释就不是哲学，反之亦然！

即使有哲学发现或发明（比如定义或协商概念，比如找到并形成共识），诠释要素还是最根本的，而且是具有建构性的。失去了诠释的哲学不仅空洞、盲目，而且是不可能的。哲学用到的是各种超越了个别事件描述的机构、价值评判以及具有普遍性或广泛性的洞见，只要它需要论证、需要洞见和理性，那么出于内在必然性的哲学就是一种诠释。（当然不能将之视为一种同等化或统一性。并不是每一种诠释就必然是哲学思考，尽管我们在反思性的诠释中可能会感觉到其中隐藏着的哲学论据，同时还会认为超越了个别性的反思性诠释就是哲学的：反思性的诠释可能会被人们定义成哲学的，尤其是在诠释视角下、在诠释过程中，在反思时对有待诠释的事物进行再定位时，会出现另外的、全面的要素。）论据和反思始终都是超越了个别描述的，在此层面上，都是反思性的，因此，在一种隐含的哲学方式中，也就是诠释性的。沃尔泽说的显然很有道理，尤其是从论证性的伦理学这一典型的哲学领域可以看到，哲学思考本质上就是诠释。这一论断无疑在狭义层面上是适用的。如果我们从广义的角度来看哲学，包括了反思性论证在内的哲学，那么，我们可以凭借广义的理解大胆地定义"哲学"：哲学就是具有反思性的诠释，是反思过程中的诠释！

第六部分

第二十六章　作为诠释建构的美学现象和艺术品

在艺术哲学中，尤其是在造型艺术中，我们可以用传统方式来区分对艺术品的描述和对作品的不同诠释。当然，这两种行为之间并不存在严格的区别，就像约瑟夫·马戈利斯（J.Margolis）在其著作《艺术和哲学》（*Art and Philosophy*，1980）中提出并解释的那般：因为艺术品是文化实体，只"存在于一种文化'空间'内"（同上，第156页），所以在艺术品内部作为某物存在的事物和所谓的"从外面"带来的事物之间是不存在严格界限区别的，尽管我们会倾向于把特定的、微小的、描述性的特征和形式看作是描述层面中的关键，和另外的、来自外部的特征和形式相比，它们会和物理化身产生更加直接的关联性。前者是更有可能出现在描述中的特征，而后者是没有被确切定义的、不是静态的、粗略的。确切地说，它们属于诠释中的极端，也就是属于一种独特的、取决于特定灵活性且可能也取决于艺术上精湛技艺的行为，也就是属于一种"成就"〔马戈利斯在该关联下提到了"表现"和"艺术上的精湛技艺"（同上，第111页）〕。因此，马戈利斯（同上）在一种连续统一体中进行了相对的区分，或许可以说，根据重点和强调（"这两个概念的重心"）来区分"描述"和"诠释"过程："'描述'包含了一种稳定的、显然是易于接受的、得到了相对较好定义的客体，该客体是可以被检查的；不需要特地描述描述者所做的努力；描述中的差别可以通过对客体的进一步检查或客体的描述要点得到消弭。而另一方面，'诠释'是以一点艺术上的精湛技艺、一种成就要素、某种稳定对象——其特征是可数的（无论这些特征有多么复杂）——为前提而转变成为一种客体的，而该客体的特征呈现的是一种谜团或挑战，其中重点是解决谜团，是对已有材料的一种特定、虚构的运用，是诠释的额外贡献，是和可能的不同诠释相对的一种特殊开放性。描述的重点是客体，而客体不依赖于任何一种特定的描述尝试，这种客体具备或不具备被归因到它身上的特征，而在此过程中被描述的事物不会受到任何限制［图尔明（Toulmin）和拜尔（Baier），1952；奥斯汀（G. A. Austin），1952］。"（此处的模型是宏观的物理对象。）"诠释的重点是批判者的成就，其中还有超越了纯粹预先被给予的材料的东西。"（同上，第 111 页）

马戈利斯的理论表明，在描述和诠释之间是存在一种连续统一体的，而这两者之间的界限是被制造、被设计、被投射出来的，并不是绝对存在的。这种观念在方法论和逻辑上产生了一系列的影响，下文会提到其中一部分。

首先，很重要的一点是，越是复杂的描述，而且描述越依赖于抽象观念、文化传统和特定领域（比如"艺术"领域）的关联，就越容易陷入诠释之中。马戈利斯曾在它处断言（第 157 页）："诠释的目标是根据条件来对一种连贯的整体设计进行归因，而这种条件在纯粹描述性的角度来看是不够充分的。"马戈利斯尽管也看到了其中的关联，但却很可能忽视了一点，所有描述必然——通过概念选择和话语选择——取决于对不同可能性的选择，也就是取决于诠释的视角。

但他却清楚地认识到，和其余看似不协调的不同诠释相比，诠释根本上是具备开放性的，虽然并不必要，但诠释在一定条件下会接纳各种互相矛盾的可能诠释，而且这些可能诠释并不一定——马戈利斯的这一观点不同于其他诠释作者意图的诸多研究者［比如赫希（Jr.E.D.Hirsch，1967,1976）］——会通往一种必然的、始终处于背后的、可能是会聚式的最终诠释："没有人曾表明，为什么非会聚式的诠释无法得到合法的证明。"（同上，第157页）这当然会带来相应的后果，也就是为了诠释而放弃了严格的真理要求——诠释非真非假，而是在以特定的、微小的、具有局限性或容纳了诠释条件为基础的情况下，也就是在许可条件下，具备某种程度的信服力。这种许可条件，包括在比较情况下这种许可条件的正确性，都是以描述为基础的，通过实用主义的共识可以得到实现。因此，"描述"和"诠释"之间关键的差异看起来就体现在，描述不允许对一种且同一种物理客体采用不可协调的可能性：我们不可能在脱离了诠释的情况下对一种且同一种物理客体进行不同的描述，只要我们被局限在可描述的特征之中，我们就只能在脱离了虚构历史理解方式或社会文化影响的情况下才能判断描述是否恰当。简而言之，描述——如果假设了相应的差异化水平——可能是真的，可能是假的，而在许可条件的范畴中，诠释只能在某种程度上才具备可信度，但无法直接判断其真假。可信度标准和条件是为了诠释而被制定出来的。不同的诠释，在一定情况下甚至是逻辑上互不相容的诠释，可能具备同样的可信度，因为它们源自不同的假设和历史－社会文化习俗中的传统前提。诠释基本上会出现在历史发展以及历史上具有连贯性的"诠释传统"范畴中。（同上，第163页）诠释的基础是"同某一既定艺术品的描述性特征之间的协调性"以及同已建立的诠释规范之间的"一致性"，而这些规范本身则属于诠释的历史可持续性传统中的宽容领域。（同上，第163页）马戈利斯主张的是一种"温和的相对论"，有意思的是，他将之称为"粗暴的相对论"（同上，第162页）。根据该相对论要求，在诠释的形成或一致性验证试验中，特定的诠释前提就类似于理论假设。这些理论假设在意识形态上具有全面性，他将其称作"神话"。这种技术层面上的神话就是"一种想象力图式，这种图式脱离了其内在论断中的科学状态，在我们如何结合其（神话）区别的同时组织起外部世界的特定领域问题上，它能有效影响其方式方法"（同上，第152页）。也就是说，这是文化上发展形成中的建构性理论图式，它们能对充满了神话或受神话渗透的诠释中不同的定位进行预先结构化，这么一来，这些不同的定位尽管一方面会基于理论假设而成为可调控或客观化的陈述。但另一方面，由于不同的、彼此矛盾的假设，其完全有可能引发不同的诠释。这是诠释假设和诠释建构中仿佛被相对化的相对论，它在观念图式的文化渗透过程中——可以深入被文化围裹的感知或视觉方式——可能会产生不同的结构。最根本的只能是"最小化的限制"（确切地说这属于描述层面），而诠释在依赖意识形态、学说或文化传统及其图式的同时是具有可变性的。因此，马戈利斯在引用了刘易斯·卡罗尔（L. Carroll）的《爱丽丝梦游仙境》以及《哈姆雷特》的基础上提到了一种类似于弗洛伊德式的诠释，这种诠释有可能发生，但却无法和其他诠释协调一致。与之类似的还有从"天主教神话"角度对但丁《神曲》的诠释，这可能更符合作者原本的意图，但却无法同"马克思主义的"诠释保持一致。

"要点"在于，这种神话已经成了我们普通文化的"一部分"，"无论是艺术家的想象力，还是受过教育的个人所具备的想象力，都对之（这些神话）表示了满足"。（同上，第148页）因此，这些神话建构同时也会通过一种文化上的适应产生社会影响，也就是从视角上来看成为次级的真实性。诠释建构同时被嵌入了观念方式之中，也因此在次级层面上成真了。通过这种方式，逻辑上原本无法互容的诠释完全可以达成同样的可信度，而且会共存于不同的次文化中。重要的是，尽管这些最基本的神话并没有要求自身具备科学真理（包括弗洛伊德的心理分析或马克思主义），但其"对诠释"，比如对艺术品的诠释，包括对其他诠释客体的诠释，"所具备的可能重要性"并不会因此而丢失，甚至一定条件下基于相应的假设而要求其自身具备有效性。如果我们接纳弗洛伊德的心理分析理念，那么我们就可以评判、检验对《哈姆雷特》的解释所具备的信服力或重要性，就像乔恩对《哈姆雷特》所做的解释那样（1949）。如果我们采用的是另一种深化基础，那么在一定情况下，在这些基础被充分精细化的情况下，就会产生另一种诠释结果。与先前的理论基础相比，这种诠释依旧具有信服力和可调控性，且不需要放弃对诠释的任何严格要求。

诠释就像是在寻找相应的个别前提、假设以及应用。按照马戈利斯的说法（同上，第158页），在某种方式上，其在方法论上更接近皮尔士的"溯因推理"，而不是"归纳推理"或"演绎"（比如在演绎性的解释中）。不同的诠释之间更像是下反对关系（马戈利斯错误地称之为"反对关系"），而不是矛盾式地彼此排斥。两种不同的诠释尽管在逻辑上可能完全无法达成一致，但同样具可信性——它们不可能都（之前提到的最小化限制是存在的，比如通过一致的描述特征）完全是假的。

马戈利斯认为，在不同的艺术分支中，比如对比造型艺术和文学艺术中，会产生不同的诠释类型，而且这是取决于作为前提的描述条件。因此，文学诠释就更加困难了，与描述一种更加外化、可被描述的简单图画相比（比如蒙德里安的抽象作品），要针对文学作品给出一种相对脱离诠释的描述要难上许多。语言产物和语言本身无法直接被感官感知，对其所做的分析或呈现本身更取决于意图和含义，而这是说话者和接受者在其背景观念基础上表达出来的。

这一点当然是正确的，但同时也表现出了一种程度差异；因为从根本上来看，对图像或外部对象的描述也依赖于语言表述、概念、范畴化和分类，也就是在不同层面上运用不同类型的诠释建构。包括描述基本上也是被诠释渗透了的，取决于诠释，也就是并没有完全脱离诠释性。马戈利斯特别强调了这一点，他在留意到描述和诠释的多样性当中体现出来的关键区别时断言称，在诠释和描述之间不存在绝对的分界，也没有严格的界限，但他为了区分艺术品诠释和描述之间的区别——尽管是相对的，而且是基于重心的转移——还是用到了这种差异和可分离性。似乎他用到的更多的是一种实用主义的、工具化的差异，而不是一种原则上的差异。这一点当然是合情合理的，但却必须形成描述中一种更为全面的、诠释性的理论。包括描述的恰当性或特征描述的不恰当性也依赖于诠释过程中的、可能会隐藏在分类和标准化中的诠释结构化。毕竟，矛盾会出现在更为精密的视角扫视基础上，出现在判断诠释的可信度以及判断描述的恰当性或不恰当性过程中。当然，在日常现实性的实践运用中，通常存在归因方式上的封闭性，尽管从原则上来看，描述的开放性是存在的，不同理解方式、理论原理以及诠释的预先结构化过程也是保有开放性的。普特南一再用我们的理论和分类来强调这种理论诠释性上的预先结构化：原则上来讲，我们可以把房间里的一把椅子看作是分子云或是特定基本粒子的集合，并试图对其加以分析，尽管这在理论上是可行的，但事实上却从未有人这么做。事实上我们依赖于我们的日常行为或诠释，依赖于定位在宇宙中的可接近性以及相应的语言描述范畴。这里可能可以看到，诠释性的相对主义所具备的实用主义性被终结了，而这种相对主义会在日常生活中对描述和诠释进行合法区分，尽管从根本上来看，在更为精密的扫视以及理论上的基础释义过程中，恰当性和不恰当性（真和假）之间的区别就和处于相对可比较关系中的诠释之间的差别一样，都不怎么具备最终有效性。

　　但即使是在诠释过程中，我们也必须遵守最小的局限化条件，也就是依赖于判断特定归纳范畴和分类可能性的恰当性或不恰当性，这种分类可能可以把许可性诠释同非许可性诠释区分开来。诠释并不是任意的，而是在预先规定的范畴中被局限在有待诠释的客体上，也就是限制在诠释对象上，尽管其中也存在开放性。与之类似的是，我们也可以在更详细的理解过程中提出描述的要求；因为描述毕竟始终都是基于视角和诠释观点才能得以实现的。一种全然脱离了诠释的，也就是完全不依赖于语言关联、社会文化关联和历史关联的描述是不可能存在的。描述的客观化在某种程度上，尽管是在更为严格的判断条件下，可以被相对看待。这并没有排除"描述"和"诠释"之间的一种有用的、颇具成果的区分，反而恰恰提出了这种区分要求。它只是排除了有待描述的客体及其描述结论中一种绝对化或类似实证主义的、固定的被给予方式。尽管如此，在日常生活中，对描述和诠释加以区分还是很有意义的。

斯蒂芬·戴维斯（St.Davies，1991）在其最新的一本重要著作中，也就是在《艺术的定义》（*Definitions of Art*）一书中讨论了艺术品的诠释理论。他提出了本体论化的释义（把艺术品的存在物视为自在的、具有个体特征的存在）同目的性的（艺术家的意图提供了对艺术品的诠释）以及功能性的诠释之间的一种中介性立场。戴维斯引用了马戈利斯的观点（1991，第156页），也就是例证以及艺术品必然是和物质的呈现密切相关的。丹托的理论，也就是艺术品必然会是"可诠释的"，也得到了承继，但另一个论点却没有被斯蒂芬·戴维斯所接纳，也就是艺术品表述的是"关于某事物"的某事物，也就是必然是"介绍性的或有指示意义的"（同上，第161页）——也就是它是有意义的（重要的），但严格来看却不具备语义上的含义。当然，这种重要性可以被视为符号上的功能，但前者并不排除一点，也就是当艺术品同时具备其他功能时，它们并不一定就是原来的样子。尽管艺术品在符号上来看其功能就是"符号"，但其功能并不一定就（只）体现在"成为符号"上。（同上，第163页）按照斯蒂芬·戴维斯的观点，最典型的是，这种符号特征是为了满足一种特定的目标，或者说，是被嵌入一种特定的观念、社会机构、理解方式等当中。对于艺术特性而言，符号特征似乎更像是一种必要条件，而不是充分条件。一种符号上的呈现物例证是否可以被看作艺术品，这取决于特殊的"话语"或者其类型。斯蒂芬·戴维斯批判地分析了克鲁克夫斯基（L.Krukowsky，1980）、卡罗尔（1988）和莱文森（J.Levinson，1979）的解释，他们的观点同古德曼等人的符号理论观点相近，也就是如果排除了艺术的功能性理论，超越了目的和未结构化文化实践的东西就变得非常必要了，我们可以以此来解释"艺术创作行为和艺术品的极度多样性"以及"艺术概念的连续统一性"。为此不仅有必要假设出一种能让艺术家发挥影响、贯彻意图的关联，同时，"隶属于其的一种结构"对"重复过程中模式的统一性"等而言也是十分必要的。（同上，第179页）

斯蒂芬·戴维斯反对"目的性的谬论"（意图谬论）（同上，第182页及以下），这种谬论会把艺术家的目的视为理解艺术品及其意义的过程中决定性的唯一基础。斯蒂芬·戴维斯在批判过程中特别提出了诠释的多样性和多类型，也提到了艺术品的重要性（和意义），而这些艺术品作者的意图是不明确的。比如丹托就似乎提出了一种假设，认为一般只可能有一种"对艺术品的正确诠释，这也是艺术家意图实现的"。这就产生了一个问题，如果艺术家的意图"不明、多义或自相矛盾"，那么一种且同一种艺术品就可能会有各种不同的诠释（同上，第188页）——这显然是不可能的，尤其是针对非物质的艺术品时。同样地，针对非物质的艺术而言，艺术表达的是"关于某物"的某物这一点也同样是不合理的。针对一种艺术品的不同诠释所具备的多样性，也就是矛盾性，或者是那些与艺术家的意图相悖或与之不一致的解释，包括对艺术家意图的无知等，都从各方面驳斥了这个论点——艺术家的意图就是对艺术品的"正确诠释"，或者说它甚至是唯一具有决定性的（同上，第188页及下页）。

另一方面，观众的投入也无法替代艺术家的意图而成为诠释艺术品的决定性基础；因为艺术品（比如针对物质化的表述）的可诠释性首先是会受到限制的，其次，艺术家的意图并没有完全被摒弃或被受众的意图所超越：通过受众的这种解释，甚至可能会产生一种全新的诠释美学客体，最后，如果关键只在于受众及其解释的话，就几乎不可能把一种美学上被体验过的全新客体同一种艺术品区分开来。此外诠释的多义性和多样性从此时起就更任意了：由于不受限制，诠释可能的多样性可以说是太宽泛了（同上，第191页及以下）。

因此，斯蒂芬·戴维斯针对艺术品的诠释提出了一种独特的、中介性的论点：受众并不会简单想象艺术家的意图，"他们会从艺术家在运用艺术习惯的过程中读懂这些意图，比如呈现习惯"；"这种习惯是在重要意图的影响下形成的，同时也体现了这些意图。一旦确立，这些习惯就成了意义的表现手段，尽管有时其并不会被用于此。我们不需要去研究某位艺术家想要用一种特定的习惯来表达什么，我们可以直接关注诠释，这种诠释能在体现其习惯的艺术品中揭示艺术家是否用到了这些习惯"。（同上，第194页）"习惯如何存在于艺术行为历史内部，这限制了如何解释艺术品的可能性，而同时，这也使得对有争议的艺术品所做的多样诠释有了更多的诠释可能"。（同上，第195页）也就是说，正是"艺术习惯"才使得艺术家的意图在观众面前变得"透明"，就像语言习惯呈现了说话者意图一样。"艺术习惯能让人观察到被用于艺术品上的诠释，但这并不是艺术家有意期待的一次发现"，也不是个体化的受众阐释，"'只不过'就是一种自身的诠释观察，这是艺术品的支撑，而且是从艺术创造的已有习惯角度来看，这些习惯都是和有争议的艺术品相应的"："很多时候，习惯揭露了艺术家的意图，这一点是肯定的，那么，当习惯的运用（或非运用）被无视时，这些习惯始终都会带来可诠释的重要性，这一点也同样是肯定的"。（同上，第196页）

按照斯蒂芬·戴维斯的观点，通过这种方式，可以一次性避免之前提到的两种极端解释——艺术家意图的决定性角色以及仅限于接受性诠释的局限性——的问题。在此过程中，一方面，忽视艺术家的意图并没有剥夺艺术品中"语义上的、呈现性的、表现性的以及符号学的意涵"，同时，诠释还摆脱了艺术家意图或受众意图的"僵化"干预并使之更有可能接纳多种不一样的诠释。在此过程中，作者的意图要居于习惯"之下"（隶属其下），正是在习惯之中，作者意图才能"有所发挥"，不过在解释有意义的诠释时，作者的意图还是至关重要的（同上，第197页）。

斯蒂芬·戴维斯把"艺术习惯"置于作品诠释和艺术家的意图之间，以此来解决意义的决定性和诠释的多样性之间的问题。当然，这里涉及的是一种诠释性的解释结构，这和物质上的呈现有关，但在社会性上却已经习惯化并得到了推介，但另一方面它也能再现或至少能考虑到艺术家的意图。习惯决定或制约了所谓的艺术品地位，这是艺术家在艺术品身上极为看重的，受众正是根据艺术家的习惯以及艺术品本身来看待这部作品并将其诠释成艺术品的，而且通常也会从艺术传统角度出发来将其视为艺术品。但这并不是必然如此的。尤其是在现代艺术中，可能存在对艺术品的不同定义，或者普遍来看，可能存在对艺术产物或艺术演出的不同定义，而这些定义并不会直接同自然的或甚物质上的例证所具备的传统习惯产生关联（同上，第221页），比如即兴艺术等。但不管在任何情况下，诠释性的建构形成显然都是将某物理解并定义成艺术品的关键，而且这些建构形成是通过社会习惯、规则和反应体现出来的诠释建构特征。不过可惜的是，斯蒂芬·戴维斯并没有具体介绍结构，也没有进一步探讨习惯组成时候的类型和基础。它们所拥有的是假定实体的地位，就像基因在被检测出基因密码时所具备的实体地位一样。当然，能了解这种习惯的度量定然是非常有意义的，此处将这些习惯假设成理论建构并用来回避特定问题。

丹托在其作品《习惯的改变》（Die Verklärung des Gewöhnlichen，1984）中明确了艺术品的存在方式就是诠释建构的存在方式——诠释即存在："客体o只有在诠释I中才是一件艺术品，而I则是一种功能类型，它会把o变成一件作品（变容）——I（o）=W。"对于艺术品的存在方式而言，诠释是具有建构性的。在丹托看来，诠释"就像是一种洗礼，但并不是用来命名，而是赋予其一种新的同一性，是参与被选中物组成的共同体中"。（1984，第192及下页）通过"艺术鉴定的行为"，诠释得到了更新，而这种行为在语言上表现为"对'存在'

的一种特定鉴别习惯"——这"是艺术性身份或艺术身份的'存在'"——，这种身份越过了其他视角中产生的本体论界限，按照丹托的说法，这是"变容性的"。艺术性的身份是"和神奇的身份紧密相关的"，也就是和"神秘的身份""宗教上的身份"以及"隐喻的身份"紧密相关。除了隐喻身份之外，这些非艺术性身份的真实性当然——这和艺术身份本身不同——需要人们"最好不要相信字面上的虚假"，而这种字面上的虚假本身自然是和艺术身份兼容的。（同上，第194页）丹托还认为，"诠释的界限"和"知识的界限是相似的，就像想象力的界限和知识的界限类似一样"（同上，第196页）。以诠释性身份为支撑的建构世界和诠释的可能性、多样性是息息相关的。

简而言之，正是诠释让艺术品真正成为了艺术品，它能标明（建构）日常世界中的客体，比如杜尚使用的现成物（比如其作品"泉"）或沃霍尔的布里洛盒子和坎贝尔浓汤罐头都是在特定的塑造中或只有被选择成为艺术客体之后才成为艺术品的。在此过程中，简单的客体不是被建构、创造，就是纯粹地从现实世界中被挑选出来并被标记成艺术品。这么一来，它们便成了"某一艺术世界以及由被诠释物构成的某一世界中的"部分。（同上，第208页）特别是后现代的现成物艺术以及即兴艺术等——这些艺术创作会对普通的对象和事件进行加工并在特殊的筛选或排序中将其构建成为艺术品——恰恰证明了对艺术品的这种诠释理论解释。丹托的这种观点极具说服力，而且和上文提到的诠释建构主义构想完全一致。

丹托也认识到，"要尽可能把同样的理念普遍运用到诠释建构中去"（同上，第199页），对于更普遍的客体建构而言，同一种诠释建构性的方法论及其意义是同样适用的："因为这并不是客体的全部等级中最独特的一种标记，而艺术世界正是凭借这些等级构建了一种次区域，正是因为这些客体被诠释成其原本之存在，因此，它们才能成为其原本之存在。"（同上，第208页）丹托也曾多次（同上，第176，191页）比较这种诠释性的解释和科学理论观，根据后者的观念，所有观察都是充斥着理论的，也就是诠释性的——"没有观察是脱离了理论的"，"没有观察是脱离了诠释的"："科学的观察术语"是"在一定程度上充斥着理论的……寻找一种中性的描述——从一种理想情况下摆脱了偏见的科学角度出发——就意味着放弃从事科学的可能"。（同上，第191页）与之相应地，丹托针对艺术品的观察、解释和价值评估——根据更少且更加模糊的暗示——提出了普遍、合理的客体理念。不过丹托（同上，第193页）还是认为艺术品涵盖了日常生活中的现实客体，这些客体只有在形式上可能存在于一种任意排序状态之中，也就是处于一种"肆意划分的客体片段"中，"诠释选取的就是这种片段"："没有诠释的话，这种片段就会悄悄地回退成客体或干脆消失，因为它的存在是由诠释赋予的。这种被肆意划分的片段就是我在本书中所指的诠释的存在……我们在碰到客体的时候是现实主义者，而在碰到艺术品的时候则是理想主义者：在没有艺术世界就不存在艺术的这一论断中，这是一个小小的真理"（同上）。随后，丹托区分了客体的视觉和"看见一种客体，诠释会把后者转变成一种作品"。丹托认为，这"显然是不同的物，尽管诠释事实上会归还客体本身，它会说，这部作品就是这个客体"（同上）。正是诠释将艺术客体建构成此番模样。

丹托似乎在假设客体是现实的，是在脱离了诠释的情况下被看到的，尽管如上文提到的，他暗示，他的艺术品诠释理论完全证明或必须标明其具备更加普遍的运用性。(不过这么一来，从非诠释性的对象观察以及理解角度来看，就不存在丹托所说的客体实在论了，即使有，也是充满了矛盾的。)

事实上，诠释建构主义者必须非常普遍化地看待这种艺术品的诠释理论——所有客体都是在诠释中被观看、建构的。世界上的任一对象以及将这些对象再度划分成各种对象、等级、结构等的过程都是被诠释渗透了的。

对艺术品的诠释性解释和其他解释之间的区别只体现在诠释的类型上，而不在非诠释观念的可能性上。在丹托对艺术身份/艺术诠释同神奇的、神秘的、宗教的以及隐喻的身份/诠释进行比较的过程中，他间接得出了一种相应的结论。艺术诠释以及艺术身份就是另一种诠释和身份，无论是基于诠释性的突显、范畴还是通过某位著名艺术家（比如在现成物或即兴艺术中）将之和日常生活划分出的界限。甚至通过诠释中的一种艺术变容以及通过另外的诠释过程撤销这种艺术变容时，艺术品会和原本的基础客体合为一体（比如放弃框架和标签就表明存在一种想象中的选择框架或强调框架）。或许可以把特定的现成物以及大地艺术作品看成是玩转艺术客体和日常生活客体领域之间界限的游戏。一块木板上放有一只标有"洗衣袋"标签的盥洗包，丹托认为这是库里洛夫（A.Kuriloff）在其艺术品构成中做出的"温和的讽刺"，其体现在"给一种乏味、常见的客体贴上标签……，将其从原来的地方挪开，扭曲其周边环境"（同上，第204页）。但库里洛夫在这里并不只是"想要排斥某种传统成分"（同上），这里针对的是一种诠释性的变形过程，这是丹托以某位艺术家为例——包括用温和的讽刺——勾勒出来的过程，这位艺术家把"他的木板搭建成了一张床，并使之形变成为了艺术"（同上），在此过程中，没有用到任何框架、标签、特殊的挂件或特殊的理论。他认为，这里探讨的是一种脱离了诠释的艺术品，这一观点本身是毫无理论基础的，无论针对的是什么客体，这种观点都是一种诠释。丹托依旧用略带嘲讽的语气称之为"对无理论理论的道家式美化"，这是普通人具备的特征，同时应该也是新近赋予艺术品和日常客体以身份的先锋派艺术家（绘画颜料就是绘画颜料，而非任何其他东西）拥有的特征（同上，第203页）。按照丹托的观点，几乎是以"佛家的方式""回归到绘画颜料即艺术"的过程就是在继广泛的再诠释之后对普通对象的再发现，也就是一种再度的身份认同和诠释，类似于后艺术的诠释、后现实。当然我们也可以用类似的方法来看待对象及对其身份的再认定，比如从量子物理学理论出发或根据其他的科学分析。在传统范畴和结构中再度经历旧世界的过程可以通过某种认识过程、理论解释来呈现上述类型的再度诠释和再度的身份认同。丹托提到的禅宗联想（根据青原大师的说法）事实上就是指："……禅有悟时，看山不是山，看水不是水，禅中彻悟，看山仍然是山，看水仍然是水。"（同上，第206页，根据瓦茨的《禅宗》，1961，第158及下页）

诠释可能是再度的身份认同和再诠释。它们不需要同现实客体关联起来，但是它们必须能区分诠释对象、有待诠释的事物、通过诠释获得的建构和被诠释者。从方法论上来看，我们可以理解诠释功能的两方面，也就是在诠释临摹的"原型"以及图像事件中，只能从诠释性上领悟被渗透之物。尽管日常生活中未被诠释的客体会呈现在我们面前，但我们无法对这种未被诠释的客体采取任何措施。所有客体都必须被视作是被诠释渗透了的，尽管通过反思性的诠释过程，它们会再度被诠释为是和常见生活对象保持了一致的。（这并不意味着我们落入了一种极端的、彻底的诠释唯心论之中：我们必须假设世界是真实的，而且是出于生活实践的务实理由；当然，这种假设本身在更高等级上也是被诠释渗透了的。这里谈论的是一种认识论上的诠释。）我们可以假设——当然只能是以诠释色彩的形式——一个和我们毫不相关的、未被诠释的世界；但任何干预该世界的做法，也就是任何概念上或观念上的分类本身，都是充斥着诠释的，是被诠释渗透了的，是和诠释过程密不可分的。不仅是艺术世界，包括任何世界都是"被诠释了的物"构成的、充斥着诠释性的世界，确切地说，是被诠释渗透的构成或"实体"。

认为我们生活在不相交的诠释世界中，认为诠释世界之间不存在任何关联，这当然是错误的结论（见第十九章）。诠释会互相重叠，其彼此间具备系统上和结构上的关系和关联，其构成——这和古德曼的多重世界理论是相悖的——完全遵循了我们所生活的一个世界中出于生活实践原因而不可回避的上层诠释。在生活实践中，包括出于生活实践的原因，我们可能无法真正理解世界和诠释世界的多样性。诠释的界限并不仅仅是知识的界限，不仅仅是理论上的可把握性和可理解性的界限，而且也是实践上的可领会性和行为经验的界限。可领会的世界中的界限从理论以及实践角度来看，会通过我们可能的诠释所具备的界限而得到扩张。我们的世界并不是"实况之所是"（从与之相关的、诠释性上保留了朴素性的维特根斯坦的《逻辑哲学论》角度来看），我们（可被领会）的世界是我们在自身诠释关联下，在不同层面、通过不同方式诠释为符合世界现实性的所是。艺术品、价值评判、理论建构、数字以及其他抽象对象也属于我们的世界。只要一切可被领会，其皆是诠释性的。

∵

第二十七章　诠释行为是否再现了超验性和言词适当性？

诠释是一种行为，这一点已经多次被强调过了。那么，诠释只有在行为、再次行为之中才表现为真实吗？"我们所有人都在演戏"——借着这一格言［《日常生活中的自我表现》（*The Presentation of Self in Every Day Life*，1959）一书的德语版本（1969）标题中突出了这一点］，尔文·戈夫曼（E.Goffman）提出了一种有趣的社会心理学角色理论，该理论把自我在社会中以及面对自身评判时候的表现和呈现视为"戏剧表演般的"角色构成和角色演绎。

近年来，乔治·斯坦纳（G.Steiner）在其著名的（尽管稍显冗余且弥漫着刻意的学究气）杂文《关于现实的当下》（*Von Realer Gegenwart*，1990）中从狭义的角度批判了诠释的纯粹模仿，认为适应是次级的重复和激增，他从表演以及动态的形象表现出发，认为艺术创作、艺术接受和超验性之间有着不可或缺的关联，而这种关联属于积极的、非模仿式的诠释。这里不值得对斯坦纳的这篇充斥着傲娇学究气的文章详加探讨，尤其是其中同最高艺术的创造或体验状态中传递震颤经验的先验性相关的、类神学的主要观点。此处只需要局限在同诠释、模仿过程以及语言哲学的指称相关的论点即可。

斯坦纳描述并批判了我们社会中次级从属性以及寄生性的主导现状，这种现状普遍——无论是在媒体报道的导向上还是在学术工作和学术著作"沉闷有力的浪潮中"——以渗透的方式决定了我们公共的、文学的以及艺术的接受生活——"次级从属性就是我们的麻醉剂"（同上，第73页），大学是"我们的拜占庭"（同上，第48页）："次级从属性话语中具有主导作用的疯狂状态影响到了思考和敏锐性……我们的时代精神就是新闻学的精神"（同上，第42及下页）。

斯坦纳对于真正诠释的理解、对"一种积极实践的理解过程"的看法，是和这种看起来具有说服力但同时又荒诞有趣的次级从属信息相对的，积极实践的理解过程证实了"翻译的直接性"，也就是一种转换性：真正的诠释者不仅仅是意义——这是他根据规则"解密"得出的——的消极传递者，从严格意义上来看，他还是"语言间、文化间以及实践习惯之间的翻译者。从其本质来看，他就是一个执行者，他会把现有材料'表现出来'，并以此来实现可理解的生活"。对于斯坦纳而言，"'诠释'的第三种主要意义"是真正的意义："演员会诠释……"，"戏剧中真正的阐释学体现在其舞台演出上……只有当我们体验不同的诠释，也就是表演，同时对这些诠释进行比较之后，我们才能真正进入认识的国度"。（同上，第18及下页）执行者是艺术以及艺术诠释中的"大师"，这和新闻界以及学术界的批评家、小题大做的评论家是完全不同的。表演者同时也是执行者。就像作者本人一样，他接纳并积极塑造了"责任性""诠释性上有保障的一致观点","执行者将自身存在融入了诠释过程之中"(同上,第19,20页)。对于大型艺术而言,积极参与并被接纳进入一种"奥秘"的状态是一种"核心概念":"诠释(阐释)和价值评判(批判性规范化)的关键体现在作品本身上"。(同上,第31页)这种"先于内化的'再生产'和改变的表现过程"——比如涵盖了一种新的表演、一种"再思考"和积极、认知、身份认同式的参与过程——无法被简化为理论、简单的折射或再现等,而是意味着初级的现实化、复活,也就是从"创造行为的当下、完整意义的创造行为体验中"(同上,第32,39页)得到了复苏,远离了所有的次级从属性和寄生性。并不只有"结构本身是诠释"(同上,第36页),真正融入对于存在而言至关重要的"责任性"的行为也是诠释。在新闻界,包括在学术的拜占庭主义中,人们都在回避这种深入参与的、积极的身份认同,他们寻找的不是"直接面对那种'现实的'当下",而是"间接性的豁免权"(同上,第59页),是精神和精神科学的四处扩散,是次级以及第三级的话语,是永远都在撰写关于文本的文本的文本……〔斯坦纳把传道者所罗门的原话"著书多,没有穷尽"改成了"著书作、著与著书相关的书作之多,没有穷尽"(同上,第71页)。〕

和这种伪教育行为的次级从属性相对的是,"初级文本,如诗歌、画作、歌曲等都是一种自由现象。这种文本可能存在,也可能不存在"(针对艺术和自由的形而上基本问题,斯坦纳的理解和莱布尼茨针对"为什么是某物而不是虚无"这一首要问题的理解类似)。(同上,第201,263页)和伟大艺术的真正的、存在性的"接触"传递了这种"自由体验",使之具备可能性且可发展性。［他在这种绝对自主意愿中还看到了"康德所谓的艺术的无关切性"。（同上，第203页）］这种体验就是接触一种超越了形式性和内在性的其余存在："超验是这种过渡的另一个几近技术化的名称"（同上，第262页），"因为存在这样的艺术创造，所以美学创造也是存在的"（同上，第263页）。

对于斯坦纳来说，"被创造物中完全无法被解释的当下、实际情况以及可被感知的实体性"是"我们人类同一性的核心"，其在语法上、理论上、方法论上终究是难以被理解的。他在对待艺术模仿特征的亚里士多德传统理论时，态度是模棱两可的。一方面，他认为，"美学行为……是对不可企及的最初命令的……一种模仿"，也就是"模仿性的"。（同上，第264及下页）另一方面，伟大的艺术在其"梦到跳出虚无的绝对性一跃"中，不管这有多么新奇独特，都是无意义的，伟大的艺术无法通过"模仿概念，也就是扎根在本能中的模仿世界"得到彻底的理解。（同上，第264，266页）更确切地说，斯坦纳认为"作家、艺术家……和作曲家等人创造存在的行为是反创造"，"这并不是任何一种中立或崇拜式立场上的模仿"，而是"极端地反对对抗和竞争"："人类创造者非常不满自己只是接替者，在形式的形态构成过程中，在原初的、原始的奥秘之中，他只能永远排在第二位。"（同上，第267页）面对世界万物，艺术家在其优先性、必须性和被迫接纳的接替现状中，创造出了一个"反世界"。可以说，这种反世界是极其"羡慕"第一位创造者的，以至于第二种反创造几乎就成了创造性的反抗："……我为什么要步他人后尘呢？'诗人自问'。"（同上，第268页）"和一位'嫉妒的神'一较高下的冲动"（同上，第271页）在我们这位作者看来似乎是美学和伟大艺术的核心所在——这也反映在文艺复兴时期提到的诗人是"另一位上帝"的说法中,体现在斯特林堡所写的关于高更的评注之中,高更是一位"巨人,他嫉妒创始者,在自己的自由时间中从事独特的、微小的创造行为"——,包括回溯到毕加索身上亦是如此:"事实上上帝就是一位艺术家",或者马蒂斯认为艺术家的身份是"是的,但我就是上帝"。(同上,第273页)

这里要讨论的并不是这种超验论点的(从语义上来看就不值得为之辩护了)可靠性。这里针对的只能是诠释性以及模仿性的普及会在何种程度上受到妨碍或保障。事实上,与斯坦纳的观点不同的是,对立构思看起来是和模仿性的以及诠释性的原始模型紧密相关的,而这种模型取决于预先存在的特定原始文本。尽管"特立独行的艺术家或思想家们……以全新的方式""解读""存在"(同上,第256页),但其前提始终都是模仿性的以及诠释性的形象。全新的解读和每一种对立解读一样,都是一种解读。反创造也是一种变化了的模仿,即消极的模仿。反抗是次级的、模仿性的、诠释性的。斯坦纳的观点必须受到限制。

这一点同样适用于他的超验观点,他认为,"艺术和文本中当下的、'他性'的不可简化的独立性"始终只是"和超验的近邻关系"留下的痕迹——"写作、艺术、音乐都是这种近邻关系的媒介",真正的美学是"神学的一部分"。(同上,第280及下页)被攫住的状态超然于所有实证理论形式或类似科学理论形式的"验证倾向"之外,是毫无理由、不可解释、充满矛盾的,是人类最终矛盾的一种机制——我们不知道"当我们在经历、谈论何物时，我们经历、谈论的，到底是什么"，毕竟"没有一种人类的话语能够探究意义本身的最终意义，不管它多么具有分析性"。（同上，第281页）"超验性"在这里表现为否定概念，像是否定神学的一部分，是无法被描述但（只能？）被投射的事物中的残留范畴，它标明了不可解释性的一处空缺，是无法言说的事物中所具备的不可解释性以及奥秘的占位者。每一种现代的、非最后论证的理性主义的认识论，尤其是诠释建构的理论，必然都会排斥所有事物都得拥有可认识性和可言说性这一过高的要求。这里不需要超验性的投射。在表面上体验了"超越"了我们的事物之后，并无法在任何层面上得出其存在或甚可被理解性的肯定论点，认识论的谦逊是我们能从中得出的唯一结论。

在这种情况下，从哲学角度来看，斯坦纳的文章中最有意思且最具挑战性的内容就是他关于"词汇和世界"之间"被破坏的协议"的第二本书作，他合理解释了自己对理性认识论的主导性的"迷般暴行"的排斥。当然，这种排斥态度可能并不符合每一个历史细节："所有一切事物都任由他人对其言说、撰写。"（同上，第77页）从语言及其从属的、假设的以及非现实、潜在的建构中"内在的无界限性"，从"思想和想象能力中生成的无限制性"，包括从诠释和评判在原则上的非封闭性中，产生了一种所谓的类神明的仿制性，世界有可能具备无边界的、任意的可多样性，具备一种"能陈述并反驳的能力，能建构和解构时空的能力，能思考并说出非现实性的能力……"，这"使人成为了人"（同上，第80页及以下）——"动词的将来形态"使得"存活"、制定目标以及乔治·赫尔伯特·米德

第二十七章　诠释行为是否再现了超验性和言词适当性？

提出的思维格式塔中的著名视觉行为变得可能，由此一来，人就成了有规划性、行动力和知识的存在。

当然，为此必须付出一定的代价，这也是斯坦纳在否定方面特定强调的——"话语具有无尽的潜在可能性"，"文本和美学现象的全面可支配性"带来的结果就是，诠释不再具备约束性，尤其是在精神科学和艺术中"不存在具有决定性的实验"及"可验证性或可证伪性"，不存在认可操作上可采用的进步措施。与之相应的是，"非决定性和互补性的原则……在文学和艺术的所有诠释性的、批判性的过程和表述行为中，处在了核心位置上"，"概念内容的建构……无一例外都是和语言循环紧密相关的"，"其自身言说的媒介无法得到超越"（同上，第82，94，104页及以下）。因此，"诠释不仅拥有自身历史"，"拥有自身独特的认识价值和语言学"，同时诠释在根本上还取决于投射性的语言领域、被建构了的建构性次级事物构成的领域，诠释自身无法得到超越，无法在任何实证理论，尤其是无法在量化的以及可普遍化的、形式化的理论中得到理解。（同上，第103，109页）按照斯坦纳的观点，除了保留了形式和外在意义的语言学结构尝试之外，"不存在任何诠释性方法能消除语言学分析和被精确定义的语言学理论之间、语言学分析和理解过程之间的鸿沟"（同上，第113页）。按照他的观点，"语义的不可测量性"在精神领域，尤其是在体现其"最大化的"艺术领域中，是不可回避、不可更改的。（同上，第115页等）从科学角度来看，艺术和精神都是不可解释、不可简化、不可测量、不可验证的。

斯坦纳认为，这种不可测量性具有普遍性，可以一直回溯到 19 世纪后期认识论语言哲学上尖锐的怀疑论，尤其是维特根斯坦的观点。在当时，认识论的可能性就像古典时期在学院派的、皮浪主义的怀疑论中一样，都是被排斥的，（根据斯泰格米勒的观点），正是通过"超怀疑论的"方式才能"打破语言和世界之间的协议"，"这种协议的破裂呈现了西方历史进程中为数不多的真正的精神革命中的其中一次，并且由此定义了现代性"。（同上，第 127 页）尽管有各种颠覆性的"反雄辩术"，古典时期的怀疑论一直感觉自己"深受语言影响"，却从未怀疑"自身的合理性和自身的能力"，它会"在简明易懂的、语法结构清晰的表述形式中呈现自身意愿"。（同上，第 126 及下页）现代世界是"'遵从话语'的世界"，是"收场白……的时间"（同上，第 128 页），这是"在语言内部彻底消除其内涵性和可验证的意义的"（同上，第 140 页）一个人类时期，就像维特根斯坦在其《哲学研究》（特别是 §§201 及以下）中，在排斥遵守规则的、有约束的可被操控性［见克里普克（S.A.Kripke）所做的类似评论（1982，德语版 1987）］的同时所描述的那样。矛盾的是，根据索绪尔（Saussure）的观点，语言学可能会"把语言置于人类现象学的核心位置，同时由此制造出一种'形式性'"（同上，第 145 页），这种形式性会把指称（表述的对应对象）溶解在"内部关系的一种语义内"。每一种"和对象之间早就稳定的相似性……和世界保持一致的奥秘"，每一种和有待描述之物之间的"物质性关系或解除"都被排除了。同时，这种形式性还把语言世界极端地简化成了其内在性和自我循环，简化成了语言游戏中彼此交叠的周转圆。（同上，第 143 页）

第二十七章　诠释行为是否再现了超验性和言词适当性？

这里得简短地做一些修正性的批评：早在古希腊时期，克拉底鲁（Kratylos）（见亚里士多德，《形而上学》10，第13页）就已经对语言的表现能力进行了怀疑和批评。他认为，除了能用语言表述合理、连贯地（因为是在论证过程中）表现自己之外，作为哲学家，只有安坐着用食指不断指点才能得到理解或表现自我。早在古希腊时期就已经有了语言哲学上的超怀疑论。极端的怀疑论者早就开始质疑语言的指称功能，打破了"语言和世界之间的协议"。可见，破坏这种协议的做法无法定义现代性。

另一方面，自从维特根斯坦提出规则-超怀疑论以来，在追问明确的指称关系的过程中，事实上，至少对语言能明确呈现并描摹自在世界的可能性和能力的信任——而且这种影响正在日益加剧——早已遭到了彻底的破坏。当然，这并不意味着语言已经失去了其功能。正好相反，它在以诸多方式发挥自身功能：语言分析哲学的多功能主义已经开始在诸多领域研究这一点，同时还结合了语言学以多种方式进行差异化分析。在维特根斯坦提出的方法论上和具有先验影响的语言主义一样，这种方法论上和先验上的建构诠释主义理念也是同一种哲学，其对待指称关系中的直接主义时依旧保留了批判的态度，但还是试图解释人类天生的实在论立场恰好证实了一种特殊的、实用主义的合理化态度，但尽管如此，其还是会以特定方式主张一种在"间接主义"上被弱化了的实在论。

尽管拒绝把言语和所指物之间的直接对应关系视为自在存在的指称对象，但言语、语言、语言描述、理论建构以及假定的建构所具备的多样化功能还是得到了保留——尽管这一点可能会遭到怀疑和破坏，而且会一再进行理论上的调整并根据功能采取相关修正，同时也会被嵌入行为关联之中。我们不能像斯坦纳一般认为这是一个"遵从话语"的时代，更不能从严格意义上来讲认为这是一个"收场白"的阶段，而应该认为这是具有表现性的映像能力观念遭遇到危机的时刻，并从映像能力、真实性的"图像"角度来解释语言。我们可以受到斯坦纳对犹太教禁令所做反思的激发，从超验性（神）中剥离出一幅图像，通过在朴素的、非批判性角度上排除语言的图像性或类图像性的表现功能，从语言哲学上使这幅图像得到延展——语言表述无法在映像能力的形式上再现"超验性"（也就是所指物）：你无法画出一幅明确的、脱离了实用背景、目的以及功能条件的真实性"图像"。那就不要画了！语言手段、表述方式、话语、句子、想象、图像始终都受到诠释性的预先影响，被嵌入了实用主义的关联中，是为了行为目标、愿望、目的、礼俗、行为习惯等诸多功能服务的，这些功能所涵盖的内容要比映像能力的意图更加全面。语言具有诠释性、实用主义和多功能的影响。表现、呈现、映像能力都是次级的、针对特殊目的的语言运用，这种运用可能是有意义的，但只有从间接来看并且在相应的功能描述界限之内，才是有意义的。如本书其他地方所强调的（见第三十八章），这一点同样适用于社会领域内的规则运用。

从某种程度上来看，此处可以做一个总结。事实上，在语言运用的特殊形式上，诠释是一种局部程序化了的、局部更加灵活、社会机制化且具有代表性的行为。我们可以再次用到斯坦纳的最初观点，诠释是一种表演，是一种最新的行为过程中的再现或再度回想，这当然是和某种"前-构思""原始文本"紧密相关的——只要它无法自己产生这种前构思和原始文本。

包括有意地制造这种文本的做法也是一种"计划",从形式上的占位功能来看,可以将其视为一种"前-构思"。因此,从最初的含义来看,行为诠释是具有创造性和全新塑造性的,能开拓维度或"世界"。如果诠释体现为行动,也就是作为行为的话,那么,构成也是诠释。(斯坦纳认为这种积极的诠释性所具备的超验性投射和超验性束缚始终都具有误导性,而且会带来误解,误将其称作"先验的",或许他的观点也不无道理。)斯坦纳强调,通过艺术家或思想家,尤其是通过作曲家和伟大音乐家的全新创作——对于这样一位音乐家来说,音乐是生活的独特动态艺术——来对存在做出构成性的全新解释,而这种解释归根到底则是创造过程中不可思议的、创造性的行为,是动态生活的例证和象征,也是"类神圣的"、由于深刻的存在性而具有革新性的仿制过程或反创造过程的例证和象征。诠释性行为的不可简化性,尤其是生动有效、独特的不可再生产性,就是精神和艺术的生命力之奥秘。(斯坦纳在这一点上太过局限于精神科学中的精神和艺术形态,没有从尼采的角度看到并强调充满生命力的大自然中普遍的"诠释行为",这种诠释也符合他把诠释模型视为表演的观点。)生命就是诠释。事实上,这一点也同样适用于精神的符号诠释,尤其是在艺术上,当然广义而言也适用于充满活力的大自然。如今就出现在形象生动的诠释中,作为行动中的诠释性。

第二十八章　解构主义是一种诠释主义吗？

雅克·德里达（J.Derrida）在《柏拉图的药》（*La Pharmacie de Platon*，1968，1972）的开头就言简意赅地描述了自己的理论特征，不过他的这本经典著作迄今还未被译成德语：

"如果一篇文本初被看到、读到的时候隐藏了（扣留了）自身的组成法则和游戏规则，那么这篇文本就只是一篇文本。此外，一篇文本始终都是无法被感知的。法则和规则并不是在秘密的不可企及中进行自保，而是干脆从不会为了在场而牺牲自己，不会为了被我们精确地称作感知的任何东西而泄露自身。"（1972，第71页）

按照他的观点，文本"从本质上来看总是面临极大风险的"，"会彻底丧失自我"。或甚消失。几百年来，为了"理清其组织"，为了像修复"一种有机物"一样修复该文本，为了"跟随深入分析的踪迹无止境地修复其原本的组织"，可能是有必要"掩饰"内在结构，这也体现在"每一次阅读决定中"。"对于最终进行批判的解剖学或生理学而言",文本始终都会带来"惊喜,而这种最终批判自信自己掌控了整个游戏,认为自己能一次性洞彻所有脉络,但却因此受到引诱而自愿去细观文本,但却没有把握住这个文本,没有亲手去触摸'对象',没有冒险去添加任何新的脉络——这是摆脱其掌控而进入游戏的唯一一次机会。稍作添加在这里指的就是赋予其可被阅读的东西"。(同上)我们在阅读和写作中"仓促"假设的同一性应该"被拆开",同时把"游戏"看作是必要事物,完全超越了简单的"补缀"。没有人在阅读时会依据"方法论上的智慧"或"客观性规则"或甚依靠"知识筑成的护栏"。(同上,第72页)柏拉图早在《裴洞篇》(*Phaidros*)中就曾强调,文字只有"始终保持同一意义(semainei)"且是一种"'游戏'(paidia)"时,才能一再复制自身。(同上,第71页)

《裴洞篇》(274c及以下)中详细地描述并分析了埃及智慧与书写之神托特的著名神话。托特神为国王吐哈姆斯献上了作为"记忆和智慧的方法"(mnemes te gar kei pharmakon)的书写之术(274e)。国王看到了这种用来对抗遗忘和无知的神奇之法所具备的两面性:"这项发明只会使得学习者的心智变得健忘,因为他们会变得不肯多用自己的记忆,只相信外在被写成的文字,而不肯自己将其化为内在直接记住。"(同上275a)国王认为这项发明带来的"只是外表看似"真理的东西,而不是"真理本身"。

德里达根据自己在博士论文《论文字学》(*Grammatologie*)中提出的理论(也就是把文字简单视为对口语或声音表述的视觉化固定的观点是对文字的一种普遍低估和误解),再次详尽地分析了这种对文字的批判,其目的是驳斥这种批判,或者至少是揭露其片面性。他试图表明,把文字看作声音的简单衍生物或次级固定,这是一种具有深刻影响力的误解,"逻各斯时代""贬低"了文字,而逻各斯中心主义直接阻碍了西方哲学对文字的解读(1974,第25,27,76页等),尤其是欧洲的形而上学以及受其影响下的语言学和符号学在德里达看来更是加深了这种误会,完全误解了文字和刻印文字的最初起源,这是《论文字学》中具有批判性的主要论点。更有效用的是这样一种实证性的刻印文字科学,也就是使"文字"得到发展的铭文,他称之为"文字学"。该学科源自对"直接性和在场性"的解构,针对的是"意识的解构",通过对逻各斯中心主义的和言语中心主义的文字理论加以批判来形成一种以原始文字(脱离了声音的)为基础的"书写痕迹"或"一致性痕迹"相关的理论(同上,第81,123页),这种理论是对概念性和语言性中的所有差异进行区别分析时的基础,同时也"扬弃"了这些差异,将其"异延"了,也就是法语中的"différer"一词,"异延"不仅指"不同于彼此",同时也有"延迟"的意思。德里达自创的这个概念"异延"符合主动的现在分词,也是由此衍生出来的,其目的便是同时激发延迟和差异这两个概念行为的内涵意义,这也是形而上的、符号学的以及文字学学科中的基础(同上,第44页等):德里达认为,"异延"这一理论概念在区分出差异和延迟之前还有一种建构性的功能,是一种中介的、能同时建构世界的功能中具有决定性的根本要素,因此"描述了建构性的、生产性的以及独创的因果关系,描述了分裂和分割的过程,其建构出来的产物或效果便是'歧异'或'差异'"。(1968;

1990，第84页）德里达认为，在被分割出来之前，"异延"还体现在各种主动性和被动性中，这是"一种游戏动作，能通过不一般的行为'制造出'这种差异和差异效果"。同时，这也是"差异的非完全、非单一的起源"，而且，"'起源'这一名字已经不再"适合它了，因为从根本上来看，它呈现的是"概念性、概念过程以及概念体系的可能性"，而且是作为"游戏"，是"一种运动、语言，每一种编码以及每一种指示体系都会通过这种运动在'历史上'普遍地建构成差异性组织"。（同上，第88页及以下）差异的构成首先实现了"现在的构成"，其方式是通过一种"原始文字、原始痕迹"来实现空间化和时间化。异延几乎能达成任何事，能制造所有差异。德里达认为（同上，第98页），尼采早就用到过异延这一基本理念，因为尼采认为世界就是力核心之间的游戏，同时，他还提到了"积极诠释"层面上"不同力量和力核心之间'积极的'、动态的争执"（见阿贝尔，1984）。

德里达引入了这种力量功能，将其作为一个理论假设概念，以此来"从整体上……撼动存在于"传统形而上学上的"统治地位"。（德里达，1990，第103页）针对经典形而上学、形而上学的现代理论、现象学、海德格尔关于存在和存在者之间的"本体论区别"、语言学、语言科学以及符号理论，德里达曾多次试图从这一点出发来对其做出新的解释。不过可惜此文中无法对此详加介绍。

从根本上来看，德里达看重的是对传统观念和文本，尤其是晦涩难懂的、在不知不觉间具有固定影响的理论进行"解构"，也就是在全新的文本处理和解释过程中对其进行批判性的更改，并从另外的角度加以解释、解析。他的解构主义针对的是语言、基本理论观念（比如实体化、指称的固定化等）当中的僵化现象，也就是针对观念方式中抽象的极权主义。就像在保罗·费耶阿本德后期的观点中一样，这当中涉及的是和文本分析有关的、对规则绝对质疑的、也就是所谓"无政府主义的"认识论和哲学，而在此过程中，文本概念在德里达看来涵盖了"……事实上的一切"，"只要曾留下痕迹，只要一种痕迹有差别地指向另一种痕迹"："话语是一种文本，姿态是一种文本，从这种全新的角度来看，现实性就是一种文本"，德里达曾在和恩格尔曼（P.Engelmann）的一次电台谈话中如此提到（1990，第20及下页）。

消解被僵化的文本解释，解析僵化的观念和所有"极权化的要素"，这是解构主义行为的导向，也是文学和哲学的诠释过程中，解构主义计划要做的事。

这些批判性的观点颇具启发性是非常有价值意义的，就像维特根斯坦针对行为规则和语言规则提出的极端怀疑论以及费耶阿本德的规则批判论一样，都具有深远的影响。质疑西方传统形而上学中的逻各斯中心主义、语言中心主义以及心理学至上论的主导地位，质疑其指称理论和真理，这当然是十分合理的，而且还指出了隐秘的僵化现象。

从方法论上来看，如果我们把德里达的理论理解成方法论，而且是在违背了他明确意愿的情况下的话，那么德里达则陷入了不小的困境之中。同样的，尽管他多次对其表示怀疑，这种情况也出现在被德里达认为有缺陷的异延的实体化中，或者是将其夸大成具有普遍构成性的、能产生所有差异的基本力量的过程中。

其次，人们可能会把异延的构想理解成一种具有普遍性的、理论假设上的模型建构，理解成类似于尼采的力量中心形而上学中最普遍的特质概念，而不会认为这是一种绝对可信的理念，是一种绝对的根本基础。

更重要的是要留意到那些德里达似乎可以刻意回避的困境，他并不想要把对文本所做的解释性结构理解成方法，而是将其视为宣言，是需要一再被激活的态度或立场。每一份文本可以说都是具有特异性的，都需要得到全新的解释和结构，要被置身于一种特殊的语境之中。在上述和恩格尔曼进行的电台谈话中，德里达只是提到了"相对的规则，这些规则具有一种相对的普遍性，但我们可以在某一点上运用、翻译、教授这些规则"，但这些规则"必须和语境相符"且同时结合不同的文本加以运用，这样一来"就能引发对语境的依赖性，而且结构过程中不存在普遍的方法论。每一种文本……每一种语境……都需要一种惯用的、解构的姿势，而且是尽可能惯用的"（1990，第25页）。

恩格尔曼同样也注意到了其中方法论上的困境。一方面，解构过程在语言上是以普遍化的表述描述出来的，而另一方面，解构应该被用于其他的应用关联、示例以及文本类型之中。如果解构因文本和语境的关系而各不相同，那么，就像恩格尔曼（同上，第22页）强调的那样，"这当中最典型的特征在于"其"解构了普遍性的传统形态"，那就不能将其视为"哲学方式了"。当然，局限在"相对的规则上"这一过程可以以中介性的方式来处理方法论极权主义、方法论普遍主义以及解构过程中的特殊性和特异性矛盾。这种解构规则的可普遍化是存在局限性的，而且这种局限性还体现在文本、语境、语言等的多样性中。这当然并不是解构的类规则所遵循的相对化特殊指示才具备的特异性,规则法典中的所有规则在任何潜在的运用领域都具备这种特殊的特征,其表现在,当人们制定具有普遍性的规则并努力将之视为指导行为的规则时,这就成了理论假设上的方法论建构。当人们远离具有最后论证性的理性主义和哲学基础,并过渡到理论假设建构和实用主义诠释建构的一种开放设计方法论时,在运用语境、行为类型以及运用对象上将这些规则相对化的过程是存在的。只有当人们关注到一种理性主义的基础哲学时,普遍规则的使用过程才会和绝对普遍化的可能性相悖,才会成为一种分离诉求,或者是成为一种实用主义或执行性的矛盾。但这种情况不会出现在相对普遍化的规则建构中。

乔治·斯坦纳对解构主义进行了全面批判,认为其"话语……本身就具有论辩性和指涉性,完全是由因果性、逻辑性和顺序性的常见功能引发并受其支配的":"从解构上排斥'逻各斯中心主义'时用的却是逻各斯中心主义的概念。"(斯坦纳,1990,第173页)他认为,"元批判""依旧是批判,而且通常是明显具有话语性和说服力的一种批判类型"。斯坦纳提到,符号逻辑学在检验其他逻辑系统和形式语言的牢固性时"从外部"形成了各种方法,但与之不同的是,后结构主义的话语和解构主义的话语并不可能超越自我,必然会像说谎者悖论一样遇到"疑难"。"但解构可以同这种两难之境和平共处。自我消解或自我'扬弃'(黑格尔……)"是与其目标"完全一致的"。(同上)

如果这是真的,那么内在的语言批判完全是不可能存在的,而且普遍来看也不存在任何理智的语言批判,因为我们绝不可能在语言之外行动。在母语,也就是最高等的元语言内部创造元语言的等级,这完全是在弱化这种自我关涉特征中的困境。我们能对所有特殊用语进行批判性研究,但却无法批判地研究日常用语——难道就恰恰无法研究后者?显然,日常用语的语言学、对口语进行语言科学的研究等,都是存在的。但这并不是解决之道……尤其是在符号逻辑学内部,确切地说,是在元数学之中,通过哥德尔配数的归类和处理方式,语言的自我关涉性问题被带入了这样一种形式当中,完全无法只"从外部"批判地分析逻辑的形式体系,同时也无法对数字理论进行分析。也就是说,自我关涉性从方法上来看是可能的,但为了避免疑难以及逻辑上、行为动作上和其他实用性上的矛盾,自然必须被谨慎对待和处理。如果我们要在日常用语范畴内或者在被嵌入日常用语的部分科学术语中,对日常用语进行语言批判,那么我们遭遇到的就是曾妨碍传统逻各斯中心主义概念被用于批判逻各斯中心主义时的批判。话语的语言并不一定得是完整不可分的:我们可以在包含了丰富科学术语的日常用语范畴中使用功能性术语、论据和规则来对传统的物化进行批判,而且是从经典形而上学的实体化、基础化和固化角度出发。并不是日常用语、解构主义批判以及语言游戏分析等当中的所有概念都是"完全逻各斯中心主义的"。基于内部自我关涉性的不可能性而存在的自我扬弃论是毫无用处的。

另一方面,解构主义和自我消解或自我扬弃的征兆能"非常好地共处",这一点是完全正确的。从目标设置来看,解构主义者本人必须能表明自己是支持解构主义中的解构主义性解构过程的。语言游戏的游戏也是一种游戏。那么，我们就来玩吧！来享受这一切吧！都来参与吧！甚至有可能从中出现一种魔法将解构主义从虚无主义中解救出来呢。和梅菲斯特一样的是，解构主义通过自我扬弃，也就是通过方法论上的自我运用、"自我反思"来制造新的导向机会，游戏般的可能性不会导致虚无主义或现实性的流失，而是会引发行动上的潜在力量并（只有）在表面上从外部带来具有疏远能力的世界节奏、生活节奏和自然节奏。解构过程带来的是建构性，同时也意味着自我反思性和自我批判性，这是新的境地！这也是塑造、确认和经历现实性的机会，或者我们也可以说，这是体验"超验性"的机会（当然，这种超验性并不会像《圣经》旧约中的耶和华一样具有外部震撼力，或是像逻各斯一样从外部影响我们）。

解构主义的解构过程体现在启发教育般的策略性分配之中，这是"一种概念上的顺序，也是一种非概念上的顺序，解构过程就是在这样的顺序中为了实现翻转和推延而表现出来的"（1971；1976，第155页），也就是破坏"直接性"，同时消解固化和极权化过程。但这一切也可能是一种纯粹批判性的冒险，德里达偶尔提到了"破坏描述性和代表性指称的在场，而这种指称属于差异化体系以及链式运动之中"。与之相对的是，他在肯定性的解释过程中强调了解释的"游戏"、解构主义性的推延和转变过程中的"游戏"，就像尼采在游戏中，在世界的舞蹈中，在一种"积极诠释"的"快乐科学"中以开放的态度对待一种"积极有效的解释"一样："这种主张并不是失去中心，而是相应地决定了非中心。它会带来影响，但其自身并未得到保障。"这种游戏局限在"预先存在的、正存在的和在场对象的置换之中",就像德里达(1990,第137页)强调的那样:"对诠释、结构、符号和游戏存在两种解释。其中一种诠释梦想着能解码真理和起源,其脱离了符号游戏和秩序,而且必然会经历诠释的必要性。而另一种诠释早已不再对起源感兴趣,它肯定游戏,想要超越人类和人本主义,因为人类就是存在的代名词,其贯穿了形而上学的历史以及本体神学的历史,也就是整个历史,这种诠释梦想着实现完整的在场、具有保障性的根源以及游戏的起源和终结。"(同上,第137及下页)

这里就可以回答关涉我们整个主体的问题了——"解构主义是一种诠释主义吗"?在某种层面上,当然是的,尤其是针对特殊语境的解构过程和在惯用语上以文本为旨向的解构过程,尽管这种解构并没有表现出任何绝对可以被普遍化的、在最后论证的理性主义中具有根本性的方法,且该解构过程针对的是对(德里达将其广义地理解成符合文本前提的)"诠释对象"的解释。尽管解构主义排斥推广诠释方法并将其普遍化,而且也并未作为方法论出现,但从类实用主义的诠释主义角度来看,这里涉及的是相对的阐释原理。如上所述,诠释规则总归都是具有相对普遍性的。这些规则当然可以被嵌入到更为抽象的元理论水平上,也就是关于方法的普遍讨论过程中并被视为方法论:方法论的诠释主义需要的是抽象层面上的一种可被普遍化,其中特别强调的是认识和行动过程中诠释建构的普遍应用性、不可或缺性和可理解性。只要解构主义理论涵盖了这样一种普遍性,而且这种普遍性是针对特殊应用语境和作为有待解释、有待解构文本的特殊对象的,那么这种理论当然是和诠释主义一致的。如果解构主义为了避免在拒绝普遍的、有规则的和方法论上的方法时陷入行为实践和实用主义上的矛盾,从而拒绝确定一系列具有相对普遍性的规则,那就很难理解这种一致性了。当然,方法论和单独的方法之间存在明确的区别,包括方法论上的诠释主义一般也会遭遇这样的区别。特殊的诠释方法所具备的差异性、语境开放性、适应能力以及变化性都是和方法论的诠释主义中的根本原理一致的。我们也不必拘泥于特定的诠释建构,方法论原理强调的正是诠释过程中的理论假设建构。和解构主义一样,在面对绝对化的、可能隐含而未被发现的深层固化和最终论证的理性主义时,方法论原理也是批判性的。当然,它至少意图维护方法论视角(比如根本的诠释渗透性)和建构特征(在所有构成理论假设的行为中)中理论假设上的普遍性,但与明显脱离了所有约束性的解构主义相比,它更趋向于追求普遍化。(不过我们也看到,德里达本人也不得不承认规则的相对普遍化能力。)

当然,这种局限化的假设同最初的科学性假设(也就是可重复性只是记录在文字中的"非真理本身的运动")形成了鲜明的对比。在这种运动中,"在场"、存在的真实当下,"丢失了,分散了,通过回忆、图像、幻想、幻影等,也就是通过现象,增加了"。(1968;1972,第195页)在生命及其进程的独特性中,只有通过图像呈现(在此过程中,符号可以代表不在场的事物)以及其他事物的补充(也就是"他性")才可能出现重复。(德里达,1971;1972a,第132及下页)文字是一种"魔法""迷魂药",其中早已包含了固化和液化间的对立性和辩证性,也包含了语境排列、诠释任意性以及固定图像形式之间的对立性和辩证性。德里达认为,诠释是如此的多样和多元化，我们无法断言诠释的唯一性和独特性。诠释带来了"不在场"的事物也使得多样性变得可能，而解构主义的开放性和任意性似乎会越过一切界限而让"痕迹"和"文字"理论显得多样化，这么一来，意义构成的辩证性、持续的运动以及振动中的开放性就产生了——"文本外的东西是不存在的"（1967；1974，第274页）；"不存在任何其他独特的名称，包括存在都不例外"（1968；1990，第110页）。文本概念被夸大了，它包罗了一切，非文本是绝对不存在的，指称消失了。诠释物变得任意，诠释对象却是因预先存在的"文本痕迹""文字"才存在。德里达尽管反对万能、包罗万象的"文本中心主义"，但从其最核心的单义性固化角度来看，他勉强还是赞同这种原本该被排斥的态度的（1990，第21页）。如果"现实性"本身就是"一种文本"，"一切都可以被看作文本"的话（同上，第21及下页），那么这就是一种几乎无法被逾越的文本"中心主义"，也就是文本占有绝对的统治地位。我们甚至无法想象什么才能不是"文本"。尽管德里达有时也会提到文字性以及文字的局限（比如在解释"在场"、意识和语音时），但文本概念由于过于开放，甚至延伸到了话语、姿势，也就是所有的"现实性"，也因此，事后来看，这种局限性又再次被扬弃了。德里达在方法的、本体论基本动态的辩证性上承继了海德格尔的观念，与他类似的是，德里达确定了，或者说弄错了方法论层面和本体论层面，他呈现的是文本、文字、符号和不在场事物的功能，而不是本体论的基本动态，他不再只是把异延视为理论假设上的方法论配置概念，而是"真实的"、几乎能在存在性上创造世界的基本力量。方法论的解构主义（就其局限性来看，它可以被看作是一种在特质上被夸大了的、方法论上的诠释主义）被曲解成了一种程序上的赫拉克利特学派和尼采哲学式的、根本的本体论。这和被德里达驳斥过的西方物质本体论一样都充满了矛盾。［此外，费利（L.Ferry）和雷诺特（A.Ronaut）（1985，德语版1987）也证明，从根本上来看，异延只是再现了海德格尔观点中存在和存在者之间在"本体论上的差异"，尽管这是一种"游戏运动"中的动态诠释，而不是一种静态释义，在此过程中，其"唯一的独特性同其榜样相比"只体现在"试图把文学解释转换成了对异延的思考"。（费利，雷诺特，同上，第142及下页，第154页等）］异延是"根源"和"起源"，并不是真正的本体论上的实体，但从本体论上来看具有制造现实性的功能，只可以从类比、隐喻的角度来解释异延，或者将其视为抽象的、语义上的诠释概念。认识建构图式和本体论动态现实的这道鸿沟上是一座摇摇欲坠的桥梁，而这一桥梁通向的是疑难、矛盾和多义性，其问题并不少于被驳斥的经典逻各斯中心主义以及将逻各斯具体化的形而上学问题。德里达想要通过其解构方法来揭露并避免这种对峙和疑难。"解构"哲学对于他来说关键在于"虽然使用尽可能忠实的方法并从内部出发来思考哲学概念中被结构化的谱系学，但同时也要从某种对其本身来说无法确定的、无法命名的外部来确定，这段历史可能隐瞒或禁止了什么，其方式便是通过某种自私的回归来探究历史"。（1986，第38页）异延中心主义、某种文本中心主义（这是广义的说法，但并不是狭义上的文字中心主义）以及本体动态性会取代被驳斥的逻各斯中心主义吗？或甚取代近年西方形而上学中的"阳性逻各斯中心主义"吗？（德里达，

1974，1980）对神话的解构看起来隐隐取决于另一种神话中的深层固化，也就是深层的反教条主义。显然，并不是一切都能被解构的。如果有人这么认为，那就在一种否定的、扬弃的、无穷尽的复归过程中陷入了方法论上的自我扬弃。如果有人试图实践之，那么，从实践行为的、务实主义的矛盾层面上来看，就必须以某种固化为出发点。结构并不可能是全部，它并不会自我解构，我们只能把解构主义理论视为启发教育的方法论策略之集合，将其看作相对抽象的规则图式集合，但不能在本体论上将其具体化。此外，对象和描述形式、所指物和符号、语言上惯用的符号关联和因果指示关系之间也会像本体论和方法论之间一样形成对立或被混淆，德里达就几乎一直在这么干。本体论上的和符号学的异延（后者针对的只是语言和文字中不同的功能和起源）无法得到证实，即使是当一个词，也就是"异延"，及时出现时，也无法进行证实，或者说，人为地被召唤出来。就像任何一种启发学、实用主义方法论和诠释主义一样，解构主义也要被嵌入到指向情境和归类情境的实用主义框架之中。如果我们把解构主义原理局限在启发学的和方法论的策略上，那么它就会因为太多的局限性（接纳了相对规则和相对的普遍化）而被视为诠释主义方法论的一种特殊显现。所谓的"解构"在特殊情境下表现为对变化持开放性的、灵活的建构性。解构并不是破坏解构，而是建构可变化的集合。解构主义是一种相对更接近个体现象的、源自方法论的建构诠释主义。

在这一点上，乔治·斯坦纳（1990，第161页）对解构主义的批判言论就得被修正，至少得区别对待之。斯坦纳认为，解构宣言"是对意义和形态的持续否定，尤其是当这些意义和宣言被作为诠释认识（虚拟的）对象、依赖于共识性评价或'客观'评价的（虚拟的）对象时"。至少，这"应该"就是解构的主要目的。按照斯坦纳的观点，事实上，在一个"收场白时间点"，在"言语过后的时间"中，解构应当表现为解构主义批判。必须强调后一句话中体现出来的反对"惯性惰性"（同上）这一定位，就像斯坦纳从波普尔的批判理性主义出发所说的那般："我们太久以来一直在后知后觉地梦想着拥有固定基础，拥有神学和形而上学上的保障和评判。但高高在上的上帝（这是从不存在的）抛弃了我们。"尽管如此，斯坦纳此言一开始在内容上对解构主义大加恭维，这也并非没有矛盾。诚如我们所见，这里针对的并不是彻底否定意义归类和形式，而是诠释物的固化，有时甚至是诠释对象的固化。被抨击的并不是意义黏结性本身，而是这样一种假设，即可能存在一种永远固定的、预先存在的意义或有待诠释的对象，而且从纯粹认识的角度来看，这些对象可以通过分析的或阐释的方法体现在有待诠释的文本或对象上。从方法论上来看，诠释事实上是"开放的"，也就是说，不仅"不封闭"，而且其本身取决于阐明、元诠释、在语境和实用情境中的置身、解释情境等。包括语境本身也不是封闭的、不饱和的，其取决于视角，而且最重要的是被置身在了实用主义的行为关联之中。斯坦纳认为（同上，第166页），"无法用语境来决定文本"，因为语境本身可以被解构，因此，他认为语境定然是"无界限且不可确定的"。可是，这一说法依旧太过苛刻了。事实上，斯坦纳的这一观点完全可以表述为：无法通过语境本身来终结式地决定文本意义，因为认为语境参与决定了意义这一点本身就是一种诠释归类，是对变体和其余可能性的简化，简而言之，就是一种元诠释。解构主义并不反对诠释性行为以及意义归类本身，而是在所有层面上，在文本本身的所有层面上，包括在文本诠释规则的所有层面上（也就是在相应的元层面上），反对"标记的无止境动态和舞蹈艺术"（瓦莱利的舞蹈比喻正好适用在此处）中的所有固化和"最终有效性"："所有的解释都是不当的解释"（斯坦纳，同上，第168页）。

最后这句话又是一种常见的夸大，它当然有其一定的说服力，同时也因此被人铭记住。所有的诠释都是从变体中筛选而来，或多或少都是可变化的、可被替代的、在其根本特征和重点上都是可以转移的。其结果便是，并非所有的解释都是"不当的解释"，而是所有（更广的变体范畴内的）的解释都是被允许的，都是可能的。诠释者就是生产解释之人，按照德里达的观点，诠释者甚至会生产广义的文本本身。除了美感之外，连画作本身都是源自观察者的双眼。按照这种说法，诠释就应该是投射，而决非它物。这就又成了一种夸大，而且正巧就是在"这只是谬论"〔傅卢（A.Flew），1980，第8页〕这一点上。没有诠释对象的诠释就不是诠释，无法解释任何事物，而只能是纯粹的幻象投射。必须存在一种"雏形"、一种预先存在的文本、符号星丛、一种具象的或至少是物质基础上（不管是不是次级的"彩虹现实性"）具体化的信号存在、一种连接点、一种"挂钩"，只有这样，才能探讨对物的诠释或解释。按照我的理解，解构主义消解了诠释"雏形"中固定的预先给与性，但却没有消解和预先给与性之间的关联。

事实上，需要强调的一点是，按照解构主义理论，"首要文本和次要文本之间等级化的区别"已经通过某种方式消失了：

"这两者同样属于符号学顺序上的整体性，或者说，属于书写语言。两者都是脚本。"（同上，第 168 页）两者都能成为延续诠释性行为和解构性行为的"雏形""前文本"、连接点，是能推断出更多变体和选择可能的解释。"游戏可能性"的"多样性"首先使得诠释关系可能发生反转：一首诗有时候可以评论一份针对其本身的诗歌评论，确切地说是，呈现评论性诠释的元诠释基础。在某一特定分析情境或诠释情境中被选择出来的"前文本"（斯坦纳在此处用到了英语词"pretext"，与之对应的便是简单好记的德语词"Vorwand"）当然在诠释情境中是非常实用的。在实用主义的语境中，这是一种偶尔恰当的、有时候有待修正、修改或甚驳回的决定。谁诠释了谁，或哪篇文本诠释了哪篇文本，事实上都是某种决定事宜，而不是绝对预先存在的必然性。我甚至会比斯坦纳更加深入地说，从一种方法论上日渐重要的、绝对的区别可能来看，不仅在首要文本和次要文本之间不存在"区别"，而且在有待诠释的文本（不管是在何种层面上）和诠释过程的规则（其本身经常表现在语言的、姿势上的或习惯性的表述上）之间也不存在绝对的区别。

诠释是一种行为，可以通过行为得到执行。我们可以通过示例来阐明、引入并在一定层面上"诠释"诠释规则。我认为，这一点也体现在德里达解构主义的反固化立场上。就这一点来看，"创造文本的并不是读者"（也许要排除德里达提出的过于夸大、宽泛的层面），而是诠释者本人，正是诠释者把文本筛选出来、作为一种有待诠释的文本——作为诠释对象——并对之加以标记、加工、再建构、再构成。我们不能像斯坦纳那样，认为"意义表象总是充满着矛盾"（同上，第 175 页）——"新的面具"也不会"在表层底下增加"（同上）——，正好相反，意义表象都是建构性的、投射性的、创造性的，包含着附加物和自身诠释性的行为，并不局限于固化、预先存在的对象及其映照、反射或任何一种别的消极再现。面具会被制造出来，而制造面具的就是我们——我们中的有些人，或者说是大部分人，都会在无意识中、不为人注意地、习惯性地制造面具。事实上，最有影响的面具就是习惯。只要面具固化的解构性游戏会发生松散性的、消解性的（"分析性的"）影响，在策略上和启发教育上，解构主义的原则完全就值得推崇，是颇具成效的，是有创造力的，因为它不仅展现了全新的视角和观点，同时也在有意识的变化过程中有意地寻找或制造新的视角和观点。它并没有脱离所有意义归类、诠释性和意义归因，而只是摆脱了诠释对象、有待解释的文本和对象等所具备的绝对化、固化和一成不变的预先存在。所谓的后结构主义后现代性以及解构主义脱离了固化，但通常并没有脱离编码过程。正好相反，在包容了所有可能编码——包括所有混杂的、互相重叠的编码过程——的多样化游戏中，编码、意义解释和意义归类的灵活性和多样性不仅被突显了出来，而且得到了主动、积极的提升，多样性面临着新的道路——按照我的说法就是，多样性开始面对多种可能性。（斯坦纳怀疑，这会导致超验性、真实性意涵，导致在塑造艺术和世界的行为中出现虚无主义的流逝，但事实并不一定会如此，反而可能会带来新的机遇——激活新的游戏可能并不一定意味着"意义流逝的虚无主义游戏"。但斯坦纳观点中的超验性是另一个有待讨论的话题了，并不适宜出现在此处……）我并不认为解构主义的视角和符号学一定会像斯坦纳

(同上，第177页)断言的那样导致"严重的、一贯的虚无主义"（"虚空"）和绝对地存在性"虚无"。在"游戏"中，在"舞蹈"中，在"生命之舞"和要素摆动的节奏中，在"自然"的再发现中，完全可能会积极地建构出意义（有些是被构成的，有些是在共同诠释中被发现的，有些是在体验中被经历的）。斯坦纳完全是从传统本体论神学的角度把超验的、单义的、基要的不在场视为天堂和神圣性的遗失，认为这是无基要性。在这一点上，他完全且彻底受到了传统形而上的基要主义影响。再次把超验性推崇为伟大艺术中的（论是创造性的，还是再创造－接受性的）"基要性"动荡和"现实的当下"本身就像是一种巧妙的手法，掌控着言语的伟大魔术师正是用这种手法从帽子里变出了小兔子。（如上所述，这并不是此文中要探讨的话题，见本书第二十七章。）

第七部分

第二十九章　极端建构主义是一种诠释主义吗？

在过去十年间，一种基于实证性的但伴随着更加普遍化诉求的生物－生理学上的结构决定论广为流行，它以生物学为出发点，不过首先是受到了神经生物学和神经生理学的影响，这就是洪贝尔托·马图拉纳（H.R.Maturana）和瓦莱拉（F.J.Varela）提出的所谓"极端的建构主义"，该理论把具有认识能力的有机体视为生物学的、自我创生的体系，一种机能上和信息上自我封闭的神经系统负责协调并调控该体系，而这种神经系统在种族史上是和环境同时进化发展的。在此过程中，体制、发展、自我结构化、自我关涉性（"自我指称性"）以及内在性（把认知关联局限在内在的、"纯粹关系"的互动上）的循环性起着重要作用。生命本身被等同于"认知过程"（马图拉纳，1982，第39页），而神经系统本身"并不会产生认知"（同上），它只会通过外部信号的触发而激活内在行为，而且是以电生理学状态和冲动中频率化潜在变化形态，而冲动的频率则根据加工地点和特殊的传导线路反映了有机体的内部状态改变，这些状态改变呈现的并不是世界的外在信息或结构，而是体现或在功能上折射了被外部事件所触发的内部状态互动或内部反应。这一点不只针对感知,感知,无论是针对哪一种感官模态,在这种调频行为潜在形态中会以类似的方式发生,同时,这一点也适用于思考、认知以及其余的理智行为。马图拉纳断言,"该体系会和自身内部的一些状态产生相互影响,仿佛这些状态都是独立的,而我们则称之为思想","因此,思想就是神经系统的一种操作方式,该方式在功能上反映了其内部(而且可能是多样的)结构组织的内在投射"(同上,第54页及以下),而别无他物。有机体通过神经系统"在自我变形的连续统一过程中会同其自身状态产生不同的相互影响","而且在此过程中和这些状态的产生方式毫无关系,通过这种过程产生的行为便是一种自我关涉的、功能上的变形组成的连续统一体"。(同上,第63页)与之相应的是,自然语言也是这样一种具有内在导向性的"全新的交互领域,在该领域中,通过描述有机体的交互过程能对有机体进行调整",而这种描述本身"会体现在神经系统的行为状态上"且不断得到发展进化。(同上,第60页)

与之相应的是,不管是描述性的、认知性的还是内在互相影响的有机体系中的任何内部变形、关涉、指称本身,都会因为内在行为模式中预先存在的生物-生理上被决定了的结构化而被封闭起来。我们既无法"通过语言表述……走出语言表述的领域"(同上,第64页),而认知过程或者说有机体本身的内在关涉过程也完全无法触及"封闭的互动领域","因此,认知过程对每个生命体系来说就在于通过其在封闭互动领域内的事实行为制造一种行为范畴,而不是去理解或描述独立的外部世界"。(同上,第73页)"自我关涉体系的功能"只在于

"其内在自我维护状态的发生顺序"。（同上，第74页）马图拉纳用飞行员按仪表指示飞行的过程来比喻认知对行为的引导，这样的飞行员只需要关注仪表盘上显示的轨道和数值并用仪表为基础来控制着陆。难道生命体系就是一种按仪表指示飞行的装置吗？其目的就只是用来维护体系并促进生物进化中早已被确定了的内在体系发展？器具和所谓外部现实性之间的关系只体现在输出装置上，或者"输出装置表面"是用来"维护接收器表面已经被调整好的稳定状态的"，"而不是去影响环境"——这种环境可能会被反射到某一内在模式中。（同上，第74及下页）

有机体本身是自创生的，也就是说，有机体是由其自身组成部分构成的网络中的产物，而这些组成部分在受制于当下的状态的同时还会得到持续发展，并受到有机体内部组织的决定性影响，就像有机体内的所有过程一样，而神经系统却是一个封闭的指令组织，其"借助内部关联"而"不是外部世界客体的呈现"来进行运作［利伽斯（Riegas），菲特（Vetter），1990，第50页］。马图拉纳将功能上的、信息上的或状态相关的内部改变及功能比喻成"认知'圈'""认知操作上的循环"（同上，第58页），也就是"一种认知气泡，但我们无法走出这种气泡"："我们无法陈述除了被我们设置的事物之外的任何其他事物，尽管我们倾向于从认识论理由出发认为其他事物定然也是存在的。但我们却无法这么说。"（同上，第69及下页）

也就是说，其中的主要论点在于，这里出现了有机体状态改变过程中内在的结构决定性，而这种决定性是通过神经系统在内在关联性上以及只有在和内部关联、互动有关的情况下才能被协调、被塑造，只有这样，生物有机体才能实现自我结构化并且在激活相应的主导结构时得到形成，同时在认知过程中通过纯粹内部的方式实现自身内部的循环。认知就像是一个永恒的圈，它不断地在自身内部进行循环，这是一种自闭的内在互动，其始终都会回归到自我激活中，而且这种内在互动体现在被结构决定了的激活顺序所经历的主要进程之中。认知的目的是基于外部触发而促使由生物结构预先决定了的内在状态发生改变，而这些状态改变都是为了实现有机体自我发展和自我维护的生物性目标，有机体也正是因为如此才会在进化过程中、在环境内部的相关物种的共同进化过程中、在相应的生态小环境中被筛选出来。与之相应的是，认知"作为个体的一种现象从属于认识者的自创生"，这样一来，作为认识者自身状态的所有认知状态就被其物种所决定了，而认识者就是在其物种内部实现自身的自创生的，而不是通过该过程发生时所处的环境条件。马图拉纳（1982，第303页）强调，"因此，认知从原则上来看是一种依赖于主体的现象"，而这种现象的基础是"具有可塑性的联通性"，是神经系统的网络组织，而且这种组织"都是由其对有机体的自创生影响决定的"，也就是同其内部的"互动历史"有关，但对这种作为"神经细胞网络的现象来说，没有任何内外之分"。（同上，第304，305页）在圆周循环的互动过程中，生物基因结构以及作为结构关联的神经系统决定了其余部分的，也就是神经细胞的形成和激活；反之，神经细胞也构成了结构联通性的基础。

马图拉纳由此得出，基于功能上和信息上的封闭性，以及基于结构上的决定性，"所有现实都是依赖于主体的"（同上，第309页），因为所有认知，也就是内在关联为了生存目的而进行的内在互动，"其构成了生物学上依赖于主体的过程"，"其主要和认识者的组织和结构相关"（同上，第301页）。这一点也适用于科学认知、语言认知及其"可被支配性"。比如语言就会表现为"在一种依赖于主体认知领域内的互动过程中的共识性体系"（同上，第310页）。

这里不可能详细描述所谓的极端建构主义——或是另一种易被误解的称谓，其实像"生物结构化决定论"这样的描述要比这种称谓更加恰当一些。此处针对的是有关认知的主体依赖性的特定论点，也就是广义上为了维护生命而采取主要行为的主体依赖性的特定论点，针对神经细胞关联性或是神经系统激活过程相关的内部状态（行为模式的非特征性、感官模态和认知过程都表现在被调节了频率的行为潜能及其后续传导过程之中；地点特征性：生理传入的传导路线以及在大脑皮层区域的加工地点决定了什么事物会被体验成视觉感知或触觉感知）的论点，以及封闭性的论断本身，是如何得出了与诠释建构主义论点相一致的最终结论的。

毫无疑问，这两种认识论理论之间是存在类同的，同时也证明了彼此在某种程度上互为对方的基础——就看我们要验证哪一种理论了。不过这当中显然也存在区别和值得批判的地方，而正是这些区别极大地限制了极端建构主义融入诠释建构主义的范例之中，至少是在呈现特殊认知，尤其是呈现符号认知、通过语言媒介实现的认知以及所谓的高级认知方面。

当然，首先可以明确的是，事实上具有认识能力的有机体是一种生物有机体，其一部分是被结构决定了的，但在未来的发展可能中并不是彻底被遗传因素决定了的，虽然如此，也不能认为其同基因的预先决定性毫无关系。除了基因上固化的结构决定性之外——这当然大部分还取决于受周边环境影响的基因表现——，基于有些结构，比如神经关联、神经键等，只有在及时或某个敏感阶段被激活时，才能产生影响，就像赫步基于前神经键激活和后神经键激活的同时发生而提出神经键形成的观点一样，从激活的基础性上来看，这里还存在自创生式的内部结构变化可能。罗特在这一点上谈到了"后生成的决定论"。这一说法是非常恰当的，后生成的决定论"针对的既不是受基因控制，也不是受环境制约的过程"，这些过程呈现的是"发展中的大脑内部的自我组织类型"（1990，第169页）。与之相应的是，除了基因上固化的制约和严格受环境制约的有限影响之外，还存在受制于激活过程的结构化，而这些结构化事实上取决于有机体的个体化"历史性"发展，也因此和基因的根本决定性是交叉重叠的。这一点当然证明了通过激活而组成的有机体自我结构化过程中具有根本自创生的成分，但同时也表明，"遗传"和"学习"之间一般极端对立的传统二分法是站不住脚的。

因此，就不能认为有机体的结构决定性是固化的，而是受制于激活过程且具有相对可塑性和灵活性的，而且这种可塑性和灵活性是完全可能被外部影响"触发"或受制于"影响"的类型。胡克伦布罗赫（P.Hucklenbroich，1990，第117及下页）曾注意到，在"'规定'"（确切地说是"影响"）以及"触发"之间并不可能真正存在"实际的区别"，他的这一说法是完全合理的。在精细化和差异化这一层面上，"触发"和"同时产生决定性影响"之间无法区分彼此。〔同时，胡克伦布罗赫也合理地指出，"马图拉纳的概念极其模糊且不够确定"，尤其是内在关联的、互动结构的以及自我关涉性的范畴所针对的内容。（同上，第121页）］［胡克伦布罗赫还强调，马图拉纳在没有更多论据支撑，没有充分的或者至少足够的实证证据的前提下，假设自己对有机体的描述比起所有其他相关原理要更加优秀，或者说是唯一有效的，同时他还认定其他原理是"不可运用的"。（同上，第118页）］他还批判了马图拉纳的论断，后者认为，每一种"输入－输出模型的运用必然包含了认识论中的一种反映论"（胡克伦布罗赫，同上，第122页）。如上所述，这里针对的并不是对极端建构主义的认识论批判，而只是要把类似性、平行性和差异性提升为诠释建构主义。（关于这些批判的内容可见钮瑟，格勒本，弗莱塔克，施莱尔，1991）

针对结构被决定的固化状态，或者说针对触发理论，可以断言，被调节了频率的神经元行为中，固化的、被决定了的结构——只要这是因有机体生物基因上的特性而预先存在的——尽管决定了发生过程的基本模式、表现模态的基本模式以及行为编码的基本模式，但在激活历史上因为罗特提到的后生成论的决定过程而具有相对性。基因上固化的基本结构可能通常会因其发生过程中的模型而被认为是认知范畴中——也就是被我称为最低层面上的初级诠释或元诠释——的建构形成或结构化，这是和生物上预先存在的、对我们来说在实践中不可改变的、但原则上被认为是可以被改变的诠释建构相符的。后生成论的结构决定过程早已拥有了更大的灵活性和可塑性，进入了更高级的、易变的诠释层面之中，而这些层面在上文提到的（见第二章）另外五个层面上都是和元诠释交叉重叠的。在此过程中，被个体的激活历史决定了的结构化过程当然不同于在社会上、文化上、语言上以及次级层面上被诠释模型影响了的诠释。马图拉纳的模型显然因其被决定了的结构性以相对固化的方式被局限在了元诠释的最低层面上、纯粹因个体化的有机体发展历史而变化的最低层面上。在这一点上，该原理只局部符合诠释模型。尽管可以从生物学角度出发来理解诠释结构化及其呈现，但这却局限在诠释建构形成的相对基础的层面上，因此几乎无法涵盖特定的，尤其是社会性上和文化上的差异，只能针对有机体激活历史的相关变化中和神经元有关的方面，也就是相对而言不够详尽细致、不够全面的概况。从罗特强调的必要性可以得出相应的结论，从而区分自创生系统在功能性上或操作性上的封闭性同认知系统的或自创生有机整体内部神经系统中的类操作性上、信息上的封闭性。"操作上的"封闭性在罗特（1992a）看来意味着，"在一个生物系统构成中自我生产的（自创生的）网络内部，始终会产生新的成分，而这些成分属于自创生网络的事件或成分中的同一类别"，而且这些成分也只能如此才会出现。罗特认为（1987，第 259，273 页；1992 a），马图拉纳并没有对前一种和第二种封闭性进行充分的区分。如果"经验……是认知大脑的自我解释"（1987，第 273 页），那么，对于认知系统而言，这就意味着它只能是以内部状态改变的形式来记录和认知环境对有机体的影响，而环境影响正是在这些内部状态改变中为有机体所接纳的。当然，这并不是说有机体的整体系统只有在操作性上是封闭的，不会允许"任何环境影响来干涉自身和自身内部"，而是意味着，外部影响只

第二十九章 极端建构主义是一种诠释主义吗？ | 421

有通过认知系统的内部状态改变才会被"体验到"。这就是自创生系统中建构主义上所谓的操作性封闭。这些系统和状态的自我体验有关且局限于此。极端建构主义的内在论针对的是其认知结构，是自创生系统的经验。该系统"只会在自身且在自身内部"体验到这些外部影响，而且是作为受制于结构的形式中"神经元状态的相对变化"（同上，第260页）：眼部遭受一拳重击后会在视觉中心的感知中出现眼冒金星的情形。感知的刺激传导特殊性和位置特殊性在这里以结构化的方式表现为经验、接纳。首先在内部被制造出来的是环境影响中具有有机体特殊性的接受模态，而不是环境影响本身，尽管它们也会在认知系统中曲曲折折地通过这些具有结构特殊性和结构被决定性的形式被体验、表现、传递出来并发挥有效性。在马图拉纳看来，不存在任何"认识上的外在对象"，而只有内部的状态制约性和内部改变，那么，在自创生有机体内部，从整体系统在功能操作上的封闭性以及认知系统的信息封闭性趋于模糊这一点来看，他的观点就是一种极端的夸大。罗特特别指出，马图拉纳的这种极端观点中的局部内容应该被摒弃，这种观点应该回溯到"结构化关联"的客观性概念上，而该概念可以解释为何认知系统虽有封闭性但同时还能在"交流中"顺利出现交互"行为导向"，或者说，为何会出现适应了环境的、功能性上的以及策略上十分成功的行为。事实上，我们必须在这一方面继续发展建构主义理论并把认知-信息上的封闭性同过于宏大的、物化的环境孤立区分开来。

如上所述，马图拉纳（1990，第69页）把信息上的认知封闭性比喻为"认知气泡"，"而我们无法从中逃脱出来"。这一比喻和诠释气泡中的漫画脚本以及通过我们的诠释而被支撑起来的认知世界漫画脚本中的言语气泡是相似的。之前提到了我们无法摆脱的诠释宇宙或视野的观点，其完全与这种隐喻模式相符。就这一点来看，在认知理论或认识论角度上，生物学的结构决定论和诠释建构主义之间是存在广泛一致性的。此处不需要对此详加说明。当然，就像在抬高诠释建构主义的过程中，也就是在把诠释主义的方法论理论和超验理论延伸到本体论理论（"只有诠释才是存在的"）时一样，在生物学的结构决定论中，也会以相似的方式把该理论绝对化。马图拉纳显然也这么做了，他没有区分环境的封闭性和认知的封闭性，并且以这种方式把自己方法论和认识论上被论证为合理的建构主义扩张成了一种夸张的、几乎本体论式的、极端的建构主义，他完全排除了任何外部的"对象"。最初的极端建构主义看起来似乎就是一种绝对化的建构唯心论，是和绝对的诠释唯心论一致的。这当然是会产生矛盾或问题的：马图拉纳在另外的视角下当然会设置一个前提，认为有机体是环境中的生物性实体，有机体会在进化过程中在自身种族或基因库方面和环境产生交互影响。［罗特（1987，第264页）也认为，马图拉纳也没有明确地区分自创生系统中的自我生产和自我维护过程，罗特的这一观点是非常有道理的。］极端建构主义似乎就是一种建构主义的延伸——或者是建构诠释主义？——，而且其绝对倾向于受主体或系统制约。

极端建构主义的另一问题是，马图拉纳一般会把所有加工过程中主体以及系统的制约性同观察、行为和解释关联起来（1990，第58页）。他承认，"被言说的一切都是由一位'观察者'言说的"这句话本身是有问题的。如果我们的出发点是绝对的"认识主观性"，那么"观察者"的意义、角色和功能就必须先得到说明。马图拉纳认为，"我可以通过一个特定的过程证明，'观察者'的矛盾实体可以通过其操作来描述系统，而我们只要允许这些系统运作，其运作就是作为观察者的个人实施的应用"（同上），而这到最后则会进入之前提到的"认知操作循环"之中。显然，我们必须设想，系统的整个网络结构以及该网络结构同环境、同相应的有序且具有变化性的认知接受之间的关联会构建出例如伪观察者这样的事物，但这样的伪观察者并不会观察现实性，而是接受并主导其内在状态中的激活历史。在此过程中，生命现象、实践以及有机体在环境中因生物结构而被决定了的反应方式都是"在操作性上具有原始性的"，但这并不能因此"把生活实践称为'现实性'"。按照马图拉纳的观点，存在着"诸多现实性领域、本体论上的现实性领域……其数量同对现实性领域进行构成操作时所涉及的领域一样多"（同上，第59页）。现实性的构成具有功能性和操作性。观察者观察的并不是外在的事物，而只是自身有机体的内在状态改变及其认知系统。这也是观察过程中自我关涉的基本理念。在这一点上，马图拉纳也必须追溯到超越的（他错误地称之为"超验的"）"现实性"或自在世界假设中的超验实在论，尽管这样的自在世界当然是无法被认识到的，而且也并不会体现在有机体以及观察者认知系统中反映式的反射论中。有机体就是环境中的一种生物有机体，其源于本种族的进化史，而该进化史是同达尔文进化论中生物种族在适应环境和小生态环境发展过程中的突变和淘汰相应的。另一方面，从认知理论来看，这种超越的自在世界是不存在的，存在的只有自身认知系统中自我关涉性的循环性，而这些自我关涉性同环境中发生的事件没有任何关系（多数时候指的是触发关联）。自我关涉的建构唯心论被认知建构唯心论延伸到了自创生有机体中的内在发展关联，而触发又被视为是不由结构决定的或只是参与决定的一种影响；这两种封闭性被认为是不合理的。在观察和感知过程中不存在任何输入，这当然是一种极端化的效果原理，同时还很有可能引发这样一种结论，也就是有机体也不能对环境产生任何传导式的输出影响。这一切看起来都是建构主义的极端性造成的严重后果，由于有机体的内部认知过程以及内部接受状态广被误解或传播，这种后果也会影响到有机体自创生的自我维护和自我发展，甚至影响其融入环境的过程。这里谈论的是其延伸出来的结论以及谬论，这些结论和谬论没有详尽充分地考虑到生物生存关联以及内在认知加工过程中不同的操作和功能。事实上，我们在这一点上应该借鉴罗特的差异化观点（1992a），以此来实现建构性理论中持续稳定且具有现实性的发展，同时还必须限制或放弃绝对化过程：从根本上来看，这只能用于接受视角和认知理论上的观点，而不是有机体的整体置身过程。（后文还会详细讨论罗特对该理论的补充和细化，尤其是跨学科性的脑部研究以及意义产生过程中的矛盾性；见下文第三十章。）

整体而言，所谓的极端建构主义在其极端化过程中当然不是一种能持续稳定的、认识论上的系统，但其却符合神经生物学上以及认识论上的基本意涵，而这种基本意涵则是人们对不同的观点和封闭性进行细化研究的过程中以有限的方式提出来的。当然，从生物学的有机体层面来看，建构主义事实上在本质上是和生物上被决定了的原初诠释、初级诠释或前结构性相关的，我们或许不能称之为"诠释"或"建构"，因为它们已经失去了任意变化性，其在生物性上要么是已经被决定了的，要么就已经"顺从"了内部的激活历史。不过这一理论作为一种有局限性的、视角主义的认识论，根本上是同建构诠释主义相一致的。就这一点而言，该层面上的所有认知都是和生物的以及神经学影响中的结构形成、建构事实或图式化预先影响相关的。在这一点上，建构形成的不可企及性、认知的基本"内在关联性"以及建构的网络化过程都是和诠释主义中一样非常显而易见的。

当然，把认知理解或表现为神经元激活过程中调频的行为潜能模型，以及把认知解释为维护有机体的认知或具有稳定性的认知，这两者之间是存在裂隙或鸿沟的。如何才能把神经元激活模式理解成认知并让其发挥功能呢？从要在功能性上置身有机体自我维护的目的、置身环境及对环境的诠释这一点来看，"认知"是以"诠释"为前提的。认知尽管是一种生物现象，在此过程中，其在功能上是和有机体及其环境具有自我关涉性的（尽管并没有彻底固化）。但此外认知也是一种诠释现象，不管是对于外部观察者而言，还是对于具有解释能力、能自我体验认知过程、具有归类和评判能力的有机体本身而言。为了在认识理论以及特殊科学中能够用到极端建构主义及其神经生物学基础，就需要多样化的诠释及步骤，但这并不会从神经元激活模式中自动产生，而是需要以诠释视角为前提。认知是解释现象，而且其作为解释现象是依赖于解释、意义以及诠释的。

从所谓的极端建构主义角度来看，生物学上的结构决定论也可以被看作是诠释建构理论中神经生物学的内在补充理论或探测理论，而在此过程中，极端的绝对化过程当然不复存在且必须受到限制。

基于马图拉纳以及"意义"层面将认知视为生物学现象的关联，在我看来，罗特（1992a）还补充了诸多颇具成果的观点，其中把大脑视作是"能产生意义的建构系统"。在我看来，这种对某种程度上去极端化的生物学结构决定论所做的补充理论其实就是对诠释建构主义的一种神经生物学上的补充，是非常有意义且有成效的。因此，下文还会对该理论进行详细探讨，而且是针对方法论和超验的诠释建构主义。

早在 1985 年，罗特就已经从神经元模式的、建构图式化的、建构诠释的自我关涉结构化角度出发来解释大脑对信号和意义的感知以及更高层面上的认知加工。这里的自我关涉性指的是"大脑必须从自身出发来发展出评价标准和解释标准"（1985，第 237 页），也就是"基于其自身历史基础"以及"基于早先行为的结果"来进行自我组织（1990，第 178 页）。

大脑本身无法进入现实的自在世界，或者说和现实性没有直接关系，而只能通过对行为潜在改变冲动的上述调频式传递来继续传递普通的，也就是不依赖于特殊感官模态的、对内在刺激情境以及神经元网络中的内在状态所做的神经元"映像"或编码。而在此过程中，被传递的行为潜在模式中的特点会根据格式塔而存在，而不是根据继续传递的顺序，其不依赖于起源地，也就是不依赖于刺激类型或感官细胞。视觉刺激会和触觉刺激、听觉刺激或嗅觉刺激一样以同样的方式被传递。神经

第二十九章　极端建构主义是一种诠释主义吗？ | 427

冲动的这种非特殊性也对不同感官模态的相应刺激进行了变形，同时把传感器改变成了运动技能，或者说可以让刺激变成认知。在多种多样的不同神经元构成的网络中对多种信号事件进行结构化平行加工的过程中，像邻近的互相合作或妨碍、为了生存而进行的淘汰和行为导向等原则是至关重要的。行为高度依赖网络，依赖网络的结构，会激活位于刺激路径上的特殊神经元。反过来，神经元网络的形成本身就上述层面来看会通过与行为有关的、自我归纳后的细化过程以及通过神经细胞中取决于激活过程中神经元交流物质的（所谓的"营养因素"，也就是前一段时间发现的"神经生长因子"）内部竞争在后生中以一种瀑布状的、与竞争相关的自我塑造类型来实现自我结构化。尚未成熟的"所谓初级神经元"就是以此来组织"其神经元环境的，也就是来确定直接邻居的命运并构成我们所谓的局部细胞组织，也就是一种整体性"。这些细胞本身能把信号和轴突传递或延伸到其他的运动技能型细胞综合体之中，依次来通过"一种瀑布状的自我塑造"来制造"高度固化的秩序"，而这种秩序在基因的自由程度中会以归纳的方式得以形成（罗特，1990，第172页）。激活性自我组织〔"取决于行为的网络结构形成"（同上，第173页）〕的原则用到了功能性上和局部的合作以及侧抑制，包括上文提到的前后突触激活行为中的一致性，也就是赫步突触，以此在神经元网络形成过程中实现神经元关联个体发生意义上的自我差异化，并将之用于所有类型的学习过程中，而在此过程中，脑干的蓝斑和前脑会同其激活机制一道来控制注意力并"评价"和激活神经元，赫步突触在此起到了关键作用，他们会使相应的接受性神经元细胞组织变得敏感。感觉中枢上的刺激或信息本身并不能实现个体发生上的改变，必须同时具备上文提到的注意力调控和评价过程调控。尤其是在高等级的学习和认知过程中，这更是必不可少的。细化过程越是不受基因决定，那么，自我激活过程网络中自我关涉的细化强度就越是激烈。罗特对此做出了非常形象的总结："大脑的紧密秩序在形成时……是根据诸多简单的规则通过瀑布状的自我组织步骤和自我细分步骤来实现的，而这些规则包括维护毗邻关系、连接近距离合作和远距离抑制、为了争取信号物质而进行的生存竞争、取决于行为且用于稳定神经关联的过程、通过感知运动反馈来实现神经网络的精密化。其中最关键的是，大脑内部与评价标准的稳固和改变相关的过程来自大脑本身，比如在处理把哪些认知神经同另一些认知神经关联起来以实现特定的感知问题时。"（1990，第178页）凭借更高的认知效能——和爬行动物或鸟类相比，这是人类大脑最典型的特征——，"感觉中枢的、运动技能的、综合一体化的以及具有诠释能力的所有大脑区域"是其中最为重要的，"而这些大脑区域具有感官刺激的意义构成、交互调节的信息传递、空间导向、语言交流、非语言互动以及行为规划和自我融入等功能"。（罗特，1985，第239页）而在此过程中，颞叶皮层、顶叶皮层、额叶皮层以及与之相关的丘脑区域则被激活且在人脑中得到了精细发展。

通过这些一体化的、诠释的功能和区域，就有可能借助更精密的区分、借助感觉中枢和运动技能层面同以往行为和经验的更佳的比较，凭借迄今为止的经验方法中的不变量模型、图式、建模和结构化等来理解对感官物质的加工过程。同时也有可能理解对于今后行为方式而言至关重要、事关生死的典型事件，并在某种程度上让认知脱离直接的生存压力，以此来实现一种更加灵活的可交际性和更开放、自由的诠释性。

对于认识、生存、大脑本身以及主体而言，这意味着其要受到约束，同时也获得了一种可能实现细化区分的关联机会。尽管从这种最根本的自我关涉性来看，大脑似乎是被"关"在了自身的加工世界之中，因为"它只能在其自身及内部检验其行为后果，也就是说，只能在新的建构（被"观察者"，也就是被建构的结果）身上来评价、加工并生成其建构（行为意图）的结果"；罗特认为，在这一点上，"从根本的建构理由来看"，大脑必须面对"其自身的自我关涉性"，也就是说，它并不是直接存在的，它"最初对自己一无所知"。（1985，第241页）"真实的大脑"就"绝不会在自我认知中"存在。（同上）另一方面，通过这种对刺激进行编码以及传递刺激时候的非特殊性，大脑就有可能把不同的感官模态、运动技能模态和认知模态关联起来：它能更自由地建立关联，获得关联和建构，而这些关联和建构并不是通过特殊的感官机制或遗传学而固化的，而是在包括神经元结构与行为相关的持续发展过程中，也就是在学习和意义生成的过程中，会面对更开放的结构化可能。在过去几十年间，在深入研究视觉感知过程时，人们发现，诸多不同大脑皮层和下皮层区域细致分离并分别对视网膜刺激进行加工［比如根据颜色、角度和平衡性等（在外侧膝状体等传导中心以及初级视皮层和刺激视觉区域等）］，这一现状表明（罗特，1992a，第120及下页），"就像近来流行的说法一样，这里针对的便是一种诠释性的系统"："所有这些大脑区域都会提取来自视网膜的刺激，对其进行比较，并将之与记忆内容混合在一起，而这一切最终都会成为各种数量、亮度、色彩、客体等常数，构建出所谓的图片，并感知到复杂的客体，比如面庞、手、身体、景色"。因为刺激传导至新皮层的路线会根据感官类型有所不同，而且相关的位置，也就是"局部解剖学"位置，会连同刺激传导路线一道起到关键作用，就像感官影响对感官刺激的关键影响一样，这就是说，意义只有在新皮层且通过相应区域的"解释"才能被分类。在此过程中，尤其是在经验形成以及感官知识和运动机能知识形成的过程中，从功能性会聚的层面来看，不同感官区域之间的，尤其是感官区域和运动机能区域之间的反馈机制，是至关重要的。比如对于记忆内容的存储和唤醒而言，"我们就发现了一个循环过程，在此过程中，不同的网络会互相决定彼此，比如海马区、基底前脑、感官区域和网状结构区域"（第125页）。按照罗特的观点，这一点同样也适用于所谓的感知单元（尽管相应的单独刺激传导路线会分别感知加工过程，且这些加工过程会分别进行，但感知还是会发生）。如今人们热衷于探讨特定的全局性机制以及"符合探测系统，比如切线状和脑皮层纤维构筑形态的系统"，"这些机制和系统会根据特定的、意义恒定的标准把单个方面都会聚在一起"。（马尔斯伯格，辛格，1988）这种标准可能就是有关联的、稳固的、具有共同命运的、拥有"良好格式塔和封闭性的标准，而这些标准在格式塔心理学上是早已被人所知"（同上），且对诠释和意义归类至关重要。这些标准和规则会在大脑内部根据个体神经元发展过程中天生的关联倾向而得到细化和固化："不管怎样，它们都会构成大脑用来归类并诠释其自身行为的框架。"（同上，第126页）这一点适用于"后生成的固化规则",同样也适用于"自我组织的个体发育中产生的规则或通过塑造和学习过程形成的规则"(同上)。罗特强调:"在我们认知系统的个体发育过程中,这些规则构成了意义分派的区域,而该区域能实现自我调控。在此过程中,意义会生成意义,而且是以原则上无止境的方式。"(同上)这种意义分派的大部分规则都是无意识的,从配置上来看是在和环境建立激活关联的时候形成的。在语言形成过程中当然会出现"意义分派过程中有意义体验的规则,而且这些规则也会在语言交际中被强化、固化"。"这就带来了这么一种印象,似乎信息会流入我们的感知系统",尽管这些信息首先是根据配置上最重要的结构化规则才得以构成的。

罗特继续提到(第127页):"只有在这种固化的关系中,环境对我们的刺激才包含信息。这是我们感知过程的常态。环境中的大部分事件都会在我们的感知系统中唤起模态的固定意义、初级技能和次级技能的固定意义、初级语义内容中的固定意义,而且在我们看来,似乎是信息汇入了我们的感知系统。依据大部分被固化的归类条件,这在根本上取决于环境事件的特征,以及它们对认知系统而言所具备的意义。"马图拉纳和诸多激进的建构主义者认为:"环境刺激绝不会传递信息,认知系统自身就能生成意义和信息。"罗特认为这一点"至少是有误导性的",我认为他的观点是有道理的。按照罗特的观点,认知系统把自身内部形成的规则"用于环境",而在此过程中会造成一种表象,"似乎是该系统从环境中提取出了一种'信息'"(同上)。在研究认知系统个体发育的以及种系发生的发展过程时,这种矛盾可能就会得到解决了,这种矛盾看起来是出现在激进建构主义者强调的认知系统的语义－信息封闭性以及生物学家们强调的有机体及其认知系统的环境开放性之间。不过可惜的是，罗特并没有详尽介绍这种矛盾是如何消解的。但这一点可以在诠释建构主义的理论中，尤其是在诠释建构主义强调的诠释的行为制约性理论中，在实用主义的视角下对间接实在论的假设中，在认识和行为的根本图式运用理论中，得到进一步理解。尽管我们无法直接摆脱诠释建构的区域——对建构的描述和理解只有通过进一步关于建构的建构才可能实现——，但在环境（尽管我们也要假设环境是诠释性、建构性的，而且我们作为行为者要在诠释中脱离该环境）的现实行为情境中，可能会出现诠释建构的必然适应过程，以及改变、修正或伪造过程。每一种理解都是诠释性的，我们只有在形成并运用建构的过程中，也就是在"建构诠释中"，才能认识并行动。（这种认识论的模型本身当然也是诠释性的，但这一点又是另一个话题了，此处不做探讨。）

有意思的是，罗特最终的着眼点是一种建构诠释主义，而这与方法论上以及超验的诠释建构主义是紧密相关的。他认为（1992a，第128页），脑研究的结论是"现象世界是我们认知系统的一种建构，也是大脑的一种建构"："这种现象世界包容了一切我们所能体验的事物，也就是感官感知、思想、感觉、想象以及我们思考的建构。同样的，这种现象世界从根本上可以被分成三个领域，也就是包围着我们的世界、我们的身体和我们的心理世界，这是我们大脑的一种构建。该分类过程发生的基础是和环境的感觉运动技能互动，尽管在我们看来这三个领域在'本体论上'是各不相同的。大脑会对此进行区分，因为这种区分对有机体的存活是有着关键意义的——有机体必须时刻清楚，什么是环境事件，什么涉及自身身体，什么是'纯粹'被思考、感觉、回忆、希望的。这是我们的认知系统在其个体发育过程中最大的成就，也就是构成这种'本体论的领域'。"

罗特认为，"这些大脑活动会生成……所有我们体验到的事物，这是最根本的"，而对其本身而言，"现象世界并不会出现在其中"。这种大脑活动或世界的现实性是"和体验相对的"，有别于现象的"真实性"：真实的大脑并不是认知的现象学对象，而可能只是在研究室作为一种客观存在的、类似次级的"陌生"想象大脑被分析，并同时被视为思维操作的对象。（同上，第129页）

这里当然提出了一种根本的间接实在论假设，而建构性和诠释性则被限制在了现象世界中。罗特认为（1992a），对真实大脑以及真实世界进行假设是非常必要的。但他却没有详细探讨这种必要性的原因。这些原因自然是和行为实践有关，当然一定程度上也和分析-逻辑有关：如果我们没有提出行为或诠释中的一个切入点、一种"雏形"作前提，而这种切入点和雏形本身当然只有以诠释形态出现才能被理解，那么我们就不可能在无法受控制、受审视的情况下行动、诠释。就是在这种生活实践中，我们被迫接纳了（间接的）实在论。

大脑不能把自身理解成真实的大脑，这并不是大脑的特点，而是"真实"世界、处于体验对立面的世界所具备的特点。在上述三个本体论（存在论的）、被我们分别构建的领域中，我们所理解的一切都是被诠释渗透了的，这并不意味着，可被理解性本身就定然是绝对的自我生成过程。

罗特认为，进行诠释的是大脑，或者说是认知系统。必须着重留意这一点，这是"诠释"这一表述的另一种略有偏差的运用方式，其在某种程度上是和小处理器或大脑内部忙碌不停的小人这样的传统模式相一致的。"诠释""建构"等表示行动的词汇首先针对的是个人，而不是系统或局部认知系统。我们当然可以在其运用方式上对其加以拓展，并称之为"具有诠释能力的认知系统"，但我们必须认识到，这样一来，我们就对原本的表述方式做了修正，特别是把复杂的细化过程和归类过程以简单化、个人化的方式，或者说是通过个人行为和能力，全都归为一谈了。这一点同样适用于"意义"的"归类"或"分派"过程。意义本身是一种客观化的表述，它描述的不是一种理想对象，比如是大脑或认知系统生成或甚隔离出来的理想对象，而是一种功能性的关联，这种关联出现在规则束缚和受倾向影响的分派实践过程中。而实践又是个人事务，而不是局部系统的事务。意义不是个人或大脑生成或构建的产物，而是一种诠释模式，其一部分是在无意识倾向中同环境的互动过程里形成的，一部分是通过符号传统，也就是通过文化的或社会的一致性才得以形成、固化的，或者是通过相应的社会化和内化过程（"内在化"）被承继下来并得到支持的（被认可或者被机构化）。意义就是诠释建构，而且其本身是服务于作为主导图式或主导范畴的诠释过程的。把行为主义上的语言用于认知系统或大脑本身的做法就是一种隐喻，其可能会得以实现，但或许根本无法达成，但我们必须清楚认识到这种不同于普通语言运用方式的使用规则。当然，从认知心理学以及脑研究近年来的研究结果来看，语言运用已经得到了拓展：或许我们可以

第二十九章 极端建构主义是一种诠释主义吗？ | 435

看到不同类型的"诠释""意义""建构"等，比如根据是大脑在进行无意识的结构化，还是个人在进行有意识的诠释。通过区分初级的（基础生物学的）诠释层面和传统的诠释层面（见第二章）就已经对其进行了差异化分析。

还有许多差异化问题需要在所用术语上得到语言分析上的细化。在本书援引罗特的一篇文章中（1992a），他提出了一个切入性的问题，而其中的内容正好针对意义概念——"认知：大脑内部意义的产生"，也就是"大脑内部的'意义'是如何产生的？"这一问题本身就（似乎，或者说是看起来就像）把位于大脑内部的或在大脑内部被制造或生成的产物具体化了。只要我们把意义定位在大脑内部，无论是否纯粹以"事件和行为分类"的形式，而非纯粹的对象或行为反应本身，都完成了一个关键的策略。尽管罗特认为自己是不得不表示大脑"产生"意义且由此接纳一种"系统"，"也就是认知系统或交际系统"，"该系统会对被感知到的事件分派意义"。但同时，罗特也认为（同上，第110页），"意义会产生意义"，这是"语义中最根本的自我关涉性"，其"会构成大脑的认知组织（按照赫吉尔的观点……）"。那么，是谁制造了大脑或意义本身呢？如果认为"意义"包含了"影响"，而影响是"在认知系统内部被引发的一种物理化学事件"（同上，第111页），那么，就必须把这种物理化学事件看作是具有制造意义的能力。更不要提构成意义的社会成分了，比如按照普特南（1979）的意义理论，在社会上稳定了的模式固见在意义构成过程中是至关重要的。

"意义"本身无疑是一种诠释建构概念，但其依旧需要得到进一步的细化和解释。意义的"制造"过程不能一概被归因到某个个人或甚某个语言共同体身上，也不能简单被归因到大脑和某种物理化学事件上。毫无疑问的是，"意义"这一诠释建构是一种关联概念，它会把符号（无论是自然的还是其他预兆或传统符号）的不同使用方式同与意义相关的方面彼此关联起来，并将之引入一种意义结构或一种网络状的倾向关系中，而这种关系会以某种方式被存储、呈现、唤起，同时会再次自我命名或自我解释，尤其是可以被改编。就像维特根斯坦提出的传统理论一样，意义构成无疑是和某个语言共同体和特殊生活形态中使用的规则相关的，但也有相对自由的变化空间，比如在特殊的，尤其是不真实的、虚构的或哲学的语言游戏的影响下。毋庸置疑的是，在这一切当中，意义都是诠释建构，其本身能对诠释、世界观、行为、生活形态和语言形态进行诠释性的结构化。脱离了诠释的意义是不存在的，而诠释始终都是具有意义构成性的。而这一切都发生在具有结构性、交际性的实际生活关联中所包含的激活语境和行为语境之中。意义始终都是由大脑和个人共同构成的，且这种构成定然是诠释性的。

第三十章　大脑结构是诠释建构吗？

现代脑研究把人类大脑视为一种"诠释性的系统"（罗特，1992a，第120页）。在加工感知经验的过程中，该系统并不会像吉布森提出的"直接"感知心理学那样（稳定且不断凸显的光能聚丛会被直接把握到）直接从环境中提取常量，而是作为"秩序的构成"（罗特，同上）。信号集合无论何时都必须"能够允许稳定的秩序可以得以形成"，但这种模态、形态、质量以及数量（强度）上的感知内容在产生过程中却取决于"认知的、具有诠释能力的系统中秩序形成的标准"。罗特（同上，第108页）称大脑是具有内部呈现能力的、"意义制造能力的、建构性的系统"。目前对视觉系统的研究尤为深入，尤其是对猫和猴子的视觉系统的研究，这也能为解剖学上的和神经生理学上的、包括感知能力形成中已经被稳定下来的过程以及更高级认识的发展提供启示和理论假设。比如辛格（1990，第8页）等脑研究者就明确提到了"大脑构建"。当然，他的定义是模糊的。辛格认为，这"代表了以某种方式可以在我们经验中企及的事物会被我们的大脑辨识成是可以被区分的"。"关键在于我们的整个知识体系"都构建在这些建构之上。辛格强调，"我们的大脑都和其描述的对象一样由同样的物质组成，看起来都服从同样的自然法则";这证明,所谓的建构"针对的并非研究对象本身,而是我们大脑的运作方式"(同上):在此层面上,"脑部构建一般运作良好,根据正确预言来证实自己是正确的",会根据生存观来筛选我们积累的原初经验。大脑首先是一种生存器官,会构成感知和环境导向,并依据生存观在筛选中对此加以构成并使之稳固。事实上,大脑并没有模仿外部的真实世界,而是制造出了"基本刺激状态中的一种拼接形态"(罗特,第118页;沃雷文等,1990;伦尼等,1990;菲奥伦蒂尼等,1990),而这种拼接形态会被特殊的接受者所接纳、调整并继续传递。后者出现在调频行为潜能的普通电流传递过程中,而这一过程则发生在轴突内,以及相关连续枝状结晶体后突触细胞膜在生物化学上的神经递质的触发、传播和接纳过程内。继续传递的过程在刺激和触发上并没有特殊性,会破坏刺激原本的特殊性,将其分解成具有刺激传导路线特殊性的或与目的地相关的特征,比如在视觉传导中最重要的是边缘对线和角度位置,按照胡贝尔和维瑟尔的观点,这两者会在初级视觉中心引发具有位置和路线特殊性的刺激(在维护视网膜细胞相应刺激的毗邻关系过程中)并最终产生激活效果。在更高级的大脑皮层视觉区域中,这些位置和刺激传导路线的特殊性会再次被逐步消除,并被统一到相应特殊局部刺激传导过程中具有建构性的新构成或新关联中。大脑内的位置和刺激传导路线的起始位置决定了模态和特定的特征关联,也就是决定了相应感知经验的构成和形态——当然是在和已经被存储起来的经验关联(记忆)进行持续比较的过程中。在此过程中,清醒状态(警醒)和注意力导向中源自大脑海马区、丘脑、中脑和间脑结构的基本激活过程必须能同时进行积极的强化控制，只有这样，相关的激活动作才能真正被意识到，普通的平行路线会通过下丘脑区域和边缘化系统（下丘脑，杏仁体＝杏仁核，隔膜）并借助穿窿形态的关联被接入进来：只有把特殊路线和普通路线统一起来并在高频率的（每一时间段中被生产出来的单位）、一般为瞬时性的"组件"（刺激转换电路）的生产过程中，才可能有意识且产生意识。感知是一种具有高度筛选性的、特殊构成性的建构形成，取决于荷尔蒙的、情感的根本激活过程，并出现在所存记忆内容的唤醒过程和对比控制过程之中。

记忆内容的存储，或者说学习过程，显然是通过在突触中传递特定的神经递质才得以发生的，这里指的便是所谓的 NMDA 受体（之所以叫这个名字，是因为其对 N-甲基-D-天冬氨基酸具有高度的敏感性），当突触前膜被激活，同时，突触后细胞及其细胞膜（比如当中脑和间脑中需要清醒和保持高度注意力的状态被激活时）得到充分激活且已经去极化进入开放接纳状态后，谷氨酸盐这一神经递质被释放出来时，这种神经递质便会固定或甚永久打开钙离子的一种膜状管道。根据所谓的赫步定律，只有这两个过程一起发生时才能产生相应的行为强化过程。在此过程中，通过实际上同时被激活的突触前细胞和突触后细胞——包括突触后细胞的连续枝状结晶体突起——才能在突触裂隙的时空连续统一体中提高钙离子的渗透性并将之相对稳定化。

有意思的是，我们可以从中看到，在视觉系统中，纯粹的激活过程并不够，而是需要一种竞争或"比赛"来控制这种行为稳定过程。除了能强化行为的稳定化过程之外，还存在会让行为停滞的筛选性脱离过程。只有当神经元竞争关联内诸多不同形成可能中的一种被筛选出来且被遗弃时，其他激活过程才能具备稳定性："在诸多神经元的无关联行为中，那些会最频繁地与行为保持一致活跃性的神经元细胞才会以脱离其他神经元为代价来固定其与目标细胞之间的关系（生存竞争式的脱离过程）。所有要素的相关联行为……就会产生一种联想效果。"（辛格，1990，第62页）建构稳定化过程的形成是和诸多不同神经元关联中被激活的特定神经元关系相关的。最初的基因特质，比如视网膜细胞和初级视觉皮层之间的关联特质，尽管也是在遗传上被固定了的，但显然只得到了相对不精确的处理。只有在神经元的所谓竞争中，神经元的激活过程才会使得基因上相对非精确固化了的、原初的转换配置内部所存在的特定关联实现特殊化。除了积极的强化过程之外，摆脱一种消极筛选的脱离可能，进入相应神经元关联中积极有效的、激活式的稳定化过程和筛选式的固定化过程，这是十分必要的。取决于行为的联想效果在竞争中必须是具有筛选性的，这样一来才能基于基因特质在激活过程中稳定相应的神经元关联，并使呈现在与感知相应的脑部建构中的激活模式得以稳固。比如在动物视觉系统的功能丧失研究中就可以基于视觉皮层神经元和左右主视眼来从实证上验证这一论点。

辛格（1990，第59，63页）通过这种积极的筛选性激活以及消极的筛选激活而形成的神经元互动关联以及脑建构提出了一种有意思的理论。神经元特征探测器是和空间上被分开的细胞群组构成的行为在经历具有节奏性的稳固化过程时相关的，而且这些行为的节奏会在40赫兹左右的基本频率上跳动,而且能够让这些节奏性行为保持同步,并使其发生阶段性振动。比如当探测器通过瞬间震荡以及一定方式的连贯性而互相强化,并在"其振荡性回复阶段进入阶段性的连贯性"时,若是在一个由不断跳动的光点组成的正方形背景中识别通过更强烈的振动幅度而被突显出来的光点组成的三角形时,就是这样一种模式。(从不同的振荡性回复来看,这时甚至能同时具有筛选性地激活互相交叠的不同组件;通过这一方法,重叠问题便可以借助局部一致的神经元组织中不同的阶段性稳固过程而得以解决。)共振过程中以及较大神经元组件被同时激活的过程中出现的同步性便是特定信号传导能同时得到激活和稳定的基础。辛格(同上,第63页)得出的结论是:"从异步行为状态过渡到同步行为状态的过程和从'无意义'状态过渡到'有意义'状态的过程是同等重要的。正是通过这种方式,一种自动评价控制机制顺其自然地产生了,该机制能确保只有这样的状态才能促进突触传导时候的改变,而这种改变事实上在行为语境中是非常重要的。"

对于认知功能的形成而言,面向环境的诠释过程是必要的,这样一来,在符合上述功能性条件和激活标准的情况下才会出现受行为制约的筛选过程。基因外的因素影响、环境的影响便显得一目了然,在基因上预先存在的范畴内,通过因外部信号而产生的消极和积极类型的激活过程,相应的神经元组件节奏化过程就得到了稳固,并能通过激活其他可能性之间的比拼来筛选出特定的关联和模式,或者通过非激活过程来灵活地摆脱其他可能性。在和环境互动以及神经元组件之间节奏化的共振互动时，显然，在基本的振荡之后，瞬时节奏中一种特定的、取决于行为的节奏聚丛便被稳定下来了。特定神经元集群中受制于行为而被稳固下来的筛选过程——这些神经元集群会通过这种方式生成持续性的联想——可以被视为学习层面上知识的结构性变化。这一点在视觉系统中已经得到了相对深入的研究，但在理论假设中也可以实验性地将之用于大脑内部更高级的认知过程和关联形成之中。行为模式和相应评价的自我生成出现在和环境以及基因特质的互动中，也出现在激活过程中，辛格（1989，第57页）在这一点上，包括在关系的形成上，发现了关联，"这些关联是适应过程的标准"，就像是一种动态的"对话，在此过程中，提问的大脑则是对话发起者"。也就是说，认知的发展是一种出现在和环境互动过程中的、能形成并稳定特定激活模式的自我组织过程，而且在生存性竞争过程和强化过程中，当其符合不同关联可能性的条件时，原本稳定的神经元组件内发生了自我组织的过程，且这些都以必要的专注性状态、警醒状态、需求和动机状态——这些状态都是在中脑和间脑受到刺激时出现的——为基础。

从近年来神经生物学脑部研究的成果中，我们可以得出如下结论：在和环境产生互动的基础上，会通过积极和消极的筛选性、通过关联激活和接受状态的激活，筛选性地在大脑内部产生一种世界建构，而在此过程中，神经元组件具有稳定化功能的共振过程则会在被回馈之后的强化过程中突显出特定的、稳固了的、节奏化的激活模式，这些模式可能会呈现出视觉形态。在视觉上——在其他感官模态上也可以做必要的调整——，这种激活过程中已被稳固化的共振过程，以及被激活的神经元组件中相应的聚丛，都可以被认为是代表了所学的简单格式塔图式，就像从前它们被看作是观察格式塔和认识格式塔过程中的认知范畴一样。作为认知心理学基础的图式（见第四章）、神经生物学上有待研究的承载者过程和承载者结构之间的初步关联，其基本上是便于理解的，至少是在已得到了深入研究的感知模态基础上，以及相应的现象学结构和普通"脑建构"形成过程的基础上，是易于理解的。和感知图式一样，认知图式也可以被看作是在筛选过程中使激活过程稳定化的共振过程，或者是神经元组件的振荡格式塔。这种在数据统计上能稳固激活过程的脑部建构从根本上呈现了可以形成感知的图式和认知图式，而这些图式则会把现象世界结构化。它们完全是在受到我们周边世界的影响下形成的，同时，该形成过程也受到了环境信号的触发，同时也借助了基因特质中以受激活过程制约而学会的图式为基础并因此变得重要的成型过程。也就是说，从神经元组件共振过程中的元稳固化角度来看，这里针对的是一种在基因上预先存在的基本结构化范畴内因为互动而被固定下来的图式形成过程。就这一点来看，呈现被感知的世界或被认识的世界这一过程事实上便是一种借助了"脑建构"（辛格）的"我们大脑的建构过程"（罗特，1992a，第 128 页）——当然并不是像极端建构主义者断言的那样是发生在认知系统所具备的以及和环境互动时脑部行为所体现出来的绝对突显性和封闭性当中。激活论点表明，在感知过程中，事实上发挥影响的是对环境信号进行积极分析的过程，包括在学习过程中，在记忆形成以及在不间断的轴突形成过程中。另一方面，事实上大脑会根据基因特质以所谓"建构性"的方式对环境刺激的特殊性进行高度筛选式的加工。尤其有意思且全新的一点是，在基因的固定范围内，神经元关联和关系中互动的、筛选式的自我组织会呈现出例如互动式的自我组织过程，而这种互动的自我组织过程会在"遗传特质"和"所学反应"的传统二分法之外加入第三种同样重要的基本范畴，也就是在感知过程中——可能也包括在更高级的认知过程中——大脑的以及神经元关联模态中的"与环境互动的结构塑造过程"这一范畴。"遗传"和"学习"之间传统的二分法因为一种互动的自我组织成分而得到了拓展。脑建构的互动形成过程（在基因影响的可能范围内）是受激活过程制约的，而且会在和环境的互动中得到触发，但同时也受到被激活且被强化的神经元配对或神经元集群之间的内在关联命运所影响。这一点表明，大脑事实上是一种以开展行动和实现生存保障为目标的器官，而且基本上来看认识和行为结构化之间不能被彻底分割开来。

在某种程度上，至少在局部上这种结构化和行为稳固化的个体发展过程事实上是一种自我关涉的过程和自我组织的过程，而且具有模态特殊性或成分特殊性（尽管会受到基因上被大体固定的特质影响，同时也会受制于环境信号刺激。）我们是否必须把图式的这种互动结构化过程看作是"在自我关涉中不断发展的意义构成"过程，就像罗特（同上，第130页）所做的那样，包括我们是否能把"意义"理解成"神经元系统中一种无法被简化的特征"，"该特征会在此系统中局部作为心理过程被体验到"，这一切当然在一定程度上都是不确定的，因为这里探讨的是一种隐晦的表述，只有这样才能使其成为意义理论的基础。毫无疑问的是，上述脑建构、图式化等过程都是为了能生成重要性和意义。但从语义上来看,意义既不是一种自成一格的实体,也不是一种"特征",而是有机体中一种具有功能性的诠释建构,其具备明显的结构化特征和关联性特征,而且被我们以简化的方式假设为或投射为一种独特的实体。意义也是一种分析性的、来自社会的诠释建构,尽管对其所做的假设和投射非常宽泛,但这种建构却需要得到进一步的分析。而且这种分析一部分是语义上的,一部分是以行为和举止为导向的,一部分是现象学上和意识相关的,一部分是语言符号学上具有关联性和诠释性的(比如在传统的符号三段论中)。我们还没有从神经生理学的脑建构过渡到思想图式化之中,只是将其当作了有待重新建构的、认识论上的关联。

包括脑研究者的话语在这一点上也是模棱两可的。"意义……一部分会作为心理过程被体验到"(罗特,1992a,第130页,本书作者对该词做了强调),大脑会"提问"(辛格,1989)"决定""认知""经历""构成""合成一体""发现""诠释"。这一些当然都是隐喻式的表述,在日常使用中会结合个人或有生命的有机体以局部代表全体的规范化方式被沿用到大脑研究上。但从语言哲学上来看,这都是不可靠的说法,至少是有待进一步分析的,而且这些常见表述还有待修正。这种修正当然是可能的,但必须被明确标记出来这是一种修改。首先"认识""诠释"的并不是大脑,而是借助了神经元脑部行动的个人。就算是"借助""凭借"等这样的表述方式在涉及大脑时也太过隐晦。我们的语言毕竟还是比较隐晦的,因此必须在用于目前为止尚未被语言描述过的领域时,或者用于这样的结构化可能性时,就必须改动,或者有意识地进行深入诠释或转喻。并非有意使用的一种隐喻表达或拓展可能会造成歧义，妨碍深入理解，可能会在辨识语义的、现象的、神经元的或心理的激活、图式化、过程、状态和结构化等方面时太过仓促。在这一点上，意义研究和脑研究、认识论和神经生物学之间的合作还需要面临一系列的新任务，在这一领域，近年来取得的发展和成果只不过是刚刚迈出了一小步。

无论如何，在认识和行动过程中，图式化的以及构成的、建构的行为会因为回归到脑部的"建构"形成和图式化过程、回归到特殊的理解性和神经元承载过程的形成而至少具有一定说服力。就像神经学科学家们所说的那样，这种脑部建构是能对行为产生稳固性的、动态的关联图式，是相对稳定的结构化模式，我们可以将其视为与认知心理学的传统图式相应的，也就是和我们的诠释建构相应的，或者说是作为其功能生理学上的"化身"或"体现"。从认识论上来看，神经生物学上最突出的"脑建构"会为了实现构成而对图式加以诠释。简而言之，对认识和行为进行结构化。就这一点来看，基于神经元模式稳固化过程的"脑建构"便是呈现世界、对世界进行结构化和理解世界的图式，是积极地或消极地进行图式化的图式。脑建构就是诠释建构。

第三十一章 作为诠释性结构的意识统一性

近年来与现象学上的意识经历及生理学基础相关的神经生物学理论所立足的基础是可塑的，即其受制于行为突触中一种动态的稳固化理念，在预先存在相应稳固化（去极化）状态的情况下，这些突触会通过同时激活突触前细胞和突触后细胞来形成一种相对持久的、动态的、同时是被迅速建立起来的连接或调节转换循环。在一种动态的、相对稳定的、具有特定优先定位的（会再次激活被感觉到的、共振后的倾向）功能性网络化类型的神经元结构中，赫步突触会呈现为神经元组件。这些组件可以被迅速构建起来（马尔斯布格突触）并且以聚集在NMDA突触上的谷氨酸盐为基础，而这些突触通道的开放会让钙离子激活相应的致活酶、蛋白酶和微管蛋白，这些能在去极化状态下刺激突触后细胞并激活神经元。如果某个外部信息在传导进来时（比如通过视网膜）成了一种具有激活性的稳固化过程，那么在某种程度上神经元中具有自我形成能力的组件结构呈现的便是该信息所传递的外部事实及其结构，而在此过程中，再度激活的过程会使得结构上比较脆弱的网络及其具有可塑性的突触逐渐稳定下来。此外，在串联进来的包含了可塑突触的神经元网络中，这种激活过程在更高层面上的重复过程可以建构起更抽象、更高级的认知，也就是所谓的"元呈现"。（弗洛尔，1992，第 52 页）

脑科学研究者汉斯·弗洛尔（H.Flohr）针对意识状态的出现提出了一种生理学上的理论假设。该假设的基础是，感官信号的直接传导定然会通过特殊路线进入大脑皮层中的初级图像（比如通过外侧区的一次插入来进入下丘脑的初级视觉中心），而且这种传导定然会和通过中脑的激活中心、情绪化中心和警醒中心的普通信号传导关联起来，这种中心基本上是由网状结构和边缘系统确定的。意识就是在此时此处产生的，此刻，心理上的激活路线会和联合皮层中更高级的综合中心内的特殊刺激以及多模态的、超模态的转换中心中的特殊刺激互相整合成一体。同时，在此过程中，神经元组件形成过程中以及快突触传递过程之间的生产比率会达到或超越每个时间单位中特定的阈限。也就是说，按照他的假设，意识是"大脑自我关涉的、呈现性的行为带来的结果。如果行为强度大，就会产生意识；如果行为强度小，意识就不存在。如果大脑中产生了一种高度负责的、积极的、具有呈现性的结构时,可感受的特质是存在的"。（同上，第 54 页）虽然我们不可以在生理学基础上以量性－现象学的方法描述相应的意识经历，但我们可以将之与相应的中枢激活过程关联起来，或者通过毒品、镇静剂等药物来施加影响或将之彻底阻断。在这一点上,该现象是可以通过实验操控的,也能对现象的出现加以描述或解释，而且不需要进行任何量性－现象学的描述。

大脑无法从另一个大脑中拿来或"占据"其具有代表性的状态,而只能将之呈现出来(在具有想象力的大脑中出现另一种具有代表性的状态)(同上,第55页)。

按照这一理论假设,在一种复杂的、具有代表性的、自我关涉的组件系统中,主观性或主观意识也是通过相应组件呈现过程中的一种与其自身有机体及该有机体在环境中的位置自我"关联"起来,或者是与有机体内部的其他状态自我"关联"起来,才能得以形成。但这具体是什么意思呢?这里就产生了一种"知识","在特定的内在状态中,这种具有信息加工能力的系统是怎样的",如何保持这种状态或进入这种状态:"它可能会将某事物作为其内部状态呈现出来——作为一种虚构自我的状态。就这一观点来看,主观性便是大脑自我关涉的代表性行为产生的一种结果。"也就是说,主体并不是超验自我或超验主体的结果,正好相反,是"通过系统的代表性行为"产生的,"是系统的一种建构,是一种虚拟要点,该要点是在内部状态的(元)呈现过程中被制造出来的"(弗洛尔,同上,第54页)。(显然,这种建构已经得到了实现,而且会产生进一步的影响,反过来也会对其他一体化过程以及行为调控产生影响,也就是不仅仅是"虚拟"的附带现象。)

从这一方式来看,思维世界、个人、自我等主观单位中的自我意识和意识的形成过程就是高度复杂的、信息化的组件稳固过程以及加工过程中的产物。而且就生理学基础来看,还是因相应的神经元动态共振过程而被相对固定下来且具有持续自我稳定性的一种建构。这种持续性取决于相应共振过程中一种跨越了时间范围的稳固化过程,还取决于相对稳固的动态构造中被再次把握的可能性。

意识，特别是自我意识，是一种在生理学基础上被制造出来的动态诠释建构，如果我们考虑到著名的裂脑人实验——在这些患者身上，左右大脑之间的横连被切断了——，或者在健康人身上通过相应的技术指令用速示器来对单侧的大脑半球加以刺激，我们就可以对这一理论加以拓展甚至极端化。

最著名的是威尔森的病人。加扎尼加（Gazzaniga）和勒杜（J.E.LeDoux）（1978，德语版1983）也对该病人做了详细研究。该病人的左侧语言中枢显然在儿童时代受过损伤，因此，后脑便负责并形成了语言能力并对该功能加以调控。在16岁时，该病人接受了连合部切开术，开始有能力用右脑通过左手不假思索地从拼词游戏里选出字母来用类似"语言的"方法进行回答。也就是说，我们可以把一张脸的左半部和另一张脸的右半部拼接成一幅照片，通过图像呈现的实验来观测左右大脑的反应：左半部的脸被投射到了右脑，右半部的脸被投射到了左脑；由于患者接受了连合部切开术，大脑的另一侧当然不会产生任何语言加工上的反馈。右脑接受了"您是谁？"这一提问，但他完全无法用语言听懂并回答该问题，但却能用左手选择相应的字母并连成"保罗"。该患者还借助左脑回答了相应的问题，表示其职业理想是成为"图像设计师"（或"制图师"），而右脑却（借助左手）拼出了"司机"这一答案（加扎尼加，勒杜，1983，第110及下页）。

被试者在面对单侧的图像归类实验时，也就是向其左侧呈现一幅雪景图，同时让其在雪景图的左下方选择图片上的工具，而右下方则提供了鸡爪印和鸡棚的图像，同时让他大致回答自己看到了什么："我看到了鸡爪印，我觉得这是母鸡，我们得用铲子来清理鸡棚。"（同上，第115页）左脑被迫接受投射到右侧的鸡爪印，而右脑处理的则是雪景图。显然，左右脑都做出了自己的回答，而左脑因为接受了上述提问，还同时解释了被试者做出该选择的理由。可见，左脑会毫不犹豫地给出答案，而在此过程中，在回答时，或者说遇到询问时，右脑的回答则被纳入了一种统一的系统（是由左脑通过语言呈现的）。从外部视角来看，我们当然能够全面精确地看到，为什么右脑会做出选择，而被试者的左脑却只能进行猜测："但左脑却没有认识到，这只是一种不确定的猜测，它认为自己选择的图片是一种毋庸置疑的事实。"（同上）

显然存在一种左侧语言中枢的趋势，或者说在左脑存在一种相应的综合中枢趋势，该中枢能把两侧大脑呈现中认知上的不一致性综合成一体："似乎语言自我正在旁观，冷静地看到个人正在做什么，并基于这种知识来诠释现实。"（同上，第116页）

很显然，加扎尼加的左右大脑内拥有两种彼此毫不相关的意识，尽管右脑只能认拼字母，但他却能够通过语言的或者类语言的方式来表达这种意识，并且用语言（在左脑的控制下）来形成一种统一的建构。加扎尼加和勒杜赞同斯佩瑞的这一假设——"左脑和右脑……在很多方面"看起来似乎"拥有'各自的灵魂'"（引自施普林格，多伊奇，1987，第40页）。但他们同时也认为，语言还是会对右脑的结构化提出相应的"要求"并同时起到主导作用。加扎尼加近来在其论著《具有诠释能力的大脑》（Dos interpretierende Gehirn）（1988，德语版

1992，第 203 页）中提出了左脑中的一种特殊大脑模型，他称之为"诠释者"。这种所谓的诠释者会"通过观察被制造出来的行为中各种独立的模型来建构一种相应的解释"，会把左右大脑对现象的感知综合在一起，会"通观""左右的行为和思想"，而这些行为和思想会引发诸多彼此平行运作的模型。同时，加扎尼加认为（同上，第 204 页），该诠释者还会进行"猜测"，并建构或者生成"我们为何行动，我们该做什么。而这些理论假设又会再度成为我们的观点，成为我们个人的世界观"。换言之，在（主要是针对右撇子）"语言的"左脑中的这一诠释者会建构出一种理论假设上的真实性，而该真实性是基于我们的现象生活以及真实行为，同时它也会论证这种现象生活和真实行为："似乎语言自我正在旁观，冷静地看到个人正在做什么，并基于这种知识来诠释现实"（加扎尼加，勒杜，引自德国施普林格，第 191 页）。利维（J.Levy）和特里瓦尔腾（C.Trevarthen，1976）基于自己关于左右脑单侧的语音押韵研究得出结论，认为右脑并不具备"在语音或音素层面上使用语言"的能力。[①]在语言的押韵以及语音任务上，左脑的主导性优势表明，在语言的理解上，即使是在部分功能传递到右脑的过程中，一般也是左脑在影响一种结构形式上的、句法加工方面的行为，而右脑的运作过程看起来更具整体性、空间形象性或者场景解释性，

[①] 扎德尔曾经用一种能在健康实验者身上阻隔另一半脑的特殊晶状体进行研究，并得出了相应结论，但这并没有与上述结论相矛盾，就像施普林格和多伊奇（第 36 页）认为的那样，"右脑也能够理解具有关联性的语言"，因为这针对的是音素和纯语音上的理解，而不是语义情境过程或场景的理解过程。左脑看起来似乎（对于大部分右撇子而言）更具功能性，而右脑则更倾向于按照格式塔的接受过程和格式塔的归类过程来运作。

也就是类似于"数码高仿真的"。

普切蒂（R.Puccetti，1981）要比加扎尼加更加深入。他认为，即使是在普通人身上，在没有相应干预的情况下，也存在一种"心理上的双重性"，也就是会有一种所谓的双重意识来呈现正常的情形：胼胝体的切分并不会影响到被分割开来的意识，而是会阻碍之前早已各不相关的意识形式来接受来自同一侧的正常信息，只有如此，被分裂的意识才会留意到这些情况。由于在健康的大脑中，无论是左脑还是右脑都无法从内部以内省的方式直接进入另一侧大脑的意识内容之中，尤其是感觉中枢的信息传递要通过胼胝体才可能实现，且不能把意识形态传递到另一侧大脑，这就意味着意识整体必然会被局限在一侧的大脑中（不然在意识层面上就会出现相关感觉中枢领域的双重化，而且会阻碍统一的加工过程）。也就是说，按照他的观点，包含了左右大脑的整体意识是不存在的。普切蒂认为，左右大脑之间的密切合作不是通过两侧大脑之间所谓的"交叉提示"（对所有只能从单侧进入的信息渠道进行比较式评测），事实上，是左侧负责语言的大脑在起到主导性影响，"对呈现在右脑中的物质施加真正的影响"。普切蒂认定，"负责语言的一侧大脑必须做到深刻掌握这一知识，同时明白不存在任何其他拥有该知识的意识中心"（1981）：右脑在一定程度上会给负责语言的左脑提供"提示性刺激"并且"在左脑之外扮演一种次等重要的角色"（普切蒂，1981，引自德国施普林格，第193页）。

有些脑科学家支持这种观点，而且这一观点在某种程度上解释了左右大脑在单侧视觉体验中出现的不协调现象。按照加扎尼加的"诠释者"理论，左脑会在事后建构出一种统一的意识世界，也就是在所谓的意识形态上，其目的是为了创建自身理解方面的一种整体性，虽然这两种意识分别在大脑中进行运作，而且是在深层次上以内省的、彼此不可触及的方式进行运作。

这种观点确切地说就是意识整体就像是一种次级的体验产物，其来自不同的模型，主要是来自左右大脑中的模型，它会像一种次级的整体或甚表象整体一样被制造出来，同时成了个人进行自我解释的基础。

无论如何都必须解答一个问题，这种随后被建构出来的意识是否会通过左脑在行为调控上的语言编程，或者通过右脑的情景式转型在其整体性上再次反过来影响对局部意识的理解。但无论答案如何，可以确定的一点是，按照笛卡尔之后的认识论者以及哲学家们的观点，意识整体并不是一种现象上的元初事实，而是一种建构，这种建构是一种关联现象，其形成过程依靠的是不同模式间的互相作用，尤其是左右大脑的互相作用。在这一角度上，意识整体就是一种诠释建构。在此过程中，不值得关注的一点是，是否真的存在一种加扎尼加所谓的、能在内部主导一切的小精灵："诠释者"，又或者作为共振过程的这种意识整体是否在神经元网络自我关涉的、内部的动态化过程中是以上述形态出现的。按照木村（D.Kimara）等人的观点，左边负责语言的大脑在其主导功能上可能受制于一点，也就是进化过程突显了特定运动机能上的能力以及行为结构化相关的能力，这些能力会通过对符号链的连续分析而按照有利方式依次出现并实现自我控制，而在此过程中，语言感知和语言形成的运动机能过程则在行为的符号化呈现和调控过程中起到了一定影响（引自德国施普林格，第 196 及以下诸页），而在空间整体上，或者说高保真式被呈现出来的整体情境，则使得右脑具备理解性，操控性的结构化过程适应了整体模式的认识以及图像上的方向定位和方位想象。

也就是说，意识整体就是一种诠释建构。如果意识的出现，或者说特殊的大脑意识的出现——其中（主要[①]）只有一种，也就是左脑区域，是可以通过语言触及的，而另一种则完全只扮演结构化的重要角色，或者是施加行为模仿上的影响——也是建构形成过程产生的结果，那么，之前提到的弗洛的理论假设则正好证明了这一点。

这种观点带来了意识哲学，尤其是现象哲学传统上无数具有延伸性的结论。而在传统上，这种哲学的出发点则是一种不可简化性、元初事实（也就是不可建构性）以及一种毋庸置疑的整体性，也就是意识的唯一性。同时也可以在此感受到其对自我概念或主体概念，以及对统一的自我概念的影响：所有这些概念在近代哲学中都是被视为不可简化的元初现象，从笛卡尔到康德和胡塞尔，都是差不多的。但如今这些概念则需要得到深入修正了，而且在意识哲学上可能会掀起一次革命。

[①] 其中一部分的研究，比如扎德尔的研究（引自德国施普林格，第27及以下诸页）表明，右脑会把物质理解为（特别是"可视的"）对象，但对动词的理解却要差不多，而且也慢很多：这种功能理解和格式塔理解上的差异似乎要比纯粹的语言-非语言上的二分法更重要。

第八部分

第三十二章 诠释主义和信息传递

"信息存在于观察者的精神之中",这是杰肯道夫(R. Jackendorff,1985,引自丹内特,1989,第 210 页)的观点。这一观点延续了传统美学中的观点——"美存在于观察者的眼睛之中"。同时,它也提出了一个问题,也就是信息传递究竟是如何发生的,在相关信号中是否存在一种与观察者的解释毫无关系的信息。按照德雷斯克(1981,第 65 页;1983,第 57 页)的观点,"信息意涵"的特征在于"信号 r 传递的信息是:s 就是 F",而其之所以精确,是因为"必要的可能性,即 s 就是 F,在给定的 r 中[以及 k 中(也就是受众的背景知识。——作者)],就是 i(但如果只有 k 的话,就要少于 r)"。

这种归类试图在和"对信息的日常直觉理解"(1981,第 81 页)保持一致的同时,在经验——信息能在信号中被传递,是和这些信号有关的——以及对受众的背景知识、全部知识、解码能力以及解码知识的依赖性之间建立起关联。(德雷斯克和丹内特之间的争论关注的是,信息是否会通过这种方式在根本上实现量化,对丹内特基于诠释关联性提出的争议则不会在此处详加论述。)对于德雷斯克而言,最重要的是,尽管在受众及其解码能力和解码知识上会出现信息解码的相对化,尽管信息再现时，其值本身可能会出现各种程度上的分层（我们可以联想到二十年代的一张唱片和如今的CD播放机之间的区别），但被接收的信息还是拥有一种知识上的绝对性——如果"所有其他重要选择都消失了"（同上，第133页），人们还是能在特定前提下明确知道，信息得到了传递，或者说，信息传递到了受众身上。某个信号是否在某个具有解码能力的接受者看来不具备任何信息，则不是"程度上的事情了"。撇开对信息信号的知识、解码、编码上的所有实用性和社会性，撇开所有对来源、信息传递渠道和接收者的接收器相关的质量问题，对程度的相对化质疑是不存在的，也不会怀疑和信号相关的信息是否存在于接收者身上，在德雷斯克看来，这只是一种绝对性问题。信息是否存在，这不能在程度上进行相对化：它要么存在，要么不存在——当然是在接收者，也就是诠释者的解码过程中。德雷斯克认为，信息的传递过程就是：对信息意涵的相对化定义当然是属于背景知识的，与之相应的是，一种信息被隐藏在了某个信号之中，结合情境的语境关联、具有解码能力的诠释者拥有的背景知识，这种信息当然必须得从信号中被披露出来。

德雷斯克完全意识到了描述信息的语句中具备的目的性特征和相应的目的性现象，也就是信息中的心理呈现（同上，第76页，第171及以下诸页，第190及以下诸页，第214及以下诸页），但他却认为，支持传统的同一性，语境解码情境中的同一性，都会让人在一定情况下遇到信号解码能力和背景知识的、作为前提的全部同一性时，假设和这种"有目的的现象"不相关的情况下，一般发挥功效的是一种超越主体的信息传递过程。当然，如果接受者身上具备不同的现实背景知识的话，可以通过区别背景知识——而且是和某个信号在当下嵌入某种情境，或是和解码过程的局限性相关的——来从同一个信号中形成提取信息的不同能力。（德雷斯克举了一个有意思的例子，同上，见第78及以下诸页：两位观察者发现，在四个贝壳状容器中，第三个里面是没有放花生的，而其中一个早就知道，前两个里面没有花生，因为他早就已经打开看过了，而第二位却不知道这一点。第一位获得了这样一种知识，也就是花生在第四个碟子中，而对第二位而言，这不过是一种较小的可能性，而不是一种知识。）

如果这一信息隐藏在被传递进来的信号中，那么信息就只能在受制于情境知识、背景知识、解码能力和解码知识的情况下才得以披露吗？毫无疑问，一般看来，事实就是如此。德雷斯克显然忽视了一点，信息隐藏在信号中这一过程本身是一种隐喻性描述，也就是信号的结构化过程是如何在受制于既定密码和情境适应过程的前提下实现具有解码能力的信息诠释的。德雷斯克承认，解码过程中可能会出现误解，但这并不会同信号中信息存在的绝对性（以解码能力、解码知识以及全部能力的同一性为前提）相矛盾。

在我看来，语义上的信息概念是一种在诠释性上被定义了的建构，就像皮尔士的"解释项"一样，得从功能性上进行理解。信息并不只是存在于观察者的精神之中，而是隐藏在有待编码和解码的建构之中。这里的"隐藏"是什么意思呢？这可能也是一种隐喻的表述方式，其指的当然是：按照皮尔士的观点，信号中有待查明的结构，也就是所谓的性质符号，会被解释为通用符号，是接收者进行解码时诠释建构形成过程当中的关联点。这种诠释建构形成当然要事先被结构化。如果这里针对的是特殊的象征性符号，其只有在之前已然约定的传统语义归类中才能有效的话，那么认识这种归类并且掌握相应的规则是必要的，只有这样才能解码信息，使用具有解码能力的诠释，在接受中形成诠释建构。信息的传递是和功能性前提以及能力前提之间的关联紧密相关的，而这些前提基本上都是融入了社会情境之中的。信息传递过程中的符号介绍只能——至少在涉及象征性符号的时候——发生在社会情境之中。

但基本上在解释非象征符号时，还是要回溯到社会经验、社会实践上的特定嵌入或在自然法则关联认识上的特定嵌入。（如果我认为烟代表着火，那么我肯定在对火的认识上拥有相当的经验，或者善于观察烟雾的转变过程。）

丹内特的观点和德雷斯克相反，他认为，"在一定程度上，就如结果是不确定的"（会出现不同的解释和描述，而且这些解释和描述也是以所有事实为支撑的），"充满了争议的信息也并不一定存在"（1989，第209页），因为其余信息也可能是有事实依据的。

这一点看起来是和德雷斯克的理论相悖的，因为丹内特认为，解码过程必须要依靠接收者的背景知识，也就是说，真正的接受，或者说对信息的感知，只有通过解码过程，通过这种解码时候的诠释，才能得以实现。另一方面也必须承认，在信号或所谓的信息承载者方面，德雷斯克使用的信息"隐藏"这一比喻有点过于草率。信号里当然存在——这是具有再度生产性的、（再度）辨识性的信息传递的必要前提——某种结构性的事物，或者说是在结构上有待解释的事物，这是一种可以被再度认识的事物，它能实现语义和信息上的意义。从传递的信号来看，按照德雷斯克的观点，语义上、诠释建构性上对信息的解码理解并没有完全排除一种对传递过程和信号功能的基本描述，虽然这种描述比较抽象，但从信息技术、信息理论或句法－量化的信息过程分析角度来看，这是一种信号理论和信息理论上的描述。最关键的当然似乎就是，我们不能直接把背景知识和解码能力比作反应的可能性（就像上文提到的贝壳容器和花生游戏一样）。在这一点上，丹内特（同上，第208页）的观点还是有一定道理的："不存在语义信息的……任何真实的、自然的、普遍的整体。"语义信息是必然且在本质上同诠释过程相关的，只有在诠释语境中，其才能在功能上是被认定为存在的。对信息传递过程、普遍的信息流以及语义诠释理论的句法分析和信号理论分析，从功能性角度来看，必然是以对信息的诠释建构解码理论为基础的。信息既不是仅仅隐藏在信号之中，也不仅仅存在于观察者的眼中，而是就像皮尔士理论中解释项的"三元论"强调的那样只存在于诠释客体、符号、相应的功能性编码现实和解码现实共同影响下的关系语境之中，也就是取决于使用的语境，该语境属于接受者、发送者、两者的情境性和背景知识，同时还包括相应解码知识、编码知识和其中涵盖了实际能力在内的、与符号相关的所有能力。语义信息只能通过诠释才能得以理解，基本上其只能被看作是被诠释渗透了的。信息就是诠释建构。至少必须且可以将信息解释为诠释建构，而不需要从"这是谬论"（一种基于充分必要条件的谬论）（见傅卢，1980，第8页）出发来推断，认为信息并不是诠释，或者说，信息并不是发送者或接收者的诠释建构。没有诠释就无法披露、理解任何信息并明白其重要性。事实上，就这一点而言，

460　已然明了的就是，信息就是诠释，是被诠释渗透了的，是诠释建构，同时是功能性语境、符合经验的语境、通常是社会语境中的诠释建构。

　　同语义信息以及信息传递相关的理论是以一种诠释建构主义的哲学视角为前提的。信息只有作为诠释建构才会显得清楚明白且至关重要。就这一点就可以断言：信息就是诠释。

第三十三章 作为符号功能基础的诠释：从诠释建构主义论皮尔士的符号学

"所有想法都在符号之中。"（1931年及之后的出版物，5.253）皮尔士认为，"所有思想必然会存在于符号之中"（同上，5.251）。"唯一可能在认知上得到理解的思想就是符号中的思想。但无法在认知上被理解的思想是不存在的。"（同上）皮尔士明确认识到，我们只有通过符号才能实现思考："我们只信任被符号传递的思想。"［克劳斯·厄勒（1981，第37页）曾如此介绍皮尔士的主要观点］显然，从诠释建构主义的前提来看，符号的传递定然会被视为诠释相关性或诠释渗透性。皮尔士的符号概念尽管从形态上来看是一种静态关系上的理念，但它是一种功能性理念：符号从根本上被定义成是和功能相关的，即就其构成过程来看。尽管符号需要和感官感知中的某种对象（这种对象本身，也就是物质性的信号，常常会被视为符号——我认为这是错误的观点——，而且是皮尔士所谓的符号）产生物质性的关联，这样其才能作为符号发挥功效。符号的基本特征就是一种功能性特征，也就是在诠释者（无论是个体诠释者，还是语言共同体或诠释共同体等）的理解中能代表某物。一个符号只能是代表了某物和某人的一个符号；它既不用通过因果联系、关系确定或约定，也就是通过习俗，或者说是社会上固化的规定和约定，也不用通过约定俗成的协议而被视为表现体（皮尔士有时候会如此称呼），视为某事物的代表物。至少在被约定的符号所具备的代表功能及对这些符号的理解过程中，这种归类是相当传统的。符号要么就是被视为符号功能，要么在定义和分析上被认为是嵌入了符号功能的。符号功能是符号中最有意思的东西。比如，把物质性的事件及符号视为物质性的基础语言或感官性状（按照皮尔士的观点：性质符号），视为模型和形态（也就是皮尔士所说的"类型""通用符号"），或是视为单个的符号现象（皮尔士："单一符号"），这种理解的前提只能是在诠释者及上文提到的、曾由皮尔士区分过的符号猜想之间的功能影响下才能发生。同一种信号事件可以被视为类型或符号。这一点同样适用于皮尔士提出的符号的客体关联：和相似性特征的筛选一样，符号中具有指示性和象征性的理解都是和功能相关的；与其说是像似符号、指示符号和象征符号，倒不如说是符号的像似功能、指示功能和象征功能。象征符号不过是符号在其象征性功能上的体现，也就是在社会性和传统性已被充分论证和固化的可被诠释性中，能代表某个客体，而不受相似性和物质（比如因果）关联的制约。符号功能是和理解过程、诠释过程和交际过程相关的。我们可以称之为符号功能的（也就是符号本身的）诠释建构主义构成。这一点和皮尔士的"解释项"定义保持了连贯性，尽管这一表述经常会造成误解，比如从符号的意义层面上，或者从客体和符号本身之间纯关系形态的关联上。解释项其实更可以被视为社会传统上被构成并固化了的、诠释性的、三元的功能关联，而不是通过这种由传统构成而产生的、具有决定性且被决定了的、符号的物质性基础语言（比如符号事件的或类型的物质性基础）同被描述的客体之间的关联，因为解释项"体现在符号、其描述的客体、通过其他符号对其所做的诠释之间的关系之中"（1990，II，第271页）："解释项是由符号本身以及客体同时决定的事物。"（同上，第401页）

因为每一个符号本身都是在诠释中构成的，或者说是必然依赖于诠释的（只有在诠释性过程中，某物才会具备符号特征），所以所有符号都会被嵌入符号关联和诠释关联之中。通过符号功能——这些就是诠释功能——，符号设定了一定的前提，其中包括其余符号、至少一位——在交际中是多位——诠释者，以及物质关联性角度、行为上可以被再度辨认的事实角度以及感官感知的再度认识性角度上的可重复性、可辨识性，也就是可再度认识性以及可重复的关联。因为在皮尔士看来，对符号的任何一种诠释都会再度运用另一些符号，也就是说，诠释体现在用符号来替代符号的过程中，而且这一过程是没有止境的，因此，厄勒恰如其分地称之为"对诠释过程原则上的无限性所做的语言符号上的证明"（同上，第26页）。诠释的这种无止境可以被看作是根本的开放性，但在认识过程中（就是在诠释方面提高其和现实的相符性），包括在理想的诠释共同体语境中，也可以作为提升诠释这一持续、无止境任务中的界值。只有在所有时代终结时，科学家这一理想共同体的观点才会在符号理论解释的影响下，得出所谓的对理论及其诠释真理的认识，皮尔士及其后的科学家，比如卡尔-奥托·阿佩尔，就认为这种认识是评判理论真理的基点。但这并不是此处讨论的重点。

我们仍旧回到代表某物这一层面上与符号功能相关的基本模型。符号是和某个客体相关的，符号呈现并"代表"了这一客体。从术语上来看，皮尔士对"直接的"以及"动态的客体"所做的区分可能会造成误解。"符号的直接客体可能只是一种符号"（1983，第158页）；其似乎包含了虚拟的对象性，而这种对象性则是符号设计出来的；或许这种客体更应该被称为"符号客体"。与之相反的是，动态的客体"并不是来自符号"（1980年Ⅱ，第284页）。其特征在于，它能呈现对象，也就是符号客体，而且并不是作为物质上的具体化，但它却能以某种方式影响到符号的代表功能，或者在诠释者看来决定符号。此外，如果有人认为直接客体"创造"了符号，那这显然是错误的；这当中的关联当然只能在功能性上从上文提到的两种不同"客体"（"直接客体"和"动态客体"）、符号和皮尔士所谓的解释项当中的符号二元论角度去理解。"创造"只能发生在功能性的约定和构成过程中，而且是通过诠释者，或者说是通过最根本的、被认为是前提的诠释共同体。在对直接解释项（也就是能在正确诠释和理解过程中证明自身的"意义"）和"动态解释项"，也就是"源自符号的实际影响"（"符号引发的反应"），进行区分的过程中，术语的选择也要非常谨慎（厄勒，第24页）。包括这种所谓的被视为"单个的实际事件"（同上，第25页）的"实际影响"，当然也只能在符号功能的一种功能性构成过程中，被视为实际影响或实际的符号事件。符号活动，符号过程，事实上始终都是离不开诠释者的功能以及解释项功能的。我们根本不能说独立的符号本体论，而只能说，符号的任何构成都是和认识论视角以及行为论视角相关的。符号指的只能是作为由诠释制造出来的、功能性的（只有在使用过程中才具备影响的）构成符号，而这些构成都是和物质性的符号承载者或承载者的承载过程、可被辨认的以及可再度认识的模型和形式相关的。在这一点上，皮尔士的观点是合理的，他强调，"直接的客体"，也就是被设计出来的符号客体，并不直接等同于"符号中"最基础的"现实客体"。皮尔士使用了一种具有多重含义的客体概念，但同时假设了现实物和符号客体之间一种体现在符号过程中的、由某种现实（因果的或附带的）关系代表的关联。直接客体可以脱离了现实客体而存在，但在厄勒看来（第27，29页），皮尔士似乎假设并不可能存在脱离了"直接客体"的"现实客体"，也就是其同样无法脱离符号客体。这可能就意味着，既无法被认识又无法被描述的物自在本身不可能具备任何含义，甚至根本不可能存在。尽管皮尔士一开始把现实客体同"直接客体"区分了开来，但其对符号过程中现实客体存在性的论断，或者说对符号过程设计出来的客体关系存在的论断，也就是对符号和"直接客体"之间的关联所做的论断，都是在符号关系层面上构建出来的。客体只能是符号的客体；而且不仅脱离了"直接客体"和意义的符号是不存在的，而且也不存在任何不属于符号关联的客体本身——客体至少从原则上来看是由符号命名或可被符号命名和理解的。

我们能从这种符号学的超验论层面上，比如从康德的理念上谈论自在的客体、"现实的客体"和物自在吗？物自在也能被视为一种质变了的直接客体，被视为符号客体吗？如果客体属于一种符号过程,可以被归类到符号功能的整体关联之中,也就是归于符号的诠释世界之中,那么是不是每一种客体都可以由此而被命名且可以被理解呢?所谓的原则上的不可被命名性、不可被认识性,也就是所谓的"绝对不可被认识性",是不是毫无意义的呢?又或者说,这种绝对的不可被认识性是否会因为被如此命名之后,在某种程度上也被纳入了符号世界呢?皮尔士似乎就是因此而排斥这样一种绝对的不可被认识性概念,因为如果在描述这一观点本身时语言上并不具备矛盾性的话,这在符号论上是无法实现,而且不可想象的——话语对绝对的不可被认识性进行了命名,其被纳入了符号世界的范畴和苍穹之中,会被符号呈现出来,也就是说,从这一角度来看已经不再是绝对不可被认识的了。皮尔士认为,无法被纳入符号的思想,以及无法通过与"外在事实"之间的关联而成为符号过程的思想,是不存在的(《论文集》,5.251)。但这里指的是思想以及由其勾画出来的"直接客体",但在同一关联中,针对的并不一定是最根本的(这也是皮尔士通常所指的)"现实"客体,或者说并不一定是指可能脱离了符号过程且在一定情况下必然出于实际理由而被假设出来的现实性,而这种现实性是我们在日常生活中可以察觉到的。

我们完全可以认为,客体只有作为被符号介绍出来的客体时,对于我们而言才可能是存在的。在此过程中,它们在符号种类和符号宇宙之内,基本上都是由"直接客体"代表、勾画出来的。但这并不意味着现实性和"物自在"始终都是因我们而被想象出来的客体。只要我们要求对客体进行命名、描述、理解,那么它们当然就会在具有代表性的、符号介绍性的以及诠释相关的功能中，被纳入符号世界的苍穹之内。这也不表示在被认识到的过程以及已经被认识到的状态中，对于我们而言的存在就等同于存在和现实本身。

皮尔士提出的符号学上的超验论以及在符号论上将自身建立在只有通过可被命名性才能被理解的事物上，那么他是否因此陷入了绝对的符号论唯心主义危机之中呢？"现实的"基础语言，比如康德提出的物自在，是否就必然不能且无法成为前诠释性实体——这样的实体被认为是脱离了符号客体中只通过符号过程和符号活动而被体现出来的构成过程的——层面上的前提呢？在这一点上，认为符号学不仅是超验论的认识学科，而且可以用来解释本体论和现实性，也就是说，认为只有随着人类的存在，现实世界才可能被创造出来，比如在符号活动的伟大过程之中，且这样的现实世界是以一种符号活动的基本共同体、诠释共同体和文化形成为前提的，这种想法是不现实的。

在这一点上，我们必须区分不同的方面，这样才能避免陷入一种绝对的符号论唯心论或命名专制主义之中（"只有可以被命名的事物才可能存在"）。认识论或符号论方面的具有反思性的自证过程——这是皮尔的超验论符号学中的基础——是一种视角，这和认识论的唯心论或超验论的唯心论是类似的，比如其"会认为，对现实事物的特征进行反思，且这种反思和对反思所具备的特征进行的反思是无关的，那么，这样的反思是不可能存在的"（厄勒，第35页）。这一点当然是正确的，但不能完全等同于现实性的实际经验，也不等同于这样一种假设，也就是现实性的存在也是脱离了具有诠释能力的人类的，尽管我们只有通过符号介绍和诠释介绍才能认识这种现实性，也就是只有如此才能命名并描述现实性。

就像在其他文章中一再强调的那样，最重要的是要区分不同的诠释性视角。我们完全有必要，而且这也是出于生活实际中的理由，来假设出一种和我们自身、我们的符号过程以及诠释毫不相关的现实性，尽管这种现实性作为认识论上的模型只能以被诠释渗透的方式出现。从认识论上来看，假设这种现实性模型的做法本身就是诠释性的，是和命名过程和符号的使用相关的（这一点也同样适用于对物和客体的区分，对对象、关系、特征等的分类）。如果我们强调可被理解性这一点，那么我们完全可以想象或者命名这种原则上不可被理解的事物，并且假设这是可能的。不过因为我们的认识能力是有限的，我们身为人类必须假设我们并不能命名所有事物，而且无法被我们认识的现实事物或者物自在是可能存在的。我们可以对其命名、描述，但按照康德的观点，却不能明确认识它（本体界）。一种占主导的符号绝对专制主义——其断言只有能被认识到或者被描述的东西才是真实的——是荒谬的，且事实上也是不可行的。与之相对的是，如果我们的出发点并不是可被描述的事物、可被认识的事物和存在是同等重要的，那么不可被认识的事物中所具备的可想象性则并不一定是充满了矛盾的。诠释的渗透性只是一种认识论上的标准，而不是本体论上的标准。只认为被描述的事物或原则上可被描述的事物才是存在的，这在认识论上太过倨傲。人类是有限的，其认识也是有限的，而其运用符号及诠释的能力也是有限的。

再次回到诠释建构主义和皮尔士理念中的超验符号论之间的关联上。因为符号是在功能性上被构成的，只有在功能性关

第三十三章　作为符号功能基础的诠释 从诠释建构主义论皮尔士的符号学 | 473

联中才作为符号"存在"且才能因此获得意义或功能,因此,诠释作为过程就要在认识逻辑上或建构性上先于符号:只有在诠释性的过程中,在符号的介绍过程中,在由符号介绍的关联中,符号才能获得其作为符号的功能和存在。诠释要比符号本身更具根本性。最根本的并不是符号哲学或狭义的、作为静态符号学说的符号学,而是对符号三段论的,或者说是对相应的、有延伸可能的符号星丛,在功能性上的诠释性理解。符号只生活、只"存在"于诠释和诠释过程之中。符号虽然是在结合了物质化的基础语言,或者说是结合了"行为主义的"具体化,或者恰当一点也可以说结合了象征性的情况下,以真实的符号承载者为前提,但这种象征性和符号本身之间的关联也只能是通过诠释过程中最根本的功能性符号关系才得以构成。诠释要先于符号理解。包括皮尔士的符号三段论,或者说皮尔士对符号关系的理解,以及所谓的符号本体论(包括"直接的客体"),都是和诠释相关的,而且只能通过这种方式被视为是具有功能性和构成性的。诠释要比符号更加深入,因为符号只有通过诠释才能发挥影响,才能变得真实——得以构成为符号。

本特·舍勒(B.N.Scheler,1984)对皮尔士的符号理论做出了功能性上的,或者说是应用理论上的,也就是行为理论上的理解。在其博士论文中,他对皮尔士的实用主义符号理论进行了有力的重构,而其重构的基础则是执行行为和指示行为之间的一贯区别。这种建构或感知构成、突出构成之间的互相影响在等级上是相互重叠的,也就是在构成上是互相交叠的,它们的互相影响可以用于促成图式("次级的对象")的形成:图式从根本上来看是行为图式的指示,其构成体现在不同的执行性行为，比如游泳，也就是在不同的指示视角下，会被视为同一种行为（比如在"看见游泳"和"表达'游泳'"的过程中被一视同仁）。在第一等级的学习情境和教学情境中会引入、学习并执行感官上的指示行为，并将之同最根本的、被同等对待的行为结合起来。通过这种方式，相应的"感官性"解释项行为就产生了（本特·舍勒只提到了作为行为的"解释项"）（1984，第62及下页）。与之相对的是，在图式形成的过程中，抽象的规则（"逻辑上的解释项"代表）会被用在同等地对待不同次级对象（图式）的过程中，而这会提升具有指示能力的纯指示功能，而且此功能属于由符号实现的图式性代表以及最终脱离情境的代表。皮尔士提出的像似符号、指示符号和象征符号的理论也因这种方式——如上文所强调的那样——被看作是功能性的：本特·舍勒甚至在第二等级的指示功能——这是与上述图式化过程相应的——所处的使用情境中，对先天的指示符号及其功能做出了非常有意义的区分。接收者对被作为指示符号的符号所投注的"盲目的"、"冲动的"（按照皮尔士的说法便是"盲目的冲动"）注意力可以被看作是"指示符号和对象之间的一种直接关系"（本特·舍勒，1984，第76页），但这样"纯粹的指示符号""只有在弱化其余方面的情况下""才具有指示性"（同上，第77页）。这里提到的是一种具有对象构成性的行为，也就是我说的，图式化的诠释性行为。诠释功能也接纳了符号和对象之间的指称关系这样一种观点，并将之作为一种直接关联。这种关联和指称从根本上来看只有在解释情境中才能在图式化的诠释过程中得以实现，尽管当我们体验到这些时是将其作为直接关联以及貌似脱离了所有诠释方面的独立性看待的。按照皮尔士的观点，天生的指示符号所处的最初指示层面首先是一种分析上的抽象模型，其无法独立于图式化的诠释性行为。普遍而言，诠释在方法论上是先于任何关联的。

在"同等对待指示性"以及在感知性执行行为中同等对待指示性时，本特·舍勒看到了"情境图式"（同上，第81页）的形成，他称之为"指引符号"，这时候，某个符号（或者确切地说，信号）"被当做某种指示符号的像似符号使用"，并以此"指引"呈现方式——"指引就是指示行为在感官上的执行。"（同上，第82页）

针对皮尔士提出的风信鸡这一众所周知的例子，本特·舍勒以颇具说服力的方式区分了感官呈现过程中不同的指示符号等级以及执行行为的首次指示动作，最终把风信鸡看作是象征符号层面上"对风向的一种指示符号"。首先我们要知道风向和"风信鸡"方位指向之间具有常规关联；其次，"通过习惯"，然后将之视为、约定为且构建为"代表风向的指示符号"，这样我们才能在行为情境中几乎自发地"会看向风吹来的方向，因为我们在像似符号的等级上已经学会了借助风信鸡的行为指向来区分风向"。符合规则的知识以及"因传统习俗而确定下来的符号使用"在这里起到了关键影响："确保符号关联的不是指示符号和对象之间的因果性诠释，而是把指示符号明确诠释为符号的过程，而这种诠释的基础则是上文提到的构成步骤。"（同上，第85页）

指引符号就像是"在感官上引入了一种图式，其在第一等级上就能得以实现"：在结合了情境的情况下，依据被感知到的图式，引入一种行为执行过程或一种事件感知过程。在"符号层面"这个第三指示层面上，从情境的依赖性中提取出了一种可能性，也就是解释项的行为会使用指引符号，也就是唤起或"引入"图式。"感官的解释项"（更恰当的是，相应的解释项行为）体现在引入执行行为的过程中，比如用食指指向一个正在游泳的人，并以此来具体举例说明"游泳"，而"逻辑的解释项"指的却是在更高等级上的和作为"行为图式"——比如"游泳"——的"次级对象"相关的一种执行某种指示行为的指示。可以说，通过抽象的构成过程，次级对象的不同指示行为，比如看游泳、说"游泳"、用手指向游泳等，得到了同等对待，而且是作为对同一种执行行为的指示，也就是说，同一种指示图式会作为同一种行为或同一种事件的呈现而被决定、被理解、被构成。就这一点而言，象征性的解释项行为就是第三指示层面上用来执行一种指示行为的指示。解释项可以（按照本特·舍勒的观点）被看作是针对这种指示行为的一种或同一种指示。或者确切地说，实现解释项行为的过程就是在执行对指示行为的执行所做的一种指示。而这是处于图式层面之上（第二等级的教学情境）的第三层面之中的。如果次级对象被突显出来，被标记为独特、抽象的对象，从行为情境或感知情境中显露出来，也就是根据抽象性和诠释性上被挑选出来，那么，"次级对象的呈现"，也就是其"图式"，就是象征符号。在此过程中，通过传统习俗，以及在第一等级和第二等级的教学情境基础上，"行为图式通过行为的实现在像似性上得到了呈现"（同上，第69页）：符号的标记呈现的是相应符号或图式的类型，而在此过程中，"在感官上对像似符号和被描述的对象之间的相似性进行指示的过程"（同上）就会作为具有图式化能力和模型构成能力的分类工具发挥作用；每一个符号或象征符号都会以抽象的方式具备某种像似特征（像似功能）——"像似符号就是模型，能让我们对行为或符号行为进行分类"（同上，第70页）；而且也不取决于所描述的原初对象的存在。本特·舍勒在皮尔士的理论中对先天的指示符号进行了区分，这些先天的指示符号会从"指引符号"——其在感官上会被用作"某个指示符号的像似符号"（"指引符号"）（同上，第82页）——中指示出原初的对象（其基础首先是作为先决条件的、占主导的标记行为和诠释行为），会通过命名相应的"次级对象"（同上，第87页）来将原初对象同对符号的象征性命名区分开来。在后一种情况中，因语言共同体和诠释共同体的惯例而被接纳的明确规则决定了"解释项"和其中的解释项行为（同上，第85及下页，第91页）。"拥有某个符号的意义便意味着，拥有知识，这就能估算当特定行为得以执行时，会遇到哪些可能的感知行为。"（同上，第93页）实用原则的重要性（皮尔士观点中意义意涵在行为上的重要性）就明确体现了出来（同上，第98，139及以下诸页）。

本特·舍勒对皮尔士观点所做的诠释中最重要的一点体现在，继库诺·劳伦兹和古德曼之后，他认为对行为的"指示"就在于提出指示的符号使用者和诠释者在一种——首先是感官的，然后是更加抽象、图式化、逻辑上的——教学情境中把已经提出指示或正提出指示的行为的实现过程"等同于其自身的实现过程"。本特·舍勒认为，这些指示"在元层面的使用方式上就是作为逻辑教学情境的行为实现过程"："行为图式上需要关注的是，在元层面上的行为实现就是图式的符号，而图式的实现则出现在客体层面上。"（同上，第 61 页）这当中的关键点似乎在于，"次级对象"的图式及其具有呈现能力的行为图式，都会在符号记号的格式塔中得以实现［通过该方式，作为类型的图式则被呈现出来，也就是"准备好了"（同上，第 69 页）］。包括在较为抽象的层面上，符号理解的像似功能也体现在从感官上指引作为观念的符号［将这种符号呈现作为一种类型呈现，而在此过程中，"在感官上指引像似符号和被描述符号之间的相似性时"（同上），只有通过次级的对象，也就是通过图式解释，才能使之易于理解］。得以实现的符号被诠释为类型。诠释过程要优于每一种像似的功能理解，也就是一般要优于符号理解过程：图式化的诠释性行为会首先接纳标记、突显，以及"在第一指引层面上对对象的身份认同……而且是通过对情境的区分，而具有指引作用的符号则属于这种情境的一部分"（同上，第 78 页）。一般来说，第一级和第二级指示层面上的指示过程取决于图式化的诠释性行为，这些行为能对功能性实现过程以及被嵌入行为情境中的实现过程这一范畴中——确切地说，就是以实证类型以及抽象逻辑类型中发生的教学情境为基础的再实现过程——出现的所指物，也就是所指的对象，包括指称关系，加以分类和强调。图式化的诠释行为在所有这些关联中都是前提。它们能平等对待行为的执行过程，同等对待出现在更高等级上的对行为执行过程的指示。"次级对象"（图式）及符号在其构成过程和理解过程中出现的功能性构成只能凭借诠释性行为才能得到保障。只要涉及的是"逻辑解释项"层面上的象征性符号，就当然会回归到社会性符号构成和符号使用的规则上，也就是回归到社会惯例上（包括私下的象征性过程也会遵循社会化的构成模式，维特根斯坦曾批判过绝对独立的或纯粹的个人语言理念，从中我们也能明白这一点）。

　　社会构成层面上的图式化诠释性行为本身会在何种程度上体现在神经生物学上的图式构成和图式再激活过程中，并（必然）会通过同步化的相对稳定过程而得以实现和具体化，就像神经生物学上针对"神经元组件"或"大脑建构"等关键点（见第三十章）所做的探讨一样（比如马尔斯伯格，辛格），这一问题是相当有意思的。我假设，象征性符号在更高层面上的诠释建构确立过程以及在神经生物学较低层面上（神经元组件的相对稳固化过程）的图式化过程中，存在着一种实证上的——尽管不是抽象分析上的，且不可更改的——关联。眼下当然无法明确这种归类过程。只是看起来在神经生物学层面上，通过同步化的图式激活过程产生了一种与相对稳固的神经元组件之间的关联，而其似乎成了呈现社会惯例的诠释建构、习以为常的符号时候的一种基本前提（必要条件）。没有大脑的运作过程就不可能存在"精神"，与之相应的是，没有神经元组件的话，象征性的符号建构也无法得以实现、得以证实并发挥影响。从功能性上理解象征过程和符号过程本身是以一种具有例证性的或具体化的神经学基础为前提的，但不需要从抽象分析或物质性还原的层面上回溯到这一基础上。从诠释性上研究这种实证性图式形成过程的功能本身，研究其与更高的元等级层面上的象征性诠释建构形成过程之间的关联，这无疑是一个有意思的符号学、哲学和认识论上的问题，完全值得我们为之付出，而且可能还需要付出实证主义上的、神经生物学上的、神经心理学上的以及抽象分析哲学上的劳动。

第三十四章　罗伊斯早期的三重诠释唯心论

在名为《基督教问题》的这样一本书中，我们从未设想过会出现任何和方法论相关的问题，而身为绝对唯心论的美国思想家乔塞亚·罗伊斯（J.Royce）早在1918年时就在这本书的文章中明确延续了皮尔士的三元符号理论，并将其理解为诠释理论，同时提出了一种全面的方法论和诠释理论，我们无疑可以从中学到点滴，尽管我们可能不愿意认同其中最后得出的具有普遍性的、形而上的伟大结论。（尤其是其中的 XI—XII 这一章完全就是在探讨诠释性的方法论及其在形而上和社会决定性上的运用。）

罗伊斯的出发点在于，感知或抽象理解一方本身就能够理解认知能力，这是经验论（感觉论）以及理性主义中的不成熟假设。与之相对的是，在所有制造关联、综合、顺序和时间顺序的过程中，对于比较以及引入比较的各方而言，包括对于所有结构化过程而言，具有创造性的认知行为是非常必要的。罗伊斯把这种具有创造性的行为称为"诠释过程"，并把其解构和典型形态称为"诠释"。就像皮尔士早就认识到的那样，罗伊斯也认为诠释（形态）具备三重解构："诠释是一种关联，其包含的不仅是三种术语，同时还把这三种术语进行了一定的归类。其中一种术语是诠释者；第二种是客体——被诠释的个人、意义或文；第三种则是诠释指向的个人。"（1968，第287页）这种三重关系并不是对称的，可以归属到"内部对话"中，也就是归于自我诠释（同上，第286及下页）。如果我们按照皮尔士的观点把有待诠释的客体视为一种符号，把诠释视为一种对话和心理行为，那就可以看到，只要诠释过程没有因任何实际理由而被中断，它可以被任意延续，直至成为"一系列无止境的诠释"。（第289及下页，第294页）

可见，诠释不仅仅是体现在个人身上的心理行为，而且还是社会性的居间中介过程，只有通过这种过程，才有可能传递认知行为、结果、对话和信息，包括实现理解、反思和自我反思。正是通过这种社会基础性的特征，诠释才从心理学上有别于感知和罗伊斯所说的理念（从维特根斯坦后期的观念来看，当然这两者是完全不同的），而从逻辑和形态上来看，这种区别正是来自三重结构。（同上，第294页）也就是存在第三种知识和认识的类型，其体现在统一、统观并在社会性的居间中介过程中实现一种"更大的意识单元"的过程中：在这一点上，知识要高于感知和理念，也就是高于"感知和理念中纯时间上的积极综合性"——"它在诠释"。（同上，第306页）诠释"构成了认知功能，而我们正是以此来生活的"（同上，第308页）。对"理念"的所有比较和联系［作为"行动计划"（第279页）］包含了至少是"基本的"形态，同时也包含了愈加复杂的诠释形态（第298页）。诠释作为第三种认知过程，在很多方面都和康德提出的判断力是类似的（第278页）。因此，人类作为积极认知的存在是依赖于诠释的，即"人类是一种会诠释的存在"（第298页）——"人类：诠释者"（第399页）。"宇宙包含了自身的诠释者"，这一点尤其可以通过科学存在形态上"自然诠释者"的行为体现出来。（第399页）哲学和哲学家的任务就在于，把诠释作为其核心事务和主要事务，也就是主要从事认知行动，而这种认知行动要高于概念形成、建构以及感知——"诠释始终且一直都是哲学的主要任务"（同上，第294页，包括第274页、第334及下页，第341页）。

罗伊斯承认，其出发点是一种绝对的唯意志论观点，并且把每一种具有创造性的行为都同意志，也就是把诠释同"用来诠释的意志"关联在了一起，其中的表述具有"行为领域的现实性"（结果）（第349页）；"诠释的意志"（第297及以下诸页）以相关理念的形态在此发挥了主要功能（按照詹姆士的观点），该功能体现在"把一系列理念和感知……纳入所希望的关联之中"（第303页）。"一直以来的目标就是一种第三方的、具有诠释能力的理念"（第305页），这是一种居间中介、关联、联合，也就是"精神统一体"（第332页）。后者不仅体现在理念的关联之中，同时也体现在社会性的意义之中：诠释的意志是具有社会意义的（第312及以下诸页），会通过社会目标、伦理目标和一种追求统一体的尝试将之同谈话对象或诠释对象关联起来（第314页）。此处最关键的假设在于，"诠释的意志"从诠释者、受众以及有待诠释的"精神"之中构成了一种"共同体"、一种"诠释的共同体"（第314及下页）。所有的诠释都以理想的方式追求"我们共同体中精神上的统一体",也就是诠释共同体。另一方面,诠释过程是以诠释共同体的存在和忠诚为前提的,其涉及了所有的共同体旨向和忠诚方式(第318页)。当人们进行交际、诠释时,当相应的理念得以形成、被评判、被再度诠释时,就需要先假设出一种理想的诠释共同体。为了形成并维护一种共同的诠释,罗伊茨提到了两位桨手这一生动的例子。这两位桨手坐在同一艘船上,他们俩"会诠释自己的共同生活,并将之作为一种现实的诠释共同体来对待"、理解并谈论:"他们一直把自己诠释成共同体的成员,而其所坐的小船则是这种共同体的经验对象。"(第329页)"每一位桨手都会实现并从事(证实)其在小船上的自身理念,作为个人的他们不会去实现(检验)对方的理念。每个人,无论是作为自身的诠释者,还是作为对方的诠释者,都相信其个人经验针对的都是共同的对象。一个人不能(纯粹是作为一种个体)实现(检验)这种理念。没有一个人作为个人本身(单独)能在诠释中实现(校验)自己的信念,尽管他们两个人坐在同一艘船上可能要一直划桨,永无停歇之日。"(第328及下页)

如果"共同的诠释是真的,那么两位桨手就真的构成了一种诠释共同体,而且相信当这种诠释共同体终于真的实现其目标时,在那时,而且只有在那时,看到的事物是真的"(第329页)。这一点超出了实践中的合作和延伸,尤其是在诠释共同体及其构成的基本假设这一点上。罗伊斯一开始就认为这种"诠释"是"具有主导能力的认知过程,尽管这里明确涉及了社会关系"(第330页)。诠释是一种基本社会过程,依赖于社会性,同时会构成社会性,该过程按照罗伊斯的观点,其会成为形而上学的核心，而且是诠释唯心论的社会形而上中的核心（第332及下页）。正是通过真正的诠释或"这种真正的诠释"，世界的现实性或这种"现实的世界"才能得到保证，或者才能形成。（当然这就产生了一个严重的方法论问题和认识论问题，即何为"真理"或甚何为"唯一真正的诠释"，难道就像罗伊斯所说的，其就是来自诠释共同体的共识和构成？）

罗伊斯简单地写道，"我们用'现实的世界'来指我们这种矛盾情境里'真正的诠释'"（第337页），这里的矛盾情境尤其指的是现实生活和理想生活之间的矛盾，希望和局限之间的矛盾，过去和期待未来的矛盾，灵和肉的矛盾等。现实世界的问题就是和解释"表象和现实"之间的基本矛盾相关的问题，"也就是说，我们问'什么是对问题和这种反命题的诠释？'，现实的世界就是该问题的答案"。"但只有当其所属的共同体是现实的，而且当共同体真的实现其目标且变得真实时，诠释才是现实的。""简而言之，现实的世界就是诠释共同体，其会通过两种反命题的理念及双方间的居间中介者或诠释者——不管这是谁——而得以构成……如果诠释者以及共同体都不是现实的，那就不存在现实的世界。"（第339页）罗伊斯甚至想得更远，他认为诠释的这种共同体可以延伸到整个宇宙，并把这种宇宙关联和宇宙统一体视为诠释统一体："具体来看，宇宙是一种诠释共同体，其生命包含并统一了所有的社会类型和所有的社会共同体，我们出于某种理由可以从这些共同体中获悉，其在经验世界中是现实的，我们的社会科学和历史科学研究的就是这些共同体"（第340页）；包括"我们对物质世界产生的新的现实性信仰"也是"和对诠释共同体的现实性信仰密不可分的"。（第341页）这样一来，在这样的诠释论唯心观中，"哲学得出的论断便是，宇宙本身具备诠释共同体的形态和现实特征"（第342页）。罗伊斯通过这种方式把世界归结成了一个由存在组成的巨大诠释共同体，也就是一种巨大的"共同教会"，归于"灵魂"以及伟大的诠释者"上帝"，但在当下的关联，尤其是方法论角度上，这一点不值得深论。

包括陌生的灵魂也被认为是由诠释构成的。罗伊斯提出了一种理论假设，认为我无法诠释一种理念链——我无法把这种理念链归入到自己曾经和当下的理念之中。但虽然如此，我可以认为这种理念链是可以被诠释的，是已经被诠释了的，并相应地假设其属于另一种具有诠释能力的灵魂（第360及下页）。因为在罗伊斯看来，社会意识的"基本假设"在于，"理念的所有矛盾都具备一种现实的诠释，且是可以被诠释的"（第361页）。陌生的诠释和对世界的诠释是彼此不可分的，尤其是在诠释共同体中，可以被认为是具有根本性，且只有如此才能被认为是已经得到了解释的。"我如何对待你，我就该如何对待宇宙。我如何诠释宇宙，那么，原则上来看，我就该如何诠释你。"（第361页）

罗伊斯的基本假设就是："世界就是对其所呈现问题所做的诠释"；"物质的世界是一种对象，共同体通过诠释而熟悉这种对象"。（同上）罗伊斯认为，"自然世界以某一种方式在人类身上创造了一种存在，其有能力去诠释自然"，尽管这种诠释也证明了所有短暂的、可能有误的符号。（第399页）罗伊斯谈论的并不是循环论证的问题，这种问题的关键在于，自然世界或物质世界本身会再度被看成是由诠释共同体构建起来的，因此就无法同时在同一层面上成为具有诠释能力的客体。我们可以通过细化各种诠释类型和诠释层面，来解决该方法论上的问题，就像上文提到的那样。（另外还有一个疑问，也就是罗伊斯在上文提到的文章中是否没有在方法论上提到任何普通的现实世界、常识实在论或实用现实主义的情况下，就做出了充分论证。我认为并非如此，确定世界的诠释性这一真理的过程就已经排除了这个问题。）

罗伊斯还在形而上方面做了进一步的拓展和推测，甚至提出了所有有生命力的存在物都拥有普遍"教会"这一观点，但这并不是我们此处需要关注的地方。毫无疑问的是，罗伊斯将其颇有意义的重要方法论观点——而且他有意识地延续了皮尔士的符号理论并在此基础上作了进一步拓展（而且他还沿用了其中理想化的"诠释共同体"理念，但认为其普遍具有构成现实或制造现实的能力）——拓展成了诠释唯心论式的形而上学说，而且对其加以提升，甚至超越人类共同体之外陷入了一系列具有循环关联的、实在论争议的、对宇宙进行理想化统一的、和所有存在物中不被允许的道德群体相关的方法论困境。所有这些形而上的问题，因为对自己的想法无限地进行纯理论推测而产生的问题，都不应该且无法在此处进行详细讨论。

需要强调的一点是，罗伊斯虽然不了解尼采的诠释观点，但却显然得出了一种与之非常类似的行动主义的、动态的诠释本体论，其中涉及方法论的部分至今看来仍非常有意义。他认为，诠释过程在本体论上的具象化过程就是世界进程，而不是尼采所说的权力意志核心中的本体论。在罗伊斯看来，这属于"诠释的意志"核心中的行为，其包括一种大型的、普遍的诠释共同体中所具备的唯心论的、精神上的共同体行为。

只要是涉及与认知行为相关的方法论观点——这种认知行为已经超出了接受和观念——，罗伊斯已经提出了至今仍有探讨价值的理论，尤其是他还谈到了实用主义方面和功能主义方面，继皮尔士和詹姆士之后将其作为自己的理论支撑的一部分，而且还对其进行了细化，提出了创造性的观点。（从他对诠释的定义以及对三元论的分析可以看出来，针对皮尔士提出的符号、对象和解释项之间可以从功能性上加以理解的三元关系，罗伊斯一定程度上将之转变成了信息传递的三角关系。）与诠释在认识论上最根本的重要性相关的理论，与诠释过程潜在的无限性相关的理论，与所有诠释过程社会化的固化和构成过程相关的理论，包括"诠释共同体"这一概念，迄今仍具有重要意义，而且一定程度上主导了符号语言学、超验的实用主义语言哲学以及当下诠释主义中的一些论点，尽管这些只是被局限在方法论观点或超验论观点上，或者像罗伊斯那样以类似的方式被拓展到诠释唯心论和构成主义的观点上。罗伊斯提出的方法论观点和认识论观点是非常值得讨论的，我们可以将之从关于基督教问题的这本书中提取出来，将其看作一种哲学构思，对其加以进一步细化，通过局部的构建使之得到进一步发展。

第三十五章　艾柯实用模型中的差异化诠释建构

安伯托·艾科（Umberto Eco）在其早期的符号学著作中（1972，第76及以下诸页），基本上还是以皮尔士的三元符号模型为出发点，以相对笼统的方式进行探讨。同时，他认为解释项是"可以被视为文化统一体的符号意义"，而"这种意义是通过另一种符号被揭露出来的，这样才能显示出其（作为文化统一体）是不受制于第一个符号的"。（同上，第78页）艾科最初并没有详细研究实用层面上的诠释过程。不过他后期的作品（尤其是1990年和1992年）中最典型的特点便是，他努力试图从文学交流的各种对象角色上，也就是从作者和受众的层面上，多方位、务实地对诠释过程加以细化。

尤其是在创作文本的过程中，按照艾科的观点，作者设计了一种作为受众的模范读者，模糊地提到了诠释的要素。按照他的观点，文本就是一种产品，"对其所做的诠释定然是其生产过程中自有机制的一部分：生产一份文本就意味着遵循某个策略，在该策略中，所预见到的另一文本的特征已经被纳入了其中，就像在所有别的策略中一样"（1990，第65及下页）。

在作者制造文本的过程中已经假设了读者的"参与",作者就是根据这种参与活动安排自己的策略,使其文本能够得到恰当的理解。因此,我们可以根据这一点确定文本就是策略,"该策略构成了其——尽管并不'合法',但却可以变得合法的——诠释的领域"(同上,第73页)。艾柯把(合法的)诠释概念同文本的"运用"或使用进行了区分(同上,第72及以下诸页)。"文本的使用"具备一大特征,就是它会从各种方面出于"文献目的"来分析利用文本,比如在心理分析的解释中。这种解释可能"首先会出现在其语义的现实化过程中……(尽管这两种过程本身可能会互相决定彼此)"(同上,第227页)。也就是说,这种运用是以受众本人通过诠释来理解文本的过程为前提的。它是"一种症状学上的读物"结果,"超越了一种由文本参与理论所定义的行为"。(同上,第228页)

在艾柯看来,诠释就是"文本(策略)想要通过其模范读者的参与而表达出来的内容在语义上的现实化"(同上,第226页)。这些内容定然会出现在协作的解释活动中,会出现在使用或运用文本之前的"诠释性参与"过程中,而且是这些活动的前提,只有这样,文本才能被使用、被运用、被用于其他特殊的"症状学上的读物"。尽管有时候可能很难进行界定——艾柯提到了在使用文本的时候,语义现实化过程之间的重叠——,但作为理论观念,语义现实化过程的模型构建(查明意义或创造意义)和使用过程的模型构成在认识论和方法论上还是很容易区分的。

艾柯在对实用诠释理论进行细化的时候,最具创新性的成就似乎就是他从认识论上或方法论上建构了文本创造或文本接受过程中参与者的重要角色，而且是以模型角色的形式，也就是提出了"模范读者"和"模范作者"这样的理论假设。这两者有别于经验上的角色承担者，但在文本的诠释过程中，却是由角色承担者私下假设出来的。尤其是在所谓的"开放式文本"中（同上，第71页）——与"封闭式文本"相比，其具备若干或甚多种意义可能和解释可能，存在诸多诠释空间——，对于受众而言，私下想象作者的意图可能是什么，或者假设出一种"模范作者"，这都是必要的，这样才能推断出文本中的信息，并通过"文本参与"的策略来诠释这一信息。

但就像"经验丰富的读者作为参与过程中不同行为的具体实施主体，（定然）会假设出一位作者一样，而且这样的假想作者是他根据文本策略中的信息推断出来的"，那么"有经验的作者也会提出一种假设的模范读者，他会把这种假设运用到自己的策略上，并且将自己当做表述的主体，包括在策略性概念上，将自己置于一种文本操作之中"（同上，第76及下页）。尽管艾科认为，"有经验的读者提出的关于模范作者的假设似乎要比有经验的作者提出的模范读者的假设更加可靠"（同上，第77页），但一般作者在写作的时候显然都会从可能的受众或接受过程（阅读）出发假设出这样一种角色和文本功能；因为"文本是一种句法结构上的、语义上的、实用主义的艺术品，预期的诠释早就融入了其中具有生成性的规划之中"。（同上，第83页）文本参与在语义的现实化过程中无论是对作为受众的、假设出来的模型式读者（模范读者）而言（也就是从有经验的作者角度来看），还是反过来从有经验的模范读者角度出发，对双重层面上被假设出来的作者意图而言［也就是对文本中表达的"信息"（作者想要告知什么？）和促使作者创作的意图（为什么作者会写下这些？）］，都是十分必要的。

当然，这些模型构建可能会互相重叠。有经验的作者会想象出模范读者，并从模范读者角度出发设定、创造并改变一种模范作者的形象（作者希望模范读者如何看待自己？或者他想要如何隐藏自身、定位自身或伪装自身？）。与之相应的是，有经验的读者也会从中产生一种印象，看出模范作者是如何假设自己的模范读者的，并同时产生认同感或缺失感，或诸如此类。在各种诠释工作中，而且是对不明显的文本解释而言，比如针对文学阐释文本或需要从深层次的心理学角度进行解释的文本而言，就需要提出不同的诠释习惯、诠释技巧和不同的解释可能，比如批判或"批判性诠释"——艾科在分析过程中一直都明确地（同上，第231及下页）将其同语义上能实现意义的诠释区分开来——，都可以在诠释后的文本使用中发挥影响。

如果我们认为对文本的模范式理解和创作过程都是植根于实用主义的行为关联的，就像艾科把文本看作"策略"一样——行为会在特定的对立角色中通过交流、传递、符号传递和能实现意义的推断来理解这些策略——，这样细化的观点是很有意义的，因为这么一来，在传递过程、隐秘的假设过程所包含的不同交互性中（包括模范受众及其可能的反应），就有可能对文本创作和文本加工进行类型区分和细微描述，如果只是基于一种语义上的诠释理论，那就无法实现这一点了。艾科提出了多种示例，包括各种可以进行差异化分析的类型学和理论假设。在现有关联中最重要的一点是，在文本阅读和文本创作过程中，从类型学出发对诠释过程进行差异化的推断时，关键是元诠释上具有建构性的构思，也就是假设出读者和作者之间互相影响的模型，而且是以一种私下假设出来或想象出来的模范读者和模范作者的形式。"模范作者"以及"模范读者"的理念在理解文本创作或文本推断的过程中，是符号学的、阐释理论理解上的方法论——实用主义建构和理论建构，这一点是显而易见的。这里针对的是方法论上的诠释建构，其可以在实际运用过程中用以解释阅读过程并创造出文本，而且是从文本的不同流派和范畴层面上通过有经验的读者和作者来证明其自身是可以具有创造性的。也就是说，这里针对的是文本创造或文本接受中的理论假设，而且是基于符号学上和行为学上的理论，且这一理论基础受制于皮尔士符号论（见第三十三章）的功能主义基本观点。

在此过程中，艾科提出的符号理论事实上是以所创作的文本为旨向的（尽管他提出的观点会用到其他有待诠释的信号和符号结构上）。作为研究符号学的文学家，艾科完全陷入了阐释学传统上的阅读范例之中，这一点也明确体现在其"神秘的符号活动"中以及对表述的理解方面——这种理解是和更深层次的、很难或无法企及的意义相关的（1992，第59及以下诸页）。艾科观点中的神秘诠释最初的出发点便是这种双重模型（第139页）："把对世界的诠释当做书，把对书的诠释当做世界。"在这两种情况中，阅读所具备的都是最关键的推断功能。

在其书作《诠释的界限》（*Die Grenzen der Interpretation*，1992）中，艾科把他以往的报告和文章都编撰在了一起（这本书并不像其醒目的标题所示的那样是一本专著，而是一部合集，其主题是从实用主义角度来理解诠释），并进一步细分了曾探

第三十五章　艾柯实用模型中的差异化诠释建构 | 493

讨过的（比如1990年）"诠释和文本使用"之间的区别。在艾科看来，文本与其说是"证明诠释的一种范例，还不如说是一种客体，其在循环不断的尝试中开始诠释，并以诠释构成的内容为基础来证明自身"（1992，第49页）。艾科认为，这种看起来充满矛盾的循环式表述是一种"卓越的阐释学循环"，其中值得关注的当然是，这里针对的是一种方法论上的理解方式，其并不一定等同于传统的阐释学理解循环，而是从一开始就以积极的方式把文本创作视为一种预先针对有待创造的内容而自我构成的过程及其结果。

　　艾科的新书基本上是从实用主义功能学的角度出发，根据皮尔士的三元符号理论进行进一步的细化、深入研究（见第4.1章）。比如符号过程"都是三元的"（第291页），但也能在无意识的情况下发生（同上，第293页），艾科从皮尔士的观点出发认为这是一种溯因推理的过程，也就是一种提出理论假设的过程，构建一种普遍（符合法则的）关联的过程，单独的观察正是通过这种关联才能被理解。按照这种观点，解释就是一种方法论上具有启发式的策略（同上，第295页）。现存的事物（就是A物）被视作是一种符号，由于另一"第三种要素"，其指向的则是另一种事物（B物），而这第三种要素扮演的就是法则式的关联，在符号活动中被称为"密码"（第291页）。在三元的符号活动过程中，在被诠释关联起来的符号领域和符号链中，出现了一种"可能的选择和可能的不确定性"组成的中间领域，艾科称之为"C领域"。（同上，第292页）

　　"诠释"基本体现在我们会把不同的且一开始显然并没有归属于彼此的符号链或符号系统联系起来。这当中用到了艾科提出来的"符号学原则",该原则认为,"如果我们认为一种现象作为符号代表了另一种现象(比如我们可以推断"如果有烟,那就会有火",这时烟就是一种符号,代表了不可见的火),那么我们就可以把任何一种现象看作是符号性的"。(同上,第288页)此时,符号活动或符号诠释就和理解方式关联在了一起。并不是每一种现象都是"符号性的",而是"每一种现象可以被看作是符号性的",这是艾科的观点(同上):"我当然可以说,小狗摇晃着尾巴时,它显然是快乐的,或者某人脸上有红斑时,这个人患了麻疹。但不管是狗还是人,都遵循了符号系统的法则。如果这里存在一种符号系统的话,那么这就成了我的一种能力,表现出了一种符号学上的规则,我会用这种规则来诠释事件,就像它告知了我某事一般。"(同上)

当然,艾科在诠释过程中通过另外的符号链来看待符号的可置换性时,并不只是从句法方面出发,他同时也看到了语义方面和实用方面,包括看到了诠释在理论上的无限性或开放性,以及有意识的或半意识的解释过程中不同诠释的选择可能。(同上,第287页)总体来看,他对"诠释"的理解——符合皮尔士的观点,这一点艾科自己也意识到了——符合下述"开放的符号活动"的条件:1.表述会诠释表述,原则上是无限制的;2."表述的内容"可能只会被"诠释的行为"所确定;3."在该符号活动过程中,通过诠释,表述中包含的、得到了社会认可的所指会增多,这是表述在不同语境和历史情境中体验到的";4."符号的完整所指"会被看作是"实用性工作在历史上的记录",而且这种记录会在相应语境中伴随着该所指出现;5.理想化的情况下,"诠释一个符号就意味着,预见到它可能会出现的所有语境";6."义素是一种虚构的文本,文本是对义素的延伸",在此过程中,如上文所述,艾科把文本看作是特定情境和语境下依赖于文本参与的策略(文本创造或解释策略)。艾科对"情境"和"语境"做了区分。(同上,第353及下页)也就是说,存在另一种语境原则(同上,第435页),其在特定的"话语宇宙"和特定方面对每一种诠释进行归类,当然,"多元诠释性"原则(同上,第440页)也会同时出现或占主导。

和皮尔士一样,艾科也针对任意性和肆意性对诠释过程做了限制,他认为存在一种"绝对的""确定的逻辑解释项"(同上,第438页),艾科认为这就相当于是皮尔士所说的"条件性习惯"(《合集》,5.517)。这种解释项体现在最后的诠释共同体所做的最后诠释中,而且这种诠释是互相关联的、统一的。在历时性上互相关联的诠释事件中,这一"习惯",或者按照艾科的话来说,"后期诠释中相关联的决定"(同上),是诠释和诠释动态性的法则,其本身作为其可能性的超验条件会以"同单个诠释者的个人意向相对的……共同体理念"(同上,第439页)为前提。但这里针对的并不是康德理念中的超验条件,而是一种预先假设的观点,其考虑到的是作为单项符号行为可能性条件的"符号活动过程":"诠释并不是通过人类精神的结构而产生的,而是通过由符号活动创造的世界而出现的。"(同上)也就是说,符号活动被嵌入了一种历史性的过程之中,或者说,是在历史性的过程里才能得以实现;诠释和"符号会增长,但从不是空洞的"(同上,第440页)。这里必须要假设一种可以在特定典型情境中实现的"一致性",认为其是可能出现或被引入的,这样才能真正实现或在理念上实现诠释的公共性。

符号活动和诠释越不受限制,它们就越不会具备绝对的任意性和肆意性(如果它们必须开放接纳诠释的不同可能性且为之创造空间)。

当然,对诠释过程的这种皮尔士式的再建构,就像上文结合艾科最初对诠释行为中的模范参与者所做的区分时提到的那样,也是具备高度建构性的,是在功能主义和行为论上理解诠释、在语义和实用性上实现符号解释(尤其是针对文本)时的一种认识论、方法论上的模型。这种认识论模型和方法论模型的诠释建构特征是显而易见的,不需要对其再做任何详细说明。皮尔士暗示并假设,通过最终的诠释共同体,理想化的最后诠释过程中的同一性是存在的,但这种假设在何种程度上能成立——包括只在诠释者的意图中——,从诠释在事实上具备的多价性角度来看,是非常不确定的。模式形成过程的理想化并不一定是对唯一的最终诠释意义的统一和假设,而是能认识到诠释顺序的历史性,而不需要关注历史最终的唯一一项内容,也不一定需要通过理想化的、最终的诠释共同体。在这一点上,哲学家试图实现的统一性尝试,他们从曾经的最终合理性论证的演绎论过渡到未来投射的统一化趋势,似乎都在意识形态上听从了某种指示,并且会使线性化的模型想象得以实体化,这种实体化在一定情况下被证实是错误的建构。(这和科学中的进步概念是类似的,尽管这里或许可能是一种反馈式的、统一化的再诠释。)

在艾科的诠释理论中,从他明确坚持只有唯一一种文本诠释对象,也就是他所谓的"作品意图",就可以看出一种趋向于实体化或投射性的最终统一化趋势。尽管多次强调了符号活动的不受限制性，尽管引入了文学作品作为示例——这些作品展现了诠释不受限制的结果，甚至呈现了"一个不受限制的符号活动世界"，比如《芬尼根守灵夜》这一作品——，但艾科还是从中得出了无数诠释所具备的任意性这一观点，并且强调，这种作品中也存在错误的诠释，而且人们可以基于标准来判断这种错误。他从上述统一化趋势的角度出发继续深化了这一论点，提出了"维护话语意义"（同上，第40及以下诸页）："每一种关于诠释自由的讨论都始于维护话语的意义。"他假设话语信息和明确的"作品意图"是存在的，而且在诠释过程中必须假设其存在："读者的创造性就体现在揣测这种作品意图中。"（同上，第8及下页）

　　艾科所指的文本并不完全明确，尽管他提到我们不必认为对文本的这种揣测是唯一的："原则上存在无数种揣测"，但最后，"这些揣测必须在文本的一致性中经受考验，而文本的一致性必然会认为一些草率的揣测是错误的，并因此摒弃之"（同上，第49页）。文本假设出了一种"模范读者"，"有经验的读者"在阅读过程中针对这种模范读者提出"揣测"。同样的，有经验的读者还会揣测模范作者："模范作者是这样一位作者，他喜欢设定一位特殊的模范读者，认为这是一种文本策略。"艾柯认为，"这一点就是寻求作者意图和寻求作品意图的尝试所会聚的地方。它们至少会在一点上会聚，也就是（模范）作者和作品（作为文本的关联）是揣测所指的一个虚拟点"（同上，第49页）。

　　尽管我们无法进一步承认，一位有经验的读者会把作者创作的文本归因到这位作者身上，并将之诠释为该作者的文本，同时假设出一种"模范作者",也就是假设作者对读者有何希望,或者揣测作者为何写下该文本,包括有时候这位有经验的读者还会思考模范读者的结构,而这种模范读者是有经验的作者根据有经验读者的理解而想象出来的。但这一切并没有证明这样一种唯一的论点,也就是只可能存在唯一一种诠释或"作品意图",无论是从内容来看,还是从作者为何写下该文本的原因来看。在这一点上,从所有的差异性、被认可的诠释多价性、诠释行为中的模范角色等角度来看,不管是在"作者意图"上,还是"作品意图"上,艾科都似乎迷失在了一种虚拟的唯一性或统一性趋势之中。在之前提到的最终诠释"虚拟点"上寻找作品意图和作者意图统一性的尝试就证明了这一观点。尽管可以且通常情况下经常会做出这种假设,但正是从后现代的多样化编码过程、根据意图做出的多价性诠释以及从其他神秘的、多变的角度来看,都无法假设这是唯一的,更不要说考虑到接收者一方在文化传统、习俗、诠释可能等上面的多样性了。这不太会带来作者意图或文本意图上的唯一性,而且在此过程中,这两者当然会被看作是模范角色的承担者所抱有的意图,但不一定是有经验的读者或作者所抱有的意图。艾科本人其实也认同这一些观点,所以统一化趋势可以被看作是实体化,或许也可以被看作是简化的建构形成过程。"如果把文本插入一个瓶子里——这不仅针对诗歌或小说,而且也针对纯粹理性的批判——,这就意味着,文本不仅突显在唯一一位接受者面前,同时还呈现给了一个读者群体,作者明白,它(指文本。——作者)不会按照自身意图被诠释,而是处在互动的复杂策略中,此时参与其中的除了读者之外,还有读者具备的、作为社会遗产被其接收的语言能力。"〔所谓的社会遗产在艾科看来就是"文化传统的综合,这种文化传统是被语言突显出来的,同时还包括对诸多文本以及读者正在阅读的文本的早期诠释历史。"(同上,第148页)〕相对于"作者意图"和"读者意图"而言,根本不需要假设"作品意图"具有唯一性,更不要说认为其最终是定然如此的,包括在有经验的读者和理论假设中虚拟存在的模范读者身上,人们能且应该假设至少作品意图具备明确性时,也不需要假设作品意图具备唯一性:在模范化的诠释角色实用性上进行颇富成果的细化,就像艾科在其后期作品中提出的那样(1990,1992),这和作品意图的绝对同一性是毫无关系的。(这一点也适用于作者意图,其只有在通常情况下才会认为作者只有唯一一种意图,其中当然还存在一个问题,也就是该如何勾勒、描述或其确定唯一一种"意图"的界限。)

和之前区分模范作者和模范读者时一样,在对相应的"作者意图""作品意图"和"读者意图"进行细化时,也可以确定,这里针对的是更高等级上模范化的、认识论的诠释建构。这些建构是非常实用的,可以在历史解释变迁的过程中,包括在作者和潜在读者根据其模型关系的接受和实体化过程产生的互动中,描述文本理解方式的文本差异化和互动关系,并将之系统化。

第九部分

第三十六章　介于发现、发明和论证之间的诠释

亚利桑那大学的凯斯·博格斯－杰克森在其近期刚完成的题为《宪法诠释》（Constitutional Interpretation）的哲学博士论文中（1989）提出了诠释理论的要素，其不仅提出了宪法诠释和法律诠释——这是该论文的主题——相关的重要观点，同时还相当具有普遍意义，尤其是在认识论和科学理论上。这一简要的诠释理论是和一种意义理论相关的，这种意义理论里当然也有一些颇具争议的地方，该理论认为"表述意义"这一技术概念是一系列的语句，这些语句可以被用来表述某物（一种且同一种事物）（1989，第195及下页）。这里探讨的并不是意义的运用理论，而是数量理论上的技术论，这是和语言表述的语法形态以及对语言的工具化理解紧密相关的，但还没有嵌入特殊的情境和语境，也没有以意向（说话者的意图）为旨向。这一理念上的意义更多的是和"语法结构""间接的言语行为"［塞尔提出的"首要的语言外表现（演讲）行为"（1979，第33页）］[1]

---

[1] 塞尔提出的语言外表现行为尽管在定义上略有不同，但和"间接的"言语行为有着相似的影响。

相关的，而不是和说话者的所指、"直接的语言行为""次要的语言外表现行为"（按照塞尔的观点）相关的，其作为语言行为或语言现象是直接嵌入了语境和情境之中。表达中的所指作为表达中语法形态上的功能，让直接的情境使用和语境使用变得不确定，同时也使得直接的语言行为中包含的说话者所指也变得不确定：也就是说，一种以及同一种表达所指在一定情况下会因为特殊的语境和说话者的意向而具备不同的说话者所指。

说话者的所指更多的是同表达的"意义"相关的，这种意义可以被看作是"被用于特定表达机会中的语句"（波洛克，1984，第38页）①。这种"意义"便是所指具备的功能，而且是表达所指的功能、说话者所指的功能以及语境的功能："意义"是"所指"，这是"表述"在一种特定的真实表达机制中所具备的所指（杰克森，第197页）②。同样也可以轻易地区分不同的直接话语行为或说话者和接收者的所指，比如语言和非语言的所指，隐喻的、讽刺的、挖苦的、夸张的所指等（同上，第205，209页）。"间接的和语言上的话语行为"基本上取决

---

① 波洛克（1984，第37页）写道："只要人们一旦描述在所有可能情况下通过某句话语的表述做出了何种论断，那么，他就对意义进行了描述。"
② 在一种特定的语言现象中，该意义概念作为"意义"被认为是某种表达形式上的"所指"（主要是说话者和接受者的所指），也就是等同于语句的数量，包括将之等于与"在表述中真实出现的语句"。这其实都是非常不精确的。一系列的语句不可能等同于单独的语句。对表达所指和说话者的所指加以区分（可能我们还必须补充接受者的所指，以及某表达在某个社会情境中可能具备的规范化所指），其好处在于，我们可以根据时间来判断并表达所指的改变，同时也能描述话语间的成功交流过程，并从接受者角度出发将所指和多种意义局限在说话者提出的语句上。

于公众易接受的要素、语法和表达所指,而"直接的和非语言的话语行为"则是和说话者的"心理状态(尤其是语言上的意向)相关的",也就是作为"间接话语行为"的进一步补充行为。在杰克森提出的表达所指理论中,意向是原型式的"心理状态"(同上,第214,223页)。

总体而言,我们可以把文本同文本中的首要表述和次要表述区分开来,包括将之同首要表述中的文本所指区分开来,还可以将之同随后文本的可能所指、首要表述的情境和语境中文本的意义、随后的时代和情状下的意义以及说话者的说话意图和行为意图区分开来。(同时当然也要引入接受者的所指、接受者的意义以及接受者的意图。)在经过这种区分之后,上述不同要素之间系统性的关系可以得到更好、更明确的理解。

为了标记说话者的意图和行为意图,我们当然要回到特殊语境和特殊情境理解中的意义层面上。杰克森认为(同上,第123页),诠释理论的基础可以是表达的所指。

那么,杰克森的诠释理论是怎么样的呢?对于杰克森而言,广义的诠释就是"心理活动","赋予某物意义"(同上,第96页),或者说是认为某物是有意义的(同上,第79页)。尽管从广义来看,诠释涉及的是一种并不特殊的意义归类——无论是表述所指还是说话者-接受者所指的意义——而意义的归因则处于特殊的情境和语境之中;不过从根本上来看,杰克森还是更倾向于把诠释狭义地局限在表述意义上,其不依赖于特殊的情境意义和语境意义,在语言共同体中是可控的,也就是说,是对公众而言可归因且可被认识到的。这一方式带来的优点在于,如果我们只局限在表述的意义上，我们就可以摒弃为了在社会性上可控的层面上论证诠释而进一步改写心理状态和意向的做法。（这种使诠释概念狭义化的做法当然是任性且有意的，在全面的诠释主义中，我们完全没有必要接受这种做法，但为了在现象学和类型学上区分诠释及相关的心理行为，这种做法则是有一定代表性的。）

杰克森强调，我们会诠释事实，但物却只能被发现或发明。（同上，第82，84页）"诠释""发现"和"发明"之间的区别是诠释及相应的学科和诠释类型中经常会用到的现象学特征。这种区分会以合理的方式——这种差异体现在类型上（同上，第101页），而不只是连续统一体上的程度差异——导致发现、揭示和发明、制作之间不存在彻底的二分法（同上，第95，102页）。这里谈论的是分析上的差异。

"从逻辑上来看，诠释某物就是解释之、澄清之、构建之，或是使其具备一种建构。"（同上，第96页）这里就体现出了所谓的表述所指的归因（同上）。

诠释是以诠释对象、有待诠释物、用以诠释的"物"为前提的，无论该诠释对象是一份文本，一次行动，一种目的，一次实践，一系列决定，一件艺术品还是一条（有可能根本不受人类影响的）事件链。（同上，第97页）如上所述，杰克森诠释了与这些诠释对象相关的事实或作为诠释基础的物当中所具备的事实性。在这一点上，诠释就相当于发现："诠释就像发现一样体现在一点上，也就是我们行动的对象是其前提存在，但它和发明的共同点却在于，两者都是创造性过程。"（同上，第94页）这种对诠释以及发明、发现之间的比较是非常有意义且引人深思的，从其典型特征的一致性或区别中，可以看到其中的差异，还可以对诠释性过程进行定义上的或特征上的改述，而这种诠释性过程本身和发现之间或发明之间也是存在共同性的。最典型的一点是，诠释是建构或再建构，其必须取决于特定的局限化过程，但同时也体现出了创造性。只要诠释被构建为、被再构建为或设计成新的事物，那它就是具有创造性的，也就是诠释对象被归入到了一种"构建"之中，其将被诠释的物构建成"富有意义的"（同上，第100页），而且是通过诠释者的构建行为。发明的关键在于创造出一种新的对象，而诠释过程中的"创造"则体现在"事实是以某种特定的方式被呈现出来的"（同上，第101页）：全新指的是视角或构建、模型的构造，而不是物质、物、事实等。在发明过程中，可以用特定的物质制造出一种新的对象，而诠释过程中——而且是在构建过程中——改变的最根本的是视角、表现方式、塑造过程，确切地说：再构建。这种再构建并不是制造，不是物质上的生产，而更像是一种组织，是新的聚合、模型塑造或表现方式中的归类（同上，第100及下页）。发明和发现一样都可以带来副产品（同上，第84页），而诠释必须针对"行为对象"本身。发明中的创造性是无限制的，开放的，在生产对象时不存在任何（逻辑上的）局限性——或许除了物质上的可能性之外——，而诠释必然是和预先存在的诠释对象或与之相应的事实中所具备的局限性相关的（同上，第100，103页）。"诠释向来就是对某物的诠释。"（同上，第82页）杰克森没有留意到，诠释同时还始终都是将某物呈现为某物的过程，也就是说，诠释还意味着将某物归类到特定诠释范畴和视角的过程。可见，发明和诠释的共同点就是创造性（尽管在创造对象和创造建构中是存在典型区别的）。但在诠释过程中，预先存在的物和特定情况会使之具备局限性，而发明中却没有这一点，这就是两者之间的区别。（同上，第100页等）

与之相反的是，发现也可能是和创造性、创造无关的。在发现过程中，"物被揭露"，或者物被发现"某物原来如此"。可见，发现是和有待发现的对象中不依赖于发现过程的预先给予性所具备的先决条件相关的。发现和诠释一样都具备一定的局限性，这两者之间的区别则体现在创造性上。发现也可能是不具备创造性的副产品，但同时也可能和诠释一样同预先给予性有关。诠释过程中必须有诠释对象（诠释对该诠释对象提供一种解释），而发现也能揭示一种新的事实或新的实体：它不一定是发现已然被人所知的事物，同时它也可以判定这是某新事物——被发现之物可能是刚被揭露出来的。诠释和发现之间因为其预先存在的事物而都具备局限性，但在创造性上两者却存在区别。

就诠释的局限性而言，这可能是因为语言学表述上的意义、说话者的表述意图或具有诠释能力的接受者的意图、特定社会实践和习俗、诠释对象的预先给予性等而产生的。（同上，第106页，第112及以下诸页）

杰克森对规范化的（基于规范或标准而形成的）和非规范化的局限性（同上，第108及下页）、外部的（因为诠释者的能力或权威而形成的）或内在的（因为心理状态或意义范围内的）局限性进行了区分。比如在解释宪法法规时，宪法法院的权威就是一种具有权威性的、具有局限性的预先给予性，其同时也是以一种特殊的法学权能为前提的。对表述意义的内在局限化过程表明，在社会性上可控的语言学形式或表达方式从根本上来看是诠释的基础，它们并不是对任意异常的说话者意图所做的特殊归类。当然，这种归因并不具备一贯性，因为说话者或接受者的心理状态被认为是内在的局限性，而且根据意义和语境建构起来的意义归因——其在这一层面上等同于诠释的再建构性（同上，第197页）——此时被摒弃在了诠释之外。如果杰克森对个人形成的情境诠释、文本诠释、时间性诠释同语言共同体中标准化、可控的普遍诠释进行了区分的话，那就更有意义了。此时，我们可以更明确地针对基本诠释或具有普遍有效性的或甚机制化的诠释，来分辨单独的、个人化的诠释及其在时间上的改变。倘若如此，这也是和在诠释过程中放弃真理归因这一颇具意义的行为相一致的，之所以要放弃真理归因，是由于在一定情况下诸多不同的、彼此排斥的诠释可能是同一种诠释对象，如果没有得出反直觉的结论或甚逻辑上的矛盾，两种不同的、互相矛盾的诠释不可能同时都是"真的"。因此，杰克森（同上，第120及下页）想要用诠释的"有用性"（"就我们共同的个体化目的而言，当前占主导的诠释中哪一种是最有用的？"）来替代诠释的真理诉求。

整体来看，杰克森提出的模型在认识方法论的诠释上、诠释的现象学-诠释特征上，都是颇具意义和说服力的，尤其是其所做的分类非常明确清晰。但其中也存在一些缺陷。

首先，如上所述，表述的意义并不是解释话语行为、诠释对象或其普遍事实时候唯一的基础，而只是在社会习俗化和标准化过程中的解释基础。个体化的诠释是可能的，足以符合其余不甚全面的、社会化的局限性。因此，个体间对说话者和接受者的解释，或是对意义的归因，都可能是诠释性的，就像是依据一种由主体间可确定的、可控的习俗化尺度。

此外，就像杰克森针对道德价值的诠释而提出的假设那样，我们也不能就此认为，"人们从世界开始，而世界则是其原样，同时人们还会对其（道德价值）进行相应的构建"（同上，第104及下页）。尽管这里事实上针对的是一种诠释性的过程，且该过程包括了建构和再建构的过程，但它却没有从"原本如此的世界"出发，诠释并没有以此为基础，也没有建立在"不容更改、无法诠释的"数据之上。杰克森没有认识到数据也可以是诠释性的，尽管他也提到，"除了让我们所看、所听、所报告的事物都笼罩上诠释的阴影，我们别无他法"（同上，第94页），但他却没有看到这一太过狭隘的诠释理念所带来的广泛影响。"所有的报道……都是诠释性的"——他曾针对记者的报道做过这样的评断。此后不久，他也认识到历史学家所做的研究亦是如此。（同上，第93，95页）诚如方法论诠释主义中的基本理论所示，诠释的渗透性原则上是不可避免的。这不仅针对有关历史的报道，同时也针对所有具有认识性和行动指导性的理解和特征描述。杰克森没有意识到，除了有意识被构建出来的诠释之外——这是他最为关注的——，也存在隐晦的诠释或被诠释性，也就是所有的认识、所见、所听、理解、把握、行为普遍都是被诠释渗透了的。

杰克森用发明概念替换了诠释概念，他认为"诠释必然是行为的对象"（同上，第84页）。在这一点上，他没有解释清楚"行为的客体"是一种有意识达成的建构，还是隐晦或不引人注意的诠释性影响或具有诠释色彩的透视性关联。杰克森没有认识到，我们不可能从未被诠释的数据出发，每一种诠释客体、诠释对象本身只有通过诠释或被诠释的方式才能被理解，或暂时被认为是未被诠释的，但其本质上还是可以被深入诠释的，也就是每一种诠释本身可以且必须被认为是开放性的、能接纳进一步诠释的诠释，而诠释之间依次转换的过程从根本上来看是不受限制的、开放的、无止境的。从作者的观点中还可以看到其余类实证主义的或伪实证主义的数据事实（"始于原本如此的世界！"）。这种局限化当然是毫无必要的，而且其实在他的理念中完全不是必需的。正好相反，杰克森在对发明的诠释加以限定时强调，尽管发明本身无法被发明（这里指的是单一的过程，而不可能是方法论上的机制！），但"诠释本身却可以被诠释"（同上，第84页），这其实指的就是上文提到的、诠释嵌套过程中和诠释等级化过程中的根本开放性。

杰克森的理念极具启示性，同时也像作者本人似乎意图暗示的那样，某种程度上具有一些伪实证主义的缺点，或者说语言学上具有意义限制性的缺点。

对于诠释主义而言，其观点中否定发现和发明、认识和制作之间具有创造性的另一种可能的做法是非常有意义的。在诠释过程中，这两种行为所具备的特征都会被关联起来，但尽管如此，这里针对的还是一些新的事物，也就是具有特定预先给予性局限的、象征性的制作过程。不存在任何"发明的自发意义或第三种参照物"，而"只有诠释"——这是纯粹的认识和具有创造性的制造之间作为比较的参照物。

有意思的是，从认识论来看，诠释范畴构成了认识和制造之间的一座桥梁，它跨越了彼此，这也算是诠释建构主义的基本理论所一再强调的：任何认识和行为都是充斥着诠释性的，是被诠释渗透了的，是不可能脱离诠释的。这是诠释的不可或缺性。诠释似乎跨越且包含了其余的表述，因此可以被看作是具备了人类学基本特征的，或者从认识论上来看，可以将其视为世界的可接近性中——无论是积极的还是接受性的可接近性——超验的基本理念。

"文本是诠释，诠释是文本"，这是不久之前刚刚过世的迈克尔·奥克肖特（M.Oakeshott）在其首部书作《经验及其模式》（*Experience and Its Modes*）中提到的：哲学具备的是一种最终的、绝对的知识，它能继续传递这种知识，但这是"和所有知识的相对性有关的知识"。（参考 1990 年 12 月 28 日的《法兰克福汇报》）这是一种方法论上的明希豪森花招？首位发现述行矛盾中分离诉求的人难道就是迈克尔·奥克肖特？我们能够通过绝对地否定绝对性来确保绝对性吗？实用主义的最终论证问题并不是最近半世纪在超验语言实用学或话语分析理论中被发现的，而是早在对最终论证的理性主义进行批判性研究时就已经出现了的。

尽管直接把文本等同于诠释的做法是相当幼稚的，从表面来看，这种做法似乎就是在否定多种思想和能进行精细结构化的思想，是在否定思想本身。不过也可以从深层次来理解这种听起来充满了矛盾的说法：我们只能从文本出发，但文本本身——明显是预先被给予的事物，是被给予者——的构成也是具有诠释性的。那么，是否可以把一切事物都看作诠释呢？除了诠释性之外就别无他物了吗？本体论和认识论又是互相投射、对峙的，它们会被人们搞混吗？我觉得并非如此。

第三十六章 介于发现、发明和论证之间的诠释 | 513

诠释并非一切，但没有诠释一切就都无法被理解或甚被把握。这一点是不可否认的。在把某物理解成某物的过程中，诠释是必不可少的（这就是对诠释性的定义：将某物视为某物时具有指向性的，也就是和意向性相关的理解）。不诠释者就不理解且不能理解任何事物。那么，某物本身最根本的构成——理解力会将之理解为某物——是不是就是一种诠释性的理论假设呢？事实确实如此。诠释也会产生等级化现象。诠释的模型本身也是具有诠释性的，是可以实现自我运用的。如果我们认真地分析认识和经验的类型、行为和模型塑造的类型以及与之相关的解释过程和投射过程的话，"诠释"最初就不过是一个单词，看起来它似乎还掩盖了差异和细微差别，它在不同等级上为一种模型化的多样性提供了各种具有细微差异的分析、研究和区别。那么，是否能再次诠释对诠释过程的诠释呢，这是否依旧是一种诠释产物或诠释建构呢？这种等级化的升级过程当然会出现，而且在方法上会陷入形式化。这样一来就产生了自我运用的问题，无止境的升级或向上累积的问题，或者产生了复归到无穷的问题。那么，最初的开端问题是否就像在传统的最后论证理性主义中一样，是和最高原则或公理的论证问题相关的呢？这并不一定，因为最后论证的理性主义，包括其最明显的基本原理中对绝对性的要求，在此都不存在。按照公理对所有以及每个事物进行最后论证的计划失败了。现在，只要在功能必要性的语境中假设从实用性出发能打断诠释过程，就已经足够了。不知何时，我们又回到了行为实践和生活实践之中。我们可以对维特根斯坦的话做一些改变——"我会乐意说，'我就是这么行动的'"。合理性论证是具有实践性的行为合理性论证，是功能性上的要求，其植根于实际的生活关联之中。在上文引用的句子中，维特根斯坦明确强调："如果我已经尽力说明了理由，那么我就被逼到了墙角，亮出了自己最后的底牌。"（《哲学研究》，§217）与之相应地，我们也可以在诠释的升级过程中提出部分合理化论证或复归过程中一种具有功能性的中断理论："我就是这么诠释的"，我们在语言共同体和文化共同体内进行理解和论证时就是这么诠释的。

被逼入墙角而亮出底牌的情形可能会造成误解，因为诠释并不是一种陷入困境时候的反抗。在这样的反抗中，每一种攻击尝试都是直击要害的，每一种进一步的诠释尝试都会像碰到一面光滑的墙壁一样无处着手，但诠释其实是灵活的、多变的、开放的、动态的，同时因特定的实用性目的而和功能、语境相关（见第三十八章）。

维特根斯坦对行为，尤其是对符合规则的行为（"符合某种规则的"）进行了探讨。他提到，"我们有时候并不会因为内容而要求得到解释，而是会因为解释的形式提出这种要求。我们的要求就像是一种建筑结构设计上的要求，而解释就是一种无法承受任何重量的门楣"。他把规则比作导轨，其数量是有限的，需要符合实际"规则运用"中有限的可能性（同上，§218）："而规则的不受限运用则需要无限长的导轨。"在描述规则的运用时，维特根斯坦认为，我们用的是一种象征性的、神话般的手法，其更加形象易懂，同时要把"需要遵守的路线画满整个空间"（同上，§19）。但维特根斯坦认为，这种形象会造成误会，因为其没有考虑到在实际运用时需要遵守规则。

我们尽管会迫于压力而遵守规则，也就是"盲目"遵守规则。但描述规则时的这一比喻和理念暗示几乎存在一种"最终的负责机构"，其指示"我该怎么走"（同上，§230）。这种被歪曲了的图像会导致人们误会在遵守规则方面存在一种绝对的或最终的论证或机构，认为规则及其建筑设计式的结构是可以脱离实际行为习惯的。与之正好相反的是，维特根斯坦认识到了符合规则的行为中的基础，以及在几乎符合规则的行为中，也就是在实际习惯中——这些习惯都是一致的，被牢牢拴在文化社会的行为语境中，也就是处于语言游戏和社会游戏之中（如果用锚栓来比喻的话）——，遵守规则的基础。

这一点也适用于诠释及其多样性或固化。诠释也植根于维特根斯坦所说的生活形式之中，其在语言共同体和文化共同体中作为规范化的习惯。诠释最初也不是私人化的，而是和语言表述能力一样，从根本上依赖于语境中的社会基础和行为习惯。在这一点上，解释和合理化论证本身也是功能性的、建筑设计式的分类任务。它们并不是要进行最后的合理化论证，不需要给出任何绝对的超验基础——人们会通过一种类似超验哲学的神奇手法从中得出内容，就像魔术师从帽子中变出小兔子来一样。在这里，解释要求、关联要求和阐释要求在预警上都是和行为以及生活情境相关的。诠释是和内在经历的语言描述过程相符的。就像维特根斯坦在论述私人语言时提出的那样，诠释从根本上来看无法被任何其他人所理解或接纳，诠释内在无法被理解和控制。诠释不仅是空洞的，因为它们缺少外在的控制标准，同时，其甚至不能被认为是符合规则的行为或遵守规则的行为，因为具有解释性的秩序所具备的形态和结构原则上都是和控制可能性中一种可被辨认的、可再生产的框架相关的，而且这是其（唯一的）支撑。从原则上来看，纯粹的诠释是无法被解释和论证的。这种"建筑设计式"的"要求"无法被实现。甚至连"无法承受任何重量的某种门楣"都无可用之处。我们需要的是可以用来实现导向和支撑的框架，而这只可能存在于行动之中。但行动本身是由诠释性的方式构成的，也就是原则上是具有诠释性的，或可以认为其是被诠释渗透了的。我们是不是又陷入了循环或无限复归之中？不！只有当我们坚持最后论证的理性主义残余时才会如此。

如果首先针对的是诠释模型的形式，那么会重复出现的形式——这些形式会通过形式上的、跨越等级的描述而彻底被理解——就不存在于更高等级上或是阶段等级化的每个层面上，或许这就像王和洛伦茨所说的操作性逻辑论证过程中，出现在不同语言层面上的普遍规则描述以不断向上累积的方式构成的各个层面一样？事实上，形式上的一致性可以描述不同等级的诠释模型，同时也能以形式化的方式正确评价自我运用的问题。但也只能是以形式化的方式：形式会一再出现，在形式和形态不断出现且其纯粹只在形式上不断堆叠的过程中，不会出现从物质性上论证诠释性内容的发生过程，也不会出现规则和结构。我们不可能一下子完全理解所有可能逻辑形式内无限的层面，并在不断往下的演绎过程中推断出所有单独的形式，单独的形式和分层只能来自分析和事后论断中形成的一致性、平行性以及形式上的同等性，也就是说，它们是次要的。这一点同样适用于诠释和不同等级的诠释性模型。我们不能一概把诠释性（在其形式上的等级化中）作为内容上的论证发生过程而

第三十六章 介于发现、发明和论证之间的诠释 | 517

从最后论证的理性主义角度出发将之用于超验诠释主义的基础哲学中。只有通过对诠释方法和诠释性方法的反思，将之看作是所有认识和行为中不可或缺的一部分，该过程才可能是超验的。但不能从论证发生过程的生产层面上，基于诠释的最高原理——这是我们必须首先具备的，也就是应该假设其是存在的——通过不断下降的演绎过程来得出诠释的任一形式和方式。

放弃诠释本身作为一种决定就是一种诠释性的行为，也就是受到诠释渗透了的。那是否可以从这种对述行矛盾的认识中，从分离诉求角度对实用矛盾的认识中（我们不可能不具诠释性地放弃诠释）最后论证诠释主义的基础哲学？就像在逻辑学中一样，这也是不可能的。这里涉及的不是一种具有意涵生成性的生产过程，而是事后的、次要的"诠释论证"尝试。就像在逻辑学的操作性论证中一样（见伦克，1968，第21章），这里涉及的只能是事后诠释，其前提是事先特定的任意决定、实用的语境和确定目标的过程、特定的功能条件和目标确定过程，但绝不可能针对绝对的、物质上生成性的论证。（同上，第561及以下诸页，第628页）

就像在逻辑学论证中最终针对的并不是传统理性主义角度的绝对演绎论证一样，当我们认识到，我们不可能放弃蕴涵的暂时性，或者说不能放弃互相排斥的矛盾中的非门功能和话语功能时，认识到不能在没有批判理性的情况下主动放弃，因为这里针对的也不是"物质性的"理论，而是一种可能涉及每个人的理性批判工具（每一种形式上正确的推断）"本身"，那么也就不能放弃诠释性以及理解同诠释形式之间的所有关联了。

这并不意味着我们可以根据这种认识得出一种绝对的演绎基础，一种绝对主义、诠释主义的基础哲学中类物质的生产论证过程。而另一方面也完全不可能假设彻底的"诠释献祭大典"是存在的。就像逻辑规则并没有陈述任何和事实相关的内容一样，通过形式上的操作，在实践基础上也可能出现一种批判理性的讨论和论证过程，此时完全不必要进行绝对的生产论证。从绝对演绎基础的不可兑现性来看，在传统演绎理性主义和理性思想中怀疑式的自我牺牲之间，还有诸多颇有意义的、务实的、"基于"（植根于且具有反馈影响的）日常实践和生活实践的中庸之道。在放弃诠释性的过程中，其中包含的分离诉求并不能被用于诠释主义基础哲学中绝对化的生产论证里，而只能用于一种反思性的、务实的、显而易见的、不可放弃的诠释过程之中。诠释是不可或缺的。只要需要理解，就离不开诠释。没有诠释，任何事物都是难以被理解的。按照海德格尔的说法，我们可以断言，诠释就是容器，谁能容之，便能解之，谁不容之，便弃之！（但即使是有意识的放弃也是诠释性的——基于错综复杂的、实用主义的分离诉求……）

　　诠释可能是基于论据的。诠释性论述作为论据本身可以被诠释。这种等级化的矛盾，包括诠释性论据形成在自我运用过程中出现的矛盾当然也出现在传统的经典阐释行为和文本诠释行为中。而且这里自然也存在没有特别细化的、方法论上不怎么精确的研究。乔治·梅格勒（G.Meggle）和曼弗雷德·贝茨（M.Beetz）曾在其短文《诠释理论和诠释实践》（*Interpretationstheorie and Interpretationspraxis*，1976）中曾对诠释中作为论据使用的称述按照等级进行了差异化的分类和区分①。这种区分具有普遍运用性，是非常有意义的，尽管这两位作者所做的分类本身并没有带来太多成果。不过还是会产生一些特殊的结果，在把论据用于诠释和关于诠释的论据中时，这些结果也是颇有意义的，比如这一结论：暗示性的，也就是只有通过论证语境才会被认为是"使用某一论据来支持或反对另一论据的"元论据（梅格勒称之为"A-论据"，同上，第14页）大部分是理解性论据。也就是说，这些论据"至少会在诗意的文本中赋予某一表述一种意义或多种可能的意义"（贝茨，同上，第57页），或者说，这些论据就是诠释理论中的论据（同上，第19，38页）。后者，也就是"诠释理论的论据"并不会像"诠释性称述"或纯粹的"诠释性论据"那样成为"诠释者关于某一文本的诠释性称述"中的标志，而是"诠释者关于诠释方法论的称述"（同上，第53页）。所谓的诠释性称述或论据指的是"用来分析和/或评价某一文本或结果"的语句（同上），而"诠释理论的论据""却和有待诠释的文本无关，而是和对文本的诠释相关"（同上，第57页）。也就是说，后者是关于论据的论据，或者是关于诠释的论据，其同规则运用过程中的或诠释理论假设中的可能性或例证有关。贝茨强调（同上，第58页）："如果我们遵循科学的语用，诠释理论的论据，包含了各种类型的论据。如果诠释理论的论据规定了正确诠释的规则，那么就不难按类型对语句加以分类了。"只要诠释理论的论据同诠

---

① 他们基本上观察了所有出现在文本——人们称之为"诠释"——中的被用作论据的称述。尽管这些称述都是诠释性的，也就是在一定层面上，其本身的形成也是诠释性的，但这是另一问题了。见萨维尼，1976，第102页；格雷文多夫，1975，第18页。

释和诠释规则本身无关，而是同最低等级中的诠释性论据相关的，那么它们无疑就是和上述"A-论据"（梅格勒，同上，第14页）属于同一类型的元论据，其特征体现在其形式上，只有比如"下述形式：……作者 X_1 和 X_2 以及……用 Y 作为论据来支持/反对 Z_1 是支持/反对 Z_2 论点"成立时，才能认为这样的元论据是"恰当的"。

梅格勒和贝茨之所以做出如此分类，是为了根据论据来分析约八十篇诗歌诠释，这些诠释性的论据本身又被分为关于意义的"理解性论据"，和评判他人成就以及评价诠释者相关的"美学论据"，和文本的出处、不同版本、以往版本等相关的"文本批判性论据"，和诗人的"动机和意向"相关的"心理学-传记式论据"，和流派、历史现在和"文学形式的发展"相关的"文学史论据"，"纯粹的诗学论据"。（贝茨，同上，第57页）梅格勒还添加了"词汇的（辞源的）"以及"历史的论据"（同上，第16页），并在其中引入了"诠释理论的论据"，也就是更高等级的论据。事实上我们当然也可以在更高的等级上使用其中大部分论据，比如理解性论据不是用于理解文本，而是为了理解对文本的不同诠释可能等。

梅格勒等人在描述这种分类的结果时提到，A-论证其实"相对较少"出现，"更偏向选择……暗示性的 A-论据"、理解性论据或诠释理论论据，而且"所有针对 A-论据的论据……都是诠释理论的论据"，而且只有暗示性的 A-论据才会遭到抨击，而这本身也是很少见的（同上，第19及以下诸页）["暗示性的 A-论据""只有在其被用于论证语境时，才能被认为是 A-论据"（同上，第16页）]。

作者们试图从诗歌诠释的诸多示例中证明这当中用到了上文提到的、诠释性的和诠释理论类型的各种论据。

当然，诠释性论据的各种细节本身并不重要，因为它们都是和各种文本紧密相关的，而且是以诞生的语境、时代语境或特殊解释语境中的特殊分类或解释为旨向的。

这里只需要用个别示例来分析一下更高等级的"诠释理论性"论据，比如在对诠释进行内容分析时，会出现"远离文本"或具有"强制性"的诠释，也会出现诠释的"不受限制"或"过于肤浅的"情况，比如贝茨就曾批判过诠释（同上，第155及下页）没有针对评价或规则给出更加严谨的标准。而另一些诠释理论的论据则提到了"明确一首诗歌所处的思想传统"是必要的（同上，第26页），也就是又提到了要靠近文本且不受任何限制（同上，第37页），或者提到了诗人的意图："诠释只能呈现诗人说的内容，而不是诗人原本应该想要说的内容"（同上，第32页）。

比如在歌德的《新郎》这首诗中，就有一个问题值得探讨，也就是其爱人指的究竟是莉莉·舍利曼（H.Schönemann）还是创作时间上更接近的《玛丽恩巴德悲歌》中的乌尔里克·冯·雷夫佐夫（U.v.Levetzow），亦或者兼指两者。在研究这一话题时，一位诠释者（布鲁门塔尔）提到了歌德对艾克曼说的话，他的所有诗歌都是"即兴诗歌"："它们都是受到现实的激发，现实是其基础和根本。"（同上，第38页）似乎有必要同时考虑到心理学和传记上的论据，只有这样才能解开诗歌中"象征性的有效性"。同时也可以断言，这种诠释缺少的可能就是诗歌中的艺术特征。诠释理论的主要论据要说明的是我们必须同时考虑到传记性的关联，不然就不得不"放弃理解这样一首美妙的诗歌了"（同上，第36页）。（这里没有提及到文本解释的细节，这些原本也是和理想化的"永恒之爱"中其余的女性形象紧密相关的。）

有意思的是，这里用到了一部分更高等级的诠释理论论据，以此来规避诠释，还有一部分是元论据的形式（A-论据），也有一部分是关于诠释和诠释规则的理论反思。

在这里，梅格勒和贝茨似乎还需要做更进一步的细化，我们不能仅仅区分诠释性陈述、论述同诠释理论的陈述、论述之间的差异，同时也应该从诠释方法论的角度出发来区分这两者。该角度本身指向的本是诠释规则和诠释理论模型，而不只是和第一等级的诠释论据相关的诠释理论和论据。事实上我们原本应该能实现诠释理论方面或元理论方面的等级化，就像是逻辑类型理论中会出现的等级化一样，其当然最终都可能是向上累积的，也就是说，在上升到和诠释有关的诠释性中出现的全新元等级时，不可能会出现新的观点。

梅格勒和贝茨建议进行细化，这种细化当然有助于在诠释或文学诠释时实现精确化，在分析时实现细致筛选，但这种细化却停留在了分析描述的等级上，并不能解决和论据类型的纯粹多样化描述相关的理论假设问题。但这里还是实现了从诠释理论到文学的第一步，包括有选择地将之用到所描述的示例中去，包括提到了运用的可能性。但这并不是一种更全面的、精确的理论，或者说不是一种能成为或实现普遍诠释论基础的理论。因此，我们可以把这种初步的区分和元等级看作是建立更为普遍化的诠释理论的开端，使之跨越文学，变得更具普遍性，但绝不能使之只适用于文学方面，就像《诠释理论和诠释实践》这一标题所揭示的那样，应该形成一种全面的诠释理论。

第三十七章 巴恩斯的《论诠释》

诠释或解释是一种行为,而且大部分是一种象征性行为,其赋予了诠释对象(有待诠释的符号)一种符号聚丛或解释。诠释建构主义提出的诠释概念是十分全面、广泛的,但同时也保留了包括在不同的层面和维度上对诠释的不同类型进行细分和区分的可能性。从实用性来看,解释当然是和语境、习俗、文化传统、特定的诠释方式和符号系统——其植根于习惯关联和习俗化关联——有关的。诠释在所有理解中的可渗透性基本原理当然也是和这样一种广泛全面的诠释概念有关的。当然,诠释也有狭义的概念,尤其是在文学家和艺术评论家等人提倡的阐释学、诠释理论和诠释理念之中。但即使在这些方面,经常也会以更全面的诠释理念为基础,也就是诠释在本质上是对意义和/或解释进行归类。

如果用到了一种狭义的诠释或解释概念,那么就似乎面临了解释或诠释中这样一种理论假设,其和维特根斯坦在其《哲学研究》(比如第340页)中提出的概念是一致的。维特根斯坦在其中提到:"一旦我们做出解释,那么我们就提出了假设,而这些假设有可能被证明是错误的。"他认为,"那些我们解释的情况……是很容易被辨识出来的"。对于这一观点，安奈特·巴恩斯（A.Barnes）曾在其杂文《论诠释》（*On Interpretation*，1988）中通过一次深入的分析进行了驳斥。因此，我也打算在下文中介绍一下她的这些研究，因为她是从一种可证伪的理论角度出发，明确以维特根斯坦对解释的定义为基础的。当然，巴恩斯并没有必要从狭义的角度认定理论假设中这种可能的"自我证伪"可能性就是一种伪造（同上，第133页），她分析的是一系列其他的反诠释可能性，包括弱化知识需求、可信性论断、规范化规定（同上，第113及以下诸页），尤其是通过提出"关键性的反诠释"来进行驳斥（同上，第122及以下诸页）。她分析的基本上都是针对艺术的学术性诠释和批判性语言分析诠释，因此在后面的讨论中，我会认为其由于过分一般化而具有夸张描写的成分；但这里主要不是进行批判，而是提出诠释理论在认识论上的普遍条件，对其所做的分析可以用于或澄清一些特殊领域上的示例。

巴恩斯首先从认识论上定义了诠释，也就是讨论知识和诠释、描述和诠释之间的关联，包括在从狭义上定义诠释的过程中显见事物所发挥的作用。如上所言，她的探讨是基于维特根斯坦的诠释理论假设的，对于这一点，后文还会再提。

上文提到，巴恩斯的观点局限在艺术批判和艺术理解上，因此，她本人相信，她在发展勒维特根斯坦的观点之后（"解释是一种思考，一种行为"，《哲学研究》，第340页），对诠释做出了相当狭义的界定，其观点也是十分狭隘的。巴恩斯一开始提到，她认为"并非所有的思考都是诠释"（巴恩斯，第7页）。（从这一点就可以看出，她所使用的诠释概念要比维特根斯坦和我在本书中提到的狭隘很多。）同时，巴恩斯也认为,并非所有的描述都是诠释,尽管维特根斯坦提到,"间接经验的描述、用解释来实现观察者体验的描述……都是一种间接的描述"(同上,第503及下页),同时他也称这种描述是一种解释。维特根斯坦认为,每一种描述必然取决于被接纳、被预先设定的视角和观点,也就是服从解释的框架,并使得相应的描述具有了诠释的色彩。但巴恩斯的研究却没有到达这一步。在她的观点中,最根本的一点是,人们完全有意识地认识到的显见事物并不可能属于某种诠释:知识并不是诠释[①]。这当中关键的一点当然是要真正严格地去看待显见的事物,并将之同纯粹的"显见事物的表象"区分开来。(同上,第9及以下诸页)自明性存在或知识是和个人有关的,而且有可能是和诠释者有关的,或者针对的是诠释者要诠释的其他人。巴恩斯在通过必要条件来实现特征化的过程中,探讨了针对自身或针对他人的诠释行为和诠释,她的出发点是"诠释"的过程意义(和结果意义相对)。(同上,第27页)她提到了分析性的、复杂的必要条件,而这些条件只需要诠释的这种狭义的、理论假设的概念就足够了。因此,某种事实的显见存在(超越了纯粹显见事物的表象)就会排除对其所做的诠释。同样的,如果真的存在完整的知识(也就是说,所知者知道这样的事实是存在的,而且知道自己已经知道了这一点),那么诠释者本身就不需要

---

① 很显然,巴恩斯探讨的是更加狭义的阐释学层面上诠释的方法论。可以看出,她针对的只有一点,也就是当我们说我们知道某事物时,从认知理论的层面来看,我们就同时提出了另一种诉求,就像是我们在说,我们要如何如何诠释(=解释)某事物。当然,这里的问题在于,她是否同时还认识到诠释是一个普遍的认识论概念。如果答案是肯定的,那么这一出发点就没有任何系统性的基础为依据。

诠释了。(首先，所有的诠释针对的都是诠释者本人。也就是说，这里针对的始终都是把某物诠释为对诠释者而言的某物这一过程。)

如果某物是显见的，那么这就会带来一个直接后果，也就是诠释者会有意识地知悉，诠释对象拥有被诠释分类的特征。就这一点来看，首要条件就会被回溯到次要条件上。而次要条件成立的基础在于，主体真正有意识地知悉，主体相信自己就这一知识做出了错误的判断，这从认识论上来看是不可能的。也就是不可能证明知识的归因是错误的。但如果不可能做出错误的判断，那么主体就不可能诠释相应的事实，因为他已经知道了这一事实。明确的知识、不可能证伪的指示和诠释，都是互相排斥的。巴恩斯最主要的观点在于，诠释是基于一种非显见性的、非知识性的弹性空间。这就意味着，诠释"建立在一种非显见性的、非知识性的弹性空间之上，或者说，需要这样一种弹性空间，但尽管如此，诠释也有可能是错误的，或者说有可能会被驳回"。"如果对 A（主体。作者）来说，其从认识论上来看是不可能犯错的……那么，A 就不可能会为了自己进行诠释。"（同上，第 35 页）[①]

同时，巴恩斯还试图表明，如果我们假设，对于诠释而言，针对同一对象需要多种同样合理或同样有代表性的诠释原理和视角的可能性——我们可以和维特根斯坦的解释视角进行对比——是必要的，那么"体验到"就既不是诠释中的必要条件，

---

① 巴恩斯还探讨了（同上，第 34 页）弱化这一要求的情况，也就是主体不可能弄错：为缺乏可信度、基础性、非理性或不可能性、诠释性的归因进行辩护，这些都属于这种被弱化的要求中的论据。

也不是其中的充分条件。（同上，第 37 页）诠释就意味着必然的合理化论证，并且像之前多次强调的那样，需要同纯粹的揣测和估计区分开来。"体验到"并不一定是和知识的在场相关的。另一方面，在一些情况中，"体验到"——比如如果我们已经知道声音序列是和旋律有关的话，一旦体验到这种声音序列，就会认为这是旋律——也是存在的：按照狭义的诠释概念来看——这种概念排除了知识和显见性——，这并不是诠释。

把诠释概念变得具有实效性，这是非常重要且有意义的。尽管某人知道某事物并因此无法为了自身（按照巴恩斯的观点）而对此加以"诠释"，但他还是可以向其他人诠释（在解释中传递）该事物，并反过来也为自己诠释其他人知道却无法对自己诠释的事物。（同上，第 146 及以下诸页）这一点同样适用于普遍化的过程。诠释概念的特征首先是通过个体化的必要条件实现的，但和普遍知识无关。和对诠释者本人而言的诠释概念一致的是诠释者"为他人"进行的诠释会因这种必要条件而受到消极影响，以致诠释接受者所具备的有意识的"知识"在分析过程中被排除在外了。如果我们要把某种告知过程理解为诠释，而不是宣告知识的过程的话，就必须同时知悉说话者和接受者所具备的认知条件。按照巴恩斯的观点，某人所表述的话语对于其本人而言并不是诠释（因为这些话语呈现的是"知识"），但如果这些话语是另一个人表达出来的话，那么对于此人而言，这就是一种诠释。同样的，也有可能某种称述对某人本身而言是具有诠释性的，但对于其他诠释接受者而言却并非如此，因为他们已经"知道了"这种分类（也就是无法再进行诠释了）。

从艺术诠释和概念序列的这种狭义认知理论中，我们可以看到，其狭隘的视角是多么无的放矢、迟钝笨拙，而且很容易就会陷入实用论的相对化中。比如，从放映的影片中辨认出人形，对于看多了电影的西方人而言，这一过程完全不需要进行任何诠释，但对首次接触电影且显然一开始无法从屏幕中辨识出任何东西的土著居民而言，这就需要诠释了；对于他们而言，只有进行诠释，才有可能辨认出人形。

对于我们此处的讨论而言，巴恩斯研究中的"诠释和描述"章节（第144及以下诸页）是其中最有意思的。该章节又重复提到，在为自己进行诠释时，知识必须被排除在外，而在描述过程中，却并不需要如此。在为他人进行诠释的过程中，当然需要诠释者掌握有关的"知识"，但这种知识并不会被当作必要规定而被排除在外。描述所需要的必要条件是和为他人进行诠释时候的必要条件一致的。当然，其他人也必须符合其中的必要条件，也就是这些人不具备同一种知识。

也就是说，只要对其他人而言某物可能是诠释的话，那么这就是一种描述（当然，从实用性上来看，这种描述是和接受者没有关系的），可见，诠释和描述是互相关联的。描述和对他人进行的诠释之间是可以一致的。巴恩斯赞同诠释可以被理解为描述，但如果我们所理解的描述概念范围足够广的话，诠释就只能是描述的下属类型。但巴恩斯认为，描述概念也可能是狭义的，那么，像描述和为自身进行的诠释就成了互相排斥的分类类型。（同上，第155及下页）

在对描述和诠释加以区分时，重要的是主体是否相信他是否做出了恰当的归因决定——是否能够明确保证存在这种归因，且存在相应的明证性，又或者事实并非如此，同时必然存在其余考虑和决定——，如果处在必要的决定和进一步的权衡过程中，主体则是为自身在进行诠释。如果两者均非如此，那么他就是在进行描述（同上，第150及下页）。就这一点来看，诠释或描述取决于人们是否在已经确定的分类范畴中活动，或者人们是否能带来另一种全新的归类——一种全新的解释。

巴恩斯提出了一系列充分条件，这些条件建立在上述单独的、必要的条件基础上，同时总体来看，在为自身进行诠释的过程中，这些也都是充分的条件。

因此，"A会为了自身而把x诠释为F"，前提是：

1. A不知道x就是F；

2. A进行分类的方式并不是普遍为人所知的，或者每个人只要有一点点知识和能力就能轻易获悉该方法的；

3. A分类的方式撇开了已经确立起来的关系分类（指称分类）；

4. A要么相信，在其所获得的明证性基础上决定x就是F的做法是必要的，要么就是在已经可以判断的证据基础上（现有的证据）无法明确论断x就是F，于是便需要进一步的权衡和决断；

5. A对x的意义做出了论断；

6. A对x做出了解释（解释为什么x会如此，其如何如此）；同时

7. A拥有一种经验证据为基础来支撑自己的信念，即x就是F。

如果除了最后的命题之外，这些条件的所有单个命题都被否定了，那么就只剩下了一点，即"把x描述成F"。（第154页）

从这些表述可以看出，这些可能性并没有涉及所有的关联，

比如有可能只有一种诠释的必要条件没有得到满足。但从描述所具备的充分标志来看，这一条件并不充分。比如某主体明确知道 x 就是 F，但除此之外在诠释的典型充分关联中，所有的必要条件都得到了满足，那么这究竟是不是描述呢？在未被人所知的分类结构中所做的分类算不上描述，而只能像之前那样被看作是诠释，尽管这是和某种事实知识有关的。

　　巴恩斯的观点尽管是在经过大量分析之后得出的，但由于其基本定义和理念过于狭隘，在我们看来，其观点本身就得遭到普遍的批判。为什么我们就不能把知识和诠释关联起来呢？在我看来，为什么显见性就不能又或甚不应得到诠释呢？既然从广义角度来看，就像所有理解都具备诠释的可渗透性这一基本理念所表明的那样，诠释无论如何都是必不可缺的，维特根斯坦甚至都把这一点附加在了描述之中。难道就不能反过来，描述也是诠释性的，而不仅仅说诠释是一种描述？巴恩斯很可能就没有考虑到这一点，而只是关注了口语表述上的区别，也就是当我说"我知道这点"，就意味着我同时表示"我没有诠释这点"。而反过来当我说"我把某物诠释为……"的时候，我就是同时在表明"我不知道它会如此"。如果我说"某事物对于我来说是显而易见的，或者是明显的"，那我就是指"我不会（完全）深入地进行诠释（解释）"。从这种口语表述的层面上来看，这一切都和人们应该不可能把知识和诠释关联起来这一点无关。如果要把另一种事物诠释为某事物，那么就必须同时知道某事物。这就是我要讲的关键。很显然，我们可以将之作为诠释的基础。而且巴恩斯也可能完全不会否认这一点，但她却没有深入研究这种认知理论上的关联和交互影响，而只是在区分"知识"和"解释"的过程中局限在了日常分析的肤浅理解上。诠释的狭义概念，尤其是包括其中占主导的排除知识的必要条件，让巴恩斯所做的归类变得不同寻常，其既没有完全符合日常理解，也无法满足广泛的认知论模型，同时也不能成为诠释主义模型的基础。（巴恩斯的研究可能根本没有涉及最后这一点。）

由于包括了理论假设的确定要求或甚绝对要求的"知识"几乎是不可能存在的——从近几十年的认识论观点来看，每一种知识都是理论假设的知识，尤其是和外部世界的事实有关的实用知识——，既然知识并不可能是绝对固定的，那么从本质上把一种诠释概念建立在排除知识的基础上，同时把描述所具备的充分条件建立在和该知识相关的基础上，这种做法就是不现实的、不必要的，或者说乌托邦式的。每一种描述都是和视角有关的，从某种视角出发，其本身取决于诠释性的、也就是归类式的解释（包括从角度或所采纳的视角出发来看），同时其本身也排除了绝对的知识。描述也是被诠释渗透了的，而且这是必然的，尤其是在对诠释概念的全面理解中（而如上文所承认的那样，巴恩斯却完全没有考虑到这一点）。因此，像巴恩斯那样太过狭义或如此狭义地理解诠释概念是完全毫无必要的，这么做会导致人们无法认识到描述是被诠释渗透了的，反而只会看到诠释可能是描述（具体要根据定义描述概念时所具备的范围）。在定义概念的大小范围时需要考虑到目的性，这当然也同样适用于描述概念以及诠释概念的建构或构思。而且，根据接受者来对描述和诠释的必要条件进行不同的概念区分，这是不妥当的，尽管随后细分其中的关联也是颇具意义的。

最后需要强调的一点是，巴恩斯的观点是基于诠释中狭义的理论模型的，而该模型从根本上（就像她一再强调的那样，尽管并不是始终如此且普遍如此）来看把诠释视为话语，而且这些话语可以证明自身是错误的。当然，从一定角度来看，诠释就是理论建构，但如果只把诠释看作话语理论的话，似乎就毫无意义了，因为理论本身又是被诠释渗透了的，或者说是"充斥着"诠释的。确切地说，诠释中使用的一系列理论假设或话语似乎更可以被看作是诠释建构，而不是反过来把诠释建构看作话语——根据相关的理论假设，这些话语可能是真的，或者是假的。至少，巴恩斯提到的理论真理（这是从认知理论的角度出发的？）是具有误导性的，因为她试图提出的并不是艺术（评价）的"真理"，而是反思艺术批判中的语用分析。诠释建构自身并不是"真的"或"假的"，而是其目的性是否针对特定任务和功能——巴恩斯本人也提到了实用语境影响和情境影响的关系。巴恩斯也颇费笔墨地探讨了不同的特定诠释是如何互相排斥或同时有效的，同时提到了不同标准的可能性，这些标准会同时许可不同的诠释（同上，第42及以下诸页，第72及以下诸页，第78及以下诸页）。"对于诠释性真理而言，得到了顺利执行的艺术性意向就已经足够了"，这一点当然不具备充分的合理性和说服力；这只适用于艺术家本人对艺术品的诠释，但几乎不能用于受众的诠释或普遍诠释。有意思的是，巴恩斯把她对诠释类型的理解体现在了这一点上，也就是她自己认同，并不是所有的诠释都可以被看作真的或假的，而只是存在真理判定的可能性（从上述角度出发）。（同上，第78页等）

不过，对把诠释一概而言地视为文学行为或艺术批判行为的做法，巴恩斯还是在其书作的最后一章中试图进行特殊的差异化分析。对艺术品的科学分析或批判分析并不是一种均一的、能被称作"诠释"的行为，而是一系列有待区分的不同行为：诠释和与之相对的对象一样都是"不可避免地多元化的：从根本上来看完全不同的批判行为才能算得上诠释"（同上，第159页）。这种多元化体现在对不同对象的各种质疑之中（同上，第160页），比如"这篇文章描述的是什么""这篇文章要表达什么""这幅图要'呈现'什么""这幅图要'具体说明'什么"等。这种问题不仅针对每件艺术品，同时根据有待诠释的作品所具备的自身价值，也可以用到其中的某个问题。如果这一点适用于巴恩斯主要讨论的文学诠释和艺术批判诠释的话，不管如何基于普遍诠释的对象和类型进行假设，从其方法论来看，重要的当然是针对条件理论部分的研究以及对描述和诠释的区分，同时也要考虑到相关的认知学命题。但巴恩斯并没有提到这种特殊的类型区分。

　　撇开巴恩斯的理论和研究目标，我们可以得出一个普遍的结论，也就是太过狭义的诠释概念是不具备目的性的，而且事实上诠释是可以根据其过程、建构、认知学上的相对化，也就是从实用角度出发来区分彼此的。更进一步来看，不同于巴恩斯的观点，我们还可以断言，诠释要比描述、理论形成或理论化更关键。绝对的知识是不存在的，脱离了诠释的（比如和角度或视角无关的）知识也是不存在的。就像本书中多次强调的那样，每一种理解都是诠释性的。诠释艺术品，尤其是文学作品之时，所采用的方式和方法当然是具有特殊性的，但同时这也是普遍诠释关联中的一种特殊情况。诠释并不排除知识和显见性，反之，每一种知识以及对显见事物的判断和理解都是和诠释有关、和视角有关的，就像所有的分类过程一样。包括像特殊的艺术理论诠释或文学诠释是和合理化论证相关的这一条件，也无法被升华为一种不同于其他理解方式的特征（巴恩斯因其狭隘的研究目的所限当然没有考虑到这一点），因为诠释是无限的，开放的，可以在等级中不断重复，而我们当然可能且应该针对这一点进行实用性论证。

普遍来看，诠释以及诠释的渗透性范围要比安内特·巴恩斯基于其狭义的诠释概念——尤其是对艺术品的诠释——所做的理解广泛许多。与巴恩斯的论断（同上，第一章）不同的是，显见的事物，以及假定（这里只有"假定"的才是有可能的）已经被认识到的事物，都完全属于诠释，因为从根本上来看，多种不同的诠释可能是存在的，或甚（这也是被巴恩斯彻底忽视的一点）会因为诠释而使人关注到隐晦的视角关联，也就是关注到受文化和习俗影响的视角，这些都是"显见性""明证性"的基础，或者说已经融入了这两者当中。上文提到感知银幕上的人物形象的过程就是一个典型示例。如上所述，真正的土著居民——比如在从未看过电影的非洲人身上就可以证明这一点——一开始并无法认出电影中投射出来的人形，即使这是更贴近现实的彩色电影（更不要说黑白电影了）。而对于那种从没有接触过文明的部落而言，比如最近发现的一个居住在玻利维亚的部落，就更是完全难以看明白放映的这种影片了。这一示例有力地证明，对"明证性""显见性"而言，视角化的、和角度相关的、受习惯和习俗影响的必要感知条件是存在的，这种条件会实现对图片——此处是指运动的图片——的具象感知。如果没有诠释性，就不可能认识"显见性""明证性"。这一点当然也适用于已经"知道"被认识到的事物（从认知逻辑来看，这种事物的特征体现在，知识会暗示关于这种知识的知识是毋庸置疑的）。不言而喻的事物、显见的事物、明显的事物，都不是如我们所想的那样理所当然且确定的（几千年前，人们认为或"观察"到地球是圆盘，由此我们也可以明白这一点）。

尽管对于我们而言，现在任何其他的诠释都是不可能的，但普遍来看，它们对于不同的时代、不同的文化习俗而言，还是可能存在的。诠释始终都应该被视作是多种多样的，是可变的，从根本上来看，是可以有不同选择可能的。

诠释从原则上会开放地接纳各种不同可能，但这并不排除有一些诠释设计或暂时的诠释会无的放矢、太过狭隘、不忠于作者、不合理或不符合意图。诠释的评判是具备实用性标准的，在这一点上，巴恩斯说的完全在理（同上，第五至七章）。我们当然可以从术语上把已被人们接纳的诠释称为"真的"诠释，但为此却不得不付出一定的代价，也就是诸多原本彼此矛盾的，也就是彼此不兼容的诠释，也可能成了"真的"——从"真"这一普遍语用角度来看，这是一种等效结果。与之不同的是，巴恩斯（同上，第45、56、62页等）想要证明，作者的意图是就"充分的"风格化，尽管不能认为这就能"保证"对艺术品的诠释是真的，但还是表明了一种可能性，也就是把诠释理解成理论假设般的称述，而且这样的称述"有可能自证是假的"（维特根斯坦）。但这当然只是一种可能性，其针对的是作者意图和诠释对应性中一种非常狭隘的真理概念。如果我们要认为"真的"和"忠于作者"这样的谓项具有同等意义或是等值的，那么我们必须明确一点，也就是这里涉及的是诠释真理概念中一种非常狭隘的理念，而且其绝对不可能和对伟大作品中"真理"的普遍理解保持一致，而且这种"真理"是和话语真理完全无关的。我们原本可以通过这种定义手段至少来获得某种明确性（如果我们假设作者意图是明确的，而且是可以被人获悉的）。但我们现在在获得明确性的同时，却是以狭隘的——同时深入来看在实用性上也是和作者的观点有关的——真理概念为代价的。如果我们要摆脱这种局限，同时又要能确认"真的诠释"，那么，我们就不得不认同那些互相排斥的不同诠释都可能是真的。[巴恩斯认同这一点的前提是，她仅仅认为这只和不同的标准有关（同上，第42及以下诸页，第78及以下诸页，第111页）。]

涉及理论真理的概念时，也出现了类似的问题：如果出于论证目的而假设有两种不同的理论真理概念时，这两种概念是不可协调的，从实证上来看，这些理论展现的是同样的意涵（撇开不可测量性问题），也就是具有同样的预言能力和证明价值，那么按照传统的真理概念，这两种理论就不可能是真的。如果认为其中一种是真的，那么另一种无法与之协调的理论就必然是假的，尽管从实证上来看这种理论也具有同等功能！而在科学理论中，我们会通过两种方式来规避这种两难性：要么我们就用无限接近真理的概念来替代真理概念，要么就认为这种真理概念只有在无限性中才能得以实现，"从长远来看"是属于理想化的真理概念，或者认为只有在科学时代终结之后，该概念才能成为最后的真理，而在此过程中，每一种当下的真理判断都只能是临时的,或者是对一种有待提高的真理对应性提出的诉求。又或者,我们也可以放弃普遍理论中的真理归因,尤其是当我们从传统的"和现实保持一致性的"符合理论层面出发来理解真理概念时。包括在批判真理的传统符合理论时,也可以看到,真理的归因问题是无法得到彻底解决的,也就是说,无法在绝对层面上具有操作性,因为对于最根本的真理比较而言,包括在确定理论和现实性之间的"一致性"或"对应性"的过程中,是不可能存在任何脱离了理论或理论手段的路径的。反之,把真理谓项局限在单一的话语和语句中,看起来似乎才更有意义,而且这些话语和语句很容易就可以借由明确的观察或测量理论(或者别的方法)被证实为真伪,而我们一般都会认为理论只具备一种真理生产潜能(见伦克,1992a),或者只具备一种或大或小的特质,从而才能生成单一的、真正的语句。对于这种真理生产潜能而言,显然,这样一条原则是不通用的:一种高度的真理生产潜能会排除另一种同样高度的真理生产潜能或排除适用于另一种理论的真理潜能。此外,虽然真理的近似法理论(比如在波普所说的"逼真的事物"中)一般都具有自身的矛盾性,包括皮尔士所谓的理想化真理中尚不具有操作性的理论也具有同样的问题,但这两者当中的优点还是得到了保留,而且其中的方法论难题也已经被回避了。

同样的情况也适用于诠释的可被接受性。我们完全可以把可被接受性标准中的多样性和可被接受性概念中的多样性,同解决方法论困难过程中用以间接保持优点的方法结合起来。我们可以从不同的标准出发,在诠释的适应性潜能这一普遍概念中引入可被接受性,这一概念可以根据不同的局部标准从更好或更少的可被接受性角度进行集合式的建构，或是建构出一种总括式的比较（在此过程中当然同时接纳了同等程度的可被接受性）。从符合作者意图的角度来看，在诠释艺术品的过程中，与作者之间的一致性当然就成了这样一种可以支撑可被接受性的标准。我们也可以以此假设其他的标准，通过各种灵活的方式，通过符合文化上的判断情境和文化传统的方式。

从术语上来看，似乎不适合用"真的"或"真理"这样的谓项来确定最大的或较大的诠释适应性潜能，这似乎更像是传统上接近真假二分法的一种同化，也就因此显得极具误导性，而事实上，这里所说的并非仅仅把一种诠释标记为唯一可被接受的诠释。

此外，我们也可以在特定层面上，甚至是从传统的符合理论角度上确定局部的或相对局部的诠释"真理"。比如金特·阿贝尔（1989）就曾强调，我们可以把符合理论用于诠释建构，或者至少把与之相关的真理概念用于诠释建构，此时，我们会把特殊的、理论上的诠释同生理上预先存在的（对于我们而言不可改变的）初级诠释或原初诠释之间的一致性，理解为不同层面的诠释或诠释建构之间的"一致性"。因此，符合理论中的真理就是一种内在的、认识论定义上的概念，它为我们所处的且无法摆脱的诠释世界中所具备的内部关联设定了一种最终标准。即使如此，从符合标准来看，在对诠释进行比较的过程中，这种缩减了的、符合理论上的真理概念还是非常有用的。而这些符合标准中有可能会存在另外一些不同的、多样的标准，因为诠释层面和诠释类型本身是多种多样的。

从根本上来看，诠释和诠释建构的适应性标准可能是多样化的。某种可被接受性判断当然就有可能是一种人为建构的，或者说强行得出的总括式判断，它和不同标准的建构性适应过程有关，但却以标准的某种元评价为前提，从方法论上来看，其本身也是被诠释强烈渗透了的。不过，把特定诠释中的诠释适应性潜能类同于理论中的真理生产潜能，这一理念是非常有意义的，而且也有必要在这一方向上进行进一步的研究。

といい
第十部分

第三十八章　从维特根斯坦的观点解释规则的运用和行为

传统就像是有色眼镜，我们要花费大力气才能改变之，或者费尽万般心力才能发现其缺陷并克服之。尤其是涉及深入日常认知的哲学模型时，也就是涉及深入人心的思想文化财富时，更是如此。毫无疑问的是，在和语言的标记功能和类型有关，也就是语言表述如何同对象关联起来时，就更是如此。而且这一点也同样适用于话语、语言的抽象表述同呈现了心理"内在性"的心理概念之间的关系上。

"每一种解释，包括被解释的对象，都是悬在虚空之中的；解释无法作为被解释对象的基础。解释本身无法决定意义。"路德维希·维特根斯坦曾在《哲学研究》（§198）中提到了意义和解释同"习惯（习俗、机制）"之间的必要关联和基础（同上，§199），针对的也就是受掌控的行为实践的主导性。当然，维特根斯坦是不支持这种解释的："每一种符合规则的行为"都是"一种解释"；"所谓'解释'……就只能是通过另一种规则的表述来替代一种规则表述"；因为"对规则的理解……有可能并不是一种解释；而是会体现在规则的使用过程中，我们称之为'遵守规则',称之为'违反规则'"。(同上,§201)按照维特根斯坦的观点,我们不能"在思维过程中把解释一个个排列起来,就像是为了寻求片刻的安心而需要某种解释一样,最终只为了寻求一个最后的、继某个解释之后的解释"(同上)。

毫无疑问的是,诠释过程是和解释过程、解释的运用过程紧密相关的,语言表述的运用需要解释,也就是需要诠释,而且,如果解释并没有植根于某种与规则相关的实践且并没有通过(在社会上已经成为了惯例的,且被认为是受到掌控的)行为习惯而呈现出来的话,解释本身实际上就是"虚空"的。"诠释要早于语言"(就这一点来看,语言上的解释和语言哲学上的解释也是诠释习惯,而且都受制于更深层次的诠释哲学疑难),"而不是反过来"——就像阿贝尔(1991)在《符号和诠释》中强调的那样。事实上,诠释性构成要比语言解释和范畴化更加全面。一般而言,语言解释是由习惯性诠释惯例构成的模式范围内一种特殊的诠释行为。把人类视为一种具有诠释能力的存在这一理念,要比把人类视为具有话语能力的存在更加普遍、深入。(当然,这并不否认对诠释过程、诠释行为和诠释条件的每一种描述和理解都是和语言表述、语言形式相关的:认识论上的描述只可能通过语言来实现。)

路德维希·维特根斯坦是最初发现语言表述及其功能本质上和行为交织在一起的哲学家之一。他认为,语言离开了行为就是空洞的,无法描述任何事物。"把语言游戏看作原初事物!",这是他最典型的纲领性宣言之一(《哲学研究》,§656)。(维特根斯坦继续提到,"看看情感等物,将之视为语言游戏的观察方式、解释"。为什么这里提到了"视为"?)这个理念有时候会造成误解，人们一般会把语言视为认识和哲学思考过程中超验的、近似语言学上的基础，同时经常会忽视一点，也就是语言游戏的游戏以及语言游戏的形式会呈现出行为和行为形式，而且行为要比话语或语言更加有影响力。维特根斯坦本人认为，语言游戏是和生活形式有关的行为形式和功能形式，也就是小型的、具有松散局限度的、彼此相关的行为习惯和形式。语言并不是原初的，（推动语言游戏的）行为才是原初的；而且说话过程本身就是行为。语言是由行动生成的，是行为的一种诠释性建构。当然，行为本身也是被诠释渗透了的或充斥着诠释的。诠释过程就是在功能关联中制造符号之间的行为关联。反之，作为这种制造过程和功能性更新过程的诠释本身也是一种行为。总体来看，我们必须把维特根斯坦的语言游戏理论纳入一种行为形式理论或行为理论，纳入实用主义的、受规则引导的行为组成的普遍生活关联之中。

那么，什么是"受规则引导"呢？这是维特根斯坦观念中的一大难题，是他所谓的矛盾（《哲学研究》，§201）之一，也就是说，一种规则可以决定无数的行为，但只有在有限的方式中才能被假设、被表现、被呈现出来或得以理解。维特根斯坦认为，符合规则或遵循规则的这一概念本身，是和习惯、习俗或机制（同上，§§199—207）同社会共同体及其生活形式有关这一点密不可分的。按照维特根斯坦的观点，评判意义正确性的标准要从表述的（正确）"使用"来看，其关键在于，在一种最基本的社会共同体中，符合规则性是由另一种符合规则性确定下来的。这是一种极端的观点，很早以前，我当时的助理格鲍尔在其博士论文中就和我一起（包括铂金斯早在1956

年也曾暗示过这一点）提出过这一想法——这要比克里普克（1982）早很多。克里普克在其关于维特根斯坦的规则运用的论文中，提到了维特根斯坦后期哲学中所有符合规则的过程以及语言运用惯例中具有建构性的、社会化的设定过程。因此，心理和内在事物的差异化结构化过程以及辨识性结构化过程只有通过具有掌控性的外在标记和行为才有可能实现。这就是维特根斯坦下列名言中的关键含义："一种'内在过程'"需要"……外部标准"。（同上，§580）这里谈论的并不是行为主义上的简化或否认内在体验，而是与其掌控力、固化、辨识和再认同、持续化、结构化、习惯化、操作性上实现可接近性和细化分类有关。

这一结论更加具有普适性，不仅仅是和无法直接外在被看到或接近的心理或内在事物的结构化、细化分类或区分有关，而且是和对象的指向有关，或者说从指称上来看是和表述的普遍指向有关。包括名称或对象称谓同所指对象或所指物之间的指称关系，也都是在运用社会性上已经得以构成的规则，因此也是被诠释渗透了的。

在极端情况下当然有可能会产生一种指称上的社会构成主义。如果我们对指称关系的理解是从构成性的一种近乎社会行为主义或社会功能主义的极端意义出发的话，那么指称对象的指向过程或针对对象的所指只会消失在规范化的、受掌控的社会规则投射中。那么，按照维特根斯坦的观点，在处理心理事物和内在事物的过程中，针对的并不是本体论视角上的心理如何构成的问题，而是对于维特根斯坦而言更为重要的、对处理方式的把握，或者说是在和对象的关系格式塔上如何运用表述的过程。语言游戏或行为在这一点上也是原初的事物。名为所指物的对象和作为相应表述的心理所指物的内在体验一样，都不太会消失在虚构的语言使用之中。其出发点在于，它们并不是任何本体论上的基础，而仅仅只是反复使用或投射我们的语言使用而已。从行为主义或功能主义的本体论简化过程来看，这可能就是对维特根斯坦观点中与方法论有关理论的过度诠释。从根本上来看，维特根斯坦反而倒是更关注进行细微差异化分析的实际能力和关联语境中处理表述的实际能力。他的目的并不是把现实性彻底融于社会建构和社会构成之中，而是描述表达过程中出现的可被理解性和可被掌控性（也就是可被理解和再度被探讨的可能性）。在维特根斯坦的观点中，内在体验（精神上或心理上的对象）或语言超验对象是否存在或在何种程度上存在，这几乎是毫不重要的，因为按照他的方法论纲领，他关注的只有表述中受规则调控的使用过程，以及概念及其意义在操作性上的理解和使用过程。

　　社会性的结构化过程会融入语言共同体中语言规则或意义规则的规范性或遵守这些规则的过程之中，而这种语言共同体是通过（双重层面上）社会化的规范性在其规范化过程中确立起来的，同时也会受到文化上的规范化、习惯、习俗、因行为控制而受到保障的稳定性、接纳、内在化、学习等过程的影响。这种规范性可以追溯到文化语境中的规范性，这一点似乎是维特根斯坦理念中的基本观点之一，是其主要观点的基础，也就是从原则上来看，在遵守规则的过程中，其不可能是纯粹私人化的（也就是不可能从根本上脱离共同体）。在"纯私人地"遵守规则的过程中，就不可能辨识出将规则继续用于一种尚未服从该规则的情况，或者撇开目前所探讨的顺序来区分目前得到遵守的规则中不同的后续运用情况。这是上述维特根斯坦所谓矛盾中的基本观点，克里普克及其之后的施泰格米勒都结合遵守规则以及私人语言的论点，将之当作所谓具有革新性的、诠释维特根斯坦理念的基础。如上所述，维特根斯坦的观点早已得到了多方探讨和研究，尤其是从"社会"现实性角度、构成主义基础中的极端性角度及其对内在对象和超验对象所指问题产生的影响上。

社会构成主义当然是一种诠释建构主义，或者是可以被重构为诠释建构主义。它不能且不该在社会－唯心论层面上被误解或夸大。维特根斯坦从方法论上对这一问题所做的全新解释就在于，就像克里普克，尤其是施泰格米勒着重描述的那样他在社会化的生活形式关联中用使用标准、意义理解标准和功能标准取代了证明标准，比如在针对所谓的内在事实、超验对象或表述、所指物的"一致性"时。指称机制中的本体论问题被认为是表象问题而遭到了摒弃，替代它的则是处于且固定在社会化生活语境、特定语言游戏习惯、文化传统中的合理性论证问题。按照维特根斯坦的观点（《哲学研究》，§199），规范性及其评判过程的确立根据的是确定的规范性["习惯（习俗、机制）"]关联，并以一致性标准为基础。相关传统也会发挥影响。最重要的则是在呈现出规范性标准的生活形式范畴中，已经规范化的行为形式。但如上所述，行为、习惯等本身是被诠释渗透了的，就像诠释本身的构成和固化也具有社会性一样。社会化的最后合理性论证或最终的诠释，这都是不存在的，就像最终有效的、最后的、未被探讨的、不被怀疑的事实是不存在的，表述和事实之间的一致性也是不存在的。每一种规则都可以有各种不同的解释。原则上来看，规则解释都是开放的；每一种诠释都可以被拓展、改变、修正、被另一种解释替代或补充——取决于同样可变的、原则上可以继续发展或有待修正的习惯，而这些习惯本身又受制于诠释。那难道这一切都会消解在诠释动态现象的虚无之中吗？不！从社会性上来看，关于特定时代和时期的特定诠释会被固定在生活语境之中，至少可以相对地作为导向性范畴而惯例化，也就是成为一种习惯。（当然在认定这些习惯的不同机制上，还存在受制于诠释的问题。）

包括语言超验对象的关联模型本身亦可以通过这种方式顺利实现常规化，成为习惯，该模型就是这样在我们的文化中实现规范化并得到理解的。在能动主义-干涉主义的传统关联中，比如从西方实验主义或事关生存的、行为的有用性角度来看，实用主义的诸多观点都支持上述论点。假设超验对象的存在就和假设内在体验是相关表述的所指物一样，完全是和维特根斯坦的观点以及诠释建构主义的视角相一致的。

从诠释建构主义层面上看值得强调的是，在这种假设中，针对的同样是一种诠释性的假设，这种假设探讨的是特定诠释建构中，可能具有局部的行为实践性和生理必要性的假设。即使标记特定"基本事实"的过程本身也是诠释性的，受制于特定的、预先设计好的诠释结构化过程，也就是由这些过程作为支撑。想象中的超验对象和语言超验对象构成的现实性模型同时也是一种高等级的诠释模型，其对实践和生活的影响并不会因任何方式而受到妨碍，更不要说会消解在诠释唯心论中了。从实用主义的，也就是事关生存的实践原因来看，我们有必要假设出这样一种模型。或许，在其基础上或基本特征上，这种模型也属于我们所具备的、几乎类似于生理性功能的原初诠释或元诠释，我们无法在实践过程中或有意识地改变这种诠释，只能想象这些诠释是可以被改变的。

从传统的或经典的论证理性主义角度来看，这些都不是最后的合理性论证，这一点是非常明确的，也不是诠释唯心论中绝对诠释主义式的还原过程。反之，这里针对的是和根本的可被理解性和可被掌控性相关的方法论，这种观点是和行为以及实验性地干涉现实世界的过程紧密相关的，其本身在诠释性的更高等级上可以被看作是诠释建构。通过不同的等级形成过程，就可以避免产生反复循环的过程，只有当我们意图固执于类似公理的论证理性主义原型，或者坚持从最高原理出发来引入或制造相关解释模型中的所有原理时，才可能会产生这样的循环。

维特根斯坦最终回归到了已经得以确立的社会习惯上，并从中寻找实用主义的理论依据，这种在生活形式上的社会性固化过程本身就是一种立足点或"墙角"，使得他在试图论证的过程中亮出了自己的"底牌"（《哲学研究》，§217）。因此，这里也必须强调一点，行为习惯和生活形式也并不是绝对存在或固化的，而只是相对固化，也就是可以被认为或想象成是具有可变性的，尽管我们认识到我们无法同时改变某种特定生活形式中的所有行为习惯。从单独的行为习惯或其规则来看，生活形式是可以被改变的——事实上，生活形式也是在不断改变的（比如随着工业技术的发展等）。规则和固化的行为习惯之间的关系也是具有相对性的。事实上，我们会有目的、有意图地去改变或进一步形成习惯或规则。［而且不同的生活习惯（比如不同在不同文化中）之间也存在矛盾、重叠、冲突、干扰或共存，就像文化社会学以及比较文化人类学上用文化渗透、文化扩散或相互渗透等概念所描述的那样］，生活形式、行为习惯都只是相对固定的，这一点表明，维特根斯坦的模型针对的是方法论上的部分内容，而不是结合了所有生活形式的整体建构。假设出一种生活形式上的教条主义，这完全是不必要的，尽管事实上特定的元诠释或原初诠释在生理性上是无法被改变的，至少在我们的构成中是无法被我们有意识改变的。"底牌"并不是在碰到"墙角"时被亮出来的，从其强大的影响力和可以彼此影响的能力来看，这两者都是互相关联的。或许，我们可以改变一下这种印象：这和墙角完全无关，而是一种相当坚固的表层土，而我们当然能在这层土上翻翻挖挖……

当然，我们不能只局限于此，也不能简单——从某种程度上是幼稚地，或许只是最后的坚持——地执着于诠释实践，或者坚持把诠释视为解释的最后基础，而且同时就像阿贝尔（1984）和尼采一样，还把诠释视为世界上的一种或甚唯一一种本体论上的"现象"。诠释始终都是一种态度［至少是一种具有筛选性的设计或反应，当然局部是有前意识的、预先意向性的，也就是会发生在行为或非有意的"做"（格勒本，1986）的等级层面上］，而且大部分时候会被明确解释成行为。但我们不能简单地把诠释认定成是本体论上的"诠释发生"（阿贝尔，1984，第6章）。这可能就会成为绝对的剩余本体论或在特定的关键点上破坏质疑过程，也就是成为一种教条主义的固化。除了根据上述观点把诠释方式嵌入日常习惯之外，我们就不需要对诠释进行任何最终的固化。"我们就按照我们诠释的方式来进行诠释"——阿贝尔经常提到这句具有后维特根斯坦色彩的话（1984，1991，1993）。而显然，从简单的层面来看，这句话无疑是正确的，但这却不能成为中断追问的基础，尤其是当人们把诠释过程和诠释行为理解成一种正在进行的、基础性的诠释发生时，而且这种诠释发生本身不再会被个人化或主观化。利希滕贝格和尼采曾批判过笛卡尔的"我思故我在"，那么此处的批判因为涉及"我思！"（"这里出现的是一种意识过程或意识现象"），那它批判的会不会就是类似的"我诠释，故我在"呢？如果我们要把诠释理解成过程，而且始终都只将其等同于非人的诠释发生，那么世界所拥有的动态性就被直接等同于诠释事件了。这是一种范畴上的错误，其在本体论上混淆或混合了认识论的解释和行为论的解释。诠释始终都是行为，或者在一定情况下可能会是上文提到的非意向性的"做"（比如在元诠释的层面上，其来源便是非有意目的指向的解释）。如果诠释是一种行为或态度，那么其前提就必须有行为或态度的执行者，包括一种行为情境，这种情境作为行为所嵌入的环境是十分必要的。只要行为或态度是符合规则和习惯的，那么其基本上（包括按照维特根斯坦观点中"遵守规则"过程时最终在社会性和机制性上的定位）受制于潜在行为双方原则上的现有存在，行为双方基本上必须能够确定或明确遵守外部标准中的规则。如果某条规则只有通过惯例化才能被确定、外在化、具体化、"实现"、描述的话，如果只有通过对规则的形象化"假设"和"图像"才能遵守某条规则的话，那么其根本前提便是某种习惯或机制的社会情境，也就是说，对规则的理解原则上是以社会性影响为基础的。诠释在根本上是和社会性紧密相关的——在维特根斯坦看来，语言亦如此。我不能绝对地单独一人私下进行诠释，至少不能在和生理性上固定了的原初诠释层面上，以及在这种无法回避的原初诠释中。（包括这种原初诠释也只能在社会性或语言世界中才得到理解或描述；当然，我们也可以通过简单实施或模仿性学习来进行实践；但这种实践似乎也是以一种能在实践内部区分遵守规则和不遵守规则的能力为前提的，也就是说，这在本质上也是一种社会性基础。）

就像维特根斯坦针对私人语言提出的论点一样，我们也可以针对深入的诠释提出：绝对不可能在原则上脱离了习惯的，也就是脱离了机制和其所植根的基础、习俗（其植根的基础本质上是社会化的）的情况下，发展出并有意识地学习到诠释方式、形式或规则，也不可能以此掌控运用或实现这些诠释方式、形式或规则的过程。诠释不可能仅仅是绝对的个人中心主义，而是会越过这种诠释的个人中心主义，以社会化的、原则上主观外在的、实践性的方式植根于日常行为和习惯之中。诠释就是超越个人而进入社会化。诠释是一种象征性的超越。

包括在这一点上，我们也不能简单地以习惯的影响、社会行为或社会基本要素为基础，认为社会性构成了诠释性且能成为诠释性的绝对基础。所有社会性理解、要素、条件、实体本身的构成都是诠释性的，随后才会通过诠释行为得以产生。脱离了诠释的、能延伸出诠释和基本诠释性的基础是不存在的。因为就像多次重复的那样，诠释本身就是一种行为（或者广义上的态度），其本身就定然是被诠释渗透了的。我们最后的结论便是试图在诠释的可渗透性这一更抽象的层面上建立更深层次的基础，这也是诠释性基本原则的内容。换而言之，诠释中不存在任何绝对脱离了诠释的基础，我们要么只能对诠释进行无止境的等级晋升，也就是不得不"一个接一个地解释"（维特根斯坦，《哲学研究》，§201），要么就得躲进方法论和认识论之中，不断区分诠释中不同的抽象等级和类型。从认识论上来看，诠释性的模型本身便是一种诠释建构模型。我们在理解日常现实中的行为和诠释时，会假设现实世界是行为和认识的对立面和立足点，而且只立足于同样是认识方法理论中的诠释模型范畴之中。由于诠释在方法论上的内在性，绝对本体论上的诠释主义是不存在的，这也符合诠释的可渗透性和诠释的不可回避性。我们只能提出一种方法论上的、超验的诠释主义或诠释建构主义，但不能按照尼采的理念把这一概念本体化、动态化或甚物化成现实世界的一种发生，不能将之夸大成现实的实体过程。没有任何道路是从诠释性通往超越性的，也不会通往世界上的所有发生——对哲学发生的理解也是诠释性的。我们无法逃离诠释性的苍穹，诚如我们所知，每一种区分、形式的形成、描述、认识、范畴的形成，全都是诠释方式带来的结果。包括认为世界的构成是和人类无关的，对我们概念中"现实的"所指物进行假设，对实体加以命名或描述，都只能是诠释性的、构成性的，也就是只可能发生在诠释内部。如果我们认为这种必要的局限性就是现实世界的发生——尼采和阿贝尔显然都是这么认为的——，那么我们就是在以错误的方式把一种方法论上通往外在化投射的内在通道物化、实体化了。每一种投射都是诠释性的，只能从诠释内部去理解、执行、描述。

但这一切绝不意味着绝对的诠释唯心论或诠释绝对论，尽

第三十八章 从维特根斯坦的观点解释规则的运用和行为 | 555

管从内部视角来看,所有理解都只能是和诠释相关的。我们可以且从生活实践来看有必要假设外部现实性,比如世界,是和我们无关的,而且是自在存在的,这样才能坚持诠释现象在原则上的社会性。

[尼尔松·古德曼(1984)用来置换世界的一种"只能被拥有"的世界及其与之相关的荒谬结论,也就是各种世界的多样性,同时他还否定我们生活在"一个世界"中,但古德曼的这一观点并不是反论点,而只是在说明一种方法论上的内在性。事实上,我们"拥有的"知识是对世界的各种理解,其出发点在于,我们对世界的理解、描述和假设只能是受制于各种观点和诠释,但这并不意味着我们能够且必须从生活实践缘由出发(而且是为了开展行动并进行自我定位)假设出一个超越的世界。世界并不等同于人们对世界的理解,尽管我们事实上都是受这些观点影响的,如果我们谈论的只是可以被理解的"物"(实体或现象)。]

这一点同样适用于最基本的构成主义:我们的出发点不能是我们可能拥有一些脱离了诠释的预先存在,而且认为这些存在是可以事后再被诠释的,而应该认为最根本的超验构成主义体现在我们不能认为无法被诠释的事物是存在的,这样才能对之加以诠释。要知道,全部的视野、全部的领域都是受制于诠释的,就像每一种理解过程都是以诠释、诠释形式、诠释可能和诠释能力为前提的。

从方法论上来看,诠释行为——在这一点上没有必要再进行深入分析和区分,因为诠释就是行为,行为就是诠释——可以被看作是诠释内部的基本范畴,其本身就是具有构成性的,也就是必须被纳入超验的构想功能之中。在新实证主义中，"存在"的神话已经破灭了，与之类似的是，受到把"对世界的阅读"视为一种文本的教条影响（利科、布卢门贝格以及阐释学家们的哲学观点皆如是），在诠释主义的朴素解释中，这样一种认为可能存在脱离了诠释的预先存在的神话也同样破灭了。我们不会拥有任何非诠释性的"存在"，存在只有在诠释中才能被接纳、被接受，对所谓"存在"的假设本身就是受到了一种认识论-方法论诠释主义的影响，其只能从更高等级的诠释性上才能得以理解。我们必须坚持这种方法论的、超验的诠释主义，但不能从中推断出世界所具备的基要主义式的现实构成，或者推断出一种脱离了诠释的、独立的存在性——在诠释带来的、受制于诠释的、对现实自在世界的假设中（这同样是一种必然的、诠释性的假设），其体现在上述对生活具有实用性的方式上。从这一点来看，诠释是具有原初性、构成性的，是在对已然可能存在的某物进行可能诠释之前所做出的构成性构想（阿贝尔在1991年也提到了"在'对某物进行诠释'之前，'把某物诠释为某物'才是具有优先性的"）。

这里也可以看到消极主义的认识论模型中所坚持的阐释哲学观点，比如伽达默尔的理念，尽管在伽达默尔和狄尔泰的一些观点中也具备积极的、建构主义的理解方式，比如伽达默尔在提到对艺术品的体验时强调"被认为恰当的感知……绝不是对所存在（可能。——作者）事物的一种简单映照。因为这种感知始终都是把某物理解成某物的过程。每一种理解表现的都是原本存在的事物，它会忽视……、直视……整体把……视为……，而且这一切都会处于观看的核心位置，或者在边缘或背后简单被'同时观看到'"（伽达默尔，1975[5]，第86页）。随后，他又提到（同上）"观看就是区分"记忆："'美学上'所获悉的事物所具备的存在类型并不是存在性。"在此之前，他还认为："因此，观看无疑是一种具有表达性的阅读，其阅读的便是存在的事物，同时也会忽视诸多存在的事物，这样一来，对于观看而言，这些事物就不再存在了；同时，观看也会因为预先推测的影响而'深入观看'完全不存在的事物。"（同上）伽达默尔提到（同上，第87页）："纯粹的观看和倾听都是教条主义的抽象过程，是人为地简化现象。感知针对的始终都是意义。"但他却没有认识到，对预先存在文本的阅读这一示例本身已经因其方式而具备了一种未被诠释的预先存在所拥有的朴素性。在这一点上，狄尔泰显然要看得更远，他强调："……当建构确定了原本不确定的事物时，意义就产生了……。"（1958，第220页）从原则上来看，诠释是积极的，且是具有构成性的。其针对的是认识和行为过程中一种具有设计性、拓展性的行动。这就是我们对诠释的理解，当然是在一种诠释性的模型之中。诠释的内在性本身无法被（以诠释的方式）超越。

第三十九章　作为诠释建构的意义

意义指的是符号的意义，而且很多时候是语言符号或某人所做手势的意义。因为我们认识到，按照符号理论的传统，皮尔士将之视为一种功能性的运用理论——符号只存在于运用之中，只有基于规范化的、主体间规范化的、统一的规则基础，符号才能被视为是代表了某物（所指物或意义）的符号——，因此意义是在功能中构成的，或是只依赖于运用的，也就是只能以此被定义的，这就毫不奇怪了。如今，在维特根斯坦把注意力都转向了符号共同体中社会实践所具备的必要的、能产生意义的功能之后，具有代表性的意义理论必然都是功能性理论——这正好且完全是和主体间的可辨识性问题相关的，同时还与对符号、手势、语言表述等当中运用的规则所做的持续的、主体间简单易懂且易接纳的诠释相关。如果符号只有在运用过程中才能发挥符号的影响，而且只有通过这种方式才能获得主体间和社会性上可被理解的意义的话，那么事实上，对于意义而言，诠释就是具有构成性的。只有在诠释性的、通过符号而实现并体现出来的过程和语境中，意义才会具备自身特征，并以此拥有一种社会性的、在诠释过程和理解过程中具有影响力的"类存在"。就意义本身而言，诠释也要比被构成的事物更加关键。对功能性语义理论的诠释性理解拓展到了对意义的功能性理解并将之作为诠释建构。在认识和行为中，只有在诠释中，只有通过诠释，只有受制于诠释性的理解，才能形成、确立意义并能交流、理解意义。每一种意义都是被诠释渗透了的，都受到解释意图、解释过程、解释习惯以及解释规则的影响。意义是被诠释渗透了的，和符号的指示特征一样，其构成都是具有功能性的，按照皮尔士的传统观点，符号的指示功能是和意义关系中的所指物有关的。继米尔（J.St.Mill）之后，逻辑学家约翰森（D.M.Johnson）（《逻辑学》I，第92页）断言，"对语言使用的认识本身就足以让人明白某个短语指的是什么"〔引自奥格登（Ogden），理查兹（Richards），1974，第222页〕。因此，奥格登和理查兹在其"解释的语境理论"（1923；1974，第244页）中把意义理解为传统上规范化的、通过适应、重复性和记忆中的持续影响力而与所指物相关的符号关联，其中，理解该符号的基础既不是其事实上的运用、关联或标准化、规范化的形式（"正确的语用"，同上，第241页），而是和意向中的所指物有关（"符号的使用者相信这是和符合有关的事物"）（同上，第219页）。符号的运用是和"各种本质、特征、语句、数量、功能、共相等相关的"，而且是"通过知识这一唯一关联"。这样一来，对符号指示方式和使用方式的研究，其与所指物、实体之间的关联，始终是高度理论化的，是和理论假设的建构相关的。因此，早在1923年，奥格登和理查兹就得出了结论："如果这些实体是作为其原本的存在，也就是作为符号性的辅助建构而被认识的，那么它们就具备很大的用途。"（同上，第239页）换而言之，人们会把所指物和意义同时投射进"一种类似实体存在的诠释状态之中"（丢尔，1992），同时，这种理论假设的、类似实体存在的辅助建构本身完全"可以被看做是复合体"。尽管我们为了这种投射而付出了一定代价，但在哲学传统上，这种代价几乎向来都是不得不付出的，而且可能会造成误解，且还会常常带来误导。按照一种错误的投射结论，类似实体存在的理论假设建构是理想的实体，也就是一种类实体化的去实质化，"为了对一系列稳定关系做出静态的理解"（同上），这种去实质化会对"功能性的、过程化的发生"（同上）进行全新的解释，而与此同时也陷入了一种危机，也就是会忽视受制于运用过程、规则化、持续复苏过程的过程化状态。

　　运用过程中的局限性当然突显了意义或在理解运用过程时语境、情境类型和文化的关键影响，而这种影响力会基于社会性上的标准化、规范化和运用调控而通过一种社会文化上的语言共同体产生，同时也因为有这样的共同体为前提而被理解。此外，这一点也适用于格莱斯（H.P.Grice，1957，第384页）提出的对"非自然"意义的理解，这种意义就等同于表述者的意图，它会通过让听众再度认识到这种意图而产生一种信念；格莱斯认为，因为发掘或重构表述者的原初意图本身首先对"表述过程中的非自然意义而言是至关重要的"（第386页），这无疑是一种诠释性重构的机会，也是一种归因式解释的机会。如果对语言学意图的归因和判断"类似于对非语言学意图的判断标准"且"可以看出，语言学意图就类似于非语言学意图"的话，就可以得出一个结论，即对表达意义的重构就类似于对行为的解释。当然，从这种意向论的角度来看，格莱斯对意义的理解就是一种特殊的诠释性归因,其可能并不完全适用于所有的意义问题,而只能用于个体说话者在某种情境下事实上所表达的意义理解和意义重构。

奥格登和理查兹对意义功能的理解是非常灵活多变的。格莱斯对意图意义的理解也与之类似,都不会让人因此而假设出一种自在的精神实体或心理实体,这种实体脱离了标准化事物〔也就是有规则的、基于有规则的社会化运用的(见第三十八章)〕,是一种特殊的"存在",其处于意义构成的唯心领域之中,或者是作为语言学范畴内的对象。功能性上的语境理论和运用理论证明,意义的构成是在确立一种规范化的假定,而且其结合能勾画出这种构成的规则,确立了一种具有规范能力的假定,也就是将之作为诠释性的建构形成,作为诠释建构。(至于我们是否应该像奥格登和理查兹那样声称这些辅助建构本身是"象征性的",这就是一个术语上的问题了。或许为了实现内在图式化并在运用过程中顺利实现掌控,我们应该避免这种"象征性"的表述,将之局限在传统的、外在的符号运用之中。但如上所述,这一点可以在术语上再做考量。)

和符号、符号系统,尤其是和语言相关的运用理论可能是多种多样的,而且在功能上、运用方式上、交流渠道上进行精确的区分也自然是十分必要的。为此,卡尔·布勒(K.Bühler,1935,1969)曾指出:"表述功能(比如,"啊!"表达的是疼痛)显然不同于语言符号的号召功能或敦促功能("过来!"),而且也会由于描述性符号而不同于称述性的表现功能。"此外,卡尔·波普还从关于称述的称述中具有合理性、论证性和批判性的运用角度出发,补充了一种"论证功能"(1963,第135页)。

最后，还应提到奥斯汀所谓言后行为等格式塔当中语言的表演功能：语言在"我以……的名义为你洗礼"等语句中体现出来的行动功能。所有这些对使用方式的必要区分都是对功能性理论的进一步细化，但却丝毫无法改变因为这些功能而产生的作为诠释建构的特殊意义所构成的整体状态。

在意义描述中，规范化的传统符合形式里，有一种——这也是和标准化形式中的社会性相关的——就是希拉里·普特南的意义理论。该理论提出，一种有秩序的结合，一种四元组合，就是类型表述中对意义所做的规范描述。在普特南看来，由句法标记、语义标记、社会性的模式固见和延伸（概念范围的延伸以及概念所指对象的数量延伸）构成的有秩序的四元组合就是表述的标准化意义（意义描述）。他以"水"为例举了一个广为人知的示例（1973，第44页）：

句法标记：混合物，具体的

语义标记：自然属性，液体

模式固见：无色、透明、无味、具有溶解性等

延伸：H_2O（无论有没有加混合物）

（当然这种延伸本身，比如这里使用的、具有辨识性的化学公式，就只是一种早已通过描述而得以实现的关系中的桥梁。其所指的并不是化学上的描述，而是该化学公式所指的"材料"。）

显然，在一种语言哲学的观点中——这种观点会使用句法的、语义的、社会性标准化的和外部世界的构成物来作为定义表述意义的要素——，事实上针对的就是一种抽象的建构［而且有可能是源自不同的、基于不同（本体论）层面的构成物］，也就是一种理论上的诠释建构。当然，这里也存在一些疑难和

问题。延伸本身如何具备"意义"或意义关系，而不只是通过一种特殊的、狭义的描述来代表这种意义或意义关系？这当然只有借助关系上的所指理论和诠释视角下的所指理论才有可能实现，而这种所指理论在一定程度上又是以意义关系或解释为前提的。寻找所指物的过程会受到对意义的预先诠释所带来的影响或限制。意义和所指只能在过程中，在诠释性的关联里面，被共同标记或确定为建构。其中的关键并不是如何单独定义这些概念，而是要提出一种理论构想，这种理论构想能够在共同关联中证实这些概念之间的相关性，并将其融入理论之中。在此过程中必须避免任何一种绝对化的实体投射，这样的投射会从理论关系或能赋予意义、归纳所指的过程中，通过某种方式把有可能是理想中的"对象"实体化。在功能主义的运用理论中，必须避免传统中"实体化的"错误结论。为此，始终以过程为导向的、以个人解释及社会性解释为基础的诠释建构理论则可以起到辅助作用。

这里探讨的也不是一种本质主义上的实体标记，也就是所谓的"意义"，更不是要探讨该如何回答"何为意义？"这一问题，而是要提出一种能在功能性上实现重要理论关联的理论，并以此让表述或语言单位在交际中变得有意义——当这些表述或语言单位被人们理解时，或者通过具有决定性的惯例（意义归类或意义定义）来拥有一种对行为和理解具有重要性的"意义"。

因此，维特根斯坦在《哲学研究》中著名的§43部分关注的并不是对意义进行本质主义上的解释，而只是"打算针对大部分类别""而解释一下""意义"这一词所具备的"用途"——"词汇的意义就是其在语言中的使用"。在维特根斯坦的观念中，本质主义上的实体化是必须被避免的。这也同样且正好适用于意义概念。

当然，意义就是使用语言，这一极端化的论点也会遭遇困境，尤其是当其试图涵盖表述中大部分常见的传统使用方法时，特别是在早已标准化的、在社会上广为流行的规范情境中，以及在针对表述内容的分类规则中。无论是极端的、语言上的行为主义，还是极端的、专制的、疯狂蔓延的语义主义（福利科，1991，第221、231页），都不应该是绝对的。奎因把意义构成简化为刺激意义及其基本逻辑关联中的语义概念建构，这一做法是和行为主义上的极端性类似的，而绝对的语义主义则会认定语义概念、语义区别和语义意涵都是不可更改的、独立的、具有免疫性的。就像福利科暗示的那样，真理只存在于中庸之道内。除了普遍的标准情境，他认为就不需要再遵守"意义只能是运用"这一论点，尤其是在非标准情境的运用场合，在全新的运用情境中，在尚未标准化的情境中，就更需要遵守另一原则，福利科称之为"我们的语言就是我们的语言"原则（同上）。该观点认为，"我们的话语（我们的思想也是如此）不能直接摆脱我们的控制，其意义也不可能是和我们（的意义范围）相悖的"（第231页）。尽管一般而言，意义在运用过程中是受制于语言表述的，而且其惯例化或标准化过程也是有社会性的（就这一点而言，"意义就是运用"是完全适用于且能充分用于普遍使用方式中的），但这并不意味着新的意义并不是由个体说话者确立的，也不意味着个体说话者不会通过拓展引申来进行深入诠释，比如在遇到全新状况时，且语言共同体尚未作出任何结论的情况下。

福利科举了一个例子：从墙上凸出来的、有靠背的但底下没有"腿"支撑的座位是否能被称为"椅子",这就是一种两难的情况,是无法从分析真理的层面上通过人为的综合分析或必要性实施条件来预先决定其表述事实的(第234页)。与之相反的是,按照福利科的观点,靠背的存在则是具有本质性的,从"表面"来看,是"椅子"这一概念中的一项必要特征。

这种"肤浅的可分析性"(第239页)无法解决任何在哲学上有意义的问题,因为它们无法针对相关概念推断出任何深层次的或隐藏的必要真理。与之相对的是,一些更抽象、在理论上更有意义的概念也是存在的,它们在遇到全新状况时不仅是未确定的,而且会结合模态表达(在所有可能世界中的适用性)而展现出一种语义上的深度,因为在理论的整体构想范围内,这些概念会通过"建构性关联"而同其他的理念或概念结合起来。只有当说话者同时放弃了同其余概念之间的建构性关联时,或者放弃了其自身的"朴素"基本理论时,我们才能放弃这样的概念。按照福利科的观点,哲学中一些特定的、传统的核心问题,比如与"心理的边界""自由意志""痛苦的感觉"相关的问题,与意识状态、自我说服和自我欺骗的标志等相关的问题,都是这样一种概念,其基于自身同其余被视为真理的基本论点之间的"理论关联"而派生出了"建构性真理"等让我们无法放弃的概念,而且我们也无法"在没有让诸多其余事物脱离这些概念之前去修订其中的某个方面"(同上,第249页)。这些理念超越了纯粹语言学的、术语上的、运用性构成上的探讨,而是提出了最根本的观点,这些观点同最基本的对世界的理论假设或者普遍的诠释惯例紧密相关,如果我们要放弃这些特殊的理念或论点,我们就必须改变自己的整个世界观。对这些在理论诠释上高度结合起来且意涵丰富的理念进行全面的、理念间的固化时，要结合一系列可勾画的、尽管并非都"可能"的世界，考虑到其相对的必要性和必不可缺性。福利科认为，可以通过这种方式顺利穿过极端语言行为主义的卡律布狄斯旋涡，且避开同样极端的、意义绝对化的语义主义构成的斯库拉之险。

理查德·麦克多诺（R.McDonough，1991）也试图以类似的方法来回避绝对的意义怀疑主义，按照他的看法，克里普克对维特根斯坦《哲学研究》的错误理解会陷入这样的意义怀疑主义（按照麦克多诺的看法，克里普克的诠释针对的更应该是《逻辑哲学论》），同时，麦克多诺还试图通过还原神话来回避意义的神秘学，他认为意义得在一种归类机制中才能得以"实现"（同上，第91页）。一方面假设出一种神秘的、能赋予意义、承担意义的机制，一方面又排除这些意义以及与之相关的语义认同，按照麦克多诺的观点，要解决这两者之间错误的二分法，只有一种途径，也就是我们不能把意义的生成同一种机械的或唯科学主义的实施压力（就像是《逻辑哲学论》中提到的唯科学主义模型）结合起来，而是要认识到，在文化及文化变迁可能的临时机制中，诠释文化的社会性实践原则上是开放的、可发展的，就像维特根斯坦后期在其类超验的文化理论中认识到的那样。在按规则（通过有规律地遵守规则性而规范化）标准化的遵守规则过程中，意义扮演了功能性角色，也就是进入了社会性实践之中，而这种实践是在历史文化影响下形成的。意义构成受到了文化的深入渗透，因此属于模式诠释上的、语言传统概念形成过程中的以及归因诠释和合理化论证诠释中的诠释等级，这些诠释等级已经超越了原初的元诠释（IS_1），也就是属

于 IS_2 到 IS_5 的诠释等级（见第二章）。因社会性实践才积累下来的文化影响会在语言表达、意义、意义关系和（意想中的）所指物关系上确立规范的规则遵守过程并使之标准化。机制、操作和归类方式是以语法规则、语言学规则及规则本身的"所处情境"为前提的，而这当中又在"衡量概念和规则本身的过程中融入了文化"（"在具体描述概念和角色的过程中，科学融入了自身的观察、实验、结果等"）（同上，第 91 页）。文化实践、在文化中"发展形成的"惯例会确立并细分诠释方式（至少是在 IS_3 等级之上）的基础和类型，因此，其影响是具有诠释性的，在细分概念的过程中，这是具有构成性的实现基础。我们不需要把意义装扮成实体，"它们"——如果在纯粹语法的名词化层面上，意义在语言上被看作是虚构的伪名词化且以代名词的形式出现——就已经具备了功能上的影响，而且这种影响是它们在诠释性的、以文化为基础且在文化中发展形成的惯例中获得的。语言和行为中的意义只有在诠释网络中才能得以具体化并拥有自身身份，而这种诠释网络会作为图式化过程的形成和运用实践而同时构成相应的世界观并使之具备自身结构。意义受到了诠释的高度渗透，是具有功能性的诠释建构，其基础是社会文化性，而且不需要（除了在虚构夸大的情况下，此时，印欧语系中的语言所具备的语法会将任意表述名词化）急着将其具体地对象化。意义和符号、关联一样，只存在于受社会文化规则影响下的运用过程之中。意义理论定然具备功能、语境和文化性，最重要的是，每一种意义都具备诠释特征。释—义过程只有在诠释中才能存在并发挥作用，其作为诠释建构，在文化性和社会性上是相对固定的。

第四十章　作为诠释建构的抽象实体

分析哲学提出了一个问题，也就是抽象对象或实体是否存在，同时又该如何标记它们。继彼得·斯特劳森（P.F.Strawson，1972，初版1959）之后，沃尔夫冈·库纳（W.Künne）试图通过统一的定义来标记抽象对象。传统上用来标记抽象性的典型特征，比如不可更改性、永恒性、不可感知性、非现实性、"纯概念上的可辨识性"（或者"意义决定性"）等，无论单独来看还是整体来看，都无法作为明确定义抽象性的标准－联言判断（库纳，1983，第44页及以下）。其中只得出了几个与抽象性相关的必要条件和充分条件：抽象对象是无法被感知的，可能不会产生任何因果影响；此外"所有永恒的实体……都是抽象的"，就和"所有只有在概念上可被辨识的对象"一样（同上，第93及下页）。［库纳所谓的"只有在概念上可被辨识的"或"意义决定性"延续了斯特劳森（1972）的表述，这些表述中的所指物（关联对象）只有通过表述意义或术语意义才能得以确定（库纳，1983，第86页）。］

就我们探讨的内容而言，是否需要针对抽象名词提出一种必要且充分的条件或条件组合。这并不是值得深入分析或讨论的问题。我们完全可以以库纳提出的结论，也就是以抽象性所具备的必要或充分条件作为基础,从而确定对抽象对象的描述、标记、关涉、理解本身是否和诠释相关,是否由诠释产生,至少确定其是否是被诠释渗透了的。

事实上,实体、"对象",不管它们是具体对象还是取决于个体要素(按照斯特劳森的说法便是"依赖细节"),即"取决于细节事物"(1972,第271页),都是无法被感知的,而且只有通过概念或符号的媒介,也就是通过诠释的中间插入,才能得以呈现,或是才能根据象征性内容或假设而得到理解。也就是说,抽象对象是必然同诠释性的呈现过程和理解过程相关的,因此,也是被诠释渗透了的。我们甚至可以说,抽象对象会构建出概念决定过程中的建构,前提是根据"纯粹概念上的可被辨识性"或"意义决定性"定义,且只有通过话语意义的媒介,抽象对象才能在相关联系中被确定下来。〔尽管我们已经在第六章中看到,当感知因为复杂的分析过程和综合化过程而被构建起来且通过类建构的加工方式最终得以形成时,感知也是被诠释渗透了的,但从图式的关联角度来看——这种图式预先存在于认识机制之中,比如在视觉通道中——,这种诠释的决定性是在受到生物性强烈影响的、受无意识的图式结构化以及加工形式决定的方式中(比如从原初诠释的层面来看)才被诠释渗透了的。〕只要纯粹概念上的辨识、标记、描述和普遍理解是存在的,那么从狭义角度来看,传统的以及建构性的,也就是受制于有意识地概念运用和决定运用的诠释就会被插入进来,从意义源自传统诠释的更高层面或阶层这一点来看,这些诠释代表着更强烈的诠释关联。因此,从仅仅是纯粹概念上的可辨识性这一狭义层面来看,至少所有的相关抽象名词都

558

是跟诠释有关的。更何况，没有任何纯概念上可被辨识的（也就是抽象的）对象是可被感知的。就这一点来看，这就是上述具有诠释特征的建构。纯概念上可被辨识且同时具有建构图式化特征的——也就是具备广义诠释性的，尽管并不是更高诠释层面上有意识地受制于概念的传统诠释（超越了最低的生物等级层面上的原初诠释和图式诠释）——抽象名词可能是存在的。

由此我们可以得出以下结论：抽象名词就是诠释建构。这一结论是和上述探讨认识过程中的诠释时得出的认识论结论相一致的。抽象名词就是更高程度上的建构，其不同于其他的实体，比如被感知到的实体（例如外部对象或事件）；相比更接近初等元诠释的外部感知而言，抽象名词和诠释的关联要处在更高程度和更高层面上。

从所有认识、理解、行为中具备的诠释的渗透性这一基本理论来看，抽象对象，比如数字、数量或命题，当然都可以被看作是受制于语言、理论或传统习俗的诠释建构。因此，我们可以像奎因主张的"没有同一性就没有实体"一样，提出"没有建构性或规约性就没有抽象实体"。

如果从广义来看，我们在理解诠释概念时考虑到了一定情况下下意识发生的非规约式的图式化过程，那么我们可以把奎因的主张普遍化："没有诠释性就没有实体"；没有诠释性就无法把握、标记、建构、指向、描述实体——根本不可能思考实体。

上述内容当然首先针对的是内涵式的抽象对象，比如特征、归因、命题，当然也包括所表达的态度、看法、信仰状态、意愿状态、情感状态等。我们不需要为了认清这一点而具体深入探讨内涵式的语境本身：内涵式语境的特征就在于，外延式的特征表述并不能和保全真值交替使用，因此，从对知识语句、信仰语句、情态语句或非存在语句的解释来看，就必须在对整体表述进行解释时，同时考虑到相应的诠释渗透性——这也是状态描述时候的一大特征。库纳（1983，第249页）甚至表示，逻辑上等值的命题都有可能会具备不同的内涵特征或命题：对于不会乘方的人而言，"一个村庄里有 $1^3+2^3+3^3+4^3$ 名住户"这句话可能并不等同于这个村子里有100名住户，而是相当于其他的命题。我们可能会认为其中一个句子，比如后面这一句，是真的，而且此时不必要同时相信前一句，也就是逻辑上等值的这一句，是真的，或是同时明白这两个句子所表述的实质在逻辑上是等值的。［按照库纳的观点，这两句话表述的是同一个事实，因此，在分析上是等值的，但并不一定是同义的。（同上，第253页）］

此外，诠释性和诠释关联性可以超越内涵的抽象对象而得到进一步拓展。因为我们已经认识到，抽象对象一般会和建构形成或规约式的诠释过程有关，那么这一点当然也适用于外延的抽象实体，它们，只要这些都是建构，定然是和诠释有关的或甚是由诠释制造的建构。举个例子，这一点显然适用于数字、数量、功能等方面，也就是适用于数学实体，其外延性是毋庸置疑的。

普遍适用的一点是，由于抽象过程是一种诠释性的行为，因此其结果定然是被诠释、建构或图式渗透了的，也就是说，抽象实体或抽象对象本身就是诠释建构。

第四十一章 "伪装"理论和诠释建构

赫克托-奈利·卡斯塔涅达（H.-N.Castañeda）在诸多文章中（见1982，1988，以及雅各比-佩普在1990年的书作中重印的内容，第94及以下诸页，第192及以下诸页）提出了一种全新的理论，其探讨的便是心理指向对象以及自然对象或现实之间的关系。"伪装"这一概念翻译成德语之后经常会造成误解，被称为"形构"或甚"本体论上的形构"（1982，第447及以下诸页）。这一概念是和胡塞尔提出的"意向对象"相关的（见雅各比-佩普收录的坤恩的文章，第409及以下诸页），其描述的是人类意识行为中所指的对象或可指的对象。但卡斯塔涅达的观点可能并不同于胡塞尔，他提出的这一理念所指的不一定是一种真正的、定义具有"所指"性的意识（坤恩，第415页）。卡斯塔涅达有时候也把这种"形构"称为"角度"（1982，第446及下页）或"棱角"（德语翻译源自坤恩，第411页），但这种表述并没有真正契合该技术性表达的意义：或许我们可以使用"视角上的剖面"或从制造加工的角度称之为"渲染"，或者面具（"伪装"本身指的就是化妆、假装等）。［由于这些翻译都不完全贴切，且有可能会造成严重的歧义，因此，直接使用这种技术层面上的专业术语要比强加翻译更加妥当。（坤恩，第411页）]伪装是由种种单一特征以及一种单一化的、分化的操作者构成的，该操作者会把特征组合转型成一种单一的、具体的统一体，也就是从诸多特征、特征描述和理解中制造出一种单独的物品。这种具有具体化能力的单体（卡斯塔涅达，1990，第137页）就是"具体化过程的操作员"，他会从构建、界定或确定的角度来明确单一的物品。从这一角度来看，每一种单一物品都是由伪装构成的，而在此过程中，日常用语中明确使用的冠词则表现了这一具体化过程,同时针对抽象的、柏拉图式的特征实现了相应物体的具体化。一般而言，"伪装"的核心会通过一系列特征来确定某一特定的伪装并将之具体化。[在极端情况下可能存在无限的、最大化的、有悖于逻辑暗示的、封闭的形构核心，其自然会通过无数视角来表现完整的个体，卡斯塔涅达称之为"莱布尼茨式个体"或"莱布尼茨式伪装"。（第182，448页）]伪装理论用核心形构过程的捆束替换了对相应对象的理解（我们完全无法认识到其中莱布尼茨式的完整变体）。作为操作员的单体，其进行操作的基础就是最根本的典型特征，他会以此来创造出一种个体化的、本体论的形构（也就是某一物体中的典型剖面），而在此过程中，这些"形构"捆束本身代表的便是自然（在德译版中等同于"物理学的"客体）客体或物体的典型特征。自然客体的标志便是，组成同一物的相应伪装彼此间会通过一种密切的、先天的等值关系，也就是通过同体论关系，建构出关联，而这种关系同时也代表着某一自然客体内部的关联和该客体内部特征、关联的存在。也就是说，一种自然客体就是相应的特征捆束组成的以同体论关系中的等值关系为典型特征的网络实体。真理针对的就是一种双重的捆束,也就是一种"捆束-捆束理论"(1982,第462页)。

除了同体论关系之外,还存在一系列其他的典型关系。最重要的是罗素所说的偶然的、非先天通过内在断言可见的、只能通过外部直言判断才能连接起来的条件,这些条件会支撑起一个偶然的同一性(比如启明星和昏星之间的偶然同一性,或是感知领域间的关联,或甚是虚拟对象见的关联)。卡斯塔涅达称之为(1990,第140页)"小社会群的直言判断"。

"具体的个体就是思维的客体,作为思维的客体,他们都处在某一等级上,无论其是否不可能、有可能还是真的存在"(同上,第155页):也就是现实中不可能存在的客体也是可以被构思、理解和标记的,最有名的例子便是迈农(A.Meinong)提出的四边形。如果同体论关系是一种先验关系,那么小社会群关系尽管也是一种等值关系,但并不一定是指向客体投射相关层面上毫不矛盾的对象标记、封闭性、完整性或邻近性(第156页)。(此处不再进一步探讨其余关系。)

就这一角度来看,思维的所有客体都是具体个体,这些个体都是通过这种筛选过的特征捆束被构成、理解的。其中的一切都是确实存在的,表现的是常见物体、客体或正存在着的事实(作为真命题的事实),卡斯塔涅达将之等同于命题,对他来说,事实和命题是同一回事。

一种普通的、物质的物体从根本上来看便是各种特征或命题式功能的集合,其中包括了关系特征,这么一来,同体论关系才能凝聚起相应的伪装捆束。隶属于这种物体的,亦或是有待实体化的实体或基体,并不是必需的,因此,作者也没有必要对此进行假设。

相关伪装之间偶然的、实证性的关系基本上都是由小社会群构成的,也就是由一种被构想出来的、由人类创造出来或并非先天存在的关系构成的。

卡斯塔涅达提出,这里探讨的是一种现实理论,其中的个体化部分或"一体化成分"(1990,第424页)及视角呈现的都是客观的特征关联,尤其是针对由小社会群构想出来的物体时。其中最根本的论点是一种类似于柏拉图观点的同一性理论,该理论把意识对象(比如胡塞尔所指的意向对象)和自然客体联系了起来,而且其建立该关联的方式在于,该理论认为,命题结构及被构想出来的事实在意向对象中,也就是在被臆想出来的客体和现实存在的自然对象中,都是同一的,而且是在严格意义上,也就是先天关系上;同时,偶然同一性的特征便是小社会群关系。

卡斯塔涅达提出的主要论点是,人们会用这种方式避免一种认识论上的复归:思考者必须知道他在(在在场的当下)思考什么。他必须"知道"某物。通过知道思考的意涵,也就是通过知道伪装,感知形式的世界观,比如可视性,才能确保人们思考的是意涵,而这些意涵在符合真理的思考过程中也会被理解或假设(或诠释)为构成世界的内容。思考者当然始终都知道他当下正在思考什么,而且他是明确、直接知道这一点的,不需要经验上的检验。因此,意识就成了"透明的"(1990,第423及下页)。卡斯塔涅达非常拥护莱布尼茨式的现实主义的意义理性主义。

伪装理论极其排斥所谓的表象主义。表象主义认为,在思考和思考的意涵之间,或是相关意识状态的所指物之间,存在特定的、独立的、非语言学上的关系组成。这一理论类似于詹姆士·吉布森提出的感知心理学上的直接主义，它会把一种直接现实主义的同一性关联普遍化。

卡斯塔涅达承认（同上，第539及下页），他有意在其理论中加入了同形构核心组成部分有关的多义性，也就是双层理论，其中一个层面针对的是原始特征和逻辑本体论上的操作者，而另一更高层面上针对的则是复杂的特征组合以及事实、命题，这两个层面会同时融入该理论并形成同一性和关联。按照该理论，同体论便是"世界的胶合剂"（第543页），其表达并构成了个体伪装之间的存在性关联，这种关联会把有效单位凝集成一体，而自然法则则会用小社会群的方式来表现这种一体化。

伪装理论的关键在于，所有单一表述标记的都是个体对象，个人本身（"亲身"）就可以思考这些个体对象，该理论认为，这些个体，如果它们是存在的，都是存在的客体和物体的组成部分（第543页）。所有与之相关的普遍化，比如普遍特征、无数的系统，也就是莱布尼茨式的个体或"形构"，都只用通过超越具体单一物体的量词运用才能被标记、把握、描述、理解。

其中最根本的理念体现在单一伪装会通过同体论作为一种存在原则共同发挥影响，它会把智者派提出的柏拉图式的原则具体化，认为"存在"便意味着"共同体"或"集体存在"（第545页）。哲学的基本问题，也就是"思维和世界的基本结构（该结构会出现在意识中，或者和思考本身制造出来的事物有关）之间的关系问题"（1990，第148页）会通过这种方式凭借个体的、具体的形构（伪装）及其先天关联（同体论关系）或其在小社会群层面上（"客体间的合作关系"）的客体形成而得到解决（同上，第151，155页）。尤其是由类柏拉图式的、通过相应关系而支撑起来的同体论同一性，针对的便是思维内容和现实性之间的关系问题。

因此，在这种情况下，就不可能像赫克曼（雅各比，佩普，1990，第425及以下诸页）那样试图证明卡斯塔内涅达并没有解决意向性的谜团（卡斯塔涅达并不承认这一点，第438及以下诸页），尽管他承认"意向性"的神秘性或"谜团"（第440页），但他也只是证明了像伪装理论这样一种非纯粹的（非完全语言学上的）表象主义归根到底也就是一种诠释建构主义，这种诠释建构主义当然会把建构投射到心理表现领域以及现实世界之中，或者将建构定位在这两个领域并加以证明。

由于个体本身会自发构成具体个人观点中核心意涵所具备的特征及特征群，因此，在确立"形构"（伪装）的过程中，把相应的具体化操作者，即单体，运用到相关特征群时，就是以一种构成过程或建构过程为基础的，无论该过程是出现在心理观点中或是在臆想中，亦或是出现在本体论的构成过程中。如果臆想的或自然的对象只是"伪装"构成的捆束，那么它们就是被构想出来的，也就是诠释性的构建或投射，而且会通过所谓个人的、最终可被理解的方式来实现或描述建构性（再）诠释或构成类型中完整（莱布尼茨式的）个体根本上所具备的不可理解性。捆束理论，就像休谟提出的作为印象和表象捆束的理论一样，当然始终都是具有诠释建构主义特征的。从部分主观化、部分客观化的伪装视角来看，这一点自然也适用于臆想对象构成和现实存在对象构成过程中复杂的双重捆束理论。如果在感知领域以及其他构成中出现了或被表现出了具有同体论关系的伪装复合体，那么与之相关的当然就是诠释性的、图式化的统一行为或构成行动，此时，这些行为或行动就能够构成或表现出卡斯塔涅达所说的有限"视角"或"形构"（"伪装"）了：无论是同体论关系，还是小社会群关系，亦或是卡斯塔涅达探讨的其余谓项类型（比如"内在谓项""同一性""合并""体变"和"联合转变"，同上，第539页），自然都是建构、操作，或是建构之间的变形，这样一来，诠释性的基本特征无论是在主观理解方面还是在客观世界方面——以投射进世界的形式或以结构假设的形式——都定然是毋庸置疑的。

不过最重要的是要强调一点，世界的客观"被结构化"——卡斯塔涅达假设这是一种直接的现实主义者——体现在，相关的小社会群（包括同体论关系）都被局限化了，主体无法任意或肆意对其进行构想或改变。偶然的标识性（"同一性"="相同性"）所具备的特征，包括结构——先天"胶合剂"——，它会穿透或构成存在物的结构。所具备的特征，都体现在这种局限性里。对于叙述性"操作者"（同上，第171页）以虚构的方式呈现出来的虚拟客体而言，其具备的相应主体小社会群关系，以及将其嵌入全面继续发展过程（虚构人物继续发挥影响的过程）的做法，也就是"小社会群转换"的过程，都是可以理解的："精神立场和行为，无论其是否足够稳定，是否会创作出一段故事，这都会带来小社会群关系（以及小社会群转换关系）。"而且它并不只是基于纯粹的同体论关系，这一点是卡斯塔涅达特别强调的。他所谓的"现象学本体论"是一种具有诠释建构主义特征的、被构想出来的、由特殊等值关系（同体论关系）支撑的理论构成的本体论，其本身会把诠释建构投射到现实中，会以偶然的方式在同体论关系中组织或理解这些诠释建构，并将之同相关的建构关联起来形成一种（局部同一的）关系。诠释建构主义的特征既体现在方法论方面，也体现在本体论方面，这诚然是不可否认的。（这一点即使脱离了被卡斯塔涅达视为前提的柏拉图式的、意义理性主义的、直接主义-现实主义的以及同一性的假设，也依旧是适用的。这些假设都是具有独立批判性的，但此处不可能对此详加论述。）

第四十二章　作为诠释建构的内涵

在最近几十年间，抽象语言哲学中形成了一种所谓的内涵式语义学的学科。其产生的背景在于，普遍的、外延式的量词逻辑和谓词逻辑的传统外延式语义学已经无法再呈现日常语言的关联模式了，尤其是不适用于所谓的内涵式语境，这种语境会出现在信念表达、知识表达、愿望表达、模态表达和规约式表达之中。甚至在这样一种语境中，比如在论证操作者"相信"的范畴内，逻辑上等值的语句间互相替换的过程就可能会改变在整体上维护真理时的真值。

为了正确对待这些难题，以及详尽且相对精确地呈现日常用语中可能的意义、概念构成、规则和诠释，我们提出了所谓的内涵式语义学。这种语义学最初是鲁道夫·卡尔纳普提出的，他认为，我们不会为了确定外延，也就是他（在谓项表述中）遇到的对象、（名称中）标记的对象或是（语句中的）真值时，使用传统的、不精确的内涵概念或是内涵的意义，而是反过来会试图通过更明确的、可接近的外延来构成内涵。只有当我们不仅把表述的外延作为现实世界的基础，同时还把将内涵归属到外延的规则作为不同的、任意的、所有可能世界的基础时，上述观点才会成立。因此在内涵式语义学中，表述的内涵在本质上可以被看作是这样一种功能，它定义自身时立足的基础是所有可能世界的数量（这一数量是其定义的范畴），同时会把单一世界内最初表述中的外延（比如语句中的真值）划归到每个单独的世界之中（所有可能世界中的每一个要素内）。也就是说，表述的内涵是"一种功能，它会把该世界中这一表述的外延划归入每一种可能的世界内"（见库彻拉，1976，第24页）。

如果两种表述在每一种可能的世界中都拥有同一种外延的话，它们呈现的就是同一种内涵。因此，所有可能世界中的外延就能规定某种表述中的内涵，反之则并非如此（就像我们之前所理解的那样）。

无论是在模态逻辑中，还是在表述信念和知识的话语内所包含的认识论逻辑中，在规范逻辑中，亦或是在分析条件语句的逻辑过程中（尤其是针对非现实的条件语句），都可以看出，逻辑语义学的传统诠释概念在谓词逻辑上有待拓展，而且需要重点探讨内涵式的诠释概念，这一概念最终会更加深入地关注对日常用语的局部诠释和实用性诠释（蒙塔古，1970；见库彻拉，1976，第156及以下诸页）。

我们不需要像克里普克（1963，1965），尤其是像蒙塔古（1970）那样，深入地研究方法论上极为棘手的、多样化的、在逻辑范畴和语言要求上相对复杂的技术性细节，也不需要试图确认内涵式语义学的不同领域，其中的内涵概念针对的是一种明确基于诠释的（按照我们的普遍理解）建构形成：在每一个领域中，无论是在规范逻辑、模态逻辑、认识论逻辑还是类型逻辑（见库彻拉，同上，第128及以下诸页）中，无论是在以局部诠释为特征的、实用主义的、非完整的模态逻辑中（该模态逻辑类似于日常用语中的模糊性以及脱离了日常用语中的所指物而使用虚构概念的过程），在所有情况中，都会用到该领域中的特殊诠释概念，这些概念便是多样化的功能，其指向的是把真值依据表述纳入语句结构的过程，以及将其归入可能的世界中或甚所有可能世界中的可能客体和履行关系的过程。

库彻拉把相关逻辑领域和形式——语言学领域中的特殊方面分成了十七种不同的诠释概念类型，这些类型全都符合上文提到的以可能的世界中的多样功能形式出现的功能分类基本模型。因此，某一表述中的实用主义的、内涵式的诠释便是一种超越了实用主义语境参数的三段式功能（是该功能的"指标系列"组合），该功能处于一种和假设出来的一系列世界相关的客体领域之中，这种功能可以追溯到上述把内涵划归到所有可能世界的外延中的理念。在此过程中，标准性的名称［也就是克里普克（1981，第59页）说的"固化的对象名称"，这些名称并不是由标记构成的］针对的是所有可能世界中的同一种所指物。为了确定内涵，就需要遵守一条基本准则，也就是内涵是一种功能，在每一个可能的世界中，内涵都会把术语的外延作为数值。

如上所述，我们不需要深入研究相关领域的内涵式语义学中不同技术性问题的细节和困难，也不需要以此才能直接认识到这些研究发展其实针对的就是模式建构，且这些模式建构很可能是以人工的、模式化的形式而具备建构性的，也就是具备诠释建构特征的。这一点体现在把内涵作为功能的定义之中，这种功能定义的基础是一系列可能的世界，而这一系列世界中的每一个世界都会拥有一种作为数值的外延。同样的，诠释作为多重功能包含了相应的基本客体领域、一系列可能的世界、（在实用情况下作为前提的）实用主义语境要素（指标集），其本身也是具有高度建构性的、抽象概念上的人工制品，具备——这是显而易见的——诠释建构的特征。

库彻拉还用到了卡尔纳普（1947）提出的另一种直觉理念，也就是两种表述的意义同等性根源是它们是以同样的语法结构形式使用了"内涵上同形的"常量和结构要素构成，或者是以内涵上等值的常量和结构要素为基础。一种表述或术语的意义就只取决于其语法结构及其自身内部出现的常量中所包含的根本内涵（1976，第156页）。

无论是诠释，还是内涵和意义，从内涵式语义学的理论来看，都是特定的抽象实体，其根本基础是传统的、指称语义上的理论假设，通过这些假设，被研究的语言中那些特定的、以获得了许可的方式而形成的（"形式良好的"）表述会因为诠释而具备意义、所指物或外延。这种意义的划归和相应的概念，比如"内涵"，当然并没有和语言哲学分析中的运用理论或功能主义理论相一致，它们只能，就像库彻拉自己所说的那样，被看作或解释为"是一种恰当的虚构"（同上，第164页；见库彻拉，1974，第135页）。所有的语义实体，无论是在内涵式语义学中，还是在外延式语义学中，都是"语言事实中的抽象物，不能反过来被用于确定这些事实"（同上）。语义实体都是建构，是由诠释性抽象过程派生或形成的虚构物，也就是其本身就是抽象的诠释实体。意义、内涵、命题都是诠释性建构，是"命名过程中的抽象客体"［林克（G.Link），1976，第43及下页；参见克里普克和蒙塔古］：它们就是"语义诠释的要素本身"，因此，是在模式形成过程中以诠释的方式产生的。无论是在语言学－语言哲学的描述模式中，还是在理论假设中把实用视角下的内涵式诠释重新建构成类似口语表述的过程之中，都可以看出，从之前描述的、把内涵理解为功能的角度来看，上述语言逻辑上的模式概念就是建构的形成。除了这些内涵式语义学概念本身（从技术建构角度，也就是从方法论上来看）就是诠释性的工具之外，对语言解释过程中的普遍概念进行重新建构的过程，包括"意义""内涵""命题"这些内涵概念，也都是诠释性工具。

第四十三章　作为诠释性的意向性

在现代现象学哲学中，意向性以及意识针对假想物、意识内容或所谓的"意向性对象"的指向性或目标指向性，都是意识或意识状态中的核心特征。布伦塔诺曾指出精神的或心理的（有意识的）现象所具备的特征，也就是其与一种假想内容和这些现象中所包含的意向性对象之间，存在一种意向性关系：意识现象就是这样一些"其自身在意向性上包含了某一对象"（1955，第125页）的现象，但这种"意向性非存在"却同时意味着理性的现象学存在中或格拉茨学派所假想的对象中的一个矛盾概念，这些意识现象在一定情况下错误地会被看作是类柏拉图式理念中的一种观念化存在。因此，胡塞尔在其著名的现象学"问题悬置"中略过了存在假设，他从类结构化的角度描述了意识体验的特征，也就是意识的真实行为或"意向性行为"，也就是所指或假想行为（意向行为）（胡塞尔，1950，第210页），都是和所谓的"非真实的"或"意向性的"意涵有关的，胡塞尔称之为"意向对象"（同上，第219页，参见上文第八章）。作为意识针对意向对象的目标指向性，意识中的意向性是作为明证性体验存在的，而被假想出来的对象则是在明证性（以明证的方式）中以自我呈现的方式出现的。意向性是意向行为和意向对象之间的相关关系,这是一种对于每一种意识现象而言都十分必要的特征,而这种意识现象定然是"对某物的一种意识"——意识本身是不存在的,存在的只有对某物的意识。

意识现象以及意识行为的这种指向性向来被看作是精神的、心理的、普遍意识的或所有意识现象中的典型特征。事实上,我们体验的意识假设都是有着丰富意涵的,也就是会指向特定的或假设的意涵。但这种定位会体现在哪里呢?不管这是在每一种意识行为或意识现象中内在固有的定位,还是它会(那么,问题就成了"如何会")通过一种内在的、精神的或意义丰富的所指投射、关系形成这种定位。胡塞尔的意向对象是和皮尔士提出的符号解释关系中"动态的"(构想出来的)"客体"相一致的吗?还是只有通过对假想对象的内部归类才能实现内在的、精神上的再现?

如果在精神上激活意识体验的过程是多样的,那么这种激活过程也就是特定图式的激活过程(见第四章及以下章节)。对于意识现象而言,图式包含了把假想对象划归到意识行为或意识状态的过程:对某物的意识以及意识到某物是某物的过程是通过激活图式产生影响的,这种关联可能是以相应方式在受基因规定的基础上形成的,也有可能是在社会调控下通过社会文化类型的习惯——在学习情境、模拟情境、训练情境以及互动情境中——而得以形成及获得的。从这一点来看,意识行为中的假想对象所具备的关系、再现过程或表现过程都是因为激活了图式而得到更新的,也就是因此具备了诠释性特征的。在意向性上关联其所指对象的过程是受到了诠释渗透的,或甚是因诠释而构成的，至少肯定是诠释性的。所指物、"意向对象""动态客体"，都是被投射的建构，是一种诠释建构，可以从图式诠释角度对其加以解释，因为这种假设过程是和一种由模型和图式实现、再激活的投射过程、建构过程或建构辨识过程相一致的。

从认识论上来看，胡塞尔理论中提出的假想对象，也就是意向对象，当然都是一种诠释建构，因为这是一种多层面的、差异化的、综合行为的产物，通过这种行为，由"纯粹自我"、认识论主体和行为构成者"扩散"的"意向行为"（非真实的意识行为）才会得以形成，并且融入意识的假设统一体或被体验到的统一体之中。

和符号理论以及象征理论中一样，对意识行为所指的"对象"进行分类也是一种相关的诠释性过程，它会因为图式化的行为而被结构化、得以实现、得以激活或再激活。意向性是被诠释渗透了的；意向对象就是诠释建构，是由意识承载者或假想者构思、投射、在诠释中制造、构成出来并加以实体化的。所有"现实的"对象、事件等，无论它们是已经被认识的或有待认识的，亦或是通过符号的、中性的、操作性的关联被标记、筛选、命名的；也就是所有所指物——只要它们是作为"意识对象"或意识事实出现的——都会通过这种方式作为诠释建构或通过（意向性的）诠释建构被呈现出来。

另一方面，意向对象和意向行为的理论，比如胡塞尔关于意识的超验现象学本身，从认识论上来看都具备一种诠释性功能，会作为理论构思呈现出一种理论假设上的建构，当然，这种建构是具有诠释建构特征的。能再现现象学体验的理论抽描述当然也是被诠释渗透了的。作为理论和理论关联范畴内的理论假设建构——这些建构可以解释或诠释特定事实及其可能性和条件——，它们本身就是诠释建构（见第八章）。

约翰·塞尔（J.R.Searle）在1983年提出了一种新的、颇具争议的"意向性"理论。该理论试图在一定程度上（而且是批判性地）把意向性看作是生物学现实层面上的精神状态特征或思想状态特征，按照这一理论，意向状态会在"意向性因果关系"的作用过程中实现特定行为及其具有生成作用或因果性的意图等。塞尔当然试图颠覆分析哲学中的传统论证方向，比如他试图证明语言和言语行为是源自意向性的，也就是源自意向性的精神状态的，而不是反过来仅凭语言模式来分析精神性。在塞尔的理论中，其对言语行为的分析遵循的是一种暂时的、启发式的思想，目的是为了从意向状态角度出发，将命题式意涵同针对缺乏事实内容的事件、对象区分开来。

在塞尔看来，意向性的内容就是精神或意向性的状态，这些状态会"原原本本地'呈现'出对象和事实，其方式便是呈现言语行为、对象和事实"（1987，第19及下页）。也就是说，意向性是诸多（虽然不是所有）"精神状态和事件的特征，通过这一特征，这些状态和事件才能指向世界上的对象或事实，或者与这些对象或事实关联起来"（同上，第15页）。典型的意向性状态当然就是信仰、愿望、观点、担忧、希望、信念状态、期待、渴望、思念、假设、确定，但同时也包括了由信念状态和意愿状态构成的复杂的意向状态，比如高兴、希望、骄傲、羞耻感、遗憾、可惜、后悔、打算等。

塞尔试图在言语行为模式的主导思想中证明言语行为和意

向性状态之间是存在类似性和关联的，并且试图通过特定标志来说明意向状态的特征：意向状态的特征在于，它们具备一种"再现意涵"（比如"您将会离开这间屋子"这样的事实）以及一种"心理模态"（比如信仰、担忧、希望等诸如此类）（同上，第 21 页），就像言语行为会再现一种特定的意义内容并在特定功能方式（模态）中发挥作用一样（比如作为请求、承诺、论断等）。对于赛尔来说，"每一种意向状态……都是在特定心理模态中由一种再现意涵"构成的（同上，第 27 页）。[但塞尔也没有明确提到（同上，第 35 页）意向状态"拥有"一种其本身无法"指向"的再现意涵。]同时，他用状态，也就是"意涵"和"模态"，定义了再现意涵中的"再现"过程，而不是基于再现过程中的"形式结构"，或是基于认知心理学（命题式网络等）中的图式再现过程中或所谓的人工智能研究。

信仰、愿望等意向现象和状态在塞尔看来都是内在固有的意向性，是"自在的意向性"。他明确写道："将其标记为信仰、担忧、希望、愿望，就已经意味着使其具备意向性。"（反过来这一点却不能适用在言语行为这样一种作为自然实现的行为上。）（同上，第 47 页）在一种言语行为中，或是在说话时，亦或是在完成言语行为时，我们尽管可以"表达出"一种意向状态，但同时却还存在这样一种"意图，而该表达就是因为这一意图才形成的"："这是第二种意向状态（也就是完成行为时所遵循的意图），其让自然现象具备了意向性。"（同上）

塞尔的基本观点在于，"精神"（同上，第 47 页，第 211 及下页）或者相关的"自我"（有意思的自我，主体）如果要"赋予"特定的"自身并非意向性的……实体"一种"意向性"的话，它就会"有意地把能实现所表达心理状态的条件沿用到外部自然实体上",比如用到举手这样一种被约定作为符号的动作上,并将之当作一种信号。相关意向状态的实现条件会因为有意识的沿用或有目的的解释而被认为是被相应言语行为的实现条件覆盖了。一种论断性言语行为的实现条件,或是一种事实描述过程的实现条件,比如现在下着雨,当然表现在相应状态的出现过程之中,这种状态使得该论断性言语行为变成了真的。[在请求、命令等方面——在几乎所有被塞尔分类过的言语行为中,比如在论断性的、直接的、承诺性的言语行为中("我们正是以此来确定去做某事")——当然也存在着其他实现条件(同上,第210页)],也就是适用于所有的声明("我们会通过表达这些声明来改变世界",比如在户口登记处宣布某对男女成为夫妻)——除了具有表现性的言语行为之外,这些行为的目的并不是改变世界或指向世界,因此不具备任何"实现条件"——"除了一点,也就是表述是对相应心理状态的表达"(同上,第220页)。

塞尔认为,"当相应的心理状态得到实现时,就完全实现了"言语行为。对于他来说,"言语行为和表达出来的心理状态的实现条件"是"同一的"(同上,第27页)或"同一个",它们会互相制约;或者换句话说就是等值的。塞尔提到:"包括了命题式意涵、指向的意向状态会呈现出其所需的不同实现条件,而且这些条件同包含了命题式意涵、指向的言语行为的呈现条件是一致的。"(其中的呈现概念具有一定的模糊性)(同上,第28页)在这一点上,塞尔根据一种特定模态认为意向状态就等同于其呈现的意涵:"意向状态就是——语言实体一样，但不同于树木和石块——呈现。"（同上，第33页）它们和大脑中的神经元运作过程、行为（指的是意向性的因果行为，同上，第146及以下诸页）处在因果关系之中，而且也是在大脑中才得以实现的。此外，意向状态也并不是孤立的，而是处在一种网络之中，其受制于其他的意向状态和非意向性能力、态度、技能、实践和习惯等，这些对于意向状态的构成和理解来说都是"前意向性的""前提"或"假设"。（同上，第196页）

这里不可能具体描述塞尔提出的意向性理论，只能将其观点同我们的诠释性和诠释建构主题结合起来。很显然，把实现条件、语言表述或姿势划归并沿用到与之等值的意向状态的满足条件，这一过程本身就是归因行为。如上所述，塞尔也提到了归因，尽管只是内在固有的归因，也就是把意向性归因到特殊的意向状态中，比如信仰、愿望等（同上，第47页）。如果"精神"会"赋予"意向性，也就是"有意地把能实现所表达心理状态的条件沿用到外部自然实体上"，比如用于解释言语行为及其实现条件，而且是根据相关意向状态的实现条件来解释，那么，这里涉及的当然就是解释，也就是诠释了。把意向状态视为"呈现"或认为其指向"再现意涵"（在一种特定的模态解释中），这在本质上就完全是受诠释影响的，也就是由诠释构成、实现，并因诠释而变得易于理解的。意向性归因就是一种诠释性行为。

同样的，如果我们去质问状态的意向性所具备的目标指向性时，就会发现，如果没有出现诠释建构性的投射，没有内部具有构想能力或"所指能力"的关联，心理意识状态（意向性状态）要如何才能指向某种假想的事物呢？这一情况和符号理论中的意义关系和指称关系十分相似，只不过这里是投射向内部的，是心理上的状态。

此外，表述本身也是诠释性的描述或归因。概念上的理解和归因本身始终都是诠释性的，包括在物理学上，对状态的描述——比如在相空间中，或是交代能描述状态的重要范围时——也都是被理论和诠释渗透了的。

塞尔所谓的"意向性新理论"绝不是启蒙式的或科学的理论，而只是一种术语上的解释意见：通过在一种特定"模态"（作为信仰、愿望等）中表现出来的"再现意涵"把"意向状态"理解成"再现"（意向状态"就是"再现，它们是由其"组成"的，或是"具备"这些再现的——塞尔显然并没有区分这两种关系），或是通过关联或分类来说明意向状态的这种特征。但什么说明了这种指向归类或用新的"再现意涵"——不同于"意向性"中表述的内容——来替代"意向性"的过程呢？而且塞尔也没有结合状态来详细阐述"再现意涵"这一表述本身，而只是通过和言语行为之间的类比简单说明了这一点，同时指出，意向状态会直接"再现""言语行为中所指的对象和事实"（同上，第19及下页）。除了传统观念中对意向性所具备的指向性理解之外，塞尔还提出了一个要求，也就是再现关系是意向性的典型特征。但他没有详细说明这一点，只用了一种类比加以解释。如果我们从单一模仿的角度认为归类过程就是一种"再现"的话，那么这种再现过程就和意向性一样早就存在于对"意向性"这一词的传统理解之中了。尚待解决的问题便是根据特殊类型［同体的、同形的、一对一成对比的、一对多成对比的、具有功能主义特征的、类型普遍化的、与记号相关的、类似的（双重层面上）、数字化的等等？］以及更确切的承载者（过程）或是分类时候的手段或操作。事实上，这种新的术语描述并不是一种理论，而只是对基本直觉的一种纯语言或术语上的改述，是一种概念上的转型，其不过是披着新理论的外衣罢了。当然，哲学家们本人则会认为术语上的改述就是对理论的细化，从这一点来看，塞尔对待理论概念也是不太严谨的，尽管他最终试图将自己关于意向状态的理论看作是"生物学上的"或生物学－自然主义的理论。（同上，第327页）

这一点同样适用于"意向状态"的相关"定向"。根据塞尔的区分，这种定向同样发生在言语行为中：将概念"定向"于预先存在的世界－事实，将"话语"定向在"世界"（比如事实性的信仰、信念中，或是言语行为中），或是反过来也适用于"把世界定向在话语中"的过程（比如愿望和意愿状态下出现的各种命令式的或承诺性的言语行为）。"定向"基本上就等同于"指向性"，也就是这里探讨的不过是一种术语上的说明。塞尔认为（同上，第30页），"理解的关键在于"意向状态的"实现条件"或相关言语行为的实现条件，而"定向"则对这些条件进行了更细微的、精确的——但却是以内在固化的方式（以一种逻辑上先天的暗示关系）将之同"意向状态"结合了起来——表现，同时也使之具备了操作性。只有在操作性上结合言语行为之后，似乎才能发展出这样一种理论要素。"定位"或"再现性"是其中的前提，而且是和"意向性"内在相关的。就这一点来看，塞尔的"理论"前提是对意向性的理解、解释或定义，但他却（有意地）没有做到这一点，而是（无意地）试图通过语言上的改述来建立（歪曲？）这样的理解、解释或定义。

那么，状态究竟要如何才能是"意向性的"、具有指向性的呢？状态本身及将其归类到意向性目的客体（也就是胡塞尔所说的"意向对象"）的状态之间存在的语义漏洞——我们可以这么称呼它——是不可能通过描述、解释和改述而得到补充的。把状态描述为"意向性"并不能实现"从物理学到语义学"（同上，第205页）的过渡。状态本质上并不能证明语义上的指向性，它们必须像符号学中的符号一样只有以一种归类过程的（根据符合过程）形式才能拥有、得到这种指向性，或是在这样一种过程中实现其功能。在传统符号中，对符号和所指物或者意义的归类是由解释项实现且在（或者通过）阐释者身上得以完成的，亦或是在"所指"过程中已经假设出来的，我们可以像理解这种归类过程一样来理解意向状态的指向性。（意向状态看起来似乎更像是具备非传统归类性的符号或征兆，至少在针对意向对象或事实的内在固化指向性上确实如此，而且其不同于言语行为，后者的指向性是极其传统的，而且其构成具有功能性。）那么，意向状态中，无论是逻辑上先天的、内在固有的，还是通过传统方式或次级方式产生的，意向性的指向性该体现在哪里，或者该如何得到论证呢？语义上的漏洞依旧没有得到填充，还有待补全。把特定的心理状态命名为"意向状态"的过程绝对无法解决状态本身该如何获得其类似符号或象征的指涉特征这一问题。很显然，这里需要加入一种和皮尔士提出的模式类似的和意义归类的功能主义理论相应的理论，或者是和"意向对象"相关的理论。塞尔认为，说话者在完成言语行为或语言动作的过程中会创造一种关系，和他的这一论点相应的是，指向性定然也是如此被"创造出来的"，无论是通过个体的构成和发展，还是通过社会确立、练习、适应或训练（比如在维特根斯坦提出的可受控制的规则遵循过程中，这便是社会习惯。）通过相应的彼此适应、练习、相互控制和协调，或许意向性在社会性上的基本定型要远比塞尔所说的更加广泛，而且超过了语言掌控的以及语言理解上的发展。塞尔想要把交际基础追溯到"再现过程"所具备的基本生理能力上，而这种能力本身——我们可以看到，这一点是十分矛盾的——也是意向状态（比如言语行为）所具备的。弗雷格认为，"语言关联"中涉及的是一种"意向关联的特殊情况"——在操作上是通过"实现关系或适应关系"实现具体化的——（而不是反过来），但正是由于反对弗雷格的唯心论上的范畴、意义的范畴（塞尔，同上，第247及下页）及上述观点，就使得如何跨越心理具体化和语义可支配性或意义"存在"的这一问题（包括布伦塔诺提出的"意向非存在"的老问题）变得更加严重了。尽管对于意义的理解而言，意向状态在说话者或听者"大脑中"的存在本身可能是必要的，但从阐释语义归类过程或填补语义空洞的角度来看，这绝不会像塞尔（同上，第248页）暗示的那样是充分的。塞尔批判了普特南用"指数性的意向意涵"来替代传统的与类型概念的定义相关的论断或替代意向意涵中的概念捆束理论的做法。[人们理解的"水""总是拥有和某物质一样的结构，无论该物质拥有何种结构"；尽管都拥有"液体的同一"存在，但在地球上和第二个星球上（"外星球"）上，微量化学角度上的水又是完全不同的。]塞尔认为（同上，第255及下页），

"在两种情况下，意义都在大脑中确定了外延"：普特南认为，尽管"跟洛克的观点相比"，通过说明"现实本质"而得以理解的指数性类型定义（比如"水"的定义）有可能是"一种进步"，但绝不会像传统概念上的"名词本质"一样，能"通过一份概念目录"来表明意义并不存在于"大脑之中"。（但在意义的结构成分聚集理论中，以及在普特南提出的由不同层面和——甚至包括本体论上的——领域等组成的构成成分理论中，都不符合这一点；在这两种情况下，意义作为整体既不存在于"大脑之中"，也不存在于外部。）

事实上，塞尔似乎是针对"意义"假设了一种精神化的物化过程，这也是曾经非常普遍的情况，他认为普特南显然提出了一种精神实体的外在化过程，但事实上，普特南（1979）探讨的则是一种功能主义上的构成理论。意义绝不是实体，而是建构，其只能在功能性的关联中存在——普特南提出的结构化，功能化的意义理论（见第二章，第2，33，39页）就是这么认为的，而且该理论是以符号过程中对意义构成的符号学理解为指向的。

意义既不存在于"大脑内部"，也不存在于"大脑外部"，而只在"诠释实体"领域中具有象征性：意义就是"诠释建构"（见第三十九章）。内部、外部的术语就和策略的（类）物化过程——在大部分时候，这是理解意义时的基础——一样，非常容易造成误解。就算是善于分析的塞尔也在提出再现理论的时候受到了这种物化投射的误导，就像传统上把对意向性的理解当作是对"意向对象"的归类或当作"意向对象"的"非存在"一样。意义并不是"对象"。如果不恰当地把意义理解成精神层面上的对象，那么，这种理解针对的则是一种具象化的比喻，这种比喻出现在精神之中，或者出现在投射在该领域的类比表述之中（比如"对象"），但绝不能从其字面去理解其意义。精神上的类比图像非常容易造成误解，从哲学上来看太过随意，而且不成熟，如今来看也没有得到正确理解，但这种图像却依旧把我们给"困住"了（《哲学研究》，§115）。包括如今许多哲学上的具象主义者、语言学家以及在一些研究意义的学科中，都存在这种误解。通过认知心理学以及最新的脑研究（第四章，第30页），图式诠释理论得到了很大发展，而且该理论似乎也能提供诸多不同的可能性，其足以让我们避免被这样一种物化观所误导，因为该理论会把通过图式再现、图式激活、图式固化过程来对类似对象的意义进行众人皆知的、物化的投射，并以此得出功能上的解决之道。［对图式形式中已被激活的、有待激活的或有待固化的网络（比如所谓的命题网络格式塔，见安德森，1988年，第113及以下诸页）的理解——这是认知心理学家们提出来的——，其本身当然并不针对上述误解，而且也没有针对比喻式的物化投射。］如果意义记忆与之相应地对所指物、言语行为、表述或概念的归类过程始终都具备诠释建构特征的话，那么，这一点当然也适用于意向实体，不管这些状态究竟是不是行为。

　　回到原来的问题。如果不把诠释性归类（无论其是否是内在固有的）中的假想物同（行为的或状态的）现象的出现及其意识上的明证性结合起来，那么意识行为或意识体验（意向性状态）是否能表现为对某事物的意识，或甚表现为把某事物当作某事物的意识？在所有这些归类过程和观念的诠释性理解中，图式再现、图式诠释、诠释建构的重要影响性，都是毋庸置疑的。意向性是不可避免的、必要的、由诠释构成的，至少是被诠释渗透了的。意向性本质上具备诠释性特征（或者说受制于诠释性特征）。意向性是由诠释制造的，按照不严谨的说法，它就是诠释性。

第四十四章　阐释学和诠释建构

传统上研究诠释问题的通常都是哲学及方法论阐释学或哲学阐释学，尤其值得一提且不可忽视的是和理解问题有关的文献，无论是在艺术或其他精神产物的范畴内，还是在理念体系、思想体系、价值体系或狭义的文本理解上。传统阐释学涉及的领域非常广，此处不可能详加探讨。和诠释方法论及诠释理论相关的最初观点出现在对《圣经》的注解之中，比如在《旧约》和《新约》的统一解释问题上，这两部书通常把所意指的、"更高级的"意义同文本中原本的词义区分开来（比如我们会想到基督教学对《所罗门之歌》推崇的爱之"客体"的解释）。包括在分析法律文本时——法律文本定然会以一种酌情诠释或酌情具体化的方式被用于单个事件当中——，也会在解释时出现方法论问题。将普遍规则用于单个事件时，其前提便是一种通过形式或诠释图式来实现定位的可能性。古典时期的学者们，比如奥古斯丁（Augustinus），就已经意识到了诠释的问题，传统阐释学从一开始就着眼于文本的字面意义及其同隐含的、过去的、背后的意义之间的区别。

本章中不可能简单介绍阐释学历史，也不可能描述与阐释学方法论反思相关的发展史；我关注的只有和当前主题相关的问题，也就是理解和阐释性诠释过程中人工的、独创性的（创造性的或仿造性的）、建构性的或再建构的行为。以此为立足点，纵观阐释理论史及其接受情况（比如卡勒里在《哲学和诠释》中的观点，见伦克，1993，其中简单介绍了阐释学历史中使用的方法论），似乎可以得到全新的视角。本章的主要观点便是确定历史上研究阐释学方法论的学者们是如何揭示图式建构、图式再建构或诠释建构及其构成、运用或再调用过程的，或者说，他们认为其扮演的是一种怎样的尽管有些隐秘，而且在历史资料的传统描述中几乎不可察觉的角色。

已经明确的一点是，在区分整体意义关联和语句的字面意义时，在区分由文本整体决定的、受制于所处的传统意义解释以及局部文本、局部篇章中有限的文本意义时，诠释者对一种整体化的、综合化的、再建构的、有规律的加工行为的想象，成了区分该过程的基础。早在16世纪，专注神学阐释学研究的学者们就已经提出了这一点，比如在弗拉奇乌斯（1520—1575）的《圣经指南》一书中。到了17、18世纪，一些首次系统地研究普遍阐释分析学的学者，比如丹恩豪尔（Dannhauer，1603—1666）、克拉顿尼乌斯（Chladenius，1710—1759）以及后来的迈耶尔（G.F.Meier，1718—1777）和鲍姆加藤（1714—1762）等人都认识到了在尽可能普遍的形式中遵循此种行为规则是非常必要的。

尤其重要的是克拉顿尼乌斯所持的具有再建构性的视角主义，他引入了"观察点"（1742；再版1969，第187页）的概念，认为阐释学上的诠释规则是具有标记、选择、人工综合和比较性的普遍方法论规则。每一位诠释者都会像感知者那样从自身立足点出发来解释有待诠释的事物。在克拉顿尼乌斯看来，普遍的条件就完全可以用来描述诠释者同其立足点之间的紧密关联，而且同时还应考虑到一种具有比较性的建构过程；在诠释过程中会实现一种相对的客观性，也就是相关的"观察"点或视角。克拉顿尼乌斯认为，如果是基于同样的信息材料，那么同样的视角得出的是同样的判断和解释。如果我们认为对相关视角的描述是呈现诠释的条件，那么，这种条件就类似于一种"如果－就"关联，也就是接近于一种条件规则陈述。也就是在具有普遍描述性的视角中出现了一种状似客观或符合规则的关联，这种关联会同时表达出感知条件或解释条件，这些都是诠释者必须遵守的条件（就像是自然科学方面的实验者在进行试验时一样——以试验条件规定的形式出现），同时，诠释者也要兼顾已有的解释，只有这样，才可能进行理解或感知。诠释者和自然科学家一样都会受制于视角的运用或观察点的选择，只有借助这种预先条件才能进行理解；鉴于不同的使用条件和观点，他可以有条件地进行比较，或者在比较中进行运用。这种具有反思性的再建构当然完全就是一种人为的综合性行为，其类似于特定条件下具有关联性的想象行为、关联行为、综合行为或至少是一种再建构行为。就像卡勒里（伦克，1993，第42页）强调的那样，克拉顿尼乌斯"早已下意识地认识到了诠释行为中具有创造性或建构性的要素"，比如后者认为对某晦涩难解的内容所做的解释就是一种创造："我们无法承诺可以通过运用分析艺术的规则来完全正确地理解每一处晦涩难懂的地方。这是有悖于创造的普遍概念的，创造本身是一件幸事。不过现在就很容易实现这种创造了，也就是可以在很多地方进行创造,因为如果我们失去了上述助力,我们的创造过程就是不幸的"(1969,第518页)。这种创造带来的结果当然只能是受制于直觉和主观性的,但在克拉顿尼乌斯看来,因为会有条件地考量相关"观察"点,因此,这种创造带来的是具有相对客观比较性的、可被理解的结果。

与之相应的是,从认识论角度来看,鲍姆加藤认为,字面的、直接的意义同隐藏的或"神秘"意涵之间的关联具有一种同一化的、综合化的或再建构的能力。他认为,这是一种类超验的(再)建构行为,把不同的意义层面关联起来的行为带来的便是理解上的同一性(统一的感知),而且就是在一种同一化的诠释行为框架中,其不仅与言辞有关,同时还会实现一种普遍的、具有启发意义的理解。(见卡勒里,同上,第42及下页)

尽管17、18世纪的阐释学提到了阐释行为中的建构特征,但除此之外,其依旧停留在理性主义时代的精神领域之中。对有待理解之物进行重构时必须遵守理性准则;可理解、可解释的事实是以理性为基础的,语言只具备工具性功能,也就是只能呈现上述事实。根据所有个体化条件——也就是根据时间或个人,而个人则是语言表述的发起者或接受者——,理解或诠释的对象都是同一的。从这些征兆来看,有待理解之物就是分析的对象(卡勒里,同上,第50及下页)。浪漫主义的出现为该领域带来了决定性的变革;浪漫主义对语言和语言理解的全新解释主要出现在弗里德里希·施莱尔马赫(F.D.E.Schleiermacher)的作品中,卡勒里就曾多次明确提到了"施莱尔马赫和浪漫主义的综合化阐释学观点"（同上）。

事实上，施莱尔马赫强调，人类精神能力中"具有象征性的行为"是一种"创造性综合行为"的特征，"其不是在标记思想，而是在生成思想"（同上）。诚如卡勒里所描述的那样，施莱尔马赫所指的"思想"可能"并不只是如今在逻辑术语上被称为'命题'之物，而有可能是作为理智图式的概念，主体正是通过这种概念才将自身同某一对象关联起来，这是一种综合性以及象征性创造行为的思想和结果"（同上）。语言所具备的建构式、创生式、能构成对象的功能是和对象构成、对象界定、对象标记中的范畴化功能相关的，因此，我们就可以看到认识论占主导的一种积极的或建构式的构成主义。

尽管施莱尔马赫并没有针对这种再建构以及相应的诠释性－图式化行为提出系统的理论，但与之相关且不可忽视的一点在于，他一直在使用"图型学说"这一说法，而且他显然也意识到了这种构成功能的问题。他把这种机制的形成——该机制是能跨越个体、由语言共同体引发的概念机制和意义机制——同"思维共同体"中传统的形成过程或历史传统中的生活共同体和行为共同体关联了起来（将这一过程看作是建构性的、基于历史的、可变的）。施莱尔马赫对该过程的看法完全基于其以构成主义为基础的功能，他把这一功能置于和康德的图型法概念类似的"图型学说"功能之中（施莱尔马赫，1977，第443及以下诸页）。范畴化的、抽象的、有规则的、在语法上属于广义表述的"建构"在"语言圈"内部的"思维共同体"中形成了理解语言表述时的语境基础以及生成语言表述的语境基础（见施莱尔马赫，1977，第29及下页）。

590　　在施莱尔马赫看来，认识论阐释学的主要问题在于实现再次体验的主观实践及语言圈或思维共同体（传统）中普遍可实现的、类客观化的意涵之间的关联，或者说是实现归摄和中介。这里必须实现一种再构造，也就是逆转话语式的综合行为。理解是以范畴化或抽象化的综合过程中体现的超越能力为前提的，理解就是对这种综合过程的逆转，或者只有在其逆转过程中才能得到证明。也就是说，理解会通过能承载意义的符号把具有象征性的关联能力作为前提，这样一来，在理解的相应逆转过程中，由符号组成的文本才能得到解密："相关性体现在理解的每一次行为上……都是对话语行为的逆转；只有这样才会意识到话语的基础是哪种思想。"（施莱尔马赫，1974，第76页）这里可以清楚地看到认识论基础上著名的"对现有话语的再构造"观点（同上，第83页）。对于施莱尔马赫来说，阐释学就是"再构成"的艺术，按照狄尔泰的说法，也就是对"全部过程的再造艺术，作品通常就是通过这样的过程产生的"（XIV，第707页）。施莱尔马赫明确认为，在方法论阐释学上，这是对理解进行再构成的基础，他强调，"从思想创造的状态——作者就是在这样的状态中被人理解的——出发来正确再造一种创造性的行为"是必要的，"就像对契机的需求会恰好影响到栩栩如生地浮现在作者眼前的奇妙语言一样"。（施莱尔马赫，1974，第138页）理解之人在解释文本之时会自发完成一种创造性的、图式化的、诠释性的行为，他会用到所谓的图型学说，这是需要他实现构成或投射的，同时，图型学说能让他把各类符号或语言要素作为统一整体的组成部分而进行归类。施莱尔马赫的话"如果我认为某物是不必要的，且无法建构之，我便无法理解之"（同上，第31页）无比清楚地呈现了建构性要素。（对必要性的认识无疑是一个模糊的概念，但这并不属于此处该讨论的话题。）

如果在关联-比较归类的过程中区分预知的灵感、再构成过程以及普遍的、基于语言共同体语法结构的、语义意义内涵上的、其他图式中有待理解的表述，就可以看出，要理解逐个调动呈现的过程同普遍语言规则之间的结构关联及中介的产生过程，就必须从建构性行为或再建构行为的角度出发。这一点当然同样适用于语言表述的局部意义同整体意义之间的已知关联，这一点在阐释学循环中也是显而易见的。

如果我们和卡勒里（见伦克，1993，第60及下页）一样，认识到"在施莱尔马赫的阐释学中早已包含或隐含了现代阐释学观点中所有的基本要素"，"比如个体主体对理解过程的制约性，理解在历史上的局限性及其在社会性、实用性上的局限性，诠释的不可判定性和不封闭性，以及不可能完全把诠释过程转变成方法"。因此，很明确的一点是，在理解过程中，随着意义的产生，包括随着投射性的以及归纳性行为的产生，就会在进行建构—再建构行为的同时得到一种针对语言行为和理解行为的积极主义-建构主义的认识论，或者至少能提出这样一种理论假设，而且这种假设不能被简化为纯粹接受性文本阅读过程中消极的教条。卡勒里对施莱尔马赫具有独创性的理论成就做出了如下总结："现代阐释学始于理解和诠释的建构性要素中与认识论相关的基础。"（同上，第61页）

因此，自然不必要求语言表述的创造者和接收者所做的再建构和建构必须是相同的；正好相反，理解的问题，语言形成的普遍范畴性同个体化再现、重构或形象化之间的中介问题，必然就都成了众所周知的阐释学中介问题，而且有时候还会带来一定的误解。

包括狄尔泰把精神科学的基础视为阐释学基础，以及他在哲学阐释学上的研究，都延续了施莱尔马赫的观点，同时也认同了世界构成过程中的建构特征。狄尔泰继承了康德的超越观点，同时将其延伸到了生活层面和行为层面上，他以康德的理论为基础，对纯粹认识中认识论教条过于强大的影响力进行了批判，认为其不够具有根本性，取而代之的是，狄尔泰在行为准则和生活规则中引入了世界构成的基本层面。

狄尔泰在理解或（"艺术地"）诠释方面致力于实现客观的认识角度，其中依旧包含了该行为最根本的建构特征。诠释的任务不是为了从实证主义的角度来"确定"表述的意义、生命表达的意义，或者是狄尔泰所说的"生命的客观化"意义。生命表达的意义只能在一种"重现"（狄尔泰，Ⅶ，第218及下页）的过程中才能得以确定，这一过程符合同一性的内在标准，符合清晰的资料中能实现一体化的标准，而且还会发展成一个整体，该过程"只指向特定的关联，在该关联中，某部作品的局部组成会依次得到理解并构成一个整体"（Ⅶ，第211页）。这样一来，重现过程就具备了建构特征和系统性特征，它不是一种思想过程，系统地来看，鉴于其在"为我们掌握精神世界"（Ⅶ，第215页）方面所做出的成就，该过程是非常重要的。《对他人以及他人生命表达的理解》中收录的是狄尔泰遗作中的一些残篇，他在其中谈到了文本诠释的典型问题（Ⅶ，第220页）："话语的后果是已然存在了的。每一句话都是已经确定了的，或未确定的，其意义具有一定的可变性。每句话之间彼此在句法结构关系上所使用的方法在固定界域中也是具有多义性的；当建构决定了不确定的事物时，意义就产生了。同样的，在特定界域中，由语句组成的、构成整体的局部内容所具备的组合值也拥有了多义性，同时其也受制于整体。"

整体来看，可以断言，传统阐释学中也出现了建构性的、设计性的要素，而且被认为是十分必要的，尽管有些研究阐释学的历史学家并没有认识到这一点。

包括伽达默尔对理解理论的普遍理解及其具有普遍性的哲学阐释学——体现在其《真理与方法》一书中（1960，此处引自"伽达默尔全集"第1卷，1986）——，从建构主义角度来看，也可以被视为探讨诠释性图式化和设计过程的理论。海德格尔特别强调在有待理解的对象中，前结构化过程里面包含的不可或缺性和建构特征，而且这种前结构化是以行为关联或生活共同体、传统共同体为最根本的基础和最原始的世界雏形的，他在探讨认识论问题时回归到了本体论的构成问题，把某物推断为某物的过程指向的是一种创造性呈现的方向，而这一点也是伽达默尔探讨最根本的精神科学认识时关注的基本主题。至于在拥有特定社会基础的、被视为规则的标准情况下，在具有执行性、模仿性的行为中，概念及其"呈现"过程在精神科学上得以构成的方法论基础，就不是此处详尽讨论的内容了。（见卡勒里，载伦克，1993，第3.3章）

此处最重要的是在理解过程中阐明对象，该功能具有根本的、普遍的，而且要优先于所有精神科学的特殊方法论，是具有建构性、设计性、图式化能力的，而且其过程是诠释性的，或者是受诠释性影响的，至少在很多方面是具有行动主义特征的。理解是一种具有阐明性的构成，伽达默尔通过艺术作品的构成、游戏的构成等例子明确表示这种构成就是实现特定的、符合规则的执行模型的过程。

把社会性事物的构成视为次级"真实性"事物的构成，这也是一个极佳的例子，这种事物只有通过投射特征，也就是借助诸多局部的、在规则制约下实现了图式化的、被认为有效的结构，才能赢得自身的存在地位。伽达默尔的基本理念在于，理解，尤其是精神科学上的理解，在原则上和本质上都是一种传统性的发生，是和传承的连续性有关的，而且会通过这种方式证明其行动特征或运用特征，结合上述内容来看，他的这一观点就更具启发性了。一般日常理解中，包括精神科学的理解中，都具有阐明世界的功能，这种功能也可以被认为是由此得到初步认识的对象在类建构的积极构成过程中所具备的根本功能。理解的行为和过程，也就是认识论上的行为，属于对象性领域或客体范畴，也就是属于那种需要得到理解的事物（"伽达默尔全集"第2卷，第441页）。构成过程本身本质上就属于理解，而理解只有作为构成才能得到实现。在精神科学的典型对象中，比如针对艺术品、游戏或社会性事物，构成理论问题以及认识论问题就成了本体论上的功能问题（见卡勒里，载伦克，1993，第224页）。具有理解能力的认识体现在行动之中。而现实化过程就是在伽达默尔所谓的"表现"或"自我表现"——也就是对模仿性实现过程的依赖性——中体现出来的、社会化的实现过程（乔治·斯坦纳近来在"表演"这一概念中再次探讨了这一点；见上文第二十七章）。被投射的实体，无论是艺术品、游戏还是社会构成物或机制，其所拥有的形式、规则和同一性，都只有在行为网络和行动网络内部的，也就是在伽达默尔所谓的"转变成构成物的过程中"（"伽达默尔全集"第1卷，第116页），以及在具有置身能力的阐明过程的行动中，在相应模型和规则的实现过程中，才能赢得自己的"真实性"，而且该行为必须完整地符合相应的行为传统、解释传统，也即是理解传统。由此也直接体现出了阐释经验所具备的积极建构特征和创造性特征，而这种阐释经验则依赖于模仿性的表达、行动、现实化及其体现在文化和社会性中的实现过程。也就是说，理解体现在一种模仿性的构成行动和再建构行动之中，体现在一种具有阐明性的领会过程中：如果是艺术品，那么探讨的则是"把握艺术表达中的同一性"，而这一过程就等同于"对意义的理解"（卡勒里，载伦克，1993，第127页）。显然，在这一点上，超越式的根本条件是非常必要的，比如作为相关构成所处的领域这一传统的原初事实，以及前结构化和前设计。

众所周知的是，伽达默尔通过应用这一要素从本质上突显了理解概念的特征。理解具有应用特征，其一方面体现在积极的行动中，另一方面，这种行动只有在历史的置身状态中，也就是在实践生活领域的连续统一体中，才有可能实现。按照伽达默尔的看法，理解在本质上具备实践特征。理解过程中的"应用"这一说法在我看来本身可能会带来误解，因为理解的建构性特征在其中显得太过隐蔽了：理解尽管是受制于实践行为和应用的,但在伽达默尔看来,它也是完全取决于这样一种应用的,只有在行动中,也就是在模仿中,其才能得以实现。伽达默尔认为,日常理解和精神科学上的理解并不是纯粹地在应用某物,比如把传统规则用于情境,尤其是用于新的情境,这种理解本身的关键是其和行为之间的关联性,而这种关联性是必不可缺的。"应用"这一说法隐含了以工具化方式对待事物的过程。但理解并不是这种应用,而是一种原创地施加在一种诠释物或有待诠释的对象身上的行为或行为系列:理解是对一种已然构成了的"前-成就"的模仿性行为。

只要理解强调了有待理解的对象中所具备的构成物特征,也就是其把有待理解的对象再建构成一种在特定结构下自我关联的整体,那么,这种理解设计的基础便是图式化;而其结果便是我们所说的诠释建构。图式化的诠释性行为在此处是不可或缺的。事实上,在行动及其在应用情境中例证式的应用和稳定化过程中,理解便是建构式模式形成过程中的一种图式化行为。诠释或分析所具备的创造性-建构性或构成性功能被伽达默尔称为"所有理解的概念方式"(第1卷,第404页),也就是所有理解因概念性而具备的内部互相交织的关系,而且就该层面来看,这种功能或许还可以被看作是对对话哲学、文化传统和风俗传统的本质依赖性。日常礼节和精神科学上的理解可以被看作是一种教育、模仿性的行动实现化过程以及对诠释建构的例证过程,而这种诠释建构同结构化的理解方式有着紧密关联,尤其是在社会性领域、规范化过程和机制化规则之间更是关系密切。

埃米罗·贝蒂（E.Betti，1972，第38及以下诸页）批判了伽达默尔的观点，他认为置身传统的发生，让相应共同性成为连续统一体的基础，甚至是强调理解的实践（应用）方面，都无法保证诠释的真理性，反而只会危害到诠释的"客观性"或"客体的阐释学独立性"（同上，第14页，第43及下页）。按照贝蒂的观点，除了"客体的阐释学自主性"原则（"感知并不是推测出来的结果"）、"整体性原则"或"完整性法则"、阐释学研究的"意义关联"法则——这种阐释学研究只有处于局部和及其整体的"共同关系"之中时，只有在局部和整体"相互阐明意义的过程中"，才有可能实现置身于意义关联的过程（同上，第15页）——之外，包括除了"理解的现实性法则"（同上，第19页）之外，还存在"阐释学上的意义相符性法则（理解的意义恰当性）"。后者要求诠释者能够"让自身活跃的实现性同刺激过程之间保持内在协调，这种刺激来自客体，其中一种或另一种刺激（以协调一致的方式）会互相协作，共同发挥影响"（同上，第53及下页）。这里提到了个体实现过程同符合文化的、与语言有关的、受制于规则和模型的普遍风格化过程之间的中介问题，这也是限制分析者进行肆意投射的关键。"精神产物的创造过程同分析该产物的过程要符合意义的一致性这一普遍原则"，只有这样才能产生一种作品理念和"作品特征"。理解或分析会对不同的生命表达进行再建构，并将之建构成作品（同上，第55，58页）。"内部相关性"，置身于一种"由有意义的形式和类型构成的意义关联之中"（"'风格'是精神力量的内在固有属性带来的产物"），这当然都能表现在形式上、"技术-社会结构性上"分析某部文学作品（或者是某件艺术品，亦或是一种已然被构成的、次级的"精神"实体）所具备的"作品特征"时所用的分析视角上。（同上，第 61 及下页）人类自己会"促成"、构成、建构并再建构出一种理智的、精神的"人为产物"，他将之视为"对象"，认为这是一种诠释客体，并将诠释性、图式化的行为施加其上，这些行为和外部形式和模型（象征、符号、语言）密切相关，而且可以被再认识、再调用，而且还能在行为过程中得到再实现。纯粹的实现和再实现过程并无法保证相关诠释的意义恰当性或真理，比如涉及文本理解时，但这却是理解所具备的形式中一种必要的条件。贝蒂特别强调了理解过程中"反思"的"创造性"、建构性、积极主动的过程，该过程体现在一种"创造过程的逆转（倒置转化）中"。（同上，第 13 页）陌生的精神财富就体现在"诠释者的主观性"之中，"在其内部对之加以模仿，并由内部出发，对其进行再生产并将之变成自身的事物"（同上）。但诠释者还是会将之作为自己所面对的一种陌生的、对象化的客体。贝蒂强调，（具有诠释性的）想象属于执行过程中的辩证法，也是一种方法论上的疏离，按照我们的说法，便是属于诠释建构的形成过程。

此外，利科的诠释学观点也明确强调了诠释过程中的建构性要素，这也是一种现代化的诠释观点。利科在其早期作品中（见伽达默尔，波姆，1978）试图从文本理解的诠释学理论来解释

行为①，在其八十年代出版的著作《时间和记述》（*Zeit und*

---

① 利科在其早期作品中还停留在与阅读理论相关的传统文本诠释理论模型之中，但他区分了诠释中不同的方法或应用类型，也就是意义的具有回忆性和"聚集性的"深思熟虑的组合以及意义中具有揭露性的揭示过程，而这两者可能会导致"诠释的矛盾"（1969，第33及以下诸页，第41及以下诸页，第45及以下诸页）。在对宗教文本进行神学－阐释学分析以及对弗洛伊德、马克斯、尼采等批判家提出的具有批判揭示性的深度诠释进行对比的过程中，利科似乎成了"怀疑"的杰出诠释者。尽管利科（见伽达默尔，波姆，1978）后期基本上都把对世界和行为的理解看作是文本诠释，他认为，"……行为是有意义指向的行为（……）会凭借客观化的方法，而这种方法跟通过文字来固化文本的方法是类似的"。他认为行为本身是在建构中形成的（见伽达默尔，波姆，1978，第92页）。利科认为，文本诠释的理论对理性行为，也就是对"把环境延伸成世界的过程"（同上，第90页）而言是至关重要的，而这种理论应该表现为"阅读理论"的格式塔，"而这种理论是和写作理论相对的，它能为我们提供针对人文科学方法论矛盾的解决之道"（同上，第98页），而这种矛盾的根本则体现在主观性和客观化的对峙之中，就像其体现在解释和理解之间充满张力的关系和视角中一样（同上）。"文本是一种'类个体'，它会让文本诠释生效……是和文本有关的一种具有学术价值的知识"（同上，第104页）。利科由此建立了"解密和学习之间的关联"，通过这种关联，"一种以文本关系方式得到解释的世界进入了意识之中"，并且成了"诠释学的支点，而这种诠释学一方面能克服历史主义的单一性，另一方面依旧试图维护施莱尔马赫阐释学中最初的意图"。（同上，第113页）这里存在一种"深度语义学"，其"呈现的是理解的本质对象"（同上，第112页），"文本中不引人注意的关系"正是通过这种深度语义学才能得到阐明，也就是成为了"文本开启的诸多世界观"中"其中一种可能的世界"（同上，第113页）。这里已经显露出一种要脱离几乎纯粹局限于再现过程的传统阐释学模型的趋势了，利科认为，"文本的意义就体现在其敦促的特征之中"，也就是"在这样一种敦促之中：将文本作为新世界观的起点，并用一种特定的方式来思考该文本"。（同上，第122及下页）他在解释社会现象和社会现实的过程中也运用了这一点，而社会现象和社会现实"本质上都是具有象征性的"，而且会通过深度语义学来揭露文本中"不引人注意的关系"，以类似行为主义的方式将之"发展成一个世界，这已经不再只是一种环境，不是对世界的构想，这样的世界要远超这种单纯的情境"（同上）。按照文本诠释模型所做的深度语义诠释——这要高于对陌生精神的理解以及对作者意图的辨认——就成了文本中一种动态的力量，可以用来阐释新的世界观。利科在其后期著作《时间和记述》中就试图系统地表现这种动态的过程。

599　*Erzählung*）中提出了一种独特的、哲学上的诠释学，其基础便是在语言形式影响下历史世界的结构化过程。这当中的关键是记述的概念，其作为可通过语言媒介表现的结构而成了社会科学中效果历史关联里的方法。讲述的形象就是被行为结构"提前塑形的"时间及其"再塑形过程"之间的连接点，也就是由接受者或读者在接受和结构化过程中进行回溯性阐明的过程，该过程应该能"在符号的传说中对行为世界进行全新的塑造"（利科，1988，第122页）。

600　　利科的出发点是一种先于描述的第一重模仿，这和基于（纯粹）行为基础的、对世界的前理解是一致的。这是日常实践中的临时技能，是为了在结构特征中辨识出行为，为了能够理解行为所具备的含义或意义，或者，就像利科所说的那样，是为了理解其"象征性的中介过程"。（同上，第90页）行为的语义学可以解释这样一种技能；这和分析以及再建构是一致的，利科在其首部（见本页注释1*）作品中就简要描述了作为行为和行为理解模型的文本，其中也提到了这一点。而与之相对的是，第二重模仿则通过一种特定的顺序排列和意义结构，使得前理解中描述性的变形过程成了一种"故事"。作为第二重模仿构成中社会学上的行为，对行为关联的诠释过程就具体地表现为描述性的塑形关系，也就是第一层面上的实践性行为理解变形成了故事中"句法结构"顺序的过程。这种句法结构上的结构把"行动者、目标、手段、互动过程、现状、出乎意料的结构等不同的因素""联结在了一起"。（同上，第106页）也就

601

---

*　即本书第613页注释①。——译者

是说，它将这些因素都融合成了一个统一的整体，将之联结成了一个故事。因此，利科提到了后于"前塑形的"前理解、先于"再塑形的"前理解的一种"形象化时间"，这种时间是由读者或接受者确定的，因此也就在第一阶段和第三阶段，也就是第一重模仿和第三重模仿之间，起到了一种中介作用。后者是和接受者的接受过程相关的，接受者会把第二重模仿的语法结构顺序中所包含的全部过程或顺序的组合重新同自身的行为和行为理解结合起来，从这一点来看，也就是开展"具有再塑形功能"的行动。（同上，第 104 及以下诸页，第 113 及以下诸页）

利科明确强调了其观点和康德理念中的判断力，尤其是和"反思性判断力"之间的相似性，因为这种"塑形行为"（在第二重模仿和从第一重模仿过渡到第二重模仿的阶段）会让单一的过程和行为成为"全部时间构成的统一体"。（同上，第 107 页）他还明确提到了通过模仿—叙述的塑形行为得以实现的"图型化"（同上，第 109 页），同时也探讨了"叙述功能的图型论"，这种图型论能在普遍的形态原则层面上实现结构上的类型构成，而动态的诠释过程中所具备的传统特征便是以此为基础的，这一诠释过程是"新创造""精确计算后的偏差""沉淀过程"创新和传统之间的"交互过程"。在第二重模仿的层面上，行为事实上会转变成文本，会以一种叙述性文本的形式表现出来，该文本本身在模仿的新层面上会成为诠释的对象。在第二重模仿中，"文本的世界和读者、听者的世界出现了交集"（同上，第 114 页），而叙述性塑形的结果则会以其接受形态再次影响行为：塑形过程会产生影响，它会被理解或诠释这种对已被理解的事物，也就是对"新的所指物"（同上，第128页）所做的"再塑形"。

鉴于我们此处讨论的主题，利科的观点同历史编纂学的平行性、叙述性诠释视角下的虚构故事，包括故事情节结构中体现出来的结构化时间体验的生成和现象等，都不重要，我们关心的首先是社会科学诠释这一整体模型中的方法论特征，也就是利科总结的"塑形过程中的动态特征，这是同协调性对抗不一致性时产生的后果相反的秩序所具备的有限性，是通过叙述实现的、有规则的普遍性当中的图式化过程，是历史科学发展过程中、传统形成过程和创新过程之间的竞争"（同上，第343页）①。在利科的观点中，最关键的是，叙述性具备一种构成-图式化的功能，这一功能能在行为世界的过去、现在、将来之间形成一种跨越的体验或统一性体验，而且是一种特殊的时间体验。叙述性的归类是一种具有创造性的一体化过程，在这一

---

① 利科通过史诗和长篇小说对行为概念做出了独特的补充，这一补充是通过描述其中的"类同性"（Ⅰ，第344页）或分析叙述性塑形过程同讲述性故事创作之间严格的"平行性"（见Ⅱ，第264页）产生的："我们可以对叙述的所有领域加以反思……要同时对待故事创作和文学批判，要同时构成叙述学整体所针对的对象，在这样一种叙述学中，讲述历史和讲述虚构故事的过程应该得到同等的对待"（同上）。要用"同样的标准来衡量"所有领域中的"塑形过程"（Ⅱ，第265页），也就是说，故事情节的构成包括这样一种类型，它可能会把各种顺序间的单一事件和在范式上得到升华的要素转型成为一种语段学上的结构，会形成"不同事物、事件在时间上的综合体"，并融合各种不协调性和张力。这几乎就是亚里士多德对喜剧的阐释。包括时间体验的构成也不是其关心的要点。与之相反的是，利科认为最重要的是"叙述性塑形过程中形态原则上的普遍特征"，这种塑形过程可以讲述虚拟故事，是对全面的叙述性认识论所做的历史编纂学，而且是在这两个领域实现一种"认识论上的异体同形"，在此过程中，"和叙述逻辑上的理性相对的是，对叙述性的理解具有明确的优先性"（Ⅱ，第266页）。

点上,利科延续了康德的反思性判断力观点。这是一种建构性的、图式化的、诠释性的行为,其超越了单一关联、语言上的单一理解和对单一行为的理解,会试图从一种更大的时间导向和"特殊历史"意义导向上来对已经发生的行为做出全新的解释。很显然,这就是一种建构性诠释的理念,而且是在一种图式形成和形态形成的积极模型构建、模型运用过程中,这一过程类似于康德认识论当中范畴的运用和图式化时超验的模型构成过程,比如在判断的形成过程中,或者是反思性判断力的普遍化功能所具备的结构归纳任务上。简而言之,故事情节结构的构成是一种建构的、诠释性的模型形成过程,其具备一种主题化的构成功能,而且其目的便是为了融合单一事件和单一行为,以及实现次级层面上在能构成世界的文化要素和文化符号影响下,象征性地实现行为再诠释或再塑形过程之间的切换。这种塑形过程就是建构性的诠释。

和自然对象相比,在诠释性的构成过程中,社会科学和精神科学上的实体要处于更高的层面,这一点在诠释方法论和诠释哲学的发展过程中已经得到了明确的强调。但在对包括自然科学在内的理论概念进行更严格的、方法论上更精细的深入研究时——比如针对不同的诠释主义理论、内在现实性理论和结构主义理论——,却可以越发明显地看到,构成过程和诠释建构从根本上来看也是自然科学理论形成的基础,比如在对各类物种进行界定时,尤其是在构成理论实体时,特别是在微观世界领域。包括在对大自然进行描述时,在自然科学中,我们依旧无法脱离诠释的建构性,就像在日常理解和认识过程中一样。这里涉及的是诠释或图式化诠释性行为中不同的层面和等级,而这些层面和等级会相应地体现在对于诠释而言必要的图式所具备的各种程度的任意性或可变性之中。精神科学和社会科学的特征在于，它们需要的是构成性地运用更高等的、不同的诠释方式，并以此来构成、标记、描述其对象。从根本上来看，这里针对的是程度上的差异。而广受推崇的精神科学的"自主性"在这一点上则不再具备绝对性了。如今，人们已经认识并普遍认同了包括自然科学的概念形成或整体形成在内的理论局限性和诠释关联性，而方法论上的分裂主义时代也早已过去了。现在更重要的是程度上的差异，而不是学科上不可逾越的差异。包括自然科学家都会借助各种图式、形式、模型、规则形成、普遍化、模型塑造、理念、语言模型和表达来提出概念并进行诠释、图式化和建构。在所有的认识和行为中，诠释建构都是至关重要的，其不仅是精神科学理解的特征之一，尽管在精神科学上，继海德格尔之后，伽达默尔强调的行为特征和历史性特征，以及诠释的历史关联，在很大程度上要比自然科学上的解释和理论构成更加明显。

从上述诠释建构主义的角度来看，尤其是从方法论上的诠释主义，包括超越的诠释主义角度来看，自然科学和精神科学之间传统的二分法和分裂性已经表现为不同程度上的差异化，体现在不同的着重点上。理论化过程、形式构成过程、图式的建构过程以及行为的关联性针对的是所有具有象征性的行为和认识。传统上过于僵化的、分裂的、科学理论上的对立应该过渡到一种更高层面上，也就是更为抽象的方法论层面上。方法论上的和超验的诠释主义能从一种更抽象的方法论统一性角度来改变更高层面上的自然科学和精神科学之间传统的二分法。

在此过程中，在构思世界时，在人类和历史传统的关联中，在行为习惯中，包括在最初看似超越了行为和实践的纯粹认识过程中——无论是精神科学还是自然科学上的认识——，都会出现积极的、行动主义的要素。认识和行为无论从任何科学视角或日常视角来看都是不可分的。在图式诠释过程中——这是超越了传统文本诠释的模型构成过程——，认识和行为成了一种全新的、更高等级的统一体。行为和认识，包括积极地阐释世界和塑造世界的过程，都在诠释中结合成了一体。

第四十五章　总论

本书的开头部分以批判、疑问的方式提出了自然科学理论和精神科学理论之间的分裂问题，同时也阐述了跨越这种鸿沟的可能性问题，而这一问题到目前为止似乎已经得到了解决。但同样的鸿沟似乎也出现在了（或许要比自然科学的智识和文学和精神科学的智识之间的鸿沟更大）科学技术的理论形成和运用、高度复杂且基于计算机的信息加工同口语概念的日常理解和运用过程之间。曾经的问题是，是否能用认识论来跨越这种文明分裂，而这里的问题，包括该视角下和认识论未来发展趋势相关的问题，则仍待总结和展望。

与上述分裂中看似绝对不可逾越的特性不同的是，在对迄今为止的诠释理论和诠释主义观点进行深入分析和差异化研究的过程中，在对自然科学和社会科学的科学理论进行分析的过程中，包括从认识论角度探讨日常认识的过程中，都可以看到，一种更抽象、更高等的认识论层面是存在的，而在这一层面上，看似不可逾越的鸿沟也是可以被跨越的。而其中的"桥梁"便是建构性诠释的概念，或者说是图式诠释的概念和诠释主义－图式化行为的概念，同时还包括涵盖了符号和类似符号的内部呈现过程的行为和认识概念。不管是在日常生活中，在自然科学和精神科学中，还是在哲学上，认识和行为都是以符号为媒介的。恩斯特·卡西尔认为（1944，德语版1990），人类在世界和自我之间张开了一个"符号的中介世界"，对于他来说，这就是一个"符号的宇宙"，是其符号世界。卡西尔的这一观点非常重要。人类作为"符号性的存在"受制于"符号系统"和"符号网络"的构成过程，这种系统和网络能让人们在行动和认识过程中进入世界，或甚进入其作为对象世界的构成过程，并且以不同的方式对之加以结构化。符号的运用和符号的表达过程在鸿沟两侧的科学文化中都是不同研究方式、表现方式和行为所具备的典型特征。这里就出现了一种具有跨越性的视角，它能够在更高的、更抽象的认识哲学和方法论层面上为跨越鸿沟提供支点，也就是能成为跨越鸿沟的桥头堡。因为无论是在日常生活中，还是在科学中，亦或是在精神科学及哲学学科中，分析认识和行为时候的所有核心概念都离不开符号的构成、运用和解释，都是以诠释性、图式化的行为为基础的，根本基础都是图式，而这些图式中的一部分是在进化过程中预先存在且无意识的，一部分是在和环境的互动过程中形成的，一部分是基于历史传统构成的，或者是在狭义的社会文化层面上习得的。图式的形式、分化、发展和运用在本书中都被描述成广义的诠释，确切地说，是作为图式诠释。（阐释学历史上研究的文本理解在这里只是一种特例，也就是作为文本诠释的附属范畴。）显然，对世界，对具有认识能力和行为能力的主体本人，包括对个人及人类在其行为情境和世界情境（生存世界）所做的各种分析和干预，都是受到诠释影响了的，是通过图式诠释实现结构化且被其渗透了的，从其表现过程和理解性来看，是普遍不可避免且被诠释渗透了的。方法论上的诠释主义（诠释建构主义）立足的基本观点在于，所有的认识和行为都是被诠释渗透了的，我们只有通过诠释的方式才能把握、理解、指向某物并对其加以归类，同时依据不同的构成部分对其加以细化，这一点显然是毋庸置疑的。这一观点是诠释和理论形成中以方法论为指向的认识论所具备的根本理论。即使是一种能区分不同细微差异的感知，也就是能表现并区分不同组成且同时以理解为目的或实现单独理解的感知，也具备这样一种特征，也就是以对原始刺激信息进行分析的格式塔，包括加工格式塔和后期再组成格式塔（大脑皮层上的合成）形式出现的图式运用，而且这种图式运用拥有特殊的感知渠道，但其刺激过程却是非常普通的。图式诠释主导着一切，神经生物学上的最新脑研究已经证明了这一点，而且这一研究一定程度上也从实证角度证明了更高等级的一体化过程和综合化过程。

此外，符号理解上的核心概念当然同时也是诠释理论的组成之一。诠释建构主义的模型本身就是一种认识论上更高等级的诠释建构，同时，这一方法论及方法论阐释过程中（包括日常理解本身）的基本概念，比如"意义""信息"等，也都是诠释建构；包括实践过程中更加普遍的、构成我们世界结构化和自我结构化基础的日常概念：包括"我"和"世界"的基本概念，对主体和客体进行区分时候的概念，认识和行为的概念，形式、结构和格式塔概念，都是具有诠释特征的认识论－方法论概念。

首先应该把诠释建构主义理解并发展成为一种方法论上的理论观点。但在传统的认识论中，这也可以被看作是一种类似于康德超验诠释主义的观点，这和探讨人类作为文化存在和符号存在的认识论是类似的。

此外，包括在卡西尔的理论基础之上，这一观点也应当成为和具有诠释能力的存在有关的一种人类学，或者确切地说，成为一种和具有元诠释能力的存在有关的人类学。因为人类并不只是会运用符号且能诠释符号的存在，人类同时还是能在感知和认识过程中运用不同符号，且会在原初的困境中，比如在错综复杂的情境或在陷入左右为难的困境时，"有逻辑地"推断使用各种符号的高级哺乳动物、灵长类动物。人类最大的特征就在于，它能把自己具有诠释能力的认识和行为本身再度变成更高等级的诠释中的对象。人会区分，会进行细微的差异化，会诠释，而且不只是在诠释的特殊层面上，比如通过对不同对象类型、特征、关系等进行观念化，而且人类还能把诠释本身再度变成诠释的对象——原则上，诠释过程的这一交叠过程是开放的。可见，人类是一种在特殊层面上符号化的、具有行为能力的存在，也就是能通过诠释把自身运用符号的过程再度变成对象，能将其升华到元等级层面，会通过抽象的方式来表现并控制它：人类是具有元诠释能力的存在，他会通过符号的方式在认识和行为的更高元等级上使用关于符号的符号、关于诠释的诠释，能形成诠释建构的诠释建构。这就是在客体等级或客体语言中——这种客体语言会把人类标记为具有元诠释能力的存在——，符号运用得以解放的可能。（探讨具有元诠释能力的存在，这种人类学主题并不是本书探讨的范畴。）

从认识论来看，非常明确的一点是，图式诠释概念以及诠释性-图式化行为的概念意味着一种更全面的理论，其不仅涵盖了自然科学家们提出理论假设并运用理论假设的过程，同时还包括了精神科学家们（包括哲学家和方法论研究者）提出的解释概念和理解概念，此外还包括了日常生活中的观念化过程。当然，从不同科学或学科的认识理论、科学理论角度来看，其中不可否认地存在不同的差异、对立和不可协调性。（分析这种差异性是特殊的科学理论或阐释学要研究的任务。）就这一点来看，在对世界结构、自我解构、世界关系和自我关系的把握和理解过程中，各种诠释类型都是不可或缺的，可见，传统阐释学中探讨理解的理论选择了一种方法论上正确的、不可或缺的观点（至少广义的精神科学方法论所研究的内容是如此，同时，在自然科学中——比如把阐释方法视为"技术上的技艺学习过程"（汉斯·阿尔伯特）——，这一点也适用于理论假设和顺序概念的实践运用过程）。此外，哲学上的阐释学——狄尔泰最初已经隐约提到了这一点，进行明确研究的则是海德格尔和伽达默尔——也认识到了在世界雏型、自我雏型、构成及其方法论概念、方法论前提条件中阐释的影响力，有意图地把某物指向某物，以及把某物理解成某物的过程，被认为是具有建设性的构建要素，当然也可以认为这是一种方法论上的建构诠释主义的萌芽。但阐释学模型却依旧没有完全摆脱传统的文本阐释和阅读范式：世界应该作为文本得到阐释，而行为——比如利科就这么认为——只能被看成是文本。普遍阐释学被禁锢在了狭义的文本诠释概念之中，只有偶尔或隐约才会指向一种诠释主义的构成主义。尤其是传统阐释学（包括普遍阐释学）都不能在神经元层面和生物学层面上对具有图式化能力的行为进行研究，而这些行为是有机体内所有具有符号象征性的诠释行为所采用的手段。与之相对的是，现代的脑研究无疑能把图式构成、图式运用、原初诠释以及与之类同的解释所具备的创造力固化成图式激活和图式的稳固化过程。诠释概念被延伸到了图式化过程之中（图式构成、图式激活、有意识地运用图式并对图式进行细微的差异化分析），由此，其作为一种广义的诠释概念，我们就能在一种抽象理论的层面上把承载了认识和行为的生物结构同符号的、文化的结构关联成一体，并且还能以同样的方式将之运用到科学阐释、日常认识、行为、构成过程之中。从诠释建构主义中更抽象的方法论角度或超越角度来看，可以在诠释主义-符号性的人类学层面上实现认识性学科和行为学科之间具有跨越性、连接性的（尽管是以一定的形式化和抽象性为代价的）再度统一。在更高的元等级上，在诠释的特殊抽象、诠释主义的形式、规则、方法、要求和结果上，又创建了认识的同一性。（当然，和方法论-诠释主义的整体模型一样，这也是方法论诠释和认识论诠释的结构，其体现在诠释建构的框架之中，无法脱离有待解释和表现的整体情境，但就目前来看似乎已经得到了证明。）

方法论上的分裂主义问题，也就是自然科学和精神科学[按照雷鹏尼斯（W.Lepenies）的观点，其中也包括了作为"第三种文化"的社会科学]之间在科学方法上的分裂问题，已经被证明是科学的同一性问题，这也是意义层面上的特殊问题，其原本应该是特殊的科学理论需要解决的差异化问题，或者说，是一种在学科性方法论和科学理论之间进行对比的科学理论所要解决的细化任务。不同科学之间的方法论同一性问题是方法论比较过程中，在提出问题并升华问题时，与抽象程度和元等级有关的问题：理论假设的形成，尤其是法则和模型的形成、运用，包括法则和模型的检验，这当中运用的不同方法都是通过接近客体的语言分析方法论时需要考虑的，如果这些方法彼此越类同，那么，我们就能在认识和行为的图式诠释关联角度上进入诠释主义对比的更高元等级。传统上充满了争议的科学同一性问题是方法论解释过程中元等级上的视角问题，特别是从方法论诠释主义的角度来看。

从广义的图式诠释主义角度来看，方法论的、超越的诠释建构主义完全就是以生物性为指向的、探究认识器官和认识功能（比如从进化论的认识论角度来看）的科学同传统视角（比如超越视角）之间的争议过程。针对认识的合理化论证过程、检验标准或批判标准提出的"原本正确的"问题会以批判的、但并非基要主义的（具有最后合理性论证能力的）方式，同针对认识的生物学基本结构所做的"过去已有的"描述共存，而且这种共存是以不断发展的生存功能为基础的。同认识的绝对基础和绝对先验性相关的理性基要主义是绝对要不得的，否则，支持发展革新的认识论者同现代务实的认识论者之间的争论就成了一种无谓的对立。

在超验图式诠释主义的范畴内，当然也有一些有意思的与进化相关的问题是和生物进化过程中图式行为和诠释行为的承载者的诞生和形成过程有关的。（其中当然需要注意一点，也就是进化论视角本身作为理论观点会表现为诠释模型，而不是传统的绝对论证哲学和最后合理性论证哲学中任何具有绝对先验性的基础。）尤其是在这种进化论视角下，研究进化论的生物学家、生物化学家和神经生物学家们开展的合作会带来一系列深入的、有意义的结论——包括在更高认知层面的图式化过程中——，比如在研究不同种类的圆鳍鱼和鹦鹉螺，包括海蜗牛、海蛞蝓等最原始的感知调节功能时。在神经元系统中对刺激进行加工，这一过程的基本结构即使是在鹦鹉螺这种原始的、但拥有完整大脑和神经元的模型中也是一样的：神经元行为通过行为潜能转移到神经元细胞轴突的机制，以及突触通过生物化学上的神经递质在突触后细胞中的分散和对接，这同样也是人类大脑皮层中的典型特征。其中的秘密就在于，通过特殊神经传导和普通冲动引发的行为最终分散成了网络状且重点清晰，它是如何基于类似于神经末梢区域的加工过程实现行为的再组合、有意识的综合以及语义上的意义归类的，而且此时大脑里也没有什么小人在负责调控指挥。对分散的神经元平行加工过程的认识（见鲁姆哈特）似乎提供了这样的可能性：对极度复杂的神经元网络状加工过程的认识或许可以解释大脑内部高度复杂的理性特征、信息简化过程、事后的综合化和构成过程。在研究者们研究不同解释模型的过程中，包括研究大脑皮层区域高度复杂的连接过程、核心区域的区分过程、干扰过程的研究，以及间脑和脑干部分的影响等，"大脑和精神"依旧是一块尚待深入的重要研究领域。如果我们能够在视觉感知过程中凭借胡贝尔和维瑟尔对猕猴的研究结论来解释刺激的分散过程、继续传递过程、有细微特征差异的表现过程直至其传导到视觉中枢的过程，那么，剩下的便是研究更高等的中枢区域中的加工过程——不过我们必须忽视一些被放射线定位的中枢激活实验，使用葡萄糖的激活实验，以及使用其他能量手段的激活实验。不过基于上述关联性，毋庸置疑的应该是神经元细胞的平行加

614

工过程、神经皮质中传出－运动技能区域的主导性、注意力调控和情感对来自中脑区域的（尤其是来自大脑边缘系统）刺激的依赖性。同样确定的还包括在负责语言分析的左脑区域中，将大脑再次分成非延续的、但具有统一性的两部分，及其该区域同右侧的、倾向于图像－形象综合化的大脑区域（在大部分右撇子当中）相比所具备的一系列不同功能。

从诠释主义的方法论角度来看，迄今为止的研究结论就已经足够从神经元复杂结构的连接层面上证明在神经末梢感知之后的加工过程是和图式化以及结构有关的：从这一广义层面来看，诚如我们所见，大脑建构也可被认为是诠释建构，是图式化的结果。针对"大脑和精神"主题开展不同研究的各个学科之间所进行的跨学科合作目前都一致指向这样一种观点，而且其基础便是所有行为和认识，包括神经元传递过程中的行为和认识，所具备的图式诠释关联性这一基本理念。

认知心理学方面的研究，包括感知的图式呈现、通过命题图式网络实现的认知和事实表达等，在方法论上都是和本书提出的观点一致的，尽管图式的网络状激活和稳固过程（包括心理学上的图式一定程度上也会具备明确的生理学上的、神经元网络状的集群）以及从传统现象学逻辑的意识内容或语义理解角度上有意识地理解意义意涵的过程之间还存在鸿沟。在句法上呈现能产生意义的神经元运作过程同在内部现象学逻辑上理解意义的过程之间，在外延理解同感受性质的体验之间，在类似句法结构的关联同语义解释机制及其内容体验之间，依旧存在着裂隙，目前我们无法通过任何外延的或内涵的方式来填补这一裂隙。〔尽管诺贝尔奖获得者大卫·胡贝尔曾欣喜地预测迄今为止的大脑研究在探索视觉感知的神经元加工过程中取得了可喜的进步，但我们是否能在原则上退居到"精神"，并试图以此来实现一种"原则上完整的理解"（1989，第72页）——"或许有一天我们再也用不着精神这个词了"，却依旧是一个不确定的问题。]不过诠释主义理论探讨的始终都是观念上的功能模型之间的转换问题或关联问题，其目的表示为了描述相应传导过程中更高级的认知过程。在我看来，我们完全可以继续把这种更高级的认知称为"精神的"，但神经科学上的分类和具体研究可以对这一说法进行补充，而不需要在其他科学领域——游戏是在心理学和精神科学领域——或日常生活中放弃"思维的""精神的"这样的表述方式。从方法论的诠释主义角度来看，这和有一定局限性的功能主义观点是一致的，而且从神经生物学角度来看还实现了一种类似朴素的、具有现实性的"物质主义"研究方法，和诸多自然科学一样，神经生物学也会把其理论上的诠释建构以及以此为根据塑造的模型直接投射到现实之中，而且显然会错误地将这些等同于现实，且没有特别关注到，因为运用了描述性的方式，其中已经出现了复杂的折射，而且也没有重视外部能控制符号的实验方式及其句法同语义意涵、意识内部视角之间的种种问题。在诠释所具备的所有抽象方法论上的共同点中（体现在自然进化的、下意识被激活的图式以及符号化的诠释建构之中），在其解释和研究方法上依旧存在巨大的差异，只有通过克服分裂主义的、朴素的片面化观点——无论是从理论模型的现实物化角度来看，还是从意识内部机制的直接性来看——，这样的差异才能得到缓和，但依旧得不到彻底消除。为了在方法论上调节差异，同时将之共同植入统一、全面、抽象的观点之中，这里提出的方法论上的诠释主义，包括将其延伸到认识论的、超越的诠释主义，在我看来会起到重要的缓解和传导作用。

如果我们展望一下诠释观念在其同实证的认知科学研究以及行为科学研究之间未来可能会产生的互相影响和发展，或许我们可以预言，虽然目前在外部自然科学描述的两种"诠释"文化之间以及内部意义逻辑的理解之间还存在较大的裂隙，但通过内省、视觉理解或视角上具有诠释性的再体验，这样的裂隙是可以被缩小的，尤其是当脑科学研究不断发展，能深入研究更高认知中具有高度综合性的大脑皮层区域时。但在由经验归纳的激活过程以及因现象逻辑上的经历再现或描述而带来的意识激活结果之间，在描述了心理或意志行为的直觉行为之间，本质上依旧可能会产生一种关系上的对应、分化和分类过程——不过也有可能不再产生这样的过程。裂隙尽管可能会被缩小，研究可能会陷入困境，或者有可能会从表层深入内部，但并不可能直接到达核心：裂隙似乎依旧会存在，而所有试图用统一的语言来涵盖裂隙两侧领域的做法似乎都是徒劳。一侧是物质化关联，以及信号或承载了意义的模型当中表面可确定的形态，另一侧则是因社会化构成而形成的符号意义和象征意义（诚如我们所见，意义本身是一种涵盖了多重句法、语义、社会领域的、复杂的诠释建构），而这两侧之间在语义上的裂隙不是那么容易就能填补的，即使这是一种在模型建构意义上处于更高抽象等级的或甚能跨越各等级且涵盖了多个实体领域的诠释理论。相关研究围绕的依旧是原有的裂隙，同时也会探究行为学上的本能机制。我们目前无法排除是否能跨越或消除这种裂隙的可能性。我们需要当心的是对不可能性的判断，但这种判断唯有通过主观猜测才能得出：现实超越科幻小说的速度往往要比充满幻想的作家们所梦想得更快。但没有任何靠谱的预测是基于乌托邦式梦想的，比如基于"人工智能"的研究。当然，该领域的研究还会继续发展，会给我们带来诸多惊奇，就像在过去几十年间，该领域已经在人工智能调控，尤其是在范畴分类、模型辨别、根据不同情况作出操作形式上的决定等方面，取得了很大的进步，更不要说大大超出了上世纪60年代乐观主义者们对人工智能在语言理解上所做的预测。而现在，这种乐观主义似乎正以同样的方式再度出现在了各个不同的层面上，最充满发展前景的则是具有学习能力的神经元网络及其模型塑造和人工模仿。当然，目前还无法预测该如何理解语义意义中的社会文化部分，包括该如何用局部机构化的、局部自由或充满了创新性和开放性的方式来理解其意向性、规则解释和规范化过程。从诸多诠释基本概念和理念的社会关联和文化关联角度来看，我们还无法用类似于胡贝尔提出的可能形态把传统生理学－生物化学－物理学还原理论转变成一种纯粹神经生物学上的理论。"精神""精神事物""心理事物""意向事物""意义""意义对象"以及构成了规范和规则的事物是和（从自然科学角度来看）规则性事物相对的，它们能以一种饱受争议的、传统自然科学意识上的理论来阻止"物质主义"上的还原——这是一些行为主义、生理学或物理学领域的科学家所持的观点——，尽管这样一来，其中的裂隙可能会被缩小，而且可能会出现一些跨学科的、方法论上的关联可能、连接可能或甚从局部填补裂隙的可能。包括从物质主义的哲学理论角度来看，我们也早已摆脱了传统形态中充满争议的、简化还原的物质主义，我们已经过渡到了一种排除式的或非简化还原的物质主义，而这种物质主义则具备一种启发式的特征：尽可能利用神经生物学、生理学、生物化学、生物物理学上的理论来进行解释和描述，而不会一下子做出全盘评判。物质主义角度的解释所具备的启发性就体现在人们试图从（神经）生理学角度来尽可能地做出相应的解释；这种解释不会在意识形态上被升华或绝对化，也就是不会被夸大成为一种包罗万象的、纯自然科学、纯物质主义的物理学（或者生理学）上的图像。尤其是对自然科学理论形成和模型运用过程中的诠释关联性的认识表明，这绝不会成为意识形态上的教条主义基础。此外，这也不会发展成传统极端阐释学理论在意识形态上的教条主义，不管是在全面的文本理解和文本再体验上，还是在再创作过程中。

诠释建构理论发展成了一种全面的、方法论上和认识论上的诠释主义，它会缓和上述裂隙和分裂主义两侧的所有教条，会在更高的抽象层面上呈现出建构性理解、模型化表达、模型化描述当中所具备的形态上、功能上的共同性。

当然，这种理论本身还有待进一步发展。上文对诠释等级的细分完全可以再精细一些，或者也可以转变一下区分方式（比如通过更精确的范畴划分，或者可能的话再细分规范性诠释建构及其相关变化过程，而且可以采用不同于上文提到的描述性诠释建构的区分方法）。包括诠释的类型和诠释性－图式化行为的类型也可以且应该得到进一步分析，或者得到进一步的细化。特别是可以在图式诠释和文本诠释之间对诠释类型和图式类型进行更深入细致的区分。最后也可以再深入探讨一下诠释理论的自我运用过程，尤其是在运用理性概念、理智概念、具有细微差异的解释及诠释理解的发展方面——或许，"理性"一词用在此处太过笼统。或许不该在意向研究领域中使用"诠释主义理性"这样一个统一概念，而是从不同的、受范畴和视角影响的理性概念或理智概念出发，结合相关领域提出诠释主义的"合理性"概念。或许"理性统一体"也只是一种启发式概念，到了视角主义的多元论中就不可能被实现，它只是一种在持续的启发式要求中才存在的操作。（这样的操作当然是符合哲学上追求的统一性的，而且也可以证明其本身是具有合理性，但这种统一性只局限于启发式 - 方法论的或启发式 - 认识论的主要概念，而不适用于理论假设中有可能是现实的、可以实现的或已经实现的"实体"。）对诠释理性的批判必须将其统一性看作是一种诠释概念，必须以诠释的方式进行自我质疑。诚如我们所见，这也是诠释主义理论中包含的启发式可能以及自我应用要求。

同时，上述概念还具备一种明显的人类学关联。如上所述，人类是一种具有元诠释能力的存在，能把自身的象征化过程和诠释过程再度变成研究对象和进一步发展的支点。人类作为具有象征性和诠释性行为能力的存在，当然有赖于规则、规范、框架概念、理念、目标设定等对行为所做的引导和调控；人会通过遵守和重视规范（作为规范化诠释建构的规则）来实现价值（"行为评判和状态评判中的诠释建构"），而且也必须这么做。作为具有行为能力的存在，人就是规范化的存在。对规范化诠释建构的细分，以及在行为引导和行为评判过程中确定诠释的规范化方式，这都是未来有待解决的复杂任务，这当中涉及的并不是把描述性诠释的形态转移到规范化运用的问题。（在本书作者的其他文章中阐述了从诠释主义角度理解规范和规则时，各种理念的不同发展状况。）

规范化的应用过程会回归到作为社会规则的诠释建构在社会上的置身、实现、表现和机构化过程。在这一点上，认识和行为的中间领域还可能存在各种有意思的分类可能，而这些可能性在诠释表达的深层传统中（见第二十三章及以下，第二十七章）是至关重要的，这种诠释表达接近亚里士多德的模仿概念，而且在几千年的演变过程中发挥了深远的影响。通过皮尔士功能主义符号哲学视角下的诠释项把诠释客体归纳成诠释对象——这种观念可能一如以往地具有片面性，已经局限在了话语诠释或概念诠释的理论模型之中——，除此之外，在维特根斯坦的传统应用功能理念中，我们还可以把诠释纳入日常行为实践的"生活形态"之中，上文也提到了这一点（第三十八章）：诠释游戏和诠释建构游戏在表现、练习以及执行类似生活形态的行为时所发挥的影响就类似于维特根斯坦后期观点中"语言游戏"所具备的影响，这种语言游戏不是纯粹话语上的语言游戏，它们会作为被延伸的、具有实践性的、受社会规则调控的、植根于文化生活形态和机制的习惯形态发挥作用。从诠释游戏的表现、表达或再表现的方式来看，认识、行为、最根本的构成性投射之间错综复杂的交互关系体现在诠释、干预、（社会）交互影响、文化传统的意向性之间的互相作用过程之中。规范化且不断重复出现的类似礼俗的行为具备文化上预先存在的、习俗上习得的形态，从这些形态的瞬间振荡、共同影响和干预的角度来看，我们可以说，这是一种模仿性的诠释，而上述行为则是在这样一种具有行为能力和再激活能力的表现过程构成的中间领域才得以实现的。格鲍尔和克里斯托弗·沃尔夫（Ch.Wulf，1992）不久之前开始关注处于认识和行为之间、感知和符号创造的世界之间的模仿所具备的、具有根本性的中间位置："模仿是一种中间状态，它出现在一种由符号创造的世界以及另一种世界之间。"（同上，第433页）通过这种中间状态、该状态的构成过程和发展，通过因情境刺激而产生的能让模仿习惯或诠释规范习俗化的游戏，或是通过共同游戏，我们就学会了"认识另一种世界"，这是一种通过模仿而得到理解和表现的真实观念，尽管所有参与者都明白其中的非现实性，但这样的世界还是能让人从符号上掌控另外的领域。与之相对的是，格鲍尔和沃尔夫证明了"模仿在越来越多地参与由符号构成的实践世界，而实践真实性中的组成部分正在越来越多地融入模仿性的媒体之中"（同上，第436及下页）。我们会联想到图像媒体的社会影响，也会联想到播放的电影作品（信息空间等）会对感觉中枢产生实时影响，而这种影响会越来越强烈地操控人类行为的可能性（比如在放射室或深海等人类无法到达的，或者对于人类而言太过危险的领域，就可以使用机器人）。在实践世界同模仿模型、再建构并再表现出来的世界之间，原有的界限正在慢慢消失。"实践世界"显然正在失去"其对于具有诠释能力的模仿世界而言所具备的独立性：这两者越来越相似；无法把事件及对事件的诠释、引用区分开来。除了被诠释、被引用的世界之外，就没有任何现实性了；模仿不会呈现任何其他的世界，它只会自我模仿，形成一种自我展示。一切都会被做成图像，这是如今一种不可忽视的趋势"

（同上，第437页，见格罗斯克劳斯，1990），又或者，世界被认为是柏拉图所说的仿像，是没有原图的图像表演。电信技术和多媒体混杂的全新媒体世界似乎正试图把对世界的模拟，甚至是再现所有事件，归结为一种游戏，而且是一种仿像、图像、人工图像格式塔或电脑创作的图像格式塔的——这种图像格式塔在模仿真实性上是具有欺骗性的——游戏（比如分形景观）。至少格鲍尔和沃尔夫（同上，第437页）所分析的趋势是正确的，他们强调："最后的结果便是，一切都会成为艺术，成为图像游戏，这些图像和一切都无关，而且也没有原图，其参照的便只有自己。如果模仿变得包罗万象，且模仿世界开始等同于其余世界，那么，模仿世界和上述世界之间的距离，也就是中间状态，会不复存在。模仿的绝对扩张就意味着它本身的终结。"这一点适用于符号系统和诠释建构的发展过程，也同样适用于建构主义的诠释主义中包含的一种夸张的、会替代现实性的观点。如果这种诠释主义被夸大成了包容一切的极端主义，那么现实性和所有发生——就像在尼采的理念中一样——都会消失在诠释游戏之中。（事实上，尼采提出的诠释游戏可以被看作是一种具有模仿性、模仿能力、表现能力、社会性和运动节奏的接纳世界的游戏，而且这种游戏会通过执行和规范化过程得以具体化，但格鲍尔和沃尔夫的作品中却没有意识到这一点，他们完全无视了尼采的观点。）

在行为和认识的中间领域，诠释具备表演特征，同时，这一特征也是构成形态、习俗、激活方式和反应方式的手段，因此，认识论和行为论的研究应该着重关注这一特征，因为我们对符号诠释的传统理解更多的是基于掌控世界或接纳世界的模型等观点（完全符合尼采提出的"权力意志"这一表达模型）——这是受西方观点影响的一种原始诠释模型，但该模型如今在很多领域遭到了质疑。在自然和宇宙（宇宙不应该同权力扩张的野心有关）的周期运转中，具有模仿性和共振能力的共同作用力构成了一种另类的、具有补充性的、具有局部竞争性的诠释模型，这种模型是和尼采观点中把诠释单一地局限在学习过程和内化过程（而且是象征形式的）的理念相悖的（本书作者在其余文章中提到了这一点，见伦克，1933）。诠释不一定意味着强大的优势，尽管我们欧洲人已经习惯了这样一种具有现实性或象征性的狭隘统治过程。参与这种宇宙的、自然的、生物的、性欲的、理智的游戏时，不一定要实现彻彻底底的权力集中，虽然我们的现实生活中多数会出现这种情况。游戏作为紧张和松弛状态之间有节奏地交替过程，作为周期性运作和开放性可能之间有节奏的共振，可能就是一种人类学范畴，其目的并不只是权力的扩张。席勒曾说，人类"只有在游戏时，才是完整的人"，这话也可以沿用到诠释游戏上。

我们可以看到，在体验诠释游戏运作过程时的投入状态和心理学家所谓的"具有自身目的性的"行为是类似的，会带来一种"心流体验"［契克森米哈（I.S.Csiks-zentmihalyi），1985（原版1975），1991,1992］。如果游戏性的行为不是被迫以单一的目的为指向或为了适应某种形态的话，心流模型正好可以描述这样的游戏行为。外在的行为过程及其解释可以在游戏观念的层面上带来一种周期性的、心理上的、理智的"心流"体验，同时，创造性和再创造的思考这样的理智行为也会带来同样的体验，就像柏拉图在《斐里布篇》中提到的那样："这位年轻人第一次喝到了（自我思考）的泉水，他感到如此之幸福，仿佛寻到了智慧的宝藏；他真的全身心地投入了其中。"思考、理智行为、理智的诠释游戏可以是心流行为，也可以是创造性、游戏般的自我实现（见伦克，1983）。可惜，这种哲学模型却常常被人遗忘，这是一种和充满激情、全身投入的自我思考相关的模型，其存在的根源便是思维节奏、论证链、具有创造性的隐喻构成以及诠释的各种变化。包括思维游戏和创造性自我思考的游戏，都可以被解释为模仿性的诠释游戏，而这样的诠释游戏则能成为我们追求的主要目的和动因。创造性理性的未来是基于诠释中这样一种充满了激情的能让人充满激情的模仿游戏。诠释不仅是必要的，而且是充分且有意义的：诠释充满了创造潜力。诠释者！诠释对象！诠释无处不在！

参考文献

Abel, G., *Nietzsche. Die Dynamik der Willen zur Macht und die ewige Wiederkehr.* Berlin/New York 1984.

Abel, G., Interpretationsphilosophie. Eine Antwort auf Hans Lenk. In: *Allgemeine Zeitschrift für Philosophie* 13 (1988), Heft 3, 79-86.

Abel, G., Realismus, Pragmatismus, Interpretationismus. Zu neueren Entwicklungen in der Analytischen Philosophie. In: *Allgemeine Zeitschrift für Philosophie* 13 (1988a), H.3, 51-67.

Abel, G.,Interpretations-Welten. In: *Philosophisches Jahrbuch* 96 (1989), 1-19.

Abel, G., Wahrheit als Interpretation. In:Abel, G.-Salaquarda, I. (Hg.), *Krisis der Metaphysik.* Berlin/New York 1989a, 331-363.

Abel, G., Das Prinzip der Nachsichtigkeit im Sprach-und Zeichenverstehen. In: *Allgemeine Zeitschrift für Philosophie* 15 (1990), H.2, 1-18.

Abel, G.,Zeichen und Interpretation. In:Borsche, T.-Stegmaier, W. (Hg.), *Zur Philosophie des Zeichens.* Berlin/New York 1992, 167-191.

Abel, G., Zum Wahrheitsverständnis jenseits von Naturalismus und Essentialismus. In: Gerhardt, V.-Herold, N.（Hg.）, *Perspektiven des Perspektivismus (Gedenkband Friedrich Kaulbach).* Würzburg

1992 a, 309-330.

Abel, G., *Interpretationswelten. Gegenwartsphilosophie jenseits von Essentialismus und Relativismus*. Frankfurt a.M. 1993.

Abel, G.,*Transzendendalphilosophie und Interpretationsphilosophie* (MS i.Vorb.z.Dr.). Freiburg/München.

Abelson, R.D., Psychological Status of the Script Concept.In: *American Psychologist* 36 (1981), 715-729.

Albert, H., *Traktat über kritische Vernunft*. Tübingen 1968.

Alkon, D.L., Eine Meeresschnecke als Lernmodell. In: Singer, W. (Hg.), *Gehirn und Kognition*. Heidelberg 1990, 72-83.

Anderson, J.R., *The Architecture of Cognition*. Cambridge, MA 1983.

Anderson, J.R., *Kognitive Psychologie*. Heidelberg 1988 (Orig.1980).

Anscombe, G.E.M., *Intention*. Oxford 1957 (dt.: *Absicht*, Freiburg 1986).

Apel, K.-O., *Transformation der Philosophie*. 2 Bde. Frankfurt a.M. 1973.

Aristoteles, *Metaphysik*. Stuttgart 1976.

Aronson, J.L., *A Realist Philosophy of Science*. London 1984, 1990^2.

Austin, J.L., «How to Talk». In: *Proceedings of the Aristotelian Society*. LIII, 1952/53.

Barnes, A., *On Interpretation*. Oxford 1988.

Bartlett, F.C., *Remembering*. New York/London 1932.

Bashkar, R., *A Realist Theory of Science*. Hassocks 1978^2.

Bateson, G., *Ökologie des Geistes. Anthropologische, psychologische, biologische und epistemologische Perspektiven*. Frankfurt a.M. 1985 (Orig. 1972).

Baumgartner, H.M., Ereignis und Struktur als Kategorie in einer geschichtlichen Betrachtung der Vernunft. In: Luyten,N. (Hg.), *Aufbau der Wirklichkeit*. Freiburg/München 1982, 175-217, wiederabgedruckt in: Baumgartner

1991, 112-150.

Baumgartner, H.M., Wandlungen des Vernunftbegriffs in der Geschichte des europäischen Denkens. In: Scheffczyk, L. (Hg.), *Rationalität. Ihre Entwicklung und ihre Grenzen.* Freiburg / München 1989, 167-203, gekürzt wiederabgedruckt in: Baumgartner 1991, 151-180.

Baumgartner, H.M., *Endliche Vernunft. Zur Verständigung der Philosophie über sich selbst.* Bonn/Berlin 1991.

Berlin, W.-Kay, P., *Basic Colour Terms: The Universality and Evolution.* Berkely/Los Angeles 1969.

Betti, E., *Die Hermeneutik als allgemeine Methodik der Geisteswissenschaften.* 2., durchges. Aufl., Tübingen 1972.

Betti, E., *Allgemeine Auslegungslehre als Methodik der Geisteswissenschaften.* Tübingen 1967.

Block, N., Mental Pictures and Cognitive Science. In: Lycan, W.G. (Hg.), *Mind and Cognition.* Cambridge 1991^2, 577-607.

Blumenberg, H., *Die Lesbarkeit der Welt.* Frankfurt a.M. 1981.

Bobrow, D.G., -Norman, D.A., Some Principles of Memory Schemata. In: Bobrow, D.G.-Collins, A.M. (Hg.) , *Representation and Understanding: Studies in Cognitive Science.* New York 1975.

Boer, Th. de, Ricœurs Hermeneutik. In: *Allgemeine Zeitschrift für Philosophie* 16, 3 (1991) , 1-24.

Bransford, J.D.-Barclay, J.R.-Franks, J.J.,Sentence memory: A constructive versus interpretive approach. In: *Cognitive Psychology* 3 (1987), 193-209.

Brentano, F., *Psychologie vom empirischen Standpunkt.* Bd. I, II. Leipzig 1924, 1925 (zit.n. Ausg. Hamburg 1955).

Brückner, Ch.-Kühner, O.H., *Erfahren und erwandert.* Frankfurt a.M./

Berlin 1990[7].

Bruner, J.S.-Goodnow, J.J.-Austin, G.A., *A Study of Thinking.* New York 1956.

Bühler,K., *Die Axiomatik der Sprachwissenschaften* (1935). Frankfurt a.M. 1969, 1976[2].

Burges-Jackson, K., *Constitutional Interpretation* (Ph.D.Diss., xerokop.). Arizona 1989.

Carmichael,L., Hogan, H.P.,Walter, A., An Experimental Study of the Effect of Language on the Reproduction of Visually Perceived Form. In: *Journal of Experimental Psychology* 15 (1932), 73-86.

Carnap, R., *Meaning and Necessity.* Chicago 1947, 1956[2] (dt.: *Bedeutung und Notwendigkeit*, Wien 1972).

Carnap, R., The Methodological Character of Theoretical Concepts. In: Feigl, H.-Scriven, N. (Hg.), *Minnesota Studies in the Philosophy of Sciences. Bd. I, The Foundations of Science in the Concepts of Psychology and Psychoanalysis*. Minneapolis 1956, 38-76.

Carnap, R., *Einführung in die Philosophie der Naturwissenschaft.* München 1969.

Carroll, N., Art, Practice and Narrative. In: *The Monist* 71 (1988), 140-156.

Cassirer, E., *Substanzbegriff und Funktionsbegriff*. Darmstadt 1980 (Orig. 1910).

Cassirer, E., *Zur Logik der Kulturwissenschaften.* Darmstadt 1961[4] (Orig. 1942).

Cassirer, E., *Freiheit und Form*. Darmstadt 1961.

Cassirer, E., *Philosophie der symbolischen Formen*. 3 Bde. Bd. I, Oxford 1956[2] (Orig. 1923) Nachdr.; Bd. II, Darmstadt 1977[7]; Bd.

III, Darmstadt 1964[4].

Cassirer, E., *Das Erkenntnisproblem in der Philosophie und Wissenschaft der neueren Zeit.* Bd.I, II, III. Darmstadt 1974[3].

Cassirer, E., *Versuch über den Menschen* (Orig. 1944). Frankfurt a. M. 1990.

Cassirer, E., *Wesen und Wirkung des Symbolbegriffs.* Darmstadt 1977[6].

Castañeda, H.-N., *Sprache und Erfahrung.* Frankfurt a.M. 1982.

Castañeda, H.-N., The Semantics of Thinking, Dia-philosophical Pluralism, and Guise Theory. In: *Metaphilosophy* 19 (1988), 79-103.

Chladenius, J. M., *Einleitung zur richtigen Auslegung vernünftiger Reden und Schriften.* Mit einer Einleitung von Lutz Geldsetzer. Düsseldorf 1969 (Nachdruck d. Ausg. Leipzig 1742).

Churchland, P.S., *Neurophilosophy: Toward a Unitied Science of the Mind / Brain.* Cambridge, MA 1986, 1989[2].

Cooper, L.A.-Shepard, R.N., Rotation in der räumlichen Vorstellung. In: Ritter, M. (Red.), *Wahrnehmung und visuelles System.* Heidelberg 1986, 122-131.

Craik, K., *The Nature of Explanation.* Cambridge 1967.

Csikszentmihalyi, M., *Das Flow-Ergebnis.* Stuttgart 1985 (Orig. 1975).

Csikszentmihalyi, M.-Csikszentmihalyi, I.S. (Hg.), *Die außergewöhnliche Erfahrung. Die Psychologie des Flow-Erlebnisses.* Stuttgart 1991 (Orig. 1988).

Csikszentmihalyi, M., *Flow.* Stuttgart 1992.

Dancy, J., *Conceptual Knowledge.* Oxford 1988.

Danto, A.C., Deep Interpretation. In: *The Journal of Philosophy* 78 (1981), 691-706.

Danto, A.C., *Die Verklärung des Gewöhnlichen. Eine Philosophie der Kunst.* Frankfurt a. M. 1984.

Davidson, D., Was ist eigentlich ein Begriffsschema? In: ders., *Wahrheit und Interpretation.* Frankfurt a.M. 1986, 261-282 (engl. Orig. 1974).

Davidson, D., *Wahrheit und Interpretation.* Frankfurt a.M. 1986 (Orig. 1984).

Davidson, D., Radikale Interpretation. In: *Dialectica* 27 (1973),313-328 (wiederabgedruckt in *Wahrheit und Interpretation*, a.a.O., 183-203).

Davies, St., *Definitions of Art.* Ithaca/ London 1991.

Dehler, E., *Derrida-Nietzsche, Nietzsche-Derrida.* München u.a. 1988.

Dennett, D.C., *The Intentional Stance.* Cambridge, MA 1989.

Derrida, J., *Randgänge der Philosophie.* Frankfurt a.M./Berlin/Wien 1976 (darin besonders: «Die Différance» (1968) und «Signatur, Ereignis, Kontext» (1971)).

Derrida, J., La Pharmacie de Platon (1968). In: ders., *La dissimenation.* Paris 1972.

Derrida, J., *Glace.* Paris 1974.

Derrida, J., *Grammatologie* (1967). Frankfurt a.M.1974.

Derrida, J., *Die Postkarte* (1979). Berlin 1982, 1984^2.

Derrida, J., *Positionen* (1972).Graz/Wien 1986.

Dilthey, W., *Gesammelte Schriften.* Bd.1ff., Stuttgart 1914ff.

Dretske, F.I., *Knowledge and the Flow of Information.* Cambridge, MA 1981.

Dretske, F.I., Précis of Knowledge and the Flow of Information. In: *The Behavioral and Brain Sciences* 6 (1983), 55-90.

Dürr, R., *Die Realität der Bedeutung-Bedeutung der Realität.* Diss. Universität Karlsruhe 1992.

Eco, U., *Einführung in die Semiotik.* München 1972.

Eco, U., *Lector in fabula.* München 1990.

Eco, U., *Die Grenzen der Interpretation.* München/Wien 1992.

Engelmann, P.(Hg.), *Postmoderne und Dekonstruktion. Texte französischer Philosophen der Gegenwart.* Stuttgart 1990.

Fellmann, F., Interpretationismus und symbolischer Pragmatismus. Zur Diskussion zwischen Günter Abel und Hans Lenk in AZP 13.3 (1988). In: *Allgemeine Zeitschrift für Philosophie* 1990,15.2, 51-59.

Fellmann, F., *Symbolischer Pragmatismus. Hermeneutik nach Dilthey.* Hamburg 1991.

Ferry, L., -Renaut, A., *Antihumanistisches Denken* (1985). München/ Wien 1987.

Fiorentini, A. u.a., The Perception of Brightness and Darkness Relations to Neuronal Fields. In: Spillmann, L.-Werner, J.S.(Hg.), *Visual Perceptions. The Neurophysiological Foundations.* San Diego 1990, 129-163.

Fisher, S.C., The Process of Generalising Abstraction; and its Product, the General Concept. In: *Psychological Monographs* 21 (1961) Nr. 2, Nr. 90.

Flew, A., *Philosophy. An Introduction.* New York 1980.

Flohr, H., Brain Processes and Phenomenal Consciousness. A New and Specific Hypothesis. In: *Theory and Psychology* 1 (1991), 245-262.

Flohr, H., Die physiologischen Bedingungen des phänomenalen Bewußtseins. (Vortrag Universität Karlsruhe, Studium Generale, 16.1.1992) In: *Forum für interdisziplinäre Forschung* 5 (1992),

49-55.

Fodor, J.A., *The Language of Thought*. New York 1979.

Fodor, J.A., *Representations*. Cambridge, MA 1981.

Fodor, J.A., *The Modularity of Mind*. Cambridge, MA 1983.

Fodor, J.A., *Psychosemantics*. Cambridge, MA 1987.

Fodor, J.A., *A Theory of Content and Other Essays*. Cambridge 1990.

Foucault, M., *Nietzsche*. Paris 1967.

Foucault, M., *Von der Subversion des Wissens*. München 1974.

Frey, G., Über die Konstruktion von Interpretationsschemata. In: *Dialectica* 33 (1979), 247-261.

Frey, G., Erklärende Interpretationen. In: Simon-Schaefer, R.-Zimmer-li, W. (Hg.), *Wissenschaftstheorie der Geisteswissenschaften*. Hamburg 1975, 71-85.

Fricker, E., Analyticity, Linguistic Practice, and Philosophical Method. In: Puhl, K.(Hg.), *Meaning Scepticism*. Wien/New York 1991, 218-250.

Gadamer, H.-G., *Gesammelte Werke*. Bd. 1ff., Tübingen 1986ff.

Gadamer, H.-G., *Wahrheit und Methode*. Tübingen 1986[5].

Gadamer, H.-G.-Boehm, G.(Hg.), *Seminar: Philosophische Hermeneutik*. Frankfurt a.M. 1976.

Gadamer, H.- G.-Boehm, G.(Hg.), *Seminar: Die Hermeneutik und die Wissenschaften*. Frankfurt a.M.1978.

Gazzaniga, M.S., *The Bisected Brain*. New York 1970.

Gazzaniga, M.S., Das interpretierende Gehirn. In: Klivington, K.(Hg.), *Geist und Gehirn*. Heidelberg 1992 (Orig. 1988), 302f.

Gazzaniga, M.S.-LeDoux, J.E., *Neuropsychologische Integration kognitiver Prozesse*. Stuttgart 1983 (Orig.: *The Integrated Mind*, 1978).

Gebauer, G., Kritik der Interpretation: Über die Grenzen der Literaturwissenschaft. In: Schmidt, S.J. (Hg.), *Zur Grundlegung der Literaturwisscnschaft*. München 1972,114-123.

Gebauer, G., *Analytische Sprachphilosophie und das Verstehen*. (Unveröffentl. Habilitationsschrift, Univ. Karlsruhe 1975).

Gebauer, G., *Der Einzelne und sein gesellschaftliches Wissen. Untersuchungen zum symbolischen Wissen*. Berlin 1981.

Gebauer, G.-Wulf, Ch., *Mimesis*. Reinbek 1992.

Geertz, C., *Dichte Beschreibung. Beiträge zum Verstehen kultureller Systeme*. Frankfurt a.M.1983.

Gerhardt, V., Die Perspektive des Perspektivismus. In: *Nietzsche-Studien* 18 (1989), 260-281.

Gibson, J.J., *Die Sinne und der Prozeß der Wahrnehmung*. Bern u.a. 1973 (Orig.1966).

Gibson, J.J., *Wahrnehmung und Umwelt: Derökologische Ansatz in der visuellen Wahrnehmung*. München u.a. 1982.

Giere, R.N., Constructive Realism. In: Churchland, P.M. -Hooker, C.A.(Hg.), *Images of Science*. Chicago 1985, 75-98.

Giere, R.N., *Explaining Science. A Cognitive Approach*. Chicago 1988.

Goffman, E., *The Presentation of Self in Every Day Life*. New York 1959.

Goffman, E., *Rahmen-Analyse*. Frankfurt a.M. 1977 (Orig.1974).

Goodman, N., *Weisen der Welterzeugung*. Frankfurt a.M. 1984 (Orig.1978).

Goodman, N.-Elgin, C.Z., *Reconceptions in Philosophy and Other Arts and Sciences*. London 1988 (dt.: *Revisionen*, Frankfurt a.M. 1989).

Grewendorf, G., *Argumentation und Interpretation*. Kronberg 1975.

Grice, P., Meaning. In: *The Philosophical Review* 66 (1957), 377-388.

Groeben, N., *Handeln, Tun, Verhalten als Einheiten einer verstehend-*

erklärenden Psychologie. Tübingen 1986.

Groeben, N.-Scheele, B., *Argumente für eine Psychologie des reflexiven Selbst.* Darmstadt 1977.

Großklaus, G., Das technische Bild der Wirklichkeit. In: *Fridericiana, Zeitschrift der Universität Karlsruhe,* Nr.45, 1990, 39-57.

Hanson, N.R., *Patterns of Discovery.* Cambridge 1958, 1972.

Heckhausen, H., Motivation: Kognitionspsychologische Aufspaltung eines summarischen Konstrukts. In: *Psychologische Rundschau* 28 (1977), 175-189.

Heckhausen, H., *Motivation und Handeln. Lehrbuch der Motivationspsychologie.* Berlin/Heidelberg/New York 1980.

Heider, F., Social Perception and Phenomenal Causality. In: *Psychological Review* 51 (1944). 358-374.

Hempel, C.G., On the «Standard Conception» of Scientific Theories. In: Radner, M.-Winokur, St. (Hg.), *Minnesota Studies in the Philosophy of Science. Vol.IV. Analysis of Theories and Methods of Physics and Psychology.* Minneapolis 1970, 142-163.

Hirsch, Jr., E.D., *The Aims of Interpretation.* Chicago 1976.

Hirsch, Jr., E.D., *Validity in Interpretation.* New Haven 1967.

Hirst, R.J. (Hg.), *Perception and the External World.* New York/London 1965.

Horton, R., Tradition and Modernity Revisited. In: Hollis, M.-Lukes, S. (Hg.), *Rationality and Relativism.* Oxford 1983.

Hubel, D.H., *Auge und Gehirn: Neurobiologie des Sehens.* Heidelberg 1989.

Hucklenbroich, P., Selbstheilung und Selbstprogrammierung. In: Riegas, V.-Vetter, C. (Hg.), *Zur Biologie der Kognition.* Frankfurt a.M. 1990,

116-132.

Husserl, E., Cartesianische Meditiationen. Eine Einleitung in die Phänomenologie. *Husserliana* 1, Den Haag 1950.

Husserl, E., Formale und transzendentale Logik. *Husserliana* xvii, Den Haag 1974.

Husserl, E., Ideen zu einer reinen Phänomenologie und phänomenologischen Philosophy 1. *Husserliana* III, Den Haag 1950 (zit. nach Edition vòn E. Ströker, Hamburg 1992).

Husserl,E., *Logische Untersuchungen* II. I. Teil: *Untersuchungen zur Phänomenologie und Theorie der Erkenntnis.* 2. Teil: *Elemente einer phänomenologischen Aufklärung der Erkenntnis.* Halle 1913/21.

Hübner, K., *Kritik der wissenschaftlichen Vernunft.* Freiburg / München 1978, 1986³.

Hübner, K., Wissenschaftliche und nichtwissenschaftliche Naturerfahrung. In: *Philosphia naturalis* 18 (1980), 67-86.

Hübner, K., *Die Wahrheit des Mythos.* München 1985.

Jacobi, K.-Pape, H. (Hg.), *Thinking and The Structure of The World/Das Denken und die Struktur der Welt. Hector-Neri Castañeda's Epistemic Ontology Presented and Criticised/Hektor-Neri Castañedas epistemische Ontologie in Darstellung und Kritik.* Berlin/New York 1990.

Johnson-Laird, P.N., *Mental Models. Towards a Cognitive Science of Language, Inference, and Consciousness.* Cambridge/England 1983.

Kaleri, E., *Intentionalismus und Hermeneutik bei der Interpretation sprachlicher Äußerungen* (i. Vorber.).

Kandel, E.R., Kleine Verbände von Nervenzellen. In: N.N., *Gehirn und Nervensystem.* Heidelberg 1987, 76-85.

Kant, I., *Kants Werke.* Akademie Textausgabe, Berlin 1968 (*Kritik der reinen Vernunft* wird zitiert nach der zweiten Auflage = B).

Kant, I., *Kritik der reinen Vernunft*.2. Auflage 1787.(KrV B) Hamburg 1956.

Kaulbach, F., *Das Prinzip Handlung in der Philosophie Kants*. Berlin/New York 1978.

Kaulbach, F., Kants Theorie des Handelns. In: Lenk, H.(Hg.), *Handlungstheorien interdisziplinär.* Bd.II, 2, München 1979, 643-669.

Kaulbach, F., *Philosophie des Perspektivismus.I. Teil: Wahrheit und Perspektive bei Kant, Hegel und Nietzsche.* Tübingen 1990.

Kelly, G.A., *The Psychology of Personal Constructs.*, Bde. New York 1955.

Kimura, D.-Archibald, Y., Motor Functions of The Left Hemisphere. In: *Brain* 96 (1974), 337-350.

Kmieciak, P., *Wertstrukturen und Wertwandel in der Bundesrepublik Deutschland.* Göttingen 1976.

Knorr-Cetina, K., *Die Fabrikation von Erkenntnis. Zur Anthropologie der Wissenschaft.* Frankfurt a.M. 1984.

Konhardt,K., *Die Einheit der Vernunft. Zum Verhältnis von theoretischer und praktischer Vernunft in der Philosophie Immanuel Kants.* Königstein 1979.

Kosslyn, S.M., *Image and Mind.* Cambridge, MA/London 1980.

Kosslyn, S.M.-Pomerantz,J.R., Bildliche Vorstellungen, Propositionen und die Form interner Repräsentation (1977).In: Münch, D.(Hg.), *Kognitionswissenschaft.* Frankfurt a.M. 1992, 153-289.

Kripke, S.A., Semantic Analysis of Modal Logic I. In: *Zeitschrift für mathematische Logik und Grundlagen der Mathematik* 9 (1963), 67-96.

Kripke, S.A., Semantic Analysis of Modal Logic II. In: Addison, J.W.-

Henkin, L. -Tarski,A.(Hg.), *The Theory of Models*. Amsterdam 1965, 206-220.

Kripke, S.A., *Name und Notwendigkeit*. Frankfurt a.M. 1981 (Orig. 1972).

Kripke, S.A., *Wittgenstein über Regeln und Privatsprache* (1982). Frankfurt a.M. 1987.

Krukowsky, L., A Basis for Attributions of an «Art». In: *The Journal of Aesthetics and Art Critiscism* 39 (1980), 67-76.

Krukowsky, L., *Art and Concept: A Philosophical Study*. Cambridge 1987.

Künne, W., *Abstrakte Gegenstände: Semantik und Ontologie*. Frankfurt a.M. 1983.

Kutschera, F.v., Intensionale Logik und theoretische Linguistik. In: Simon, J.(Hg.), *Aspekte und Probleme der Sprachphilosophie*. Freiburg/München 1974,111-136.

Kutschera, F.v., *Einführung in die intensionale Semantik*. Berlin/New York 1976.

Laucken, M., *Naive Verhaltenstheorie*. Stuttgart 1974.

Lenk, H., *Kritik der logischen Konstanten*. Berlin 1968.

Lenk, H., *Philosophie im technologischen Zeitalter*. Stuttgart 1970, 1971^2.

Lenk, H., *Metalogik und Sprachanalyse*. Freiburg 1973.

Lenk, H.(Hg.), *Technokratie als Ideologie*. Stuttgart 1973.

Lenk, H., *Pragmatische Philosophie*. Hamburg 1975.

Lenk, H., Handlung als Interpretationskonstrukt. Entwurf einer konstituenten- und beschreibungstheoretischen Handlungsphilosophie. In: Lenk, H.(Hg.), *Handlungstheorien interdisziplinär* II, I. München 1978, 279-350.

Lenk, H., *Pragmatische Vernunft*. Stuttgart 1979.

Lenk, H., Deutungen in der Handlungstheorie. In: *Allgemeine Zeitschrift für Philosophie* 4 (1979), 28-33.

Lenk, H., Interpretive Action Constructs. In: Agassi, I.-Cohen, R.S.(Hg.), *Scientific Philosophy Today*. Dordrecht 1981, 151-157.

Lenk, H., Der Macher der Natur? Über operativistische Fehldeutungen von Naturbegriffen der Neuzeit. In: Großklaus, G.-Oldemeyer, E.(Hg.), *Natur als Gegenwelt. Beiträge zur Kulturgeschiche der Natur.* Karlsruhe 1983, 59-86.

Lenk, H., *Eigenleistung*. Osnabrück/Zürich 1983a.

Lenk, H., Zur Kritik und Ergänzungsbedürftigkeit des methodologischen Behaviorismus. In: Lenk, H.(Hg.), *Handlungstheorien interdisziplinär*, III, 2. München 1984, 607-632.

Lenk, H., Vernunft als Idee und Interpretationskonstrukt. Zur Rekonstruktion des Kantischen Vernunftbegriffs. In: Lenk, H.(Hg.), *Zur Kritik der wissenschaftlichen Rationalität (Festschrift für Kurt Hübner)*. Freiburg/München 1986, 265-273.

Lenk, H., Zu Kants Begriffen des transzendentalen und normativen Handelns. In: Prauss, G.(Hg.), *Handlungstheorie und Transzendentalphilosophie*. Frankfurt a.M. 1986a, 185-203.

Lenk, H., *Zwischen Wissenschaftstheorie und Sozialwissenschaft*. Frankfurt a.M. 1986.

Lenk, H., *Zwischen Sozialpsychologie und Sozialphilosophie*. Frankfurt a.M. 1987.

Lenk, H., Das Ich als Interpretationskonstrukt: Vom kognitiven Subjektivitätskonzept zum pragmatischen Handlungszusammenhang. In: Lenk, H., *Zwischen Sozialpsychologie und Sozialphilosophie*.

Frankfurt a.M. 1987,S.152-182 (zuerst veröffentlicht unter dem Titel: Vom kognitiven Subjektivitätskonstrukt zum pragmatischen Handlungszusammenhang. In: Radermacher, H.(Hg.), *Aktuelle Probleme der Subjektivität*. Bern/Frankfurt a.M. 1983, 9-38).

Lenk, H., Motive als Interpretationskonstrukte: Zur Anwendung eines interpretationstheoretischen Handlungsmodells in der Sozialwissenschaft. In: ders., *Zwischen Sozialpsychologie und Sozialphilosophie*. Frankfurt a.M. 1987, 183-206 (zuerst veröffentlicht in: *Soziale Welt* 29 (1978), 201-216).

Lenk, H., Handlungsinterpretationskonstrukte: Zum Stand der philosophischen Handlungstheorie als eines Grundbausteins der Sozialwissenschaften. In: ders., *Zwischen Sozialpsychologie und Sozialphilosophie*. Frankfurt a.M. 1987, 207-226.

Lenk, H., Werte als Interpretationskonstrukte. In: ders. ebd., 1987, 227-237.

Lenk, H., *Kritik der kleinen Vernunft*. Frankfurt a.M. 1987 (TB:1990).

Lenk, H., Welterfassung als Interpretationskonstrukt. Bemerkungen zum methodologischen und transzendentalen Interpretationismus. In: *Allgemeine Zeitschrift für Philosophie* 13 (1988), H.3, 69-78.

Lenk, H., Transzendentaler Interpretationismus-ein philosophischer Entwurf. In: Holz, H.(Hg.), *Die goldene Regel der Kritik. Festschrift für Hans Radermacher*. Bern/Frankfurt a.M./New York/Paris 1990, 121-135.

Lenk, H., Logik, cheng ming und Interpretationskonstrukte. In: *Zeitschrift für philosophische Forschung*, 45 (1991), 3, 391-401.

Lenk, H., Zu einem methodologischen Interpretationskonstruktionismus. In: *Zeitschrift für allgemeine Wissenschaftstheorie (Journal for*

General Philosophy of Science) 22 (1991), 283-302.

Lenk, H., *Prometheisches Philosophieren zwischen Praxis und Paradox.* Stuttgart 1991.

Lenk, H., Verantwortung und Wahrheit. Zur Ethik in der Wissenschaft. In: Poser, H.(Hg.), *Wahrheit und Wert.* Berlin(TU) 1992, 109-130.

Lenk, H., Interpretation und Interpret. Für Paul Weiss zum 90. Geburtstag (19.5.1991). In: *Allgemeine Zeitschrift für Philosophie* 17 (1992 a), 49-56.

Lenk, H., *Philosophie und Interpretation.* Frankfurt a.M. 1993.

Lenk, H., Interpretation als funktionales Fundament der Zeichen. Bemerkungen zu Peirce' Zeichentheorie im Lichte des Interpretationskonstruktionismus. In: *Allgemeine Zeitschrift für Philosophie* 18 (1993 a), H.1, 60-68.

Lenk, H., *Von Deutungen zu Wertungen* (i.Dr.). Frankfurt a.M.

Lenk, H., *Interpretation und Realität* (i. Vorb.z.Dr.). Frankfurt a.M.

Lennie, P.u.a., Parallel Processing of Visual Information. In: Spillmann, L. -Werner, J.S.(Hg.), *Visual Perception.* San Diego 1990, 103-128.

Levinson, J., Defining Art Historically. In: *The British Journal of Aesthetics* 19 (1979), 232-250.

Levinson, J., Refining Art Historically. In: *The Journal of Aesthetics and Art Critisism* 47 (1989), 21-33.

Levy, J.-Trevarthen, C., Metacontrol of Hemispheric Function in Human Split Brain Patients. In: *Journal of Experimental Psychology. Human Perception and Performance* 2 (1976), 299-313.

Levy, J. -Trevarthen, C., Perceptual, Semantic Language Processes in Split Brain Patients. In: *Brain* 100 (1977), 105-118.

Lewis, D., Radical Interpretation. In: *Synthese* 23 (1974), 331-344.

Link, G., *Intensionale Semantik*. München 1976.

Loch, W., *Deutungs-Kunst. Dekonstruktion und Neuanfang im psychoanalytischen Prozeß*. Tübingen 1993.

Lorenz, K.-Leyhausen, P., *Antriebe tierischen und menschlichen Verhaltens*. München 1968.

Lorenz, Konrad, Der Kumpan in der Umwelt des Vogels. In: *Journal für Ornithologie* 83 (1935), 137–213, 389–413 (wiederabgedruckt in: Lorenz, K., *Über tierisches und menschliches Verhalten*. Band I, München 1965, 115–282).

Lorenz, K., Die angeborenen Formen möglicher Erfahrung. In: *Zeitschrift für Tierpsychologie* 5 (1943), 235–409.

Lorenz, K., Kants Lehre vom Apriorischen im Lichte gegenwärtiger Biologie. In: *Blätter für deutsche Philosophie* 5 (1941), 94–125.

Lorenz, Kuno, *Intentionality and its Language Dependency*. Ms Saarbrücken (zit. nach Scherer 1984).

MacCormac, E.R., *Metaphor and Myth in Science and Religion*. Durham, NC 1976.

MacCormac, E.R., *A Cognitive Theory of Metaphor*. Cambridge, MA/ London 1985.

MacCormac, E.R., Mensch und Maschine: Eine Computermetapher. In: Huning, A.-Mitcham, C. (Hg.), *Technikphilosphie im Zeitalter der Informationstechnik*. Braunschweig/Wiesbaden 1986a, 47–62.

MacCormac, E.R., Wissenschaftliche Mythen. Zu Hübners Kritik der wissenschaftlichen Vernunft. In: Lenk, H.(Hg.), *Zur Kritik der wissenschaftlichen Rationalität*. Freiburg/München 1986, 103–120.

Mackie, J.L., *Ethik. Auf der Suche nach dem Richtigen und Falschen*. Stuttgart 1981 (engl.Orig. 1977).

Malsburg, C. von der, Am I Thinking Assemblies? In: Palm, G.-Aertson, A.(Hg.), *Brain Theory.* Heidelberg/New York 1986, 161-176.

Malsburg, C. von der-Singer, W., Principles of Cortical Network Organization. In: Rakic, P.-Singer, W. (Hg.), *Neurobiology of Neocortex.* Chichester 1988, 69-100.

Margolis, J., *Art and Philosophy.* Atlantic Highlands 1980.

Maturana, H.R., *Erkennen: Die Organisation und Verkörperung von Wirklichkeit.* Braunschweig 1982.

Maturana, H.R., Gespräch mit Humberto R.Maturana. In: Riegas, V.-Vetter, Ch.(Hg.), *Zur Biologie der Kognition.* Frankfurt a.M. 1990, 11-90.

McClelland, J.L.-Rumelhart, D.E.(Hg.), *Parallel Distributed Processing.* 2 Bde. Cambridge, MA 1986.

McCloskey, M.E.-Clucksberg, S., Natural Categories: Well defined or fuzzy sets? In: *Memory and Cognition* 6 (1978), 462-472.

McDonough, R., What's a Non-Mechanistic Theory of Meaning. In: *Mind* 98 (1989), 1-22.

McDonough, R., Wittgenstein's Refutation of Meaning-Scepticism. In: Puhl, K.(Hg.), *Meaning Scepticism.* Wien/New York 1991, 70-92.

McGinn, C., The Structure of Content. In: Woodfield, A.(Hg.), *Thought and Object.* Oxford 1982, 207-257.

McGinn, C., *Mental Content.* Oxford 1989.

McGinn, C., *The Problem of Consciousness. Essays Towards a Resolution.* Oxford 1991.

Meggle, G.-Beetz, M., *Interpretationstheorie und Interpretationspraxis.* Kronberg 1976.

Meier, G.F., *Versuch einer allgemeinen Auslegungskunst*. Düsseldorf 1965 (Hg.: Geldsetzer, L., Orig. Halle (1957)).

Millikan, R.G., *Language, Thought, and Other Biological Categories*. Cambridge, MA 1984.

Minsky,M.J., A framework for representing knowledge.In: Winston, P.H.(Hg.), *The Psychology of Computer Vision*. New York 1975.

Minsky, M., Frame-System Theory. In: Schank, R.C.-Nash-Weber, B.L.(Hg.), *Theoretical Issues in Natural Language Processing*. 1975 (reprint MIT). Wiederabgedruckt in: Johnson-Laird, P.N.-Wason, P.C.(Hg.), *Thinking*. Cambridge 1977.

Montague, R., Universal Grammar. In: *Theoria* 36 (1970), 373-398.

Mundy, B., Scientific Theory as Partially Interpreted Calculus. Teil 1 in: *Erkenntnis* 27 (1987), 173-196; Teil 2 in: *Erkentnis* 28 (1988), 165-183.

Mundy, B., On Empirical Interpretation. In: *Erkenntnis* 33 (1990), 345-369.

Münster, A., *Pariser philosophisches Journal. Von Sartre bis Derrida*. Frankfurt a.M. 1987.

Neisser, U., *Kognitive Psychologie*. Stuttgart 1974.

Neumann, T. -Schröder, Th., Irrtum, Scheitern, blinde Flecken. Zur deutschen Derrida-Rezeption. In: *Lendemains* 14, Marburg 1989.

Nietzsche, F., *Werke. Kritische Gesamtausgabe*. Hg.v. Colli, G.-Montinari, M. Berlin 1970ff.

Norman, D.A.-Rumelhart, D.E., *Strukturen des Wissens. Wege der Kognitionsforschung*. Stuttgart 1978.

Nüse, R.-Groeben, N.-Freitag, B.-Schreier, M., *Über die Erfindung(en) des Radikalen Konstruktivismus*. Weinheim 1991.

Oakeshott, M., *Experience and its Modes.* Cambridge 1933.

Oehler, K., Idee und Grundriß der Peirceschen Semiotik. In: Krampen, M.-Oehler, K.-Posner, R.-Uexhüll, Th.v.(Hg.), *Die Welt als Zeichen. Klassiker der Semiotik.* Berlin 1981, 15-49.

Ogden, C.K.-Richards, J.A., *Die Bedeutung der Bedeutung.* Frankfurt a.M. 1974 (Orig. 1923).

Orth, E.W., Der Begriff der Wertphilosophie bei Ernst Cassirer. In: Brackert, H. -Wefelmeyer, F. (Hg.), *Kultur: Bestimmungen im 20. Jahrhundert.* Frankfurt a.M. 1990, 156-191.

Orth, E.W., Zur Konzeption der Cassirerschen Philosophie der symbolischen Formen. Ein kritischer Kommentar. In: Cassirer, E., *Symbol, Technik, Sprache.* (Hg.: Orth, E.W.-Krois, J.M.) Hamburg 1985, 165-201.

Osherson, D.N. -Smith, E.E., On the Adequacy of Prototype Theory as a Theory of Concepts. In: *Cognition* 9 (1981), 35-58.

Paivio, A., *Imagery and Verbal Processes.* New York 1971.

Palmer, S.E., Visuelle Wahrnehmung und Wissen: Notizen zu einem Modell der sensorisch-kognitiven Interaktion. In: Norman, D.A.-Rumelhart, D.E.(Hg.), *Strukturen des Wissens. Wege der Kognitionsforschung.* Stuttgart 1978, 281-307.

Peirce, Ch.S., *Collected Papers,* I-VIII (Bd.I-VI hg. von Hartshorne, Ch. -Weiss, P.; Band VII, VIII, hg. von Burcks, A.W). Cambridge, MA 1931ff.

Peirce, Ch.S., *Phänomen und Logik der Zeichen* (Hg.: Pape, H.). Frankfurt a.M. 1983.

Peirce, Ch.S., *Semiotische Schriften* (Hg.: Klosel, Ch.-Pape, H.), Band I-III. Frankfurt a. M. 1986, 1990, 1993.

Pepper, S.C., *World Hypotheses.* Berkeley 1970.

Perkins, M., Two Arguments Against a Private Language. In: *The Journal of Philosophy* 62 (1965), 443–459.

Piaget, J., *Abriß der genetischen Epistemologie*. Olten/Freiburg 1974.

Piaget, J., *Biologie und Erkenntnis*. Frankfurt a.M. 1974.

Picardi, E. -Schulte, J. (Hg.), *Die Wahrheit der Interpretation. Beiträge zur Philosophie Donald Davidsons*. Frankfurt a.M. 1990.

Pitcher, G., *A Theory of Perception*. Princeton 1971.

Platon, *Philebos*. In: ders, Sämtliche Werke (Hg.: Gigon, O.). Zürich/ München 1976.

Pollok, J.L., *The Foundation of Philosophical Semantics*. Princeton 1984.

Popper, K.R., *Logik der Forschung* (1934/35). Tübingen 1966^2.

Popper, K.R., *Conjectures and Refutations*. London 1963.

Poser, H. (Hg.), *Wandel des Vernunftbegriffs*. Freiburg/München 1981.

Prauss, C., *Kant über Freiheit als Autonomie*. Frankfurt a.M. 1983.

Proffit, D.R. -Halwes, T., Categorical perception: A contractual approach. In: Weimer, W.B. -Palermo, D.S. (Hg.), *Cognition and the Symbolic Processes* (Band 2). Hillsdale, NJ 1982, 295–320.

Puccetti, R., The Case for Mental Duality: Evidence from Split Brain Data and Other Considerations. In: *The Behavioral and Brain Sciences* 4 (1981), 93–123.

Putnam, H., The Analytic and the Synthetic. In: Feigl, H. -Maxwell, G.(Hg.), *Minnesota Studies in the Philosophy of Science*. Bd. III, Minneapolis 1962, 358ff.

Putnam, H., *Die Bedeutung von «Bedeutung»* (1975). Frankfurt a.M. 1979.

Putnam, H., *Vernunft, Wahrheit und Geschichte*. Frankfurt a.M. 1982

(Orig. 1981).

Putnam, H., *The Many Faces of Realism*. LaSalle, IL 1987.

Putnam, H., *Representation and Reality*. Cambridge, MA 1988 (dt.: *Repräsentation und Realität*. Frankfurt a.M. 1991).

Pylyshyn, Z.W., What the Mind's Eye Tells the Mind's Brain. A Critique of Mental Imagery. In: *Psychological Bulletin* 80 (1973), 1–24.

Pylyshyn, Z.W., The Imagery Debate. In: *Psychological Review* 88 (1981), 16–45.

Quine, W.V.O., *Ontologische Relativität und andere Schriften*. Stuttgart 1975 (Orig. 1969).

Ricœur, P., *Die Interpretation. Ein Versuch über Freud*. Frankfurt a.M. 1969.

Ricœur, P., *Interpretation Theory: Discourse and the Surplus of Meaning*. Fort Worth, TX 1976.

Ricœur, P., Der Text als Modell: hermeneutisches Verstehen. In: Gadamer, H.G.-Boehm, G.(Hg.), *Die Hermeneutik und die Wissenschaften*. Frankfurt a.M. 1978, 83–117.

Ricœur, P., *Zeit und Erzählung*. Bd.I, II, III, München 1988, 1989, 1991.

Riegas, V.-Vetter, Ch.(Hg.), *Zur Biologie der Kognition*. Frankfurt a.M. 1990.

Ritter, M. (Hg.), *Wahrnehmung und visuelles System*. Heidelberg 1986. Rock, I., *Wahrnehmung: Vom visuellen Reiz zum Sehen und Erkennen*. Heidelberg 1985.

Röd, W., *Erfahrung und Reflexion. Theorien der Erfahrung in transzendentalphilosophischer Sicht*. München 1991.

Rosch, E.-Mervis, C.B.-Gray, W.D.-Johnson, D.M.-Boyes-Braem, P., Basic Objects in Natural Categories. In: *Cognitive Psychology* 8 (1976), 382-439.

Rosch, E., Classification of Real-World Objects: Origins and Representations in Cognition. In: Ehrlich, S.-Tulving, E.(Hg.), *La Mémoire Sémantique*. Paris 1976 (wiederabgedruckt in: Johnson-Laird, W.(Hg.), *Thinking*. Cambridge 1977).

Rosch, E.H., Human Categorization. In: Warren, N.(Hg.), *Studies in Cross-cultural Psychology*. Band I., London/ New York/San Francisco 1977, 3-49.

Roth, G., Gehirn und Selbstorganisation. In: Krohn, W.-Küppers, G.(Hg.), *Selbstorganisation. Aspekte einer wissenschaftlichen Revolution*. Braunschweig 1990, 167-180.

Roth, G., Das konstruktive Gehirn: Neurobiologische Grundlagen von Wahrnehmung und Erkenntnis. In: Schmidt, S.J.(Hg.), *Kognition und Gesellschaft*. Frankfurt a.M. 1992, 277-336.

Roth, G., Kognition-die Entstehung von Bedeutung im Gehirn. In: Krohn, W.-Küppers, G.(Hg.), *Emergenz: Die Entstehung von Ordnung, Organisation udn Bedeutung*. Frankfurt a.M. 1992 a, 104-133.

Royce, J., *The Problem of Christianity*. Chicago/London 1968 (Orig.1918).

Rumelhart, D.E., Schemata: The Building Blocks of Cognition. Center for Human Information Processing, University of California, San Diego-La Jolla, CHIP-Report 79, 1978 (veröffentlicht auch in Spiro, R.-Bruce, B.-Brewer, W.(Hg.), *Theoretical Issues in Reading Comprehension*. Hillsdale, NJ 1980).

Rumelhart, D.E., -Lindsay, P. -Norman, D.A. (1972), Process Model for Long-term Memory. In: Tulving, E. -Donaldson, W.(Hg.),

Organization of Memory. New York 1972.

Rumelhart, D.E. -McClelland, J.L., *Parallel Distributed Processing.* 2 Bde. Cambridge, MA 1986.

Rumelhart, D.E.-Ortony, A., The Representation of Knowledge in Memory.In: Anderson, R.C. -Spiro, R.J. -Montague, W.E.(Hg.), *Schooling and the Aquisition of Knowledge.* Hillsdale, NJ 1977.

Rumelhart, D.E. -Norman, D.A., Das aktive strukturelle Netz. In: Norman, D.A. -Rumelhart, D.E.(Hg.), *Strukturen des Wissens. Wege der Kognitionsforschung.* Stuttgart 1978, 51-77.

Savigny, E.v., *Argumentation in der Literaturwissenschaft.* München 1976.

Schank, R.C., *Conceptional Information Processing.* Amsterdam 1975.

Schank, R.C. -Abelson, R., *Scripts, Plans, Goals, and Understanding. An Inquiry into Human Knowledge Structures.* Hillsdale, NJ 1977.

Scheler, M., *Erkenntnis und Arbeit.* Frankfurt a.M. 1977.

Scherer, B.N., *Prolegomena zu einer einheitlichen Zeichentheorie. Ch.S. Peirce' Einbettung der Semiotik in die Pragmatik.* Tübingen 1984.

Schleiermacher, Fr.D.E., *Hermeneutik.* Hg. u. eingl.v. H. Kimmerle. 2., verb. Auflage, Heidelberg 1974.

Schleiermacher, Fr.D.E., *Hermeneutik und Kritik.* Hg. u. eingel. v. M. Frank. Frankfurt a.M. 1977.

Schnädelbach, H., Zur Dialektik der Historischen Vernunft. In: Poser, H.(Hg.), Wandel des Vernunftbegriffs. Freiburg/München 1981, 15-37.

Schnädelbach, H.(Hg.), *Rationalität.* Frankfurt a.M. 1984.

Scholz, O.R., *Bild, Darstellung, Zeichen. Philosophische Theorien bildhafter Darstellung.* Freiburg/München 1991.

Schröder, J., *Das Computermodell des Geistes in der analytischen Philosophie und in der kognitiven Psychologie des Sprachverstehens.* Diss. Phil. Heidelberg 1991.

Searle, J.R., *Expression and Meaning - Studies in the Theory of Speach Acts.* Cambridge 1979.

Searle, J.R., *Intentionalität. Eine Abhandlung zur Philosphie des Geistes* (1983). Frankfurt a.M. 1987.

Segal, S.J.-Fusella, V., Influence of Imaged Pictures and Sounds on Detection of Visual and Auditory Signals. In: *Journal of Experimental Psychology* 83 (1970), 458-464.

Shepard, R.N., The Mental Image. In: *The American Psychologist* 33 (1978), 125-137.

Shepard, R.N. -Metzler, J., Mental Rotation of Three-dimensional Objects. In: *Science* 171 (1971), 701-703.

Shepard, R.N.-Cooper, L.A., *Mental Images and Their Transformation.* Cambridge,MA 1983.

Simon, H.A., *Administrated Behavior.* New York 1945.

Simon, H.A., *Models of Man.* New York 1957.

Simon, H.A., *Models of Discovery.* Dordrecht 1977.

Simon, H.A., *Models of Thought.* New Haven 1979.

Simon, H.A., *Models of Bounded Rationality.* 2 Bde. Cambridge, MA 1983.

Singer, W., Zur Selbstorganisation kognitiver Strukturen. In: E. Pöppel (Hg.), *Gehirn und Bewußtsein.* Weinheim 1989, 45-58.

Singer, W., Hirnentwicklung und Umwelt. In: Singer, W.(Hg.), *Gehirn und Kognition*, 1990, 50-65.(Orig. Spektrum der Wissenschaft 3/1985, im Sammelband aktualisiert.)

Singer, W.(Hg.), *Gehirn und Kognition*. Sonderband Spektrum der Wissenschaft, Heidelberg 1990.

Singer, W., Einführung: Das Ziel der Hirnforschung. In: ders. (Red., Hg.), *Gehirn und Kognition*. Sonderband Spektrum der Wissenschaft. Heidelberg 1990, 7-9.

Sneed, J.D., *The Logical Structure of Mathematical Physics*. Dordrecht 1971.

Sperry, R.W., Brain Bisection and Consciousness. In: Eccles, J.(Hg.), *Brain and Conscious Experience*. New York 1966.

Sperry, R.W., A Modified Concept of Consciousness. In: *Psychological Review* 76 (1969), 532-536.

Sperry, R.W., Lateral Specialisation in the Surgically Hemispheres. In: Schmitt, F.O.-Worden, F.G.(Hg.), *The Neuro-Sciences' Third Study Program*. Cambridge, MA 1974.

Sperry, R.W.-Zaidel, E.-Zaidel, D., Self Recognition and Social Awareness of Disconnected Minor Hemisphere. In: *Neuropsychologia* 17 (1979), 153-166.

Springer, S.P.-Deutsch, G., *Linkes Gehirn, rechtes Gehirn. Funktionelle Asymmetrien*. Heidelberg 1987.

Stegmüller, W., *Theorie und Erfahrung*. I. Halbband von Band II von «Probleme und Resultate der Wissenschaftstheorie und Analytischen Philosophie». Berlin/Heidelberg/New York 1970.

Stegmüller, W., *Structural View of Theories*. Berlin/Heidelberg/New York 1979.

Stegmüller, W., *Neue Wege der Wissenschaftsphilosophie*. Berlin/Heidelberg/New York 1980.

Stegmüller, W., *Theorie und Erfahrung*. Band II, Teil F (Neuer intuitiver Zugang zum strukturalistischen Theorienkonzept, Theorieelemente, Theoriennetze, Theorienevolutionen). Berlin u.a. 1986, Teil G (Strukturspezies. T-Theoretizität. Holismus. Approximation. Verallgemeinerte intertheoretische Relationen. Inkommensurabilität.) Heidelberg u.a. 1986.

Steiner, G., *Von realer Gegenwart*. München 1991.

Sterelny, K., *The Representational Theory of Mind*. Oxford 1990.

Sterelny, K., The Imagery Debate (Orig.: 1983). In: Lycan, W.G. (Hg.), *Mind and Cognition*. Cambridge 1991^2, 607-626.

Strawson, P.F., *Einzelding und logisches Subjekt (Individuals). Ein Beitrag zur deskriptiven Metaphysik*. Stuttgart 1972 (Orig. 1959).

Taureck, B., *Französische Philosophie im zwanzigsten Jahrhundert*. Reinbek 1988.

Trigg, R., *Reality at Risk. A Defence of Realism in Philosophy and the Sciences*. Brighton/Totowa 1980.

Toulmin, S. -Baier, K., On Describing. In: *Mind* LXI (1952).

Turvey, N.D., Constructive Theory, Perceptual Systems and Tacit Knowledge. In: Weimer, W.B. -Palermo, D.S. (Hg.), *Cognition and the Symbolic Processes* (Band I). Hillsdale, NJ 1974, 165-180.

Walraven, J.u.a., The Control of Visual Sensitivity: Receptoral and Postreceptoral Processes.In: Spillmann, L. -Werner, J.S. (Hg.), Visual Perception. San Diego 1990, 53-102.

Walzer, M., *Interpretation and Social Criticism*. Cambridge, MA 1987.

Watts, A., *Zen-Buddhismus.Tradition und lebendige Gegenwart*. Frankfurt a.M.1961.

Weber, M., *Wirtschaft und Gesellschaft*. Tübingen 1956.

Wertheimer, M., Untersuchungen zur Lehre von der Gestalt II. In: *Psychologische Forschung* 4 (1923), 301-350.

Wilson, N.L., Substances without Substrata. In: *Review of Metaphysics* 12 (1959), 521-539.

Winston, P.H., *Artificial Intelligence*. Reading, MA 1977.

Wittgenstein, L., Tractatus logico-philosphicus. In: ders., *Schriften*. Frankfurt a.M. 1960, 1-83.

Wittgenstein, L., *Philosophische Untersuchungen*. Frankfurt a.M. 1977.

Wittgenstein, L., *Bemerkungen über die Grundlagen der Mathematik*. Frankfurt a.M. 1984.

Wolff, T., *Kant's Theory of Mental Activity*. Cambridge, MA 1963.

Wulf, F., Beiträge zur Psychologie der Gestalt VI: Über die Veränderung von Vorstellungen (Gedächtnis und Gestalt). In: *Psychologische Forschung* 1 (1922), 333-373.

Zaidel, E., Auditory Language Comprehension in the Right Hemisphere Following Cerebral Comissurotory and Hemispherectomy. In: Caramazza, A. -Zurif, E.(Hg.), *Language Acquisition and Language Breakdown*. Baltimore 1978.

Zuckerman, M., *Sensation Seeking*. Hillsdale, NJ 1979.

内容索引

A-Argumente A-论据 512

-, implizite 暗示性的 A-论据 513

Abbildung 映像能力 392

Abbildungsauffassung 映像能力观念 392

Abbruchtheorie der Teilrechtfertigungen beim Aufstufungsprozeß der Interpretationen 诠释升级过程中提出部分合理化论证的中断理论 507

Abduktion 溯因推理 370

Abkopplung, selektive 筛选性脱离 438 及下页

Aboutness 关涉 158, 160

Absicht（en）意图 211, 351, 353, 576

Absicht des Künstlers 艺术家的意图 374 及以下诸页

Absolutheit 绝对性 456

Abstrahieren als interpretatorische Aktivität 作为诠释行为的抽象过程 560

Abstrakta 抽象名词 558

-als Interpretationskonstrukte 作为诠释建构的抽象名词 559

-als Konstrukte 作为建构的抽象名词 559 及下页

Abstrakte Eintitäten als Interpretationskonstrukte 作为诠释建构的抽象实体 557 及以下诸页

Abstraktheit 抽象性 557

Abstraktionen 抽象 571

Actus 行为 332

Aenigma der Intentionalität 意向性谜团 565

Affordances 功能可见性 118

Aggregative Konstituententheorie der Bedeutung 意义的结构成分聚集理论 582

Aggressionsmotiv 侵犯动机 353
AHIMSA-Gebot 非暴力信条 361
Ähnlichkeit zwischen Modellen und realen Systemen 模型和真实体系之间的相似性 294
Ähnlichkeitsbeziehung 类似关系 292 及下页
Akte, perlokutionäre 言后行为 550
Aktionspotentiale, frequenzmodulierte 被调节了频率的行为潜能 437
Aktivieren 激活 102
Aktivierung von Wahrnehmungssystemen 激活感知系统 119
Aktivität（en）行动 103
Aktivität, interpretatorische 诠释行为 410
Aktivität des Verstehens 理解行为 597
Akzeptierbarkeit 可接纳性 530 及下页
Allgemeinbilder 普遍图像 134
Alltagsreaktionen, Einbettung in 置身日常反应之中 348
Alltagsrealismus 日常实在论 318
Analog-Digital-Transformation 类比－数据－转换 129
Anführungshandlungen 指示行为 469

animal symbolicum 符号的动物 249 及下页
Anknüpfungspunkte 连接点 348
Annahmenschemata 假设图式 369
Anthropologie des entwerfenden und handelnden Wesens 具有构思能力和行为能力存在的人类学 322
– des metainterpretierenden Wesens 作为元诠释能力的存在 609
– des Perspektivismus 视角主义 208
Anzeigen 指引 470
Anzeigezeichen 指引符号 470, 472
Appellfunktion 号召功能 550
Artefakt, geistiges 精神上的人为产物 597
Assoziation 联想 199
Assoziationseffekt, aktivitätsabhängiger 取决于行为的联想效果 439
Assoziationsstrukturen 联想结构 197
Ausführungshandlungen 执行行为 469
Ausgangspunkte, pragmatische 实用主义的出发点 318
Ausdrucksbedeutung als Grundlage

作为基础的表述意义 498

Auslösemechanismen, angeborene 天生的触发机制 95

Auslösen 触发 417

Autopoiese 自创生 415

Autorintention 作者意图 374, 528

Basissätze 基本语句 169

Bedeutung (sbeschreibung), standardisierte 标准化的意义描述 551

Bedeutungskonstituenten 意义构成成分 551

Bündel-Bündel-Theorie 捆束－捆束理论 562

Bündel-Theorien 捆束理论 566

Charaktere, noematische 意向相关性特征 142

Deduktivismus, nomologischer 规约式演绎论 176 及以下诸页

Dekonstruktionismus 解构主义 394, 397, 410

- im Sinne einer falsifizierbaren Hypothese 可被证伪的假设 516

Deutung 释义 489, 517, 532

Dispositionskonstrukte 特质建构 189, 345

Dispositionsprädikate 特质谓项 99

Einbettung, soziale 社会性置身过程 458

Entdeckung 发现 359 及以下诸页，499 及以下诸页

Epoché 问题悬置 140

Esse est interpretari 诠释即存在 377, 379

Evidenzerlebnis 明证性体验 572

Evolution 进化 162 及下页

Extension 外延 551, 568

Externalismus, schwacher 薄弱的外在主义 162, 166

–, starker 坚定的外在主义 160, 166

Flow-Erleben 心流体验 624

Fornix 穹窿 438

Fundamentalphilosophie 基础哲学 509 及以下诸页

Fundamentlosigkeit 无基要性 411

fuzzy sets 模糊集 99

Fuzzy-Logic 模糊逻辑 199

Gegebenes 被给予者 275

Gegenstände, intensional abstrakte 内涵式的抽象对象 559 及下页

Gehalt 意涵 573

Gestaltung, individuell ontologische 个体的本体论形构 562

Gestaltungen 形构 561

Guise-Theorie 伪装理论 561 及以

下诸页, 565
Handeln 行为 17, 277, 281 及下页, 313, 323, 352, 509, 535, 539, 540
Hebb-Synapsen 赫步神经键 426, 446
Hebbsche Regel 赫步定律 438
Hebbsche These 赫步的观点 337, 416
Hebbsche Verknüpfungsregeln 赫步的关联定律 101
Hippocampus 海马区 429, 437 及下页
Hirnforschung 脑研究 611
Hochleistungssport 竞技体育 190 及下页
Hypothalamus 下丘脑 438
Idealisierungen 理想化 292
Idealisierungsprozeß 理想化过程 214
Idealismus, konzeptioneller 唯心论 304
Identität, kontingente 偶然的同一性 564
Ikon 像似符号 462, 469, 472
Ikon-Funktion 像似功能 472
Indexikalität 索引性 221

indirekter Realismus 实在论 432
Indizes 指示符号 462
Inferentialismus, induktivistischer 归纳推理主义 182
Informationsübertragung 信息传递 456
Intelligenz, künstliche 人工智能 199
Intension 内涵 568 及以下诸页
Intensionen als Interpretationskonstrukte 作为诠释建构的内涵 568 及以下诸页
Intention（en）意向 211, 217, 218, 351, 353, 498
Intentionalität 意向性 141, 575
Interaktionsprozesse 互动过程 440
Internalismus 内在主义 72
Interpret 诠释者 313, 476
Interpretandum 诠释对象 22, 77 及下页, 308, 382, 499, 501
Interpretant 解释项 457, 462 及下页
Interpretat 诠释物 22, 51, 65, 271 及下页, 382
interpretatio post artem, post factum 后艺术的诠释，后现实 382
Interpretationshandlung 诠释论行

为 23, 52

Interpretationsidealismus 诠释唯心论 271, 308 及下页, 421

Interpretationsobjekt 诠释论客体 308, 317

Interpretationssubjekt 诠释论主体 317

Interpretationswelt, Einheit der 诠释世界的统一体 320 及以下诸页

Interpretativität 诠释性 22 及下页, 52, 57, 61, 64 及下页, 216, 245, 269, 364, 559

Interpretativität, Verzicht auf 放弃诠释性 511

iterierte Modifikationen noematischer Korrelate 意向关联性的重复修改 142

Kern, noematischer 意向相关性核心 140, 142 及下页

Kniehöcker, laterale 外侧膝状体 428

Kognitive Schemata als Oszillationsgestalten von Neuronen-Ensembles 作为神经元组件振荡格式塔的认知图式 442

Koinzidenz 符合 426

Koinzidenz-Detektions-Systeme 符合探测系统 429

Konsoziation 小社会群 563

Konstitution 构造 103 及下页, 121, 393, 506, 594

Konstitutionalismus 构成主义 253, 254

Konstruktinterpretationismus 结构诠释主义 431

Konsubstantiation als "Leim der Welt" 同体论是"世界的胶合剂" 565

Kontexte, intensionale 内涵语境 559, 568

Kontinuum zwischen Beschreibung und Interpretation 描述和诠释之间的连续统一体 367

Korrelat, noematisches 意向关联性 140

Korrespondenz 符合 70 及以下诸页

Korrespondenztheorie der Wahrheit 真理符合论 39, 529

Künstliche-Intelligenz-Forschung 人工智能研究 617

Kunstwelt 艺术世界 378

Legizeichen 通用符号 457, 462

Leistungsmotiv 成就动机 353

Lesen, Paradigma des 阅读范式 20, 599

Limbisches System 边缘系统 438, 447

logisch äquivalente intensionale unterschiedliche Propositionen 逻辑上等值的、不同的内涵命题 560

Malsburg-Synapsen 马尔斯布格突触 446

Mandelkern 杏仁体 438

Manifestationsprinzip 表现原则 231

Marker, semantische 语义标记 551

Marker, syntaktische 句法标记 551

Merkwelt 感知世界 249

Mimesis 模仿 388, 600 及下页, 621 及下页

Modell-Autor 模范作者 485 及以下诸页, 493

Modell-Leser 模范读者 485 及以下诸页, 493

Modell-Sprachspiele 语言游戏模型 83

Modus, psychischer 心理模态 575 及下页

Motivdispositionen 动机倾向 343

Nachbilden 重现 592

Neurotransmitterauslösung 神经递质的触发 437

Neurotransmitterdiffundierung 神经递质的转播 437

Nichtlokalität der Quantensysteme 量子系统的非定域性 273

Nichtseparierbarkeit der Quantensysteme 量子系统的不可分割性 273

NMDA N-甲基-D-天冬氨酸 446

NMDA-Rezeptoren N-甲基-D-天冬氨酸受体 438

Noema (ta) 意向相关项 140 及以下诸页, 144, 561, 572 及下页

Noemata als Interpretationskonstrukte 作为诠释建构的意向相关项 144, 146

Noematakonstruktion 意向相关项建构 142

Noesis 意向行为 140 及以下诸页, 574

Noesis (-Akte) 意向行为 572

Oberflächeninterpretation 表层诠释 187

Offensichtliches 显见的事物 517 及下页, 527

OLOL-Prinzip (our language is our

language）我们的语言就是我们的语言原则 553

ontologische Bereiche 本体论范畴 432 及下页

Orts-und Erregungbahnenspezifität 位置特殊性和刺激传导特殊性 437

Pars-pro-toto-Spezifizierung 用局部代表全体的规范化方式 444

Peirce' Zeichentheorie 皮尔士的符号学 461

Perspektivismus 视角论 49 及下页, 208, 210 及以下诸页, 215, 216

Petitio tollend 分离诉求 281, 314 及下页, 510 及下页

Phallogozentrismus 阳性逻各斯中心主义 406

philosophische Hermeneutik 哲学阐释学 610

Pictorialisten 画意摄影主义 132

Prämissenkonstellation 前提素群结构 148 及下页

Privatspracheargument 私人语言论据 536

Produktivität 生产性 249, 254

Protokollsätze 草案语句 169

Proton（en）质子 151, 199, 295 及下页

Qualia-Erfahrung 感受性质 615

Qualizeichen 性质符号 457, 462

Quid-juris-Frage des Erkennens 认识中原本正确的问题 612

Quid-facti-Beschreibung des Erkennens 认识中过去已有的描述 612

Ramsey-Verfahren 拉姆齐定理 171

Readymades 现成物 378, 380

Realismus 实在论 28 及下页, 38, 73, 304 及下页

Realität 现实性 53 及以下诸页, 64 及下页, 76, 274, 304 及下页, 317, 422, 466 及下页, 479

Reduktion, eidetische 本质还原 140, 144

Referenten 所指物 78, 392

Referenz 指称 149, 158, 470, 535

Regenbogenrealität 彩虹现实性 273, 280

Regentänze bei den Hopi 霍皮族的雨神舞 188

Reifizierung 具象化 583

Repräsentamen 表现体 461

Repräsentation（en）表现 18, 156, 442, 473, 573, 577 及以下诸页

Residuen 残留物 188

Satisficing 满意度 295, 297
Schemaanwendung 图式应用 608
Schemarepräsentation 图式呈现 200
Selbstgestaltung 自我塑造 426
Simulakrum 仿像 623
Sinn 意义 49, 141 及下页, 142, 143, 497 及下页
Sinzeichen 单一符号 462
Sozial-Konventionelles 社会规约性 323
Sozialkonstitutionalismus 社会构成主义 537
Spielen als Mitschwingen 共振 624
Spontaneität 自发性 249, 254
Sprechakt, direkter 直接言语行为 496 及下页
Sprecherbedeutung 说话者的所指 496 及下页
Stufencharakteristik der Noemata 意向相关项的等级特征 142
Substrate, materiale 物质基体 468
Symbol(e) 象征符号 247 及下页, 462, 469, 472
Thalamus 丘脑 427, 437
Transfigurativ 变容性的 378
Transmitterstoffe 神经递质 438
Transzendental 超验的 509

Transzendentalismus 超验主义 258
-, semiotischer 语言符号的超验主义 465 及下页
Transzendentalphilosophie 超验哲学 214
Transzendentalrealismus 超验实在论 422
Transzendentes 超越的 392
Transzendenz als negativer Begriff 作为否定概念的超越性 388
Transzendenzthese 超越性论点 387 及以下诸页
Überbestimmtheit 多元决定 191
Umkehrung 逆转 598
unitas sensus 统一的感知 588
Variablen im Schema 图式中的变量 90
Verfahrensvernunft 程序理性 325 及下页
Verhalten 态度 352, 540
Vermittlungsprobleme, hermeneutische 阐释上的居间中介问题 592
Vernunft 理性 325 及以下诸页, 332, 341
-als Grenzvernunft 作为边际理性 329
-als historisches Ereignis 作为历史事件 327

– als Interpretationskonstrukt 作为诠释建构 325 及以下诸页
– als Prozedur 作为程序 326
– als regulative Idee 作为规范性的理念 333
– als Strukturbegriff 作为结构概念 326
–, Depotenzierung der 三重去势 326
–, Faktum der 事实 328
–, reine, Definition bei Kant 康德的纯粹理性定义 331
Vernunftbegriffe in der Umgangssprache 日常话语中的理性概念 328 及下页
Vernunfteinheit 理性统一体 334 及以下诸页
Vernunftkonstrukt 理性建构 329
Vernunftbegriff 理性概念 325 及以下诸页, 330
Verstehen 理解 14 及下页, 594 及下页
Versubstantialisierung der différance 异延的实体化 398
Verweisungscharakter 指涉特征 581
Welt-auf-Wort-Ausrichtung 把世界定向在话语中 580
Widerspiegelungen, indirekte 间接反射 299 及下页

Widerspruch 矛盾 403
–, performativer 述行矛盾 281
–, pragmatischer 实用矛盾 281
Widerstandserfahrung als Kriterium des Realitätserlebens 作为实在性经历标准的反面经验 286 及以下诸页
Widerstandserlebnis 反面经历 286 及以下诸页
Wirklichkeit 现实 306
Wirkwelt 行为世界 249
Xerox-Prinzip der Transitivität 迁移的影印原则 127
Zeichen 符号 27, 71 及下页, 247 及下页, 250, 461 及以下诸页
Zeichensuppositionen 符号猜想 462
Zeichenvermittlung als Interpretationsgebundenheit 作为诠释关联的符号中介 461
Zuordnungsvorschrift von Intensionen zu Extensionen 把内涵划分到外延的规定 568
Zuschreibungen von Motivdispositionen 动机倾向的归因 344
Zwischenwelt, symbolische 符号的中间世界 249, 606

人名索引

（页码为原书页码，即本书边码。）

Abel, G. 金特·阿贝尔 11，12，22—24，27，48，50—59，61—65，67，68，71，72，75，76，208，215，224—226，251，264，265，267，270，271，275，284，311，316，531，533，540，543，545，626

Abelson, R.D. 艾博尔森 99，154，199，200

Addison, J.W. 阿狄森 633

Aertson, A. 阿特森 637

Agassi, I. 阿加西 634

Albert, H. 阿尔伯特 610

Alkon, D.L. 阿尔康 626

Amos 阿摩司 362 及下页

Anderson, J.R. 安德森 126，137，139．197，200，584

Anscombe, G.E.M. 安斯克姆 211，351

Apel, K.-O. 阿佩尔 243，281，463

Archibald, Y. 阿奇博尔德 633

Aristoteles 亚里士多德 39，391

Aronson, J.L. 阿伦森 301

Augustinus 奥古斯丁 584 及下页

Austin, G.A. 奥斯丁 628

Austin, J.L. 奥斯汀 367，627

Bacon, F. 弗朗西斯·培根 20，47

Baier, K. 拜尔 367，634

Barclay, J.R. 巴克雷 627

Barnes, A. 安奈特·巴恩斯 516—521，523—529

Bartlett, F.C. 巴尔特雷特 151

Bashkar, R. 罗伊·巴斯卡 303

Bateson, G. 贝特森 190

Baumgartner, H.M. 鲍姆加滕

325—327, 329, 586, 588
Beetz, M. 曼弗雷德·贝茨 511—515
Bentham, J. 边沁 187
Berkeley, G. 贝克莱 134
Berlin, W. 博林 151
Betti, E. 贝蒂 596—597
Block, N. 布洛克 132, 139
Blumenberg, H. 布卢门贝格 106, 544
Bobrow, D.G. 博布罗 92
Boehm, G. 波姆 106, 598 及下页, 631
Boer, Th.de 波尔 627
Brackert, H. 布拉克特 638
Bransford, J.D. 布兰斯福德 627
Brentano, F. 布伦塔诺 572
Brewer, W. 布鲁尔 640
Bridgman, P.W. 布里奇曼 301
Brooks, L.R. 布鲁克斯 137
Bruce, B. 布鲁斯 640
Brückner, Ch. 布吕克纳 205
Bruner, J.S. 布鲁纳尔 151
Bühler, K. 卡尔·布勒 550
Burcks, A.W. 伯克斯 638
Burge, T. 伯格 154
Burgess-Jackson, K. 凯斯·博格斯－杰克森 496—504, 626

Caramazza, A. 卡拉马扎 644
Carmichael, L. 卡尔米夏埃尔 169
Carnap, R. 卡尔纳普 39, 74, 99, 169, 170, 302, 330, 568, 570
Carroll, L. 刘易斯·卡罗尔 369
Carroll, N. 卡罗尔 374, 628
Cassirer, E. 卡西尔 146, 246—250, 252—258, 260, 261, 266, 290, 606, 608, 628
Castañeda, H.-N. 赫克托－奈利·卡斯塔涅达 561—567, 628
Chladenius, J.M. 克拉顿尼乌斯 586—588, 628
Curchland, P.S. 丘奇兰德 98, 341, 628
Cohen, R.S. 科恩 634
Colli, G. 克里 638
Collins, A.M. 科林斯 627
Cooper, L.A. 库泊 132, 137, 642
Craik, K. 克里克 147
Csikszentmihalyi, I.S. 契克森米哈 624, 629
Dancy, J. 丹西 629
Dannhauer, J.K. 丹恩豪尔 586
Dante 但丁 370
Danto, A.C. 丹托 187, 191, 192, 194, 373, 374, 377—381

Davidson, D. 唐纳德·戴维森 88, 89, 217—226, 230, 232, 233, 236, 303, 304, 629

Davies, St. 斯蒂芬·戴维斯 373—377, 629

Dehler, E. 德勒 629

Dennett, D.C. 丹内特 455, 458 及下页, 629

Derrida, J. 德里达 394 及以下诸页, 629, 638

Descartes, R. 笛卡尔 301, 453 及下页

Deutsch, G. 多伊奇 450—454, 642

Dilthey, W. 威廉·狄尔泰 16, 107, 260, 286, 289, 545 及下页, 590, 592 及下页, 610, 629

Donaldson, W. 唐纳森 641

Dretske, F.I. 德雷斯克 126—131, 455—459, 629

Duchamp, M. 杜尚 378

Dürr, R. 雷娜特·丢尔 548, 629

Duhem, P. 迪昂 247, 250

Dummett, M. 达米特 304

Eccles, J. 艾克勒斯 642

Eco, U. 艾柯 484—494

Ehrlich, S. 埃尔利希 640

Elgin, C.Z. 埃尔金 631

Engelmann, P. 恩格尔曼 397—399, 630

Epimetheus 厄毗米修斯 322

Everett, H. 埃弗雷特 264, 270

Feigl, H. 费格尔 639

Fellmann, F. 费迪南·费尔曼 285 及以下诸页, 630

Ferry, L. 费利 405, 630

Feyerabend, P. 保罗·费耶阿本德 294, 397

Fiorentini, A. 菲奥伦蒂尼 437, 630

Fisher, S.C. 费舍尔 151, 630

Flacius Illyricus, M. 弗拉奇乌斯 568

Flew, A. 傅卢 408, 459, 630

Flohr, H. 汉斯·弗洛尔 446, 448, 454, 630

Fodor, J.A. 杰瑞·福多 132, 134, 135, 160, 163, 630

Foucault, M. 福柯 189, 630

Fraassen, B.C.van 弗拉森 291

Franks, J.J. 弗兰克斯 627

Frege, G. 弗雷格 173

Freitag, B. 弗莱塔克 417, 638

Freud, S. 弗洛伊德 193, 370, 598

Frey, G. 格哈德·弗赖 47, 630

Fricker, E. 福利科 553 及下页,

630

Fusella, V. 富塞拉 137

Gadamer, H.-G. 伽达默尔 106, 107, 545, 593—596, 598 及下页, 604, 610, 630 及下页

Galilei, G. 伽利略 20, 47

Gauguin, P. 高更 387

Gawronsky, D. 哥伦斯基 247

Gazzaniga, M.S. 加扎尼加 449—453, 631

Gebauer, G. 格鲍尔 211, 352, 534, 622 及下页, 631

Geertz, C. 格尔茨 187, 190, 631

Gehlen, A. 格伦 249

Geldsetzer, L. 格尔特塞茨 628, 637

Gerhardt, V. 格哈特 207, 208, 215, 631

Gibson, J.J. 詹姆士·吉布森 110, 117—122, 124, 126, 127, 130, 185, 275, 291, 436, 564, 631

Giere, R.N. 吉里尔 79, 291—294, 296—300, 631

Glucksberg, S. 格鲁克思贝格 99, 637

Gödel, K. 哥德尔 400

Goethe, J.W.v. 歌德 110, 514

Goffman, E. 尔文·戈夫曼 631

Goodmann, N. 尼尔森·古德曼 59, 67, 68, 133, 251, 261 及以下诸页, 374, 473, 544, 631

Goodnow, J.J. 古德诺 628

Gray, W.D. 格雷 640

Grewendorf, G. 格雷文多夫 512, 631

Grice, H.P. 格莱斯 549, 631

Groeben, N. 格勒本 352, 354, 417, 540, 631

Großklaus, G. 格罗斯克劳斯 622, 631, 634

Hacking, I. 哈金 182, 295—297, 300

Halwes, T. 哈尔维斯 639

Hanson, N.R. 汉森 24, 52, 169, 174, 632

Harré, R. 哈瑞 121

Hartshorne, Ch. 哈慈霍恩 638

Heckhausen, H. 赫可豪森 353, 565, 631

Hegel, G.W.F. 黑格尔 57, 400, 632

Heidegger, M. 海德格尔 405, 593, 604, 610

Heider, F. 海德 354

Helmholtz, H. 亥姆霍兹 123

Hempel, C.G. 亨普尔 170, 178, 182, 632

Henkin, L. 亨金 633

Hertz, H. 赫兹 246, 247

Hirsch, Jr.E.D. 赫希 368, 632

Hirst, R.J. 赫斯特 632

Hogan, A.P. 霍甘 169, 628

Hooker, C.A. 霍克 621

Horton, R. 霍顿 269, 632

Hubel, D.H. 胡贝尔 114, 115, 253, 437, 614 及下页, 632

Hübner, K. 胡博纳 63, 203, 634

Hucklenbroich, P. 胡克伦布罗赫 417, 632

Hume, D. 休谟 134

Huning, A. 胡宁 637

Husserl, E. 胡塞尔 140 及以下诸页, 454, 561, 572 及下页, 580, 632

Jackendorff, R. 杰肯道夫 455

Jacobi, K. 雅各比 561, 565

James, W. 威廉·詹姆士 262, 478, 482

Johnson, D.M. 约翰森 548, 640

Johnson-Laird, P.N. 约翰森－莱尔德 132, 134, 147—157, 633

Kaleri, E. 艾卡特立尼·卡勒里 47, 586—588, 591, 593—595, 633

Kandel,E.R. 坎德尔 633

Kant, I. 康德 11, 21, 22, 26, 28, 31—38, 44, 46, 50, 55, 57, 58, 76, 79, 85—87, 94, 97, 100, 214, 215, 239—242, 246, 258, 301, 319, 325, 328, 330—336, 386, 454, 468, 491, 592, 601, 633

Karneades 卡尼德斯 268

Kaulbach, F. 考尔巴赫 208, 210, 214, 215, 332, 633

Kay, P. 凯伊 151, 627

Kelly, G.A. 凯利 354, 633

Kimura, D. 木村 453, 633

Klivington, K. 克里维顿 631

Klosel, Ch. 克罗斯 639

Kmieciak, P. 可米奇艾克 355, 633

Knorr-Cetina, K. 诺尔-塞蒂纳 633

Konhardt, K. 康哈尔特 328, 333—335, 633

Kosslyn, S.M. 科斯林 132, 135, 137, 138, 633

Krampen, M. 克拉姆彭 638

Kratylos 克拉底鲁 391

Kripke, S.A. 克里普克 390, 534,

536 及下页, 554, 569—571, 633
Krohn, W. 克罗恩 640
Krois, J.M. 克罗伊斯 638
Krukowsky, L. 克鲁克夫斯基 374, 634
Kühner, O.H. 库恩纳 627
Küng, H. 坤恩 561
Künne, W. 沃尔夫冈·库纳 557, 560, 634
Küppers, G. 库博思 640
Kuriloff, A. 库里洛夫 381
Kutschera, F.v. 库彻拉 569—571, 634
Lakatos, I. 拉卡托斯 171
Laucken, U. 劳肯 343—345, 347, 354, 634
LeDoux, J.E. 勒杜 449—451, 631
Leibniz, G.W.v. 莱布尼茨 248
Lennie, P. 伦尼 437, 636
Lepenies, W. 雷鹏尼斯 611
Lesniewski, S. 莱斯涅夫斯基 40
Levinson, J. 莱文森 374
Levetzow, U.v. 雷夫佐夫 514
Lévi-Strauss, C. 列维-斯特劳斯 188
Levy, J. 利维 451

Lewis, D. 刘易斯 224, 227, 228—230, 232, 233, 235, 236, 238, 636
Leyhausen, P. 雷豪森 95, 636
Lichtenberg, G.Ch. 利希滕贝格 107, 310, 541
Lindsay, P. 林赛 196, 641
Link, G. 林克 571, 636
Loch, W. 罗赫 636
Locke, J. 洛克 38, 582
Lorenz, Konrad 康拉德·劳伦兹 95 及下页, 636
Lorenz, Kuno 库诺·劳伦兹 473, 636
Lorenzen, P. 洛伦岑 244, 340, 509, 627
Luyten, N. 路伊藤 627
MacCormac, E.R. 麦科马克 203, 204, 636 及下页
Mackie, J.L. 麦基 359, 637
Malsburg, Ch.von der 马尔斯伯格 429, 474, 637
Margolis, J. 约瑟夫·马戈利斯 366—367, 369—371, 373, 637
Marr, D. 戴维·马尔 151
Marx, K. 马克斯 598
Maturana, H.R. 洪贝尔托·马图拉

纳 412—415, 417—422, 424, 637
Maxwell, G. 麦克斯韦 639
McClelland, J.L. 麦克利兰 613, 637, 641
McCloskey, M.E. 麦克克洛茨基 99, 637
McDonough, R. 理查德·麦克多诺 554 及下页, 637
McGinn, C. 麦金 158, 160—166, 637
Mead, G.H. 乔治·赫尔伯特·米德 322, 389
Meggle, G. 乔治·梅格勒 511—513, 515, 637
Meier, G.F. 迈耶尔 223, 586
Meinong, A. 迈农 563
Mervis, C.B. 梅维斯 640
Metzler, J. 梅茨勒 132, 137, 624
Millikan, R.G. 米力坎 145, 160, 162, 637
Mill, J.St. 米尔 548
Minsky, M.J. 明斯基 90, 149, 199, 637
Mitcham, C. 米查姆 637
Montague, R. 蒙塔古 569, 571, 638

Montague, W.E. 蒙塔古 641
Montinari, M. 蒙蒂纳里 638
Morris, Ch. 莫里斯 248
Moscovici, S. 莫斯科维奇 324
Mundy, B. 芒迪 176—178, 180—182, 185, 638
Münster, A. 敏斯特 638
Nash-Weber, B.L. 纳什-韦伯 637
Neisser, U. 乌尔里克·奈斯尔 122, 123, 136, 638
Neumann, T. 诺依曼 638
Nietzsche, F. 尼采 11, 20, 448, 49, 51, 63, 64, 76, 189, 208, 215, 287, 310, 313, 316, 396, 402, 482, 540 及下页, 543, 598, 623 及下页, 634, 638
Norman, D.A. 诺尔曼 92, 99, 196, 627, 638, 641
Novalis 诺瓦利斯 168
Nüse, R. 钮瑟 417, 638
Oakeshott, M. 迈克尔·奥克肖特 505, 638
Oehler, K. 厄勒 461, 463—465, 467, 648
Ogden, C.K. 奥格登 548—550, 638
Oldemeyer, E. 奥尔德迈耶尔 634

Orth, E.W. 奥尔特 247, 250, 252, 256, 257, 638
Ortony, A. 奥托尼 199
Osherson, D.N. 奥舍尔森 99, 638
Paivio, A. 帕维奥 132, 638
Palermo, D.S. 巴勒莫 639, 643
Palm, G. 帕尔姆 637
Palmer, S.E. 帕尔玛 638
Pape, H. 佩普 561, 565, 632, 639
Pareto, V. 帕累托 188
Peirce, Ch.S. 皮尔士 136, 319, 457, 459, 461—463, 465—467, 469 及下页, 473, 476, 481 及下页, 484, 489—492, 530, 547, 638 及下页
Pepper, S.C. 派帕 204, 639
Perkins, M. 铂金斯 534, 639
Piaget, J. 皮亚杰 338, 639
Picardi, E. 皮卡迪 639
Picasso, P. 毕加索 202, 387
Pitcher, G. 皮彻尔 639
Platon 柏拉图 394, 623 及下页
Plessner, H. 普莱斯纳 249
Pollock, J.L. 波洛克 185, 275, 497, 639
Pomerantz, J.R. 波梅兰茨 633
Pöppel, E. 波普尔 642

Popper, K.R. 波普尔 24, 52, 168, 169, 178, 182, 330, 550, 639
Poser, H. 波赛尔 635, 639
Posner, R. 波斯纳 638
Prauss, G. 普劳斯 634, 639
Proffit, D.R. 普罗菲特 639
Prometheus 普罗米修斯 322
Puccetti, R. 普切蒂 451 及下页, 639
Puhl, K. 普尔 630
Putnam, H. 普特南 12, 39, 41—46, 69, 70, 73, 154, 168, 174, 198, 244, 279, 372, 434, 551, 582 及下页, 639
Pylyshyn, Z.W. 皮林施恩 132, 639
Pyrrho 皮浪 268
Quine, W.V.O. 奎因 88, 95, 217, 220, 223, 235—238, 302—304, 307, 553, 559, 639 及下页
Radermacher, H. 拉德马赫 635
Radner, M. 拉德纳 632
Rakic, P. 拉吉克 637
Renaut, A. 雷诺特 405, 630
Rescher, N. 雷舍尔 304
Richards, J.A. 理查兹 548—550
Ricœur, P. 利科 106, 188, 544, 598—603, 610, 640

Riegas, V.v. 利伽斯 414, 632, 637, 640
Ritter, M. 李特尔 123, 629, 640
Rock, I. 伊尔文·洛克 123—125, 130, 201, 202
Röd, W. 路特 243, 640
Rosch, E. 罗施 98, 151, 199, 640
Roth, G. 格哈尔特·罗特 337—339, 416, 418—421, 423—432, 434, 436 及下页, 442—444
Royce, J. 乔塞亚·罗伊斯 476—482, 640
Rubin, E. 鲁宾 201
Rumelhart, D.E. 戴维·鲁姆哈特 87—92, 94, 99, 151, 152, 196, 199, 613, 637, 640
Russell, B. 罗素 301, 562
Salmon, W.C. 萨尔蒙 182
Santa, J.L. 圣塔 137
Sartre, J.P. 萨特 638
Saussure, F.de 索绪尔 390
Savigny, E.v. 萨维尼 512, 641
Schank, R.C. 尚克 99, 154, 199, 200, 641
Scheele, B. 舍勒 354, 631
Scheffczyk, L. 舍夫茨克 627
Scheler, M. 舍勒 286, 641

Scherer, B.N. 本特·舍勒 469—473, 641
Schiller, F.v. 席勒 624
Schleiermacher, F.D.E. 弗里德里希·施莱尔马赫 588—592, 641
Schmidt, S.J. 施密特 631, 640
Schmitt, F.O. 施密特 642
Schnädelbach, H. 施奈德尔巴赫 325, 641
Schönemann, L. 舍利曼 514
Scholz, O.R. 舒尔茨 133—135, 641
Schreier, M. 施莱尔 417, 638
Schröder, J. 施罗德 152, 154—157, 641
Schröder, Th. 施罗德 152, 638
Schulter, E. 舒尔特 639
Searle, J.R. 约翰·塞尔 496, 574—581, 583, 641
Segal, S.J. 西格尔 137
Shepard, R.N. 谢帕德 132, 137, 628, 642
Simon, H.A. 西蒙 295, 642
Simon, J. 西蒙 634
Singer, W. 辛格 136, 338, 340, 342, 429, 436, 439—442, 444, 474, 637, 642

Smith, E.E. 斯密斯 99, 638
Sneed, J.D. 斯尼德 170, 293, 642
Snow, C.P. 斯诺 13
Sperry, R.W. 斯佩瑞 450, 642
Spillmann, L. 斯皮尔曼 630, 636, 643
Spiro, R. 司皮罗 640 及下页
Springer, S.P. 施普林格 450—454, 642
Stegmüller, W. 施泰格米勒 99, 170, 293, 390, 536 及下页, 642 及下页
Steinberg, S. 斯坦伯格 312, 313
Steiner, G. 乔治·斯坦纳 384 及以下诸页, 399, 407, 408, 410 及下页, 594, 643
Sterelny, K. 金姆·斯蒂尔尼 163, 643
Strawson, P.F. 彼得·斯特劳森 557 及下页, 643
Strindberg, A. 斯特林堡 387
Suppes, P. 苏佩斯 293
Tarski, A. 塔斯基 89, 220, 221
Taureck, B. 陶瑞克 643
Tinbergen, J. 丁伯根 95
Toulmin, S. 图尔明 367, 643
Trevarthen, C. 特里瓦尔腾 451, 626
Trigg, R. 特里格 302, 304—306
Tulving, E. 托尔文 640 及下页
Turvey, N.D. 特维 643
Uexküll,Th.v. 于克斯库尔 249, 638
Valéry, P. 瓦莱利 408
Varela, F.J. 瓦莱拉 412
Vetter, C. 菲特 414, 632, 637, 640
Wang, H. 王 244, 509
Walravent, J. 沃雷文 437, 643
Walter, A. 瓦尔特 169, 628
Walzer, M. 沃尔泽 359, 361, 362, 365, 643
Warhol, A. 沃霍尔 378
Warren, N. 瓦恩 640
Watts, A. 瓦茨 381, 643
Weber, M. 马克斯·韦伯 14, 16, 214, 643
Wefelmeyer, F. 魏费尔迈耶尔 638
Weimer, W.B. 维梅尔 639, 643
Weiss, P. 保罗·怀斯 66, 310, 317, 638
Werner, J.S. 维纳尔 630, 636, 643
Wertheimer, M. 维尔特海默 125, 643
Weyl, H. 外尔 247

Wiesel, T.N. 维瑟尔 115, 253, 437, 614
Wilson, N.L. 威尔森 223, 449
Winokur, St. 维诺克 632
Winston, P.H. 温斯顿 199, 637, 643
Wittgenstein, L. 维特根斯坦 11, 53, 57, 83, 107, 169, 302, 309, 390 及下页, 397, 506—508, 516 及下页, 519, 528, 532 及以下诸页, 541 及下页, 552, 581, 621, 643
Wolff, T. 沃尔夫 301, 644
Woodfield, A. 沃德菲尔德 637
Worden, F.G. 沃尔登 642
Wulf, Ch. 沃尔夫 622 及下页, 631
Wulf, F. 沃尔夫 169, 622 及下页, 644
Yüan, Ch'ing 青原 381
Zaidel, E. 扎德尔 454, 644
Zuckerman, M. 楚格曼 187, 644
Zurif, E. 佐里夫 644

图书在版编目（CIP）数据

诠释建构：诠释理性批判/（德）汉斯·伦克著；励洁丹译.—北京：商务印书馆，2021（2021.11 重印）
（当代德国哲学前沿丛书）
ISBN 978-7-100-19703-8

Ⅰ.①诠⋯　Ⅱ.①汉⋯②励⋯　Ⅲ.①阐释学　Ⅳ.① B089.2

中国版本图书馆 CIP 数据核字（2020）第 048383 号

权利保留，侵权必究。

当代德国哲学前沿丛书

诠释建构
诠释理性批判

〔德〕汉斯·伦克　著
励洁丹　译

商 务 印 书 馆 出 版
（北京王府井大街36号　邮政编码100710）
商 务 印 书 馆 发 行
北京艺辉伊航图文有限公司印刷
ISBN 978－7－100－19703－8

2021 年 5 月第 1 版　　开本 880×1230　1/32
2021 年 11 月北京第 2 次印刷　印张 21 7/8
定价：116.00 元